Ines Weber

Ein Gesetz für Männer und Frauen

MITTELALTER-FORSCHUNGEN

Herausgegeben von
Bernd Schneidmüller und Stefan Weinfurter

Band 24

Teilband 2

Jan Thorbecke Verlag

Ines Weber

Ein Gesetz für Männer und Frauen

Die frühmittelalterliche Ehe zwischen Religion,
Gesellschaft und Kultur

 Jan Thorbecke Verlag

Ohne die finanzielle Unterstützung der folgenden Institutionen
wäre die Publikation nicht möglich gewesen:

Gedruckt mit Unterstützung des Förderungs- und
Beihilfefonds Wissenschaft der VG WORT
Gedruckt mit Hilfe der Geschwister Böhringer Ingelheim
Stiftung für Geisteswissenschaften in Ingelheim am Rhein
Diözese Rottenburg-Stuttgart
Vereinigung der Freunde der Universität Tübingen e.V.
(Universitätsbund)
Agenda – Forum katholischer Theologinnen e.V.

Mit Unterstützung der
Stiftung
Landesbank Baden-Württemberg

LB≡BW

Bibliografische Informationen der Deutschen Nationalbibliothek
Die Deutsche Nationalbibliothek verzeichnet diese Publikation in der Deutschen Nationalbibliografie; detaillierte bibliografische Daten sind im Internet über http://dnb.d-nb.de abrufbar.

© 2008 by Jan Thorbecke Verlag der Schwabenverlag AG, Ostfildern
www.thorbecke.de · info@thorbecke.de

Alle Rechte vorbehalten. Ohne schriftliche Genehmigung des Verlages ist es nicht gestattet, das Werk unter Verwendung mechanischer, elektronischer und anderer Systeme in irgendeiner Weise zu verarbeiten und zu verbreiten. Insbesondere vorbehalten sind die Rechte der Vervielfältigung – auch von Teilen des Werkes – auf photomechanischem oder ähnlichem Wege, der tontechnischen Wiedergabe, des Vortrags, der Funk- und Fernsehsendung, der Speicherung in Datenverarbeitungsanlagen, der Übersetzung und der literarischen oder anderweitigen Bearbeitung.

Dieses Buch ist aus alterungsbeständigem Papier nach DIN-ISO 9706 hergestellt.
Gesamtherstellung: Jan Thorbecke Verlag, Ostfildern
Printed in Germany
ISBN 978-3-7995-4275-3

Inhalt

Teilband 2

Anhang	1
Leges	2
Formulae	96
Konzilien	144
Kapitularien	174
Bischofskapitularien	202
Paenitentialien	210
Abkürzungsverzeichnis	330
Literaturverzeichnis	331
Quellen	331
Literatur	334
Register	353

Teilband 1

Vorwort	XII
Einleitung	1

Teil A
Die Ehe im Kontext der frühmittelalterlichen Gesellschaft

I.	Der Konsensgedanke in Eheschließungsfragen	28
II.	Der Konsens der Vertragspartner als Voraussetzung zu Eheschließung und Trennung	47

III.	Die Eheschließung als Vertrags- und Kommunikationsgeschehen unter Gleichen	86
IV.	Die Vermögenstransaktionen zwischen ökonomischer Notwendigkeit und Wertschätzung der Frau	117
V.	Außereheliche Geschlechtsbeziehungen	151
VI.	Inzest	192

Teil B
Vollgültige Ehe oder geduldete Geschlechtsbeziehung? – Das Recht der Abhängigen

VII.	Die Ehe der Abhängigen innerhalb der frühmittelalterlichen Gesellschaft – eine Problemskizze	252
VIII.	Die Eheschließung als konsensuelles Geschehen	284
IX.	Konkurrierende Interessengruppen: Plausibilitäten vermeintlich einschränkender Eherechtsbestimmungen	306
X.	Vor- und außereheliche Delikte als Indikator des Rechtsstatus	325

Teil C
Die Bußmaße für die ehelichen Vergehen als Spiegel des frühmittelalterlichen Sünden- und Bußverständnisses

XI.	Das frühmittelalterliche Bußsystem als Forschungsproblem	335
XII.	Die innere Logik von Sünde, Schuld und Strafe	349

Schluss 367

Anhang

Dem folgenden Anhang liegen die Quellentexte der gängigen Editionen buchstabengetreu zugrunde. Es wurden sowohl die entsprechenden Schreibweisen der Editoren – einschließlich der verschiedenen Markierungen für Korruptelen – übernommen, als auch die grammatikalischen Eigenheiten der entsprechenden Texte beibehalten. Nur in einzelnen Fällen, in denen es der Textbefund absolut erforderte, sind die Texte um der Klarheit willen mit kritischen Fußnoten versehen worden. Solche wurden auch im Blick auf die deutschen Übersetzungen überaus sparsam angewendet, denn das in der Einleitung gesondert aufgenommene Glossar begründet bestimmte Übersetzungsentscheidungen. Der Leser möge darauf zurückgreifen.[1] In die Editionen ist nur insoweit eingegriffen worden, als einige der Texte der besseren Übersicht halber untergliedert wurden; diese Nummerierungen sind mit eckigen Klammern gekennzeichnet. Für die Leges wurde zusätzlich zu den gängigen Editionen der lateinischen Texte auf die Editionen aus der Reihe »Germanenrechte« zurückgegriffen, die Übersetzung jedoch an den notwendigen Stellen modifiziert und präzisiert.

Die Texte sind getrennt nach Gattungen abgedruckt und nummeriert. Innerhalb einer einzelnen Gattung sind sie chronologisch angeordnet, wobei bei allen Unsicherheiten den heute in der Forschung gängigen Datierungen gefolgt wird, bei strittigen Datierungen in der Regel der Forschungsmehrheit. Bei den Paenitentialien wurde zusätzlich die regionale Verbreitung berücksichtigt; bei den Leges vereinzelt Art und Kontext der Entstehung. Das betrifft vor allem die Leges Langobardorum und die Leges Anglo-Saxonum, die deshalb zusammen angeordnet sind.

Die Nummerierung innerhalb der Gattungen dient dem Verweis auf diese Quellenstellen in den Fußnoten des Haupttextes im ersten Band der Studie. Dies geschieht in folgender Weise: Hinter der Quellenangabe erfolgt – in eckigen Klammern – der Verweis auf den Anhang. Dort findet sich zuerst das Kürzel für die Quellengattung (vgl. Abkürzungsverzeichnis, S. 330), dann die entsprechende Anhangnummer und gegebenenfalls die zugehörige Untergliederungsnummer sowie die Seitenzahl des Anhangs. Ein Beispiel zur Verdeutlichung sei genannt: Edictus Pactus legis Salicae 13,1 (MGH.LNG 4,1), S. 59 [Anhang L 1, S. 2].

1 Vgl. Einleitung f, S. 20–26.

Leges

Pactus legis Salicae
(507 bis 511)

1. Pactus legis Salicae 13,1 (MGH.LNG 4,1), S. 59: Si <quis> tres homines ingenuam puellam de casa aut de screona rapuerint, mallobergo am(b)ahtonia hoc est, millinos d(u)centinos denarios qui faciunt tricenos solidos <illi tres> cogantur exsolvere.
2. Pactus legis Salicae 13,2 (MGH.LNG 4,1), S. 60: Illi <uero> qui super tres fuerint, ducentinos denarios qui faciunt quinos solidos <unus>quisque illorum culpabilis iudicetur.
3. Pactus legis Salicae 13,3 (MGH.LNG 4,1), S. 60: Qui cum sagittas fuerint, CXX denarios qui faciunt ternos solidos <unus>quisque illorum culpabilis iudicetur.
4. Pactus legis Salicae 13,4 (MGH.LNG 4,1), S. 60: Raptor uero MMD denarios qui faciunt solidos LXII semis culpabilis iudicetur.
5. Pactus legis Salicae 13,5 (MGH.LNG 4,1), S. 60: Si uero puella ipsa deintro claue aut de screona rapuerit, mallobergo alteofaltheo, et praetium et causa superius conpraehensa conuenit obseruare.
6. Pactus legis Salicae 13,6 (MGH.LNG 4,1), S. 60: Si uero puella <ipsa>, quae trahitur, in uerbo regis fuerit posita, fredus exinde MMD denarios qui faciunt solidos LXII semis exegatur.
7. Pactus legis Salicae 13,7 (MGH.LNG 4,1), S. 61: Si uero puer regis <fuerit> uel letus <qui> ingenuam feminam traxerit, de uita conponat.
8. Pactus legis Salicae 13,8 (MGH.LNG 4,1), S. 61: Si uero ingenua puella [ali] quemcumque de illis sua voluntate secuta fuerit, ingenuitatem suam perdat.
9. Pactus legis Salicae 13,9 (MGH.LNG 4,1), S. 62: <Ingenuus si ancilla aliena prisserit, similiter paciatur.> Si [quis] ingenuus ancillam alienam in coniugium praeserit, mallobergo honema, cum ea ipse in seruitio permaneat.

10. Pactus legis Salicae 13,10 (MGH.LNG 4,1), S. 62: Si quis litam alienam ad coniugium sociauerit, mallobergo am(b)a(hto)nia, MCC denarios qui faciunt solidos XXX culpabilis iudicetur.

11. Pactus legis Salicae 13,11 (MGH.LNG 4,1), S. 62f: Si quis sororis aut fratris filiam aut certe ulterius gradus consobrinam aut certe fratris uxorem aut auunculi sceleratis nuptiis sibi iunxerit, hanc poenam subiaceant, ut de tale consortio separentur; atque etiam, si filios habuerint, non habeantur legitimi heredes, sed infamia sint notati [natiuitate].

Leges

Pactus legis Salicae
(507 bis 511)

1. Pactus legis Salicae 13,1 (MGH.LNG 4,1), S. 59: Wenn drei Männer ein freies Mädchen aus dem Haus oder aus dem Keller geraubt haben, vor Gericht ›Dienerin‹ genannt, sollen sie gezwungen werden, je 1200 Pfennig, das sind 30 Schillinge, zu zahlen.
2. Pactus legis Salicae 13,2 (MGH.LNG 4,1), S. 60: Jene, die außer den dreien dabei gewesen sind, sollen zu je 200 Pfennigen, die fünf Schillinge ausmachen, verurteilt werden.
3. Pactus legis Salicae 13,3 (MGH.LNG 4,1), S. 60: Die mit Pfeilen dabei gewesen sind, sollen zu je 120 Pfennigen, das sind drei Schillinge, verurteilt werden.
4. Pactus legis Salicae 13,4 (MGH.LNG 4,1), S. 60: Der Räuber aber soll mit 2500 Pfennigen, gleich 62 ½ Schillingen, belangt werden.
5. Pactus legis Salicae 13,5 (MGH.LNG 4,1), S. 60: Wenn sie aber dieses Mädchen aus dem verschlossenen Raum oder aus dem Keller geraubt haben, vor Gericht ›Mädchenraub‹ genannt, sollen sie zu dem Preis und zu der Prozessbuße, wie oben erwähnt, verurteilt werden.
6. Pactus legis Salicae 13,6 (MGH.LNG 4,1), S. 60: Wenn aber das Mädchen, das fortgeschleppt wird, unter Königsschutz gestanden hat, ist das Friedensgeld dafür mit 2500 Pfennigen, gleich 62 ½ Schillingen, einzuklagen.
7. Pactus legis Salicae 13,7 (MGH.LNG 4,1), S. 61: Wenn aber ein abhängiger Junge des Königs oder ein Lite eine freie Frau fortgeschleppt hat, soll er mit dem Tod bezahlen.
8. Pactus legis Salicae 13,8 (MGH.LNG 4,1), S. 61: Wenn aber ein freies Mädchen freiwillig einem von diesen gefolgt ist, verliere sie ihre Freiheit.
9. Pactus legis Salicae 13,9 (MGH.LNG 4,1), S. 62: Wenn ein freier Mann die abhängige Frau eines anderen genommen hat, werde er gleichermaßen bestraft. Wenn ein freier Mann die abhängige Frau eines anderen in die Ehe genommen hat, vor Gericht ›Frauenräuber‹ genannt, soll er selbst mit ihr in Abhängigkeit sein und bleiben.
10. Pactus legis Salicae 13,10 (MGH.LNG 4,1), S. 62: Wenn jemand die Lite eines anderen in der Ehe verbunden hat, vor Gericht ›Dienerin‹ genannt, werde er zu 1200 Pfennigen, gleich 30 Schillingen, verurteilt.
11. Pactus legis Salicae 13,11 (MGH.LNG 4,1), S. 62f: Wenn sich jemand mit der Tochter der Schwester oder des Bruders oder auch der Cousine ersten Grades oder auch mit der Ehefrau des Bruders oder des Onkels mütterlicherseits frevelhaft verheiratet hat, sollen sie der Strafe unterliegen, dass sie aus solcher Gemeinschaft getrennt werden, und auch wenn sie Kinder haben, sollen diese nicht als rechtmäßige Erben gelten, sondern von Geburt an ehrlos sein.

12. Pactus legis Salicae 13,12 (MGH.LNG 4,1), S. 63: Si quis uero sponsam alienam tulerit et <eam> sibi in coniugium copulauerit, mallobergo andrastheo sint, MMD denarios qui faciunt solidos LXII semis culpabilis iudicetur.

13. Pactus legis Salicae 13,13 (MGH.LNG 4,1), S. 63: Incontra sponsum uero, cuius sponsa est, solidos XV culpabilis iudicetur.

14. Pactus legis Salicae 13,14 (MGH.LNG 4,1), S. 63: Si quis puella sponsata ducte ducente [ad maritum et eam] in uia [aliquis] adsallierit et cum ipsa violenter moechatus fuerit, mallobergo gangichaldo, sunt dinarii VIIIM qui faciunt solidus CC culpabilis iudicetur.

15. Pactus legis Salicae 15,1 (MGH.LNG 4,1), S. 70: Si quis <hominem ingenuum occiderit aut> uxorem alienam tulerit <a> uiuo marito <cui fuerit adprobatum>, mallobergo affalthecha hoc est, VIIIM denarios qui faciunt solidos CC culpabilis iudicetur.

16. Pactus legis Salicae 15,2 (MGH.LNG 4,1), S. 70: Si quis cum ingenua puella per uirtutem moechatus fuerit <et ei fuerit adprobatum>, mallobergo uueruanathe hoc est, MMD denarios qui faciunt solidos LXII semis culpabilis iudicetur.

17. Pactus legis Salicae 15,3 (MGH.LNG 4,1), S. 70f: Si quis cum ingenua puella spontanea uoluntate ambis conuenientibus partis <occulte> moechati fuerint <cui adprobatum fuerit>, mallobergo firilasia sunt, MDCCC denarios qui faciunt solidos XLV culpabilis iudicetur.

18. Pactus legis Salicae 25,1 (MGH.LNG 4,1), S. 93: Si quis ingenuus cum ancilla aliena moechatus fuerit et ei fuerit adprobatum, mallobergo the(ua)lasina uuertico sunt, <domino ancillae> DC denarios qui faciunt solidos XV culpabilis iudicetur.

19. Pactus legis Salicae 25,2 (MGH.LNG 4,1), S. 94: Si quis uero cum regis ancilla moechatus fuerit <et ei fuerit adprobatum>, mallobergo theualasina hoc est, MCC denarios qui faciunt solidos XXX culpabilis iudicetur.

20. Pactus legis Salicae 25,3 (MGH.LNG 4,1), S. 94: Si quis <uero> ingenuus cum ancilla aliena publice se iunxerit, ipse cum ea in seruitute permaneat.

21. Pactus legis Salicae 25,4 (MGH.LNG 4,1), S. 94: Similiter et ingenua, si seruo alieno in coniugio acceperit, in serui<t>io permaneat.

22. Pactus legis Salicae 25,5 (MGH.LNG 4,1), S. 94f: Si <uero> seruus cum ancilla aliena moechatus fuerit et ex ipso crimine ancilla <ipsa> mortua fuerit, seruus ipse aut CCXL denarios qui faciunt solidos VI domino ancillae reddat aut castretur; dominus uero serui capitale <quod ancilla ualuerit> <domino> ancillae in locum restituat.

12. Pactus legis Salicae 13,12 (MGH.LNG 4,1), S. 63: Wenn jemand aber die Verlobte eines anderen genommen hat, vor Gericht ›Vermählte‹ genannt, und sich mit dieser in der Ehe verbunden hat, werde er zu 2500 Pfennigen, gleich 62 ½ Schillingen, verurteilt.
13. Pactus legis Salicae 13,13 (MGH.LNG 4,1), S. 63: Gegenüber dem Bräutigam aber, dessen Braut sie ist, werde er zu 15 Schillingen verurteilt.
14. Pactus legis Salicae 13,14 (MGH.LNG 4,1), S. 63: Wenn jemand ein verlobtes Mädchen, das im Hochzeitszug [zu ihrem Gatten geführt wird], unterwegs überfallen und mit ihr gewaltsam Ehebruch begangen hat, was vor Gericht ›Geleitsperre‹ genannt wird, werde er zu 8000 Pfennigen, gleich 200 Schillingen, verurteilt.
15. Pactus legis Salicae 15,1 (MGH.LNG 4,1), S. 70: Wenn jemand <einen freien Mann getötet oder> die Ehefrau eines anderen genommen hat, während ihr Mann noch lebt, vor Gericht ›Raub‹ genannt, werde der, <dem es nachgewiesen wird>, zu 8000 Pfennigen, gleich 200 Schillingen, verurteilt.
16. Pactus legis Salicae 15,2 (MGH.LNG 4,1), S. 70: Wenn jemand mit einem freien Mädchen gewaltsam Ehebruch begangen hat, vor Gericht ›Notzucht‹ genannt, und es ihm nachgewiesen wird, werde er zu 2500 Pfennigen, gleich 62 ½ Schillingen, verurteilt.
17. Pactus legis Salicae 15,3 (MGH.LNG 4,1), S. 70f: Wenn jemand mit einem freien Mädchen freiwillig, nachdem beide Seiten zusammengekommen sind, <im Geheimen> Ehebruch begangen hat, vor Gericht ›Frauenverführung‹ genannt, werde der, <dem es nachgewiesen wird>, zu 1800 Pfennigen, gleich 45 Schillingen, verurteilt.
18. Pactus legis Salicae 25,1 (MGH.LNG 4,1), S. 93: Wenn ein freier Mann mit der abhängigen Frau eines anderen Ehebruch begangen hat und ihm dies – vor Gericht ›Gesindeverführung‹ genannt – nachgewiesen wird, soll er zugunsten des Herrn der abhängigen Frau zu 600 Pfennigen, gleich 15 Schillingen, verurteilt werden.
19. Pactus legis Salicae 25,2 (MGH.LNG 4,1), S. 94: Wenn jemand aber mit der abhängigen Frau des Königs Ehebruch begangen hat und ihm dies nachgewiesen wird – vor Gericht ›Gesindeverführung‹ genannt –, werde er zu 1200 Pfennigen, gleich 30 Schillingen, verurteilt.
20. Pactus legis Salicae 25,3 (MGH.LNG 4,1), S. 94: Wenn sich aber ein freier Mann mit der abhängigen Frau eines anderen öffentlich verbunden hat, soll er selbst zusammen mit ihr abhängig sein und bleiben.
21. Pactus legis Salicae 25,4 (MGH.LNG 4,1), S. 94: Ebenso soll auch eine freie Frau abhängig sein und bleiben, wenn sie den abhängigen Mann eines anderen zur Ehe genommen hat.
22. Pactus legis Salicae 25,5 (MGH.LNG 4,1), S. 94f: Wenn ein abhängiger Mann mit der abhängigen Frau eines anderen Ehebruch begangen hat und die abhängige Frau infolge dieses Verbrechens gestorben ist, erstatte der abhängige Mann entweder 240 Pfennige, gleich sechs Schillingen, dem Herrn der abhängigen Frau oder werde entmannt. Der Herr des abhängigen Mannes soll das Wergeld, das die abhängige Frau wert war, dem Herrn als Ersatz für die abhängige Frau erstatten.

23. Pactus legis Salicae 25,6 (MGH.LNG 4,1), S. 95: Si uero ancilla ex hoc mortua non fuerit, mallobergo ba(le)mundio, seruus aut CCC ictos <flagellorum> accipiat aut CXX denarios qui faciunt solidos III <pro dorsum suum> domino <ancillae> cogatur exsoluere.

24. Pactus legis Salicae 25,7 (MGH.LNG 4,1), S. 96: Si seruus ancillam alienam extra uoluntate domini sui <sibi> in coniugium sociauerit, mallobergo anthamo, <aut uapul(e)t(ur) aut> CXX denarios qui faciunt solidos III domino ancillae co(g)atur exsoluere.

25. Pactus legis Salicae 44,1 (MGH.LNG 4,1), S. 168f: Sicut adsolet homo moriens et uiduam dimiserit, qui eam uoluerit accipere, antequam eam accipiat ante thunginum aut centenarium, hoc est ut thunginus aut centenarius mallum indicant; et in ipso mallo scutum habere debet, et tres homines tres causas demandare debent.

26. Pactus legis Salicae 44,2 (MGH.LNG 4,1), S. 169: Et tunc ipse, qui uiduam accipere debet, tres solidos aeque pensantes et denarium habere debet. Et tres erunt, qui solidos <illius> pensare <uel habere> uel probare debent, et hoc factum, si eis conuenit, <sic eam> accipiat cui debentur.

27. Pactus legis Salicae 44,3 (MGH.LNG 4,1), S. 169: Si uero istud non fecerit et sic eam acciperit, mallobergo reipus nichalesinus hoc est, MMD denarios qui faciunt solidos LXII semis, cui reipi debentur, exsoluere debet.

28. Pactus legis Salicae 44,4 (MGH.LNG 4,1), S. 170: Si uero, quod superius diximus, omnia secundum legem impleuerit, tres solidos <et denario> ille, cui reipi debentur, accipiat.

29. Pactus legis Salicae 44,5 (MGH.LNG 4,1), S. 170: Hoc discernendum est, cui reipi debentur.

30. Pactus legis Salicae 44,6 (MGH.LNG 4,1), S. 170: Si <vero> nepus, sororis filius fuerit senior, ille <eos> accipiat.

31. Pactus legis Salicae 44,7 (MGH.LNG 4,1), S. 170: Si <uero> nepus non fuerit, neptis filius senior <si fuerit ille> <reipus ill(o)s> accipiat.

32. Pactus legis Salicae 44,8 (MGH.LNG 4,1), S. 170: Si uero neptis filius non fuerit, consobrinus filius mater(ter)ae ipse accipiat. Si uero nec consobrini <non> fuerint, consobrine filius, qui ex materno genere uenit, eos accipiat.

33. Pactus legis Salicae 44,9 (MGH.LNG 4,1), S. 171: Si uero nec consobrine filius <non> fuerit, tunc auunculus, frater matris, reipus ille accipiat.

34. Pactus legis Salicae 44,10 (MGH.LNG 4,1), S. 171: Si uero nec auunculus <non> fuerit, tunc frater illius, qui eam mulierem habuit, si in hereditatem non est uenturus, ipse <eos> reipus accipiat.

23. Pactus legis Salicae 25,6 (MGH.LNG 4,1), S. 95: Wenn die abhängige Frau daran nicht gestorben ist, erhalte der abhängige Mann entweder 300 Geißelhiebe oder werde gezwungen, 120 Pfennige, gleich drei Schillingen, vor Gericht ›Buße für die Schutzgewalt‹ genannt, anstelle der Züchtigung auf den Rücken, dem Herrn der abhängigen Frau zu geben.
24. Pactus legis Salicae 25,7 (MGH.LNG 4,1), S. 96: Wenn sich ein abhängiger Mann mit der abhängigen Frau eines anderen ohne den Willen des Herrn in der Ehe verbunden hat, vor Gericht ›Heimführung‹ genannt, soll er entweder verprügelt oder dazu gezwungen werden, 120 Pfennige, gleich drei Schillingen, an den Herrn der abhängigen Frau zu zahlen.
25. Pactus legis Salicae 44,1 (MGH.LNG 4,1), S. 168f: Wenn, wie es vorkommt, ein Mann stirbt und eine Witwe hinterlassen hat, soll der, der sie annehmen will, bevor er diese annimmt, vor Thingrichter oder Zehntgrafen erscheinen, d.h. damit Thingrichter oder Zehntgraf einen Gerichtstermin ansagen; und er soll bei diesem Gerichtstermin einen Schild haben und drei Männer sollen drei Fragen stellen.
26. Pactus legis Salicae 44,2 (MGH.LNG 4,1), S. 169: Und dann soll der, der die Witwe annehmen soll, drei Schillinge gleichen Gewichts und einen Pfennig haben. Und drei werden da sein, die dessen Schillinge wiegen oder prüfen sollen; und nachdem dies geschehen ist, soll er diese annehmen, wenn es ihnen genehm ist, welchen sie [d.h. die Schillinge und der Pfennig] geschuldet werden [d.h. welchen sie dann gezahlt werden sollen].
27. Pactus legis Salicae 44,3 (MGH.LNG 4,1), S. 169: Wenn er dies aber nicht tut und sie so annimmt, vor Gericht ›Verweigerung des Wiederverheiratungsgeldes‹ genannt, soll er 2500 Pfennige, gleich 62 ½ Schillingen, demjenigen zahlen, dem das Wiederverheiratungsgeld gebührt.
28. Pactus legis Salicae 44,4 (MGH.LNG 4,1), S. 170: Wenn er aber, was wir weiter oben gesagt haben, alles gemäß dem Gesetz erfüllt hat, erhalte der, dem die Wiederverheiratungsgelder gebühren, drei Schillinge und einen Pfennig.
29. Pactus legis Salicae 44,5 (MGH.LNG 4,1), S. 170: Folgendermaßen ist zu unterscheiden, wem die Wiederverheiratungsgelder gebühren.
30. Pactus legis Salicae 44,6 (MGH.LNG 4,1), S. 170: Wenn aber ein Neffe da ist, soll es der, der der älteste Schwestersohn ist, erhalten.
31. Pactus legis Salicae 44,7 (MGH.LNG 4,1), S. 170: Wenn aber kein Neffe da ist, soll der älteste Sohn einer Nichte die Wiederverheiratungsgelder erhalten.
32. Pactus legis Salicae 44,8 (MGH.LNG 4,1), S. 170: Wenn aber kein Sohn einer Nichte da ist, soll es der Cousin, der Sohn der Tante mütterlicherseits, erhalten. Wenn aber auch keine Cousins da sind, soll es der Sohn einer Cousine, der aus dem Geschlecht der Mutter stammt, erhalten.
33. Pactus legis Salicae 44,9 (MGH.LNG 4,1), S. 171: Wenn aber kein Sohn einer Cousine ersten Grades da ist, dann soll der Onkel mütterlicherseits, der Bruder der Mutter, das Wiederverheiratungsgeld erhalten.
34. Pactus legis Salicae 44,10 (MGH.LNG 4,1), S. 171: Wenn aber nun auch kein Onkel mütterlicherseits da ist, dann soll der Bruder dessen, der sie vorher zur Ehefrau hatte, [auch] wenn er nicht als Erbe vorgesehen ist, dieses Wiederverheiratungsgeld erhalten.

35. Pactus legis Salicae 44,11 (MGH.LNG 4,1), S. 172f: <Et> si nec ipse frater fuerit, tunc qui proximior fuerit extra superius nominatos, qui singillatim secundum parentilla dicti sunt, usque ad sextum genuculum, si in hereditatem illius mariti defuncti non accedat, ipse reipus ill(o)s accipiat.

36. Pactus legis Salicae 44,12 (MGH.LNG 4,1), S. 173: Iam post sextum genuculum si non fuerint, in fisco reipus ipse uel causa, quae <ex>inde orta fuerit, colligatur.

37. Pactus legis Salicae 65a (MGH.LNG 4,1), S. 234: De eo qui filiam alienam acquisierit et se retraxerit. Si quis filiam alienam ad coniugium quaesierit, praesentibus suis et puellae parentibus, et postea se retraxerit et eam accipere noluerit, mallobergo frifrasigena, <MMD denarios qui faciunt> solidos LXII et dimidium culpabilis iudicetur.

Decretio Childeberti
(596)

38. Lex Salica. Decretio Childeberti 1,2 (MGH.LNG 4,2), S. 176: In sequenti hoc conuenit una cum leodus nostrus: Decreuimus, ut nullus incestum usum sibi sociare [in] coniugium, hoc est nec fratris sui uxorem nec uxoris sui sororem nec uxorem patruo aut parenti consanguinis. Uxorem patris si quis acciperit, mortis periculum incurrat. Et de preteritis coniunccionibus, qui inceste esse uidentur, per predicacionem episcoporum iussimus emendare. Qui uero episcopo suo noluerit audire [et] excommunicatus fuerit, perenni condicione apud Deum susteniat et de palacio nostro sit omnino extraneus, et omnes res suas parentibus legitimis admittat, qui noluit sacerdotis sui medicamenta sustinere.

Leges Burgundionum
(erste zwei Jahrzehnte des 6. Jahrhunderts)

39. Leges Burgundionum. Liber Constitutionum 12,1 (MGH.LNG 2,1), S. 51: Si quis puellam rapuerit, pretium, quod pro puella daturus erat, in novigildo cogatur exsolvere, et multae nomine solidos XII.
40. Leges Burgundionum. Liber Constitutionum 12,2 (MGH.LNG 2,1), S. 51: Si vero puella, quae rapta est, incorrupta redierit ad parentes, sexies puellae pretium raptor exsolvat, multae autem nomine solidos XII.

35. Pactus legis Salicae 44,11 (MGH.LNG 4,1), S. 172f: Und wenn auch kein Bruder da ist, soll der jenes Wiederverheiratungsgeld erhalten, der der nächste Verwandte von den weiter oben Genannten ist, die einzeln gemäß dem Verwandtschaftsgrad bis zum sechsten Glied genannt sind, wenn er das Erbe jenes verstorbenen Gatten nicht angetreten ist.
36. Pactus legis Salicae 44,12 (MGH.LNG 4,1), S. 173: Wenn es auch keine entfernten Verwandten über das sechste Glied hinaus gibt, soll dieses Wiederverheiratungsgeld oder die Buße, die deswegen entsteht, für den Fiskus eingezogen werden.
37. Pactus legis Salicae 65a (MGH.LNG 4,1), S. 234: Über den, der die Tochter eines anderen gewonnen und einen Rückzieher gemacht hat. Wenn jemand die Tochter eines anderen in der Gegenwart seiner und des Mädchens Eltern/Verwandten nach der Ehe gefragt und sich später von ihr zurückgezogen hat und sie nicht hat annehmen wollen – vor Gericht ›Vermählungsbruch‹ genannt –, [so] soll er zu 2500 Pfennigen, gleich 62 ½ Schillingen, verurteilt werden.

Decretio Childeberti
(596)

38. Lex Salica. Decretio Childeberti 1,2 (MGH.LNG 4,2), S. 176: Im Folgenden wird dies zusammen mit unserem Volk vereinbart: Wir haben beschlossen, dass keiner sich auf inzestuöse Weise in der Ehe verbinden soll, das heißt: [dass jemand] weder die Ehefrau seines Bruders, die Schwester seiner Ehefrau, die Ehefrau, die eine Verwandte seines Onkels väterlicherseits oder eines Elternteils/Verwandten ist, [in der Ehe zu verbinden hat]. Wenn jemand die Ehefrau seines Vaters annimmt, zieht er sich das Todesurteil zu. Was die vergangenen Eheschließungen betrifft, die als inzestuös anzusehen sind, so haben wir beschlossen, dass sie durch öffentliche Bekanntmachung der Bischöfe gebessert [d. h. zur Auflösung bewegt] werden sollen. Wer aber nicht auf seinen Bischof hören wollte und exkommuniziert worden ist, soll gegenüber Gott in diesem Zustand dauerhaft verharren und von unserem Königshof gänzlich fernbleiben und all seinen rechtmäßigen Besitz bei seinen Eltern/Verwandten lassen, weil er die Arznei seines Priesters nicht akzeptieren wollte.

Leges Burgundionum
(erste zwei Jahrzehnte des 6. Jahrhunderts)

39. Leges Burgundionum. Liber Constitutionum 12,1 (MGH.LNG 2,1), S. 51: Wenn jemand ein Mädchen geraubt hat, muss er die Braut- bzw. Ehegabe, die zu geben gewesen wäre, neunfach zahlen und zwölf Schillinge als Geldbuße.
40. Leges Burgundionum. Liber Constitutionum 12,2 (MGH.LNG 2,1), S. 51: Wenn aber das Mädchen, das geraubt worden ist, unbefleckt zu den Eltern/Verwandten zurückgekehrt ist, soll der Räuber die Braut- bzw. Ehegabe des Mädchens sechsfach zahlen und zwölf Schillinge als Geldbuße.

41. Leges Burgundionum. Liber Constitutionum 12,3 (MGH.LNG 2,1), S. 51: Quod si raptor solutionem suprascriptam unde solvere non habuerit, puellae parentibus adsignetur, ut faciendi de eo quod maluerint habeant potestatem.

42. Leges Burgundionum. Liber Constitutionum 12,4 (MGH.LNG 2,1), S. 51: Si vero puella sua sponte expetierit virum et ad domum illius venerit, et ille se cum illa miscuerit, nuptiale pretium in triplum solvat; si autem incorrupta redierit ad domum suam, remota omni calumnia revertatur.

43. Leges Burgundionum. Liber Constitutionum 12,5 (MGH.LNG 2,1), S. 52: Romana vero puella, si sine parentum suorum voluntate aut conscientia se Burgundionis coniugio sociaverit, nihil se de parentum facultate noverit habituram.

44. Leges Burgundionum. Liber Constitutionum 24,1 (MGH.LNG 2,1), S. 61f: Si qua mulier duntaxat Burgundia post mariti mortem ad secundas aut tertias nuptias, ut adsolet fieri, fortasse transierit, et filios ex omni coniugio habuerit, donationem nuptialem, dum advivit, usumfructum possideat; post eius mortem ad unumquemque filium, quod pater eius dederit, revertatur, ita ut mater nec donandi nec vendendi nec alienandi de his rebus, quas in donatione nuptiali accepit, habeat potestatem.

45. Leges Burgundionum. Liber Constitutionum 24,2 (MGH.LNG 2,1), S. 62: Si forte filios mulier illa non habuerit, quidquid ad eam de donatione nuptiali pervenerat, post mortem mulieris medietatem parentes eius, medietatem defuncti mariti parentes, hoc est donatoris, accipiant.

46. Leges Burgundionum. Liber Constitutionum 24,3 (MGH.LNG 2,1), S. 62: Quod si forte nati fuerint filii [et], ut adsolet, post mortem patris defuncti fuerint, ad matrem iubemus hereditatem mariti vel filiorum integram pertinere. Post mulieris autem obitum id, quod de successione filiorum in usumfructum tenuit, ad legitimos filiorum suorum heredes decernimus pertinere. Quod tamen intestatorum filiorum bonis praecipimus custodire.

47. Leges Burgundionum. Liber Constitutionum 30,1 (MGH.LNG 2,1), S. 66: Quicumque ingenuus ancillae violentiam fecerit, et vis potuerit adprobari, inferat ei, cuius ancilla est, solidos XII.

48. Leges Burgundionum. Liber Constitutionum 30,2 (MGH.LNG 2,1), S. 66: Si servus hoc fecerit, CL fustium ictus accipiat.

49. Leges Burgundionum. Liber Constitutionum 35,1 (MGH.LNG 2,1), S. 68: Si quis servus vim mulieri ingenuae fecerit, et questa fuerit et evidenter hoc potuerit adprobare, servus pro admisso crimine occidatur.

50. Leges Burgundionum. Liber Constitutionum 35,2 (MGH.LNG 2,1), S. 69: Si vero ingenua puella voluntaria se servo coniuncxerit, utrumque iubemus occidi.

41. Leges Burgundionum. Liber Constitutionum 12,3 (MGH.LNG 2,1), S. 51: Wenn der Räuber nichts hat, wovon er die oben genannte Zahlung leisten kann, wird er den Eltern/Verwandten des Mädchens ausgeliefert, damit sie die Macht haben, mit ihm das zu tun, was ihnen beliebt.
42. Leges Burgundionum. Liber Constitutionum 12,4 (MGH.LNG 2,1), S. 51: Wenn aber ein Mädchen aus eigenem Antrieb sich einen Mann gesucht hat und in sein Haus gekommen ist und jener mit jener geschlechtlich verkehrt hat, soll er die dreifache Braut- bzw. Ehegabe zahlen; wenn sie aber unbefleckt nach Hause gekommen ist, soll er unbescholten zurückkehren.
43. Leges Burgundionum. Liber Constitutionum 12,5 (MGH.LNG 2,1), S. 52: Ein Mädchen römischer Abstammung aber soll wissen, dass es vom Vermögen der Eltern/Verwandten nichts bekommen wird, wenn es sich ohne der Eltern/Verwandten Wissen oder Willen mit einem Burgunden in der Ehe verbindet.
44. Leges Burgundionum. Liber Constitutionum 24,1 (MGH.LNG 2,1), S. 61f: Wenn eine Burgunderin, wie es üblicherweise geschieht, nach ihres Mannes Tod zur zweiten oder dritten Hochzeit geschritten ist und sie Kinder aus jeder Ehe hat, dann behält sie ihre Braut- bzw. Ehegabe lebenslänglich zum Nießbrauch. Nach ihrem Tod fällt das, was der jeweilige Vater gegeben hat, dem Kind zu. Demgemäß ist die Mutter nicht befugt, jene Güter, die sie als Braut- bzw. Ehegabe bekommen hat, zu verschenken, zu verkaufen oder sonstwie zu veräußern.
45. Leges Burgundionum. Liber Constitutionum 24,2 (MGH.LNG 2,1), S. 62: Wenn nun etwa eine solche Frau keine Kinder gehabt hat, so erhalten ihre Eltern/Verwandten nach dem Tod der Frau von allem, was aus der Braut- bzw. Ehegabe an sie gelangt ist, die eine Hälfte; die Eltern/Verwandten des verstorbenen Mannes, der der Schenker ist, [erhalten] die andere.
46. Leges Burgundionum. Liber Constitutionum 24,3 (MGH.LNG 2,1), S. 62: Wenn Kinder zwar geboren worden, aber – wie es vorkommt – nach des Vaters Tod verstorben sind, verfügen wir, dass die ganze Erbschaft des Mannes bzw. seiner Kinder bei ihrer Mutter bleiben soll. Wir entscheiden aber, dass nach dem Tod der Frau das, was sie als die Erbin der Kinder zum Nießbrauch besaß, an die rechtmäßigen Erben ihrer Kinder fallen soll. Trotzdem schreiben wir vor, dass dann die Güter der Intestaterben nicht berührt sein sollen.
47. Leges Burgundionum. Liber Constitutionum 30,1 (MGH.LNG 2,1), S. 66: Ein freier Mann, der einer abhängigen Frau Gewalt angetan hat, muss – wenn bewiesen werden konnte, dass Gewalt angewendet wurde – dem Herrn der abhängigen Frau zwölf Schillinge bezahlen.
48. Leges Burgundionum. Liber Constitutionum 30,2 (MGH.LNG 2,1), S. 66: Wenn es ein abhängiger Mann getan hat, so soll er 150 Stockhiebe erhalten.
49. Leges Burgundionum. Liber Constitutionum 35,1 (MGH.LNG 2,1), S. 68: Wenn ein abhängiger Mann eine freie Frau vergewaltigt hat und sie ihn verklagt hat und dies augenscheinlich nachweisen konnte, soll der abhängige Mann für das Verbrechen, das er begangen hat, getötet werden.
50. Leges Burgundionum. Liber Constitutionum 35,2 (MGH.LNG 2,1), S. 69: Wenn sich aber ein freies Mädchen freiwillig mit einem abhängigen Mann verbunden hat, befehlen wir, beide zu töten.

51. Leges Burgundionum. Liber Constitutionum 35,3 (MGH.LNG 2,1), S. 69: Quod si parentes puellae parentem suam punire fortasse noluerint, puella libertate careat et in servitutem regiam redigatur.

52. Leges Burgundionum. Liber Constitutionum 44,1 (MGH.LNG 2,1), S. 74: Si qua Burgundionis ingenui filia, priusquam marito tradatur, cuicumque, seu barbaro seu Romano, occulte adulterii se foeditate coniuncxerit, et postmodum ad querimoniam facti processerit, ac sic obiecta claruerint, is, qui in eius corruptione fuerit accusatus et, ut dictum est, certa probatione convictus, inlatis XV solidis nullam calumniam patiatur. Illa vero facinoris sui dehonestata flagitio amissi pudoris sustinebit infamiam.

53. Leges Burgundionum. Liber Constitutionum 44,2 (MGH.LNG 2,1), S. 75: Quod si mulier vidua cuicumque se non invita, sed libidine victa sponte miscuerit, et in vocem causantis eruperit, nec statutum percipiet numerum solidorum, nec eum, cui se tali dedecore sociaverit, coniugio ipsius reclamante ea iubemus addici; quia iustum est, ut actuum suorum vilitate confusa, nec matrimonio sit digna nec praemio.

54. Leges Burgundionum. Liber Constitutionum 52,3 (MGH.LNG 2,1), S. 85f: Et quoniam Aunegilde post mariti prioris obitum in sua potestate consistens se antedicto Fredegisclo non solum ex parentum consensu, verum etiam proprio arbitrio et voluntate donaverat, et maiorem nuptialis pretii partem sponso adnumerante perceperat, fidemque placiti libidinis ardore succensa disrumpens ad Baltamodi non tam vota cucurrit, quam ad consuetum flagitium remeavit, atque ob hoc non aliter tantum crimen tantumque dedecus libertatis quam sanguinis sui effusione debuerit expiari, tamen districtioni publicae dierum reverentiam praeponentes iubemus, ut Aunegilde divino humanoque dehonestata iudicio pretium, hoc est CCC solidos, Fredegisclo coacta dissolvat.

55. Leges Burgundionum. Liber Constitutionum 52,4 (MGH.LNG 2,1), S. 86: Nec Baltamodum quidem ab ipsius damnationis merito segregamus, qui mulierem alterius coniugio debitam praesumpsit accipere, cuiusque mortem causa poscebat; sed sententiam nostram ab interitu eius sub hac conditione sanctorum dierum consideratio revocavit, ut, nisi cum aliis undecim evidentia praebuerit sacramenta, quibus adfirmet: se eo tempore, quo ipsi saepius dicta Aunegilde quasi uxoris iure coniuncta est, ignorasse, quod Fredegisclo iam fuerat obligata, pretium suum, hoc est CL solidos, Fredegisclo non moretur exsolvere. Quod si iuraverit, neque damnum neque periculum patietur.

51. Leges Burgundionum. Liber Constitutionum 35,3 (MGH.LNG 2,1), S. 69: Wenn etwa die Eltern/Verwandten des Mädchens ihre eigene Tochter/Verwandte nicht bestrafen wollen, so geht das Mädchen seiner Freiheit verlustig und wird der königlichen Abhängigkeit unterworfen.
52. Leges Burgundionum. Liber Constitutionum 44,1 (MGH.LNG 2,1), S. 74: Wenn die Tochter eines freien Burgunders, bevor sie einem Ehemann übergeben wird, sich mit wem auch immer, entweder Barbar oder Römer, insgeheim durch die Schändlichkeit des Ehebruchs verbunden hat und man zur Anklage der Tat geschritten ist und das, was ihm vorgeworfen wird, so offen zutage getreten ist, soll der, der ihrer Schändung angeklagt ist und, wie gesagt, auch durch sicheren Beweis überführt ist, nachdem er 15 Schillinge gezahlt hat, keine Anklage [mehr] erleiden. Jene aber, von der Schandtat an ihr entehrt, wird zur Strafe den schlechten Ruf, sie habe ihr Unschuld verloren, zu ertragen haben.
53. Leges Burgundionum. Liber Constitutionum 44,2 (MGH.LNG 2,1), S. 75: Wenn sich eine Witwe – nicht gegen ihren Willen, sondern von ihrer Begierde übermannt – mit irgendeinem geschlechtlich vereinigt hat und als Anklägerin auftritt, soll sie weder den gesetzlichen Betrag an Schillingen erhalten, noch dulden wir, dass man ihr auf ihre Forderung hin den Mann zur Ehe zuspricht, mit dem sie sich in solcher Schande verbunden hat. Denn die Gerechtigkeit verlangt, dass sie – durch die Wertlosigkeit ihrer Taten verwirrt – weder der Ehe noch der Braut- bzw. Ehegabe wert sei.
54. Leges Burgundionum. Liber Constitutionum 52,3 (MGH.LNG 2,1), S. 85f: Es hatte nämlich Aunegilde sich nunmehr in freier Verfügungsgewalt über sich nach ihres ersten Mannes Tod dem besagten Fredegisal geschenkt – nicht nur mit der Zustimmung der Eltern/Verwandten, sondern auch aus eigenem Wunsch und Willen. Auch den größeren Anteil ihrer Braut- bzw. Ehegabe hatte sie vom Verlobten in bar erhalten. Allein von Leidenschaft erglüht brach sie die Treue gegenüber diesem Gelübde und lief dem Baldamod zu: nicht [erst] sich mit ihm zu verloben, sondern um zur gewohnten Unzucht zurückzukehren. So großes Unrecht, solche Schändung ihrer Freiheit hätte durch ihr Blut gesühnt werden sollen. [Einzig] die Ehrfurcht vor den [Feier-]Tagen gebot, die staatliche Sanktion hintan zu setzen. Demnach bestimmen wir, dass Aunegilde, vor göttlichem wie menschlichem Richterstuhl entehrt, ihre Braut- bzw. Ehegabe, also 300 Schillinge, an Fredegisal bezahlen muss.
55. Leges Burgundionum. Liber Constitutionum 52,4 (MGH.LNG 2,1), S. 86: Jedoch auch Baldamod schließen wir vom verdienten Schuldspruch nicht aus. Ihn, der es wagte, die einer Ehe mit einem anderen bestimmte Frau anzunehmen – wahrlich ein Fall, der seinen Tod verlangte! Einzig die Rücksicht auf die heiligen Tage hat unser Gericht von seinem Todesurteil abgehalten, freilich so, dass er sein Wergeld, 150 Schillinge, dem Fredegisal unverzüglich zahlt. Es sei denn, er würde mit anderen Elf kundbar beschwören und unter Eid versichern, dass er damals, als die [schon] öfter genannte Aunegilde sich ihm als Ehefrau verband, nicht wusste, dass sie dem Fredegisal schon versprochen war. Beschwört er das, so mag er weder Schaden noch Gefahr erleiden.

56. Leges Burgundionum. Liber Constitutionum 52,5 (MGH.LNG 2,1), S. 86f: [1] Iudicium vero in hac causa prolatum ad vicem mansurae in aevum legis praecipimus custodiri. Et ne quemquam deinceps ad exercendum tanti facinoris ausum permissae nunc compositionis temperamenta sollicitent, iubemus, ut quoscumque similis facti reatus aequaverit, non tam dispendia sustineant facultatum quam capitis amissione plectantur. [2] Rectius est enim, ut paucorum condemnatione multitudo corrigatur, quam sub specie incongruae civilitatis intromittatur occasio, quae licentiam tribuat delinquendi.

57. Leges Burgundionum. Liber Constitutionum 61 (MGH.LNG 2,1), S. 93: Quaecumque mulier natione barbara ad viri coitum spontanea voluntate furtim convenerit, nuptiale pretium in simplum tantum eius parentibus dissolvatur; et is, cui adulterii dicitur societate permixta, alterius postmodum coniugio si voluerit societur.

58. Leges Burgundionum. Liber Constitutionum 66,1 (MGH.LNG 2,1), S. 94f: Puella, quae marito traditur, patrem et fratres non habens nisi patruum et sorores, de wittimo tertiam partem patruus accipiat, et alteram tertiam sorores sibi noverint vindicandum.

59. Leges Burgundionum. Liber Constitutionum 66,2 (MGH.LNG 2,1), S. 95: Si vero puella sine patre[1] maritum accepit et fratres non habet, placuit, ut de wittimo tertiam partem mater accipiat et alteram tertiam proximiores parentes.

60. Leges Burgundionum. Liber Constitutionum 66,3 (MGH.LNG 2,1), S. 95: Si mater non fuerit, tertiam illam sorores accipiant.
61. Leges Burgundionum. Liber Constitutionum 68,1 (MGH.LNG 2,1), S. 95: Si adulterantes inventi fuerint, et vir ille occidetur et femina.

62. Leges Burgundionum. Liber Constitutionum 68,2 (MGH.LNG 2,1), S. 95: Nam hoc observandum est: ut aut utrumque occidat, aut si unum occiderit, pretium ipsius solvat, sub ea traditione pretii, quae est prioribus legibus constituta.

63. Leges Burgundionum. Liber Constitutionum 100 (MGH.LNG 2,1), S. 113: Quaecumque mulier Burgundia vel Romana voluntate sua ad maritum ambulaverit, iubemus, ut maritus ipse facultatem ipsius mulieris, sicut in ea habet potestatem, ita et de omnes res suas habeat.

---

1 Da im vorgenannten Kanon bereits vom *pater* die Rede ist, der verstorben ist und an dessen Stelle der *patruus* tritt, kann in diesem Fall auch nur der *patruus* gemeint sein.

56. Leges Burgundionum. Liber Constitutionum 52,5 (MGH.LNG 2,1), S. 86f: [1] Das in dieser Sache gefällte Urteil wollen wir aber einem für alle Zukunft gültigen Gesetz gleich geachtet wissen. Und auf dass damit die Abmilderung, die erlaubt, nur eine Geldbuße zu zahlen, keinen zu solcher Tat in der Zukunft ermutige, bestimmen wir, dass künftig das Verschulden gleicher Tat nicht mit Einbußen ihres Vermögens, sondern mit Verlust des Kopfes zu ahnden ist. [2] Denn es ist richtiger, dass die Masse durch über Einzelne verhängte Verurteilungen im Zaum gehalten wird, als dass unter dem Anschein unangemessener Milde Gelegenheit gegeben wird, die als Erlaubnis zum Verbrechen aufgefasst werden kann.

57. Leges Burgundionum. Liber Constitutionum 61 (MGH.LNG 2,1), S. 93: Wenn sich eine Frau barbarischer Abstammung freiwillig darauf einlässt, mit einem Manne geschlechtlich zu verkehren, soll die Braut- bzw. Ehegabe ihren Eltern/Verwandten nur einfach ausgezahlt werden. Und der, von dem gesagt wird, dass sie ihm in der Gemeinschaft des Ehebruchs beilag, kann danach, wenn er will, mit einer anderen in der Ehe verbunden werden.

58. Leges Burgundionum. Liber Constitutionum 66,1 (MGH.LNG 2,1), S. 94f: Ein Mädchen, das einem Ehemann übergeben wird und weder Vater noch Brüder hat, aber einen Onkel väterlicherseits und Schwestern, [da] soll der Onkel väterlicherseits den dritten Teil von der Braut- bzw. Ehegabe annehmen und die Schwestern sollen wissen, dass sie das andere Drittel in Anspruch nehmen dürfen.

59. Leges Burgundionum. Liber Constitutionum 66,2 (MGH.LNG 2,1), S. 95: Wenn aber ein Mädchen einen Mann annimmt und sie weder einen Onkel väterlicherseits[1] noch Brüder hat, so hat man beschlossen, die Mutter ein Drittel von der Braut- bzw. Ehegabe erhalten und die Nächstverwandten ein zweites Drittel.

60. Leges Burgundionum. Liber Constitutionum 66,3 (MGH.LNG 2,1), S. 95: Wenn sie keine Mutter mehr hat, so sollen deren Drittel die Schwestern erhalten.

61. Leges Burgundionum. Liber Constitutionum 68,1 (MGH.LNG 2,1), S. 95: Wenn diejenigen, die Ehebruch begangen haben, entdeckt werden, soll sowohl der Mann als auch die Frau getötet werden.

62. Leges Burgundionum. Liber Constitutionum 68,2 (MGH.LNG 2,1), S. 95: Denn darauf ist zu achten: Entweder tötet man sie beide, oder wo man nur einen tötet, muss man das Wergeld zahlen, und zwar das herkömmliche Wergeld, das in den früheren Gesetzen festgelegt ist.

63. Leges Burgundionum. Liber Constitutionum 100 (MGH.LNG 2,1), S. 113: Wir bestimmen, dass, welche burgundische oder römische Frau auch immer auf ihren Wunsch zu einem Ehemann gegangen ist, der Ehemann das Vermögen der Frau haben soll, denn so wie er die Macht über diese hat, soll er sie auch über ihren gesamten Besitz haben.

---

1 Da im vorgenannten Kanon bereits vom *pater* die Rede ist, der verstorben ist und an dessen Stelle der *patruus* tritt, kann in diesem Fall auch nur der *patruus* gemeint sein.

64. Leges Burgundionum. Lex Romana 9,1 (MGH.LNG 2,1), S. 132: Raptorum probata crimina taliter punienda, ut, si quis puellam, cum parentibus nihil ante depectus rapuerit aut volentem abduxerit, una cum facinoris ipsius intercurrentibus vel admissoribus puniantur.

65. Leges Burgundionum. Lex Romana 9,2 (MGH.LNG 2,1), S. 132: Nec parentibus liceat de hoc crimine cum raptore sub qualibet pactione conponere. Quod si facere praesumpserint, interfecto raptore conpositores ipsius criminis in exilio deputentur; quoniam tali se conditione iungentibus parentum successio denegatur.

66. Leges Burgundionum. Lex Romana 9,3 (MGH.LNG 2,1), S. 132: Cuius admissi persecutio intra quinquennium exercenda; post quinquennium vero actio persequendi criminis denegatur, secundum legem Theudosiani libro nono ad populum datam.

67. Leges Burgundionum. Lex Romana 22,1 (MGH.LNG 2,1), S. 144: Donationes ab avo vel avia, proavo vel proavia maternis, ita ad eos, quibus conlate sunt, pertenere, ut patri nullatenus adquirantur; a linea vero paterna memoratorum donationes, vel si quid filiis familias praeter expressas personas quarumcumque largitate conferetur, patrum proprietati indubitanter adquiri.

68. Leges Burgundionum. Lex Romana 22,2 (MGH.LNG 2,1), S. 144: Donationes etiam vel dotes, quas ex matrimonio filius vel filia in familia positi consecuntur, ad eorum proprietatem, quibus conlate sunt, remota patrum adquisitione sine dubio pertenere, secundum legem Theudosiani libro VIII. sub titulo: De maternis bonis [et] materni generis [et] de cretione sublata, et aliam sub sequenti [titulo] eodem libro: De bonis, quae filiis familias ex matrimonio adquiruntur.

69. Leges Burgundionum. Lex Romana 22,3 (MGH.LNG 2,1), S. 145: Sciendum tamen, donationis, tam aviaticas quam nuptialis, gestorum sollenni allegatione firmandas, praeter illas nuptiales donationes, quae intra ducentorum solidorum summam taxata conlatione potuerint inveniri.

70. Leges Burgundionum. Lex Romana 22,4 (MGH.LNG 2,1), S. 145: Gesta autem secundum locorum consuetudinem fieri placuit, nec interest, apud quem defensorem fuerint celebrata, secundum legem Theudosiani sub titulo: De donationibus.

64. Leges Burgundionum. Lex Romana 9,1 (MGH.LNG 2,1), S. 132: Das Verbrechen der Räubereien, das bewiesen ist, ist so zu bestrafen, dass, wenn jemand, ohne vorher mit den Eltern/Verwandten einig zu werden, ein Mädchen geraubt oder mit ihrem Einverständnis weggeführt hat, dieser zusammen mit den Vermittlern des Verbrechens oder mit denen, die es zugelassen haben, bestraft werden soll.
65. Leges Burgundionum. Lex Romana 9,2 (MGH.LNG 2,1), S. 132: Auch soll es den Eltern/Verwandten nicht erlaubt werden, sich über dieses Verbrechen mit dem Räuber in einer Übereinkunft zu verständigen. Wenn sie es gewagt haben sollten, sollen die, die es vereinbart haben, ins Exil verwiesen werden, nachdem der Räuber getötet worden ist; infolge dieser Übereinkunft soll ihnen die Eltern-/Verwandtenerbschaft verweigert werden.
66. Leges Burgundionum. Lex Romana 9,3 (MGH.LNG 2,1), S. 132: Die Verfolgung des Vergehens muss innerhalb eines Zeitraums von fünf Jahren betrieben werden; nach den fünf Jahren aber wird das Verfolgungsverfahren außer Kraft gesetzt werden, gemäß dem dem Volk gegebenen Gesetz des [Codex] Theodosianus, Buch neun.
67. Leges Burgundionum. Lex Romana 22,1 (MGH.LNG 2,1), S. 144: Schenkungen vom Großvater oder von der Großmutter, vom Urgroßvater oder von der Urgroßmutter mütterlicherseits sollen in der Weise denen gehören, denen sie gewährt worden sind, dass sie vom Vater keineswegs erworben werden können; Schenkungen von Seiten der väterlichen Linie aber oder wenn etwas den Kindern innerhalb der Familie, von den vorerwähnten Personen abgesehen, durch die Freigebigkeit irgendwelcher Personen geschenkt worden sein sollte, sollen unzweifelhaft zum Besitz der Väter gerechnet werden.
68. Leges Burgundionum. Lex Romana 22,2 (MGH.LNG 2,1), S. 144: Schenkungen oder sogar Braut- bzw. Ehegaben, die einem Sohn oder einer Tochter aufgrund der Eheschließung von ihrer jeweiligen Familie verabfolgt werden, sollen ohne Zweifel – beide Väter dürfen sie nicht erwerben – zum Besitz derer zählen, denen sie geschenkt worden sind. Das geschieht gemäß dem Gesetz des [Codex] Theodosianus, Buch acht unter dem Titel: ›Von den mütterlichen Gütern sowohl der mütterlichen Nachkommen als auch von der aufrechterhaltenen Erbschaftsübernahme‹ und gemäß einer anderen Satzung im selben Buch unter dem folgenden Titel: ›Von den Gütern, die aus der Eheschließung von den Kindern der Familie erworben werden‹.
69. Leges Burgundionum. Lex Romana 22,3 (MGH.LNG 2,1), S. 145: Man muss jedoch wissen, dass die Schenkungen – sowohl die großmütterlichen als auch die hochzeitlichen – durch förmliche Bestätigung anhand von Urkunden zu bekräftigen sind, außer jenen Braut- bzw. Ehegaben, deren Schenkwert innerhalb der Summe von 200 Schillingen bleibt.
70. Leges Burgundionum. Lex Romana 22,4 (MGH.LNG 2,1), S. 145: Man hat es für gut befunden, dass die Urkunden gemäß der Gewohnheit der Gegenden ausgestellt werden sollen, und es besteht kein Unterschied, in Gegenwart welches Amtmannes sie durchgeführt worden sind, gemäß dem Gesetz des [Codex] Theodosianus unter dem Titel: Von den Schenkungen.

71. Leges Burgundionum. Lex Romana 22,5 (MGH.LNG 2,1), S. 145: Sciendum etiam, usufructuarias donationes sine traditione constare, quia usufructus exceptio pro traditione conputatur. Quod si usufructuaria non fuerit, et traditio non fuerit subsecuta, donatio legibus infirmatur.

72. Leges Burgundionum. Lex Romana 22,6 (MGH.LNG 2,1), S. 145: Donationes vero nuptiales has tantum sine gestis admitti, quas aetate minores, id est posite inter XXV annos, accipiunt, etiam si summam ducentorum solidorum probentur excedere.

73. Leges Burgundionum. Lex Romana 22,7 (MGH.LNG 2,1), S. 145: De animalibus, vestibus, gemmis vel quocumque metallo vel aliis, quae pondere, numero, mensura constant, omnem donandi solennitatem in sola traditione posse constare.

74. Leges Burgundionum. Lex Romana 25 (MGH.LNG 2,1), S. 146: Maritus, si adulterum cum uxore invenerit ita, ut in unum sint et sese commisceant, liberum arbitrium habebit, utrumque uno ictu punire, secundum legem novellam Maioriani, quae exinde ad ius vetus cuncta revocavit.

75. Leges Burgundionum. Lex Romana 27,1 (MGH.LNG 2,1), S. 147: Si quis arras sponsalium nomine dederit, et pater vel mater acceptis arris, eo qui arras dedit refutato, alium fortasse receperunt, arras in quadruplum esse reddendas; si vero puella aut per se aut per quamcumque propinquorum aut tutorum personam arras accipiat, et nuptias voluerit recusare vel alium fortasse recepere, poenam suprascriptae solutionis de propria facultate ipsa dissolvat; actione contra illum, qui illa inconsulta arras susceperit, reservata.

76. Leges Burgundionum. Lex Romana 27,2 (MGH.LNG 2,1), S. 148: Hoc etiam constitutum, ut quisque datis arris intra biennium nuptias celebrare tardaverit, sine arrarum solutione liceat parentibus puellam desponsatam alii matrimonio sociare.

77. Leges Burgundionum. Lex Romana 27,3 (MGH.LNG 2,1), S. 148: Similiter constitutum, ut qui datis arris puellam declinat accipere, id, quod arrarum nomine datum probatur, amittat; quod vero a patre puelle muneris gracia puer acciperat, reformetur.

78. Leges Burgundionum. Lex Romana 37,1 (MGH.LNG 2,1), S. 155: Nuptiae legitimae contrahuntur, si conventu parentum aut ingenuorum virorum intercurrente nuptiali donatione legitime celebrentur.

79. Leges Burgundionum. Lex Romana 37,2 (MGH.LNG 2,1), S. 155f: Quod si pares fuerint honestate persone, consensus perficit nuptias; sic tamen, ut nuptialis donatio sollenniter celebretur; aliter filii exinde nati legitimorum locum obtinere non poterint, et fit in hac hereditate successioni locus his, qui ab

71. Leges Burgundionum. Lex Romana 22,5 (MGH.LNG 2,1), S. 145: Man muss auch wissen, dass die Schenkungen zum Nießbrauch ohne förmliche Übergabe genutzt werden können, weil die Spezifizierung auf den Nießbrauch als Übergabe gilt. Weil, wenn es nicht zum Nießbrauch geschehen ist und die Übergabe nicht unmittelbar folgt, die Schenkung den Gesetzen nach keinen Bestand hat.
72. Leges Burgundionum. Lex Romana 22,6 (MGH.LNG 2,1), S. 145: Diese Braut- bzw. Ehegaben aber, die die altersmäßig Jüngeren annehmen, das heißt diejenigen, die bis 25 Jahre alt sind, werden bloß ohne Urkunden zugelassen, auch wenn sie nachweislich die Summe von 200 Schillingen überschreiten.
73. Leges Burgundionum. Lex Romana 22,7 (MGH.LNG 2,1), S. 145: Bei Lebewesen, Kleidung, Edelsteinen oder irgendwelchem Metall oder bei anderen Dingen, die auf Gewicht, Zahl, Maß beruhen, kann die ganze Förmlichkeit des Schenkens allein in der Übergabe bestehen.
74. Leges Burgundionum. Lex Romana 25 (MGH.LNG 2,1), S. 146: Wenn ein Ehemann den Ehebrecher mit der Ehefrau so entdeckt hat, dass sie eins sind und sich geschlechtlich miteinander vereinigen, wird er die freie Entscheidung haben, beide mit einem Schlag zu bestrafen gemäß der Novelle des Maiorianus, die von da an das gesamte alte Recht außer Kraft gesetzt hat.
75. Leges Burgundionum. Lex Romana 27,1 (MGH.LNG 2,1), S. 147: Wenn jemand im Sinne der Verlobung die Verlobungsgabe gegeben hat und Vater oder Mutter haben, nachdem sie die Verlobungsgabe angenommen haben, diesen, der die Verlobungsgabe gegeben hat, zurückgewiesen und vielleicht einen anderen [zum Verlobten ihrer Tochter] angenommen, [dann] ist die Verlobungsgabe vierfach zurückzugeben; wenn aber das Mädchen entweder selbst oder durch irgendeinen von den Verwandten oder von den Schutzgewaltinhabern die Verlobungsgabe annimmt, dann jedoch die Hochzeit ablehnen oder vielleicht einen anderen annehmen wollte, soll sie die Strafe der oben genannten Zahlung von ihrem eigenen Vermögen bezahlen; eine gerichtliche Klage gegen jenen, der die Verlobungsgabe angenommen hat, ohne sie zu fragen, ist vorzubehalten.
76. Leges Burgundionum. Lex Romana 27,2 (MGH.LNG 2,1), S. 148: Auch dies wird verordnet, dass, wenn jemand nach der Abgabe der Verlobungsgabe die Hochzeit innerhalb eines Zeitraums von zwei Jahren zu feiern verzögert, es den Eltern/Verwandten ohne (Rück-)Zahlung der Verlobungsgabe erlaubt ist, das Mädchen mit einem anderen in der Ehe zu verbinden.
77. Leges Burgundionum. Lex Romana 27,3 (MGH.LNG 2,1), S. 148: Gleichermaßen wird verordnet, dass der, der sich weigert, das Mädchen anzunehmen, das verlieren soll, was als Verlobungsgabe anerkannterweise gegeben wurde: Das aber, was der Junge vom Vater des Mädchens als bloßes Geschenk angenommen hat, soll zurückgezahlt werden.
78. Leges Burgundionum. Lex Romana 37,1 (MGH.LNG 2,1), S. 155: Eine Ehe wird rechtmäßig geschlossen, wenn sie mit der Übereinkunft der Eltern/Verwandten oder freier Männer [und] mittels einer Braut- bzw. Ehegabe rechtsförmlich gefeiert wird.
79. Leges Burgundionum. Lex Romana 37,2 (MGH.LNG 2,1), S. 155f: Wenn die Personen gleichen Ansehens gewesen sind, bewirkt der Konsens die Hochzeit; vorausgesetzt, dass die Braut- bzw. Ehegabe förmlich gefeiert wird: Sonst können die Kinder, die aus dieser Ehe hervorgehen, dementsprechend den Platz der

intestato per agnationem, ac si agnatio defuerit, per cognationem forte succedunt.[2]

80. Leges Burgundionum. Lex Romana 37,5 (MGH.LNG 2,1), S. 156: Inter ingenuum vero et ancillam, sive servum et ingenuam, sicut consensus contubernia facere possunt, ita nuptiae non vocantur, et qui ex his nati fuerint, deteriorem lineam secuti dominis adquiruntur.

Edictum Theoderici Regis
(erste zwei Jahrzehnte des 6. Jahrhunderts)

81. Edictum Theoderici Regis 21 (MGH.L 5), S. 154: Si quis ancillam alienam aut originariam violenter cum multitudine congregata rapuerit, si ingenuus est, raptoris poena feriatur quia violentiae crimen admittit: si servus est aut colonus, et sua hoc tantum voluntate commisit, simili ratione puniatur.

82. Edictum Theoderici Regis 61 (MGH.L 5), S. 158: Si quis vero servus, etiamsi cum volente et adquiescente vidua, hoc crimen admiserit flammis ultricibus exuratur: illa quoque adulterii poena damnanda, quae non erubuit servili subiacere libidini.

83. Edictum Theoderici Regis 65 (MGH.L 5), S. 159: Quoties se ancillae ingenuus aut originarius aut servus forte miscuerit, necesse est ut omnis matrem sequatur agnatio, id est, filii omnes ad dominum ancillae, pertineant.

84. Edictum Theoderici Regis 66 (MGH.L 5), S. 159: Quoties vero se originariae servus alienus ingenuusve miscuerit, nihilominus omnes filii matrem sequantur.

85. Edictum Theoderici Regis 67 (MGH.L 5), S. 159: Si vero originarius alienus se originariae fortasse coniunxerit, duas filiorum partes originarii dominus, et tertiam sobolis originariae dominus consequatur.

---

2   Mit der *agnatio* könnten alle Blutsverwandten der väterlichen Linie gemeint sein, mit der *cognatio* wären dann jene Blutsverwandten anvisiert, die über die mütterliche Linie verwandt sind. In diesem Fall kann *agnatio* kaum allgemein die Nachkommenschaft meinen.

rechtmäßig Geborenen nicht erhalten und in der Erbschaftsfolge wird denen der Platz gehören, die ohne Testament durch Verwandtschaft väterlicherseits folgen, und falls Verwandtschaft väterlicherseits fehlt, [wird denen der Platz in der Erbschaftsfolge gehören, die] wohl aufgrund der Verwandtschaft mütterlicherseits folgen.[2]

80. Leges Burgundionum. Lex Romana 37,5 (MGH.LNG 2,1), S. 156: Zwischen einem freien Mann und einer abhängigen Frau oder einem abhängigen Mann und einer freien Frau kann der Konsens zwar eine eheliche Verbindung zustande bringen, was aber nicht Ehe genannt wird. Und die, die von ihnen geboren werden, werden von den Herren erworben, indem ihnen die schlechtere Linie zuteil geworden ist.

Edictum Theoderici Regis
(erste zwei Jahrzehnte des 6. Jahrhunderts)

81. Edictum Theoderici Regis 21 (MGH.L 5), S. 154: Wenn jemand eine abhängige Frau (*ancilla*) eines anderen oder eine abhängige Frau (*originaria*) gewalttätig, nachdem einer eine große Schar um sich versammelt hat, geraubt hat, soll er, wenn er ein freier Mann ist, mit der Strafe für einen Räuber getroffen werden, weil er eine Gewalttat begangen hat: Wenn es ein abhängiger Mann oder ein Kolone ist und er dies nach eigenem Gutdünken begangen hat, soll er auf die gleiche Weise bestraft werden.
82. Edictum Theoderici Regis 61 (MGH.L 5), S. 158: Wenn aber ein abhängiger Mann diese Straftat [, einer Witwe Gewalt anzutun,] begangen hat, soll er, auch wenn es die Witwe gewollt und hingenommen hat, in rächenden Flammen verbrannt werden: Auch jene ist mit der Strafe des Ehebruchs zu verurteilen, weil sie sich nicht geschämt hat, sich der Begierde eines abhängigen Mannes zu unterwerfen.
83. Edictum Theoderici Regis 65 (MGH.L 5), S. 159: Jedes Mal wenn sich ein freier, ein abhängiger (*originarius*) oder ein abhängiger (*servus*) Mann mit einer abhängigen Frau geschlechtlich vereinigt hat, ist es notwendig, dass die ganze Nachkommenschaft der Mutter folgt, das heißt, dass alle Kinder dem Herrn der abhängigen Frau gehören.
84. Edictum Theoderici Regis 66 (MGH.L 5), S. 159: Jedes Mal wenn sich ein abhängiger Mann eines anderen oder ein freier Mann mit einer abhängigen Frau geschlechtlich vereinigt hat, sollen nichtsdestoweniger alle Kinder der Mutter folgen.
85. Edictum Theoderici Regis 67 (MGH.L 5), S. 159: Wenn ein abhängiger Mann eines anderen eventuell eine abhängige Frau geheiratet hat, soll der Herr des abhängigen Mannes zwei Drittel der Kinder, der Herr der abhängigen Frau aber ein Drittel der Nachkommenschaft erlangen.

---

2 Mit der *agnatio* könnten alle Blutsverwandten der väterlichen Linie gemeint sein, mit der *cognatio* wären dann jene Blutsverwandten anvisiert, die über die mütterliche Linie verwandt sind. In diesem Fall kann *agnatio* kaum allgemein die Nachkommenschaft meinen.

Leges Visigothorum
(531–693)

86. Lex Visigothorum III,1,1 (MGH.LNG 1), S. 121: Ut tam Goto Romana, quam Romano Gotam matrimonio liceat sociari. Sollicita cura in principem esse dinoscitur, cum pro futuris utilitatibus beneficia populo providentur; nec parum exultare debet libertas ingenita, cum fractas vires habuerit prisce legis abolita sententia, que incongrue dividere maluit personas in coniuges, quas dignitas conpares exequabit in genere. Ob hoc meliori proposito salubriter censentes, prisce legis remota sententia, hac in perpetuum valitura lege sanccimus: ut tam Gotus Romanam, quam etiam Gotam Romanus si coniugem habere voluerit, premissa petitione dignissimam, facultas eis nubendi subiaceat, liberumque sit libero liberam, quam voluerit, honesta coniunctione, consultum perquirendo, prosapie sollemniter consensu comite, percipere coniugem.

87. Lex Visigothorum III,1,2 (MGH.LNG 1), S. 122f: [1] Si puella contra volumtatem patris alio nubat, cum sit alteri disponsata. Si quis puellam cum volumtatem patris sponsatam habuerit, et ipsa puella, contemnens volumtatem patris, ad alium tendens, patri contradicat, ut illi non detur; cui a patre fuerit pacta, hoc ita eam nullo modo facere permittimus. Quod si ipsa puella contra volumtatem paternam ad alium, quem ipsa cupierat, forte pervenerit, et ipse eam uxorem presumserit, ambo in potestatem eius tradantur, qui eam cum volumtatem patris sponsatam habuerat. Et si fratres vel mater eius aut alii parentes male volumtati eius consenserint, ut eam illi traderent, quem ipsa sibi contra paternam volumtatem cupierat, et hoc ad effectum perduxerint, illi, qui hoc macinaverunt, libram auri dent, cui rex iusserit; sic tamen, ut volumtas eorum non habeat firmitatem, sed ipsi, sicut superius diximus, ambo tradantur cum omni substantia sua illi, cui antea fuerat disponsata. [2] Eandem legem precipimus custodiri, si pater de filie nuptiis definierit et de pretio convenerit, hac si ab hac vita transierit, antequam eam pater suus nuptui tradat: [3] ut illi puella tradatur, cui a patre vel a matre pacta constiterit. [...].

88. Lex Visigothorum III,1,3 (MGH.LNG 1), S. 124: [1] De non revocandis datis arris. [...] [2] Quia ergo sunt plerique, qui facte sponsionis inmemores nuptialium federum definitionem differant adinplere, abrogari decet huius rei licentiam, ut non unusquisque pro suo velle alteri dilationem exibeat. [3] Ideoque a die late huius legis decernimus, ut, cum inter eos, qui disponsandi sunt, sive inter

Leges Visigothorum
(531–693)

86. Lex Visigothorum III,1,1 (MGH.LNG 1), S. 121: Einem Goten ist es erlaubt, eine Römerin, und einem Römer ist es erlaubt, eine Gotin zur Frau nehmen. Es ist anerkanntermaßen Sache des Fürsten, eifrig Sorge dafür zu tragen, dass um des künftigen Gemeinwohls willen dem Volke Wohltaten erwiesen werden. Und nicht wenig müssen sich die freuen, die von angeborener Freiheit sind, dass die Geltung jenes alten Gesetzes nun gebrochen und abgeschafft ist, das auf unpassende Weise einen Unterschied bei den Personen der Ehepartner machten wollte, die der Rang und die Abstammung gleichstellt. Deshalb bestimmen wir aus besserem und heilsamen Ratschluss und unter Aufhebung der Bestimmung des altes Gesetzes, dass künftig Folgendes als Gesetz für immer gelten soll: Wenn ein Gote eine Römerin oder ein Römer eine Gotin zur Gattin haben will, sollen sie die Möglichkeit haben, zu heiraten, nachdem sie eine würdige Bewerbung vorausgeschickt haben; und dem freien Mann sei es erlaubt, die freie Frau, die er will, in ehrenhafter Verbindung nach reiflicher Überlegung und mit förmlicher Einwilligung ihrer Familie zur Gattin zu nehmen.
87. Lex Visigothorum III,1,2 (MGH.LNG 1), S. 122f: [1] Wenn ein Mädchen gegen den Willen des Vaters einen anderen heiratet als den, mit dem sie verlobt ist. Wenn jemand ein Mädchen mit Willen ihres Vaters zur Verlobten hat und dieses Mädchen, den väterlichen Willen verachtend, aus Neigung zu einem anderen strebend dem Vater widerspricht, um nicht jenem angetraut zu werden, dem sie vom Vater verlobt wurde, so soll ihr das in keiner Weise erlaubt sein. Wenn nun dieses Mädchen etwa gegen den Willen des Vaters doch zu dem anderen, den sie selber begehrt hat, gegangen ist und dieser sie zur Frau zu nehmen gewagt hatte, sollen beide in die Gewalt dessen gegeben werden, der sie mit Willen des Vaters zur Verlobten hatte. Und wenn die Brüder des Mädchens oder die Mutter oder sonstige Verwandte ihrer üblen Entscheidung zugestimmt haben, um sie nämlich dem anzutrauen, den sie gegen des Vaters Willen begehrt hat, und wenn sie das auch fertig gebracht haben, so sollen jene, die das durch ihre Machenschaften ins Werk gesetzt haben, dem ein Pfund Gold entrichten, den der König bestimmt hat; auf solche Weise soll ihre Absicht keinen Bestand haben, sondern sie sollen, wie oben gesagt, beide mit ihrem ganzen Vermögen in die Gewalt des früheren Verlobten gegeben werden. [2] Die gleiche Bestimmung befehlen wir einzuhalten, wenn ein Vater nach Festsetzung der Hochzeit der Tochter und der Braut- bzw. Ehegabe aus diesem Leben scheidet, bevor er selbst seine Tochter antrauen kann, [3] [dann] soll das Mädchen doch dem angetraut werden, dem sie in kundbarer Weise von Vater oder Mutter verlobt worden ist. […].
88. Lex Visigothorum III,1,3 (MGH.LNG 1), S. 124: [1] Über Verlobungsgaben, die nicht zurückgefordert werden dürfen, wenn sie einmal gegeben worden sind. […] [2] Weil es also sehr viele gibt, die – uneingedenk des Versprechens, das gemacht worden ist – die Festsetzung des Ehevertrages zu erfüllen verzögern, geziemt es sich für diese Sache, dass die Erlaubnis abgeschafft wird, dass je-

eorum parentes aut fortasse propinquos pro filiorum nuptiis coram testibus precesserit definitio, et anulus arrarum nomine datus fuerit vel acceptus, quamvis scripture non intercurrant, nullatenus promissio violetur. [4] Nec liceat uni parti suam inmutare aliquatenus volumtatem, si pars altera prebere consensum noluerit; [5] sed, secundum legem alteram constitutionem dotis inpleta, nuptiarum inter eos peragatur festa celebritas.

89. Lex Visigothorum III,1,4 (MGH.LNG 1), S. 124f: [1] Ne viris minoris etatis maiores femine disponsentur. Ius nature tunc directi in spem procreationis future transmittitur, cum nuptiarum fedus totius sollemnitatis concordia ordinatur. Nam si aut etatum aut personarum inconpetenti condicione adnectitur copulum nuptiale, quid restat in procreationis origine, nisi ut quod nasciturus est aut dissimile maneat aut biforme[3]? Nec enim poterit in pacis concordia nasci, quod per discordiam originis noscitur seminari. Vidimus enim quosdam non avidos amore nature, sed inlectos cupiditatis ardore filiis suis tam inordinatim disponere federa nuptiarum, ut in eorum actis nec etatum concors sit ordo, nec morum. Nam cum viris res illa dederit nomen, quod vi feminas agant, sti[4] per repugnantia nature conamina maribus puellulas anteponunt, dum infantibus adulescentulas disponsationis copula iungunt sicque per etatis prepostere tempus honestatis lucrum dilabi cogunt ad inpudicitie lapsum, dum puellarum avidior et maxima etas seros tardosque virorum contemnit expectare proventus. Ut ergo male ordinata propagatio generis in ordine a transductionibus reducatur inlicitis, huius sanctione decernitur legis, ut femine minoris semper etate viris maioribus in matrimonium disponsentur. Aliter disponsatio facta, si una pars contradicere videatur, nullo modo manere iubetur. [2] A die vero sponsionis usque ad nuptiarum diem non amplius quam biennium expectetur, nisi aut parentum aut cognationis vel certe ipsorum sponsorum, si profecte sunt iam etatis, honesta et conveniens, adfuerit consensio volumtatis. Sin autem in hoc federe inita pacta vel definitiones pro elongatione nuptiarum communis volumtas inmutare decreverit, aut si per necessitatem una persona defuerit, non amplius quam duorum annorum tempus prolongatio continebit. Et si rursum vel quotiens fieri ita convenerit, biennii tantummodo in definitione spatium erit. Aliter quandoque aut arrarum aut scripture celebrata confectio non valebit. [3] Si quis sane constitutum definitionis tempus absque necessitatem vel volumtatis consensionem transcendere voluerit suamque volumtatem a promissione coniugali removerit, et penam, que in placito continetur, adinpleat, et quod definitum est inmutare non liceat. [4] Mulier autem, quam constiterit

---

3 *diforme.*
4 *isti.*

mand aus seinem eigenen Willen heraus dem anderen Aufschub aufzwingt. [3] Deshalb beschließen wir von dem Tag an, an dem dieses Gesetz erlassen worden ist, dass – wenn zwischen denen, die verlobt worden sind, oder zwischen ihren Eltern oder vielleicht zwischen ihren Verwandten der Beschluss über die Hochzeit der Kinder im Angesicht von Zeugen vorangegangen und der Ring als Verlobungsgabe gegeben oder angenommen worden ist, obgleich Schriftstücke nicht hinzukommen – das Versprechen auf keinen Fall verletzt werden soll. [4] Auch ist es einer einzelnen Partei nicht erlaubt, dass sie ihren Willen in irgendeinem Punkt verändert, wenn die andere Partei [ihre] Zustimmung nicht geben will; [5] aber sobald die andere Verordnung über die Braut- bzw. Ehegabe gemäß dem Gesetz erfüllt worden ist, soll die Hochzeit zwischen ihnen gefeiert werden.

89. Lex Visigothorum III,1,4 (MGH.LNG 1), S. 124f: [1] Männer geringeren Alters dürfen nicht mit älteren Frauen verlobt werden. Denn das Naturrecht wird dann in Hoffnung auf künftige Nachkommenschaft auf gerechte Weise befolgt, wenn der Hochzeitsvertrag einträchtig mit aller Förmlichkeit aufgestellt wird. Denn wenn das Hochzeitsband bei unpassendem Alters- oder Personenverhältnis geknüpft wird, was bleibt [dann] für den Ursprung der Nachkommenschaft übrig, wenn nicht das, was geboren werden wird, entweder unähnlich oder missgestaltet[3] bleibt? Es kann nämlich auch nicht [etwas] in Eintracht des Friedens entstehen, wovon man weiß, dass es durch Zwietracht des Ursprungs erzeugt wird. Wir sehen nämlich einige, [die] nicht durch natürliche Liebe, sondern durch die Glut der Begierde begierig darauf sind, ihren Kindern dermaßen ungeordnete Hochzeitsverträge aufzustellen, sodass in ihrem Handeln die Ordnung weder des Alters noch der Sitten übereinstimmt. Denn wenn den Männern die Tatsache den Namen gibt, dass sie Macht über die Frauen ausüben, werden den [erwachsenen] Männern anhand[4] naturwidriger Verkehrungen kleine Mädchen zur Verfügung gestellt, während Männer im Kindesalter und junge Mädchen durch ein Verlobungsband zusammengebracht werden. So werden Letztere dazu veranlasst, wegen Verkehrung der Altersverhältnisse die Frucht der Sittlichkeit zu verderben und sich in Unzucht zu stürzen, da das begehrende und höhere sich in voller Blüte befindende Alter der Mädchen es verschmäht, den späten und schwerfälligen Erträgen der Männer entgegenzusehen. Damit also die Fortpflanzung des Geschlechts, die durch unerlaubte Überantwortung schlecht veranlasst worden ist, wieder berichtigt wird, wird durch diese gesetzliche Verfügung beschlossen, dass Frauen jungen Alters immer mit Männern älteren Alters in der Ehe verlobt werden. Falls eine Verlobung anders geschehen ist und ein Teil [der Kontrahenten] dagegen Einspruch zu erheben scheint, wird angeordnet, dieses nicht so zu belassen. [2] Vom Tag der Verlobung aber bis zum Tag der Hochzeit soll man nicht mehr als zwei Jahre warten, wenn [diesbezüglich] keine ehrliche und einträchtige Übereinstimmung des Willens der Eltern, der Verwandten oder sicherlich der Verlobten selbst – falls sie schon volljährig sind – vorhanden ist. Wenn aber der

---

3 *diforme.*
4 *isti.*

aut unum aut plures habuisse maritos, post eorumdem virorum obitum alii viro ab adulescentie eius annis, seu illi, qui necdum uxorem habuit, sive ei, quem unius vel plurimorum coniugum vita destituit, honeste hac legaliter nubere nullatenus inlicita erit.

90. Lex Visigothorum III,1,5 (MGH.LNG 1), S. 126f: [1] De quantitate rerum conscribende dotis. Cum de dotibus diversa sepe inter nubentes oriatur intentio, plurimorum fit utilitati consultum, si evidens rei huius institutio nihil ultra relinquat ambiguum. Decernimus igitur hac legis huius perpetim servatura sanctione censemus, ut quicumque ex palatii nostri primatibus vel senioribus gentis Gotorum filiam alterius vel cuiuslibet relictam filio suo poposcerit in coniugo copulandam, seu quisquis ex predicto ordinem uxorem sibi elegerit expetendam, non amplius in puelle vel mulieris nomine dotis titulo conferat vel conscribat, rebus omnibus intromissis, quam quod adpretiatum rationabiliter mille solidorum valere summam constiterit, adque insuper X pueros, X puellas[5] et caballos XX sit illi conscribendi dandique concessa libertas; ita ut de his omnibus rebus in coniugio mulier adsumta, si non reliquerit filios, facere quod voluerit liberam se noverit habere licentiam; aut si intestata decesserit, ad maritum aut ad propinquos mariti heredes eadem donatio redeat. [2] Nec erit ultra licitum puelle parentibus seu etiam puelle vel mulieri ab sponso vel ab sponsi parentibus plus quidquam petere vel in suo nomine conscribendum obtare, nisi quantum nunc legis huius institutio continet; aut si forte, iuxta quod et legibus Romanis recolimus fuisse decretum, tantum puella vel mulier de suis rebus sponso dare elegerit, quantum sibi ipsa dari poposcerit. Quod si forsitam preventus sponsus scripture alicuius vel sacramenti vinculo nuptiarum tempore alligetur, amplius se sponse daturum, quam quod hac lege constat esse permissum, id postea ipse convellere et in iuris sui potestatem reducere libero potietur arbitrio. Sin autem iuramenti reverentia pavidus aut, ut solet, neglegentia deditus, quod amplius sponse dederat, revocare aut evacuare noluerit vel nequiverit, non oportebit unius

---

5 Möglicherweise handelt es sich in diesen Fällen um abhängige Personen, weil sie im Kontext von zu verschenkenden Gütern genannt werden.

gemeinschaftliche Wille entscheidet, das, was über den Aufschub der Hochzeit festgesetzt worden ist – nachdem der Vertrag oder die Bestimmungen dazu gemacht worden sind –, zu ändern, oder wenn wegen höherer Gewalt eine Person nicht da ist, wird eine Verlängerung nicht länger als für eine Dauer von zwei Jahren [möglich] sein. Und wenn man sich wieder oder wie oft [auch] geeinigt hat, dass es so geschieht, soll die Verabredung nur einen Spielraum von zwei Jahren haben. Wenn dies wann immer anders [geschieht], wird weder die feierliche Anfertigung der Verlobungsgabe noch die des Schriftstücks gültig sein. [3] Wenn jemand freilich die verordnete Zeit der Verabredung ohne Notwendigkeit oder willige Zustimmung überschreiten will und seinen Willen vom Eheversprechen zurückzieht, soll er die Strafe leisten, die in der Gerichtsversammlung und ihrem Beschluss festgehalten wurde. Und was beschlossen worden ist, darf nicht geändert werden. [4] Der Frau aber, von der feststeht, dass sie einen oder mehrere Ehemänner hatte, ist es nach dem Tod der Männer keineswegs verboten, einen anderen Mann aus ihrer Jugendzeit oder einen anderen, der noch keine Ehefrau hatte, oder aber einen, der in seinem Leben [schon] eine oder mehrere Ehefrauen verloren hatte, ehrenvoll und rechtmäßig zu heiraten.

90. Lex Visigothorum III,1,5 (MGH.LNG 1), S. 126f: [1] Über die Menge der Güter, die als Braut- bzw. Ehegabe urkundlich zu übertragen sind. Weil bei den Heiratenden über die Braut- bzw. Ehegabe oft unterschiedliche Ansichten bestehen, ist es zum Nutzen vieler, wenn man beschließt, eine Satzung über diese Angelegenheit so deutlich zu formulieren, dass sie künftig nichts Zweideutiges zurücklässt. Deshalb beschließen wir durch diesen gesetzlichen Erlass, der, wie wir es abschätzen, eine dauerhafte Wirkung haben wird, dass, wer auch immer von den Vornehmsten unseres Königshofes oder von den Adligen des gotischen Volkes die Tochter eines anderen oder die Witwe eines Beliebigen für seinen Sohn gefordert hat, [um sie] in der Ehe zu verbinden, oder wer auch immer bestrebt ist, eine Ehefrau aus dem vorher genannten Rang für sich auszuwählen, [dass dieser] dem Mädchen oder der Frau urkundlich eine Summe als Braut- bzw. Ehegabe zukommen lassen oder übertragen soll, welche bei einer vernünftigen, den ganzen Besitz mitberücksichtigenden Einschätzung den Betrag von 1000 Schillingen nicht überschreiten darf; oben drauf seien ihr zehn Jungen, zehn Mädchen[5] und 20 Pferde urkundlich zu übertragen und die Freiheit zugestanden, [alles dies] zu schenken, sodass die zur Ehefrau Angenommene die Erlaubnis anerkannt erhalten soll – wenn sie keine Kinder hinterlassen hat –, mit allen diesen ganzen Dingen zu machen, was sie will; wenn sie ohne Testament verstorben ist, soll dasselbe Geschenk an ihren Mann oder an die Eltern/Verwandten des Mannes als [seine] Erben zurückgegeben werden. [2] Darüber hinaus sei es den Eltern/Verwandten des Mädchens oder auch dem Mädchen oder der Frau nicht erlaubt, vom Bräutigam oder von den Eltern/Verwandten des Bräutigams mehr zu erbitten oder in seinem Namen urkundlich übertragen zu wünschen als das, was die Anordnung dieses Gesetzes jetzt ent-

---

5 Möglicherweise handelt es sich in diesen Fällen um abhängige Personen, weil sie im Kontext von zu verschenkenden Gütern genannt werden.

tepiditate multis ad futurum damna nutriri; sed dum sponsi parentes vel propinqui tale factum agnoverint, universa, que plus, quam supra taxatum est, sponse conlata sunt, suo iuri absque cuiusquam preiudicium perenniter vindicabunt. [3] Certe si iam vir habens uxorem, transacto scilicet anno, pro dilectione vel merito coniugalis obsequii ei aliquid donare elegerit, licentiam incunctanter habebit. Nam non aliter infra anni circulum maritus in uxorem seu mulier in maritum, excepto dotem, ut predictum est, aliam donationem conscribere potuerint, nisi gravati infirmitate periculum sibi mortis inminere prespexerint[6]. [4] De ceteris vero, qui nubendi volumtatem habuerint, salubri etiam proposito providendum decernendumque curabimus, ut qui in rebus omnibus decem milium solidorum dominus esse dinoscitur, ad mille solidos, rerum universarum contropatione habita, in nomine isponse[7] sue dotem conscribat. Cui autem mille solidorum facultas est, de centum solidis tali aderatione dotem facturus est. Et sic sta[8] constitutio dotalis tituli ad ultimam usque summam omni controversia sopita perveniet. […].

91. Lex Visigothorum III,1,6 (MGH.LNG 1), S. 130: Antiqua. Ut dotem puelle pater exigat et conservet. Dotem puelle traditam pater exigendi vel conservandi ipsi puelle habeat potestatem. Quod si pater vel mater defuerint, tunc fratres vel proximi parentes dotem, quam susceperint, ipsi consorori sue ad integrum restituant.
92. Lex Visigothorum III,1,7 (MGH.LNG 1), S. 130f: Antiqua. [1] Ut patre mortuo utriusque sexus filiorum coniunctio in matris potestate consistat. Patre mortuo utriusque sexus filiorum coniunctio in matris potestate consistat; matre vero mortua, aut si ad alias nuptias forte transierit, fratres eligant, cui dignius puer vel puella iungatur. Quod si fratres eius etatis non fuerint, ut eorum iudicio debeat germanus aut germana conmitti, tunc patruus de coniunctione eorum

6 *perspexerint.*
7 *sponse.*
8 *ista.*

hält; wenn ein solcher Fall eintritt, soll dies aber gemäß dem geschehen, was durch die römischen Gesetze verordnet worden ist: Das Mädchen oder die Frau soll zugunsten des Bräutigams so viel von ihrem Besitz auswählen, um dem Bräutigam zu geben, wie viel sie für sich selbst zu bekommen wünschen würde. Wenn sich der Bräutigam vielleicht auf leichtsinnige Weise durch ein Schriftstück oder durch ein eidliches Band zum Zeitpunkt der Hochzeit verpflichtet, der Braut mehr zu geben als das, was durch dieses Gesetz erlaubt zu sein feststeht, soll er nachher die Freiheit haben, dies zu brechen und die Sache rechtmäßig in seine Macht zurückzuführen. Wenn er aber aus angstvoller Achtung des Eides oder, wie üblich, aus Versäumnis das, was er der Braut mehr gegeben hat, nicht hat zurückverlangen oder außer Kraft setzen können oder wollen, wird es sich nicht gehören, dass aus der Trägheit eines Einzelnen künftig vielen anderen Schaden erwächst. Wenn die Eltern oder Verwandten des Bräutigams eine solche Tat anerkannt haben, werden sie alles, was der Braut mehr übertragen worden ist als das, was oben abgeschätzt worden ist, immer als ihr Recht ohne irgendjemandes Vorentscheidung beanspruchen. [3] Freilich, wenn ein Mann, der schon eine Frau hat, nach Ablauf eines Jahres, aus Liebe oder um die ehelichen Willfährigkeiten zu belohnen, beschlossen hat, ihr etwas zu schenken, wird er ohne Zaudern die Erlaubnis [dazu] haben. Denn binnen des Verlaufs von einem Jahr kann der Ehemann seiner Ehefrau oder die Ehefrau ihrem Ehemann kein anderes Geschenk übergeben, ausgenommen die Braut- bzw. Ehegabe, wie sie verabredet worden ist, außer sie fühlen sich im Fall einer schweren Krankheit durch Todesgefahr bedroht[6]. [4] Für die Übrigen aber, die den Willen hatten, zu heiraten, werden wir Sorge tragen, dass dies anhand eines tauglichen Plans vorgesehen und beschlossen wird, sodass derjenige, der Herr über einen ganzen Besitz von 10000 Schillingen ist, [ihn] durch Abschätzung seiner sämtlichen Dinge um 1000 Schillinge als Braut- bzw. Ehegabe seiner Braut[7] urkundlich übertragen soll. Wem aber ein Vermögen von 1000 Schillingen gehört, der wird gemäß einer solchen Abschätzung eine Braut- bzw. Ehegabe von 100 Schillingen machen. Auf diese Weise[8] wird die Festsetzung des Rechtstitels der Braut- bzw. Ehegabe bis ins letzte Detail reibungslos verlaufen. [...].

91. Lex Visigothorum III,1,6 (MGH.LNG 1), S. 130: Altes Gesetz. Der Vater soll die Braut- bzw. Ehegabe der Braut fordern und bewahren. Die Braut- bzw. Ehegabe, die der Braut übergeben worden ist, darf der Vater fordern und soll sie für die Braut bewahren. Sind Vater und Mutter gestorben, dann müssen die Brüder oder nächsten Verwandten die Braut- bzw. Ehegabe, die sie bekommen haben, an ihre Mitschwester unangetastet herausgeben.

92. Lex Visigothorum III,1,7 (MGH.LNG 1), S. 130f: Altes Gesetz. [1] Nach dem Tod des Vaters soll die Verehelichung von Kindern beiderlei Geschlechts in der Macht der Mutter stehen. Nach des Vaters Tod soll die Verehelichung von Kindern beiderlei Geschlechts in der Macht der Mutter stehen; nach dem Tod oder der Wiederverehelichung der Mutter sollen aber die Brüder entscheiden, wem

---

6 *perspexerint.*
7 *sponse.*
8 *ista.*

habeat potestatem. [2] Certe si germanus iam adulescentie habet etatem et proximorum renuit sollicitudinem, sit illi potestas condignam sibi coniunctionis querere copulam. [3] De puella vero, si ad petitionem ipsius his, qui natalibus eius videtur equalis, accesserit petitor, tunc patruus sive fratres cum proximis parentibus conloquantur, si velit suscipere petitorem, ut aut communi voluntate iungantur, aut omnium iudicio denegetur.

93. Lex Visigothorum III,1,8 (MGH.LNG 1), S. 130f: Antiqua. Si fratres nuptias puelle differant, aut si puella inpudice nuptias presumat. Si fratres nuptias puelle sub ea conditione suspendant, ut ad maritum illa confugiens, iuxta legem portionem inter fratres suos de bonis parentum non possit accipere, et bis aut tertio removerint petitorem: puella, que, fratrum calliditate prespecta[9], maritum natalibus suis equalem crediderit expetendum, tunc integram a fratribus, que ei de parentum hereditate debetur, percipiat portionem. Quod si rursum nihil fratres contra sororem meditentur adversum et idcirco morentur, ut sorori provideant digniorem, et illa, honestatis sue oblita, persone sue non cogitans statum, ad inferiorem forte maritum devenerit, portionem suam, sive divisam sive non divisam, quam de facultate parentum fuerat consecutura, amittat. In fratrum vero et sororum vel aliorum parentum hereditatem ingrediendi ei concedimus potestatem.

94. Lex Visigothorum III,1,9 (MGH.LNG 1), S. 131f: Ut de quibuscumque rebus dos conscripta fuerit, firmitatem obtineat. Cum quisque aut pro se aut pro filio vel etiam proximo suo coniunctionis copulam appetit, an de rebus propriis, an de principum dono conlatis, an quibuscumque iustis profligationibus conquisitis iuxta modum legis date, conscribendi dotem habeat potestatem. Quodcumque autem legitime in dote conscripserit, modis omnibus plenum robor abebit.

95. Lex Visigothorum III,2,1 (MGH.LNG 1), S. 133: Antiqua. Si post mortem mariti infra annum mulier nubat. Si qua mulier post mortem mariti sui se alio infra annum coniuncxerit vel adulterium fecerit, medietatem rerum suarum filii sui ex priore coniugio procreati aut, si filii desunt, alii heredes per iudicis instantiam consequantur. Quam idcirco mulierem precipue huic volumus subiacere dispendio, ne hec, que a marito gravida relinquitur, dum inmoderato

---

9 *perspecta.*

ein Junge oder ein Mädchen würdiger verbunden werde. Stehen die Brüder selbst noch nicht in dem Alter, dass man ihrem Urteil Bruder oder Schwester anvertrauen kann, so habe der Onkel väterlicherseits die Entscheidung über die Verbindung. [2] Wenn aber ein Bruder, bereits zum Erwachsenen herangewachsen, seiner Verwandten mit Sorgfalt getroffene Entscheidung zurückweist, so stehe es bei ihm, eine seiner würdige Verbindung zu suchen. [3] Anders ein Mädchen: Wenn auf ihren Wunsch ein Freier erscheint, der ihren Verwandten als ebenbürtig gilt, dann sollen der Onkel väterlicherseits oder ihre Brüder mit den nächsten Verwandten sich bereden, ob sie [d. h. das Mädchen] den Freier annehmen will, damit sie entweder nach aller Wunsch verheiratet werden oder es einstimmig verweigert werde.

93. Lex Visigothorum III,1,8 (MGH.LNG 1), S. 130f: Altes Gesetz. Wenn die Brüder die Verheiratung der Schwester verschleppen oder wenn das Mädchen sich die Verehelichung herausnimmt. Wenn die Brüder eines Mädchens die Hochzeit in der Absicht hinausschieben, dass diese zum Gatten flüchte und sie nach dem Gesetz den Anteil am elterlichen Vermögen verliere, der ihr neben den Brüdern gebührt, und sie [die Brüder] aus diesem Grund den Freier beim zweiten oder dritten Male abweisen; Das Mädchen, das der Brüder Tücke durchschaut[9] und einen ihrer Herkunft ebenbürtigen Gatten zu suchen beabsichtigt, soll von ihren Brüdern ungeschmälert den ihr gebührenden Anteil am elterlichen/verwandtschaftlichen Nachlass erhalten. Wenn jedoch die Brüder keine böse Absicht gegen die Schwester haben und nur deshalb zögern, um der Schwester einen würdigeren Gatten verschaffen zu können, [und] wenn [dann] jene aber, ihrer Ehre vergessend und nicht mehr ihres Standes gedenkend, sich einem Gatten niederer Herkunft zugewandt hat, so soll sie den ihr zustehenden Anteil am elterlichen Vermögen verlieren, ob eine Erbteilung vorgenommen ist oder nicht. Doch gestehen wir ihr das Recht zu, in die Erbschaft ihrer Brüder oder Schwestern oder sonstiger Verwandten einzutreten.

94. Lex Visigothorum III,1,9 (MGH.LNG 1), S. 131f: Auf welche Gegenstände sie sich auch beziehen mag: eine Braut- bzw. Ehegabenbestellungsurkunde soll Gültigkeit gewinnen. Wenn jemand entweder für sich oder sein Kind oder auch seinen Verwandten/seine Verwandte die Eheverbindung sucht, soll er gemäß der Vorschrift des gegebenen Gesetzes die Macht über die eigenen Besitztümer haben oder über die, die er von den Fürsten geschenkt bekommen hat, oder über diejenigen [Güter], die er durch gerechte Erwerbungen aufgetrieben hat, [um sie] als Braut- bzw. Ehegabe [vertraglich] übertragen [zu können]. Was auch immer er als rechtmäßige Braut- bzw. Ehegabe übertragen hat, wird auf ganzer Linie voll rechtsgültig sein.

95. Lex Visigothorum III,2,1 (MGH.LNG 1), S. 133: Altes Gesetz. Wenn eine Frau nach dem Tod ihres Mannes innerhalb eines Jahres heiratet. Wenn sich eine Frau nach ihres Mannes Tod innerhalb eines Jahres mit einem anderen verbindet oder Unzucht treibt, so sollen die Kinder aus erster Ehe oder, wenn solche nicht vorhanden sind, die übrigen Erben auf des Richters Entscheid die Hälfte ihres Vermögens an sich ziehen. Solch eine Frau soll nach unserem Willen die-

9 *perspecta.*

desiderio ad secundi coniugii vota festinat vel adulterium perpetrat, spem partus, priusquam nascatur, extinguat.

96. Lex Visigothorum III,2,2 (MGH.LNG 1), S. 133f: Antiqua. Si mulier ingenua servo vel liberto proprio sese conmisceat. Si ingenua mulier servo suo vel proprio liberto se in adulterio miscuerit aut forsitan eum maritum habere voluerit et ex hoc manifesta probatione convincitur, occidatur; ita ut adulter et adultera ante iudice publice fustigentur et ignibus concrementur. Cum autem per reatum tam turpis admissi quicumque iudex, in quacumque regni nostri provincia constitutus, agnoverit dominam servo suo sive patronam liberto fuisse coniunctam, eos separare non differat; ita ut bona eiusdem mulieris, aut si sunt de alio viro idonei filii, evidenter obtineant, aut propinquis eius legali successione proficiant. Quod si usque ad tertium gradum defecerit heres, tunc omnia fiscus usurpet; ex tali enim consortio filios procreatos constitui non oportet heredes. Illa vero, seu virgo sive vidua fuerit, penam excipiat superius conprehensam. Quod si ad altaria sancta confugerit, donetur a rege, cui iussum fuerit, perenniter servitura.

97. Lex Visigothorum III,2,3 (MGH.LNG 1), S. 134f: Antiqua. Si mulier ingenua servo alieno, seu ingenuus ancille aliene sese coniungat. Si mulier ingenua servo alieno, sive regis, se matrimonio sociaverit sive etiam per adulterium iungere presumserit, statim, ubi primum hoc iudex agnoverit, eos ad separandum festinare non differat, ut penam, quam merentur, hoc est, singuli eorum centena flagella suscipiant. Et si post hanc contradictionem se iterum coniuncxerint, eos iudex conprehendi iubeat et in sua presentia exiberi, ut unicuique eorum iteratim centena flagella inponere non desistat. Quod si tertia vice se separare noluerint, similiter centena flagella eis inponi iubemus, et ipsa mulier parentibus suis in potestate tradatur. Quod si postmodum eam parentes retrorsum dimiserint, sit ancilla domino eius servi. Filii tamen, et quandocumque et quanticumque, qui ex ea iniquitate fuerint procreati, condicione patris sequantur, ut in servitio permaneant; facultate vero mulieris propinqui sui legali successione conquirant. Ipsam autem legem precipimus custodire et de viris ingenuis, qui regias ancillas vel etiam cuiuscumque habuerint copulatas, ut condicionis hec forma servetur.

98. Lex Visigothorum III,2,4 (MGH.LNG 1), S. 136: Antiqua. [1] Si mulier liberta servo alieno, vel libertus ancille se socient. Si liberta mulier servo alieno se coniuncxerit aut in matrimonio sociaverit, contestetur ei tertio dominus servi presentibus tribus testibus, ut ab hac coniunctione discedat, et post trinam conventionem, si se separare noluerit, sit ancilla domino eius, cuius servo se

sen Nachteil hauptsächlich deshalb auf sich nehmen, damit die von ihrem [ersten] Gatten in schwangerem Zustand hinterlassene [Frau] – falls sie in ungezügelter Begier zu einer zweiten Ehe schreitet oder sich dem Ehebruch hingibt – die Anwartschaft einer Leibesfrucht nicht löscht, bevor sie geboren wird.

96. Lex Visigothorum III,2,2 (MGH.LNG 1), S. 133f: Altes Gesetz. Wenn eine freie Frau mit ihrem eigenen abhängigen Mann oder Freigelassenen geschlechtlich verkehrt. Hat eine freie Frau mit ihrem abhängigen Mann oder Freigelassenen ehebrecherisch verkehrt und will sie ihn gar zum Gatten nehmen und wird sie dessen durch offenkundigen Beweis überführt, so soll sie getötet werden; und zwar sollen der Ehebrecher und die Ehebrecherin vor dem Richter öffentlich gezüchtigt und dann durch Feuer hingerichtet werden. Wenn aber irgendein in einer Provinz unseres Landes eingesetzter Richter erfährt, dass eine Herrin sich in so schändlichem Tun mit ihrem Abhängigen oder eine Schutzherrin mit ihrem Freigelassenen verbunden hat, so trenne er sie ohne Zögern mit der Folge, dass ihr Vermögen ohne Zweifel an eventuelle Söhne/Kinder von einem anderen Mann fällt oder es aber nach der gesetzlichen Erbfolgeordnung ihren Verwandten zugute kommen soll. Wenn ein Erbe bis zum dritten Grad nicht vorhanden ist, dann beanspruche alles der Fiskus; Kinder, die aus einer solchen Verbindung stammen, sollen nicht Erben werden. Die Frau aber, sei sie unverheiratet oder Witwe, erleide die oben festgesetzte Strafe. Ist sie zu den heiligen Altären geflüchtet, so bestimme der König, wem sie zu lebenslänglicher Abhängigkeit zugewiesen werden soll.

97. Lex Visigothorum III,2,3 (MGH.LNG 1), S. 134f: Altes Gesetz. Wenn sich eine freie Frau mit einem fremden abhängigen Mann oder ein freier Mann mit einer fremden abhängigen Frau verbindet. Wenn sich eine freie Frau mit dem abhängigen Mann eines anderen oder auch des Königs in der Ehe verbunden oder es gewagt hat, sich mit ihm durch Ehebruch zu verbinden, so zögere der Richter nicht, sie zu trennen, sobald er davon Kunde erhält, damit sie die verdiente Strafe, d. h. je 100 Peitschenhiebe, erhalten. Und wenn sie sich nach diesem Verbot wieder ehelich verbinden, so lasse sie der Richter festnehmen, vor sich führen und zögere nicht, jedem wiederum 100 Peitschenhiebe zu geben. Und wenn sie sich ein drittes Mal noch nicht trennen wollen, befehlen wir, dass man ihnen nochmals je 100 Peitschenhiebe geben [soll], und die Frau soll in die Gewalt ihrer Eltern/Verwandten gegeben werden. Wenn sie dann ihre Eltern/Verwandten zurückschicken, so werde sie Abhängige bei dem Herrn des abhängigen Mannes. Die Kinder aber, wann und wie viele auch immer aus dieser unrechtmäßigen Verbindung hervorgegangen sind, sollen dem Stande des Vaters folgen und abhängig sein und bleiben; das Vermögen der Frau [aber] sollen ihre Verwandten nach der gesetzlichen Erbfolgeordnung an sich ziehen. Dies Gesetz soll auch – so befehlen wir – für freie Männer gelten, die sich mit königlichen oder sonstigen abhängigen Frauen verbunden haben, damit auf diese Weise der Standesunterschied gewahrt bleibe.

98. Lex Visigothorum III,2,4 (MGH.LNG 1), S. 136: Altes Gesetz. [1] Wenn sich eine freigelassene Frau mit einem fremden abhängigen Mann oder ein freigelassener Mann sich mit einer [fremden] abhängigen Frau verbindet. Wenn sich eine freigelassene Frau mit einem fremden abhängigen Mann verbunden oder die Ehe geschlossen hat, so fordere sie der Herr des abhängigen Mannes dreimal

coniuncsit. Si vero non contestata fuerit, antequam filii nascantur, illa in libertate permaneat, agnatio autem servi domino deputetur, quia liberi esse non possunt, qui ex tali condicione nascuntur. Similis et de manumissis viris, qui se cum ancillis alienis miscuerunt, huius legis forma servetur. [2] Nam si cum domini volumtate et permissione servo alieno manumissicia se forte coniuncserit et cum ipso domino servi placitum fecerit, omnino placitum ipsut iubemus stare.

99. Lex Visigothorum III,2,5 (MGH.LNG 1), S. 136: Antiqua. Si quicumque servo alieno ancillam suam vel servo suo alienam coniungat ancillam. Quicumque ancillam suam servo alieno sine conscientia domini sui uxorem dederit, et hoc certis probationibus inveniatur, dominus servi ancillam ipsam cum filiis omnismodis suis vindicavit. Similiter et de illis ordinamus, qui servo suo ancillam alienam coniuncxerit, ut conditionis hec forma servetur.

100. Lex Visigothorum III,2,6 (MGH.LNG 1), S. 137: Antiqua. Si mulier absente viro alium sibi maritum adsumat. Nulla mulier viro suo absente alteri viro se presumat coniungere, usque dum de viro suo certis agnoscat indiciis, si vere mortuus fuerit. Quod similiter et ille inquirat, qui eam sibi vult in coniugio copulare. Si vero hoc facere distulerint et sic se inlicita presumtione coniuncxerint, et postmodum prior maritus reversus fuerit, ambo ei in potestate, tradantur, ut, quod de eis facere voluerit, seu vindendi, seu quid aliut faciendi habeat potestatem.

101. Lex Visigothorum III,2,7 (MGH.LNG 1), S. 137f: Si domini, servos suos esse mentientes ingenuos, mulieribus eos coniungant ingenuis. Resistendum est pravorum ausibus, ne pravitatis amplius frena laxentur. Plerique enim, studio cupiditatis inlecti, solent interdum mulieres ingenuas puellasque prave decipere, et simulantes ad tempus servos suos esse ingenuos, ortantur eas maritos illos accipere, quos postea, natis prolibus, in servitute facile possint reducere. Ut ergo fraudis huius aditus extirpetur, presenti iugiter mansura lege sanccimus, ut deceptores rei istius manifeste detecti crimine notentur infamie, et illi, quos sub nomine ingenuitatis antedictis personis repperiuntur adsociasse, sic ingenui cum filiis suis perenniter maneant, sicut eos ipsorum domini ingenuos professi iam antea fuerant; sed et res omnes, tempore nuptiarum acceptas seu promissas, mulier vel puella sibimet vindicabit, si per idoneam probationem convicerit, maritum, de quo agitur, sub ingenuitatis spe sibi sociatum fuisse. Certe si puelle vel mulieres aut etiam ipsorum parentes id, quod predictum est, ita factum adprobare nequiverint, servos pariter et eorum filios una cum rebus omnibus indubitanter petitor obtinebit. Hic et de illis ancillis ordo servandus est, que viris ingenuis tali fraude noscuntur esse

in Gegenwart von drei Zeugen auf, dass sie von dieser Verbindung ablasse; und wenn sie sich nach der dritten Aufforderung noch nicht trennen will, sei sie Abhängige jenes Herrn, mit dessen abhängigem Mann sie sich verbunden hatte. Ist aber die Aufforderung noch nicht erfolgt, bevor Kinder geboren werden, so bleibe sie in ihrem freien Stand, die Nachkommenschaft aber werde dem Herrn des abhängigen Mannes zugewiesen, weil als frei nicht gelten können, die unter solchen Umständen geboren sind. Entsprechendes soll auch für freigelassene Männer gelten, die sich mit fremden abhängigen Frauen verbunden haben. [2] Wenn sich eine freigelassene Frau freilich mit ihres Herrn Willen und Erlaubnis mit einem fremden abhängigen Mann verbunden und mit dessen Herrn eine Abmachung getroffen hat, ordnen wir an, dass diese Abmachung gelten soll.

99. Lex Visigothorum III,2,5 (MGH.LNG 1), S. 136: Altes Gesetz. Wenn jemand seine abhängige Frau mit einem fremden abhängigen Mann oder seinen abhängigen Mann mit einer fremden abhängigen Frau verbindet. Wenn jemand seine abhängige Frau einem fremden abhängigen Mann ohne Wissen seines Herrn zur Frau gibt und das durch sicheren Beweis dargetan wird, so kann der Herr des abhängigen Mannes die abhängige Frau selbst und ihre gesamten Kinder für sich in Anspruch nehmen. Entsprechendes bestimmen wir von jenen, die eine fremde abhängige Frau mit ihrem abhängigen Mann verbunden haben, damit auf diese Weise die Standesordnung gewahrt werde.

100. Lex Visigothorum III,2,6 (MGH.LNG 1), S. 137: Altes Gesetz. Wenn eine Frau in Abwesenheit ihres Mannes sich einen anderen zum Manne nimmt. Keine Frau wage, in Abwesenheit ihres Ehemannes sich mit einem anderen Mann zu verbinden, bis sie sichere Anzeichen vom wirklichen Tod ihres Mannes hat. Auch der Mann, der sie heiraten will, soll nachforschen. Haben sie das unterlassen und sich in unerlaubtem Frevel verbunden und kehrt hernach der frühere Gatte zurück, so sollen beide diesem überantwortet werden, [und] zwar so, dass er die Macht haben soll, sie zu verkaufen oder sonst mit ihnen nach Belieben zu verfahren.

101. Lex Visigothorum III,2,7 (MGH.LNG 1), S. 137f: Wenn Herren, die in lügenhafter Weise ihre Abhängigen als freie Männer ausgeben, diese mit freien Frauen verbinden. Man muss den frechen Anmaßungen von schlechten [Menschen] widerstehen, damit die Zügel der Schlechtigkeit nicht weiter gelockert werden. Viele pflegen nämlich, angestachelt durch den Trieb der Habsucht, mitunter freie Frauen und Mädchen böswillig zu täuschen, indem sie zur rechten Zeit vorgeben, ihre Abhängigen seien freie Männer, und sie ermuntern, [sie] zu ehelichen, sodass sie sie später, nachdem Nachkommen geboren worden sind, leicht in Abhängigkeit führen können. Damit also der Zugang zu einem solchen Betrug versperrt wird, verordnen wir durch das jetzige Gesetz, das zu bestehen hat, dass die Betrüger, die eindeutig aufgedeckt worden sind, in dieser Angelegenheit öffentlicher Schande preisgegeben werden sollen; weiterhin sollen jene, die als angeblich freie Männer vorgefunden wurden und mit den vorher genannten Personen verbunden worden waren, für immer frei bleiben – [und zwar] sowohl sie als auch ihre Kinder, so wie diese schon vorher von ihren Herren als freie Männer angegeben worden sind; aber auch die Frau oder das Mädchen wird alle Besitztümer, [die] zum Zeitpunkt der Hochzeit ange-

coniuncte. Nam et de libertis, quos ita constiterit copulatus existere ancillis aut servis huius servanda erit sanctio legis.

102. Lex Visigothorum III,2,8 (MGH.LNG 1), S. 138: Antiqua. [1] Si absque volumtate parentum mulier ingenua marito se coniungat ingenuo. Si puella ingenua ad quemlibet ingenuum venerit in ea condicione, ut eum sibi maritum adquirat, prius cum puelle parentibus conloquatur; et si obtinuerit, ut eam uxorem habere possit, pretium dotis parentibus eius, ut iustum est, inpleatur. Si vero hoc non potuerit obtinere, puella in parentum potestate consistat. [2] Quod si absque cognitione et consensu parentum eadem puella sponte fuerit viro coniuncta, et eam parentes in gratia recipere noluerint, mulier cum fratribus suis in facultate parentum non succedat, pro eo, quod sine volumtate parentum transierit pronior ad maritum. Nam de rebus suis si aliquid ei parentes donare voluerint, habeant potestatem. Ipsa quoque de donatis et profligatis rebus faciendi quod voluerit libertatem habebit.

103. Lex Visigothorum III,3,1 (MGH.LNG 1), S. 139: Antiqua. Si ingenuus ingenuam rapiat mulierem, licet illa virginitatem perdat, ste tamen illi coniungi non valeat. Si quis ingenuus rapuerit virginem vel viduam, si, antequam integritatem virginitatis aut castitatis amittat, puella vel vidua potuerit a raptore revocari, medietatem rerum suarum ille, qui rapuit, perdat, ei, quam rapuerit, consignandam. Si vero ad inmunditiam, quam voluerit, raptor potuerit pervenire, in coniugium puelle vel vidue mulieris, quam rapuerat, per nullam conpositionem iungantur; sed omnibus traditis ei, cui violentus fuit, et CC insuper in conspectu omnium publice hictus accipiat flagellorum et careat ingenuitatis sue statum, parentibus eiusdem, cui violentus extiterat, aut ipsi virgini vel vidue, quam rapuerat, in perpetuum serviturus.

104. Lex Visigothorum III,3,2 (MGH.LNG 1), S. 140f: Antiqua. Si a potestate raptoris puellam parentes eripere potuerint. Si parentes mulierem vel puellam raptam excusserint, ipse raptor parentibus eiusdem mulieris vel puelle in potestate tradatur, et ipsi mulieri penitus non liceat ad eundem virum se coniungere. Quod si facere presumserit, ambo morti tradantur. Si certe ad episcopum vel ad altaria sancta confugerint, vita concessa, omnismodis separentur et parentibus rapte servituri tradantur.

nommen oder versprochen worden sind, für sich als Eigentum in Anspruch nehmen, wenn sie durch tauglichen Beweis dartut, dass der Ehemann, von dem die Rede ist, in der Hoffnung auf einen künftigen Status als freier Mann verbunden worden war. Freilich, wenn die jungen Mädchen oder die Frauen oder auch ihre Eltern/Verwandten nicht imstande sind, das, was vorher gesagt worden ist, als Tatsache zu beweisen, wird der Kläger die Abhängigen ebenso wie ihre Kinder zusammen mit ihren ganzen Besitztümern unzweifelhaft gewinnen. Diese Ordnung muss auch von jenen abhängigen Frauen beachtet werden, welche nachweislich durch einen solchen Betrug mit freien Männern ehelich verbunden worden sind. Denn auch von Freigelassenen, von denen feststeht, dass sie sich mit abhängigen Frauen und Männern ehelich verbunden befinden, muss die Satzung dieses Gesetzes beachtet werden.

102. Lex Visigothorum III,2,8 (MGH.LNG 1), S. 138: Altes Gesetz. [1] Wenn sich eine freie Frau gegen den Willen der Eltern mit einem freien Mann verbindet. Wenn eine freie Frau zu einem freien Mann in der Absicht gekommen ist, diesen als Gatten zu gewinnen, so soll er erst Rücksprache mit den Eltern/Verwandten des Mädchens nehmen; und wenn er erreicht hat, dass er jene zur Frau nehmen darf, so werde, wie es recht ist, der Preis der Braut- bzw. Ehegabe den Eltern/Verwandten geleistet. Wenn er es aber nicht erreichen kann, so bleibe das Mädchen in der Gewalt der Eltern/Verwandten. [2] Wenn sich das Mädchen aus eigenem Antrieb ohne Wissen und Zustimmung der Eltern/Verwandten dem Mann verbunden hat und die Eltern/Verwandten sie nicht mehr in Gnaden aufnehmen wollen, so erbe sie nicht mit ihren Brüdern vom elterlichen Vermögen, weil sie gegen den Willen der Eltern/Verwandten allzu leichtsinnig zum Gatten gegangen ist. Wollen ihr freilich die Eltern/Verwandten von ihrem Eigenen etwas zuwenden, so mögen sie das tun. Auch ihr soll es freistehen, über Geschenktes und Erworbenes nach Gutdünken zu verfügen.

103. Lex Visigothorum III,3,1 (MGH.LNG 1), S. 139: Altes Gesetz. Wenn ein freier Mann eine freie Frau raubt, so darf er sie nicht ehelichen, auch wenn sie ihre Jungfernschaft verloren hat. Hat ein freier Mann eine Jungfrau oder Witwe geraubt und kann das Mädchen oder die Witwe, bevor sie ihre Jungfräulichkeit oder Unbescholtenheit verloren hat, dem Entführer wieder abgefordert werden, so verliere der Entführer sein halbes Vermögen, das dann der Entführten zugewiesen werden soll. Ist es aber zu der vom Entführer beabsichtigten Unreinlichkeit [d.h. zum Geschlechtsverkehr] gekommen, so soll er die Ehe mit dem Mädchen oder mit der Witwe [auch] durch keine Geldbuße erreichen können; stattdessen übergebe er sein ganzes Vermögen an die Vergewaltigte, erhalte in aller Öffentlichkeit 200 Peitschenhiebe, verliere seinen Freienstand und diene lebenslänglich als Abhängiger den Eltern/Verwandten der Vergewaltigten oder der entführten Jungfrau oder Witwe selbst.

104. Lex Visigothorum III,3,2 (MGH.LNG 1), S. 140: Altes Gesetz. Wenn die Eltern/Verwandten das Mädchen der Gewalt des Entführers zu entreißen vermocht haben. Wenn die Eltern/Verwandten die entführte Frau oder Jungfrau [dem Entführer] entrissen haben, so soll dieser in die Gewalt der Eltern/Verwandten der Frau oder des Mädchens gegeben werden und dieser Frau soll es keinesfalls erlaubt sein, sich mit diesem Mann zu verbinden. Wagt sie das, so sollen beide mit dem Tod bestraft werden. Wenn sie aber zum Bischof oder zu den

105. Lex Visigothorum III,3,3 (MGH.LNG 1), S. 141: Si consentiant raptori parentes de disponsata puella. Si parentes raptori consenserint, pretium filie sue, quod cum priore sponso definisse noscuntur, in quadruplum eidem sponso cogatur exolvere; idem vero raptor legibus sponso inexcusabiliter maneat abdicatus.

106. Lex Visigothorum III,3,4 (MGH.LNG 1), S. 141: Antiqua. Si fratres vivo an defuncto patre consentiant raptori sororis. Si vivo patre fratres raptori consenserint aut in rapto sororis conscii conprobantur, excepto mortem damnum, quod de raptoribus est constitutum, excipiant. Si vero post obitum patris fratres sororem suam raptori tradiderint vel raptori levandam consenserint, pro eo, quod eam vel vili persone vel contra volumtatem suam nuptui tradiderint, cuius etiam honorem debuerant exaltare, medietatem facultatis sue amittant, ipsi nihilhominus sorori tradendam; et insuper in presentia aliorum a iudice L flagella suscipiant, ut hoc alii conmoniti terrore formident. Adiutores vero raptoris, qui cum ipso fuerint, disciplinam accipiant, sicut est in lege alia constitutum. Raptor autem inexcusabiliter superiori lege et in rebus et in status sui dignitate damnetur.

107. Lex Visigothorum III,3,5 (MGH.LNG 1), S. 142: Antiqua. Si quicumque rapiat alienam sponsam. Si alienam sponsam quicumque rapuerit, de raptoris ipsius facultatibus medietatem puelle, alio vera medietatem sponso iubemus addici. Quod si minimam aut nullam habeat facultatem, his, quos supra memoravimus, cum omnibus, que habuerit, tradatur ad integrum; ita ut, venundato raptore, de eius pretium equales habeant portiones. Ipse autem raptor, si peractum scelus est, puniatur.

108. Lex Visigothorum III,3,6 (MGH.LNG 1), S. 142: Antiqua. Si quispiam de raptoribus occidatur. Si quis de raptoribus fuerit occisus, homicidium non teneatur, quod pro defendenda castitate commissum est.

109. Lex Visigothorum III,3,7 (MGH.LNG 1), S. 142: Antiqua. Infra quod tempus liceat accusare raptorem, et si parentibus vel puelle cum raptore de nuptiarum definitione conveniat. Raptorem virginis vel vidue infra XXX annos omnino liceat accusare. Quod si cum puelle parentibus sive cum eadem puella vel vidua de nuptiis fortasse convenerit, inter se agendi licentiam negari non poterit. Transactis autem XXX annis, omnis accusatio sopita manebit.

heiligen Altären geflohen sind, so soll man ihnen das Leben schenken, sie aber jedenfalls trennen und als Abhängige den Eltern/Verwandten der Entführten überantworten.
105. Lex Visigothorum III,3,3 (MGH.LNG 1), S. 141: Wenn die Eltern/Verwandten eines verlobten Mädchens mit dem Entführer einverstanden sind. Wenn die Eltern/Verwandten mit dem Entführer einverstanden gewesen sind, sollen dieselben [d. h. die Eltern/Verwandten] gezwungen werden, dem Verlobten die Braut- bzw. Ehegabe für ihre Tochter, welche sie nachweislich mit dem früheren Verlobten festgesetzt haben, vierfach zu bezahlen; der Räuber aber soll dem Gesetz nach ohne Entschuldigung als Verlobter abgelehnt bleiben.
106. Lex Visigothorum III,3,4 (MGH.LNG 1), S. 141: Altes Gesetz. Wenn die Brüder zu Lebzeiten oder nach dem Tode des Vaters mit dem Entführer der Schwester einverstanden sind. Wenn die Brüder zu Lebzeiten des Vaters mit dem Entführer einig waren oder Mitwisser um die Entführung ihrer Schwester gewesen sind, so sollen sie mit Ausnahme der Todesstrafe die Strafe erleiden, die für die Entführer festgesetzt ist. Wenn aber die Brüder nach dem Tod des Vaters ihre Schwester dem Entführer ausgeliefert haben oder mit der Entführung einverstanden waren, so sollen sie – weil sie jene, deren Ehre sie hätten erhöhen müssen, entweder einem verächtlichen Menschen oder aber gegen ihren Willen zur Ehe ausgeliefert haben – die Hälfte ihres Vermögens verlieren, das dann trotz allem der Schwester zu übergeben ist; und dazu sollen sie in Gegenwart anderer Leute vom Richter 50 Peitschenhiebe empfangen, damit andere, durch diese schreckliche Strafe gewarnt, Furcht bekommen. Die Helfer des Entführers aber, die bei ihm waren, sollen so bestraft werden, wie es in einem anderen Gesetz gesagt ist. Der Entführer selbst aber werde, ohne dass hier eine Entschuldigung zugelassen sei, nach dem obigen Gesetz an seinem Vermögen und seinem Stand gestraft.
107. Lex Visigothorum III,3,5 (MGH.LNG 1), S. 142: Altes Gesetz. Wenn einer die Braut eines anderen raubt. Wenn einer die Braut eines anderen raubt, so soll von des Entführers Vermögen die eine Hälfte dem Mädchen, die andere Hälfte ihrem Bräutigam zugesprochen werden. Hat er nur ein ganz geringes oder kein Vermögen, so werde er den oben genannten Personen mit allem, was er besitzt, zur freien Verfügung übergeben, [und zwar] so, dass diese nach Verkauf des Entführers den Kaufpreis zu gleichen Teilen haben sollen. Hat der Entführer sein Verbrechen vollständig durchgeführt, so werde er bestraft.
108. Lex Visigothorum III,3,6 (MGH.LNG 1), S. 142: Wenn einer der Entführer getötet wird, so gelte das nicht als Totschlag, weil es zur Verteidigung der Keuschheit geschehen ist.
109. Lex Visigothorum III,3,7 (MGH.LNG 1), S. 142: Altes Gesetz. Binnen welcher Zeit man den Entführer verklagen kann und wenn zwischen den Eltern/Verwandten des Mädchens und dem Entführer eine Abmachung über die Hochzeit zustande kommt. Den Entführer einer Jungfrau oder Witwe kann man jedenfalls binnen 30 Jahren verklagen. Wenn mit des Mädchens Eltern/Verwandten oder mit dem Mädchen selbst oder mit der Witwe möglicherweise eine Vereinbarung über die Hochzeit zustande gekommen ist, so kann ihnen die Freiheit, miteinander zu verhandeln, nicht verwehrt werden. Nach Ablauf von 30 Jahren aber sollen alle Klagen ruhen.

110. Lex Visigothorum III,3,8 (MGH.LNG 1), S. 143: Si servi mulierem ingenuam rapuerint. Equitatis oportunitas exigit legem ponere secuturis, unde dubitationis occasio inter presentes occurrit. Servi igitur si sciente domino vel iubente raptum facere presumserint, ad omnem legalem satisfactionem servorum dominus iudicis instantia conpellendus est. Quod si extra volumtate domini servi talia perpetraverint, iudicis idem sententia conprehensi hac decalvationis feditate multati, trecentenis insuper singuli flagellorum hictibus verberentur. Ille tamen servus, qui idem se ingenue mulieri per rapinam copulari quesibit, penali sententia subiacebit.

111. Lex Visigothorum III,3,9 (MGH.LNG 1), S. 143f: Si servus mulierem libertati traditam rapuerit. Si servus libertam rapuisse detegitur, quoniam non iam unius conditionis esse noscuntur, ideo, si voluerit pro servum conpositionem dominus dare, aut centum solidus mulieri persolvat, aut, si noluerit, eundem servum pene supplicio tradat.

112. Lex Visigothorum III,3,10 (MGH.LNG 1), S. 144: Si servus ancillam alterius rapuerit. Si servus ancillam iuris alieni rapuerit, ducentorum flagellorum verberibus cesus ac decalvatus, ab ancilla etiam, si dominus ancille voluerit, absque dubio separetur.

113. Lex Visigothorum III,3,11 (MGH.LNG 1), S. 144f: De sollicitatoribus filiarum et uxorum alienarum vel etiam viduarum ac de his, qui puellam aut viduam ingenuam absque regio iussu violenter dare marito presumserint. Omne, quod honestatem vite conmaculat, legalis necesse est ut censura coerceat. Idcirco sollicitatores adulterii uxorum vel filiarum alienarum adque viduarum, sive per ingenuum aut ingenuam, seu per servum aut ancillam adque etiam libertum aut libertam, mox manifestis indiciis talium scelerum mandata deferentes patuerint cum his etiam, a quibus missi fuerint, iudicis instantia conprehensi in eius potestate tradantur, cuius uxorem vel filiam sollicitasse repperiuntur; ut illi quoque de eis quod voluerint sit iudicandi libertas, quem vel coniugalis ordo vel parentalis propinquitas huius ultorem criminis legaliter esse demonstrat. Illi quoque, qui puellam ingenuam viduamvel absque regiam iussionem marito violenter presumserint tradere, quinque libras auri ei, cui vim fecerint, cogantur exolvere; et huiusmodi coniugium, si mulier dissentire probatur, irritum nihilhominus habeatur.

114. Lex Visigothorum III,4,1 (MGH.LNG 1), S. 147: Antiqua. Si conibente aut non conibente uxorem cum alio viro adulterium faciat. Si quis uxori aliene adulterium intulerit violenter, addicatur marito mulieris, ut in eius potestate

110. Lex Visigothorum III,3,8 (MGH.LNG 1), S. 143: Wenn abhängige Männer eine freie Frau entführt haben. Die Gerechtigkeit verlangt, für die Nachwelt ein neues Gesetz aufzustellen, wo das alte unter den gegenwärtigen noch Gelegenheit zum Zweifel bietet. Falls es abhängige Männer gewagt haben, einen Raub unter Mitwisserschaft oder Befehl ihres Herrn zu unternehmen, ist der Herr der abhängigen Männer durch eine gerichtliche Instanz vollständig zur Rechenschaft zu ziehen. Wenn aber die abhängigen Männer ohne den Willen des Herrn solche Dinge begangen haben, werden sie anhand des richterlichen Beschlusses gefasst und als Strafe für diese Scheußlichkeit kahl geschoren; darüber hinaus soll jeder von ihnen 300 Peitschenhiebe bekommen. Jener abhängige Mann jedoch, der beim Raub versucht hat, mit der freien Frau geschlechtlich zu verkehren, wird zu einer Strafe verurteilt.
111. Lex Visigothorum III,3,9 (MGH.LNG 1), S. 143f: Wenn ein abhängiger Mann eine Freigelassene entführt hat. Wenn ein abhängiger Mann ertappt wird, eine Freigelassene geraubt zu haben, soll der Herr – wenn er es will – Sühnegeld für den abhängigen Mann geben, da sie erkannterweise nicht mehr den gleichen Stand haben; oder er soll der Frau 100 Schillinge zahlen oder – wenn er dies nicht will – denselben abhängigen Mann der Todesstrafe ausliefern.
112. Lex Visigothorum III,3,10 (MGH.LNG 1), S. 144: Wenn ein abhängiger Mann die abhängige Frau eines anderen [Herrn] entführt hat. Wenn ein abhängiger Mann die abhängige Frau eines anderen Rechts geraubt hat, soll er – geschlagen mit zweihundert Peitschenhieben und kahl geschoren –, wenn es der Herr der abhängigen Frau will, von der abhängigen Frau ohne Zweifel getrennt werden.
113. Lex Visigothorum III,3,11 (MGH.LNG 1), S. 144f: Über die Verführer der Töchter, Frauen oder Witwen anderer und über Leute, die es gewagt haben, ein freies Mädchen oder eine freie Witwe ohne königlichen Befehl mit Gewalt einem Ehemann zu geben. Alles, was die Ehre des Lebens befleckt, muss durch gesetzliches strenges Verbot gezügelt werden. Deshalb sollen diejenigen, die die Ehefrauen und Töchter anderer oder Witwen für den Ehebruch für sich gewinnen, ob unter freien oder unter abhängigen oder auch unter freigelassenen Männern und Frauen – falls offenkundige Beweise solcher Verbrechen vorliegen –, zusammen mit denjenigen, von denen sie hingeschickt worden sind, durch richterlichen Beschluss gefasst und in die Gewalt desjenigen übergeben werden, wessen Ehefrau oder Tochter sie nachweislich verführt haben; hierbei soll demjenigen, den entweder die eheliche Ordnung oder die Verwandtschaft als rechtmäßigen Rächer dieser Tat bestimmt, die Erlaubnis gegeben werden, über die Verführer so zu entscheiden, wie es ihm beliebt. Auch sollen jene, die es gewagt haben, das freie Mädchen oder die Witwe ohne königlichen Befehl mit Gewalt einem Ehemann zu übergeben, gezwungen werden, jener, der die Gewalt zugefügt wurde, fünf Pfund Gold zu bezahlen; und eine solche Ehe soll keineswegs gültig sein, wenn die Frau sich nachweislich dagegen ausspricht.
114. Lex Visigothorum III,4,1 (MGH.LNG 1), S. 147: Altes Gesetz. Wenn von einem Mann mit oder gegen den Willen der Ehefrau Ehebruch mit ihr begangen wird. Wenn jemand die Ehefrau eines anderen mit Gewalt zum Ehebruch nötigt, werde er dem Gatten der Frau zugesprochen, damit die Rache in dessen Macht

vindicta consistat. Quod si mulieris fuerit fortasse consensus, marito similis sit potestas de eis faciendi quod placet.

115. Lex Visigothorum III,4,2 (MGH.LNG 1), S. 147f: Antiqua. Si puella vel mulier disponsata adulterasse repperiatur. Si inter sponsum et sponse parentes aut cum ipsa forsitam mulierem, que in suo consistat arbitrium, dato pretio et, sicut consuetudo est, ante testes factum placitum de futuro coniugio fuerit definitum, et postea puella vel mulier adulterium conmisisse detegitur, una cum adultero puniatur, aut certe ei, qui isponsus fuerat, ambo tradantur, ut de eis quod voluerit faciendi habeat potestatem, et pretium ad illum sponsum, qui dederat, revertatur.

116. Lex Visigothorum III,4,3 (MGH.LNG 1), S. 148: Antiqua. De adulterium uxoris. Si cuiuslibet uxor adulterium fecerit et deprehensa non fuerit, ante iudicem conpetentibus signis vel indiciis maritus accuset. Et si mulieris adulterium manifeste patuerit, adulter et adultera ipsi tradantur, ut quod de eis facere voluerit in eius proprio consistat arbitrio.

117. Lex Visigothorum III,4,4 (MGH.LNG 1), S. 149: Antiqua. Si adulter cum adultera occidatur. Si adulterum cum adultera maritus occiderit, pro homicidio non teneatur.

118. Lex Visigothorum III,4,5 (MGH.LNG 1), S. 149: Antiqua. Si pater vel propinqui in domo adulteram occiderint filiam. Si filiam in adulterium pater in domo sua occiderit, nullam penam aut calumniam incurrat. Si certe reservare eam voluerit, faciendi de ea et de adultero quod voluerit habeat potestatem. Similiter et fratres sive patrui post obitum patris faciendi habeant libertatem.

119. Lex Visigothorum III,4,6 (MGH.LNG 1), S. 150: Quod servi perventos adulteros occidere non iubentur. Sicut parentibus in domo reppertos adulteros necare conceditur, ita perventos a servis perimi non iubetur. Sed cum eos servi reppererint, sub honesta custodia teneant, donec aut domino domus aut iudici presentandos exibeant, et detectos certis indiciis legalis pena precellat.

120. Lex Visigothorum III,4,7 (MGH.LNG 1), S. 150: Antiqua. Si puella vel vidua ad domum alterius pro adulterio venerit, eamque vir ipse habere coniugem vellit. Si puella ingenua sive vidua ad domum alienam adulterii perpetratione convenerit, et ipsam ille uxorem habere voluerit, et parentes, ut se habeant, adquiescant: ille pretium det parentibus, quantum parentes puelle vellint, vel quantum ei cum ipsa muliere convenire potuerit. Mulier vero de parentum rebus nullam inter fratres suos, nisi parentes voluerint, habeat portionem.

stehe. Wenn etwa die Frau damit einverstanden war, so habe der Gatte gleichermaßen das Recht, mit beiden zu tun, was ihm beliebt.

115. Lex Visigothorum III,4,2 (MGH.LNG 1), S. 147f: Altes Gesetz. Wenn ein (verlobtes) Mädchen oder eine verlobte Frau des Ehebruchs schuldig befunden werden. Ist zwischen dem Bräutigam und den Eltern/Verwandten der Braut oder mit dieser selbst, wenn sie selbst mündig ist, nach Leistung der Braut- bzw. Ehegabe und, wie üblich, vor Zeugen eine Abmachung über die künftige Eheschließung getroffen worden und stellt sich danach heraus, dass das Mädchen oder die Frau Ehebruch begangen hat, so soll sie zusammen mit dem Ehebrecher bestraft werden oder aber es sollen mit Gewissheit beide dem Bräutigam übergeben werden, damit er mit ihnen nach Belieben verfahren kann; und die Braut- bzw. Ehegabe werde dem Bräutigam, der sie entrichtet hat, zurückerstattet.

116. Lex Visigothorum III,4,3 (MGH.LNG 1), S. 148: Altes Gesetz. Vom Ehebruch der Ehefrau. Hat jemandes Ehefrau Ehebruch begangen, ohne aber ertappt worden zu sein, so mag sie der Gatte vor dem Richter mit entsprechenden Beweisen und Anzeichen anklagen. Steht der Ehebruch der Frau offenkundig fest, so sollen der Ehebrecher und die Ehebrecherin [dem Gatten] übergeben werden, damit er mit ihnen nach Gutdünken verfahren kann.

117. Lex Visigothorum III,4,4 (MGH.LNG 1), S. 149: Altes Gesetz. Wenn der Ehebrecher mit der Ehebrecherin getötet wird. Tötet der Mann den Ehebrecher mit der Ehebrecherin, soll das nicht als Totschlag gelten.

118. Lex Visigothorum III,4,5 (MGH.LNG 1), S. 149: Altes Gesetz. Wenn der Vater oder die Verwandten die ehebrecherische Tochter im Haus töten. Wenn der Vater seine Tochter beim Ehebruch in seinem Haus tötet, so soll er sich weder Strafe noch Anklage zuziehen. Will er sie verschonen, so habe er die Macht, mit ihr und ihrem Ehebrecher nach Belieben zu verfahren. Das entsprechende Recht sollen nach dem Tode des Vaters die Brüder oder Vaterbrüder haben.

119. Lex Visigothorum III,4,6 (MGH.LNG 1), S. 150: Abhängige Männer dürfen ertappte Ehebrecher nicht töten. So wie es Eltern/Verwandten erlaubt wird, dass sie Ehebrecher töten, die sie im Haus auffinden, so dürfen die Ertappten von abhängigen Männern nicht getötet werden. Aber wenn die abhängigen Männer diese auffinden, sollen sie diese unter ehrenhaftem Gewahrsam halten, bis die Vorzuführenden dem Hausherrn oder dem Richter vorgeführt werden, sodass die anhand sicherer Beweise Überführten ihre gesetzliche Strafe bekommen.

120. Lex Visigothorum III,4,7 (MGH.LNG 1), S. 150: Altes Gesetz. Wenn ein Mädchen oder eine Witwe zum Ehebruch in eines Mannes Haus gegangen ist und dieser Mann sie zur Ehefrau haben will. Wenn ein freies Mädchen oder eine Witwe in der Absicht, Ehebruch zu begehen, in ein fremdes Haus gegangen ist und sie jener [Mann] zur Ehefrau haben will und die Eltern/Verwandten damit einverstanden sind, dass sie sich haben sollen, so entrichte er den Eltern/Verwandten als Braut- bzw. Ehegabe so viel, wie die Eltern/Verwandten des Mädchens wünschen, oder so viel, wie er mit der Frau selbst vereinbart hat. Die Frau aber nehme an der Eltern/Verwandten Erbe neben ihren Brüdern keinen Anteil, wenn die Eltern/Verwandten es nicht wünschen.

121. Lex Visigothorum III,4,8 (MGH.LNG 1), S. 150: Antiqua. Si mulier ingenua sponte adulterio cuicumque se misceat viro. Si ingenua mulier cuicumque se viro adulterio volens miscuisse detegitur, si eam ipse uxorem habere voluerit, habeat potestatem. Sin autem noluerit, sue inputet culpe, que se adulterio volens miscuisse cognoscitur.

122. Lex Visigothorum III,4,9 (MGH.LNG 1), S. 150f: Antiqua. Si mulier ingenua marito alterius sese adulterii iungat stupro. Si qua mulier ingenua marito alicuius adulterio se sociaverit, et ex hoc manifesta probatione convincitur, addicatur uxori, cuius marito se miscuit, ut in ipsius potestate vindicta consistat.

123. Lex Visigothorum III,4,10 (MGH.LNG 1), S. 151: Antiqua. Pro adulterio torquendos servos et ancillas in capite dominorum. Pro causa adulterii etiam in domini domineve capite servi vel ancille torquendi sunt, ut veritas certius possit inveniri et indubitanter agnosci.

124. Lex Visigothorum III,4,11 (MGH.LNG 1), S. 151: Antiqua. Si pro celando adulterii scelere mancipium libertati tradatur. Si quis pro occultandam veritatem mancipium manumittat, ne possit pro adulterii probatione torqueri, libertas data non valeat.

125. Lex Visigothorum III,4,12 (MGH.LNG 1), S. 151f: De adulterorum coniugum rebus. Preterite quidem legis sanctione constitutum recolimus, adulteram mulierem pariter et adulterum marito eius tradi debere; tamen, quia de rebus eorum sepe iudices dubitare contingit, ideo specialiter decernere necessarium extitit, ut, si uxoris adulterium proponente viro manifeste patuerit, et tam adultera quam adulter de priori coniugio legitimos filios non habuerint, omnis eorum hereditas marito mulieris adultere cum personis pariter addicatur. Certe si filios legitimos de priori coniugio adulter habuerit, ipsis eius hereditas ex omnibus pertinebit, et huius tantum persona marito adultere subiacebit. Uxor autem adultera sive de priori coniugio vel postremo legitimos filios habere dinoscitur, sequestrata filiis de priori coniugio portionem et in eorum potestate relicta, sic suorum filiorum ex eadem, que postmodum in adulterio convincitur, coniuge creatorum maritus eius portionem obtineat, ut post suum obitum eisdem filiis possidendam relinquat; ita tamen, ut, postquam uxor adultera in potestate fuerit mariti redacta, nulla sit illi ulterius vel fornicandi cum ea vel in coniugium illam sibi sociandi licentia. Nam si fecerit, ipse quidem de rebus eius nihil habituras est; omnis tamen mulieris facultas aut filiis eius legitimis, aut, si filii defuerint, heredibus mulieris ex toto proficiet. [Similis ratio et de sponsatis forma servetur].

121. Lex Visigothorum III,4,8 (MGH.LNG 1), S. 150: Altes Gesetz. Wenn sich eine freie Frau freiwillig einem Mann ehebrecherisch hingibt. Wenn eine freie Frau entlarvt wird, dass sie sich freiwillig mit einem Mann auf Ehebruch eingelassen hat, und sie dieser zur Frau haben will, so soll ihm das gestattet sein. Wenn der Mann aber nicht will, so hat sie sich selbst die Schuld beizumessen, da sie sich bekanntlich dem ehebrecherischen Mann hingegeben hat.
122. Lex Visigothorum III,4,9 (MGH.LNG 1), S. 150f: Altes Gesetz. Wenn eine freie Frau ehebrecherischen Beischlaf mit dem Mann einer anderen hat. Wenn eine freie Frau Ehebruch mit dem Mann einer anderen begangen hat und dessen durch klaren Beweis überführt wird, so werde sie der Gattin zuerkannt, mit deren Mann sie Ehebruch trieb, damit die Strafe in deren Belieben stehe.
123. Lex Visigothorum III,4,10 (MGH.LNG 1), S. 151: Altes Gesetz. Bei Ehebruch der Herren sind die abhängigen Männer und Frauen zu foltern. Bei Ehebruch des Herrn oder der Herrin dürfen die abhängigen Männer und Frauen gefoltert werden, damit die Wahrheit sicherer gefunden und unzweifelhaft erkannt werde.
124. Lex Visigothorum III,4,11 (MGH.LNG 1), S. 151: Altes Gesetz. Wenn jemand zwecks Verheimlichung eines Ehebruchsvergehens eine abhängige Person freilässt. Wenn jemand eine abhängige Person in der Absicht freilässt, die Wahrheit zu verheimlichen, damit diese nicht zum Beweis von Ehebruch gefoltert werden kann, so ist die Freilassung nicht gültig.
125. Lex Visigothorum III,4,12 (MGH.LNG 1), S. 151f: Über das Vermögen ehebrecherischer Gatten. Wir erinnern an die Satzung der vergangenen Strafbestimmung, dass die ehebrecherische Frau gleichwie der Ehebrecher ihrem Ehemann übergeben werden muss; dennoch, weil es geschehen ist, dass die Richter darüber zweifelten, wie mit deren Vermögen zu verfahren sei, hat sich die Notwendigkeit ergeben, eine Sonderentscheidung zu treffen, dass – wenn der Ehebruch einer Ehefrau dem Mann handgreiflich vor Augen gestellt wird und weder die Ehebrecherin noch der Ehebrecher rechtmäßige Kinder aus früherer Ehe gehabt haben – deren ganzes Erbe dem Mann der ehebrecherischen Frau zusammen mit den Personen gleichermaßen zuerkannt wird. Freilich, wenn der Ehebrecher rechtmäßige Kinder aus der früheren Ehe gehabt hat, wird sein ganzes Erbe diesen [d. h. den Kindern] zuerkannt werden und nur seine Person wird dem Ehemann der Ehebrecherin untergeben sein. Falls aber die ehebrecherische Ehefrau nachweislich rechtmäßige Kinder entweder aus der früheren Ehe oder aus der letzten hat, wird im Falle der Kinder aus der früheren Ehe ihr Anteil abgesondert und ihrer Verfügungsgewalt überlassen. Für die Kinder, die der Ehemann mit [eben] dieser Frau gezeugt hat, die danach des Ehebruchs überführt worden ist, soll zunächst dieser [d. h. der Ehemann] den Anteil erhalten, um diesen [d. h. den Anteil] dann nach seinem Tod an sie [d. h. die Kinder] zu vererben; gleichwohl soll es jenem – nachdem die ehebrecherische Ehefrau in die Gewalt des Ehemannes gebracht worden ist – nicht erlaubt sein, entweder mit ihr weiter Unzucht zu treiben oder sich mit jener in der Ehe zu verbinden. Denn wenn er das getan hat, soll er gewiss von ihren Besitztümern nichts haben, vielmehr soll das ganze Vermögen der Frau entweder ihren rechtmäßigen Kindern oder – wenn Kinder fehlen – den Erben der Frau als Ganzes dienlich sein. [Derselbe Beweggrund liegt auch der Bestimmung über Verlobte zugrunde.]

126. Lex Visigothorum III,4,14 (MGH.LNG 1), S. 155f: Antiqua. Si ingenuus sive servus virginem aut viduam ingenuam violenter polluisse adulterio detegatur. Si viduam quisque vel virginem ingenuam violenter adulterandam conpresserit vel stupri forsitam conmixtione polluerit, si ingenuus est, centum flagellis cesus illi continuo, cui violentus extitit, serviturus tradatur; servus vero conprehensus a iudice ignibus concremetur.

127. Lex Visigothorum III,4,15 (MGH.LNG 1), S. 156: Si ingenuus sive servus nesciente domino alienam consentientem adulterasse convincitur ancillam. Si extra domum domini sui se adulterio volens ancilla miscuisse convincitur, in ancilla tantummodo vindicandi dominus habeat potestatem. Si vero ingenuus aut servus cum ancilla ex consensu in domo domini ancille repperiuntur talia conmisisse, ingenuus quidem pro idonea ancilla absque infamio C verbera ferat, pro inferiori vero L; servus autem CL flagella suscipiat.

128. Lex Visigothorum III,4,16 (MGH.LNG 1), S. 156: Antiqua. [1] De adulterio ancille, si cum adultero violenter id fecisse probentur. Si ancillam quicumque violenter conpresserit alienam eamque adulteraverit et vel in domo domini sui fuerit conprehensus vel in quocumque loco violentus extitisse convincitur, servus quidem CC hictus accipiat flagellorum, ingenuus vero L, et insuper hoc XX solidos ancille domino coactus exolvat[10]. [2] Dominus tamen, si id servo faciendum iussisse probatur, superiori ingenuorum et damno et flagello subiaceat.

129. Lex Visigothorum III,5,5 (MGH.LNG 1), S. 163f: De violantibus paternum adque fraternum torum. Superiori quidem lege de propinquorum incestu quid debeat observari decretum est; tamen, quia non minoris constat sceleris paternum torum sive fraternum conmaculari, constituentes adicimus, ut concubinam patris sui vel fratris aut eam, quam scierit patrem suum aut fratrem vel semel adulterasse, seu sit libera sive ancilla, nullus umquam propinquorum adulterare presumat; neque pater adulteratam a filio stupri feditate aliquatenus polluat. Quod si talia quisquam sciens facere fortasse presumserit, facultatem eius, si filios legitimos non abuerit, heredes, quos successio expectat, obtineant; ipse vero sub penitentia religatus, perennis exilii damnationem excipiat.

---

10 *exsolvat*.

126. Lex Visigothorum III,4,14 (MGH.LNG 1), S. 155f: Altes Gesetz. Wenn ein freier oder ein abhängiger Mann ertappt wird, eine freie Jungfrau oder Witwe gewaltsam durch Ehebruch befleckt zu haben. Wenn ein freier oder ein abhängiger Mann eine freie Witwe oder Jungfrau gewaltsam zum Ehebruch gezwungen oder sie möglicherweise durch schändliche Vereinigung befleckt hat, soll er – wenn er ein freier Mann ist – 100 Peitschenhiebe empfangen und werde sofort der Vergewaltigten als abhängiger Mann übergeben; wird aber ein abhängiger Mann [dabei] ertappt, so werde er vom Richter im Feuer verbrannt.

127. Lex Visigothorum III,4,15 (MGH.LNG 1), S. 156: Wenn ein freier oder ein abhängiger Mann mit einer fremden abhängigen Frau ohne das Wissen ihres Herrn, aber mit ihrem Einverständnis nachweislich Ehebruch begangen hat. Wenn sich eine abhängige Frau außerhalb des Hauses ihres Herrn nachweislich freiwillig dem Ehebruch hingegeben hat, so soll ihr Herr die Macht haben, nur an der abhängigen Frau selbst Strafe zu üben. Wird aber ein freier oder ein abhängiger Mann überführt, im Hause des Herrn der abhängigen Frau mit ihrem Einverständnis solches getan zu haben, so erdulde der freie Mann 100 Peitschenhiebe, wenn es sich um eine tüchtige und unbescholtene abhängige Frau handelt, wenn [es sich] um eine niedere [abhängige Frau handelt, erhalte er] 50 Peitschenhiebe; ein abhängiger Mann aber erhalte 150 Peitschenhiebe.

128. Lex Visigothorum III,4,16 (MGH.LNG 1), S. 156: Altes Gesetz. [1] Vom Ehebruch mit einer abhängigen Frau, wenn die Gewaltanwendung des Täters bewiesen wird. Wenn jemand einer fremden abhängigen Frau Gewalt angetan und mit ihr Ehebruch begangen hat und [er] entweder im Hause ihres Herrn ergriffen wird oder ihm nachgewiesen werden kann, dass er an sonst einem Ort gewaltsam vorgegangen ist, so empfange ein abhängiger Mann 200 Peitschenhiebe, ein freier Mann aber 50, und überdies muss er 20 Schillinge an den Herrn der abhängigen Frau bezahlen[10]. [2] Hat ein Herr nachweislich solches einem abhängigen Mann befohlen, so verfalle er der oben für freie Männer angesetzten Buße und Peitschenstrafe.

129. Lex Visigothorum III,5,5 (MGH.LNG 1), S. 163f: Von jenen, die dem Ehebett des Vaters oder des Bruders Gewalt antun. Zwar ist im oben genannten Gesetz vom Inzest mit nahen Verwandten beschlossen worden, was man beachten muss; trotzdem, da feststeht, dass die Befleckung des väterlichen oder brüderlichen Ehebettes kein geringeres Verbrechen darstellt, fügen wir die Bestimmung hinzu, dass keiner der Verwandten es jemals wagen soll, mit der Konkubine seines Vaters oder seines Bruders oder derjenigen Frau, von der er weiß, dass sie einmal mit seinem Vater oder Bruder ehebrecherisch verkehrt hat, sei sie nun eine freie oder eine abhängige Frau, ehebrecherisch zu verkehren; auch darf der Vater diejenige, die vom Sohn durch Ehebruch [bereits] geschändet worden ist, nicht zusätzlich beflecken. Wenn jemand Derartiges vielleicht wissentlich zu tun gewagt hat, sollen die Erben, auf die die Nachfolge wartet, sein Vermögen erhalten, wenn rechtmäßige Söhne/Kinder nicht vorhanden sind. Er selbst aber soll – als eine ihm zugewiesene Buße – mit dauerhafter Verbannung bestraft werden.

---

10 *exsolvat.*

130. Lex Visigothorum IV,1,1 (MGH.LNG 1), S. 171: Antiqua. De primi gradus natura. Primo gradu continentur superiori linea: pater, mater; inferiori: filius, filia; quibus nulle alie persone iunguntur.

131. Lex Visigothorum IV,1,2 (MGH.LNG 1), S. 171: De secundi gradus adfinitate. Secundo gradu continentur superiori linea: avus, avia; inferiori: nepus, neptis; transversa frater et soror. Que persone duplicantur; avus enim et avia tam ex patre quam ex matre, nepos, neptis tam ex filio quam ex filia, frater et soror tam ex patre quam ex matre accipiuntur. Que persone sequentibus quoque gradibus similiter pro substantia eorum, que in quoquo gradu consistunt, ipso ordine duplicantur. Et ste persone in secundo gradu ideo duplices appellantur, quia duo avi, et paternus et maternus. Item duo genera nepotum sunt, sive ex filio, sive ex filia procreati. Frater et soror ex transverso veniunt, id est frater patris aut frater matris, qui aut patruus aut avunculus nominantur; qui et ipsi hoc ordine duplicantur.

132. Lex Visigothorum IV,1,3 (MGH.LNG 1), S. 172: De tertii gradus parentela. Tertio gradu veniunt supra: proavus, proavia; infra: pronepos, proneptis; ex oblico: fratris sororisque filius, filia, patruus et amita, id est patris frater et soror, avunculus et matertera, id est matris frater et soror.

133. Lex Visigothorum IV,1,4 (MGH.LNG 1), S. 172: De quarti gradus consanguinitate. Quarto gradu veniunt supra: abavus, abavia; infra: abnepos, abneptis; ex oblico: fratris et sororis nepos, neptis, frater patruelis, soror patruelis, id est patrui filius filiave, consubrinus et consubrina, id est avunculi et matertere filius, filia, amitinus, amitina, id est amite filius, filia, itemque consubrini, qui ex duobus sororibus nascuntur. Quibus adcrescit patruus magnus, amita magna, id est avi paterni frater et soror, avunculus magnus, matertera magna, id est avie, tam paterne, quam materne frater et soror. Hic plus exponi opus non est, quam lectio ista declarat.[11]

134. Lex Visigothorum IV,1,5 (MGH. LNG 1), S. 172: De quinti gradus origine. Quinto gradu veniunt supra quidem: atavus, atavia; infra: adnepos, adneptis; ex oblico: fratris et sororis pronepos, proneptis, fratres patrueles, sorores patrueles, amitini, amitine, consubrini, consubrine filius, filia, proprius subrinus, subrina, id est patrui magni, amite magne, avunculi magni, matertere magne filius,

---

11 Bemerkung der Interpretatio.

130. Lex Visigothorum IV,1,1 (MGH.LNG 1), S. 171: Altes Gesetz. Von der Abstammung im ersten Grad. Der erste Grad in aufsteigender Linie umfasst Vater [und] Mutter, in absteigender Linie Sohn [und] Tochter; andere Personen gehören nicht hierher.
131. Lex Visigothorum IV,1,2 (MGH.LNG 1), S. 171: Von der Verwandtschaft im zweiten Grad. Der zweite Grad in aufsteigender Linie umfasst: Großvater [und] Großmutter, in absteigender Linie: Enkel [und] Enkelin, in der Seitenlinie: Bruder [und] Schwester. Diese Personen kommen doppelt vor; es sind nämlich darunter begriffen Großvater und Großmutter sowohl auf der Vater- wie auf der Mutterseite, Enkel und Enkelin von einem Sohn wie von einer Tochter, Bruder und Schwester sowohl von des Vaters wie von der Mutter Seite. Diese Personen werden in den folgenden Graden gleichfalls nach dem Bestande derjenigen, welche in jedem Grad vorhanden sind, dieser Ordnung nach verdoppelt. Und diese Personen zweiten Grades werden deshalb doppelt genannt, weil es zwei Großväter gibt, einen väterlichen und einen mütterlichen. Ebenso gibt es zwei Reihen von Enkelkindern, solche, die von einem Sohn oder von einer Tochter abstammen. Bruder und Schwester stehen in der Seitenlinie, d.h. der Vater- und der Mutterbruder, die entweder als Onkel väterlicher- oder mütterlicherseits bezeichnet werden, auch sie werden dieser Ordnung nach verdoppelt.
132. Lex Visigothorum IV,1,3 (MGH.LNG 1), S. 172: Von der Verwandtschaft im dritten Grad. Im dritten Grad erscheinen in der aufsteigenden Linie: Urgroßvater [und] Urgroßmutter, in der absteigenden Linie: Urenkel [und] Urenkelin, in der Seitenlinie: des Bruders oder der Schwester Sohn oder Tochter, dann der Onkel und die Tante väterlicherseits, das sind des Vaters Bruder und Schwester, der Onkel und die Tante mütterlicherseits, das sind der Mutter Bruder und Schwester.
133. Lex Visigothorum IV,1,4 (MGH.LNG 1), S. 172: Von der Blutsverwandtschaft im vierten Grad. Im vierten Grad erscheinen in der aufsteigenden Linie: Ururgroßvater [und] Ururgroßmutter; in der absteigenden Linie: Ururenkel und Ururenkelin, in der Seitenlinie: des Bruders und der Schwester Enkel und Enkelin, der Sohn des Onkels väterlicherseits und die Tochter des Onkels väterlicherseits, das heißt der Sohn oder die Tochter vom Vaterbruder; ferner Cousin und Cousine ersten Grades, das heißt Sohn oder Tochter von Mutterbruder oder Mutterschwester, der Sohn der Tante väterlicherseits und die Tochter der Tante väterlicherseits, das heißt Sohn oder Tochter von Vaterschwester, ferner Cousinen, die von zwei Schwestern abstammen. Dazu kommt noch der Großonkel oder die Großtante väterlicherseits, d.h. des väterlichen Großvaters Bruder und Schwester, Großonkel oder die Großtante von Großmutterseite, d.h. Bruder und Schwester der väterlichen oder mütterlichen Großmutter. Hier braucht nicht mehr ausgeführt zu werden, als der Text selbst erklärt.[11]
134. Lex Visigothorum IV,1,5 (MGH. LNG 1), S. 172: Vom Ursprung des fünften Grades. Im fünften Grad erscheinen in der aufsteigenden Linie: Urururgroßvater [und] Urururgroßmutter; in der absteigenden Linie: Urururenkel und Urururenklin. In der Seitenlinie: des Bruders und der Schwester Urenkel und Uren-

---

11 Bemerkung der Interpretatio.

filia. His adcrescunt propatruus, proamita, hi sunt proavi paterni frater et soror, proavunculus, promatertera, hi sunt proavie paterne materneque frater et soror proavique materni. Hec species nec aliis gradibus, quam scripta est, nec aliis vocabulis declarari potest.[12]

135. Lex Visigothorum IV,1,6 (MGH.LNG 1), S. 172: De sexti gradus extremitate. Sextu gradu veniunt supra: tritavus, tritavia; infra: trinepos, trineptis; ex oblico: fratris et sororis abnepus, abneptis, fratres patrueles, sorores patrueles, amitini, amitine consubrini, consubrine, patrui magni, amite magne, avunculi magni, matertere magne nepos, neptis, proprioris subrini filius, filia, qui consubrini appellantur. Quibus ex latere adcrescunt: propatrui, proamite, proavunculi, promatertere filius, filia, adpatruus, adamita, hi sunt abavi paterni frater et soror, abavunculus, abmatertera, hi sunt abavie paterne materneque frater et soror abavique materni. Hec quoque explanari amplius non possunt, quam auctor ipse disseruit.[13]

136. Lex Visigothorum IV,1,7 (MGH.LNG 1), S. 172f: De personis septimi generis, que legibus non tenentur. Septimo gradu qui sunt cognati recta linea supra infraque propriis nominibus non appellantur; sed ex transversa linea continentur fratris sororisve adnepotes, adneptes, consubrini, consubrine filii filieque. Successionis autem idcirco gradus septem constituti sunt, quia ulterius

---

12 Bemerkung der Interpretatio.
13 Bemerkung der Interpretatio.

kelin, Sohn und Tochter des Sohnes des Onkels väterlicherseits und der Tochter des Onkels väterlicherseits [d.h. Enkel und Enkelin des Vaterbruders bzw. der Vaterschwester], [Sohn und Tochter] des Sohnes der Tante väterlicherseits und der Tochter der Tante väterlicherseits [d.h. Enkel und Enkelin des Mutterbruders bzw. der Mutterschwester], [Sohn und Tochter] des Cousins und der Cousine ersten Grades; der zugehörige Cousin und die zugehörige Cousine [zweiten Grades], das heißt der Sohn und die Tochter des Großonkels und der Großtante mütterlicherseits, des Großonkels und der Großtante väterlicherseits. Dazu kommen der Urgroßonkel und die Urgroßtante, das sind Bruder und Schwester des väterlichen Urgroßvaters, der Urgroßonkel und die Urgroßtante, das sind Bruder und Schwester der väterlichen und mütterlichen Urgroßmutter und die Schwester des mütterlichen Urgroßvaters. Diese Erscheinung kann weder mit den anderen Graden, die beschrieben worden sind, noch mit anderen Worten erklärt werden.[12]

135. Lex Visigothorum IV,1,6 (MGH.LNG 1), S. 172: Über das Äußerste des sechsten Grades. Im sechsten Grad erscheinen in der aufsteigenden Linie: der Urgroßvater des Urgroßvaters [d.h. der Urururgroßvater]; die Urgroßmutter der Urgroßmutter [d.h. die Urururgroßmutter]; in absteigender Linie: Urururenkel und Urururenkelin; in der Seitenlinie: Ururenkel und Ururenkelin des Bruders und der Schwester, Enkel und Enkelin des Sohnes des Onkels väterlicherseits und der Tochter des Onkels väterlicherseits, [Enkel und Enkelin] des Sohnes der Tante väterlicherseits und der Tochter der Tante väterlicherseits [d.h. Urenkel und Urenkelin des Vaterbruders bzw. der Vaterschwester], [Enkel und Enkelin] des Cousins und der Cousine ersten Grades [d.h. Enkel und Enkelin des Vaterbruders bzw. der Vaterschwester], [Enkel und Enkelin] des Cousins und der Cousine ersten Grades [d.h. Enkel und Enkelin des Mutterbruders bzw. der Mutterschwester], Enkel und Enkelin des Großonkels und der Großtante väterlicherseits, der Großtante und des Großonkels mütterlicherseits, Sohn und Tochter des zugehörigen Cousins zweiten Grades, die Großcousins und Großcousinen genannt werden. Dazu kommen seitlich Sohn und Tochter des Urgroßonkels und der Urgroßtante väterlicherseits, des Urgroßonkels und der Urgroßtante mütterlicherseits; der Ururgroßonkel und die Ururgroßtante, das sind Bruder und Schwester des väterlichen Ururgroßvaters, Ururgroßonkel und Ururgroßtante, das sind Bruder und Schwester der väterlichen und mütterlichen Ururgroßmutter und des mütterlichen Ururgroßvaters. Diese können auch nicht weiter erklärt werden, als der Autor selbst erörtert.[13]

136. Lex Visigothorum IV,1,7 (MGH.LNG 1), S. 172f: Von den Personen des siebten Grades, welche vom Gesetz nicht erfasst werden können. Blutsverwandte der väterlichen und der mütterlichen Linie des siebten Grades können in der geraden Linie nach oben oder unten nicht mehr mit besonderen Namen benannt werden. Aber in der Seitenlinie sind inbegriffen des Bruders oder der Schwester Urururenkel oder Urururenkelinnen und Söhne und Töchter von Cousins

---

12 Bemerkung der Interpretatio.
13 Bemerkung der Interpretatio.

per rerum natura nec nomina inveniri nec vita succedentibus propagari potest.

Leges Langobardorum

Edictus Rothari
(643)

137. Edictus Rothari 153 (MGH.F 2), S. 31: [1] De gradibus cognationum. [2] Omnis parentilla usque in septimum geniculum nomeretur, [3] ut parens parenti per gradum et parentillam heres succedat; [4] sic tamen, ut ille qui succedere uult, nominatim unicuique nomina parentum, antecessorum suorum dicat. Et si intentio fuerit contra curtis regis, tunc ille, qui querit, preueat sacramentum cum legitimûs sagramentales suos; dicat per ordinem: quod parentilla nostra sic fuit, et illi sic nobis fuerunt parentes, quomodo nos dicimus.

138. Edictus Rothari 178 (MGH.F 2), S. 36f: [1] De sponsalibus et nuptiis. [2] Si quis sponsauerit puellam liberam aut mulierem, et post sponsalias factas et fabola firmata duo annûs sponsus neclexerit eam tollere et dilatauerit nuptias exequi: post transactum biennium potestatem habeat pater aut frater, uel qui mundium eius potestatem habet, distringere fideiussorem, quatinus adinpleat metam illam, quae in diae sponsaliorum promisit: [3] postea leciat eos ad marito alii dare, libero tamen. Et meta quae exacta fuerit, sit in potestatem puellae aut mulieris, eo quod sponsus intra prefenitum tempus uxorem accepere neclexit aut si uolontariae dilatauit, excepto ineuitauele causa.

139. Edictus Rothari 179 (MGH.F 2), S. 37: Si dixerit sponsus de sponsa sua, quod adulterassit, postquam eam spunsatam habuit, leceat parentibus eam pureficare cum duodicem sacramentalis suos: tunc post pureficata est, accipiat eam spunsam spunsus, sicut in priori fabola stetissit. Et si postquam pureficata fuerit, eam tollere uxorem neclexerit, sit culpabiles spunsus dubla meta, quantum dictum est in diae illa, quando fabola firmata fuerant. Et si parentes, ut dictum est, eam mundare non potuerint de ipso crimen, tunc spunsus recepiat res suas quas dedit, et illa patiatur pena adulterii, sicut in hoc edictum constitutum est.

oder Cousinen zweiten Grades. Für die Erbfolge sind deshalb sieben Grade gesetzt, weil nach der Natur der Sache darüber hinaus weder Namen gefunden werden können, noch das Leben den Folgeberechtigten vermittelt werden kann.

Leges Langobardorum

Edictus Rothari
(643)

137. Edictus Rothari 153 (MGH.F 2), S. 31: [1] Über den Grad der Verwandtschaft. [2] Alle Verwandtschaft wird bis ins siebte Glied benannt, [3] damit ein Verwandter einem anderen Verwandten nach dem Verwandtschaftsgrad als Erbe folgen kann; [4] So muss freilich derjenige, der in die Nachfolge eintreten will, jedem Einzelnen der Mitverwandten ausdrücklich die Namen seiner Eltern/Verwandten und seiner Vorfahren sagen. Und wenn eine Anklage am Hof des Königs beabsichtigt wird, da soll jener, der die Anklage erhebt, mit seinen rechtmäßigen Eidhelfern den Eid schwören; er soll der Reihe nach sagen: so ist unsere Verwandtschaft und jene sind unsere Verwandten, wie wir es sagen.
138. Edictus Rothari 178 (MGH.F 2), S. 36f: [1] Über Verlobungen und Hochzeiten. [2] Wenn sich jemand mit einem freien Mädchen oder [einer freien] Frau verlobt hat und es der Bräutigam versäumt hat, nachdem die Verlobung arrangiert und die Worte bekräftigt worden sind, sie zwei Jahre lang zu sich zu nehmen, und die Hochzeit aufschiebt: Da kann – nachdem zwei Jahre verstrichen sind – der Vater, der Bruder oder derjenige, der ihre Schutzgewalt in seiner Macht hat, den Bürgen zwingen, dass er die Braut- bzw. Ehegabe, welche am Verlöbnistag versprochen worden ist, entrichte. [3] Daraufhin dürfen sie diese einem anderen Gatten geben, versteht sich: einem freien Mann. Und die erhobene Braut- bzw. Ehegabe bleibe in der Hand des Mädchens oder der Frau, und zwar deshalb, weil es der Bräutigam versäumt hat, sie in der vorerwähnten Zeitspanne zur Frau zu nehmen, oder sich willentlich verspätete. Anders bei einem Grund, der nicht abzuwenden war.
139. Edictus Rothari 179 (MGH.F 2), S. 37: Erklärt ein Bräutigam von seiner Braut, sie habe Ehebruch begangen, nachdem er sich mit ihr verlobt hat, so dürfen ihre Eltern/Verwandten sie mit zwölf Eidhelfern reinschwören. Die so Gerechtfertigte soll der Bräutigam als seine Braut heimführen, wie es zuvor im Vertrag vereinbart war. Verschmäht der Bräutigam es nach der Rechtfertigung, sie zur Frau zu nehmen, dann ist er ihr zweifach die Braut- bzw. Ehegabe schuldig, die er an jenem Tag versprochen hatte, als der Vertrag abgeschlossen wurde. Können die Eltern/Verwandten sie aber vom Verdacht, sich vergangen zu haben, auf die besagte Art nicht reinigen, dann erhält der Bräutigam all sein Gut, das er gegeben hat, zurück. Und jene trifft die Strafe des Ehebruchs, wie sie in diesem Satzungsbuch festgesetzt ist.

140. Edictus Rothari 180 (MGH.F 2), S. 37: Si puella sponsata lebrosa apparuerit. Si contigerit, postquam puella aut mulier sponsata fuerit, lebrosa aut demoniaca aut de ambos oculos excecata apparuerit, tunc sponsus recepiat res suas, et non conpellatur ipsam inuitus tollere ad uxorem, nec pro hac causa calomnietur: quia non suo neclicto dimisit, sed peccatum eminente et egritudine superueniente.

141. Edictus Rothari 181 (MGH.F 2), S. 37: De nuptiis. Si pater filiam suam aut frater sororem legetimam alii ad maritum dederit, in hoc sibi sit contempta de patris uel matris substantia, quantum ei pater aut frater in diae traditionis nuptiarum dederit, et amplius non requirat.

142. Edictus Rothari 182 (MGH.F 2), S. 37f: [1] De uidua qualem habeat licentiam. [2] Si quis filiam suam aut quamlibet parentem in coniugium alii dederit, et contegerit casus, ut ille maritus moriatur, potestatem habeat illa uidua, si uoluerit, ad alio marito ambolandi, libero tamen. Secundus autem maritus, qui eam tollere disponit, de suis propriis rebus medietatem pretii, quantum dictum est, quando eam primus maritus spunsauit, pro ipsa meta, dare debeat ei, qui heres proximus mariti prioris esse inuenitur. Et si noluerit accedere, habeat ipsa mulier et morgenegab et quod de parentes adduxit, id est faderfio: [3] parentes uero eius potestatem habeant eam dandi ad alium maritum, ubi ipsi et illa uoluerint. Et mundium eius prioris mariti parentes non habeant, pro eo [4] quod ei denegauerunt uolontatem suam; ideo redeat mundium eius ad proximûs parentes, qui prius eam ad maritum dederunt. [5] Et si parentes non fuerint legitimi, tunc mundius ille ad curtem regis perteneat. [6] Et si tales fuerit mulier, quae maritum non uellit aut non possit habere, sit in potestatem illius ad quem mundius de ea pertenit. Et si ipse eam male habuerit aut tractauerit, et probatur, tunc liceat eam ad parentes suos reuerti; [7] et si parentes non habuerit, tunc ad curtem regis habeat refugium, et mundium eius sit in potestatem regis.

143. Edictus Rothari 183 (MGH.F 2), S. 38: De traditione puellae aut mulieris. Si quis pro libera muliere aut puella mundium dederit, et conuenit ut ei tradatur ad uxorem, posteaque contigerit marito mortuo, ut ipsa mulier ad alium maritum debeat ambulare, aut ad parentes reuerti aut ad curtem regis: tunc heredes mariti prioris accipiant medietatem de meta, sicut supra constitutum est, et ipsa per mano simili modo retradatur sicut priori marito tradita fuit. Nam aliter sine traditione nulla rerum dicimus subsistere firmitatem.

144. Edictus Rothari 185 (MGH.F 2), S. 38: [1] De incestas et inlecetas nuptias. Nulli leciat nouercam suam, id est matrinia qui fuit uxor patris, neque priuignam,

140. Edictus Rothari 180 (MGH.F 2), S. 37: Wenn sich das verlobte Mädchen als aussätzig erwiesen hat. Wenn es geschehen ist, dass sich ein Mädchen oder eine Frau, nachdem sie verlobt worden ist, als aussätzig oder vom bösen Geist besessen oder an beiden Augen erblindet erwiesen hat: Da erhält der Bräutigam sein Gut zurück und wird nicht gezwungen, sie gegen seinen Willen zur Frau zu nehmen. Man darf ihn deswegen [auch] nicht beschuldigen; denn er hat sie nicht aus Rechtsmissachtung verlassen, sondern infolge [ihrer] Fehlbarkeit und der hinzugetretenen Krankheit.
141. Edictus Rothari 181 (MGH.F 2), S. 37: Über die Hochzeit. Wenn ein Vater seine Tochter oder ein Bruder seine Schwester einem anderen zur Ehe gegeben hat, so soll sie sich an so viel Vater- oder Muttergut begnügen lassen, als ihr der Vater oder Bruder am Tage ihrer hochzeitlichen Übergabe gab. Und mehr soll sie nicht fordern.
142. Edictus Rothari 182 (MGH.F 2), S. 37f: [1] Über die Rechte der Witwe. [2] Wenn jemand seine Tochter oder sonst eine Verwandte einem anderen in die Ehe gegeben und sich der Vorfall ereignet hat, dass dieser Mann verstirbt: Da darf die Witwe, wenn sie will, sich einen anderen Mann nehmen – freilich einen freien Mann. Der zweite Mann, der sie nimmt, soll ihr aber aus seinem Eigengut die Hälfte des Betrages als Braut- bzw. Ehegabe aussetzen, welcher verabredet war, als sie der erste Mann mit sich verlobt hatte. Und diese Braut- bzw. Ehegabe soll er dem entrichten, der sich als nächster Erbe aus dem Verwandtenkreis des ersten Mannes erweist. Weigert er sich, es anzunehmen, so soll die Frau selbst sowohl die Morgengabe als auch das, was sie von den Eltern/Verwandten mitgebracht hat, das heißt das Vatergut, behalten. [3] Ihre Eltern/Verwandten aber können sie einem anderen Mann geben, der ihnen und ihr zusagt. Und die Schutzgewalt über sie behalten die Verwandten des ersten Mannes gleichfalls nicht, [4] da sie ihr ihren Willen verweigerten: Demnach geht ihre Schutzgewalt an ihre eigenen Nächstverwandten, die sie zuvor dem ersten Mann gegeben haben. [5] Und hat sie keine rechtmäßigen Verwandten, so steht die Schutzgewalt dem Königshof zu. [6] Wenn es aber eine solche Frau ist, die einen Mann nicht haben will oder nicht haben kann: Da bleibt sie unter dessen Hausgewalt, dem ihre Schutzgewalt zusteht. Und wenn sie der schlecht hält oder misshandelt und dies nachweislich ist, kann sie zu ihren Eltern/Verwandten heimkehren. [7] Und hat sie keinerlei Verwandte, dann nehme sie Zuflucht zum Königshof und ihre Schutzgewalt gehe in die Hand des Königs über.
143. Edictus Rothari 183 (MGH.F 2), S. 38: Über die Übergabe eines Mädchens oder einer Frau. Wenn jemand für eine freie Frau oder ein Mädchen die Braut- bzw. Ehegabe gegeben hat und man sich einig war, dass sie ihm zur Frau gegeben werde. Dann kam es so: Der Mann starb und die Frau sollte entweder zu einem anderen Mann gehen oder sie sollte zur eigenen Verwandtschaft zurückkehren oder an den Königshof. Da erhalten die Erben des ersten Mannes die Hälfte der Braut- bzw. Ehegabe – wie oben bestimmt –; sie aber muss genauso wiederum von Hand zu Hand zurückgegeben werden, wie sie vormals dem ersten Mann übergeben worden war. Denn so erklären wir: Ohne die Übergabe gibt es keinerlei Rechtsbeständigkeit der Sache.
144. Edictus Rothari 185 (MGH.F 2), S. 38: [1] Über inzestuöse und unerlaubte Hochzeiten. Niemand darf seine Stiefmutter (*noverca*), das heißt die Stiefmutter (*mat-*

quod est filiastra, neque cognatam, qui fuit uxor fratris, uxorem ducere. [2] Et si ipsa consenserit, uir qui eam ducit, conponat pro culpa in curte regis solidos centum, et mox separetur ab ea, constrictus a rege; [3] et ipsa mulier habeat medietatem de omnis res suas, et medietatem amittat et curtes regia suscipiat: eo quod inlecitas consenserunt celebrare nuptias, hac poena susteneant, et mox, ut dictum est, separentur.

145. Edictus Rothari 186 (MGH.F 2), S. 38f: De uiolentia. Si uir mulieri uiolentias fecerit, et inuitam tullerit uxorem, sit culpabilis sold. nongentos, medietatem regi et medietatem parentibus mulieris: et si parentes non habuerit, ipsi nongenti solidi ad curtem regis exegantur. Et mulier ipsa licentiam habeat cum omnes res suas proprias, quae ei lege perteneunt, elegendum, qui mundium eius in potestatem debeat habere, uult ad patrem si habuerit, uult ad fratrem, uult ad barbanem, uult ad manum regia, in ipsius mulieris sit potestatem, ubi sibi ipsa elegerit.

146. Edictus Rothari 187 (MGH.F 2), S. 39: De uiolentias mulieris libere. Si quis uiolento nomine tullerit uxorem, conponat ut supra, et postea mundium eius faciat. Nam si contegerit casus, ut antequam mundium eius faciat, mortua fuerit, res eius parentibus reddantur: et ille uir, qui eam uiolento ordine tulerit uxorem, conponat eam mortua, tamquam si uirum de similem sanguinem, id est si fratrem eius occidisset, ita adpretietur et parentibus pro mortua conponere cogatur, aut cui mundius de ea pertenuerit.

147. Edictus Rothari 188 (MGH.F 2), S. 39: Si puella libera aut uedua sine uolontatem parentum ad maritum ambolauerit, libero tamen, tunc maritus, qui eam accepit uxorem, conponat anagrip solidos uiginti et propter faida aliûs uiginti; et si contegerit eam antea mori quam mundium eius faciat, res ipsius mulieris ad eum reuertantur, qui mundium eius in potestatem habit; nam amplius calumnia praesumptori non generetur: ideo perdat maritus res mulieris, eo quod mundium facere neglexit.

148. Edictus Rothari 189 (MGH.F 2), S. 39: De fornicationis causa. Si puella aut mulier liberam uoluntariae fornicauerit, cum libero tamen homine, potestatum habeant parentes in eam dare uindictam. Et si forte ambarum partium steterit, ut ille qui fornicauit eam tollat uxorem, conponat pro culpa, id est anagrip, solidos uiginti; et si non conuenerit, ut eam habeat uxorem, conponat solidos centum, medietatem regi, et medietatem, ad quem mundius de ea pertenuerit. Et si parentes neglexerint aut noluerint in ipsa dare uindictam, tunc liceat gastaldium regis aut sculdahis ipsam ad manum regis tollere et iudicare de ipsa, quod regi placuerit.

rinia), die die Frau des Vaters ist, noch eine Stieftochter (privigna), das heißt die Stieftochter (filiastra), noch auch die Schwägerin, die die Frau des eigenen Bruders gewesen ist, zur Frau nehmen. [2] Und wenn jene ihren Willen dazu gibt, dann zahlt der Mann, der sie heimgeführt hat, zur Strafe 100 Schillinge an den Königshof und wird sofort von ihr getrennt, notfalls mit königlicher Zwangsgewalt. [3] Der Frau aber bleibt nur die Hälfte von all ihrem Gut. Die andere Hälfte verliert sie; die nimmt der Königshof. Und diese Strafe trifft sie beide, weil es ihr Wille war, eine verbotene Ehe einzugehen. Und – wie gesagt – man trennt sie unverzüglich.

145. Edictus Rothari 186 (MGH.F 2), S. 38f: Über Gewalt. Wenn ein Mann einer Frau Gewalt angetan und sie gegen ihren Willen zur Frau genommen hat, so ist er 900 Schillinge schuldig, halb an den König, halb an die Eltern/Verwandten der Frau. Hat sie keine Eltern/Verwandten, so werden die 900 Schillinge zugunsten des Königshofs eingetrieben. Die Frau aber soll mit all ihrem Eigengut, das ihr von Rechts wegen zusteht, freie Hand haben und sich jemanden auswählen, der die Schutzgewalt über sie haben soll. Ob sie sie ihrem Vater, wenn sie einen hat, [zuerkennen] will oder ihrem Bruder oder dem väterlichen Onkel oder ob sie [sie] in die Hand des Königs [geben] will: Es stehe in der Macht der Frau, [sich dorthin zu begeben], wohin sie es auswählt.

146. Edictus Rothari 187 (MGH.F 2), S. 39: Über die Gewalt an einer freien Frau. Wenn sich jemand gewaltsam eine Ehefrau genommen hat, so büße er wie vorstehend gesagt und dann soll er der Inhaber der Schutzgewalt für sie werden. Will es der Zufall, dass sie stirbt, bevor er der Inhaber der Schutzgewalt für sie geworden ist, so ist ihr Gut an die Eltern/Verwandten herauszugeben. Der Mann aber, der sie gewaltsam zur Frau genommen hat, zahle für die tote Frau, wie wenn er einen Mann aus gleichem Blut, das ist der Bruder, totgeschlagen hätte, so ist sie zu veranschlagen und er soll gezwungen werden, den Eltern/Verwandten für die tote Frau zu vergelten oder dem, dem die Schutzgewalt über sie zustünde.

147. Edictus Rothari 188 (MGH.F 2), S. 39: Wenn ein freies Mädchen oder eine Witwe, ohne den Willen der Eltern/Verwandten einzuholen, zu einem Mann gezogen ist, wennschon zu einem freien Mann: Da zahlt der Mann, der sie zur Frau genommen hat, je 20 Schillinge Entschädigung und weitere 20 um der Vergeltung mit den anderen willen. Und wenn es geschehen ist, dass sie stirbt, bevor er ihre Schutzgewalt erworben hat, dann fällt das Gut der Frau an den, der über sie die Schutzgewalt hat. Dem Eigenmächtigen aber soll man weiter nicht mit Klage zusetzen. Das Frauengut freilich verliert der Mann; denn er hat es verschmäht, sich die Schutzgewalt zuvor zu verschaffen.

148. Edictus Rothari 189 (MGH.F 2), S. 39: Über den Fall der Unzucht. Wenn ein freies Mädchen oder eine freie Frau freiwillig Unzucht getrieben hat, wennschon mit einem freien Mann, so sind ihre Verwandten wohlbefugt, sich an ihr zu rächen. Und wenn es indessen beiden Teilen recht gewesen ist, dass jener, der mit ihr Unzucht getrieben hat, sie zur Frau nimmt, so muss er wegen des Unrechts 20 Schillinge, das heißt Entschädigung, büßen. Wenn man sich nicht dahingehend geeinigt hat, dass er sie als seine Frau behält, dann zahlt er 100 Schillinge, halb an den König, halb an den, dem die Schutzgewalt über sie zusteht. Und haben die Eltern/Verwandten weder Bedacht noch Absicht gezeigt,

149. Edictus Rothari 190 (MGH.F 2), S. 39f: De sponsata alterius. Si quis puellam aut uiduam alterius sponsatam, illa tamen consentiente, tulerit uxorem, conponat parentibus mulieris, uel ad quem mundius de ea pertenuerit, anagrip solidos uiginti, et propter faida aliûs uiginti, et mundium eius, qualiter steterit, faciat. Spunsum autem, cuius spunsatam fuit, omnia quae in meta dictum fuit, quando eam sponsauit, in dublum ei conponatur ab illo, qui ei de spunsata sua turpe fecit; et postea spunsus post accepta dubli conpositionis poena sit sibi contemtus, et amplius ex hac causa aduersus fideiussoris calomnia non requiratur.

150. Edictus Rothari 191 (MGH.F 2), S. 40: De rapto spunsatae alterius. Si quis puellam aut uiduam spunsata alterius rapuerit, sit culpabiles parentibus puelle, aut ad quem mundius de ea pertenit, sold. noningentos, medietatem regi et medietatem parentibus puellae, id est patri aut fratri, aut qui proximi sunt; et mundium eius, si conuenerit, faciat. Spunso autem, in cuius turpe aut derisiculum egit, conponat dupla meta, quantum dictum est in diae illa, quando fabola firmata fuerat; et amplius fideiussori aut raptori ab ipso spunso calumnia non generetur, sed sit sibi contemptus in ipsa dubla conpositiones poena.

151. Edictus Rothari 192 (MGH.F 2), S. 40: [1] Si parentes de puella sponsa cum alio conludio fecerint. [2] Si pater filiam suam aut frater sorore aut aliqui ex parentibus puellam alii spunsauerint et postea cum alio extraneo arte conludium ficerint, aut fraudem consenserint cum illo, qui eam aut uiolenter aut ipsa consentiente ducat uxorem: tunc ipsi parentes, qui huius conludium fraudis consenserint, conponant spunso qui eam sponsatam habuit, simili poena ut supra, in dupla meta quae tunc dicta fuerat in diae spunsaliorum, et postea spunsus amplius aduersus eos aut fidiiussoris calumnia non requiratur.

152. Edictus Rothari 193 (MGH.F 2), S. 40: Si puella libera seruum alienum foris prouincia secuta fuerit, requirant eos pariter dominus serui et parentes puellae: si eos inuenerint, ambo poenam iuxta legem susteneant. Nam culpa ad domino, cuius seruus fuerit, non requiratur.

153. Edictus Rothari 194 (MGH.F 2), S. 40: Si quis cum ancilla gentile fornicatus fuerit, conponat domino eius solidos uiginti; si cum romana ancilla, conponat sold. Duodicem.

an ihr die Strafe zu vollziehen, dann darf sie der königliche Gastalde oder Schultheiß zuhanden des Königs festnehmen und gegen sie bestimmen, was dem König richtig dünkt.

149. Edictus Rothari 190 (MGH.F 2), S. 39f: Über die Braut eines anderen. Wer die Braut eines anderen, Mädchen oder Witwe, mit ihrer Zustimmung zur Frau genommen hat, büßt 20 Schillinge Entschädigung und um der Vergeltung mit den anderen willen abermals 20 Schillinge, und zwar entweder an die Eltern/Verwandten der Frau oder an denjenigen, dem die Schutzgewalt über sie zusteht. Und er soll der Inhaber der Schutzgewalt für sie sein, der ihrem Stand entspricht. Dem Verlobten aber, dessen Verlobte sie war, muss er, da er ihm mit seiner Verlobten die Schmach antat, alle Braut- bzw. Ehegabe, die vereinbart wurde, als er sich mit ihr verlobte, doppelt erstatten. Und nach Empfang des doppelten Betrags als Strafe soll der Verlobte sich dann zufrieden geben und soll darum weiter gegen die Bürgen keine Klage anstrengen.

150. Edictus Rothari 191 (MGH.F 2), S. 40: Über den Raub der Braut eines anderen. Wenn jemand die Braut eines anderen, Mädchen oder Witwe, geraubt hat, schuldet er den Eltern/Verwandten des Mädchens oder dem, dem die Schutzgewalt über sie zusteht, 900 Schillinge, halb an den König, halb an die Eltern/Verwandten des Mädchens, das heißt dem Vater, dem Bruder oder sonstigem Nächstverwandten. Und einigt man sich, so verschaffe er sich ihre Schutzgewalt. Dem Bräutigam aber, welchen er der Schmach oder dem Gelächter ausgesetzt hat, muss er das Zweifache von der Braut- bzw. Ehegabe zahlen, was an dem Tag vereinbart worden ist, als der Vertrag abgeschlossen worden ist. Und weiter soll der Bräutigam dem Bürgen oder dem Entführer nicht mit einer Klage zusetzen, sondern mit der strafweisen Zahlung des doppelten Betrages zufrieden sein.

151. Edictus Rothari 192 (MGH.F 2), S. 40: [1] Wenn die Eltern/Verwandten des verlobten Mädchens mit einem anderen eine geheime Abmachung aushandeln. [2] Wenn ein Vater seine Tochter, ein Bruder seine Schwester oder sonst einer von den Verwandten das Mädchen einem verlobt hat und falls man nun hinterher mit einem anderen eine Täuschung begeht, welcher sie entweder mit Gewalt oder mit ihrem Einverständnis als Frau heimführt, dann müssen die Eltern/Verwandten, die ihre Zustimmung zu solchem Ränkespiel gegeben haben, dem Bräutigam, dem sie zuvor verlobt war, in ähnlicher Strafe wie oben das Doppelte der Braut- bzw. Ehegabe zahlen, die am Verlobungstag versprochen worden war. Und fortan soll der Bräutigam sie oder die Bürgen weiter mit einer Klage nicht behelligen.

152. Edictus Rothari 193 (MGH.F 2), S. 40: Wenn ein freies Mädchen mit einem abhängigen Mannes außer Landes gegangen ist, dann sollen sowohl der Herr des abhängigen Mann als auch die Eltern/Verwandten des Mädchens nach ihnen fahnden. Findet man sie, so werden beide dem Gesetz gemäß bestraft. Den Herrn des abhängigen Mannes aber soll man nicht belangen.

153. Edictus Rothari 194 (MGH.F 2), S. 40: Wenn jemand mit einer abhängigen Frau aus unserem Volk Unzucht getrieben hat, dann soll er ihrem Herrn 20 Schillinge büßen; bei einer abhängigen Frau römischer [Abstammung/Herkunft] soll er zwölf Schillinge zahlen.

154. Edictus Rothari 195 (MGH.F 2), S. 41: [1] De crimen in puellam iniecto. [2] Si quis mundium de puella libera aut muliere potestatem habens, excepto pater aut frater, et in animam ipsius puellae aut mulieris insidiatus fuerit, aut alii inuitam ad maritum tradere uoluerit, aut uolentibus ad eius uiolentiam faciendam consensum praebuerit, aut consilium dederit, et prouatur, ammittat mundium ipsius, et illa potestatem habeat de duas uias: vult ad parentis reuerti, uult ad curtem regis cum rebus suis propriis, quae ad eam per legem pertenent, se commendare, qui mundium eius in potestatem debeat habere. Et si uir ille ista crimina negauerit, liceat eum se pureficare, et mundium sicut habuit habere, si se pureficauerit.

155. Edictus Rothari 199 (MGH.F 2), S. 42: [1] Si uidua in domo patris regressa fuerit. [2] Si pater filiam suam aut frater sororem ad maritum dederit, et contigerit casus, ut ille maritus moriatur, et pater aut frater mundium eius liberauerit, sicut supra constitutum est, [3] et illa in domo patris aut fratris regressa fuerit, et alias sorores in casa patris aut fratris inuenerit, et postea pater aut frater mortuos fuerit, et illa remanserit in domo cum alias sorores una aut plures, et ad facultatem patris aut fratris uenerint diuidendam cum aliûs parentes aut curtem regis: tunc illa uidua, qui in domo patris aut fratris regressa est, habeat sibi in antea morgingab et metfyo. De faderfio autem, id est, quantum de alia dona, quando ad maritum ambulauit, pater aut frater ei dedit, mittat in confuso cum alias sorores, [4] et illa aliae surores, una aut plures, tollant unaquisqua in antea tantum, quantum pro mundium pater aut frater liberandum ad parentes mariti defuncti dedit. Reliqua patris uel fratris substantia aequa lanciae diuidant, sicut in hoc edictum legitur. Et si sola in casa remanserit, in quantum ei per legem conpetit, heres succedat.

156. Edictus Rothari 200 (MGH.F 2), S. 42: De occisione mulieris. Si maritus uxorem suam occiderit inmerentem, quod per legem non sit merita mori, conponat solidos mille duocentûs, medietatem illis parentibus, qui eam ad maritum dederunt, et mundium susciperunt, et medietatem regi, ita ut per actorem regis distringatur, et poena suprascripta conponatur. Et si filiûs de ipsa muliere habuerit, habeant filii morgingab et faderfyo matris suae mortuae. Et si filiûs ex ipsa non habuerit, reuertatur ipsa facultas ad parentes, qui eam ad maritum dederunt. Et si parentes non fuerint, tunc ipsa conpositio et praedicta facultas ad curtem regis perueniat.

157. Edictus Rothari 202 (MGH.F 2), S. 43: Si mulier in morte mariti sui consiliauerit per se aut per supposita persona, sit in potestatem mariti de ea facere quod uoluerit; simul et de res ipsius mulieris. Nam si illa negauerit, liceat parentibus eam pureficare, aut per sacramentum, aut per camfionem, id est per pugna.

154. Edictus Rothari 195 (MGH.F 2), S. 41: [1] Über die Beschuldigung des Verbrechens an einem Mädchen. [2] Wenn jemand die Schutzgewalt über ein freies Mädchen oder eine Frau innehat – doch sei ihr Vater oder Bruder ausgenommen – und diesem Mädchen oder der Frau eine Falle stellt oder sie gegen ihren Willen einem Mann geben will oder dem zustimmt, dass ihr Gewalt geschieht, ja [vielleicht] sogar den Rat gibt: Wenn das erwiesen wird, verliert er ihre Schutzgewalt. Ihr aber sollen zwei Wege freistehen: Sei es, dass sie heim will zu den Eltern/Verwandten oder dass sie sich samt ihrem Eigengut, das ihr von Rechts wegen zusteht, dem Königshof anvertrauen will, sodass er die Schutzgewalt über sie haben soll. Und streitet jener Mann solche Verbrechen ab, dann darf er sich vom Verdacht reinigen und – falls er sich rechtfertigt – ihre Schutzgewalt wie zuvor auch fernerhin behalten.

155. Edictus Rothari 199 (MGH.F 2), S. 42: [1] Wenn die Witwe in das Haus des Vaters zurückgekehrt ist. [2] Wenn ein Vater seine Tochter oder ein Bruder seine Schwester einem Mann zur Frau gegeben hat und es geschehen ist, dass der Mann verstirbt: Wenn nun der Vater oder der Bruder sie aus der Schutzgewalt auslöst, wie es oben vorgesehen ist, [3] und sie ins Haus des Vaters oder Bruders heimkehrt und dort andere Schwestern in des Vaters oder Bruders Haus findet. Stirbt späterhin der Vater oder Bruder und bleibt sie mit einer oder mehreren anderen Schwestern im Haus und kommt es zur Teilung des väterlichen oder brüderlichen Gutes mit den anderen Verwandten oder mit dem Königshof: Da soll die Witwe, die ins Haus des Vaters oder Bruders heimgekehrt ist, im Voraus ihre Morgengabe und die Braut- bzw. Ehegabe erhalten. Das Vatergut aber, also die weiteren Zuwendungen, welche der Vater oder Bruder ihr auf ihren Weg zu ihrem Manne mitgegeben hatte, das muss sie ins gemeine Gut mit ihren anderen Schwestern legen. [4] Die anderen Schwestern aber, sei es eine oder mehrere, nehmen jeweils so viel im Voraus, wie der Vater oder Bruder für ihren Loskauf aus der Schutzgewalt an die Verwandten des verstorbenen Mannes geleistet hat. Das noch verbleibende Vermögen des Vaters oder Bruders teilen sie zu gleichen Teilen auf, wie es in diesem Satzungsbuch zu lesen steht. Bleibt sie als letzte allein im Hause, so erbt sie alles, was ihr von Rechts wegen zusteht.

156. Edictus Rothari 200 (MGH.F 2), S. 42: Über die Tötung einer Frau. Wenn ein Ehemann seine Frau zu Unrecht getötet hat, insofern sie den Tod nach dem Gesetz nicht verdiente, so bezahle er 1200 Schillinge, halb den Eltern/Verwandten, welche sie dem Mann übergeben und die Braut- bzw. Ehegabe dafür empfangen haben, und halb dem König. Dazu nämlich soll er durch des Königs Amtmann gezwungen werden und die besagte Buße soll bezahlt werden. Hat er von dieser Frau Kinder/Söhne, so erhalten die Kinder/Söhne die Morgengabe und das Vatergut ihrer verstorbenen Mutter. Hat er von ihr indessen keine Kinder/Söhne, so fällt dieses Gut an die Eltern/Verwandten, welche sie dem Mann einst übergeben hatten. Und hat sie auch keine Eltern/Verwandten, so fallen die Buße und das oben erwähnte Gut dem Königshof zu.

157. Edictus Rothari 202 (MGH.F 2), S. 43: Wenn eine Frau den Tod ihres Mannes – selbst oder durch eine vorgeschobene Person – geplant hat, so ist ihr Mann befugt, mit ihr zu tun, was ihm beliebt, und ebenso mit dem Vermögen dieser

158. Edictus Rothari 203 (MGH.F 2), S. 43: Si mulier maritum suum occiderit, ipsa occidatur, et res eius, si filii non fuerint, parentes mariti habeant potestatem.

159. Edictus Rothari 205 (MGH.F 2), S. 43: De haldia uiolentiata. Si quis haldiam alienam, id est qui iam de matre libera nata est, uiolentiam fecerit, conponat solidos quadraginta.

160. Edictus Rothari 206 (MGH.F 2), S. 43: De liberta uiolentiata. Si quis libertam alienam, id est ipsa persona, qui libera dimissa est, uiolentia fecerit, conponat solidos uigenti.

161. Edictus Rothari 209 (MGH.F 2), S. 43f: De ancilla rapta. Si quis rapuerit ancillam alienam, et in curte alterius duxerit, et sequens dominus aut parentes eius: et cui curtis est antesteterit et non permiserit uindicare, conponat qui antesteterit solidos uigenti, medietatem regi et medietatem cui ancilla fuerit.

162. Edictus Rothari 210 (MGH.F 2), S. 44: De rapto qui in curtem regis duxerit. Si quis rapuerit haldiam aut ancillam alienam et in curtis regis duxerit, et sequens dominus aut quicumque ex amicis aut seruis: et gastaldius aut actor regis antesteterit, pro haldia de suis propriis rebus conponat illi, cuius haldia fuerit, solidos quadragenta, pro ancilla solidos uigenti.

163. Edictus Rothari 211 (MGH.F 2), S. 44: Si quis uxorem alterius tulerit. Si liber aut seruus uxorem alterius tulerit, eamque sibi in coniugium sociauerit, ambo occidantur, si tamen ambo consenserint.

164. Edictus Rothari 212 (MGH.F 2), S. 44: Si quis cum uxorem suam alium fornicantem inuenerit. Si quis cum uxorem suam alium fornicantem inuenerit, liberum aut seruum, potestatem habeat eos ambos occidendi; et si eos occiderit, non requirantur.

165. Edictus Rothari 213 (MGH.F 2), S. 44: De crimen adulterii. Si quis alii de uxorem suam crimen miserit, quod cum ea fornicassit, liceat ei cui crimen mittitur, aut per sacramentum aut per camfionen se purificare; et si probatum fuerit, animae suae incurrat periculum.

166. Edictus Rothari 214 (MGH.F 2), S. 44: Si quis liberam puellam absque consilio parentum aut uoluntate duxerit uxorem, conponat, ut supra, anagrift solidos XX et propter faida alios uigenti. De mundio autem qualiter conuenerit, et lex habet; sic tamen si ambo liberi sunt.

Frau. Doch wenn sie leugnet, ist es den Eltern/Verwandten erlaubt, sie vom Verdacht durch Schwur oder durch gerichtlichen Zweikampf zu reinigen.
158. Edictus Rothari 203 (MGH.F 2), S. 43: Wenn eine Frau ihren Mann umgebracht hat, wird sie selbst getötet. Und wenn sie keine Söhne/Kinder hat, erhalten die Eltern/Verwandten ihres Mannes ihr Vermögen.
159. Edictus Rothari 205 (MGH.F 2), S. 43: Über die Gewalttat an einer Aldin. Wenn jemand eine fremde Aldin – das heißt eine, welche schon von einer freien Mutter geboren worden ist – vergewaltigt, so büßt er 40 Schillinge.
160. Edictus Rothari 206 (MGH.F 2), S. 43: Über die Gewalttat an einer freigelassenen Frau. Wenn jemand eine fremde freigelassene Frau, die also selbst erst freigelassen worden ist, vergewaltigt hat, büßt er 20 Schillinge.
161. Edictus Rothari 209 (MGH.F 2), S. 43f: Über den Raub einer abhängigen Frau. Wenn jemand eine fremde abhängige Frau geraubt und sie auf einen fremden Hof geführt hat und entweder ihr Herr oder ihre Eltern/Verwandten ihr dorthin folgen: Wenn sich der Hofbesitzer ihnen dann entgegenstellt und es nicht zulässt, dass man Anspruch auf sie erhebt, so büßt er als Rechtsverweigerer 20 Schillinge, halb dem König, halb dem Herrn der abhängigen Frau.
162. Edictus Rothari 210 (MGH.F 2), S. 44: Über Frauenraub mit Entführung an den Königshof. Wenn jemand eine fremde Aldin oder eine fremde abhängige Frau geraubt und sie an den Königshof geführt hat und entweder der Herr oder einer von den Freunden/Verwandten oder einer der abhängigen Männer ihm dorthin folgt: Wenn sich dann der Gastalde oder königliche Amtmann ihnen entgegenstellt, so büßt er für die Aldin 40 Schillinge aus seinem Eigengut ihrem Schutzherrn, für die abhängige Frau 20 Schillinge.
163. Edictus Rothari 211 (MGH.F 2), S. 44: Wenn jemand die Ehefrau eines anderen genommen hat. Wenn ein freier oder ein abhängiger Mann die Ehefrau eines anderen genommen und sich mit dieser in der Ehe verbunden hat, so tötet man sie alle beide, auch wenn beide es im gegenseitigen Einverständnis getan haben.
164. Edictus Rothari 212 (MGH.F 2), S. 44: Wenn jemand einen anderen dabei ertappt hat, dass er Unzucht mit seiner Ehefrau treibt. Wenn jemand einen anderen dabei ertappt hat, dass er Unzucht mit seiner Ehefrau treibt, sei es ein freier oder ein abhängiger Mann, so darf er sie alle beide töten. Tötet er sie, so kann man ihn dafür nicht belangen.
165. Edictus Rothari 213 (MGH.F 2), S. 44: Vom Verbrechen des Ehebruchs. Wenn jemand einen anderen des Verbrechens beschuldigt hat, mit seiner Frau Unzucht getrieben zu haben, so darf sich der Bezichtigte durch Eid oder durch gerichtlichen Zweikampf reinigen. Wird ihm dabei die Schuld bewiesen, so geht es ihm an sein eigenes Leben.
166. Edictus Rothari 214 (MGH.F 2), S. 44: Wenn jemand ohne die Zustimmung oder den Willen der Eltern/Verwandten ein freies Mädchen als Ehefrau heimgeführt hat, soll er – wie oben genannt – 20 Schilling Entschädigung und um der Vergeltung mit den anderen wegen weitere 20 Schillinge büßen. Und mit der Braut- bzw. Ehegabe/der Schutzgewalt verfährt man so, wie man es vereinbart und das Gesetz es festlegt, immer vorausgesetzt, dass beide Seiten freie Menschen sind.

167. Edictus Rothari 215 (MGH.F 2), S. 44: De sponsata mortua. Si quis puellam aut uiduam sponsatam habuerit et contigerit casus ut ipsa ante moriatur quam a patre, aut qui mundium eius potestatem habet, tradita fuerit: tunc meta, quae data fuerat ab illo sponso, reddatur ei, tantum quantum in ipsa meta dedit. Nam alias res illius sint, qui mundium eius in potestatem habere uidetur, eo quod ante traditionem mortua est.

168. Edictus Rothari 216 (MGH.F 2), S. 44f: [1] Si haldius uxorem libera tulerit. Si haldius cuiuscumque libera uxorem tulerit, id est fulcfrea, et mundium de ea fecerit, posteaque filios habens maritus mortuos fuerit: si mulier in ipsa casa noluerit permanere, et parentes eam ad se recollegere uoluerint, reddant praetium, quod pro mundium ipsius mulieris datum est illis, cuius haldius fuit. [2] Tunc illa absque morgingab aut aliquid de rebus mariti reuertatur sibi ad parentes suos cum rebus, si aliquas de parentes adduxit. [3] Et si filii de ipsa muliere fuerint, et noluerint in casa patris sedere, res paternas demittant, et mundium pro se reddant, quantum pro matre eorum datum est, et uadant sibi ubi uoluerint, liberi.

169. Edictus Rothari 217 (MGH.F 2), S. 45: De haldia qui seruum maritum tulerit. Si haldia aut liberta in casa aliena ad maritum intrauerit et seruum tulerit, libertatem suam amittat. Et si dominus neclexerit eam replecare ad seruitium, mortuo tamen marito, uadat sibi una cum filiis suis et cum omnis res suas, quantas in tempore, quando ad maritum intrauit, secum adduxit. Nam amplius nulla consequatur: uitium suum reputit, quia seruum consensit.

170. Edictus Rothari 218 (MGH.F 2), S. 45: Si haldius haldiam uxorem tulerit. Si haldius cuiuscumque haldia aut liberta uxorem tulerit, si filiûs ex ipso coito habuerit, patri sequantur: sint haldii quales et pater.

171. Edictus Rothari 219 (MGH.F 2), S. 45: Si haldius ancillam suam aut alterius tulerit ad uxorem, filii qui ex ea nascuntur, sint serui cuius et mater ancilla.

172. Edictus Rothari 220 (MGH.F 2), S. 45: Si ancilla cuiuscumque in casam alterius ad maritum intrauerit et seruum tulerit, nihil de ipsa casa marito mortuo consequatur, nisi quantum secum adduxit.

173. Edictus Rothari 221 (MGH.F 2), S. 45: Si seruus liberam mulierem aut puellam ausus fuerit sibi in coniugium sociare, animae suae incurrat periculum, et illa qui seruum fuerit consentiens, habeant parentes potestatem eam occidendi aut foris prouincia transuindendi, et de res ipsius mulieris faciendi quod uoluerint.

167. Edictus Rothari 215 (MGH.F 2), S. 44: Über eine Braut, die gestorben ist. Wenn sich jemand mit einem Mädchen oder einer Witwe verlobt hat und der Fall eingetreten ist, dass sie ihm verstirbt, ehe sie vom Vater oder von dem, der die Macht über ihre Schutzgewalt hat, übergeben worden ist, wird diesem die Braut- bzw. Ehegabe zurückgegeben, die ihr von jenem Bräutigam gegeben worden ist, so viel, wie viel er ihr als Braut- bzw. Ehegabe gegeben hatte. Die sonstige Habe der Frau aber fällt dem zu, der die Macht über ihre Schutzgewalt offensichtlich innehat, deshalb, weil sie starb, ehe sie ihrem Bräutigam übergeben worden ist.

168. Edictus Rothari 216 (MGH.F 2), S. 44f: [1] Wenn ein Alde eine freie Frau als Ehefrau genommen hat. Wenn jemand einen Alden hat, der eine freie Frau, das heißt eine Freie, als Ehefrau genommen hat und der Inhaber ihrer Schutzgewalt ist; danach aber stirbt der Mann und hat Kinder/Söhne von ihr. Wenn die Frau [dann] nicht in dem Haus bleiben will und ihre Eltern/Verwandten gewillt sind, sie bei sich aufzunehmen, so sollen sie [jenen] Preis dem Herrn des Alden wiederum erstatten, der für die Schutzgewalt der Frau entrichtet worden war. [2] Dann mag sie sich ohne Morgengabe und ohne irgendetwas vom Besitztum ihres Mannes zu ihren Eltern/Verwandten heimbegeben samt dem Gut, sofern sie welches von den Eltern/Verwandten mitgebracht hatte. [3] Und hat die Frau Söhne/Kinder und wollen diese nicht im Haus des Vaters bleiben, so müssen sie das Vatergut zurücklassen sowie den Betrag der Schutzgewalt zurückgeben, der für ihre Mutter einst gegeben worden ist; da mögen sie dann als freie Menschen weggehen, wohin sie wollen.

169. Edictus Rothari 217 (MGH.F 2), S. 45: Wenn eine Aldin oder eine freigelassene Frau zum Ehemann in ein fremdes Haus eingetreten ist und sich einen abhängigen Mann genommen hat, dann verliert sie ihre Freiheit. Und wenn der Herr es versäumt, sie zur Abhängigkeit heranzuziehen, mag sie, wenn der Mann verstorben ist, samt ihren Kindern und all ihrem Gut weggehen, das sie damals mit sich gebracht hatte, als sie zu ihrem Gatten kam. Doch mehr erhält sie nicht: Das mag sie ihrer Schuld zuschreiben, weil sie einem abhängigen Mann ihr Jawort gab.

170. Edictus Rothari 218 (MGH.F 2), S. 45: Wenn ein Alde eine Aldin zur Ehefrau genommen hat. Wenn sich ein Alde eine fremde Aldin oder eine freigelassene Frau zur Ehefrau genommen und aus dieser Verbindung Kinder gewonnen hat, so folgen sie dem Vater; sie sollen Alden sein wie auch ihr Vater.

171. Edictus Rothari 219 (MGH.F 2), S. 45: Wenn sich ein Alde seine eigene oder eine fremde abhängige Frau zur Ehefrau genommen hat, so werden die von ihr geborenen Kinder abhängige Personen desjenigen, dessen abhängige Frau die Mutter ist.

172. Edictus Rothari 220 (MGH.F 2), S. 45: Wenn eine abhängige Frau zum Ehemann in ein fremdes Haus eingetreten ist und einen abhängigen Mann genommen hat, so erhält sie nach des Mannes Tod nichts aus jenem Haus, vielmehr nur das, was sie mit sich dahin gebracht hatte.

173. Edictus Rothari 221 (MGH.F 2), S. 45: Wenn es ein abhängiger Mann gewagt hat, eine freie Frau oder ein freies Mädchen in der Ehe zu verbinden, so geht es ihm ans Leben. Jene aber, welche einem abhängigen Mann ihr Jawort gab, dürfen ihre Eltern/Verwandten töten – oder sie außer Landes verkaufen – und mit

Et si parentes eius hoc facere distulerint, tunc liciat gastaldium regis aut sculdhais ipsam in curte regis ducere et in pisele inter ancillas statuere.

174. Edictus Rothari 222 (MGH.F 2), S. 45f: De ancilla matrimonii gratia. Si quis ancillam suam propriam matrimoniare uoluerit sibi ad uxorem, sit ei licentiam; tamen debeat eam libera thingare, sic libera, quod est uurdibora, et legetimam facere per gairthinx. Tunc intellegatur libera et legetima uxor, et filii, qui ex ea nati fuerint, legetimi heredes patri efficiantur.

Grimvaldi Leges
(zweites Drittel 7. Jahrhundert (662–672))

175. Grimvaldi Leges 6 (MGH.F 2), S. 75: De uxoribus dimittendis. Si quis uxorem suam absque culpam legitimam posposuerit, et alia in domo superinduxerit, conponat solidos quingentos, medietatem regi et medietatem parentibus mulieris; mundio uero eius mulieris quam postposuit, amittat; et si noluerit ad maritum suum reuerti, reuertatur ad parentes suos cum rebus suis et mundium.

176. Grimvaldi Leges 7 (MGH.F 2), S. 75f: De crimen uxoris. Si quis uxorem suam incriminauerit asto[14] sine causa legitima, quasi adulterassit aut in animam mariti sui tractassit, liceat illi mulieri per sacramentum parentum aut per pugnam se mundare. Et si purificata fuerit, tunc maritus eius praebeat sacramentum cum parentibus suis legitimis, sibi duodecimus, quia non asto animo nec dolose ei crimen iniecit, ut eam deberet dimittere, nisi per certam suspectionem auditum habuisset haec uerba; et si haec fecerit, sit exolutus a culpa. Et si non fuerit ausus iurare, conponat uirgild ipsius mulieris, tamquam si fratrem eius occidisset, medietatem regi et medietatem parentibus mulieris.

177. Grimvaldi Leges 8 (MGH.F 2), S. 76: Si mulier aut puella notum habuerit, quemcumque habere uxorem, et super ipsam introierit et tulerit ei maritum non suum: iubemus ut omnes res suas perdat ipsa mulier, qui sciendo alterius marito uolontariae consensit; et medietatem de rebus eius accipiat curtis regia et medietatem parentibus. Et illam priorem mulierem recipiat maritus suus, et colat eam, ut decet uxorem legitimam. Vitium suum reputet, quae super alienam uxorem introire presumpsit, et nihil ei conponatur, et faida non requiratur.

---

14 Vgl. *asto*, in: NIERMEYER – VAN DE KIEFT, Lexicon 1, S. 88, allerdings mit Bezug auf den Edictus Rothari.

dem Gut der Frau verfahren, wie es ihnen beliebt. Und wenn ihre Eltern/Verwandten zaudern, derart vorzugehen, dann mag der Gastalde oder Schultheiß sie an den Königshof abführen und sie im Pesel [d. h. in die Arbeitsstube] unter die abhängigen Frauen einreihen.

174. Edictus Rothari 222 (MGH.F 2), S. 45f: Über die zwecks einer Eheschließung [freigelassene] abhängige Frau. Wenn jemand seine eigene abhängige Frau mit sich als Ehefrau verheiraten will, sei es ihm erlaubt. Doch muss er diese zuvor als freie Frau freilassen, und zwar als eine solche freie Frau, die man Wohlgeborene nennt, und sie durch eine Braut- bzw. Ehegabe zur Ehefrau machen. Dann soll man sie als freie und rechtmäßige Ehefrau ansehen. Und die von ihr geborenen Kinder werden rechte Erben ihres Vaters.

Grimvaldi Leges
(zweites Drittel 7. Jahrhundert (662–672))

175. Grimvaldi Leges 6 (MGH.F 2), S. 75: Über die Verstoßung einer Ehefrau. Wenn jemand seine Gattin ohne rechtmäßigen Grund zurückgesetzt und eine andere ins Haus genommen hat, der zahlt 500 Schillinge, halb an den König, halb an die Eltern/Verwandten seiner Ehefrau. Die Schutzgewalt über die [so] zurückgesetzte Frau aber verliert er. Und wenn sie nicht zu ihrem Mann zurückkehren will, mag sie samt ihrem Gut und ihrer Schutzgewalt/Braut- bzw. Ehegabe zu ihren Eltern/Verwandten zurückgehen.

176. Grimvaldi Leges 7 (MGH.F 2), S. 75f: Über das Verbrechen an einer Ehefrau. Wenn jemand seine Ehefrau absichtlich[14] ohne rechtmäßige Ursache beschuldigt hat, sie habe Ehebruch begangen oder nach dem Leben ihres Mannes getrachtet: Da darf sich die Frau mit Verwandteneid oder durch Zweikampf reinigen. Wenn sie sich dergestalt gereinigt hat, so mag ihr Mann mit seinen rechtmäßigen Eltern/Verwandten – er selbst als zwölfter – schwören, er habe sie weder mit bösem Vorsatz noch mit Hinterlist des Unrechts beschuldigt, um sie verstoßen zu können, sondern auf ganz bestimmten Verdacht hin, nachdem ihm solche Worte zu Gehör gekommen seien. Wenn er das getan hat, so ist er frei von Unrecht. Wenn er sich nicht getraut hat, zu schwören, so zahlt er das Wergeld der Frau so hoch, als wenn er ihren Bruder totgeschlagen hätte, halb an den König, halb an die Eltern/Verwandten der Frau.

177. Grimvaldi Leges 8 (MGH.F 2), S. 76: Wenn einer Frau oder einem Mädchen bekannt gewesen ist, dass einer eine Frau hat, und sie das Haus hinter deren Rücken betreten und jener den Mann weggenommen hat, der nicht der ihrige ist, da wollen wir, dass diese Frau dann all ihr Gut verliert, weil sie wissentlich dem Mann einer anderen freiwillig zugestimmt hat. Und die eine Hälfte ihres Gutes erhält der Königshof, die andere Hälfte [ihre] Eltern/Verwandten. Und jene erste Frau nehme ihr Mann [brav] wieder zu sich und halte sie so, wie es einer rechtmäßigen Ehefrau zukommt. Dem eigenen Laster schreibe die [ihr

---

14 Vgl. *asto*, in: NIERMEYER – VAN DE KIEFT, Lexicon 1, S. 88, allerdings mit Bezug auf den Edictus Rothari.

Liutprandi Leges
(erstes Drittel 8. Jahrhundert (712–744))

178. Liutprandi Leges 7 (MGH.F 2), S. 88: Si quis langobardus morgingab coniugi suae dare uoluerit, quando eam sibi in coniugio sociauerit, ita dicernimus ut alia diae ante parentes et amicos suos ostendat per scriptum a testibus rouoratum et dicat: »quia ecce quod coniugi meae morgingab dedi«, ut in futuro pro hac causa periurio non percurrat. Ipsum autem morgingap nolumus ut amplius sit, nisi quarta pars de eius substantia, qui ipsum morgingab fecit. Si quidem minus uoluerit dare de rebus suis, quam ipsa quarta portio sit, habeat in omnibus licentiam dandi quantum voluerit; nam super ipsam quartam portionem dare nullatenus possit.

179. Liutprandi Leges 30 (MGH.F 2), S. 99f: De his feminis, quae uelamen sancte religionis suscipiunt, aut quae a parentibus suis deo uouintur, aut ipsae se elegunt, religionis habitu aut uestem monastiga induere uedentur, quamquam a sacerdote consegrate non sint, sic nobis iustum paruit esse pro dei amore, ut in ipso habitu in omnibus perseuerent, nec sit excusatio mali hominibus dicendo: »quod sacrate non sunt, ideo, si copolantur culpa non habent«. Sed, ut supra premisemus, quae talem signum super se, id est uelamen et ueste sancte dei genetrices mariae, quocumque genio in se suscipiunt, et postea ad saecularem uitam vel habitu transire nullatinus presumat. Quia considerare deuit omnes cristianus, quod si quiscumque saeculares parentem nostram saecularem disponsat, cum solo anolo eam subarrat et suam facit, et si postea alter eam oxorem ducit, culpauiles inuenitur solidos sexcentos: quantu magis deuit causa dei et sanctae mariae amplior esse, ut quae ipsum uelamen uel habitu in se suscipiunt, in eodem deueant perseuerare. Si qua uero femina contra hoc, quod nostra instituit excellentia, egerit aut maritum se copolauerit, perdat omnem substantiam suam, et deueniat ipsa substantia ad potestatem palatii; de persona autem eiusdem femine, quae talem malum comiserit, iudecit rex, qui pro tempore fuerit, qualiter illi placuerit, aut in monasterio mittendo aut qualiter secundum deum melius preuiderit. Simili modo et de uictu uel uestimentu eius ipse princeps ordinet, qualiter ei placuerit. Si autem ille, in cuius mundio talis femina est, consentiens fuerit in suprascripto malo, et prouatum fuerit, conponat uuirgild suum; et ille, qui eam tollere presumpserit, conponat in palatio solidos sexcentos. Si autem mundoald in ipso malo consentiens non fuerit, medietatem de ipsis sexcentis solidis accipiat ipse, et medietatem rex. Qui autem talem feminam rapuerit, conponat solidos mille, ut precedat causa dei solidis centum, quoniam de raptu secularis feminae conpositio nongenti solidi in edicto lecuntur. Ipsa uero, quae non conseruauerit ea quae superius legitur, et malo suprascripto consenserit, poenae suprascriptae subiaceat.

Schicksal] zu, die hinter dem Rücken einer anderen Frau gewagt hat, sich [mit ihrem Mann] einzulassen. Und nichts wird ihr [für ihre Hingabe] gebüßt und Vergeltung soll man nicht fordern.

Liutprandi Leges
(erstes Drittel 8. Jahrhundert (712–744))

178. Liutprandi Leges 7 (MGH.F 2), S. 88: Wenn ein Langobarde seiner Frau eine Morgengabe zuwenden wollte, als er sie in der Ehe verbunden hat: Da soll er ihr – so bestimmen wir – am Tag darauf vor seinen Eltern/Verwandten und Freunden/Verwandten unter Urkunde mit Zeugenfeste die Vergabung weisen und dazu Folgendes sprechen: ›Seht, was ich meiner Frau zur Morgengabe zugewiesen habe‹, damit es in der Zukunft nicht um solcher Sache willen zu einem Meineid kommt. Wir wollen aber nicht, dass diese Morgengabe sich höher belaufe als auf ein Viertel des Vermögens, das der hat, der die Morgengabe gegeben hat. Wenn er von seinem Gut dagegen weniger zuzuwenden gewollt hat als ein Viertel, so soll er die Erlaubnis haben, so viel zu geben, wie er will. Nur mehr als dieses Viertel kann er ihr nicht geben.

179. Liutprandi Leges 30 (MGH.F 2), S. 99f: Über Frauen, die den Schleier des gottgeweihten Lebens nehmen oder von ihren Eltern/Verwandten Gott geweiht werden oder auch selbst sich so entscheiden und fortan im Gewande des gottgeweihten Lebens oder in Nonnenkleidung erscheinen, obwohl sie vom Priester aber noch nicht geweiht sind. So schien es uns aus Liebe zu Gott gerecht, dass sie im Habit verbleiben und es für die Menschen keine Entschuldigung für das Böse geben soll, indem sie sagen: ›Sie sind noch gar nicht eingesegnet und folglich haben sie auch keine Schuld, wenn sie sich verheiraten.‹ Nein, wie bereits vorangeschickt: Wer diese heiligen Zeichen, den Schleier einer Nonne und das Kleid der heiligen Gottesmutter Maria, trägt – in welcher Meinung sie es auch genommen haben –, maße sich danach keinesfalls an, zu weltlichem Gewand und Leben überzugehen. Denn jeder Christ muss sich doch klarmachen: Wenn irgendjemand aus der Welt eine Verwandte von uns verlobt, da verlobt sich der Bräutigam mit ihr bloß durch einen Ring und macht sie sich zu eigen. Und wenn ein anderer später sie zur Frau nimmt, wird er für schuldig befunden und zahlt 600 Schillinge. Um wie viel höher muss uns Gottes und der heiligen Maria Sache stehen. Und demnach müssen die, die solchen Schleier und Habit genommen haben, darin verharren. Wenn gleichwohl aber eine Frau gegen das verstößt, was unsere Erhabenheit verfügt hat, und sich mit einem Mann vermählt, so soll sie all ihr Gut verlieren und das Vermögen soll in die Verfügung des Königshofes übergehen. Was die Person solch einer Frau betrifft, die dies Unrecht begeht, halte Gericht, wer dann jeweils der König ist, und zwar ganz nach seinem Ermessen: ob er sie nun ins Kloster schickt oder was er nach dem Willen Gottes als besser erachtet. Auch über Kost und Kleidung dieser Frau erlasse der Herrscher nach seinem Ermessen nähere Weisung. Hat aber jener, in dessen Schutzgewalt eine solche Frau ist, dem vorerwähnten Unrecht nachweislich zugestimmt, so zahle er sein Wergeld. Und jener, der sich angemaßt hat, sie zur Frau zu nehmen, zahlt als Ausgleich

180. Liutprandi Leges 31 (MGH.F 2), S. 100: Si quis rapuerit qualemcumque femina libera saecularem, unde in anteriore edicto legitur conpositio solidorum nongentorum, ita uolumus, ut de illis quadrigentis quinquagenta solidis, qui perteneunt ad parentes vel ad mundoald, ut accipiat ex ipsis solidis mundoald, qui fuerit, pro fatigio suo ex acceptione de ipsa poena solidos numero centum quinquaginta. Reliquos uero trecentos habeat ipsa femina, cui tales iniuria aut detractio facta est. Si autem patrem aut fratrem ipsa femina habuerit, et in eorum mundium fuerit, tunc pater aut frater de ipsam conpositionem, quod sunt solidi quadringenti quinquaginta, faciant cum filia aut sorore sua qualiter uoluerint. Nam alter mundoald aut parentes sic diuidant ipsam conpositionem, sicut supra statuimus.

181. Liutprandi Leges 89 (MGH.F 2), S. 119f: Si quis coniogi suae metam dare uoluerit, ita nobis iustum esse conparuit, ut ille, qui est iudex, debeat dare, si uoluerit, in solidos quadringentos, amplius non, minus quomodo conuenerit; et reliqui nouelis homenis debeant dare in solidos trecentos, amplius non; et si quiscumque alter homo minus uoluerit, quomodo conuenerit. Et ipsa meta sub aestimatione fiat data et adpretiata, ut nullo tempore exinde intentionis aut causationis procedat.

182. Liutprandi Leges 94 (MGH.F 2), S. 121: Si quis fream alienam sine volontatem de mundoald eius mouere de casa, ubi inhabitat, presumpserit, et alibi duxerit, conponat ille qui in caput est, pro inlecita presumptione ad mundoald eius solidos numero octonta. Et si liberi homenis cum ipso fuerent, conponat unusquis per caput solidos 20; servi autem in conpositione domini sui conpotentur. Nam si forte ille homo liber, qui ipsam fream de casa ubi est tolerit, et sibi uxorem duxerit, sic conponat, sicut gloriose memorie rothari rex in anteriore edicto instituit.

183. Liutprandi Leges 100 (MGH.F 2), S. 123f: [1] Nulli sit licentiam, qualeuit mulierem, mundium eius habens in potestatem, post mortem mariti sui ante anni spacium uelare aut monachico habito induere. [2] Et si ipsa sua uolontatem ante anni spacium hoc facere disposuerit, ueniat ad palatium regi et dicat clementiae eius uoluntatem suam, et interrogata uel inquisita diligenter a rege, per eius permissum accipiat religiones uelamen. [3] Si uero ante anni spacium sine permissum reges quis hoc facere presumpserit, conponat regi uuirigild suum; mundio uero mulieris, uel res eius propriae sint in potestatem palatii. [4]

600 Schillinge an den Hof des Königs. Hat indessen der Inhaber der Schutzgewalt jenem Unrecht nicht zugestimmt, so erhält er seinerseits die Hälfte der 600 Schillinge und die andere der König. Wer aber solch eine gottgeweihte Frau entführt hat, der muss 1000 Schillinge zahlen, damit die Sache Gottes immer noch mit 100 Schillingen die anderen übertreffe, weil im Edikt zu lesen ist, dass auf den Raub einer weltlichen Frau 900 Schillinge Buße stehen. Sie selbst aber soll, weil sie das, was oben zu lesen ist, nicht eingehalten hat und dem erwähnten Unrecht zustimmte, der schon erwähnten Strafe verfallen.

180. Liutprandi Leges 31 (MGH.F 2), S. 100: Wenn jemand eine freie Frau weltlichen Standes geraubt hat, darüber steht im früheren Edikt zu lesen, dass es 900 Schillinge Buße kostet. Da wollen wir nun aber, dass von den 450 Schillingen, welche ihren Eltern/Verwandten oder ihrem Schutzgewaltinhaber zustehen, der derzeitige Inhaber der Schutzgewalt beim Eingang der Strafe für seine Bemühung 150 Schillinge von diesem Geld erhalten soll. Die übrigen 300 Schillinge erhält die Frau, der solche Schmach oder Erniedrigung geschehen ist. Hat allerdings die Frau Vater oder Bruder und steht in ihrer Schutzgewalt: Da mag der Vater oder Bruder hinsichtlich der ganzen Buße, also der 450 Schillinge, mit seiner Tochter bzw. Schwester abmachen, wie es ihnen beliebt. Ein anderer Schutzgewaltinhaber aber oder die Eltern/Verwandten sollen diese Buße so teilen, wie es oben festgesetzt ist.

181. Liutprandi Leges 89 (MGH.F 2), S. 119f: Wenn jemand seiner Gattin eine Braut- bzw. Ehegabe geben wollte, da schien uns Folgendes richtig zu sein: Jemand vom Richterstand mag ihr, wenn er will, 400 Schillinge geben; keinesfalls mehr, wohl aber, je nach Vereinbarung, auch weniger. Andere Edelleute mögen bis 300 Schillinge geben, keinesfalls mehr. Und wenn der eine oder andere weniger geben will, der mag es tun, jeweils nach Vereinbarung. Die Braut- bzw. Ehegabe [aber] soll gemäß der Schätzung, die gemacht worden ist, gegeben werden, sodass zu keinem Zeitpunkt Einsprüche oder Klagen entstehen können.

182. Liutprandi Leges 94 (MGH.F 2), S. 121: Wenn es jemand gewagt hat, eine fremde unverheiratete Frau ohne den Willen ihres Schutzgewaltinhabers aus dem Haus, das sie bewohnt, herauszuholen, und sie woanders hin verschleppt hat: Da büße der Haupttäter sein verbotenes Unterfangen dem Inhaber ihrer Schutzgewalt mit 80 Schillingen. Und wenn freie Männer ihn begleiten, von denen büße ein jeder seinesteils 20 Schillinge: Dagegen rechnet man abhängige Männer als in der Buße ihres Herrn mit inbegriffen. Im Fall aber, dass der freie Mann, der jene fremde unverheiratete Frau aus dem Haus, wo sie ist, weggeholt und sie sich zur Frau genommen hat, dann büße er so, wie es König Rothari glorreichen Angedenkens schon im älteren Edikt verfügt hat.

183. Liutprandi Leges 100 (MGH.F 2), S. 123f: [1] Niemand darf einer beliebigen Frau, die unter seiner Schutzgewalt steht, nach ihres Mannes Tod vor Jahresfrist den Schleier geben oder Nonnenkleider anziehen. [2] Wenn sie sich vor Jahresfrist aus eigenem Willen dazu entschließt, dann soll sie an den Hof des Königs kommen und Seiner Gnaden ihren Willen erklären. Und erst nachdem sie vom König sorglich verhört und befragt worden ist, soll sie mit seiner Erlaubnis den Schleier gottgeweihten Lebens nehmen. [3] Wenn aber jemand es wagt, dies vor Jahresfrist ohne Bewilligung des Königs zu tun, muss er dem König sein

Qui hoc ante anni spacium facere querit, propter logrum pecuniae uel seculi cupiditatem hoc facere querit, nam non ob amorem dei, aut anima eius saluandam; [5] quia post mortem uiri sui, dum dolor recens est, in quale partem uoluerit, animum eius inclinare potest. [6] Nam cum in se reuertitur, et carnis dilectatio ei obuenerit, quod peius est, in adulterium cadit, nec monacha esse inuenitur nec laiga esse potest. Et si alter quiscumque homo, in cuius mundium non est, hoc facere presumserit, conponat uuirigild suum in sagro palatium, et ipsa cum rebus suis sit in potestatem mundoaldi sui.

184. Liutprandi Leges 101 (MGH.F 2), S. 124: Si qua mulier religionis uelamen induta fuerit, uel obseruata omnia, qualiter in superiore capitulo adfixa sunt, in monasterio intrare uoluerit: si filiûs aut filias habuerit, in quorum mundium esse inueniatur, cum tertiam portionem de propriis rebus suis intrit in monasterium, et post ouitum eius remaneat in ipso monasterium, ubi ipsa intrauerit. Si uero filiûs aut filias non habuerit, cum medietatem de rebus suis in monasterio intrare possit, si uoluerit, et post eius decessum maneat ipsa metietas in potestatem monasterii. Nam si in domum permanserit, potestatem habeat de rebus suis iudicare pro animam suam, aut cui uoluerit, tertiam portionem; duas uero portionis ex rebus eius sint in potestatem ipsius, ad quem mundium eius pertinet.

185. Liutprandi Leges 103 (MGH.F 2), S. 125: Nulli sit licentiam, coniugi suae de rebus suis amplius dare per qualecumque ingenio, nisi quod ei in diem uotorum in mitphio et morgincap dederit secundum anteriorem edicti pagina et quod super dederit, non sit stabilem.

186. Liutprandi Leges 104 (MGH.F 2), S. 125: Si seruus cuiuscumque, habens legitimam oxorem, et aliam ancillam super eam duxerit, conponat dominus serui, sicut edicto de adulterio contenit, ei cuius ancillam postea tolit. Ancilla uero ipsa pro inlecita presumptione accipiat talem disciplinam ad dominum suum in presentia de domino serui, ut alia ancillam hoc facere non presumat.

187. Liutprandi Leges 105 (MGH.F 2), S. 125f: De his qui de inlecito matrimonium ante tempo nati sunt, et ei legetimi fratri sui uolontariae partem dederunt, ita statuimus, ut si ei fratri sui legetimi uolontariae partem dederunt, in ipso deueant permanere, et eos exhereditare menime deueant. Nam pater non possit illos inlecitûs neque per thinx uel per qualicumque conludium heredis instituere. Hoc autem ideo statuere preuidemus, ut omnes homo, qui uult, accipiat oxorem legetimam, nam non inlecitas contraat nuptias. Si autem fratres non sunt, et parentis propinqui fuerent, qui potuerunt legetime ad hereditatem uenire, et usque modo tacuerunt, taceant et inantea, et nullam habeant contra eos, qui possident, per triginta annos fagundiam loquendi,

Wergeld erlegen. Die Schutzgewalt über die Frau/die Braut- bzw. Ehegabe der Frau sowie ihr Eigengut sollen fortan in die Gewalt des Königshofes kommen. [4] Wer solches Tun vor Jahresfrist zu tun plant, wünscht das von ihr aus Gewinnsucht und dergleichen weltlichem Trachten, nicht aber aus Liebe zu Gott oder um ihre Seele zu retten. [5] Denn nach dem Tode ihres Mannes, solange der Schmerz noch frisch ist, kann er ihr Gemüt leicht dahin bringen, wohin er will. [6] Findet sie dann zu sich zurück und es wird ihr Gelegenheit zu sexuellem Vergnügen geboten – was weit schlimmer ist – und sie lässt sich auf den Ehebruch ein: Dann erweist sie sich weder als Nonne noch kann sie Lae sein. Und wenn es ein anderer wagt, in dessen Schutzgewalt sie gar nicht ist, so etwas zu tun, so muss er sein Wergeld an den heiligen Hof zahlen. Sie aber bleibt samt ihrem Gut in den Händen ihres Schutzgewaltinhabers.

184. Liutprandi Leges 101 (MGH.F 2), S. 124: Wenn eine Frau den Schleier gottgeweihten Lebens angenommen hat oder wenn sie – unter Einhaltung all des im vorherigen Kapitel Vermerkten – in ein Kloster eintreten wollte: Hat sie schon Söhne, unter deren Schutzgewalt sie ja doch steht, oder Töchter, so mag sie mit einem Drittel ihres Eigenguts in das Kloster gehen. Und dieses soll auch nach ihrem Tod dem Kloster, in das sie eintrat, bleiben. Hat sie indessen keine Söhne oder Töchter, dann mag sie, wenn sie will, mit der Hälfte ihres Gutes ins Kloster eintreten. Und diese Hälfte soll nach ihrem Tod auch in der Hand des Klosters bleiben. Wenn sie aber zu Hause bleibt, steht es in ihrer Macht, ein Drittel ihres Gutes zu ihrem Seelenheil oder wem sonst sie etwas zuteilen will auszusetzen. Über zwei Drittel ihres Guts aber hat der in der Gewalt, dem ihre Schutzgewalt zusteht.

185. Liutprandi Leges 103 (MGH.F 2), S. 125: Niemand darf seiner Frau – auf welche Weise das auch sei – von seinem Gut mehr zuwenden, als er ihr am Tag des Gelübdes [d. h. des Verlöbnisses] – dem älteren Gesetzbuch folgend – an Braut- bzw. Ehegabe und Morgengabe gegeben hat. Und was er mehr gibt, ist nicht rechtsbeständig.

186. Liutprandi Leges 104 (MGH.F 2), S. 125: Wenn jemand einen abhängigen Mann hat, der eine rechtmäßige Ehefrau hat und sich noch eine fremde abhängige Frau zur ersten hinzu genommen hat: Da zahlt der Herr des abhängigen Mannes dem, dessen abhängige Frau [jener] hinterher genommen hat, wie es im Edikt vom Ehebruch [geschrieben] steht. Die [zweite] abhängige Frau aber erhält für das unerlaubte Unterfangen von ihrem Herrn solch eine Züchtigung, [und zwar] in Gegenwart des Herrn des abhängigen Mannes, dass es [hinfort] keine abhängige Frau mehr wagt, so etwas zu tun.

187. Liutprandi Leges 105 (MGH.F 2), S. 125f: Was jene anbelangt, die vor Zeiten aus unerlaubter Ehe geboren worden sind, und wenn denen ihre rechtmäßig [d. h. aus einer rechtmäßig geschlossenen Ehe] [geborenen] Brüder freiwillig einen [Erb-]Teil gegeben haben, so bestimmen wir: Was ihre rechtmäßig [d. h. aus einer rechtmäßig geschlossenen Ehe] [geborenen] Brüder ihnen freiwillig gegeben haben, darin [d. h. im Besitz dieses Anteils] sollen sie auch verbleiben; die [anderen] sollen sie darum nicht [wieder] enterben. Dagegen kann der Vater solcher unerlaubt [gezeugter Söhne] sie nicht zu Erben einsetzen, weder durch Gedinge noch durch irgendeine Machenschaft. Und diese Satzung fassten wir deshalb ins Auge, damit ein jeder, der da will, sich eine rechtmäßige Frau

dicendo, quod exherede esse debeant; nisi quod per triginta annos possederunt, possedeant.

188. Liutprandi Leges 106 (MGH.F 2), S. 126: Si quis aldiane alienam aut suam ad oxorem tollere uoluerit, faciat eam uuiderbora, sicut edictus contenit de ancillam. Nam qui sine ipsa ordinatione eam quasi oxorem habuerit, filii qui ex ea nati fuerent, non sint legetimi, sed naturalis.

189. Liutprandi Leges 112 (MGH.F 2), S. 128: De puella unde iam antea diximus, ut in duodecimo anno legetima sit ad maritandum, sic modo statuimus, ut non intrantem ipso duodecimo anno, sed expleto, sic sit legetimam ad maritandum. Ideo nunc hoc dicimus, quia multe intentionis de causam istam cognouimus; et apparit nobis, quod inmatura causa sid ante expletûs duodecim annos.

190. Liutprandi Leges 114 (MGH.F 2), S. 128f: Si puella sine volontate parentum absconse ad maritum ambolauerit, et ei meta nec data nec promissa fuerit, et contegerit, ut maritus ipse antea moriatur, quam mundium de eam faciat, contenta sit ipsa mulier, nec possit postea metam querere ad heredibus eius, qui defunctus est, pro eo quod neclegenter sine voluntatem parentum suorum ad maritum ambolavit, nec fuit, qui iustitiam eius exquirere.

191. Liutprandi Leges 117 (MGH.F 2), S. 130: Si infans ante decem et octo annos, quod nos instituimus, ut sit legetima etas, spunsalia facere uoluerit aut sibi muliere copolauerit, habeat potestatem et metam facere, et morgincap dare iuxta edicti tinore, et oblicationem facere et fideiussore ponere, et carta, si uoluerit, pro causa ista scribere: et qui fidiussoris exteterit aut scriua, qui pro causa ista cartam scripserit, nulla exinde habeat damnationem. Quia nos ideo usque ad illam etatem perduximus causam de infantibus, ut ipsi res suas non deueant naufragare aut disperdere. Nam pro ista coniunctionem, quam deus precepit, absoluimus ut fiat.

192. Liutprandi Leges 119 (MGH.F 2), S. 131: Si quis filiam suam aut sororem sponsare uoluerit, habeat potestatem, cui uoluerit, libero tamen hominem, sicut anterior contenit edictus. Nam posteûs eam sponsaverit, non habeat potestatem alteri homini eam ad maritum dandi ante bienni tempus. Et si dare cuileuit presumpserit, aut ipsa spunsalia inrumpere uoluerit, conponat sponso ipsius, sicut inter se poena posuerunt, qualiter in anteriorem edicto legitur pagina; insuper in palatium regis conponat uuirgild suum. Et ille qui eam tollere presumpserit, conponat similiter in palatio uuirgild suum; si uero sine

nimmt und keine unerlaubte Ehe eingeht. Sind keine Brüder da, wohl aber Nächstverwandte, welche von Rechts wegen erben, und haben sie [zu solcher Zuwendung] bisher geschwiegen, so sollen sie auch für das Schweigen keinerlei Einspruchsrecht gegen diese [Söhne aus einer unrechtmäßigen Ehe] haben, die da schon 30 Jahre den Besitz haben, indem sie sagen: sie müssten [eigentlich] erbunfähig sein. Nein, was die nun schon 30 Jahre lang besitzen, das sollen sie [auch weiterhin] besitzen.

188. Liutprandi Leges 106 (MGH.F 2), S. 126: Wer eine fremde oder seine [eigene] Aldin zur Frau nehmen wollte, der soll sie zur Wohlgeborenen machen, wie es das Gesetz von der abhängigen Frau ausweist. Denn wenn er sie ohne diese Anordnung [nur] gleichsam wie seine Frau gehalten hat, dann sind die Kinder, die von ihr geboren werden, keine rechtmäßigen [Kinder], sondern [nur] Kinder, die aus einer nicht-begüterten Ehe hervorgegangen sind.

189. Liutprandi Leges 112 (MGH.F 2), S. 128: Betreffs der Mädchen – wie wir es früher erklärt haben, dass sie im zwölften [Lebens-]Jahr heiratsmündig seien – bestimmen wir nunmehr: Nicht mit dem Eintritt in das zwölfte Jahr, sondern [erst] mit der Vollendung sind sie heiratsmündig. [Und] wir erklären das deshalb, weil wir in dieser Frage viele Klagen gehört haben und es uns schien, es sei – solange die zwölf Jahre noch nicht voll sind – doch keine ausgereifte Sache.

190. Liutprandi Leges 114 (MGH.F 2), S. 128f: Wenn sich ein Mädchen heimlich, ohne den Willen der Eltern/Verwandten, in die Ehe begeben hat und ihr die Brautbzw. Ehegabe weder gegeben noch auch nur versprochen worden ist und es dann geschehen ist, dass der Mann verstirbt, ehe er der Inhaber der Schutzgewalt für sie geworden ist, soll sich die Frau zufrieden geben und die Braut- bzw. Ehegabe hinterher von den Erben des Verstorbenen nicht fordern können. Da sie ohne Rücksicht auf den Willen ihrer Eltern/Verwandten zu dem Mann zog, war auch niemand da, der ihre Rechte geltend machen konnte.

191. Liutprandi Leges 117 (MGH.F 2), S. 130: Wenn sich ein Junge unter 18 Jahren als dem von uns festgesetzten rechten [Mannes-]Alter verloben wollte oder mit einer Frau die Ehe eingegangen ist: Da kann er ihr die Braut- bzw. Ehegabe aussetzen, auch eine Morgengabe geben – [immer natürlich] nach Maßgabe des Gesetzbuchs. [Er kann] sich [dafür] auch verpflichten, Bürgen stellen und – sofern er will – eine Urkunde über den Vorgang ausstellen. Und wer da Bürge wird oder über diesen Sachverhalt [als] Schreiber die Urkunde ausstellt, soll davon keinen Schaden haben. Denn die Rechtsstellung eines Kindes haben wir deshalb bis zu jenem Lebensjahr erstreckt, damit sie ihr Gut nicht verwirtschaften oder verschleudern. Für diese gottgewollte Verbindung aber lassen wir es zu, dass sie [auch schon vorher] erfolgt.

192. Liutprandi Leges 119 (MGH.F 2), S. 131: Man kann seine Tochter oder Schwester, wem man will, verloben, wenn nur an einen freien Mann, wie das im älteren Gesetzbuch steht. Nachdem man sie aber einmal verlobt hat, darf man sie vor Ablauf eines Zeitraumes von zwei Jahren keinem anderen Ehemann geben. Wer sich [je] untersteht, sie einem [anderen] zu geben, und das Verlöbnis [mit dem ersten] brechen will, zahlt an ihren Verlobten die [Vertrags-]Strafe, welche sie unter sich vereinbart haben, wie das im älteren Gesetzbuch zu lesen steht. Überdies zahlt er an den Königshof sein Wergeld. Der andere aber, der sich

uolontatem patris aut fratris eam tollere presumpserit, qui iam alteri est disponsata, conponat sponso eius dubbla metam, sicut edictus anterior contenit; in palatium regis conponat uuirgild suum. Pater vero aut frater, qui in tali causa non consenserunt, sint soluti. Puella uero ipsa, qui suam uolontatem hoc facere presumpserit, si aliqua ei portio ex parentum successionem deuetur, amittat ipsam portionem suam, et nuta et uacua de rebus parentum suorum uadat, et ipsi succedant, qui per legem succedere possint; nec possent ei pater aut frater per quoleuit genium aliquid dare aut hereditatem relinquere, quia excreuit uicium hoc in gentem nostram pro cupiditatem pecuniae, et ideo eum resegare uolumus ut inimicidias cessent et faida non habeant. Si autem, quod absit, post sponsalia facta talis inter parentis ipsius excreuerit inimicitias, qualiscumque causam interuenientis, ut humicidium de parentem ipsorum proueniat, unde duritiam inter se teneant: si dare aut tollere uoluerit, conponat pars, qui neclexerit, sicut statutum inter se habuerunt, et sint absoluti; quia non est bonum, ut ibi quispiam deueat dare filiam aut sororem uel parentem suam, ubi uera inimicitiam humicidii esse prouatur.

Lex Ribuaria
(7. Jahrhundert)

193. Lex Ribuaria 38,1 (MGH.LNG 3,2), S. 90f: [De raptu ingenuorum vel mulierum.] Si quis ingenuus ingenuam rapuerit, bis centenos solid. noxius iudicetur. Quod si tres ingenui cum ipso fuerint, unusquisque eorum bis trigenus solid. noxii iudicentur. Et quanti super illos quattuor fuerint, unusquisque ter quinos solid. noxius iudicetur.
194. Lex Ribuaria 38,2 (MGH.LNG 3,2), S. 91: Quod si regius aut ecclesiasticus homo hoc fecerit, bis quinquagenos solid. culpabilis iudicetur. Similiter ille tres, qui ei auxiliaverint, unusquisque trigenos solid. culpabilis iudicetur. Et quanti super hos fuerint, unusquisque octavo semisolido multetur.
195. Lex Ribuaria 38,3 (MGH.LNG 3,2), S. 91: Quod si servos hoc fecerit, de vita conponat.
196. Lex Ribuaria 39,1 (MGH.LNG 3,2), S. 91: [De eo qui uxorem alienam tulerit.] Si quis uxorem alienam tulerit vivo marito, ducenos solidos multetur.
197. Lex Ribuaria 39,2 (MGH.LNG 3,2), S. 91: Si quis cum ingenuam puellam moechatus fuerit, quinquaginta solid. culpabilis iudicetur.
198. Lex Ribuaria 39,3 (MGH.LNG 3,2), S. 92: Si quis ingenuam puellam vel mulierem, qui in verbo regis vel ecclesiastica est, accipere vel seducere sine

untersteht, sie [an-]zunehmen, zahlt gleichfalls an den Königshof sein Wergeld. Wagt er es aber, sie ohne Zustimmung [ihres] Vaters oder Bruders [an-]zunehmen, während sie einem anderen verlobt ist, dann zahlt er ihrem Verlobten das Doppelte der Braut- bzw. Ehegabe, wie es im älteren Gesetzbuch steht, und an den Königshof zahlt er sein Wergeld. Der Vater oder Bruder aber geht frei aus, sofern er in die Sache gar nicht eingewilligt hat. Das Mädchen [schließlich], das sich eigenwillig unterstand, so etwas zu tun, geht ihres Erbanteils verlustig, sofern sie als Erbin [ihrer] Eltern etwas zu erhalten hätte. Nackt und frei vom elterlichen Gut soll sie abziehen und erben sollen die, die [ohne sie] nach dem Gesetz zu erben hätten. Und selbst der Vater oder Bruder kann ihr keinesfalls etwas zuwenden noch als Erbe hinterlassen. Denn diese Unsitte hat aus [reiner] Geldgier in unserem Volk um sich gegriffen. Und deshalb wollen wir sie beseitigen, damit die Feindschaften ein Ende haben und man nicht Vergeltung [darum] übe. Wenn allerdings, was fern sei, nach der Verlobung zwischen ihrer [beiderseitigen] Verwandtschaft eine solche Feindschaft ausbricht – gleichgültig weshalb –, dass es zur Tötung eines ihrer Verwandten kommt, und sich die Fronten zwischen ihnen deshalb verhärten: Wenn dann [ein Teil gleichwohl] bereit ist, sei es [sie] anzutrauen oder [sie] zu heiraten, dann soll der [andere] Teil, der es ablehnt, bezahlen, wie sie es unter sich festgesetzt haben, – und damit sind sie [der Verlobung] ledig. Denn es ist [doch] nicht gut, wenn jemand seine Tochter oder Schwester oder sonstige Verwandte dahin geben müsste, wo wirkliche, erwiesene Todfeindschaft besteht.

Lex Ribuaria
(7. Jahrhundert)

193. Lex Ribuaria 38,1 (MGH.LNG 3,2), S. 90f: [Über Frauenraub unter freien Menschen.] Wenn ein freier Mann eine freie Frau geraubt hat, werde er zu 200 Schillingen verurteilt. Wenn aber drei freie Männer mit diesem waren, werde jeder von ihnen zu 60 Schillingen verurteilt. Und wie viel über diese vier hinaus dabei waren, von denen werde jeder zu 15 Schillingen verurteilt.
194. Lex Ribuaria 38,2 (MGH.LNG 3,2), S. 91: Wenn das aber ein abhängiger Mann des Königs oder der Kirche gemacht hat, werde er zu 100 Schillingen verurteilt. Gleichermaßen werden jene drei, die ihm geholfen haben, je zu 30 Schillingen verurteilt. Und wie viele auch außer diesen dabei gewesen sind, von denen werde jeder mit siebeneinhalb Schillingen bestraft.
195. Lex Ribuaria 38,3 (MGH.LNG 3,2), S. 91: Wenn dies aber ein abhängiger Mann getan hat, büße er mit dem Leben.
196. Lex Ribuaria 39,1 (MGH.LNG 3,2), S. 91: [Über den, der eine andere Ehefrau genommen hat.] Wenn jemand eines anderen Ehefrau bei Lebzeiten des Gatten genommen hat, werde er mit 200 Schillingen bestraft.
197. Lex Ribuaria 39,2 (MGH.LNG 3,2), S. 91: Wenn jemand mit einem freien Mädchen Ehebruch begangen hat, werde er zu 50 Schillingen verurteilt.
198. Lex Ribuaria 39,3 (MGH.LNG 3,2), S. 92: Wenn jemand ein freies Mädchen oder eine Frau, die unter dem Schutz des Königs oder der Kirche steht, angenom-

parentum voluntatem de mundepurdae abstulerit, bis 30 solidos culpabilis iudicetur.

199. Lex Ribuaria 41,1 (MGH.LNG 3,2), S. 95: [De dotis mulierum.] Si quis mulierem disponsaverit, quicquid ei per tabularum[15] seu cartarum instrumenta conscribserit, perpetualiter inconvulsum permaneat.

200. Lex Ribuaria 41,2 (MGH.LNG 3,2), S. 95: Sin autem per series scribturarum ei nihil contulerit, si mulier virum supervixerit, quinquaginta solidos in dude recipiat, et tertiam de omne re, quod simul conlaboraverint, sibi studeat evindicare; vel quicquid ei in morgangaba traditum fuerit, similiter faciat.

201. Lex Ribuaria 41,3 (MGH.LNG 3,2), S. 96: Quod si ex his, quae conscribta vel tradita sunt, simul consumpserint, nihil requirat.

202. Lex Ribuaria 61,9 (MGH.LNG 3,2), S. 111f: Si autem tabularius ancillam regiam aut ecclesiasticam seu ancillam tabularii in matrimonium sibi sociaverit, ipsum cum ea servus permaneat. Si autem cum ea tantum moechatus fuerit, octavo dimidio solido culpabilis iudicetur, aut cum sex iuret. Quod si tabularia hoc fecerit, ipsa et generatio eius in servitio inclinetur.

203. Lex Ribuaria 61,10 (MGH.LNG 3,2), S. 112: Si autem tabularius ancillam Ribvariam acciperit, non ipse, sed generatio eius serviat. Similiter et tabularia vel regia aut Romana femina, si servum Ribvarium acciperit, non ipsa, sed generatio eius serviat.

204. Lex Ribuaria 61,11 (MGH.LNG 3,2), S. 112: Si ecclesiasticus, Romanus vel regius homo ingenuam Ribvariam acciperit; aut si Romana vel regia seu tabularia ingenuum Ribvarium in matrimonium acciperit, generatio eorum semper ad inferiora declinentur.

205. Lex Ribuaria 61,14 (MGH.LNG 3,2), S. 112: Si autem Ribvarius ancillam regis seu ecclesiasticam vel ancillam tabularii sibi sociaverit, non ipse, sed procreatio eius serviat.

206. Lex Ribuaria 61,15 (MGH.LNG 3,2), S. 113: Si autem Ribvarius ancillam Ribvarii in matrimonio acciperit, ipsi cum ea in servitio perseveret.

---

15 Karl August Eckhardts Übersetzungen von *tabula* und *carta* haben keinen Anhaltspunkt als ›kirchliche‹ und ›weltliche‹ Urkunden. Die entsprechenden Lexika geben keinen Aufschluss. Auch hier kann nur eine gezielte semantische Analyse über verschiedene Quellengattungen hinweg weitere Klärung bieten.

men oder entführt oder ohne den Willen der Eltern/Verwandten der Schutzgewalt entzogen hat, so werde er zu zweimal 30 Schillingen verurteilt.
199. Lex Ribuaria 41,1 (MGH.LNG 3,2), S. 95: [Über die Braut- bzw. Ehegabe für die Frauen.] Wenn sich jemand mit einer Frau verlobt hat, soll das, was er ihr mit dem Hilfsmittel der Urkunden[15] überschrieben hat, unumstößlich für immer bleiben.
200. Lex Ribuaria 41,2 (MGH.LNG 3,2), S. 95: Wenn er ihr aber nichts durch urkundliche Akte übertragen hat, so erhalte die Frau, falls sie den Mann überlebt, 50 Schillinge als Braut- bzw. Ehegabe; und [darüber hinaus] soll sie sich bemühen, ein Drittel von allen Dingen, die sie in Gemeinschaft mit ihm zusammen erarbeitet hat, für sich zu beanspruchen; oder wenn ihr etwas als Morgengabe übergeben wurde, verfahre sie in gleicher Weise.
201. Lex Ribuaria 41,3 (MGH.LNG 3,2), S. 96: Wenn sie aber von dem, was ihr überschrieben oder übergeben wurde, in Gemeinschaft etwas verbraucht haben, so fordere sie nichts [davon].
202. Lex Ribuaria 61,9 (MGH.LNG 3,2), S. 111f: Wenn sich jedoch ein abhängiger Mann (*tabularius*) eine abhängige Frau (*ancilla*) des Königs oder der Kirche oder eine abhängige Frau (*ancilla*) eines abhängigen Mannes (*tabularius*) in die Ehe genommen hat, [dann] bleibe er mit ihr ein abhängiger Mann (*servus*). Wenn er aber mit ihr nur Ehebruch begangen hat, werde er zu achteinhalb Schillingen verurteilt oder er schwöre mit sechs Zeugen. Wenn dies aber eine abhängige Frau tut, werde sie selbst und ihre Nachkommenschaft zur Abhängigkeit herabgestuft.
203. Lex Ribuaria 61,10 (MGH.LNG 3,2), S. 112: Wenn jedoch ein abhängiger Mann (*tabularius*) eine abhängige Frau (*ancilla*) von ribuarischer Abstammung angenommen hat, diene er selbst nicht, aber seine Nachkommenschaft. Ebenso diene auch eine abhängige Frau (*tabularia*), eine Frau des Königs oder eine römische Frau, wenn sie einen abhängigen Mann ribuarischer Abstammung angenommen hat, nicht selbst, aber ihre Nachkommenschaft.
204. Lex Ribuaria 61,11 (MGH.LNG 3,2), S. 112: Wenn ein abhängiger Mann der Kirche, ein Römer oder ein Mann des Königs eine freie Frau ribuarischer Abstammung angenommen hat oder wenn eine Römerin, eine abhängige Frau des Königs oder eine abhängige Frau (*tabularia*) einen freien Mann ribuarischer Abstammung in die Ehe genommen hat, werde ihre Nachkommenschaft stets zum geringeren Stand herabgestuft.
205. Lex Ribuaria 61,14 (MGH.LNG 3,2), S. 112: Wenn sich jedoch ein Ribuarier mit einer abhängigen Frau (*ancilla*) des Königs oder der Kirche oder mit der Frau (*ancilla*) eines abhängigen Mannes (*tabularius*) verbunden hat, diene er nicht selbst, aber seine Nachkommenschaft.
206. Lex Ribuaria 61,15 (MGH.LNG 3,2), S. 113: Wenn jedoch ein Ribuarier die abhängige Frau eines Ribuariers in die Ehe genommen hat, verharre er selbst mit ihr in Abhängigkeit.

---

15 Karl August Eckhardts Übersetzungen von *tabula* und *carta* haben keinen Anhaltspunkt als ›kirchliche‹ und ›weltliche‹ Urkunden. Die entsprechenden Lexika geben keinen Aufschluss. Auch hier kann nur eine gezielte semantische Analyse über verschiedene Quellengattungen hinweg weitere Klärung bieten.

207. Lex Ribuaria 61,16 (MGH.LNG 3,2), S. 113: Similiter et si Ribvaria hoc fecerit, ipsa et generatio eius in servitio perseveret.

208. Lex Ribuaria 61,17 (MGH.LNG 3,2), S. 113: Si autem ingenuus cum ancilla moechatus fuerit, 15 solidos culpabilis iudicetur. Si autem servus hoc fecerit, tres solidos culpabilis iudicetur, aut castretur.

Leges Alamannorum
(erstes Drittel 8. Jahrhundert)

209. Leges Alamannorum 17,1 (18,1) (MGH.LNG ²5,1), S. 80: De ancillis, si libera dimissa fuerit per cartam aut in ecclesia et post haec servo nupserit, ecclesiae ancilla permaneat.

210. Leges Alamannorum 17,2 (18,2) (MGH.LNG ²5,1), S. 80f: [1] Si autem libera Alamanna servum ecclesiae nupserit et servitium opus ancillae contradixerit, abscedat. [2] Si autem ibi filios vel filias generaverit, ipsi servi et ancillae permaneant, potestatem ad exiendum non habeant. [3] Illa autem mater eorum, quando exire voluerit, ante tres annos liberam potestatem habeat. Si autem tres annos induraverit opus ancillae, et parentes eius non exadoniaverunt eam, ut libera fuisset, nec ante duce nec ante comite nec in publico mallo, transactis tres Kalendas Marcias, post haec ancilla permaneat in perpetuum et quidquid ex ea nati fuerint, servi et ancillae sint.

211. Leges Alamannorum 39 (MGH.LNG ²5,1), S. 98f: De nuptiis inlicitis. Nuptias prohibemus incestas. Itaque uxorem habere non liceat socrum, norum, privignam, novercam, filiam fratris, filiam sororis, fratris uxorem, uxoris sororem. Filii fratrum, filii sororum inter se nulla praesumptione iungantur. [...].

212. Leges Alamannorum 50,1 (51,1) (MGH.LNG ²5,1), S. 109: Si quis liber uxorem alterius contra legem tullerit, reddat eam et cum 80 solidis conponat. Si autem reddere noluerit, apud 400 solidos eam solvat, et hoc si maritus prior voluerit. Et si antea mortua fuerit, antea quod ille maritus eam quaesierit, cum 400 solidis conponat.

213. Leges Alamannorum 50,2 (51,2) (MGH.LNG ²5,1), S. 109f: [1] Si autem ille raptor, qui eam accepit sibi uxorem, ex ea filios aut filias, antea quod eam solsit[16] habuit, et ille filius mortuus fuerit aut illa filia, ad illum pristinum maritum illum filium cum wirigildum solvat. [2] Si autem vivi sunt, non sint illi, qui eos genuit, sed ad illum priorem maritum mundio perteneat.

---

16 E codd. B weist *solvat* aus.

207. Lex Ribuaria 61,16 (MGH.LNG 3,2), S. 113: Wenn eine Ribuarierin dies getan hat, verharre in gleicher Weise sie selbst und ihre Nachkommenschaft in Abhängigkeit.
208. Lex Ribuaria 61,17 (MGH.LNG 3,2), S. 113: Wenn jedoch ein freier Mann mit einer abhängigen Frau Ehebruch begangen hat, werde er zu 15 Schillingen verurteilt. Wenn jedoch ein abhängiger Mann dies getan hat, werde er zu drei Schillingen verurteilt oder werde entmannt.

Leges Alamannorum
(erstes Drittel 8. Jahrhundert)

209. Leges Alamannorum 17,1 (18,1) (MGH.LNG ²5,1), S. 80: Über abhängige Frauen: Wenn sie freigelassen worden ist, sei es durch Urkunde oder in der Kirche, und danach einen abhängigen Mann geheiratet hat, bleibe sie abhängige Frau der Kirche.
210. Leges Alamannorum 17,2 (18,2) (MGH.LNG ²5,1), S. 80f: [1] Wenn aber eine alamannische freie Frau einen abhängigen Mann der Kirche heiratet und den niederen Dienst einer abhängigen Frau verweigert, gehe sie weg. [2] Wenn sie aber Söhne oder Töchter geboren hat, sollen diese abhängige Männer bzw. Frauen sein und bleiben; die Möglichkeit wegzugehen, sollen sie nicht haben. [3] Diese ihre Mutter aber habe, wenn sie weggehen will, bis zu drei Jahren die freie Möglichkeit. Wenn sie aber drei Jahre hindurch im Abhängigendienst ausharrt und ihre Eltern/Verwandten nicht bestätigen, dass sie frei gewesen sei, weder vor dem Herzog noch vor dem Grafen noch vor der öffentlichen Gerichtsversammlung, und wenn dreimal der Märzanfang vorübergegangen ist, bleibe sie danach eine abhängige Frau für immer und alle, die von ihr geboren worden sind, sollen abhängige Männer bzw. Frauen sein.
211. Leges Alamannorum 39 (MGH.LNG ²5,1), S. 98f: Über unerlaubte Hochzeiten. Blutschänderische Ehen verbieten wir. Daher sei es nicht erlaubt, die Schwiegermutter, die Schwiegertochter, die Stieftochter, die Stiefmutter, die Tochter des Bruders, die Tochter der Schwester, des Bruders Ehefrau [oder] der Ehefrau Schwester als Ehefrau zu haben. Bruderkinder [oder] Schwesterkinder sollen miteinander unter keinem Vorwand verbunden werden. [...].
212. Leges Alamannorum 50,1 (51,1) (MGH.LNG ²5,1), S. 109: Wenn ein freier Mann eines anderen Ehefrau wider das Gesetz genommen hat, gebe er sie zurück und büße 80 Schillinge. Wenn er sie aber nicht zurückgeben will, soll er sie mit 400 Schillingen auslösen, wenn dies auch der frühere Ehegatte will. Und wenn sie vorher stirbt, bevor ihr Ehegatte sie fordert, büße er 400 Schillinge.
213. Leges Alamannorum 50,2 (51,2) (MGH.LNG ²5,1), S. 109f: [1] Wenn aber jener Räuber, der sie sich zur Ehefrau genommen hat, von ihr Söhne oder Töchter bekommen hat, bevor er sie ausgelöst hat, und jener Sohn oder jene Tochter ist gestorben, löse[16] er dem früheren Ehegatten jenes Kind mit dem Wergeld aus.

---

16 E codd. B weist *solvat* aus.

214. Leges Alamannorum 51 (52) (MGH.LNG ²5,1), S. 110: [1] Si quis sponsatam alterius contra legem acciperit, reddat eam et cum 200 solidis conponat. [2] Si autem reddere noluerit, solvat eam cum 400 solidis, aut si mortua fuerit post eum.
215. Leges Alamannorum 52 (53) (MGH.LNG ²5,1), S. 110f: Si quis filiam alienam disponsatam dimiserit et aliam duxerit, conponat eam, quod disponsavit et dimisit, cum 40 solidis et cum 12 sacramentalis iuret, cum quinque nominatos et sex advocatos, ut per nullo vitio nec temptatam eam habuisset nec vitium in illa invenisset, sed amor de alia eum adduxit, ut illam dimisisset et aliam habuisset uxorem.
216. Leges Alamannorum 53,1 (54,1) (MGH.LNG ²5,1), S. 111: Si quis filiam alterius non sponsatam acciperit sibi ad uxorem, si pater eius requirit, reddat eam et cum 40 solidis conponat eam.
217. Leges Alamannorum 53,2 (54,2) (MGH.LNG ²5,1), S. 110: Si autem ipsa femina post illum virum mortua fuerit, antequam illo mundo aput patrem adquirat, solvat eam ad patrem eius 400 solidis; et si filios aut filias genuit ante mundium, et omnes mortui fuerint, unicuique cum wirigildo suo conponat ad illum patrem feminae.
218. Leges Alamannorum 54,1 (55) (MGH.LNG ²5,1), S. 112: [1] Si quis liber mortuus fuerit, reliquit uxorem sine filios aut filias, et de illa hereditate exire voluerit, nubere sibi alium coaequalem sibi, sequat eam dotis legitima, [2] et quidquid parentes eius legitime plagitaverint, et quidquid de sede paternica secum adtulit, omnia in potestate habeat secum auferendi, quod non manducavit aut non vendidit. Dotis enim legitima 400 solidis constat aut in auro aut in argento aut in mancipia aut qualecumque habet ad dandum.
219. Leges Alamannorum 54,2 (56,1) (MGH.LNG ²5,1), S. 113: Si autem proximus mariti defuncti contradicere ipsam dotem ad illam mulierem voluerit, quod lex non est, illa sequat cum sacramento cum nominatos quinque aut cum spata tracta pugna duorum. Si potest adquirere aut per sacramentum aut per pugna, illa pecunia, post mortem mulieris retro numquam revertat, sed ille sequens maritus aut filii eius usque in sempiternum possedeant.
220. Leges Alamannorum 54,3 (56,2) (MGH.LNG ²5,1), S. 113f: Si autem ipsa femina dixerit: *Maritus meus dedit mihi morginaghepha, conputat, quantum valet aut in auro aut in argento aut in mancipia aut in equo pecunia 12 solidos valente.* Tunc liceat ad illa muliere iurare per pectus suum et dicat: *Quod maritus meus mihi dedit in potestate et ego possedere debeo.* Hoc dicunt Alamanni ›nasthait‹.

[2] Wenn sie aber leben, sollen sie nicht dem gehören, der sie zeugte, sondern die Schutzgewalt/Braut- bzw. Ehegabe stehe dem früheren Gatten zu.

214. Leges Alamannorum 51 (52) (MGH.LNG ²5,1), S. 110: [1] Wenn jemand eines anderen Verlobte wider das Gesetz genommen hat, gebe er sie zurück und büße 200 Schillinge. [2] Wenn er sie aber nicht zurückgeben will, löse er sie mit 400 Schillingen aus, auch wenn sie bei ihm gestorben ist.

215. Leges Alamannorum 52 (53) (MGH.LNG ²5,1), S. 110f: Wenn jemand die Tochter eines anderen, mit der er verlobt gewesen ist, entlassen und eine andere heimgeführt hat, entschädige er sie mit 40 Schillingen, weil er sich vermählte und sie verließ, und er schwöre mit zwölf Eidhelfern, mit fünf benannten und sechs gerufenen, dass er sie um keines Fehlers willen verschmäht noch ein Laster an ihr gefunden habe, sondern dass die Liebe zur anderen ihn verleitete, sodass er jene verließ und eine andere Ehefrau nahm.

216. Leges Alamannorum 53,1 (54,1) (MGH.LNG ²5,1), S. 111: Wenn jemand sich die Tochter eines anderen, die nicht mit ihm verlobt ist, zur Ehefrau genommen hat, gebe er sie zurück, wenn ihr Vater sie zurückfordert, und büße ihr 40 Schillinge.

217. Leges Alamannorum 53,2 (54,2) (MGH.LNG ²5,1), S. 110: Wenn aber diese Frau bei jenem Mann gestorben ist, bevor er die Schutzgewalt über sie vom Vater erwarb, löse er sie bei ihrem Vater mit 400 Schillingen aus; und wenn er Söhne oder Töchter vor dem [Erwerb der] Schutzgewalt gezeugt hat und alle gestorben sind, gleiche er dem Vater der Frau einen jeden/eine jede mit seinem Wergeld aus.

218. Leges Alamannorum 54,1 (55) (MGH.LNG ²5,1), S. 112: [1] Wenn ein freier Mann gestorben ist, eine Ehefrau ohne Söhne oder Töchter zurückgelassen hat und diese der Erbschaft entsagt hat [sowie] sich einem anderen ihr Ebenbürtigen vermählen will, folge ihr die gesetzmäßige Braut- bzw. Ehegabe. [2] Und was ihre Eltern/Verwandten ihr übergeben haben und was sie vom väterlichen Gut mit sich brachte, das darf sie alles wegnehmen, sofern er/sie es nicht verzehrte oder verkaufte. Die gesetzmäßige Braut- bzw. Ehegabe aber besteht aus 400 Schillingen, entweder in Gold oder in Silber oder in abhängigen Personen oder in anderen Gütern, die er zu geben hatte.

219. Leges Alamannorum 54,2 (56,1) (MGH.LNG ²5,1), S. 113: Wenn aber der Nächstverwandte des verstorbenen Ehegatten dieser Braut- bzw. Ehegabe an jene Frau widersprechen wollte, weil sie nicht dem Gesetz entspreche, verfolge jene sie [d. h. die Braut- bzw. Ehegabe und damit ihr Recht auf diese] mit einem Eid durch fünf Benannte oder mit gezogenem Schwert im Zweikampf. Wenn sie [d. h. die Frau] jenes Gut entweder durch Eid oder durch Zweikampf gewinnen kann, kehre es niemals nach dem Tode der Frau zurück, sondern der folgende Ehegatte oder seine Kinder sollen es für ewig behalten.

220. Leges Alamannorum 54,3 (56,2) (MGH.LNG ²5,1), S. 113f: Wenn aber diese Frau [nach dem Tod des Ehemannes] sagt [weil die Verwandten des verstorbenen Gatten ihr Vermögen/Erbe anzweifeln]: ›Mein Ehegatte gab mir eine Morgengabe, er rechnet zusammen, was sie wert ist, entweder in Gold oder in Silber oder in abhängigen Personen oder in gleichem Geldwert, der zwölf Schillingen entspricht.‹ Dann sei es jener Frau erlaubt, auf ihre Brust zu schwören, und sie

221. Leges Alamannorum 75,1 (80,1) (MGH.LNG ²5,1), S. 139f: Si quis cum alicuius ancilla vestiaria concupuerit contra voluntatem eius, cum 6 solidis conponat.

222. Leges Alamannorum 75,2 (80,2) (MGH.LNG ²5,1), S. 140: Et si alia pulicula de genitio priore concupuerit aliquis cum ea contra voluntatem eius, cum sex solidis conponat.

223. Leges Alamannorum 75,3 (80,3) (MGH.LNG ²5,1), S. 140: Si quis de illas alias genitio contra voluntatem eius concupuerit, cum 3 solidis conponat.

Lex Baiuvariorum
(40iger Jahre 8. Jahrhundert)

224. Lex Baiuvariorum VII,1 (MGH.LNG 5,2), S. 347f: [De nuptiis incestis prohibendis] Nuptias prohibemus incestas. Itaque uxorem habere non liceat socrum, nurum, privignam, novercam, filiam fratris, filiam sororis, fratris uxorem, uxoris sororem. Filii fratrum, filii sororum inter se nulla praesumptione iungantur.

225. Lex Baiuvariorum VIII,1 (MGH.LNG 5,2), S. 353f: [Si cum uxore alterius quis concubuerit.] Si quis cum uxore alterius concubuerit libera, si repertus fuerit, cum werageldo illius uxoris contra maritum conponat. Et si in lecto cum illa interfectus fuerit, pro ipsa conpositione quam debuit solvere marito eius, in suo scelere iaceat sine vindicta. Et si in lectum calcaverit uno pede et prohibetur a muliere et amplius nihil fecerit, cum XII solidis conponat, eo quod iniuste in extraneum calcavit thorum.

226. Lex Baiuvariorum VIII,2 (MGH.LNG 5,2), S. 354: [De servis qui hoc commiserint.] Si servus hoc fecerit et interfectus cum libera in extraneo fuerit thoro, XX sold in suo damno minuetur ipsius coniugis uueragelt; cetera vero quae remanent, dominus eius cogatur solvere, usque dum repletus fuerit numerus sceleris conpositionis. Et si ille servus evaderit et interfectus non fuerit, sed tamen crimine devictus, dominus vero eius reddat eum illi cuius uxorem maculavit pro XX sold; cetera vero per omnia impleat pro eo, quod servo suo disciplinam minime inposuit.

227. Lex Baiuvariorum VIII,6 (MGH.LNG 5,2), S. 356: [De raptu virginum.] Si quis virginem rapuerit contra ipsius voluntatem et parentum eius, cum XL solidis conponat, et alios XL cogatur in fisco.

228. Lex Baiuvariorum VIII,7 (MGH.LNG 5,2), S. 356f: [Si quis viduam rapuerit.] Si autem viduam rapuerit quae coacta ex tecto egreditur, propter orfanorum et

sage: ›Dies gab mir mein Ehegatte in meine Gewalt und ich darf es besitzen‹. Hierzu sagen die Alamannen ›Nestel-Eid‹.
221. Leges Alamannorum 75,1 (80,1) (MGH.LNG ²5,1), S. 139f: Wenn jemand mit der Kammerfrau eines anderen gegen ihren Willen geschlechtlich verkehrt hat, büße er sechs Schillinge.
222. Leges Alamannorum 75,2 (80,2) (MGH.LNG ²5,1), S. 140: Wenn jemand mit einem anderen Mädchen aus dem Frauenarbeitshaus gegen ihren Willen geschlechtlich verkehrt hat, büße er sechs Schillinge.
223. Leges Alamannorum 75,3 (80,3) (MGH.LNG ²5,1), S. 140: Wenn jemand mit einer von den anderen aus dem Arbeitsgemach gegen ihren Willen geschlechtlich verkehrt hat, büße er drei Schillinge.

Lex Baiuvariorum
(40iger Jahre 8. Jahrhundert)

224. Lex Baiuvariorum VII,1 (MGH.LNG 5,2), S. 347f: [Über inzestuöse Ehen, die zu verbieten sind.] Inzestuöse Ehen verbieten wir. Daher sei es nicht erlaubt, die Schwiegermutter, die Schwiegertochter, die Stieftochter, die Stiefmutter, die Tochter des Bruders, die Tochter der Schwester, des Bruders Frau [oder] der Ehefrau Schwester als Ehefrau zu haben. Bruderkinder [oder] Schwesterkinder sollen miteinander unter keinem Vorwand verbunden werden.
225. Lex Baiuvariorum VIII,1 (MGH.LNG 5,2), S. 353f: [Wenn jemand mit der Ehefrau eines anderen geschlechtlich verkehrt hat.] Wenn jemand mit der freien Ehefrau eines anderen geschlechtlich verkehrt hat, büße er, wenn er ertappt wird, mit dem Wergeld jener Ehefrau gegenüber dem Gatten. Und wenn er im Bett mit jener getötet wird, bleibe er für jene Buße, die er ihrem Gatten zahlen müsste, in seiner Untat ohne Vergeltung liegen. Und wenn er mit einem Fuße in das Bett gestiegen ist und von der Frau gehindert wird und nichts weiter tut, büße er mit zwölf Schillingen deswegen, weil er zu Unrecht in ein fremdes Ehebett gestiegen ist.
226. Lex Baiuvariorum VIII,2 (MGH.LNG 5,2), S. 354: [Über abhängige Männer, die dies getan haben.] Wenn ein abhängiger Mann dies getan hat [d. h. Ehebruch begangen hat] und mit einer freien Frau in einem fremden Ehebett getötet wird, werde das Wergeld für diese Gattin wegen seines Schadens um 20 Schillinge vermindert; das Übrige aber, das bleibt, werde sein Herr zu zahlen gezwungen, bis die Summe der Verbrechensbuße erfüllt ist. Und wenn jener abhängige Mann entkommt und nicht getötet wird, aber dennoch des Verbrechens überführt wird, gebe sein Herr ihn jenem, dessen Ehefrau er schandete, an Stelle von 20 Schillingen hin; das Übrige aber erfülle er insgesamt deswegen, weil er seinem abhängigen Mann gar keine Zucht auferlegt hatte.
227. Lex Baiuvariorum VIII,6 (MGH.LNG 5,2), S. 356: [Über den Raub von Jungfrauen.] Wenn jemand eine Jungfrau wider ihren und ihrer Eltern/Verwandten Willen geraubt hat, büße er 40 Schillinge und werde zu weiteren 40 an den Fiskus gezwungen.
228. Lex Baiuvariorum VIII,7 (MGH.LNG 5,2), S. 356f: [Wenn jemand eine Witwe geraubt hat.] Wenn er aber eine Witwe geraubt hat, die nur gezwungen wegen

propriae penuriae rebus, cum LXXX solđ conponat et XL cogatur in fisco, quia vetanda est talis praesumptio, et eius defensio in Deo et in duce atque iudicibus debet consistere.

229. Lex Baiuvariorum VIII,8 (MGH.LNG 5,2), S. 357: [De fornicatione cum libera.] Si quis cum libera per consensum ipsius fornicaverit et nolet eam in coniugium sociare: cum XII solđ conponat, quia nondum sponsata nec a parentibus sociata sed in sua libidine maculata.

230. Lex Baiuvariorum VIII,10 (MGH.LNG 5,2), S. 358: [Si cum libera manumissa fornicaverit.] Si cum manumissa, quam frilaza vocant, et maritum habet, concubuerit, cum XL solidis conponat parentibus vel domino vel marito eius.

231. Lex Baiuvariorum VIII,11 (MGH.LNG 5,2), S. 358: [Si cum virgine, quae per manum libera missa est.] Si quis cum virgine quae dimissa est libera, concubuerit, cum VIII solđ conponat parentibus vel domino.

232. Lex Baiuvariorum VIII,13 (MGH.LNG 5,2), S. 359: [Si cum ancilla virgine.] Si quis cum ancilla virgine concubuerit, cum IIII solđ conponat.

233. Lex Baiuvariorum VIII,14 (MGH.LNG 5,2), S. 359: [Si uxorem propriam propter invidiam dimiserit.] Si quis liber liberam uxorem suam sine aliquo vitio per invidiam dimiserit, cum XLVIII solđ conponat parentibus. Mulieri autem dotem suam secundum genealogiam suam solvat legitime, et quicquid illa de rebus parentum ibi adduxit, omnia reddatur mulieri illi.

234. Lex Baiuvariorum VIII,15 (MGH.LNG 5,2), S. 359f: [Si desponsatam non acceperit.] Si quis liber, postquam sponsaverit alicuius filiam liberam legitime, sicut lex est, et eam dimiserit et contra legem aliam duxerit, cum XXIIII solđ conponat parentibus et cum XII sacramentalibus iuret de suo genere nominatos, ut non per invidiam parentum eius nec per ullum crimen eam dimisisset, sed propter amorem alterius alteram duxerit, et sit finitum inter illos et postea filiam suam donet cui vult.

235. Lex Baiuvariorum VIII,16 (MGH.LNG 5,2), S. 360: [Si alterius sponsam rapuerit.] Si quis sponsam alterius rapuerit, vel per suasionem sibi eam duxerit uxorem, ipsam reddat et conponat LXXX solđ, hoc est CLX.

236. Lex Baiuvariorum VIII,17 (MGH.LNG 5,2), S. 361: [Si promissione foeminam fraudaverit.] Si quis liberam feminam suaserit quasi ad coniugem et in via eam dimiserit, quod Baiuuarii uuanclugi vocant, cum XII solđ conponat.

der Waisen und ihres eigenen Mangels an Gut aus der Behausung geht, büße er 80 Schillinge und werde zu 40 Schillingen an den Fiskus gezwungen, weil eine solche Vermessenheit zu verbieten ist und die Schutzgewalt über sie bei Gott und beim Herzog und den Richtern bestehen muss.

229. Lex Baiuvariorum VIII,8 (MGH.LNG 5,2), S. 357: [Über Unzucht mit einer freien Frau.] Wenn jemand mit einer freien Frau mit ihrer Zustimmung Unzucht getrieben hat und sie nicht heiraten will, büße er zwölf Schillinge, weil sie noch nicht verlobt oder von den Eltern/Verwandten [ehelich] verbunden worden, sondern durch ihre eigene Lüsternheit befleckt worden sind.

230. Lex Baiuvariorum VIII,10 (MGH.LNG 5,2), S. 358: [Wenn er mit einer freigelassenen Frau Unzucht getrieben hat.] Wenn er mit einer freigelassenen Frau geschlechtlich verkehrt hat, die sie ›Freigelassene‹ nennen und die einen Gatten hat, büße er den Eltern/Verwandten 40 Schillinge oder dem Herrn oder ihrem Gatten.

231. Lex Baiuvariorum VIII,11 (MGH.LNG 5,2), S. 358: [Wenn [er das] mit einer Jungfrau [tut], die freigelassen worden ist.] Wenn jemand mit einer Jungfrau, die freigelassen worden ist, geschlechtlich verkehrt hat, büße er acht Schillinge den Eltern/Verwandten oder dem Herrn.

232. Lex Baiuvariorum VIII,13 (MGH.LNG 5,2), S. 359. [Wenn [er das] mit einer jungfräulichen abhängigen Frau [tut].] Wenn jemand mit einer jungfräulichen abhängigen Frau geschlechtlich verkehrt hat, büße er vier Schillinge.

233. Lex Baiuvariorum VIII,14 (MGH.LNG 5,2), S. 359: [Wenn er die eigene Ehefrau aus Missgunst entlassen hat.] Wenn ein freier Mann seine freie Ehefrau ohne irgendein Laster aus Missgunst verlassen hat, büße er den Eltern/Verwandten 48 Schillinge. Der Frau aber bezahle er ihre Braut- bzw. Ehegabe gesetzmäßig nach ihrer Abstammung und was jene vom Gut der Eltern/Verwandten dort einbrachte, werde alles jener Frau zurückgegeben.

234. Lex Baiuvariorum VIII,15 (MGH.LNG 5,2), S. 359f: [Wenn er die Verlobte nicht angenommen hat.] Wenn ein freier Mann, nachdem er sich mit der freien Tochter irgendeines Mannes rechtmäßig, so wie es Gesetz ist, verlobt hat, sie entlassen und wider das Gesetz eine andere heimgeführt hat, büße er den Eltern/Verwandten 24 Schillinge und schwöre mit zwölf aus seinem Stamm benannten Eidhelfern, dass er nicht aus Missgunst gegen ihre Eltern/Verwandten noch wegen eines Verbrechens sie verlassen hätte, sondern aus Liebe zu einer anderen diese andere heimgeführt habe, und die Angelegenheit sei zwischen ihnen erledigt und man gebe danach seine Tochter, wem man will.

235. Lex Baiuvariorum VIII,16 (MGH.LNG 5,2), S. 360: [Wenn er die Verlobte eines anderen geraubt hat.] Wenn jemand des anderen Verlobte geraubt oder sie durch Überredung für sich als Ehefrau heimgeführt hat, gebe er sie zurück und büße 80 Schillinge, das heißt 160 [Pfennige].

236. Lex Baiuvariorum VIII,17 (MGH.LNG 5,2), S. 361: [Wenn [jemand] eine Frau durch ein [Heirats-]Versprechen betrogen hat.] Wenn jemand eine freie Frau gleichsam zur Heirat überredet und sie auf dem Weg verlassen hat, was die Bayern ›Heiratsbetrug‹ nennen, büße er mit zwölf Schillingen.

Lex Francorum Chamavorum
(Anfang 9. Jahrhundert (im Zusammenhang des Aachener Reichstages von 802))

237. Lex Francorum Chamavorum 47 (MGH.F 6), S. 122: Si cuius puellam sponsatam alius priserit, solidos 200 componere faciat, in fredo solidos 60.

Lex Frisionum
(Anfang 9. Jahrhundert (im Zusammenhang des Aachener Reichstages von 802))

238. Lex Frisionum 9,1 (MGH.F 12), S. 48: Si femina quaelibet homini cuilibet fornicando se miscuerit, componat ad partem regis weregildum suum; hoc nobilis et libera faciant.
239. Lex Frisionum 9,2 (MGH.F 12), S. 48: Lita vero ad partem domini sui.
240. Lex Frisionum 9,3 (MGH.F 12), S. 48: Si vero ancilla et virgo erat, cum qua quislibet homo moechatus est, componat is qui eam violavit domino eius solidos IIII, hoc est denarius XII.
241. Lex Frisionum 9,4 (MGH.F 12), S. 48: Si autem ab alio prius fuerit constuprata, solidos III.
242. Lex Frisionum 9,5 (MGH.F 12), S. 48: Si vero tertius hic erat qui tunc eam violavit, duos solidos.
243. Lex Frisionum 9,6 (MGH.F 12), S. 48: Si vero quartus, solidum unum.
244. Lex Frisionum 9,7 (MGH.F 12), S. 48: Si quintus, tremissem unum; et quotcunque postea accesserint, tremissem I tantum componat, id est culpabilis tremissem.
245. Lex Frisionum 9,8 (MGH.F 12), S. 48: Si quis puellam virginem rapuerit et violatam dimiserit, componat ei weregildum eius, sive nobilis sive libera fuerit, ad satisfactionem, et ad partem regis similiter.
246. Lex Frisionum 9,9 (MGH.F 12), S. 48: Tertium weregildum patri sive tutori puelle.
247. Lex Frisionum 9,10 (MGH.F 12), S. 48: Si autem puella lita fuerit, satisfaciat ei similiter solutione weregildi sui, et domino eius decem solidos componat.
248. Lex Frisionum 9,11 (MGH.F 12), S. 48: Si liberam feminam extra voluntatem parentum eius, vel eorum qui potestatem eius habent, uxorem duxerit, componat tutori eius solid(os) XX, id est denarios LX.
249. Lex Frisionum 9,12 (MGH.F 12), S. 48: Si autem nobilis erat femina, solid(os) XXX.
250. Lex Frisionum 9,13 (MGH.F 12), S. 48: Si lita fuerit, solid(os) X domino eius persolvere cogatur.

Lex Francorum Chamavorum
(Anfang 9. Jahrhundert (im Zusammenhang des Aachener Reichstages von 802))

237. Lex Francorum Chamavorum 47 (MGH.F 6), S. 122: Wenn ein anderer das Mädchen geraubt hat, das mit jemandem verlobt ist, soll er 200 Schillinge büßen, an Friedensgeld 60 Schillinge.

Lex Frisionum
(Anfang 9. Jahrhundert (im Zusammenhang des Aachener Reichstages von 802))

238. Lex Frisionum 9,1 (MGH.F 12), S. 48: Wenn eine Frau mit einem Mann geschlechtlich verkehrt hat, indem sie Unzucht getrieben hat, büße sie ihr Wergeld zugunsten des Königs; dies soll eine adlige und eine freie Frau tun.
239. Lex Frisionum 9,2 (MGH.F 12), S. 48: Eine Lite aber [büßt dies] zugunsten ihres Herrn.
240. Lex Frisionum 9,3 (MGH.F 12), S. 48: Wenn es aber eine abhängige Frau und Jungfrau war, mit der ein Mann Ehebruch begangen hat, büße der, der sie entehrte, ihrem Herrn vier Schillinge, d. h. zwölf Pfennige.
241. Lex Frisionum 9,4 (MGH.F 12), S. 48: Wenn sie aber von einem anderen vorher geschändet worden ist, [büße er] drei Schillinge.
242. Lex Frisionum 9,5 (MGH.F 12), S. 48: Wenn aber dieser, der sie dann entehrt hat, der Dritte war, [büße er] zwei Schillinge.
243. Lex Frisionum 9,6 (MGH.F 12), S. 48: Wenn er aber der Vierte [war], [büße er] einen Schilling.
244. Lex Frisionum 9,7 (MGH.F 12), S. 48: Wenn er der Fünfte [war], [büße er] eine Tremisse; und wie viele immer nachher dazu kommen, sollen nur eine Tremisse büßen, d. h. jeder Schuldige soll eine Tremisse zahlen.
245. Lex Frisionum 9,8 (MGH.F 12), S. 48: Wenn jemand ein jungfräuliches Mädchen geraubt und sie als Entehrte weggeschickt hat, büße er ihr zur Genugtuung ihr Wergeld, sei es, dass sie eine adlige oder eine freie Frau ist, und ebenso [büße er ein Wergeld] zugunsten des Königs.
246. Lex Frisionum 9,9 (MGH.F 12), S. 48: Ein drittes Wergeld [soll] dem Vater oder dem Vormund des Mädchens [gegeben werden].
247. Lex Frisionum 9,10 (MGH.F 12), S. 48: Wenn aber das Mädchen eine Lite gewesen ist, tue er ihr ebenso durch Zahlung ihres Wergeldes genüge und büße ihrem Herrn zehn Schillinge.
248. Lex Frisionum 9,11 (MGH.F 12), S. 48: Wenn jemand eine freie Frau ohne den Willen ihrer Eltern/Verwandten oder derer, die Gewalt über sie haben, als Ehefrau heimgeführt hat, büße er ihrem Schutzgewaltinhaber 20 Schillinge, d. h. 60 Pfennige.
249. Lex Frisionum 9,12 (MGH.F 12), S. 48: Wenn aber die Frau eine Adlige ist, [büße er] 30 Schillinge.
250. Lex Frisionum 9,13 (MGH.F 12), S. 48: Wenn sie eine Lite ist, werde er gezwungen, ihrem Herrn zehn Schillinge zu zahlen.

251. Lex Frisionum 6,1 (MGH.F 12), S. 50: Si libera femina lito nupserit, nesciens eum litum esse, et ille postea de capite suo, eo quod litus sit, fuerit calumniatus, si illa sua sexta manu iurare poterit, quod, postquam eum litum esse rescivit, cum eo non concumberet, ipsa libera permaneat, et filii quos procreavit.

252. Lex Frisionum 6,2 (MGH.F 12), S. 50: Si vero iurare non possit, in conditionem mariti sui una cum filiis suis transeat.

Lex Saxonum
(Anfang 9. Jahrhundert (im Zusammenhang des Aachener Reichstages von 802))

253. Lex Saxonum 26 (MGH.F 4), S. 25: Qui filium domini sui occiderit vel filiam aut uxorem aut matrem stupraverit, iuxta voluntatem domini occidetur.

254. Lex Saxonum 40 (MGH.F 4), S. 27f: Uxorem ducturus CCC solidos det parentibus eius; si autem sine voluntate parentum puella tamen consentiente, ducta fuerit, bis CCC solidos parentibus eius conponat. Si vero nec parentes nec puella consenserunt, id est, si vi rapta est, parentibus eius CCC solidos, puelle CCXL conponat, eamque parentibus restituat.

255. Lex Saxonum 43 (MGH.F 4), S. 29: Qui viduam ducere velit, offerat tutori praecium emptionis eius, consentientibus ad hoc propinquis eius; si tutor abnuerit, convertat se ad proximos eius et eorum consensu accipiat illam paratam habens pecuniam, ut tutori eius, si forte aliquid dicere velit, dare possit, hoc est solidos CCC.

256. Lex Saxonum 47 (MGH.F 4), S. 29f: Dotis ratio duplex est: Ostfalai et Angarii volunt, si femina filios genuerit, habeat dotem, quam in nuptiis accepit, quamdiu vivat, filiisque dimittat; si vero filii matre superstite moriuntur, ipsaque post obierit, dotem proximi eius in hereditatem accipiant. Si autem filios non habuerit, dos ad dantem, si vivit, revertatur, si defunctus est, ad proximos heredes eius. Apud Westfalos postquam mulier filios genuerit, dotem amittat; si autem non genuerit, ad dies suos dotem possideat; post decessum eius dos ad dantem vel, si deest, ad proximos heredes eius revertatur.

257. Lex Saxonum 49 (MGH.F 4), S. 30: Qui feminam ab alio disponsatam rapuerit, CCC solidos patri puellae, CCC sponso conponat et insuper CCC solidis emat eam; et si cum matre euntem in via rapuerit, etiam et matri CCC solidos conponat.

251. Lex Frisionum 6,1 (MGH.F 12), S. 50: Wenn eine freie Frau einen Liten geheiratet hat, ohne zu wissen, dass er ein Lite ist, und jener später wegen seiner Standesqualität, [also] deswegen weil er ein Lite ist, angeschuldigt wird, bleibe sie, wenn sie durch eigenen Eid und den von sechs Eidhelfern schwören kann, dass sie nicht mit ihm geschlechtlich verkehrt habe, nachdem sie erfahren hatte, dass er ein Lite sei, selbst frei und [ebenso bleiben] die Kinder [frei], die sie geboren hat.
252. Lex Frisionum 6,2 (MGH.F 12), S. 50: Wenn sie es aber nicht schwören kann, soll sie zusammen mit ihren Kindern in den Stand ihres Gatten übergehen.

Lex Saxonum
(Anfang 9. Jahrhundert (im Zusammenhang des Aachener Reichstages von 802))

253. Lex Saxonum 26 (MGH.F 4), S. 25: Wer den Sohn seines Herrn getötet oder die Tochter, die Gattin oder die Mutter geschändet hat, werde gemäß dem Willen des Herrn getötet.
254. Lex Saxonum 40 (MGH.F 4), S. 27f: Wer eine Gattin heimführen will, gebe ihren Eltern/Verwandten 300 Schillinge; wenn aber das Mädchen ohne den Willen der Eltern/Verwandten, aber mit eigener Zustimmung entführt worden ist, büße er ihren Eltern/Verwandten zweimal 300 Schillinge. Wenn aber weder die Eltern/Verwandten noch das Mädchen zugestimmt haben, d.h. wenn sie gewaltsam geraubt worden ist, büße er ihren Eltern/Verwandten 300 Schillinge, dem Mädchen 240 [Schillinge] und gebe sie den Eltern/Verwandten zurück.
255. Lex Saxonum 43 (MGH.F 4), S. 29: Wer eine Witwe heimführen will, biete dem Inhaber der Schutzgewalt die Braut- bzw. Ehegabe für sie an, wenn ihre Verwandten dem zustimmen; wenn der Inhaber der Schutzgewalt ablehnt, wende er sich an ihre Verwandten und empfange sie mit deren Zustimmung, wobei er das Geld bereit halte – nämlich 300 Schillinge –, damit er es ihrem Schutzgewaltinhaber geben kann, wenn er womöglich [doch noch] zustimmt.
256. Lex Saxonum 47 (MGH.F 4), S. 29f: Die Regelung der Braut- bzw. Ehegabe ist zweifacher Art: Die Ostfalen und Engern wollen, dass eine Frau, wenn sie Kinder geboren hat, die Braut- bzw. Ehegabe, die sie bei der Hochzeit empfing, behalte, solange sie lebt, und den Kindern hinterlasse; wenn aber die Kinder zu Lebzeiten der Mutter sterben und sie selbst danach stirbt, sollen ihre Nächstverwandten die Braut- bzw. Ehegabe als Erbe empfangen. Wenn sie aber keine Kinder hat, falle die Braut- bzw. Ehegabe an den Geber zurück, wenn er [noch] lebt; wenn er gestorben ist, an seinen nächsten Erben. Bei den Westfalen soll die Frau die Braut- bzw. Ehegabe verlieren, sobald sie Kinder geboren hat; wenn sie aber nicht gebiert, besitze sie die Braut- bzw. Ehegabe auf Lebzeiten; nach ihrem Ableben falle die Braut- bzw. Ehegabe an den Geber oder – wenn er nicht mehr ist – an seinen nächsten Erben zurück.
257. Lex Saxonum 49 (MGH.F 4), S. 30: Wer eine Frau geraubt hat, die mit einem anderen verlobt ist, büße dem Vater des Mädchens 300 Schillinge, 300 dem Verlobten und kaufe sie obendrein mit 300 Schillingen [frei]; und wenn er sie raubt, während sie mit der Mutter auf der Straße geht, büße er auch noch der Mutter 300 Schillinge.

Lex Thuringorum
(Anfang 9. Jahrhundert (im Zusammenhang des Aachener Reichstages von 802))

258. Lex Thuringorum 44 (MGH.F 4), S. 64: Qui liberam feminam rapuerit, reddat eam cum solidis CC et quicquid cum ea tulerit, restituat, addens ad unamquamque rem solidos X.
259. Lex Thuringorum 45 (MGH.F 4), S. 64: Si libera femina sine voluntate patris aut tutoris cuilibet nupserit, perdat omnem substantiam, quam habuit vel habere debuit.
260. Lex Thuringorum 56 (MGH.F 4), S. 66: Si servus liberam feminam rapuerit, dominus conpositionem solvat, ac si occisa fuisset.

Leges Anglo-Saxonum

Aethelberht
(um 600)

261. Leges Anglo-Saxonum, Aethelberht 10 (ed. ECKHARDT), S. 20: Gif man wid cyninges mægdenman geligep, L scillinga gebete.
262. Leges Anglo-Saxonum, Aethelberht 11 (ed. ECKHARDT), S. 20: Gif hio grindende peowa sio, XXV scillinga gebete. Sio pridde XII scillingas.
263. Leges Anglo-Saxonum, Aethelberht 14 (ed. ECKHARDT), S. 20: Gif wid eorles birele man geligep, XII scill(inga) gebete.
264. Leges Anglo-Saxonum, Aethelberht 16 (ed. ECKHARDT), S. 20: Gif wid ceorles birelan man geligep, VI scillingum gebete; aet pære opere deowan L scætta; aet pare priddan XXX scætta.
265. Leges Anglo-Saxonum, Aethelberht 31 (ed. ECKHARDT), S. 24: Gif friman wid fries mannes wif geligep, his wergelde abicge, ond oder wif his agenum scætte begete ond dæm odrum æt (h)am gebrenge.
266. Leges Anglo-Saxonum, Aethelberht 82 (ed. ECKHARDT), S. 34: Gif man mægpmon nede genimep, dam agende L scillinga ond eft æt pam agende sinne willan ætgebicge.
267. Leges Anglo-Saxonum, Aethelberht 83 (ed. ECKHARDT), S. 34: Gif hio oprum mæn in sceat bewyddod sy, XX scillinga gebete.
268. Leges Anglo-Saxonum, Aethelberht 84 (ed. ECKHARDT), S. 34: Gif gængang geweordep, XXXV scill(inga) ond cyninge XV scillingas.

Alfred
(um 890)

269. Leges Anglo-Saxonum, Alfred E. 29 (ed. ECKHARDT), S. 82: Gif hwa fæmnan beswice unbeweddode ond hire midslæpe, forgielde hie ond hæbbe hi siddan

Lex Thuringorum
(Anfang 9. Jahrhundert (im Zusammenhang des Aachener Reichstages von 802))

258. Lex Thuringorum 44 (MGH.F 4), S. 64: Wer eine freie Frau geraubt hat, gebe sie samt 200 Schillingen zurück, und was auch immer er mit ihr weggenommen hat, erstatte er, indem er zu einer jeden Sache zehn Schillinge hinzufüge.
259. Lex Thuringorum 45 (MGH.F 4), S. 64: Wenn eine freie Frau ohne Willen des Vaters oder Schutzgewaltinhabers irgendjemanden geheiratet hat, verliere sie das ganze Vermögen, das sie hatte oder ihr zustand.
260. Lex Thuringorum 56 (MGH.F 4), S. 66: Wenn ein abhängiger Mann eine freie Frau geraubt hat, zahle der Herr die Buße, als wenn sie getötet worden wäre.

Leges Anglo-Saxonum

Aethelberht
(um 600)

261. Leges Anglo-Saxonum, Aethelberht 10 (ed. ECKHARDT), S. 20: Wenn ein Mann bei einem Mädchen des Königs liegt, büße er 50 Schillinge.
262. Leges Anglo-Saxonum, Aethelberht 11 (ed. ECKHARDT), S. 20: Wenn sie eine Mühlenabhängige ist, büße er 25 Schillinge; die (Rang)Dritte: zwölf Schillinge.
263. Leges Anglo-Saxonum, Aethelberht 14 (ed. ECKHARDT), S. 20: Wenn ein Mann bei eines Edlen Schenkabhängiger liegt, büße er zwölf Schillinge.
264. Leges Anglo-Saxonum, Aethelberht 16 (ed. ECKHARDT), S. 20: Wenn ein Mann bei der Schenkabhängigen eines Freien liegt, büße er 6 Schillinge; bei der (Rang)Zweiten abhängigen Frau: 50 Hälblinge; bei der (Rang)Dritten: 30 Hälblinge.
265. Leges Anglo-Saxonum, Aethelberht 31 (ed. ECKHARDT), S. 24: Wenn ein freier Mann bei eines freien Mannes Frau liegt, zahle er sein Wergeld und beschaffe eine andere Frau mit seinem eigenen Gut und bringe sie dem anderen heim.
266. Leges Anglo-Saxonum, Aethelberht 82 (ed. ECKHARDT), S. 34: Wenn ein Mann ein Mädchen gewaltsam nimmt: Dem Eigner 50 Schillinge und nachher kaufe er dem Eigner dessen Einwilligung ab.
267. Leges Anglo-Saxonum, Aethelberht 83 (ed. ECKHARDT), S. 34: Wenn sie einem anderen Manne um Gut versprochen ist, büße er (weitere) 20 Schillinge.
268. Leges Anglo-Saxonum, Aethelberht 84 (ed. ECKHARDT), S. 34: Wenn Rückkehr geschieht, (dem Eigner) 35 Schillinge und dem König 15 Schillinge.

Alfred
(um 890)

269. Leges Anglo-Saxonum, Alfred E. 29 (ed. ECKHARDT), S. 82: Wenn einer eine unversprochene Frau verführt und ihr beischläft, vergelte er sie und habe sie so-

him to wife. Gif dære fæmnan fæder hie donne sellan nelle, agife he dæt feoh æfter pam weotuman.

270. Leges Anglo-Saxonum, Alfred XI,10 (ed. ECKHARDT), S. 102: Gif mon hæme mid twelfhyndes monnes wife, hundtwelftig scill(inga) gebete dam were; syxhyndum men hundteontig scill(inga) gebete; cierliscum men feowertig scill(inga) gebete.
271. Leges Anglo-Saxonum, Alfred XII,11 (ed. ECKHARDT), S. 102: Gif mon on cirliscre fæmnan breost gefó, mid V scill(ingum) hire gebete.
272. Leges Anglo-Saxonum, Alfred XII,11,1 (ed. ECKHARDT), S. 102: Gif he hie oferweorpe ond mid ne gehæme, mid X scill(ingum) gebete.
273. Leges Anglo-Saxonum, Alfred XII,11,2 (ed. ECKHARDT), S. 102: Gif he mid gehæme, mid LX scill(ingum) gebete.
274. Leges Anglo-Saxonum, Alfred XII,11,3 (ed. ECKHARDT), S. 102: Gif oder mon mid hire læge ær, sie be healfum dæm donne sio bot.

275. Leges Anglo-Saxonum, Alfred XII,11,4 (ed. ECKHARDT), S. 102: Gif hie mon teo, geladiege hie be sixtegum hida, odde dolige be healfre pære bote.

276. Leges Anglo-Saxonum, Alfred XII,11,5 (ed. ECKHARDT), S. 102: Gif borenran wifmen ðis gelimpe, weaxe sie bót be ðam were.
277. Leges Anglo-Saxonum, Alfred XVI,18,1 (ed. ECKHARDT), S. 106: Gif beweddodu fæmne hie forlicgge, gif hio sie cirlisc, mid LX scill(ingum) gebete pam byrgean, ond pæt sie on cwicæhtum feogodum, ond mon nænigne mon on dæt ne selle.

278. Leges Anglo-Saxonum, Alfred XVI,18,2 (ed. ECKHARDT), S. 106: Gif hio sie syxhyndu, hundteontig scill(inga) geselle pam byrgean.
279. Leges Anglo-Saxonum, Alfred XVI,18,3 (ed. ECKHARDT), S. 106: Gif hio sie twelfhyndu, CXX scill(inga) gebete pam byrgean.
280. Leges Anglo-Saxonum, Alfred XXIII,25,1 (ed. ECKHARDT), S. 110: Gif ðeowmon peowne no nedhæmde genede, bete mid his eowende.

Eadward
(erstes Drittel 10. Jahrhundert)

281. Leges Anglo-Saxonum, Eadward – Guthrum 4,1 (ed. ECKHARDT), S. 184: Gif twegen gebroðra oððe twegen genyhe magas widan wif forlicgan, beten swype georne, swa swa man gepafige, swa be wite swa be lahslitte, be pam pe seo dæde sy.

dann zur Frau für sich. Wenn der Vater der Frau sie aber nicht geben will, gebe jener Fahrnis gemäß der Braut- bzw. Ehegabe hin.
270. Leges Anglo-Saxonum, Alfred XI,10 (ed. ECKHARDT), S. 102: Wenn ein Mann mit eines zwölfhundertwertigen Mannes Frau geschlechtlich verkehrt, büße er dem Mann 120 Schillinge; einem sechshundertwertigen Mann büße er 100 Schillinge; einem freien Mann büße er 40 Schilling.
271. Leges Anglo-Saxonum, Alfred XII,11 (ed. ECKHARDT), S. 102: Wenn ein Mann an die Brust einer freien Frau fasst, büße er ihr fünf Schillinge.
272. Leges Anglo-Saxonum, Alfred XII,11,1 (ed. ECKHARDT), S. 102: Wenn er sie niederwirft und nicht mit (ihr) geschlechtlich verkehrt, büße er zehn Schillinge.
273. Leges Anglo-Saxonum, Alfred XII,11,2 (ed. ECKHARDT), S. 102: Wenn er mit (ihr) geschlechtlich verkehrt, büße er 60 Schillinge.
274. Leges Anglo-Saxonum, Alfred XII,11,3 (ed. ECKHARDT), S. 102: Wenn ein anderer Mann eher bei ihr lag, dann sei die Buße halb diese [d. h. dann sei die Buße nur die Hälfte vom oben Genannten].
275. Leges Anglo-Saxonum, Alfred XII,11,4 (ed. ECKHARDT), S. 102: Wenn ein Mann sie (dessen) bezichtigt, reinige sie sich gemäß 60 Eidhufen oder gehe um die Hälfte jener Buße verlustig.
276. Leges Anglo-Saxonum, Alfred XII,11,5 (ed. ECKHARDT), S. 102: Wenn dies einer höher geborenen Frau geschieht, wachse die Buße gemäß dem Wergeld.
277. Leges Anglo-Saxonum, Alfred XVI,18,1 (ed. ECKHARDT), S. 106: Wenn eine versprochene Frau sich beiliegen lässt, büße sie, wenn sie frei ist, dem Bürgen 60 Schillinge, und das bestehe in lebender Habe, Fahrnisgütern, und man gebe auf dies keinen (unfreien) Mann.
278. Leges Anglo-Saxonum, Alfred XVI,18,2 (ed. ECKHARDT), S. 106: Wenn sie sechshundertwertig ist, büße sie jenem Bürgen 100 Schillinge.
279. Leges Anglo-Saxonum, Alfred XVI,18,3 (ed. ECKHARDT), S. 106: Wenn sie zwölfhundertwertig ist, büße sie dem Bürgen 120 Schillinge.
280. Leges Anglo-Saxonum, Alfred XXIII,25,1 (ed. ECKHARDT), S. 110: Wenn ein abhängiger Mann eine abhängige Frau zum Notbeischlaf nötigt, büße er mit seinem Gliede.

Eadward
(erstes Drittel 10. Jahrhundert)

281. Leges Anglo-Saxonum, Eadward – Guthrum 4,1 (ed. ECKHARDT), S. 184: Wenn zwei Brüder oder zwei nahe Gesippen bei einer Frau liegen, sollen sie sehr begierig büßen, so wie man zubilligt, entweder durch Strafgeld oder bei den Dänen durch Gesetzesbruchbuße, gemäß dem, wie die Tat ist.

Formulae[17]

Formulae Andecavenses
(Ende 6. bis Anfang 7. Jahrhundert)

1. Formulae Andecavenses 34 (MGH.Formulae Merowingici et Karolini aevi), S. 16: [1] Incipit dotis. [2] Annu 4. re[g]num domni nostri Childeberto reges. [3] Ego in Dei nomen illi fatuor, me hanc libellum dote scribere deberent, quod ita et fecerunt, [4] ad dulcissema sponsa mea nomen illa. [5] Pro amore dulcitudinem suam aemitto tibi in cartole libelli dotes casa; iam dicta puella, sponsa mea illa, abiat, teniat, possediat, faciat quod voluerit. [6] Et si quis vero, aut ego ipsi vel quislibet opposita persona, qui contra hanc volumtate mea facta aut libellum dote ista conscripta aut agere presumpserit, soledus tantus coactus exsolvas; et si quis,[18] non obteniat effectum.

Formulae Marculfi
(Ende 7. Jahrhundert mit Zusätzen aus dem 8. Jahrhundert)

2. Formulae Marculfi II,6 (MGH.Formulae Merowingici et Karolini aevi), S. 78f: [1] Donatione de parva rem ad ecclesia. […] [2] dono donatumque in perpetuo esse volo ad baselica illa […] [3] in pago illo […] [4] totum et ad integrum ad prefata baselica volo esse donatum […] [5] contra hanc epistolam donationis nostrae […] [6] sed presens epistola omni tempore firma et inviolata permaneat, stibulatione subnexa.

3. Formulae Marculfi II,15 (MGH.Formulae Merowingici et Karolini aevi), S. 85: [1] Libellum dotis. [2] Quod bonum, faustum, filex prosperumve eveniat! De disponsandis maritandisque ordinibus hac[19] procreatione liberorum causis, quae fiunt, necesse est, ut omnes etiam donatio per scribturarum seriem pleniorem obteniant firmitatem. [3] Donat igitur illi honeste puelle, norae suae lei, sponsa filio suo illo, ante die nuptiarum donantisque animo transferet atquae transcribit, hoc est in tanodono [4] villa nuncupante illa, sitam ibi, cum domo condignam ad habitandum vel omni integritate ibidem aspicientem, similiter et in dotis titulum alias villas nuncupantes illas, sitas ibi, mancipia tanta illos et illas, inter aurum et argentum et fabricaturas in soledos tantos,

---

17 Bei den folgenden Formulae werden Leerstellen für Namen und Ortsangaben mit in Klammern gesetzten Buchstaben gekennzeichnet.
18 Hier dürften Teile des Urkundentextes fehlen.
19 *ac*.

Formulae[17]

Formulae Andecavenses
(Ende 6. bis Anfang 7. Jahrhundert)

1. Formulae Andecavenses 34 (MGH.Formulae Merowingici et Karolini aevi), S. 16: [1] Urkunde über die Braut- bzw. Ehegabe. [2] Im vierten Jahr der Herrschaft unseres Herrn und Königs Childebert. [3] Ich bekenne im Namen des Herrn jener, dass ich [4] meiner liebreichsten Braut (Y) dieses Schriftstück über die Braut- bzw. Ehegabe zu schreiben habe, was sie auch so getan haben. [5] Aus Liebe und Zuneigung gebe ich dir durch schriftliche Urkunde das Haus als Braut- bzw. Ehegabe; das bereits oben genannte Mädchen, meine Braut (Y), soll dort hingehen, es halten, es besitzen und damit machen, was sie will. [6] Und wenn aber jemand, sei es ich selbst oder eine andere feindlich gesinnte Person, es gewagt hat, gegen diesen Willen, den ich verfügt habe, oder die Urkunde, in der diese Braut- bzw. Ehegabe aufgeschrieben worden ist, vorzugehen, soll dieser so viele Schillinge erzwungen auslösen; und wenn irgendjemand,[18] soll es keinen Erfolg haben.

Formulae Marculfi
(Ende 7. Jahrhundert mit Zusätzen aus dem 8. Jahrhundert)

2. Formulae Marculfi II,6 (MGH.Formulae Merowingici et Karolini aevi), S. 78f: [1] Über eine Schenkung von kleinen Dingen an die Kirche. [...] [2] schenke ich und will, dass das Geschenk dauerhaft für jene Basilika sei [...] [3] in jenem Gau (A) [...] [4] ich will, dass es ganz und unversehrt an die erwähnte Basilika geschenkt wird [...] [5] gegen diese Urkunde unserer Schenkung [...] [6] aber die gegenwärtige Urkunde soll für alle Zeit dauerhaft und unangefochten bleiben, zusätzlich durch eine rechtssymbolische Handlung bekräftigt.
3. Formulae Marculfi II,15 (MGH.Formulae Merowingici et Karolini aevi), S. 85: [1] Urkunde über die Braut- bzw. Ehegabe. [2] Es soll sich gut, gesegnet, glücklich und günstig ereignen! Über die Ordnungen, wie man sich verloben und vermählen soll, und[19] wegen der Zeugung der Kinder, die entstehen, ist es notwendig, dass die ganze Schenkung durch den Wortlaut der Schriftstücke volle Gültigkeit gewinnt. [3] Also soll er es jenem ehrwürdigen Mädchen (Y), seiner Schwiegertochter, der Braut seines Sohns (X), vor dem Tag der Hochzeit als Geschenk übertragen und überschreiben, das heißt: mittels dieser großen Gabe [4] ein auf dem Landgut (A) gelegenes, zum Wohnen würdiges Haus mit aller Unversehrtheit; gleichermaßen auch alle anderen in der Urkunde über die

---

17 Bei den folgenden Formulae werden Leerstellen für Namen und Ortsangaben mit in Klammern gesetzten Buchstaben gekennzeichnet.
18 Hier dürften Teile des Urkundentextes fehlen.
19 *ac.*

caballos tantos, boves tantos, gregem equorum, gregem armentorum, gregem porcorum, gregem ovium, ita ut haec omnia per manu sua ad suprascribta puella, noro sua illa, ante die nuptiarum dibeat pervenire; et in sua dominatione revocare, vel quicquid exindae facire elegerit, liberam habeat potestatem. Quod si quis contra hanc libellum dotis venire et eam infrangire conaverit, inferat partibus prefatae lei[20] tantum *et reliqua*.

4. Formulae Marculfi II,16 (MGH.Formulae Merowingici et Karolini aevi), S. 85f: [1] Si aliquis puella invita traxerit: [2] Dulcissima coniuge mea illa ille. Dum et te per volontatem parentum tuorum habui disponsatam, et absque tua vel parentum tuorum volontate rapto scelere meo coniugio sociavi, *item*: [3] Dum et te, fatiente coturno, contra voluntate parentum tuorum rapto scelere coniugium sociavi, unde vitae periculum incurrere debui, sed, intervenientes sacerdotes vel bonis hominibus, vitam obtenui, [4] sic tamen, ut quod tibi in tanodo[21] vel in dotis titulum ante die nupciarum, si te disponsatam habuissem, conferre, debueram, per hanc epistolam conposcionalem[22], *aut, si convenit*, cessionem, firmare deberim; quod ita et feci. [5] Ideoque dono tibi locello nuncupante illo, situm in pago illo, cum domibus ad manendum condignis, vel omnia intrinsecus utensilia necessaria, cum terris, accolabus, mancipia tanta, viniis, silvis, pratis, pascuis vel reliquis quibuscumque beneficiis, caballos tantos, boves tantus, grege equorum, grege armentorum, grege porcorum, grege ovium, inter aurum, argentum, fabricaturas, drappus in soledos tantos. Haec omnia superius conprehensa a die presente in tua tradedi potestate et dominatione possedendum; habendi, tenendi vel quicquid exinde elegeris fatiendi liberam habeas potestatem. Si quis vero et cetera.

5. Formulae Marculfi II,29 (MGH.Formulae Merowingici et Karolini aevi), S. 93f: Carta de agnatione, si servus ingenua trahit. Igitur ego in Dei nomen ille ille femina. Illut non habetur incognitum, qualiter servus meus nomen ille te absque parentum vel tua voluntate rapto scelere in coniugium sociavit, et ob hoc vitae periculum incurrere potuerat, sed intervenientes et mediantes amicis vel bonis hominibus, convenit inter nos, ut, si aliqua procreatio filiorum horta fuerit inter vos, in integra ingenuetate permaneant. *Et si voluntaria servo accipit, dicis*: Omnibus non habetur incognitum, qualiter servo meo nomen illo voluntaria secuta es et accipisti maritum. Sed dum te ipsa et agnationem tuam

20 *lei* ist in seiner Bedeutung nicht geklärt.
21 *tanto domo; tano dono.*
22 *compositionalem.*

Braut- bzw. Ehegabe benannten Landgüter (B) [einschließlich] der vielen abhängigen Personen, die sich dort befinden, dann Gold, Silber und künstlich Gefertigtes im Werte von so vielen Schillingen, so viele edle Pferde, so viele Rinder, eine Pferdeherde, eine Zugviehherde, eine Schweineherde, eine Schafeherde. Diese ganzen Dinge müssen gewiss noch vor dem Tag der Hochzeit eigenhändig an das oben genannte Mädchen, seine Schwiegertochter, gelangen; und sie soll die freie Macht haben, sie wieder in ihre Verfügungsgewalt zu bringen oder, was auch immer sie dementsprechend auswählt, zu tun. Wenn irgendjemand versucht hat, gegen diese Urkunde über die Braut- bzw. Ehegabe anzugehen oder [versucht hat,] sie außer Kraft zu setzen, soll er [ihr] so viel von den Teilen des erwähnten Gutes[20] geben und das Übrige.

4. Formulae Marculfi II,16 (MGH.Formulae Merowingici et Karolini aevi), S. 85f:
[1] Wenn jemand ein Mädchen wider Willen fortgeschleppt hat: [2] Meiner liebreichsten Ehefrau (Y). Weil ich dich mit dem Willen deiner Eltern/Verwandten verlobt habe und nachdem ich dich ohne deinen Willen oder den deiner Eltern geraubt und dich mit mir frevelhaft in der Ehe verbunden hatte; ebenso: [3] Weil ich dich auch aus Übermut gegen den Willen deiner Eltern/Verwandten geraubt und auf schandhafte Weise in der Ehe verbunden habe, musste ich in Lebensgefahr geraten, habe aber dank des Eingriffs von Priestern und juristisch vertrauenswürdigen Männern das Leben behalten. [4] Freilich, was ich dir hätte zuwenden[21] müssen, wenn ich dich als Verlobte gehabt hätte, werde ich dir nun durch diese Urkunde über den Schadensausgleich[22] zuwenden müssen oder – wenn Einvernehmen besteht – durch Abtretung sichern; was ich auch so getan habe. [5] Und deswegen gebe ich dir den benannten kleinen Hof (A), gelegen in jenem Gau (B) mit Häusern, die zum Wohnen geeignet sind; sogar alle notwendigen Geräte im Innern, mit Äckern, mit Pächtern, mit so vielen abhängigen Personen, mit Weinbergen, Wäldern, Wiesen, Weiden und allen übrigen Benefizien, so vielen edlen Pferden, so vielen Rindern, einer Pferdeherde, einer Zugviehherde, einer Schweineherde, einer Schafherde, dazu noch Gold, Silber, kunstvoll gefertigte Objekte, ein Tuch im Wert von so vielen Schillingen. Alles das oben Zusammengefasste gebe ich dir vom heutigen Tag an in deine Macht und Herrschaft, damit du es in Besitz nimmst. Du sollst die freie Gewalt haben, es zu besitzen und zu halten oder, was auch immer du von heute an beschließen wirst, zu tun. Wenn einer aber – und so weiter.

5. Formulae Marculfi II,29 (MGH.Formulae Merowingici et Karolini aevi), S. 93f:
Urkunde über die Nachkommenschaft, wenn ein abhängiger Mann eine freie Frau geraubt hat: Folglich ich (X) im Namen des Herrn jener Frau (Y). Es ist bekannt, wie mein abhängiger Mann (Z) dich geheiratet hat, nachdem er dich ohne den Willen der Eltern/Verwandten oder ohne deinen Willen frevelhaft geraubt hatte und aus diesem Grund in Lebensgefahr geraten ist. Weil aber Freunde/Verwandte und juristisch vertrauenswürdige Männer eingegriffen und vermittelt haben, kam es unter uns dazu – wenn ihr Kinder bekommen habt –, dass sie in vollständiger Freiheit bleiben sollen. Und wenn sie freiwillig

---

20 *lei* ist in seiner Bedeutung nicht geklärt.
21 *tanto domo; tano dono*.
22 *compositionalem*.

in meo inclinare potueram servitio, sed propter nomen Domini et remissionem peccatorum meorum, propterea presente epistolam in te mihi conplacuit conscribendam, ut, si aliqua procreatio filiorum aut filiarum inter vos horta fuerit, penitus nec nos nec heredis nostri nec quislibet persona ullo umquam tempore in servitio inclinare non debeamus, sed integra ingenuitatis, tamquam si ab utrisque parentibus ingenuis fuissent procreati, omni tempore vite sue permaneant, peculiare concesso, quodcumque laborare potuerint; et sub integra ingenuitate super terra nostra aut filiorum nostrorum, absque ullo preiudicio de statu ingenuitatis eorum, conmanere debeant et redditus terre, ut mos est, pro ingenuis annis singulis desolvant et semper in integra ingenuitate permaneant, tam ipse quam et posteritas illorum. Si quis vero, quod futurum esse non credimus, nos ipsi aut aliquis de heredibus nostris vel quicumque contra hanc cartolam venire temtaverit, aut eam infrangere voluerit, inferat tibi aut eredibus tuis auri libras tantas, argento pondo tanta, et quod repetit vindicare non valeat, sed presens cartola ingenuitatis omni tempore firma permaneat, stipulatione subnexa. Actum illo.

6. Formulae Marculfi II,30 (MGH.Formulae Merowingici et Karolini aevi), S. 94: Libellum repudii. Dum et inter illo et coniuge sua illa non caritas secundum Deum, sed discordia regnat, et ob hoc pariter conversare minime possunt, placuit utrisque voluntas, ut se a consortio [coniugali] separare deberent; quod ita et fecerunt. Propterea has epistolas inter se [duas] uno tenore conscribtas fieri et adfirmare decreverunt, ut unusquisque ex ipsis, sive ad servitium Dei in monasterio aut copolam matrimonii sociare voluerit, licentiam habeat, et nulla requisitione ex hoc de parte proximi sui habere non debeat. Si quis vero aliqua pars ex ipsis hoc emutare aut contra pare suo repetere voluerit, inferat pari suo auri libra una, et, ut decreverunt, a proprio consortio sequestrati in eam quam elegerint parte permaneant. Facta epistola ibi, sub die illo, anno illo regnante [gloriosissimo domno] illo rege.

einen abhängigen Mann angenommen hat, sollst du sagen: Allen ist bekannt, wie du meinem abhängigen Mann (Z) freiwillig gefolgt bist und ihn als Ehemann angenommen hast. Aber obwohl ich es vermocht hätte, dich selbst und deine Nachkommenschaft [d. h. die Kinder aus dieser Ehe] in meine Abhängigkeit zu führen, habe ich jedoch wegen des Namens des Herrn und der Vergebung meiner Sünden beschlossen, den jetzigen Brief auszustellen, damit – falls ihr Kinder bekommen habt – weder wir noch unsere Erben noch eine andere beliebige Person diese zu irgendeiner Zeit in Abhängigkeit bringen dürfen; stattdessen sollen [sie] ihr ganzes Leben lang in völliger Freiheit verbleiben, wie wenn beide Eltern frei gewesen wären, als sie [d. h. die Kinder] gezeugt wurden; und es soll ihnen das Eigenvermögen zugestanden werden, das sie sich erarbeiten konnten; und sie sollen in vollständiger Freiheit auf unserer oder unserer Söhne/Kinder Land fern von irgendeiner Vorentscheidung über den Status ihrer Freiheit wohnen; und sie sollen die Erträge des Landes, wie es Sitte bei den freien Menschen ist, in jedem Jahr leisten und immer von unversehrter freier Geburt sein und bleiben, [das gilt] sowohl für sie selbst als auch ihre Nachkommenschaft. Wenn aber jemand, was wir nicht glauben, dass es geschehen wird, – wir selbst oder irgendeiner von unseren Erben oder wer auch immer – es gewagt hat, gegen dieses Schriftstück anzugehen oder es außer Kraft setzen wollte, [so] soll [es] dir oder deinen Erben so viele Pfunde an Gold eintragen, so viele Pfunde an Silber und er soll nicht imstande sein, das, was er beansprucht, gerichtlich zu erreichen, sondern die gegenwärtige Urkunde über die Freiheit soll über alle Zeiten hinweg Bestand haben, [zusätzlich] durch eine rechtssymbolische Handlung unterstützt. So ist es durch jenen geschehen.

6. Formulae Marculfi II,30 (MGH.Formulae Merowingici et Karolini aevi), S. 94: Schriftstück über die Trennung. Da auch zwischen jenem (X) und seiner Ehefrau (Y) nicht die Liebe entsprechend dem Gebot Gottes, sondern die Zwietracht regiert und sie deshalb keineswegs zusammen leben können, ist es der Wunsch beider, dass sie sich von der Gemeinschaft [der Ehe] trennen dürfen; was sie auch so getan haben. Deshalb haben sie beschlossen, dieses in gleichem Wortlaut geschriebene Schriftstück füreinander niederschreiben zu lassen und zu bestätigen, dass jeder Einzelne von ihnen die Erlaubnis habe [das Folgende zu tun], sei es, dass er sich für den Dienst an Gott ins Kloster [begeben] oder im Band der Ehe verbinden will; und es soll aus diesem Grund keinen Anspruch seitens der Verwandten geben. Wenn aber die eine Seite dies umändern oder seinen Partner zurückholen will, soll er seinem Partner ein Pfund Gold antragen und sie sollen, wie sie entschieden haben, von der eigenen Gemeinschaft abgesondert, in der bleiben, die sie gewählt haben. Schriftstück, ausgestellt dort (A), am Tag (C), während des Regierungsjahres (D) des ruhmreichsten Herrn, König (Z).

Formulae Turonenses
(8. Jahrhundert)

7. Formulae Turonenses 14 (MGH.Formulae Merowingici et Karolini aevi), S. 142f: Donatio in sponsa facta. Lex et consuetudo exposcit, ut, ›quicquid inter sponsum et sponsam de futuris nuptiis fuerit definitum vel largitum, aut ex consensu parentum aut ipsi, si sui iuris sunt, scripturarum sollemnitate firmetur‹. Idcirco ego in Dei nomine ille. Dum multorum habetur percognitum, quod ego te illa, una cum consensu parentum vel amicorum nostrorum, tua spontanea voluntate sponsavi, mihi placuit, ut aliquid de rebus meis per hunc titulum libelli dotis ante dies nuptiarum tibi confirmare deberem; quod ita et feci. Ergo dono tibi donatumque esse volo locello, re proprietatis meae, nuncupante illo, situm in pago illo, cum terris, aedificiis, accolabus, mancipiis, libertis, vineis, silvis, pratis, pascuis, aquis aquarumve decursibus, mobilibus et inmobilibus, cum omni supraposito suisque adiecentiis, tam de alode quam et de conparato seu de qualibet adtracto, totum et ad integrum, sicut a me praesenti tempore videtur esse possessum, et in fabricaturas aurum tantum, argentum tantum, vestimenta; haec omnia superius iam dicta per hunc titulum libelli dotis, diebus nuptiarum tibi sum impleturus vel traditurus, ita ut, dum advixeris, secundum legis ordinem teneas atque possedeas nostrisque, qui ex nobis procreati fuerint, filiis [vel filiabus] derelinquas. Si quis vero, si ego ipse aut ulla quislibet persona fuerit, qui contra hanc donationem aliquid agere vel calumniam generare presumpserit, illud quod repetit non vindicet, et insuper contra cui litem intulerit soledos centum conponat, et haec donatio meis vel bonorum hominum manibus roborata cum stipulatione subnixa firma permaneat.

8. Formulae Turonenses 15 (MGH.Formulae Merowingici et Karolini aevi), S. 143: [1] Traditio. [2] Dum multorum habetur percognitum, qualiter ego ille puella aliqua nomine illa una cum consensu parentum vel amicorum nostrorum legibus sponsavi et aliquid de rebus meis ei donare ante dies nuptiarum disposui, ideo placuit mihi, ut de ipsas res misso ipsius puellae nomine illo traditionem vel introductionem locorum secundum legem Romanam facere deberem; quod ita et feci. Ergo trado ei, et tradidisse me constat locello, re proprietatis meae, nuncupante illo, situm in pago illo, cum terris, aedificiis, accolabus, mancipiis, *vel cetera quae secuntur*, aurum, argentum, vestimenta; haec omnia superius iam dicta te ille ad vicem sponsae meae tibi trado, ita ut

Formulae Turonenses
(8. Jahrhundert)

7. Formulae Turonenses 14 (MGH.Formulae Merowingici et Karolini aevi), S. 142f:
Das Geschenk, das der Verlobten gemacht worden ist. Gesetz und Gewohnheit fordern, ›dass [alles das], was auch immer zwischen Bräutigam und Braut über die zukünftige Hochzeit bestimmt oder geschenkt worden ist – entweder mit der Zustimmung der Eltern/Verwandten oder ihrer eigenen, wenn sie ihres eigenen Rechts sind –, durch die Förmlichkeit der Schriftstücke bekräftigt werden soll‹. Deshalb [nehme] ich jene (Y) im Namen des Herrn [zur Frau]. Da es vielen bekannt ist, dass ich dich (Y) mit der Zustimmung unserer Eltern/Verwandten oder Freunde/Verwandten [oder der Zustimmung aller dieser Genannten] mit deinem freien Willen verlobt habe, habe ich beschlossen, dass ich dir etwas von meinem Besitz mittels dieser Urkunde über die Braut- bzw. Ehegabe vor dem Tag der Hochzeit bestätigen muss, was ich so auch getan habe. Deshalb schenke ich dir und will, dass [dir etwas] geschenkt wird, in Form jenes benannten kleinen Hofes (A), mein in jenem Gau (B) gelegenes Anwesen mit den Ländereien, den Gebäuden, den Pächtern, den abhängigen [und] den freigelassenen Menschen, den Weinbergen, den Wäldern, Wiesen, Weiden, Gewässern und Wasserläufen, Mobilien und Immobilien, mit allem oben Aufgeführten und ihrem Zubehör sowohl an Ererbtem als auch an Erworbenem, von was auch immer es hinzugewonnen worden ist – ganz und unversehrt, so, wie es zum gegenwärtigen Zeitpunkt als mein Besitz gelte, und an verarbeiteten Gütern, so viel Gold, so viel Silber [und] Kleidung; diese ganzen oben schon genannten Dinge werde ich dir mittels dieser Urkunde über die Braut- bzw. Ehegabe am Tag der Hochzeit erfüllen [d.h. vollzählig übergeben bzw. voll ausbezahlen] und übertragen, damit du sie, solange du lebst, gemäß der Ordnung des Gesetzes halten, besitzen und unseren Söhnen und Töchtern, die von uns geboren werden, beim Tode hinterlassen kannst. Wenn aber jemand, sei es, dass es ich selbst oder eine andere beliebige Person gewesen ist, die es gewagt hat, etwas gegen diese Schenkung zu unternehmen oder irgendeine Anklage zu erheben, [so] soll sie [d.h. die Person] jenes, was sie fordert, nicht erreichen und obendrein soll sie gegenüber dem, dem sie den Rechtsstreit zugefügt hat, 100 Schillinge bezahlen; und diese Schenkung soll, bekräftigt durch meine und die der juristisch vertrauenswürdigen Männer Handzeichen [sowie] durch eine rechtssymbolische Handlung unterstützt, unveränderlich bleiben.
8. Formulae Turonenses 15 (MGH.Formulae Merowingici et Karolini aevi), S. 143:
[1] Übergabe. [2] Da es vielen bekannt ist, dass ich (X) ein junges Mädchen (Y) mit der Zustimmung der Eltern/Verwandten und/oder Freunde/Verwandten nach den Gesetzen verlobt habe und ihr etwas von meinem Besitz vor dem Tag der Hochzeit schenken wollte, habe ich beschlossen, die Dinge gemäß dem römischen Gesetz jenem Mädchen (Y) selbst durch ihren Gesandten (Z) zu übergeben und sie in den Besitz einzuweisen; was ich auch so getan habe. Also übergebe ich [es] ihr und es steht fest, dass ich den benannten kleinen Hof (A), der Bestandteil meines Besitzes und in jenem Gau (B) gelegen ist, übertragen habe – samt der Ländereien, Gebäude, Pächter, abhängigen Personen und mit

tempore nuptiarum ad iam dictae sponsae meae eveniant potestate, ita ut secundum legis ordinem teneat atque possideat. Et si contra hanc traditionem aliquid refragavero, partibus ipsius puellae solidos tantos conponam, et haec traditio firma permaneat.

9. Formulae Turonenses 16 (MGH.Formulae Merowingici et Karolini aevi), S. 143f: [1] Carta in puellam factam ab eo, qui ipsam invitam traxerit. [2] ›Viventibus patribus inter filios familias sine voluntate eorum matrimonia non legitime copulantur, sed contracta non solvuntur‹. [3] Idcirco ego in Dei nomine ille dulcissima coniux mea illa. [4] Dum et te sine voluntate parentum tuorum rapto scelere in meo sociavi coniugio, unde vitae periculum incurrere debui, sed intervenientes sacerdotes vel bonis hominibus vitam obtinui: ideo placuit mihi, ut per hanc epistolam conposcionalem[23], *aut si convenit* cessionem, aliquid de rebus meis tibi confirmare deberem; quod ita et feci. [5] Hoc est locello nuncupante illo, situm in pago illo, cum terris, aedificiis, accolabus, mancipiis, libertis, vineis, silvis, pratis, pascuis, aquis aquarumve decursibus, mobilibus et inmobilibus, cum omni supraposito suisque adiecentiis vel omni integritate, [6] quicquid inibi presenti tempore mea videtur esse possessio, de iure meo in tua trado potestate vel dominatione, ita ut, quicquid exinde a die presente facere volueris, liberam et firmissimam in omnibus habeas potestatem. Et si fuerit aut ego ipse aut ulla quislibet persona, qui contra hanc epistolam refragationem aliquam aut calumniam generare presumpserit, illud quod repetit non vindicet, et insuper [partibus tuis vel] contra cui litem intuerit solidos tantos conponat et haec epistola firma permaneat.

10. Formulae Turonenses 17 (MGH.Formulae Merowingici et Karolini aevi), S. 144f: [1] Donatio inter virum et uxorem [...] [2] Quicquid enim inter coniugatos de propria facultate ob amorem dilectionis invicem condonare placuerit, scripturarum necesse est titulis alligari [...] [3] Igitur ego in Dei nomine ille dulcissima coniux mea illa. Si prius mortuus fuero quam tu, dono tibi per hanc epistolam donationis donatumque in perpetuum esse volo [...] [4] omni supraposito tibi dono atque transfundo [...] [5] Similiter ego in Dei nomine illa dulcissimo iugali meo illo. Si prius mortua fuero quam tu, dono tibi per hanc epistolam donationis – *sequitur supradictum textum.* [...] [6] contra has [donationes duas] epistolas uno tenore conscriptas [...] [7] et has epistolas contulitionis cum

---

23 *compositionalem.*

den übrigen Dingen, die folgen: Gold, Silber [sowie] Kleidung; diese ganzen oben schon genannten Dinge übergebe ich dir (Y) – meiner Braut – an meiner Stelle, damit sie zum Zeitpunkt der Hochzeit in die Verfügungsgewalt meiner schon genannten Braut gelangen, sodass sie sie gemäß der Ordnung des Gesetzes halten und besitzen soll. Und wenn ich ein Hindernis in den Weg lege, soll ich aus den Bestandteilen meines Besitzes so viele Schillinge an das Mädchen selbst zahlen und diese Übergabeurkunde soll unveränderlich bleiben.

9. Formulae Turonenses 16 (MGH.Formulae Merowingici et Karolini aevi), S. 143f:
[1] Urkunde ausgestellt für ein Mädchen von dem, der sie selbst gegen ihren Willen heimgeführt hat. [2] ›Zu Lebzeiten der Väter darf unter den Söhnen der Familie keine Ehe ohne deren [d. h. der Väter] Willen rechtmäßig geschlossen werden, aber die Verträge sollen nicht aufgelöst werden‹. [3] Deshalb nehme ich (X) im Namen des Herrn jene (Y) als meine liebreichste Ehefrau an. [4] Weil ich dich auch schandhaft mit mir in einer Ehe verbunden habe, nachdem ich dich ohne den Willen deiner Eltern/Verwandten geraubt hatte, musste ich daher in Lebensgefahr geraten. Ich habe aber das Leben behalten, weil Priester oder andere juristisch vertrauenswürdige Männer [oder beide] eingegriffen haben: Deshalb habe ich beschlossen, dass ich dir durch diese Urkunde über den Schadensausgleich[23] oder – wenn es als passend erachtet wird – [nennen wir ihn] Abtretung etwas von meinem Besitz bestätigen muss; was ich auch so getan habe. [5] Das ist der benannte kleine Hof (A), gelegen in jenem Gau (B), mit den Ländereien, den Gebäuden, den Pächtern, den abhängigen [und] freigelassenen Menschen, den Weinbergen, Wäldern, Wiesen, Weiden, Gewässern und Wasserläufen, Mobilien und Immobilien, mit allem oben Aufgeführten einschließlich dem Zubehör oder mit allem, [6] was dort zu diesem Zeitpunkt als mein Besitz gelte; ich übergebe [es] von meiner Rechtsgewalt in deine Verfügungsgewalt, sodass du, was auch immer du dann vom heutigen Tag an machen willst, die freie und uneingeschränkte Macht über alles hast. Und wenn entweder ich selbst oder eine andere beliebige Person es gewesen ist, die es gewagt hat, gegen dieses Schriftstück irgendein Hindernis [aufzustellen] oder Anklage zu erheben, soll sie [d. h. die Person] jenes, was sie fordert, nicht erreichen und obendrein soll sie zu deinen Gunsten oder gegenüber dem, dem sie den Rechtsstreit zugefügt hat, so viele Schillinge bezahlen und dieses Schriftstück soll dauerhaft bleiben.

10. Formulae Turonenses 17 (MGH.Formulae Merowingici et Karolini aevi), S. 144f:
[1] Schenkung zwischen Mann und Ehefrau. […] [2] Was auch immer zwischen den Verheirateten aus eigenem Vermögen um der Liebe willen gegenseitig zu schenken gefällt, ist notwendig, dass es an die schriftlichen Urkunden gebunden wird […] [3] Deshalb [schenke] ich (X) im Namen des Herrn meiner liebreichsten Ehefrau (Y). Wenn ich eher sterben sollte als du, schenke ich dir mittels dieser Schenkungsurkunde und will, dass die Schenkung dauerhaft sei […] [4] alle oben aufgeführten Dinge schenke und übergebe ich dir. […] [5] Gleichermaßen ich (Y) im Namen des Herrn meinem liebreichsten Ehemann (X). Wenn ich eher sterben sollte als du, schenke ich dir mittels dieser Schenkungs-

23 compositionalem.

stipulatione Aquiliana nostris vel bonorum hominum manibus roboratas firmas permaneant.

11. Formulae Turonenses 19 (MGH.Formulae Merowingici et Karolini aevi), S. 145f: Libellum repudii. ›Certis rebus et probatis causis inter maritum et uxorem repudiandi locus patet‹. Idcirco, dum inter illo et coniuge sua illa non caritas secundum Deum sed discordia regnat, et illorum nulla est voluntas pariter conversandi, placuit utrisque voluntatibus, ut se a consortio coniugali separare deberent; quod ita et fecerunt. Propterea has epistolas uno tenore conscriptas inter se fieri et adfirmare decreverunt, ut, quicquid unusquis ex ipsis de semet ipso facere voluerit, absque repetitione socii sui liberam habeat potestatem, et nullam requisitionem neque ipsi in caput[24] neque ulla quislibet persona exinde habere non pertimescat. Quod qui contra pari suo vel contra alium quemcumque hominem ullam repetitionem exinde facere conaverit, partibus illius, contra cui litem intulerit, solidos tantos conponat, et sua repetitio nullum obtineat effectum, sed unusquis ex ipsis per hunc libellum repudii eorum manibus roboratum omnique tempore quieti valeant residere.

12. Formulae Turonenses 32 (MGH.Formulae Merowingici et Karolini aevi), S. 154f: Si, quando masculus et femina pariter raptum consenserint, infra quinquennium litigetur. Notitia, sub quorum presentia, ubi veniens ille ante illum vel eos, qui subter tenentur inserti, ibique accusabat[25] aliquo homine nomine illo, eo quod aliqua femina nomine illa iam anno expleto sine diffinitione parentum vel sine eius clamore aut vociferatione eam volentem rapuisset atque in coniugio sibi malo ordine contra legem et iustitiam sociasset. Qui iam dictus ille et prefata illa hoc denegare non potuerunt, sed in omnibus taliter fuerunt professi, quod ambo pariter consencientes sic ab eosdem actum vel perpetratum fuerat. Tunc ipsi viri, qui ibidem aderant, talem dederunt iudicium, ut secundum legem Romanam pro hac culpa ambo pariter vitae periculum incurrissent vel sentenciam mortis ob hoc scelus excepissent. Sed intervenientibus bonis hominibus taliter eis convenit, ut iam dicti homines pro redemptione vitae eorum wadios suos iam dicto illo unusquis pro soledos tantos dare deberent; quod ita et fecerunt. Et hoc placitum institutum, quod evenit tunc tempore, hoc debeant desolvere; unde et fideiussorem pro ipsos soledos aliquem hominem illum oblegaverunt. Propterea necesse fuit ipsius, ut hanc notitiam exinde accipere deberet; quod ita et fecit; ut, si necessitas evenerit, omnibus sit manifestum, qualiter supradicti homines infra quinquennium ab hoc scelere convicti vel conprobati apparuerunt.

---

24 Der Ausdruck *in caput* könnte auch ›bezüglich seines Gutes bzw. Besitzes‹ bedeuten.
25 Das Imperfekt als abgeschlossene Tatsache in der Vergangenheit verweist darauf, dass der Streit mit der Anklage vor fünf Jahren begonnen hat.

Urkunde – es folgt der oben genannte Text. [6] Gegen diese mit demselben Wortlaut verfassten [zwei Schenkungs]urkunden [...]; [7] und diese Urkunden sollen, gestärkt durch Aquilinischen Kontrakt und durch unsere oder die der juristisch vertrauenswürdigen Männer [oder beider] Handzeichen, dauerhaft bleiben.

11. Formulae Turonenses 19 (MGH.Formulae Merowingici et Karolini aevi), S. 145f: Schriftstück über die Trennung. ›Aufgrund von gewissen Dingen und trefflichen Gründen wird die Trennung von Mann und Frau offensichtlich‹. Da zwischen jenem (X) und seiner Ehefrau (Y) nicht die Liebe nach dem Gebot Gottes, sondern die Zwietracht herrscht und bei ihnen kein Wille besteht, zusammenzuleben, gefiel es dem Willen beider, dass sie sich von der ehelichen Gemeinschaft trennen dürfen; was sie auch so getan haben. Deshalb haben sie entschieden, dieses in gleichem Wortlaut geschriebene Schriftstück füreinander abfassen zu lassen und zu bestätigen, dass jeder Einzelne von ihnen, was auch immer er mit sich selbst machen will, [dass er] ohne Einspruch seines Ehepartners die freie Macht dazu habe; und er soll nachher keine Ansprüche gegen sich selbst[24] befürchten, weder seitens des anderen [Partners] noch seitens irgendeiner anderen beliebigen Person. Wenn jemand es gewagt hat, nachher gegen seinen Partner oder gegen irgendeinen anderen Menschen Einspruch zu erheben, soll er jenen Parteien, denen er den Rechtsstreit angetragen hat, so viele Schillinge bezahlen; und sein Einspruch soll keine Wirkung erzielen, sondern jeder Einzelne von ihnen kann mittels dieser Urkunde der Trennung – durch Handzeichen bekräftigt – alle Zeit hindurch ruhig verweilen.

12. Formulae Turonenses 32 (MGH.Formulae Merowingici et Karolini aevi), S. 154f: Wenn ein Mann und eine Frau in gleicher Weise dem Raub zugestimmt haben, soll darüber innerhalb eines Zeitraums von fünf Jahren prozessiert werden: Beweisurkunde: In deren Gegenwart, als jener (X) [vermutlich der Ehemann] vor jenen (Z) [vermutlich der Brautvater] oder diese (V) [vermutlich die Verwandten] gekommen ist, die unten in der Urkunde eingefügt werden, klagte[25] er dort einen Mann (X) an, nämlich dass er eine Frau (Y) nach einem vollendeten Jahr ohne die Entscheidung der Eltern/Verwandten und ohne ihr Geschrei oder Gezeter geraubt hätte, weil sie es wollte, und durch schlechte Ordnung gegen das Gesetz und die Gerechtigkeit mit sich in der Ehe verbunden hätte. Der schon benannte X und die oben erwähnte Y haben dies nicht leugnen können, sondern haben in allen Dingen offen bekannt, dass sie beide im Einvernehmen [so] gehandelt und es ganz zustande gebracht haben. Dann haben die Männer selbst, die ebendort anwesend waren, das so beschaffene Urteil getroffen, dass beide gleichermaßen gemäß dem römischen Gesetz für diese Schuld in Lebensgefahr geraten wären oder die Todesstrafe wegen dieses Frevels empfangen hätten. Aber nachdem juristisch vertrauenswürdige Männer eingegriffen hatten, kam man für sie in folgender Weise überein, dass jeder Einzelne der schon genannten Menschen zum Loskauf ihres Lebens seine Geldstrafen jenem schon Genannten für so viele Schillinge geben muss; was sie auch so ge-

---

24 Der Ausdruck *in caput* könnte auch ›bezüglich seines Gutes bzw. Besitzes‹ bedeuten.
25 Das Imperfekt als abgeschlossene Tatsache in der Vergangenheit verweist darauf, dass der Streit mit der Anklage vor fünf Jahren begonnen hat.

13. Formulae Turonenses 37 (MGH.Formulae Merowingici et Karolini aevi), S. 156: [1] Donatio ad ecclesiam post obitum. [...] [2] dono donatumque in perpetuo esse volo, hoc est [...] [3] totum et ad integrum per hanc donationem tibi trado atque transfundo [...].
14. Formulae Turonenses, Appendix 2 (MGH.Formulae Merowingici et Karolini aevi), S. 163f: [1] Donatio in sponsa facta. [2] Latores legis aedicerunt, et antiqua consuetudo aedocet, ut prius arrarum coniugiae, postmodum osculum intercedentis personarum qualitate concedatur,[26] sicut in Theodosiano codice ›de sponsalibus et ante nuptias donationibus‹ narrat auctoritas, ut, quicumque vir in sponsam suam ante die nuptiarum de rebus suis propriis donare vel conferre voluerit, per serie scripturae hoc alligare percuret. [3] Igitur ergo ego in Dei nomine ille, filius illius. [4] Dum multorum habetur percognitum, qualiter ego aliqua femina aut puella nomine illa, filia illius, per consensu vel voluntate parentum vel amicorum nostrorum eam legibus [5] sponsare volo et, Christo propitio, sicut mos est et antiqua fuit consuetudo, ad legittimum matrimonium vel coniugium sociare cupio, [6] propterea placuit mihi, atque bona decrevit voluntas pro amore vel dilectione ipsius feminae, ut ante die nuptiarum per hanc titulum osculum intercedentis ha diae praesente aliquid de rebus meis ei condonare vel conferre deberem; [7] quod ita et mihi placuit fecisse. Dono tibi, dilecta sponsa mea illa, donatumque in perpetuum esse volo [...] [8] haec omni re superius nominatas atque conscriptas, dilecta sponsa mea iam dicta, per hanc osculum intercedentis a die praesente in integrum tibi dono ad habendi et possidendi [...] [9] Si quis vero, si ego ipse aut ullus de heredibus meis vel quislibet extranea aut obposita persona, qui contra hanc donatione, quod est osculus intercedentis a me factus, venire aut aliqua calumnia generare praesumpserit, cui litem intulerit solidos tantos conponat, et i[niqua] repetitio in nullisque modis obtineat firmitatem, sed praesens donatio ista a me facta, meis vel bonorum virorum manibus roborata cum stipulatione subnixa omnique tempore maneat inconvulsa.

---

26 Der Text ist stark ›verdorben‹ und hauptsächlich mit der parallelen Formula zu entschlüsseln (vgl. Formulae extravagantes I,10 (MGH.Formulae Merowingici et Karolini aevi), S. 539 [Anhang F 47, S. 134]).

tan haben. Und diese gerichtliche Entscheidung, die damals festgesetzt worden ist, müssen sie auslösen; daher hatten sie für diese Schillinge selbst einen gewissen Menschen (W) als Bürgen verpflichtet. Deshalb ist es für ihn selbst notwendig gewesen, dass er diese Beweisurkunde dementsprechend anerkennen musste; was er auch so getan hat; dass, wenn sich die Notwendigkeit ergeben sollte, es bei allen offenkundig sei, wie die oben genannten Menschen innerhalb eines Zeitraums von fünf Jahren offensichtlich dieses Frevels der Schuld überführt worden sind und es ihnen bewiesen worden ist.

13. Formulae Turonenses 37 (MGH.Formulae Merowingici et Karolini aevi), S. 156: [1] Schenkung nach dem Tod an die Kirche. [...] [2] schenke ich und will, dass das Geschenk dauerhaft sei, das ist [...] [3] Ich übergebe und übertrage [es] dir ganz und unversehrt mittels dieser Schenkungsurkunde [...].

14. Formulae Turonenses, Appendix 2 (MGH.Formulae Merowingici et Karolini aevi), S. 163f: [1] Das Geschenk, das der Verlobten gemacht worden ist. [2] Die Gesetzgeber haben bestimmt und die alte Gewohnheit lehrt, dass zuerst die Verlobungsgabe der Ehefrau, dann ein Kuss entsprechend der Standesqualität der Personen zugelassen wird[26], so wie es die Vorschrift des Codex Theodosianus ›Über die Verlobungen und die Geschenke vor der Hochzeit‹ belehrt: dass jeder Mann, der für seine Verlobte vor dem Tag der Hochzeit [etwas] von seinem eigenen Besitz schenken oder übertragen wollte, es an eine schriftliche Form binden soll. [3] Deshalb also ich (X) im Namen des Herrn, Sohn des (Z). [4] Denn es ist vielen bekannt, dass ich eine Frau oder ein junges Mädchen (Y), Tochter des (V), mit der Zustimmung und mit dem Willen unserer Eltern/Verwandten oder Freunde/Verwandten [oder der Zustimmung aller dieser Genannten] nach den Gesetzen [5] [mit mir] verloben will und mit dem Beistand Christi, so wie es Sitte und alte Gewohnheit ist, in einer rechtmäßigen Ehe (*matrimonium*) oder Ehe (*coniugium*) zu verbinden wünsche. [6] Deshalb habe ich im guten Willen angesichts der Liebe und Zuwendung zu dieser Frau beschlossen, dass ich ihr vor dem Tag der Hochzeit durch diese Eheschenkungsurkunde – an diesem heutigen Tag – etwas von meinem Besitz stiften und übertragen soll, [7] was auch nach meinem Willen so geschehen ist. Ich schenke dir, meine liebreichste Verlobte namens Y, das Geschenk und will, dass es dauerhaft sei [...] [8] Diese ganzen oben genannten und aufgeschriebenen Dinge schenke ich dir, meine schon oben genannte auserwählte Verlobte, durch diese Eheschenkungsurkunde vom heutigen Tag an in Unversehrtheit [...]. [9] Wenn es aber jemand gewagt hat, sei es ich selbst oder einer meiner Erben oder jede beliebige fremde oder feindlich gesinnte Person, gegen dieses Geschenk, das ist die Eheschenkungsurkunde, die von mir gemacht worden ist, anzugehen oder Anklage zu erheben, [dann] soll sie [d.h. die Person] so viele Schillinge dem zahlen, dem sie den Rechtsstreit angetragen hat, und der ungerechte Einspruch soll in keiner Weise Gültigkeit gewinnen, sondern dieses gegenwärtig von mir gemachte Geschenk soll, durch meine und die der juristisch vertrau-

---

26 Der Text ist stark ›verdorben‹ und hauptsächlich mit der parallelen Formula zu entschlüsseln (vgl. Formulae extravagantes I,10 (MGH.Formulae Merowingici et Karolini aevi), S. 539 [Anhang F 47, S. 134]).

15. Formulae Turonenses, Appendix 3 (MGH.Formulae Merowingici et Karolini aevi), S. 164: [1] Hic est traditio. [2] Rerum omnium scripturarum traditio subsequatur. Quam ob rem ego in Dei nomine ille, filius illius condam. Dum non est incognitum, sed apud plures notum esse cernitur, qualiter ego aliqua femina aut puella, filia illius, legibus eam sponsavi, et de rebus meis, qui sunt sitas in pagos illos, ei aliquid per carta donationis ante die nuptiarum confirmavi et habendi et per hanc titulum traditionis [...] trado [...]. [3] Si quis vero, quod fieri minimae credo, si ego ipsae aut ullus de heredibus meis vel quislibet extranea aut obposita persona, qui contra hanc titulum traditionis, quem ego conscribere vel adfirmare rogavi, venire aut aliqua calumnia generare praesumpserit, cui litem intulerit solidos tantos conponat, et sua repetitio in nullisque modis obtineat effectum, [4] et hanc traditio ista ha me facta, meis vel bonorum hominum manibus roborata cum stipulatione subnixa omnique tempore maneat inconvulsa.

Cartae Senonicae
(70er Jahre 8. Jahrhundert)

16. Cartae Senonicae 6 (MGH.Formulae Merowingici et Karolini aevi), S. 187f: Carta agnationem. Femina illa ille. Omnibus non habetur incognitum, qualiter tibi per voluntate tua servo iuris meo nomen ille ad coniugium sociavit uxorem, unde te vel procreatione tua in servitio inclinare potueram. Sed mihi prepatuit voluntas plenissima, ut tale aepistola agnatione in te fieri et adfirmare rogavi, ut, se aliqua procreatione filiorum aut filiarum ex te nate vel procreate fuerint, sub integra ingenuitate cum omni peculiare eorum valeant [permanere, et quod], Christo propitio, laborare potuerint, cessum habeant et nulli heredum hac proheredum meorum nullum impendeat servitium nec litemonium vel patronatus obsequium nisi soli Deo, cui omnia subiecta sunt. Testamentum etiam faciendi, defensione vero vel mundeburde aecclesiarum aut bonorum hominum, ubicumque se eligere voluerit, licentiam habeat ad conquirendum. Si quis vero, quod nec fieri credo, si ego ipse aut ullus de heredibus vel quislibet ulla opposita persona, qui contra hanc aepistola agnatione venire conaverit, inferat ei, cui litem intulerit, ista tota servante, una cum socio fisco auri untias tantas esse multando, et presens agnatio omni tempore firma permaneat.

enwürdigen Männer Handzeichen bekräftigt [sowie] durch eine rechtssymbolische Handlung unterstützt, für alle Zeit unveränderlich bleiben.

15. Formulae Turonenses, Appendix 3 (MGH.Formulae Merowingici et Karolini aevi), S. 164: [1] Das ist die Übergabe: [2] Die Übergabe aller aufgezeichneten Dinge soll unmittelbar folgen. Deshalb fasse ich (X) im Namen des Herrn, Sohn des (Z), ab. Da es bekannt ist, aber auch bei den meisten als bekannt wahrgenommen wird, wie ich eine Frau oder ein Mädchen (Y), die Tochter des (W), gemäß dem Gesetz [mit mir] verlobt habe und ihr etwas von meinem Besitz, das in jenem Gau namens (A) gelegen ist, durch eine Schenkungsurkunde vor dem Tag der Hochzeit bestätigt habe und als Besitz durch diesen Rechtstitel der Übergabe […] übergeben habe. [3] Wenn aber jemand, was ich am wenigsten glaube, dass es geschehen wird, – ich selbst oder einer meiner Erben oder eine beliebige fremde oder feindlich gesinnte Person – es gewagt hat, diese Übergabeurkunde – die zu schreiben und zu bekräftigen ich verlangt habe – anzugehen oder Anklage zu erheben, soll sie [d.h. die Person] dem, dem sie diesen Rechtsstreit angetragen hat, so viele Schillinge bezahlen und ihr Einspruch soll auf keine Weise Wirkung erreichen; [4] und dieser von mir gemachte Rechtstitel da soll, bekräftigt durch meine und die der juristisch vertrauenswürdigen Männer Handzeichen [und] durch eine rechtssymbolische Handlung unterstützt, für alle Zeit unveränderlich bleiben.

Cartae Senonicae
(70er Jahre 8. Jahrhundert)

16. Cartae Senonicae 6 (MGH.Formulae Merowingici et Karolini aevi), S. 187f: Urkunde über die Nachkommenschaft. Eine Frau (Y) mit (X). Allen dürfte bekannt sein, wie jener dem Recht nach mein abhängiger Mann dich mit deinem Willen als Ehefrau in der Ehe verbunden hat, sodass ich dich oder deine Nachkommenschaft in die Abhängigkeit herabdrücken konnte. Aufgrund meines Willens und in aller Offenheit habe ich veranlasst, dass ein derartiges Schriftstück über die Nachkommenschaft angefertigt und bekräftigt worden ist, damit, wenn durch Zeugung von Söhnen oder Töchtern, die von dir geboren oder von dir gezeugt worden sind, [eben] diese mit ihrem ganzen Barvermögen in vollständiger Freiheit bleiben können und [damit] ihnen das, was sie mit dem Beistand Christi erarbeiten könnten, überlassen wird. Auch soll ihnen von keinem meiner Erben oder deren Nachkommen Unfreiheit und Zinszahlung oder Schutzherrschaft aufgezwungen werden außer von Gott allein, dem alles unterworfen ist. Der Frau soll auch die Erlaubnis gewährt werden, ein Testament zu erstellen, das durch die Verteidigung oder die Schutzgewalt der Kirche oder juristisch vertrauenswürdiger Männer ihrer Wahl garantiert werden soll. Wenn aber jemand – sei es ich selbst oder einer meiner Erben oder jede beliebige fremde oder feindlich gesinnte Person – gegen dieses Schriftstück über die Nachkommenschaft versucht hat anzugehen, was ich nicht glaube, soll er demjenigen, dem er den Rechtsstreit zugetragen hat, zusammen mit dem Genossen so viele Unzen Gold als Geldbuße dem Fiskus antragen. Und das gegenwärtige Schriftstück über die Nachkommenschaft soll für alle Zeit Bestand haben.

17. Cartae Senonicae 25 (MGH.Formulae Merowingici et Karolini aevi), S. 196: [1] Libellum dotis. [2] Dum omnipotens Deus concessit iugale consortium et tale premissum dedit ei hominibus, ut unusquisque cum vira sua nubat iuxta consuetudine anteriorum cristianorum et item legimus, quod ipse Dominus noster cum discipulis suis ad nuptias invitatus fuisset, et ›cui Deus coniungit homo non seperet‹. Quod bonum, felix, faustum[que sit]! [3] Donat itaque ille honeste puellae, sponse suae nomen illa, quem, se Christo placuerit, in coniugium sotiare uxorem [dispono], [4] donatumque in perpetuum esse volo [5] et de iuro meo in iure et dedominatione ipsius puelle transcribo atque transfundo, [6] hoc est res proprietatis meae in pago illo [...] omnia superius nominata, cum dies felicissimus nuptiales advenerit, [7] dulcissima sponsa mea illa, [8] ad die presente habeas, teneas atque possideas, vel quicquid exinde a die presente facere volueris, liberam et firmissimam in omnibus habeas potestatem faciendi. [9] Si quis vero, quod nec fieri credo, si ego ipse aut ullus de heredibus meis vel quislibet ulla opposita persona, [10] qui contra hanc libellum dotes venire conaverit, inferat tibi una cum socio fisco auri untias tantas esse multando, et presens libellum dotis firma permaneat.

18. Cartae Senonicae 31 (MGH.Formulae Merowingici et Karolini aevi), S. 198f: [1] Donatio ad casa Dei [...] [2] Dono ad praefato monasterio ad die presente donatumque in perpetuum esse volo [...] [3] totum et ad integrum ad ipso monasterio ad die presente de iuro meo in iure ipsius monasterio et suisque rectoribus trado atque transfundo ad possedendum, hoc est [...].

19. Cartarum Senonicarum Appendix 1a (MGH.Formulae Merowingici et Karolini aevi), S. 208: [1] Donatio ad filios. [2] Gesta. Lex et consuetudo exposcit, ut, quicumque personas naturales filios habuerit et alios plures non habuerit, si eos in sua voluerit instituere hereditate, qualiter in suum potius arbitrium ad faciendi de id pater hoc, quod in eos voluerit, liberam habeat potestatem. Ideoque ego ille, dum non est incognitum, ut femina aliqua nomen illa bene ingenua ad coniugium sociavi uxore, sed qualis causas vel tempora mihi oppresserunt, ut cartolam libellis dotis ad ea, sicut lex declarat, minime excessit facere, [3] unde ipsi filii mei secundum lege naturalis appellant [...].[27]

---

27 Der lateinische Text ist derartig verstellt, dass eine genauere Übersetzung kaum möglich ist. Frei formuliert – wenngleich äußerst hypothetisch – müsste es heißen: Zeit und Umstände haben den Mann abgehalten, die Braut- bzw. Ehegabe für seine Ehefrau zu bestellen, sodass die Kinder aus dieser Beziehung keine legitimen Erben sind.

17. Cartae Senonicae 25 (MGH.Formulae Merowingici et Karolini aevi), S. 196: [1] Schriftstück über die Braut- bzw. Ehegabe. [2] Weil der allmächtige Gott die eheliche Gemeinschaft zugestanden und eine so beschaffene Voraussetzung den Menschen gegeben hat, dass jeder Einzelne mit seiner ganzen Kraft gemäß der Gewohnheit der Christen vergangener Zeiten heirate; und [weil] wir weiterhin lesen, dass unser Herr selbst mit seinen Jüngern zur Hochzeit eingeladen worden war und ›was Gott verbunden hat, das soll der Mensch nicht trennen‹, deshalb soll es gut, glücklich, gesegnet sein! [3] Also schenkt dieser dem ehrenvollen Mädchen, seiner Verlobten (Y), welche ich mit Christi Willen als Ehefrau in der Ehe verbinden [will], [das Folgende]; [4] und ich will, dass das Geschenk beständig sei, [5] und ich überschreibe und übergebe [es] von meiner Rechtsgewalt in die Rechtsgewalt und Herrschaft des Mädchens selbst; [6] das sind die Sachen meines Besitzes, gelegen in jenem Gau (A) [...]. Alles oben Genannte [7] sollst du, meine liebreichste Braut (Y) – sobald der glückliche Hochzeitstag gekommen sein wird – [8] vom gegenwärtigen Tag an haben, halten und besitzen, und was auch immer du von diesem Tag an damit machen willst, du mögest über all das freie und uneingeschränkte Macht haben. [9] Wenn aber jemand – was ich nicht glaube, dass es geschehen wird, sei es ich selbst oder einer von meinen Erben oder jede beliebige feindlich gesinnte Person – [10] gegen diese Urkunde über die Braut- bzw. Ehegabe versucht hat anzugehen, soll er dir zusammen mit seinem Genossen so viele Unzen Gold als Geldbuße an den Fiskus bezahlen und das gegenwärtige Schriftstück über die Braut- bzw. Ehegabe soll für alle Zeit Bestand haben.
18. Cartae Senonicae 31 (MGH.Formulae Merowingici et Karolini aevi), S. 198f: [1] Schenkung an das Haus Gottes. [...] [2] Ich schenke vom heutigen Tag an das Geschenk an das genannte Kloster und will, dass es dauerhaft sei [...] [3] ganz und unversehrt an das Kloster selbst übergebe und übertrage ich es vom heutigen Tag von meiner Rechtsgewalt in die Rechtsgewalt und die Herrschaft des Klosters selbst und seiner Leiter, damit sie es besitzen [...].
19. Cartarum Senonicarum Appendix 1a (MGH.Formulae Merowingici et Karolini aevi), S. 208: [1] Schenkung an die Kinder. [2] Urkunde: Gesetz und Gewohnheit fordern, dass, wer auch immer Personen als Kinder aus einer nichtbegüterten Ehe hat und keine anderen mehr hat, [dass dieser] die freie Macht haben soll, wenn er sie in sein Erbe einsetzen will, sofern es in seinem Ermessen steht, das zu tun, [so] soll der Vater freie Verfügungsgewalt haben, zu tun, was er ihnen gegenüber [tun] will. Deshalb [bestimme] ich (X) [was ich bislang versäumt habe], da es bekannt ist, dass ich eine Frau (Y), und zwar eine freie Frau geheiratet habe, aber so beschaffene Gründe und Umstände mich durchaus gehindert haben, die Urkunde über das Schriftstück der Braut- bzw. Ehegabe – wie es das Gesetz vorschreibt – für sie öffentlich auszurufen, [3] weswegen sie meine eigenen Kinder nach dem Gesetz ›natürlich‹ [d. h. im Sinne von Kindern aus einer nicht-begüterten Ehe] nennen [...].[27]

---

27 Der lateinische Text ist derartig verstellt, dass eine genauere Übersetzung kaum möglich ist. Frei formuliert – wenngleich äußerst hypothetisch – müsste es heißen: Zeit und Umstände haben den Mann abgehalten, die Braut- bzw. Ehgabe für seine Ehefrau zu bestellen, sodass die Kinder aus dieser Beziehung keine legitimen Erben sind.

Formulae Salicae Bignonianae
(70er Jahre 8. Jahrhundert)

20. Formulae Salicae Bignonianae 10 (MGH.Formulae Merowingici et Karolini aevi), S. 231f: [1] Donacio, quem pater donat filio suo. Dulcissimo adque amatissimo filio meo illi ego in Dei nomine ille, genitor tuus. [...] [2] ergo tibi a die praesenti, quod in perpetuum volo esse mansurum, hoc est maso[28] [...]. [3] Propterea hanc epistola tradicione vel deliberacione nostra, manu mea firmata [...] [4] de praesente die de ipso maso vel quicquid ad ipso maso aspicit et ipsa mancipia superius denominata hoc habeas, teneas adque possedeas.

21. Formulae Salicae Bignonianae 12 (MGH.Formulae Merowingici et Karolini aevi), S. 232: [1] Donatio, quem homo donat ad filio suo. Ego in Dei nomen ille. [...] [2] dono donatum ad dulcissimo filio meo nomen illo petia de terra harabile in loco qui dicitur illo, quod est in pago illo [...] [3] ut de post hunc die iam dicto filiolo meo [...] [4] habeat, teneat atque possedeat, vel quicquid exinde facere voluerit, libera in omnibus, Christo propicio, in tuo permaneat potestatem.

22. Formulae Salicae Bignonianae 17 (MGH.Formulae Merowingici et Karolini aevi), S. 234: [1] Donatio, quem homo donat ad sua parenta. Dilectissima atque amabile mihi in Domino consobrina mea nomen illa ego in Dei nomen illi. [...] [2] ›Fatiamus bonum ad omnes, maxime autem ad domesticos fidei‹ vel ad propinquos nostros: igitur dono tibi a die praesente per hanc epistolam donatione, quae in perpetuo sit mansura, et de iure meo in tua dominatione trado atque firmabo, id est masus ad conmanendum in pago illo [...] [3] quicquid de ipso maso facere voluerit, absque unicuique repetitione libera in omnibus habeat potestatem ad faciendum.

23. Formulae Salicae Bignonianae 18 (MGH.Formulae Merowingici et Karolini aevi), S. 234f: [1] Donatio ad casa Dei. [...] [2] Idcirco nos in Dei nomen illi et coniux mea illa. [...].

Formulae Salicae Merkelianae
(70er Jahre 8. Jahrhundert)

24. Formulae Salicae Merkelianae 1 (MGH.Formulae Merowingici et Karolini aevi), S. 241: [1] Donatio ecclaesiae. [...] [2] Idcirco ego in Dei nomine vir magnificus ille dono atque in perpetuum donatumque esse volo [...] [3] in pago illo [...] [4] Quicquid ad diem praesentem in ipsas rebus nostras videtur esse possessio vel regit dominatio, hoc ad ipsae basilicam sancti illius pro anime nostrae remedio donavimus atque transfundimus. [...] [5] qui contra hanc

---

28 *maso* ist gleichzusetzen mit *manso* (vgl. *masu*, in: NIERMEYER – VAN DE KIEFT, Lexicon 2, S. 861).

Formulae Salicae Bignonianae
(70er Jahre 8. Jahrhundert)

20. Formulae Salicae Bignonianae 10 (MGH.Formulae Merowingici et Karolini aevi), S. 231f: [1] Schenkung, welche der Vater seinem Sohn macht. Meinem liebreichsten und liebsten Sohn (X) ich (Z), dein Erzeuger, im Namen des Herrn [...]. [2] Also [schenke ich] dir vom heutigen Tag an, was ich will, dass es [bei dir] auf Dauer verbleiben soll, das ist diese Manse[28] [...]. [3] Deshalb ist diese Urkunde über unsere Übergabe und Erwägung durch mein Handzeichen bekräftigt worden [...]. [4] Vom heutigen Tag an sollst du diese Manse oder was auch immer als dazu gehörig betrachtet wird und die oben aufgezählten abhängigen Personen haben, halten und besitzen.
21. Formulae Salicae Bignonianae 12 (MGH.Formulae Merowingici et Karolini aevi), S. 232: [1] Schenkung, die ein Mann seinem Sohn macht. Ich (Z) im Namen des Herrn. [...] [2] Ich schenke als Geschenk meinem liebreichsten Sohn (X) ein Stück Ackerland an jenem Ort (A), der in jenem Gau (B) ist [...], [3] damit mein schon genannter Sohn es nach diesem Tag [4] haben, halten und besitzen soll oder was auch immer er damit machen will, [dazu] soll die freie Verfügungsgewalt mit der Hilfe Christi bei dir bleiben.
22. Formulae Salicae Bignonianae 17 (MGH.Formulae Merowingici et Karolini aevi), S. 234: [1] Schenkung, die ein Mann seiner Verwandten macht. Meine liebreichste und liebenswürdige Cousine (Y) im Herrn ich (X). [...] [2] ›Wir wollen allen das Gute tun, am meisten aber den Glaubensgenossen‹ und unseren Verwandten; also schenke ich dir vom heutigen Tag an mittels dieser Schenkungsurkunde, die dauerhaft bleiben soll, und übergebe und bestätige von meiner Rechtsgewalt in deine Herrschaft: das ist die Manse zum Wohnen in jenem Gau (A) [...] [3] was auch immer sie mit ihrer Manse machen will, [dazu] habe sie – fern von irgendeinem Einspruch, in allem frei – die Verfügungsgewalt, es zu tun.
23. Formulae Salicae Bignonianae 18 (MGH.Formulae Merowingici et Karolini aevi), S. 234f: [1] Schenkung an das Haus Gottes. [...] [2] Deshalb wir im Herrn (X) und meine Ehefrau (Y). [...].

Formulae Salicae Merkelianae
(70er Jahre 8. Jahrhundert)

24. Formulae Salicae Merkelianae 1 (MGH.Formulae Merowingici et Karolini aevi), S. 241: [1] Schenkung an die Kirche. [...] [2] Deshalb schenke ich hochherziger Mann (X) im Namen des Herrn und will, dass das Geschenk dauerhaft sei [...]; [3] in jenem Gau (A) [...]. [4] Was auch immer bis zum heutigen Tag als unser Besitz gelte, über den wir Herrschaft ausüben, das schenken und übergeben wir der heiligen Basilika als Heilmittel für unsere Seelen. [...] [5] Wer

---

28 *maso* ist gleichzusetzen mit *manso* (vgl. *masu*, in: NIERMEYER – VAN DE KIEFT, Lexicon 2, S. 861).

donationem [...] [6] sed praesens donatio, cui facta est, omni quoque tempore firma et inlibata valeat permanere.

25. Formulae Salicae Merkelianae 16 (MGH.Formulae Merowingici et Karolini aevi), S. 247: Item donatio inter virum et viram. Dum omnis homo in hunc mundum vivere noscitur, quandoquidem mandatus a Domino evenerit, nullus se de morte abstrahere potest. Igitur ego in Dei nomine et coniux mea illa. Adsit nobis animus! Dum pariter, stante coniugium, amabiliter vivimus, pertractavimus consilium, ut aliquid de rebus et de facultatibus nostris inter nos interdonare deberimus; quod ita et fecimus. [...] Dono tibi, dulcissima coniux mea illa, post meum quoque discessum, si mihi suprestis fueris, rem meam in loco nunccupante illo, in pago illo, in centena illa, quem ante hos dies de parte genetoris mei illius quondam mihi legibus obvenit; hoc est in iam dicta rem tam terris, domibus *et cetera*. Hoc per hanc interdonationem, si mihi suprestis fueris, conscripta re superius nominata, absque ulla contrarietate heredum meorum vel ullius contradictione in tuae habeas potestatem ad faciendum vel dominandum. Simili modo et ego illa, dulcissimae iugalis meus ille, dono tibi rem meam in loco nunccupante illo, in pago illo, in centena illa, que ante hos dies de parte genetoris mei illius quondam mihi legibus obvenit; hoc est in iam dicta re tam terris, domibus *et cetera*, quantumcunque in ipsa re superius nominata mea videtur esse possessio. Si mihi suprestis fueris, temporibus vitae tuae hoc habeas in potestatem ad dominandum vel faciendum quod volueris; ut hoc, quod diximus, post amborum nostrorum quoque discessum ad propinquos heredes nostros res revertantur. Et hoc nobis in hanc epistola interdonationis multa intimare rogavimus, ut, si fuerit aliqua pars ex nobis ipsis, qui contra hac parem suum hoc emutare voluerit, aut post nostrum quoque discessum aliquis de rebus nostris hoc refragare presumpserit, solidos tantos contra parem suum, aut contra quem litem intulerit, discutiente fisco, multa conponat, et ille qui repetit in nullisque modis repetitione sua vindicare valeat, sed presens epistola interdonationes firma et inlibata valeat permanere.

26. Formulae Salicae Merkelianae 17 (MGH.Formulae Merowingici et Karolini aevi), S. 247f: [1] Libellum dotis. [2] Quod bonum, faustum, felix prosperumque evenit! De disponsandis maritandisque ordinibus ac procreationem liberorum causis que fiunt, necesse est, etiam donatio per scripturarum seriem pleneore, obtineant firmitatem. [3] Dono[29] igitur ille puellae, nure suo illo, sponsa filio suo illo, ante diem nuptiarum donatumque animo transfert atque transcribit.

---

29 Der lateinische Text weist zwar die erste Person Singular aus; es kann sich aber nur um die dritte Person Singular handeln (vgl. Formulae Marculfi II,15 (MGH.Formulae Merowingici et Karolini aevi), S. 85 [Anhang F 3,3, S. 96]).

gegen diese Schenkung [...]; [6] vielmehr soll die gegenwärtige Schenkung für ihre Nutznießer auch über alle Zeit hinweg dauerhaft und ungeschmälert bleiben können.

25. Formulae Salicae Merkelianae 16 (MGH.Formulae Merowingici et Karolini aevi), S. 247: Ebenso die Schenkung zwischen Mann und Frau. Da allen bekannt ist, dass alle Menschen, die auf dieser Erde leben, dem Tod nicht entrinnen können, wie es nun einmal der Ratschluss vom Herrn ist. Deshalb nehme auch ich (X) im Namen des Herrn als meine Ehefrau an. Der Geist sei mit uns! Während wir seit dem Bestehen unserer Ehe in gegenseitiger Zuneigung leben, beschließen wir, dass wir uns etwas von unserem Besitz und von unserem Vermögen untereinander gegenseitig schenken müssen; was wir auch so getan haben. [...] Ich schenke dir, meine liebreichste Ehefrau, auch nach meinem Tod, falls du mich überleben wirst, meinen Besitz am genannten Ort (A), in jenem Gau (B), in jenem Gerichtsbezirk (C), der dereinst vor diesem Tag von Gesetzes wegen seitens meines Vaters an mich gegangen ist; das ist der eben genannte Besitz: Ländereien, Häuser und so weiter. Dies – also das oben Benannte – sollst du, wenn du mich überleben wirst, durch diese Urkunde über die gegenseitige Schenkung ohne irgendeinen Widerspruch meiner Erben oder Widerspruch von irgendjemandem in deiner Gewalt haben, damit du damit umgehen und darüber verfügen kannst. Und auf die gleiche Weise schenke ich (Y) meinem liebreichsten Ehegatten (X) meinen Besitz in jenem Gau (D), in jenem Gerichtsbezirk (E), der dereinst vor diesem Tag von Gesetzes wegen seitens meines Vaters an mich gegangen ist; das ist der schon genannte Besitz: Ländereien, Häuser und so weiter, wie viel auch immer davon als mein Besitz gelte. Wenn du mich überleben wirst, sollst du es dein Leben lang in deiner Gewalt haben, damit du darüber verfügen oder damit machen kannst, was du willst. Und diese Dinge, die wir genannt haben, sollen nach unserer beider Tod auch an unsere nächsten Erben fallen. Und wir haben [darum] gebeten, uns diese vielen Dinge in dieser Urkunde über die gegenseitige Schenkung mitzuteilen, damit, wenn es von unserer Seite selbst jemand gewesen ist, der das gegen[über] dem anderen Partner ändern will, oder es einer auch nach unserem Tod gewagt hat, [diese Verfügung] über unseren Besitz zu bestreiten, soll er so viele Schillinge als Geldbuße gemäß dem Bescheid des Fiskus an seinen Partner bezahlen oder an den, dem er diesen Rechtsstreit angetragen hat; und jener soll das, was er fordert, durch seinen Einspruch auf keine Weise für sich beanspruchen können, sondern die gegenwärtige Urkunde über die gegenseitige Schenkung soll Bestand haben und ungeschmälert bleiben.

26. Formulae Salicae Merkelianae 17 (MGH.Formulae Merowingici et Karolini aevi), S. 247f: [1] Schriftstück über die Braut- bzw. Ehegabe. [2] Es soll sich gut, gesegnet, glücklich und günstig ereignen! Über die Ordnungen, wie man sich verloben und vermählen soll, und wegen der Zeugung der Kinder, die entstehen, ist es notwendig, dass auch die Schenkung durch den vollzähligeren Wortlaut von Schriftstücken größere Festigkeit gewinnt. [3] Deshalb schenkt[29]

---

29 Der lateinische Text weist zwar die erste Person Singular aus; es kann sich aber nur um die dritte Person Singular handeln (vgl. Formulae Marculfi II,15 (MGH.Formulae Merowingici et Karolini aevi), S. 85 [Anhang F 3,3, S. 96]).

[...] [4] Haec omnia per manu in suprascripta puella, nurae sua illa, sponsa filio suo illo, ante diem nuptiarum debeat pervenisse; et in sua dominatione revocare, vel quicquid exinde facere voluerit, liberam habeat potestatem ad faciendum. [...].

27. Formulae Salicae Merkelianae 18 (MGH.Formulae Merowingici et Karolini aevi), S. 248: Libellum repudii. Dum inter illo et coniugem suam illam non caritas secundum Deum, sed discordia inter eos regnat, et ob hoc ad invicem sibi adversantur et minime possunt se habere: ideo venientes pariter illo mallo ante illum comitem vel reliquis bonis ominibus, placuit utriusque voluntates, ut se a consortio separare deberent; quod ita et fecerunt. Propterea presentes aepistolas uno tenore conscriptas inter se fieri et firmare decreverunt ut unusquisque ex ipsis, si ad servitium Dei in monasterio aut copulum sociare voluerit, licentiam habeat faciendi, nulla requisitione ex hoc de parte proximi sui habere pertimescat. Sed si fuerit aliqua pars, qui hoc emutare voluerit, solidos tantos contra parem suum conponere studeant, sed in omnia vel in omnibus securi in eam, quam elegerint hoc tempore, partem permaneant. Actum.

28. Formulae Salicae Merkelianae 19 (MGH.Formulae Merowingici et Karolini aevi), S. 248: [1] Conpositionalem. Dulcissima coniux mea illa. [2] Dum omnibus non habetur incognitum, qualiter extra tuum voluntatem vel parentum tuorum in confugium[30] rapto scelere meo coniugio sotiavi; unde et, quod tibi in tandono, si te disponsatam habuissem, vel in dotis titulum adfirmare deberem, per hanc conpositionalem tibi donare deberem; [3] quod ita et feci. Ideoque dono tibi loco nunccupante illo, sitam ibi, in pago illo, in centena illa, qui de parte legitima hereditate genetoris mei illius quondam mihi legibus obvenit; hoc est in iam dicta rem tam terris, domibus *et cetera*. Haec omnia superius conscripta a die praesente in tua debeat potestate pervenire ad possidendum vel dominandum; habendi, tenendi, donandi, commutandi vel quicquid exinde elegeris faciendi liberam in omnibus perfruatur arbitrium. Si quis vero.[31]

29. Formulae Salicae Merkelianae 31 (MGH.Formulae Merowingici et Karolini aevi), S. 253: Carta, quomodo possit servus accipere puellam ingenuam. Ego

---

30 *coniugium*.
31 Teile des Textes dürften fehlen; zum entsprechenden Wortlaut vgl. die übrigen Formulae.

dieser dem Mädchen (Y), seiner Schwiegertochter (Name des Schwiegervaters), der Braut seines Sohnes (X), und überträgt und überschreibt das Geschenk mit Absicht vor dem Tag der Hochzeit. [...] [4] Alle diese Dinge müssen der oben genannten jungen Frau, seiner Schwiegertochter, der Braut seines Sohnes, vor dem Tag der Hochzeit durch ihn selbst [d. h. eigenhändig durch ihn] zufallen; und [es] soll ihr freistehen, es in ihre Verfügungsgewalt zu bringen, und sie soll die Freiheit haben, was auch immer sie dementsprechend machen will, zu tun. [...].

27. Formulae Salicae Merkelianae 18 (MGH.Formulae Merowingici et Karolini aevi), S. 248: Schriftstück über die Trennung. Da zwischen jenem (X) und seiner Ehefrau (Y) nicht Liebe nach dem Gebot Gottes, sondern die Zwietracht herrscht und sie gegeneinander feindlich vorgehen und sich keineswegs ertragen können: Deshalb sind sie zusammen zu jener Gerichtsversammlung vor jenen Grafen und vor sonstige juristisch vertrauenswürdige Männer getreten; und man hat mit dem Willen beider beschlossen, dass sie sich aus der ehelichen Gemeinschaft trennen dürfen; was sie auch so getan haben. Deshalb haben sie entschieden, das gegenwärtige in gleichem Wortlaut geschriebene Schriftstück für sich beide abfassen zu lassen und zu bestätigen, dass jeder Einzelne von ihnen, wenn er für den Dienst an Gott ins Kloster [gehen] oder eine Ehe eingehen will, die Erlaubnis habe, es zu tun, und aus diesem Grund keine Forderung seitens der Verwandtschaft zu befürchten habe. Aber wenn es einer der Partner gewesen ist, der dies umändern will, soll er sich bemühen, so viele Schillinge gegenüber seinem Partner zu bezahlen; aber sie sollen, bei allem und in allem abgesichert, bei dem Partner bleiben, den sie zu diesem Zeitpunkt gewählt haben. So ist es geschehen.

28. Formulae Salicae Merkelianae 19 (MGH.Formulae Merowingici et Karolini aevi), S. 248: [1] Schadensausgleich. Meiner liebreichsten Ehefrau (Y). [2] Da es bei allen bekannt ist, wie ich mich mit dir – ungeachtet deines oder deiner Eltern/Verwandten Willen – durch einen verbrecherischen Raub zur Ehe[30] verbunden habe, muss ich dir daher nun das, was ich dir durch Gabe, wenn ich dich verlobt hätte, oder mittels eines Rechtstitels über die Braut- bzw. Ehegabe hätte versichern müssen, durch diese Urkunde über den Schadensausgleich schenken; [3] was ich auch getan habe. Deshalb schenke ich dir in dem genannten Ort (A), gelegen dort, in jenem Gau (B), in jenem Gerichtsbezirk (C), was ich einst als rechtmäßiges Erbe von meinem Vater (Z) bekommen habe; das ist der schon genannte Besitz an Land, mit Häusern und so weiter. Diese ganzen oben aufgeschriebenen Dinge müssen vom heutigen Tag an in deine Verfügungsgewalt gelangen, damit du sie besitzt und darüber herrschst. Sie zu haben, zu halten, zu schenken, zu tauschen oder was auch immer du damit zu tun auswählst, [darüber] sollst du bei allen Dingen die freie Entscheidung genießen. Wenn aber jemand.[31]

29. Formulae Salicae Merkelianae 31 (MGH.Formulae Merowingici et Karolini aevi), S. 253: Urkunde, auf welche Weise ein abhängiger Mann eine freie Frau

---

30 *coniugium*.
31 Teile des Textes dürften fehlen; zum entsprechenden Wortlaut vgl. die übrigen Formulae.

enim in Dei nomine ille profiteor me, dum et omnibus non habetur incognitum, qualiter servus nomine illo puellam ingenuam ad coniugium sociare voluisset; quod ita et fecit: propterea ego ille pro causa piaetatis hanc securitatem ad ipsi puelle fieri et firmare rogavit, ut secura esse una cum ipso illo levet atque conculcet et nulla requesitione de hac causa, neque a me neque ab heredibus meis, nec ullo servicio nec obsequium nullo quoque tempore exinde habere non pertimescat, nisi sub integra ingenuitate nostra tamquam ipsa et agnatio sua, si ex ipsis fuerit procreata, valeant permanere ingenui atque securi. Si quis vero, quod fieri esse non credo, si fuero ego ipse aut ullus de heredibus meis hac proheredibus vel quislibet homo aut opposita persona, qui contra hanc securitatem, quam ego coram testibus firmiter conscribere rogavi, aliqua calumnia vel repetitione venire aut agere voluerit, solidos tantos contra quem litem intulerit multa conponat, et ille qui repetit nihil vindicet, sed presens securitas ista carta ipsa vel eiusque agnitio sua firma et stabilis omni quoque tempore valeat permanere.

Formulae Salicae Lindenbrogianae
(Ende 8. Jahrhundert)

30. Formulae Salicae Lindenbrogianae 1 (MGH.Formulae Merowingici et Karolini aevi), S. 266f: [1] Donatio ad casa Dei. […] [2] Quapropter ego in Dei nomine ille necnon et coniux mea illa, ambo pariter […] [3] propterea donamus, tradimus aliquas res nostras ad monasterium quod dicitur ill. […] [4] Donamus igitur et donatum in perpetuo esse volumus, hoc est in pago illo […] [5] totum et ad integrum, tam de alode quam et de conparato, seu de quolibet adtracto ad nos ibidem noscitur pervenisse, de nostro iure in iure et dominatione iam dicti monasterii per hanc cartolam donationis sive per fistucam atque per andelangum ad opus sancti illius a die praesente donamus, tradimus adque perpetualiter in omnibus transfirmamus […] [6] sed praesens donatio haec nostris […].

31. Formulae Salicae Lindenbrogianae 7 (MGH.Formulae Merowingici et Karolini aevi), S. 271f: [1] Libellum dotis. [2] Dulcissima atque amantissima sponsa mea nomine illa [3] ego in Dei nomine ille. Igitur dum taliter [4] apud pares vel parentibus nostris utrisque partibus conplacuit atque convenit, [5] ut ego tibi solido et denario secundum legem Salicam sponsare deberem; quod ita et feci. Similiter conplacuit nobis atque convenit, ut de rebus proprietatis meae tibi aliquid in dotis titulum condonare deberem; quod ita et feci. Idcirco per hanc cartolam, libellum dotis, sive per fistucam atque per andelangum [6] dono tibi et donatum in perpetuo esse volo, id est […] [7] dono, trado tibi atque transfirmo. […] [8] in ea vero ratione, [9] ut hec omnia superius nominata, [10] quandoquidem

annehmen kann: Ich (Z) bekenne mich offen im Namen des Herrn, da es allen bekannt ist, wie der abhängige Mann (X) eine freie Frau in der Ehe verbinden wollte; was er auch so getan hat: Deshalb habe ich (Z) aus Nächstenliebe die Ausstellung einer Sicherheitsurkunde veranlasst, damit die Sicherheit des Mädchens gewährleistet und bekräftigt wird, sodass sie zusammen mit ihrem Mann weder bedrängt noch drangsaliert und aus diesem Grund von keinerlei Ansprüchen behelligt werde: dass sie zu keinem Zeitpunkt weder von mir noch von meinen Erben Abhängigkeit oder Gehorsam zu befürchten habe, sondern dass sowohl sie als auch ihre Nachkommenschaft, wenn sie aus dieser Verbindung hervorgeht, im Stande sein sollen, in voller Freiheit zu bleiben und sicher zu sein. Wenn [es] aber jemanden [gibt] – sei es ich selbst oder einer meiner Erben oder einer meiner Nacherben oder irgendein anderer oder eine andere feindlich gesinnte Person –, der gegen diese Sicherheitsurkunde, die ich vor Zeugen dauerhaft aufschreiben ließ, irgendeine Anklage oder Einspruch erheben wollte, was ich nicht glaube, [so] soll er demjenigen, dem er diesen Rechtsstreit angetragen hat, so viele Schillinge als Geldbuße bezahlen; und jener soll, was er fordert, nicht erreichen, sondern die gegenwärtige Sicherheit in Form dieser Urkunde soll für sie und ihre Nachkommenschaft über alle Zeit hinweg dauerhaft und unwandelbar bleiben können.

Formulae Salicae Lindenbrogianae
(Ende 8. Jahrhundert)

30. Formulae Salicae Lindenbrogianae 1 (MGH.Formulae Merowingici et Karolini aevi), S. 266f: [1] Schenkung an das Haus Gottes. […] [2] Weswegen ich (X) im Namen des Herrn und gewiss auch meine Ehefrau (Y), beide zugleich […] [3] deshalb schenken und übergeben wir bedeutende Dinge an das Kloster, das A genannt wird. […] [4] Also schenken wir und wollen, dass das Geschenk dauerhaft sei, und zwar: in jenem Gau (A) […] [5] ganz und unversehrt, wie vom Allod [d. h. ererbtem Gut] so auch vom Gekauften oder von dem, was auch immer erworben worden ist und das bekanntlich an demselben Ort an uns gekommen ist, [das] schenken, übergeben und übertragen wir von unserer Rechtsgewalt in die Rechtsgewalt und die Herrschaft des schon benannten Klosters für die Ausstattung der Kirche dieses Heiligen vom gegenwärtigen Tag an durch diese Schenkungsurkunde oder vielmehr durch Halmwurf und durch Andelang […] [6] aber die gegenwärtige Gabe aus unserem Besitz […].
31. Formulae Salicae Lindenbrogianae 7 (MGH.Formulae Merowingici et Karolini aevi), S. 271f: [1] Schriftstück über die Braut- bzw. Ehegabe. [2] Meiner liebreichsten und teuersten Braut (Y) [3] ich (X) im Namen des Herrn. Da es also [4] den Partnern oder den Eltern/Verwandten auf beiden Seiten [oder beiden genannten Parteien] derartig gefallen hat und vereinbart worden ist, [5] dass ich mich gemäß dem salischen Gesetz mit dir mittels eines Schillings und Denars verloben soll, was ich auch so getan habe. Gleichermaßen hat es uns gefallen und ist vereinbart worden, dass ich dir etwas von den Dingen meines Besitzes unter dem Rechtstitel der Braut- bzw. Ehegabe schenken muss; was ich auch so getan habe. Deshalb gebe ich dir durch diese Urkunde, das Schriftstück über

dies nuptiarum evenerit, et nos Deus insimul coniunxerit, [11] tu, dulcissima sponsa mea nomine illa, [12] ab ipso die hoc habeas, teneas atque possedeas, [13] vel quicquid exinde facere volueris, liberam hac firmissimam in omnibus habeas potestate. [14] Et si quis deinceps contra hanc cartolam, libellum dotis, quod fiendum esse non credo, venire aut eam temerare praesumpserit, si se exinde non correxerit, illum, qui ab inicio masculum et feminam condidit, contra se ultorem sentiat, et insuper cui litem intulerit auro uncias tantas, argento libras tantas coactus exsolvat, et quod repetit nullatenus evindicare praevaleat, sed praesens haec epistola tam a me quam ab heredibus meis defensata omni tempore firma et stabilis permaneat, stipulatione interposita, diuturno tempore maneat inconvulsa.

32. Formulae Salicae Lindenbrogianae 13 (MGH.Formulae Merowingici et Karolini aevi), S. 275f: [1] Donatio inter virum et uxorem. Quandoquidem Deus voluerit, inter virum et uxorem pacis vinculum atque concordiam innecti, ut res eorum inter se condonare deberent [...] [2] ut alter alteri de rebus eorum inter se condonare deberent [...]. [3] Propterea has duas epistolas adfadimas uno tenore conscriptas inter se fieri vel firmare rogaverunt [...].

33. Formulae Salicae Lindenbrogianae. Additamenta 1 (MGH.Formulae Merowingici et Karolini aevi), S. 282: [1] Carta inter virum et uxorem. [2] Quicquid enim inter coniugatos aut propinquos de propriis facultatibus, monente caritate, pro amore dilectionis invicem alicui condonare placuerit, [3] hoc scripturarum necesse est titulis alligare, ne in posterum ab heredibus eorum vel a quocumque possit evelli. [4] Idcirco ego in Dei nomine ille, dum inter me et coniugem meam illam procreatio filiorum minime esse videtur, convenit nobis [...] [5] condonare. [...] [6] Propterea dono tibi, o dulcissima coniux mea [...] quod pariter in coniugio positi laboravimus [...].

34. Formulae Salicae Lindenbrogianae. Additamenta 3 (MGH.Formulae Merowingici et Karolini aevi), S. 283: [1] Donatio ad casam Dei. [...] [2] Ego in Dei nomine ille et coniux mea illa [...] [3] quapropter donamus, tradimus ad monasterium superius nominatum aliquam rem meam in pago illo [...] [4] per hanc cartolam donationis donamus [...] [5] totum et ad integrum, a die presente per hanc cartolam donationis donamus, tradimus de nostro iure in iure et dominatione iam dicti monasterii [...].

die Braut- bzw. Ehegabe, entweder durch Halmwurf oder durch Andelang, [6] und will, dass das Geschenk dauerhaft ist, das heißt [...] [7] schenke ich dir und übertrage [dir]. [...] [8] Unter der Bedingung, dass du [9] alle oben genannten Dinge, [10] – sobald der Tag der Hochzeit gekommen ist und Gott uns zusammen verbunden hat –, [11] meine liebreichste Braut (Y), [12] vom selben Tag an haben, halten und besitzen sollst [13] oder was auch immer du damit machen willst, dazu sollst du bei allem die freie und uneingeschränkte Macht haben. [14] Und wenn daraufhin jemand gegen diese Urkunde, das Schriftstück über die Braut- bzw. Ehegabe, gewagt hat anzugehen oder dieser Gewalt anzutun, was ich nicht glaube, soll dieser – wenn er sich nicht bessert – denjenigen, der zum Anbeginn den Mann und die Frau erschaffen hat [d. h. Gott], als Rächer wahrnehmen; und überdies soll er gezwungen werden, dem, dem er den Rechtsstreit angetragen hat, so viele Unzen Gold, so viele Unzen Silber zu bezahlen; und das, was er fordert, soll er auf keinen Fall erreichen können; vielmehr soll dieses gegenwärtige Schriftstück – wie von mir so von meinen Erben verteidigt – über alle Zeit hinweg dauerhaft und unwandelbar bleiben, durch eine rechtssymbolische Handlung geltend gemacht, soll es über alle Zeit hinweg unverändert bleiben. So ist es geschehen.

32. Formulae Salicae Lindenbrogianae 13 (MGH.Formulae Merowingici et Karolini aevi), S. 275f: [1] Schenkung zwischen Ehemann und Ehefrau. Da Gott es nun einmal gewollt hat, dass zwischen Mann und Frau das Band des Friedens und der Eintracht geknüpft wird, sodass sie sich ihren Besitz untereinander schenken müssen [...]; [2] dass der eine dem anderen von seinem Besitz untereinander schenken soll [...]. [3] Deshalb haben sie verlangt, dass diese beiden mit gleichem Wortlaut geschriebenen Schriftstücke über Geschenke niedergeschrieben und bestätigt werden [...].

33. Formulae Salicae Lindenbrogianae. Additamenta 1 (MGH.Formulae Merowingici et Karolini aevi), S. 282: [1] Urkunde zwischen einem Ehemann und einer Ehefrau. [2] Was auch immer nämlich zwischen den Eheleuten oder Verwandten – von Liebe und persönlicher Zuneigung getrieben – beschlossen worden ist, vom eigenen Vermögen gegenseitig dem anderen zu schenken, [3] das muss an schriftliche Dokumente gebunden werden, damit es später nicht von ihren Erben oder von wem auch immer umgestürzt werden kann. [4] Deshalb ich (X) im Namen des Herrn, da zwischen mir und meiner Ehefrau (Y) die Geburt von Kindern ausgeschlossen zu sein scheint, besteht zwischen uns Einvernehmen [...] [5] zu schenken. [...] [6] Deshalb schenke ich dir, o meine liebreichste Ehefrau, [...] was wir zu gleichen Teilen während der Ehe erarbeitet haben [...].

34. Formulae Salicae Lindenbrogianae. Additamenta 3 (MGH.Formulae Merowingici et Karolini aevi), S. 283: [1] Schenkung an das Haus Gottes. [...] [2] Ich (X) im Namen des Herrn und meine Ehefrau (Y) [...] [3] Aus diesem Grund schenken und übergeben wir mein Gut in jenem Gau (A) an das oben genannte Kloster [...]; [4] durch diese Schenkungsurkunde schenken wir [...]; [5] ganz und unversehrt schenken und übertragen wir vom heutigen Tag an durch diese Schenkungsurkunde von unserer Rechtsgewalt in die Rechtsgewalt und die Herrschaft des schon genannten Klosters [...].

Formulae Alsaticae
(Ende 8. Jahrhundert)

35. Formulae Alsaticae 18 (MGH.Formulae Merowingici et Karolini aevi), S. 334: Epistola conculcaturia. In Christo sorore illa ego illa. Quia hominibus non est incognitum, qualiter tu servo meo nomine illo accepisti maritum, quod et ita fecisti, et ego tibi de presenti talem epistula emitto conculcaturia, quod nullum periculum exinde non habetis de tuas ingenuitates, nisi sub integra ingenuitate debeas permanere. Si quis vero, quod fieri non credo, si ego ipse aut quislibet de heredibus meis, vel quislibet.[32]

36. Formulae Alsaticae 19 (MGH.Formulae Merowingici et Karolini aevi), S. 334: Item alia. Ego in Dei nomine ille. Dum non habetur incognitum, qualiter homo servus meus nomine ille feminam ingenuam, cuius vocabulum est illa, in coniugio sociavit, sed illorum fuit petitio, et mea voluntas decrevit, ut eis cartulam conculcationis pro mercede facere deberem; quod et ita faeci. Ideoque talem firmitatem per hanc cartulam facimus adque manu confirmamus, ut, si, Deo volente, agnatio ex illis procreata fuerit, sub integra ingenuitate omni tempore vite sue permaneat, et nec ipse ego nec heredes mei ullumquam tempore eos in servitio revocaemus, sed pro mercede nostra, sicut diximus, sibi vivent, sibi laborant, seu mundebordo cui voluerint pro defensione elegant. Facti epistolam conculcationis anno 16. regnante.

Collectio Sangallensis
(8. bis 9. Jahrhundert)

37. Collectio Sangallensis 12 (MGH.Formulae Merowingici et Karolini aevi), S. 404: [1] Carta dotalis. [2] Ego N., cum filiam N. desponsarem, dedi eidem [3] 7 hobas vel mansus ad curtem suam et 100 alias possessas, et inter omnia mancipia intra curtem et in hobis 120, domum ad inhabitandum[33], horreum fenile, domum familiae, caulas pecorum, armenta equarum atque vaccarum cum pastoribus et admissario et tauro, ovile caprarumque gregem cum pastoribus et canibus, gregem quoque porcorum cum subulco, cavallos etiam ad essedam illi et pedissequis eius necnon ductoribus earum. [4] Haec omnia eo pacto ipsi trado, ut, si quis, quae multa fiunt, in adversum me rapiat casus, omnia haec

---

32 Teile des Textes dürften fehlen; zum entsprechenden Wortlaut vgl. die übrigen Formulae.
33 Zum Problem der Abhängigkeitsverhältnisse innerhalb von Grundherrschaft und Sklaverei vgl. Teil B, VII, S. 252–283.

Formulae Alsaticae
(Ende 8. Jahrhundert)

35. Formulae Alsaticae 18 (MGH.Formulae Merowingici et Karolini aevi), S. 334: Urkunde über den Verzicht auf die Abhängigkeit der zukünftigen Kinder. An meine Schwester in Christus (Y) ich (Z). Weil es den Menschen bekannt ist, wie du meinen abhängigen Mann (X) als Ehemann angenommen hast, was auch so geschehen ist, erlasse ich dir gegenwärtig die so beschaffene Urkunde über den Verzicht auf die Abhängigkeit der zukünftigen Kinder, damit du dadurch hinsichtlich deiner freien Geburt nicht gefährdet bist, sondern in vollständiger Freiheit bleiben darfst. Wenn aber jemand – was ich nicht glaube, dass es geschehen wird –, sei es ich selbst, sei es irgendeiner meiner Erben oder irgendjemand.[32]

36. Formulae Alsaticae 19 (MGH.Formulae Merowingici et Karolini aevi), S. 334: Ebenso ein anderes: Ich (Z) im Namen des Herrn: Da es bekannt ist, dass mein abhängiger Mann (X) die freie Frau, deren Name Y ist, in der Ehe verbunden hat, aber es ihrer beider Verlangen gewesen ist und mein Wille entschieden hat, dass ich ihnen die Urkunde über den Verzicht auf die Abhängigkeit der zukünftigen Kinder der Gnade wegen ausstellen soll, was ich auch so getan habe. Deshalb sichern wir durch diese Urkunde den festen Bestand und bestätigen durch Handzeichen, dass, falls – so Gott es will – Nachkommenschaft aus [dieser Verbindung] hervorgeht, diese auf Lebenszeit in vollständiger Freiheit bleiben soll; und weder ich selbst noch meine Erben sollen sie zu irgendeinem Zeitpunkt in die Abhängigkeit zurückrufen, sondern [sollen] um unser Seelenheil willen – so, wie wir es gesagt haben – für sich leben, für sich arbeiten und sich die Schutzgewalt zu ihrer Verteidigung wählen, von wem sie wollen. Das Schriftstück über den Verzicht auf die Abhängigkeit der zukünftigen Kinder ist im 16. Jahr der Regierung gemacht worden.

Collectio Sangallensis
(8. bis 9. Jahrhundert)

37. Collectio Sangallensis 12 (MGH.Formulae Merowingici et Karolini aevi), S. 404: [1] Urkunde über die Braut- bzw. Ehegabe. [2] Ich (X) habe bei meiner Verlobung mit dem Mädchen (Y) derselben die folgenden Dinge übergeben: [3] sieben Hufen oder Mansen zu ihrem Hof und 100 andere Besitzungen mit allen abhängigen Personen, die zum Hof gehören, und auf den 120 Hufen ein Haus, um darin zu wohnen, eine Scheune mit Heuboden, das Haus für die zur Herrschaft Gehörigen[33], ein Gehege für Schafe, eine Herde von Stuten und Kühen mit Hirten und einem Zuchthengst und einem Stier, einen Schafstall und eine Ziegenherde mit Hirten und Hunden, auch eine Schweineherde mit Schweine-

---

32 Teile des Textes dürften fehlen; zum entsprechenden Wortlaut vgl. die übrigen Formulae.
33 Zum Problem der Abhängigkeitsverhältnisse innerhalb von Grundherrschaft und Sklaverei vgl. Teil, B. VII, S. 252–283.

vice ac potestate et donatione et gratia mea possideat, ita ut nulli coheredum meorum subici vel servire debeat, nisi tantum ipsa voluntarie id elegerit, et ipsi apud illam hoc promeruerint. [5] Quod si etiam quisquam illorum possessiones suas curtare et praecidere voluerit [...].

38. Collectio Sangallensis 18 (MGH.Formulae Merowingici et Karolini aevi), S. 406f: [1] Carta dotis. [2] Notum sit omnibus presentibus et futuris, qualiter ego ill. [3] cum consensu utraque ex parte parentum nostrorum [4] accepi neptam tuam in coniugium N. ill. [5] Et propterea, sicut placuit inter nos, ego ei talem epistolam dotis committo et in hanc scedulam scribere rogo, ut, quicquid in isto placito diffinivimus, maxima firmitate iuxta Alamannorum constitutione permaneat. Et hoc est, quod illi ad hanc dotem dare volo [6] *et cetera*, et hobam cum omnibus appenditiis suis, terris, pratis, pascuis, silvis, aquis aquarumve decursibus, mobilibus et inmobilibus, [7] seu quicquid dici aut nominari potest, omnia in integrum habeas, teneas atque possideas. [8] Post tuum vero discessum ad me, si vivo, aut infantes meos haec dos revertatur. [9] Si quis vero, quod fieri non credo, aut ego ipse, quod absit, vel ullus heredum meorum seu postheredum meorum, qui contra hanc epistolam dotis a me factam agere aut venire temptaverit, partibus fisce multa conponat, id est auri untias 3, argenti pondera 5 coactus exsolvat, et quod repetit evindicare non valeat, sed hec presens epistola dotis firma et stabilis permaneat.

Formulae Augienses Coll B
(8. bis Mitte 9. Jahrhundert)

39. Formulae Augienses Coll. B 24 (MGH.Formulae Merowingici et Karolini aevi), S. 357f: [1] Libellum dotis. [2] Domino et patri ill. ego ill. Dum cognitum est, quod ego fabram tuam, *aut* neptam tuam, [3] pro conventu parentorum nostrorum ex utraque parte accepissem, [4] propterea tibi talem epistolam dotis emitto [et] in has literulas scribere precipio secundum legem Alamannorum [...]. [5] Si quis vero, quod fieri non credimus, si ego ipse aut ullus heredum vel proheredum meorum, qui contra hanc libellum dotis agere aut venire voluerit, partibus fisci multa conponat, id est auri tantum, argenti pondera tantum coactus exsolvat, et quod repetit per nullius ingenii evindicare non valeat, sed hec epistola dotis omni tempore firma et stabilis permaneat. [6] Signum illius, qui hanc dotem donavit atque firmare rogavit.

hirt, auch Zugpferde für ihren Reisewagen und mit den zugehörigen Dienern und auch mit ihren Führern. [4] Diese ganzen Dinge übergebe ich ihr in der Absicht, dass sie diese ganzen Dinge – falls mich, was auch oft geschieht, ein Schicksalsschlag hinwegrafft – an meiner Stelle [besitze] und Verfügungsgewalt ausübe und sie durch meine Schenkung und Gunst besitze, sodass sie keinem von meinen Miterben untergeordnet werde oder ihm dienen muss, außer sie hat sich aus eigenem Willen dafür entschieden und sie selbst [d. h. die Miterben] haben sich bei ihr Verdienste erworben. [5] Wenn aber jemand von ihnen ihre Besitztümer kürzen und schmälern will [...].

38. Collectio Sangallensis 18 (MGH.Formulae Merowingici et Karolini aevi), S. 406f: [1] Urkunde über die Braut- bzw. Ehegabe. [2] Allen gegenwärtigen und zukünftigen [Menschen] sei bekannt, wie ich (X) [3] mit Zustimmung unserer beiderseitiger Eltern/Verwandten [4] deine Nichte/Enkelin (Y) in der Ehe angenommen habe. [5] Und deshalb überlasse ich ihr – so, wie wir es für gut befunden haben – das so beschaffene Schriftstück über die Braut- bzw. Ehegabe und bitte, in dieser Urkunde aufzuschreiben, dass es, was auch immer wir in jenem gerichtlichen Beschluss entschieden haben, mit größter Festigkeit gemäß der Verordnung der Alamannen so bleiben soll. Und das heißt, dass ich zur Braut- bzw. Ehegabe geben will [6] und so weiter: eine Hufe mit sämtlichem Zubehör: Land, Wiesen, Weiden, Wäldern, Gewässern und Wasserläufen, Mobilien und Immobilien [7] oder was auch immer ausgedrückt oder genannt werden kann. Du sollst alles vollständig haben, halten und besitzen. [8] Nach deinem Tod aber soll diese Braut- bzw. Ehegabe an mich, wenn ich noch lebe, oder an unsere Kinder fallen. [9] Wenn aber jemand – entweder ich selbst, was fern sei, oder einer meiner Erben oder meiner Nacherben – gegen diese Urkunde über die Braut- bzw. Ehegabe, die von mir ausgestellt worden ist, es wagt anzugehen oder sie außer Kraft zu setzen, was ich nicht glaube, soll er eine Geldbuße zu Händen des Fiskus bezahlen, das heißt, dass er gezwungen werden soll, drei Unzen Gold, fünf Pfund Silber zu bezahlen; und das, was er fordert, soll er nicht erreichen können, vielmehr soll das gegenwärtige Schriftstück über die Braut- bzw. Ehegabe dauerhaft und unwandelbar bleiben.

Formulae Augienses Coll B
(8. bis Mitte 9. Jahrhundert)

39. Formulae Augienses Coll. B 24 (MGH.Formulae Merowingici et Karolini aevi), S. 357f: [1] Urkunde über die Braut- bzw. Ehegabe. [2] Dem Herrn und dem Vater (Z) ich (X). Da es ja allen bekannt ist, dass ich deine abhängige Frau oder deine Nichte/Enkelin [3] mit dem Einverständnis unserer beiderseitigen Eltern/Verwandten angenommen habe, [4] gebe ich dir demnach die so beschaffene Urkunde über die Braut- bzw. Ehegabe heraus und gebe die Anweisung, in diesem Schriftstück gemäß dem Gesetz der Alamannen aufzuschreiben [...]. [5] Wenn aber jemand, sei es ich selbst oder einer meiner Erben oder meiner Nacherben, gegen diese Urkunde über die Braut- bzw. Ehegabe angehen oder sie außer Kraft setzen will, was wir nicht glauben, [so] soll dieser eine Geldbuße zu Händen des Fiskus bezahlen, das heißt, dass er gezwungen sein wird,

40. Formulae Augienses Coll. B 25 (MGH.Formulae Merowingici et Karolini aevi), S. 358f: [1] Libellum dotis. [2] Quia per dispositionem nostri Iesu Christi [3] et consensu amicorum nostrorum ego ill. [4] te illam, [5] filiam illius, [6] in legitimum coniugium suscepi, [7] idcirco tibi dotem legitimum decrevi. [8] Do manu potestativa in pago nuncupante ill. [...], ut a die presente habeas, teneas atque possideas. In ea videlicet ratione, ut, quamdiu vixeris, easdem res sub usu fructuario habeas; [9] post obitum vero tuum ipse res in meam revertantur potestatem vel ad meos heredes legitimos, si me supervixeris. [10] Si quis vero, quod futurum esse non credo, si ego ipse aut ullus heredum vel proximorum meorum [11] hanc donationem dotis legaliter a me factam infringere voluerit, [12] ad partes fisci multa componat, id est auri libras tantum, argenti libras tantum, et insuper tibi aliud tantum, quantum repetit, coactus exsolvat. [13] Haec vero donatio firma et stabilis permaneat cum stibulacione subnixa.

41. Formulae Augienses Coll. B 26 (MGH.Formulae Merowingici et Karolini aevi), S. 359: [1] Carta donationes inter viro et femina de eorum rebus. Quicquid enim inter iugatis de propria facultate [...] [2] pro amorem dilectionis invicem condonare placuerit, scripturarum necesse est titulus alligare, ne in posterum ab heredibus eorum vel a quocumque possit convelle. Igitur ego in Dei nomine ill. de dulcissima coniux mea ill. [...] [3] Proinde dono tibi, dulcissima coniux mea [...] [4] Similiter et ego illa dulcissima iugalis ill. [...].

42. Formulae Augienses Coll. B 41 (MGH.Formulae Merowingici et Karolini aevi), S. 363: Carta de ingenua femina coniugata a servo. Ego in Dei nomine ill. et ill. Dum cognitum est, quod servus meus nomine ill. filiam, *aut* parentem, tuam, *aut* neptam *aut* consobrinam tuam, nomine illa accepisset uxorem, propterea ego eam talem epistolam et firmitatem pro hanc copulacionem emitto, ut pro hanc causam ad iugum servitute declinare non debeat, neque ipsa neque geniti eius, qui ex ea nati fuerint, sed habeant licentiam libertatis. Debitum tuum, quod tibi debuunt pro id ubi manum, reddant secundum placito vel legem. Et si exire voluerint, ut ipsa super nominata femina aut infantes eius, quicquid de eorum laboratum eis legitimum optinet, cum ipso procedant sine ulla contradictione. Si quis vero ullus adest de egentibus nostris, heredum vel proheredum meorum aut quislibet ulla amposita persona, qui contra hanc firmitatem istam venire temptaverit aut eos inservire voluerit, partibus fisce multa conponat, id est auri tantum, argenti tantum coactus exsolvat, et quod repetit evindicare non valeat, sed hec presens epistula omni tempore debeat

soundsoviel Unzen Gold, soundsoviel Pfund Silber zu bezahlen; und das, was er fordert, soll er durch keinerlei Kunststücke erreichen können, vielmehr soll dieses Schriftstück über die Braut- bzw. Ehegabe über alle Zeit hinweg dauerhaft und unwandelbar bleiben. [...] [6] Das Zeichen jenes, der diese Braut- bzw. Ehegabe geschenkt und verlangt hat, sie zu bestätigen.

40. Formulae Augienses Coll. B 25 (MGH.Formulae Merowingici et Karolini aevi), S. 358f: [1] Schriftstück über die Braut- bzw. Ehegabe. [2] Weil ich (X) nach der Anordnung unseres Herrn Jesus Christus [3] und mit der Zustimmung unserer Freunde/Verwandten [4] dich (Y), [5] Tochter des (Z), [6] in rechtmäßiger Ehe angenommen habe, [7] habe ich deshalb entschieden, dir die rechtmäßige Braut- bzw. Ehegabe zu überlassen. [8] Ich gebe aus Besitzervollmacht in dem genannten Gau (A) [...], damit du es vom heutigen Tag an wirksam hast, hältst und besitzest. Dies geschieht in der Absicht, dass du, solange du lebst, denselben Besitz zum Nießbrauch haben sollst. [9] Nach deinem Tod soll der Besitz zurück in meine Verfügungsgewalt oder in die meiner rechtmäßigen Erben fallen, wenn du mich überlebst. [10] Wenn aber jemand, ob ich selbst oder irgendeiner von meinen Erben oder Verwandten [11], diese Schenkung der Braut- bzw. Ehegabe – rechtmäßig von mir gemacht – außer Kraft setzen will, was ich nicht glaube, [12] soll er eine Geldbuße zugunsten des Fiskus bezahlen, das heißt: so viel Pfund Gold, so viel Pfund Silber; und darüber hinaus soll er gezwungen sein, dir genauso viel zu bezahlen, wie er selbst versucht hat, zu fordern. [13] Diese Schenkung aber soll versehen mit einer Unterschrift dauerhaft und unwandelbar bleiben.

41. Formulae Augienses Coll. B 26 (MGH.Formulae Merowingici et Karolini aevi), S. 359: [1] Schenkungsurkunde zwischen Mann und Frau über ihren Besitz. Was auch immer nämlich zwischen den Ehegatten vom eigenen Vermögen [...] [2] beschlossen worden ist, sich um der Liebe willen gegenseitig zu schenken, muss man an ein schriftliches Dokument binden, damit es in der Zukunft nicht von ihren Erben oder von wem auch immer zunichte gemacht werden kann. Deshalb ich (X) im Namen des Herrn meiner liebreichsten Ehefrau (Y) [...]. [3] Demzufolge schenke ich dir, meine liebreichste Ehefrau [...] [4] Gleichermaßen auch ich (Y) meinem liebreichsten Ehemann (X) [...].

42. Formulae Augienses Coll. B 41 (MGH.Formulae Merowingici et Karolini aevi), S. 363: Urkunde über eine freie Frau, die von einem abhängigen Mann geheiratet worden ist. Ich im Namen Gottes jener (X) und jene (Y). Da bekannt ist, dass mein abhängiger Mann (X) deine Tochter oder Schwägerin/Verwandte oder Nichte/Enkelin oder deine Cousine ersten Grades (Y) geheiratet hat, bringe ich dieses so beschaffene Schriftstück und [damit die] Bestätigungsurkunde für diese Heirat heraus, damit weder sie selbst aus diesem Grund dem Joch der Abhängigkeit unterworfen werden soll noch ihre Nachkommenschaft, die von ihr geboren wird, sondern sie die Erlaubnis zur Freiheit haben sollen. Was sie [d. h. die oben genannten Eheleute] dir für diese für die Freilassung schulden, sollen sie dir gemäß der gerichtlichen Entscheidung und dem Gesetz geben. Und wenn sie weggehen wollen – nämlich die oben genannte Frau selbst oder ihre Kinder –, sollen sie das, was sie erarbeitet haben und ihnen rechtmäßig zusteht, ohne irgendeinen Widerspruch mitnehmen. Wenn aber jemand unter uns Handelnden ist – unter meinen Erben oder Nacherben oder welche feind-

esse conservata cum stipulacione subnixa. Actum in villa illa publice, presentibus quorum hic signacula continentur. Sig. *hominis illius, cuius servus fuerit*, qui hanc epistolam fieri rogavit.

Formulae Sangalienses Miscellaneae
(8. bis 9. Jahrhundert)

43. Formulae Sangalienses Miscellaneae 12 (MGH.Formulae Merowingici et Karolini aevi), S. 385: [1] Carta dotis. [2] Mortalium propagine per temporum curricula decedente et succedente, complacuit mihi ut filiam meam N. in coniugium darem N. viro clarissimo, [3] et ille eam iustis legibus utatur, nec eam obprimat servitute famularum, sed ut carnem suam nutriat et foveat. [4] Detque ei dotis nomine ad dies vitae suae villam N. [...]. [5] *Adhibe testes, qui praesentes fuerint*.

44. Formulae Sangalienses Miscellaneae 16 (MGH.Formulae Merowingici et Karolini aevi), S. 387: [1] Carta dotis. [2] Dicente sacra scriptura: ›A Domino praeparabitur viro uxor, et iterum: Crescite et multiplicamini, et firmabo pactum meum vobiscum‹, [3] complacuit mihi N., ut peterem a nobili et religioso viro nomine ill. filiam eius, ita vel ita nuncupatam, mihi desponsandam et quondam in coniugium assumendam. [4] Quod cum ille cum consensu proximorum amicorumque suorum mihi concederet, dedi eidem sponsae meae futureque uxori dotis nomine curtem sepe cinctam in pago qui dicitur ita, [5] in villa vocata ita vel ita, et in eadem marcha de arvea terra iuchos 100, de pratis iuchos totidem, *vel* perticas 80 in longum, 20 in latum, de silva proprii mei iuris iuchos 150, communem pascuam communesque silvarum usus, introitum et exitum, aquas aquarumque decursus, molinum optimum et clausuram structure gurgitis ad illud, mancipia 60, cavallum cum essedo et alium pedisseque eius, in armento capita 20 cum tauro, in equaritia capita 30 cum emissario, in ovili capita 120, in grege caprarum capita 80 cum canibus acerrimis, in grege porcorum capita 90, anseres et anetas atque pullos sufficienter, pavones 12, columbas et omnia utensilia sufficienter. [6] Haec omnia eo pacto ipsi sponsae meae contrado, ut, si eam in coniugium utrorumque vita comite accepero, haec omnia cum caeteris rebus meis mecum pariter cum caeteris rebus meis in illis et in illis locis habeat et possideat et augmentare studeat. [7] Si autem ego quocumque casu praereptus fuero, sive filii ex nobis nascantur aut non, supradictas res in illa villa N. et in omni marcha illius absque contradictione ullius proximorum aut vicinorum meorum diebus vitae

lich gesinnte Person auch immer –, der es gewagt hat, gegen diese Bestätigungsurkunde anzugehen, und sie zu Abhängigen machen will, der soll eine Geldbuße zu Händen des Fiskus bezahlen, das heißt, er soll gezwungen werden, so viel Gold, so viel Silber zu bezahlen; und das, was er fordert, soll er nicht erreichen können; vielmehr soll das gegenwärtige Schriftstück über alle Zeit hinweg, unterstützt durch eine rechtssymbolische Handlung, Geltung behalten. Öffentlich erstellt auf jenem Landgut in Anwesenheit jener, von denen diese Siegel zusammengehalten werden. Das Zeichen jenes Mannes, dessen abhängiger Mann er gewesen ist, welcher dieses Schriftstück hat ausstellen lassen.

Formulae Sangalienses Miscellaneae
(8. bis 9. Jahrhundert)

43. Formulae Sangalienses Miscellaneae 12 (MGH.Formulae Merowingici et Karolini aevi), S. 385: [1] Urkunde über die Braut- bzw. Ehegabe: [2] Da das Geschlecht der Sterblichen durch den Kreislauf der Zeiten hinauf- und hinabsteigt, habe ich beschlossen, dass ich meine Tochter (Y) dem ruhmvollsten Mann (X) in die Ehe gebe. [3] Jener soll sie nach den rechtmäßigen Gesetzen behandeln, sie [aber] nicht in der Abhängigkeit der Dienerinnen unterdrücken, sondern wie sein eigenes Fleisch nähren und hüten. [4] Er gebe ihr für alle Tage ihres Lebens als Braut- bzw. Ehegabe das Landgut (A) [...]. [5] Ziehe die Zeugen heran, die anwesend gewesen sind.
44. Formulae Sangalienses Miscellaneae 16 (MGH.Formulae Merowingici et Karolini aevi), S. 387: [1] Urkunde über die Braut- bzw. Ehegabe. [2] Weil die heilige Schrift sagt: ›Dem Mann wird vom Herrn eine Ehefrau geschaffen werden‹ und abermals: ›Wachset und mehret euch und ich werde meinen Bund mit euch bekräftigen‹, [3] habe ich (X) beschlossen, dass ich von dem adligen und frommen Mann (Z) seine Tochter, so oder so genannt, erbitte, damit ich sie mit mir verlobe und dann in der Ehe annehme; [4] da dieser sie mir mit dem Einverständnis ihrer Eltern/Verwandten und Freunde/Verwandten zugestanden hat, habe ich derselben – meiner Verlobten und zukünftigen Ehefrau – den mit einem Zaun umgebenen Hof im Gau, der so genannt wird, als Braut- bzw. Ehegabe gegeben, [5] auf dem Landgut, das so oder so genannt wird, 100 Joch vom Ackerland in derselben Mark, ebenso viele Joche oder 80 Messstangen in die Länge, 20 in die Breite von den Wiesen, 150 Joch von den Wäldern meines eigenen Rechts, die Allmende an Weide und Wald, die Einfuhr- und Ausfuhrzölle, Gewässer und Wasserläufe, die beste Mühle und einen Staudamm nach Art eines Wasserabgrundes, 60 abhängige Personen, ein Pferd mit Wagen und ein anderes mit seinem Diener, aus der Viehherde 20 Stück Kühe mit einem Stier, innerhalb des Gestüts 30 Stück Stuten mit einem Hengst, im Schafstall 120 Stück, aus der Ziegenherde 80 Stück mit sehr scharfen Hunden, aus der Schweineherde 90 Stück, Gänse und Enten sowie genügend Küken, zwölf Pfauen, Tauben und alle Gerätschaften in ausreichendem Maße. [6] All diese Dinge übergebe ich dieser meiner Braut, damit sie, wenn ich sie in der Ehe als Lebensgefährtin annehme, diese ganzen Dinge zusammen mit meinen übri-

suae possideat et inde pro me annuam memoriam in anniversario die depositionis meae faciat, nisi forte ex consensu et digno pretio accepto easdem res cognatis meis redimendas concedere velit. [8] Huius rei testes ex mea parte istos adhibeo: patrem meum N., fratres meos N., avunculos et avunculorum filios hos N., patruos et patrueles meos istos N.; ex eius parte: patrem illius N., *caetera ut supra,* et alios testes N. Ego itaque.[34]

45. Formulae Sangalienses Miscellaneae 19 (MGH.Formulae Merowingici et Karolini aevi), S. 388: [1] Carta dotis. [2] Dulcissima coniux mea atque amantissima nomine ill., [3] ego in Dei nomine N. Sumpsit mihi consilium atque conplacuit, ut ego te mihi in coniugium accepissem; quod ita et feci. Propterea dono tibi dotem, sicut nostris utriusque complacuit amicis tibi donare, [4] in pago, in illo loco, in villa nuncupata, id est rectam curtem cum sepe circumcinctam.[35]

Formulae extravagantes
(9. Jahrhundert)

46. Formulae extravagantes I,9 (MGH.Formulae Merowingici et Karolini aevi), S. 538f: [1] Universitatis cunctipotens Creator, ex cuius bonitate potestativa ea quae sunt substantialiter esse ceperunt, de limo terrae homini facto et in faciem eius spiraculo vitae inspirato, solitario, ne sine adiutorio sui similis appareret, de eius latere dormiendo costa assumpta, subsidium prebuit. Adiutorium enim factum est modo, scilicet ut intentio dilectionis a binario numero principium sumeret. De hac copulatione doctor gentium, apostolus Paulus, confirmanda atque inseparabiliter tenenda dixit: ›Viri, diligite uxores vestras, sicut et Christus ecclesiam dilexit‹ in confirmatione pacis. Patenter subostenditur: ›Vir non habet potestatem sui corporis, sed et mulier; similiter et mulier non habet potestatem sui corporis, sed vir‹. Et de reddendo debito minime tacuit: ›Vir‹, inquiens, ›uxori debitum reddat, similiter et uxor viro‹. His igitur ammonitionibus, et ut divino precepto oboedirem, quia Omnicreans dixit: ›Crescite et multiplicamini et replete terram‹, [2] quam ob rem ego in Dei

---

34 Hier beginnt ein neuer Text.
35 Teile des Textes dürften fehlen; zum entsprechenden Wortlaut vgl. die übrigen Formulae.

gen Besitztümern mit mir gemeinsam in gleicher Weise wie die anderen Dinge an jenen und jenen Plätzen habe, besitze und zu vermehren bemühe. [7] Wenn ich aber, aus welchem Grund auch immer, vorher sterbe, ob Kinder uns geboren werden oder nicht, [dann] soll sie die oben genannten Dinge auf jenem Landgut (A) und in allen ihren Gemarkungen ohne Widerspruch irgendeines meiner Eltern/Verwandten oder Nachbarn/Verwandten auf Lebenszeit besitzen und für mich davon ein jährliches Gedächtnis am Jahrestag meines Begräbnisses stiften; es sei denn, sie wollte vielleicht mit dem Einverständnis meiner Eltern/Verwandten und nach Annahme eines entsprechenden Preises ihnen dieselben Dinge zum Rückkauf überlassen. [8] Als Zeugen dieser Sache ziehe ich von meiner Seite diese hinzu: Meinen Vater (V), meine Brüder (W), die Onkel mütterlicherseits und die Söhne der Onkel mütterlicherseits (Q), die Onkel väterlicherseits (R) und meine Verwandten, die von diesen Onkeln abstammen (S); von ihrer Seite: ihren Vater (T) und die übrigen oben genannten und andere Zeugen (U). Deshalb will ich also.[34]

45. Formulae Sangalienses Miscellaneae 19 (MGH.Formulae Merowingici et Karolini aevi), S. 388: [1] Urkunde über die Braut- bzw. Ehegabe. [2] Meiner liebreichsten und teuersten Ehefrau (Y), [3] ich (X) habe im Namen des Herrn den Entschluss gefasst und für gut befunden, dich in der Ehe anzunehmen; was ich auch so getan habe. Deshalb schenke ich dir die Braut- bzw. Ehegabe, wie es von unseren beiderseitigen Freunden/Verwandten für gut befunden wurde, dir zu schenken, [4] gelegen in jenem Gau (A), am Ort (B), auf dem Landgut, das so genannt wird, das heißt, den zugehörigen Hof, der mit Gehege umzäunt ist.[35]

Formulae extravagantes
(9. Jahrhundert)

46. Formulae extravagantes I,9 (MGH.Formulae Merowingici et Karolini aevi), S. 538f: [1] Der allmächtige Schöpfer der Welt, durch dessen mächtige Güte das, was existiert, im Wesen seinen Anfang genommen hat, hat – nachdem er den Menschen aus dem Lehm der Erde gemacht und in sein Gesicht durch Geist Leben eingehaucht hat – dem Alleinlebenden, damit dieser nicht ohne Hilfe seinesgleichen bleibe, aus der Seite des Schlafenden eine Rippe genommen und ihm eine Hilfe geschaffen. Die geleistete Hilfe ist auf die Weise erfolgt, damit die liebevolle Absicht ihren Anfang in einer Zweiheit nehme. Über diese Verbindung hat der Lehrer der Heiden, der Apostel Paulus, gesagt, was zu bestärken und untrennbar festzuhalten ist: ›Männer liebt eure Ehefrauen so, wie auch Christus die Kirche geliebt hat‹, zur Bekräftigung des Friedens. Offensichtlich wurde darunter verstanden: ›Der Mann hat nicht die Macht über seinen Körper, sondern die Frau; gleichermaßen hat auch die Frau nicht die Macht über ihren Körper, sondern der Mann‹. Und über die zu leistende Verpflichtung hat

---

34 Hier beginnt ein neuer Text.
35 Teile des Textes dürften fehlen; zum entsprechenden Wortlaut vgl. die übrigen Formulae.

nomine N., cuius pater meus nomine N. et mater mea nomine N., ut multis habeatur percognitum, aliquam feminam nomine N., cuius pater fuit nomine N. et mater nomine N., mihi [3] una per consensum parentum nostrorum et amicorum eam legibus sponsare decerno, [4] et ad diem nuptiarum, Domino iubente, pervenire delibero. [5] Et coedo ei, osculum intercedente, anulo circumdata restringente, in die nuptiarum aliquid de rebus propriis; quae sunt ita. [...] [6] Haec omnia superius conscripta, sponsa mea iam dicta, per hunc osculum a die presente tibi trado, transfero atque transfundo, ut facias exinde, quicquid volueris, nemine contradicente. [7] Si autem fuerit, aut ego ipse aut ullus de heredibus meis aut ulla emissa persona, qui contra hunc osculum aliquid agere aut inquietare voluerit, libras 500 de auro mundissimo coactus exsolvat, et vox sua nihil ei proficiat. [8] Signum Borchardi, qui istum osculum fieri iussit et nobilium virorum astipulatione firmare rogavit. Signum Theodatus. Signum Iohannes. Signum Ioscelinus. Signum Bodo. Signum Rainus. Signum Tescelinus. Signum. Signum. Signum. Signum. Signum. Signum.

47. Formulae extravagantes I,10 (MGH.Formulae Merowingici et Karolini aevi), S. 539: [1] Latores legis edicunt, et antiqua consuetudo edocet, ut prius arras coniugis, postmodo, osculo intercedente, personarum qualitate concedatur, sicut in Theodosiano codice ›de sponsalibus et ante nuptias donationibus‹ auctoritas narrat, videlicet ut, [2] quicumque vir ad sponsam suam de rebus propriis ante dies nuptiarum aliquid concedere vel conferre voluerit, per seriem scripturae hoc alligare permittat, *vel* curet. [3] Idcirco etiam in Dei nomine ego Barius, qui filius fui Arbini et mater mea Ramigis, ut multorum noticiae habeatur percognitum, aliquam puellam nomine N., quae fuit filia Marini, et mater sua Urielia, [4] una per consensum parentum nostrorum et amicorum eam legibus sponsare et Christo propitio ad legitimum matrimonium vel coniugium sociare cupio. [5] Propterea placuit mihi, ante diem nuptiarum a die presente aliquid de rebus meis propriis ei concedere debere, [6] decernente bona voluntate, pro amore vel dilectione [7] ipsius puellae per hunc titulum huius osculi intercedentis. [8] Quod ita placuit mihi facere, dilecta sponsa mea nomine N. In pago Floriacensi, in vicaria Reinense, in villa quae dicitur Noriont, alodem meum, hoc sunt, terras, silvas adiacentes, quantumcumque in ipsa villa visus sum habere vel possidere, de mea parte, divisa cum fratribus meis, de integro medietatem tibi concedo, ut facias, quicquid volueris, nemine contradicente. [9] Si quis vero, si ego ipse aut ullus de heredibus meis vel proheredibus, aut aliqua persona fuerit, qui contra hunc osculum aliquid agere aut inquietare voluerit, componat solidos 100 argenti et 500 auri libras, coactus exsolvat, et vox sua nihil proficiat. [10] Manu mea propria subter firmavi, et

er auch nicht geschwiegen: ›Der Mann, so sagt er, leiste der Ehefrau die eheliche Pflicht, gleichermaßen auch die Ehefrau dem Mann‹. Auf diese Ermahnungen hin, damit auch ich dem göttlichen Gebot gehorche, denn der Allmächtige hat gesagt: ›Wachset und mehret euch und bevölkert die Erde‹, [2] entscheide ich (X) deshalb vor Gott, der Sohn meines Vaters (Z) und meiner Mutter (V), damit dies vielen bekannt wird, die Frau (Y), deren Vater (W) und Mutter (U) sind, [3] mit dem Einverständnis unserer Eltern/Verwandten und Freunde/Verwandten nach dem Gesetz zu verloben und – dem Gebot Gottes folgend – plane ich, [4] bis zum Hochzeitstag zu gelangen, [5] und lasse ihr nach der Übergabe des Kusses/Geschenkes und des Rings an ihrem Finger am Tag der Hochzeit etwas von meinen eigenen Gütern zuteil werden; diese sind: [...] [6] Dieses ganze oben Aufgeschriebene, meine schon genannte Braut, übergebe und übertrage ich dir durch die Eheschenkungsurkunde vom heutigen Tag an, damit du hiermit danach machst, was immer du willst, und niemand dem widerspricht. [7] Wenn es aber [eine Person] gibt – entweder ich selbst oder einer meiner Erben oder irgendeine ausgesandte Person –, die gegen diese Eheschenkungsurkunde etwas tun oder sie behelligen will, soll sie [d. h. die Person] zur Zahlung von 500 Pfund vom feinsten Gold gezwungen werden und ihr Anspruch soll ihr nichts nützen [8] Das Zeichen des Bochard, der diese rechtmäßige Eheschenkungsurkunde hat ausstellen und mit der rechtssymbolischen Handlung der adligen Männer hat bekräftigen lassen. Das Zeichen des Theodatus. Das Zeichen des Johannes. Das Zeichen des Joscelinus. Das Zeichen des Bodo. Das Zeichen des Rainus. Das Zeichen des Tescelinus. Zeichen. Zeichen. Zeichen. Zeichen. Zeichen. Zeichen.

47. Formulae extravagantes I,10 (MGH.Formulae Merowingici et Karolini aevi), S. 539: [1] Die Gesetzgeber bestimmen und die alte Gewohnheit belehrt, dass zuerst die Verlobungsgabe der Ehefrau, danach ein Kuss der Standesqualität der Personen entsprechend zugelassen wird, so wie es in der Vorschrift im Codex Theodosianus ›Über die Verlobungen und Geschenke vor der Hochzeit‹ lautet, [nämlich] dass, [2] welcher Mann auch immer seiner Braut vor dem Tag der Hochzeit etwas aus seinem Besitz schenken oder übertragen will, er dies an ein Schriftstück zu binden erlaubt oder dafür sorgt, [dass es abgefasst wird]. [3] Deshalb wünsche auch ich – Barius, Sohn des Arbinus und meiner Mutter Ramigis –, damit es vielen bekannt ist, im Namen des Herrn das Mädchen (Y), die die Tochter des Marinus und ihrer Mutter Urielia gewesen ist, [4] mit der Zustimmung unserer Eltern/Verwandten und Freunde/Verwandten nach den Gesetzen zu verloben und mit Christi Gnade zu einer rechtmäßigen Ehe (*matrimonium*) oder Ehe (*coniugium*) zu verbinden. [5] Deshalb habe ich beschlossen, [6] durch guten Willen veranlasst [und] um der Liebe und Verehrung zu jenem Mädchen willen, ihr [noch] vor dem Tag der Hochzeit von nun an [7] durch diesen Titel der Eheschenkung etwas von meinem Besitz zu erteilen. [8] Ich habe beschlossen, es so zu machen, meine liebreiche Braut mit Namen Y; ich trete dir im Gau Fleury, im Bezirk Reims, auf dem Landgut genannt Noriont, mein Allod [ab] – das ist: das Land, die angrenzenden Wälder, wie viel auch immer ich bekanntlich auf dem Landgut selbst habe und besitze –, von meinem Teil, geteilt mit meinen Brüdern, von diesem Ganzen also [trete ich dir] die Hälfte ab, damit du damit machst, was auch immer du willst, und niemand

bonorum virorum testimonio corroborandam decrevi. [11] Signum illius, qui hoc fieri rogavit, in mense Iulio, regnante Pipino rege. Signum. Signum. Signum. Signum. Signum.

48. Formulae extravagantes I,11 (MGH.Formulae Merowingici et Karolini aevi), S. 540: [1] In nomine sanctae et unicae Trinitatis atque individuae, sempiternae maiestatis feliciter. Auctoritas christianae religionis atque praecedentium patrum traditiones necnon et mundialium legum iura patenter edocent, insuper etiam sanctarum scripturarum Novi ac Veteris Testamenti preconia multifariis assertionibus nos, qui huius mundanae rei conversationibus quaerimus perfrui, de coniunctione matrimonialis conubii admonent et, quam bonum sit legitime nubere, liquentissime insinuant. Dominus quoque et conditor rerum omnium in Scriptura Sacra subdendo manifestat: ›Relinquet homo patrem et matrem et adherebit uxori suae, et erunt duo in carne una‹; et in alio loco dicit: ›Quod Deus coniunxit, homo non separet‹. [2] Igitur ego in Dei nomine ille, talium auctorum testimoniorum exemplis roboratus, praecedentium canonicorum patrum vitam cupiens imitari, [3] ex consensu et voluntate virorum nobilium, parentum quondam nostrorum, [4] quendam puellam nomine ill. secundum legis consuetudinem visus sum sponsasse, [5] atque solo posteritatis amore, auxiliante Domino, humano coniugio eam sociare dispono. [6] Igitur propter nomen et monumentum honoris sui dono dilectissime michi sponsate per hoc dotis testamentum de rebus proprietatis meae in pago illo [...]. [7] Si quis vero, quod minime credo, si contigerit, quod ego ipse aut ullus de heredibus ac proheredibus meis aut certe quaelibet subrogata persona, qui contra hanc dotis titulum aliquam controversiam machinare voluerit aut eam infringere temptaverit, ei cui litem intulerit auri libras quinque coactus persolvat, et eius repetitio inanis et vacua permaneat, praesensque dotis testamentum inviolabilem atque inconvulsam omni tempore obteneat firmitatem cum stipulatione subnixa. [...].

49. Formulae extravagantes I,12 (MGH.Formulae Merowingici et Karolini aevi), S. 540f: [1] In exordio creationis humane volens Deus hominem, quem ad imaginem suam condiderat, mundo imperare eiusque propaginem in terra multiplicare, decrevit e consilio suo homini, quem solum fecerat, adiutorium praeberi simile sibi. Creavit igitur ei de costa uxorem, quam ei coniugali vinculo sociavit benedixitque, eis dicens: ›Crescite et multiplicamini et replete

soll Widerspruch erheben. [9] Wenn [es] aber jemanden [gibt] – sei es, dass ich selbst oder einer meiner Erben oder Nacherben oder irgendeine Person es gewesen ist, die gegen diese Eheschenkungsurkunde etwas unternehmen oder sie in Frage stellen will –, [dann] soll [er] gezwungen werden, 100 Schillinge Silber und 500 Pfund Gold zu zahlen, und seine Stimme soll kein Gehör finden [d. h. sein Einspruch soll nichts bewirken]. [10] Ich habe es durch mein Handzeichen unten bekräftigt und habe beschlossen, dass es durch Zeugnis von juristisch vertrauenswürdigen Männern bestätigt werden muss. [11] Das Zeichen jenes, der verlangt hat, dass dies geschieht, im Monat Juli in der Herrschaftszeit des Königs Pippin. Zeichen Zeichen Zeichen Zeichen Zeichen.

48. Formulae extravagantes I,11 (MGH.Formulae Merowingici et Karolini aevi), S. 540: [1] Im Namen der heiligen und einzigen Dreieinigkeit und ungeteilten, immerwährenden Erhabenheit. Die Autorität der christlichen Religion und die Traditionen der früheren Vorväter und die Rechtssätze der weltlichen Gesetze belehren uns [und] obendrein ermahnen uns auch die Gebote der heiligen Schriften des Neuen und Alten Testaments in aller Offenheit durch allerlei Erklärungen, da wir im Umgang mit den Dingen der Welt danach streben, sie zu genießen, über die Verbindungen der Ehe und teilen auf deutlichste Weise mit, wie gut es sei, rechtmäßig zu heiraten. Der Herr und Schöpfer aller Dinge offenbart in der Heiligen Schrift wie folgt: ›Der Mann soll Vater und Mutter verlassen und wird bei seiner Ehefrau bleiben, und sie werden zwei in einem Fleisch werden‹; und an anderer Stelle sagt er: ›Was Gott verbunden hat, das soll der Mensch nicht trennen‹. [2] Also habe ich (X) im Namen Gottes, durch Zeugnisse derartiger Vorbilder gestärkt [und] mit dem Wunsch, das Leben der vorangegangenen kanonischen Väter nachzuahmen, [3] in Übereinstimmung und mit dem Willen adliger Menschen, vornehmlich unserer Eltern/Verwandten, beschlossen, [4] das Mädchen (Y) gemäß der Gewohnheit der Gesetze verlobt zu haben, [5] und beschließe, mich mit dieser mit der Hilfe Gottes in menschlicher Ehe allein aus Liebe zur Nachkommenschaft zu verbinden. [6] Deshalb gebe ich ihr zur Ehren und zum Andenken, nachdem ich die Liebreichste mit mir verlobt habe, mittels dieses Zeugnisses der Braut- bzw. Ehegabe von meinem Besitz in dem Gau (A) […]. [7] Wenn aber jemand, sei es ich selbst oder einer meiner Erben und Nacherben oder jede beliebige Ersatzperson [als Erbe], gegen diese Urkunde über die Braut- bzw. Ehegabe irgendeinen Rechtsstreit bewerkstelligen will oder zu versuchen wagt, sie [d. h. die Urkunde] zu entkräften, was ich keineswegs glaube, soll dieser gezwungen werden dem, dem er den Rechtsstreit angetragen hat, fünf Pfund Gold zu bezahlen; sein Einspruch soll nichtig und leer bleiben; die gegenwärtige Urkunde über die Braut- bzw. Ehegabe [aber] soll über alle Zeiten hinweg unverletzliche und unerschütterte Festigkeit erlangen, unterstützt durch die rechtsymbolische Handlung. […].

49. Formulae extravagantes I,12 (MGH.Formulae Merowingici et Karolini aevi), S. 540f: [1] Als Gott am Anfang der Erschaffung des Menschen wollte, dass der Mensch, den er nach seinem Abbild erschaffen hatte, der Erde befehle und sein Geschlecht auf der Erde vermehre, hat er nach seinem Gutdünken entschieden, dem Menschen, den er als Einzelgänger gemacht hatte, eine Hilfe – ihm selbst ähnlich – zu schenken. Deshalb hat er ihm eine Ehefrau aus der Rippe geschaf-

terram‹. Et scriptum est: ›Propterea relinquet homo patrem et matrem et adherebit uxori suae, et erunt duo in carne una‹. [2] Sed et angelum de caelo ad corroborandam nuptiarum copulam ad Tobin venisse legimus. Dominus quoque noster Iesus Christus nuptias, quas in mundi origine concesserat, dignatus est sua sanctificare praesentia, honorans eas initio signorum suorum coram discipulis suis, aquam in vinum vertens et convivantium corda laetificans. His igitur ac aliis Novi ac Veteris Testamenti exemplis invitatus, [3] ego ill. desponsavi [4] secundum legem Salicam per 13 aureos nummos sponsam carissimam et dilectissimam mihi nomine ill. [5] cum consensu parentum ac propinquorum utriusque partis, [6] placuitque mihi de rebus propriis honorare eam in titulo dotis perpetualis. Idcirco ego ill., o sponsa mea clarissima atque amantissima ill., dono tibi ac trado ad abendum in pago ill., [7] in villa quae dicitur ill., mansum dominicatum cum casticiis supra positis et ecclesia et molendinis, terra vero culta et inculta, pratis, silvis, aquis aquarumve decursibus, exitibus et ingressibus. Aspiciunt ad ipsum mansum mansi tant. cum mancipiis utriusque sexus ibidem pertinentibus. Haec omnia superius comprehensa dono atque trado tibi, o dilectissima atque amantissima sponsa mea ill., totum ad integrum, rem [in]exquisitam, quicquid ibi mea videtur esse possessio; in ea ratione, ut ab hodierno die totum superius comprehensum habeas, teneas atque possideas, vel quicquid exinde facere volueris, liberam ac firmissimam in omnibus Christo propitio habeas potestatem faciendi. [8] Si quis vero, quod minime fieri credo, contra hunc libellum dotis insurgere aut quasi destruens temptare praesumpserit, illum, qui feminam masculo coniunxit et terram repleri voluit, ultorem sentiat, et auri libras 100 coactus exsolvat, argenteum 1000, et quod repetit non evindicet, sed praesens hic libellus dotis firmus et stabilis [in]convulsusque per cuncta saeculorum tempora permaneat cum stipulatione supposita.

50. Formulae extravagantes I,13 (MGH.Formulae Merowingici et Karolini aevi), S. 541f: Summus et ineffabilis pater, cuius super essentia ipsas etiam athomos et inane principalitate naturae percurrit, quae frivola veterum philosophorum dogmata, quasi duo principiorum eterna principia semper fuisse, disputant, per insitam sibi, quamvis non temporaliter, totius boni formam, per coeternam videlicet ac consubstantialem sapientiam, bis quinis spiritualium catervarum ordinibus ad laudem et gloriam nominis sui conditis, caelicae sublimitatis splendifluum prestitit habitaculum. Illi vero subtilissimae naturae angelici chori secundum beneplacitum Creatoris sui, aliis alii dispositi ministeriis et honorum decorati donariis, hoc tamen universaliter in suae potestati arbitrio

fen, die er mit ihm in ehelichem Band verbunden und gesegnet hat, indem er ihnen [beiden] sagte: ›Wachset und mehret euch und bevölkert die Erde‹. Und es ist geschrieben: ›Deshalb wird der Mann Vater und Mutter verlassen und bei seiner Ehefrau bleiben und beide werden zwei in einem Fleisch werden‹. [2] Aber wir lesen auch, dass ein Engel vom Himmel zu Tobias gekommen ist, um seine hochzeitliche Vereinigung zu bestätigen. Auch unser Herr Jesus Christus hat die Hochzeit, die er am Anfang der Welt gewährt hatte, durch seine Gegenwart zu heiligen sich gewürdigt, indem er diese [Hochzeit] mit seinen allerersten Wunderzeichen in Gegenwart seiner Jünger ausgezeichnet hat, wobei er Wasser in Wein verwandelt und das Herz der Feiernden erfreut hat. [3] Deshalb habe ich (X) – auch angeregt durch diese und andere Beispiele des Alten und Neuen Testaments – [4] gemäß dem salischen Gesetz mittels 13 Goldstücken die teuerste und liebreichste Braut (Y) mit mir [5] mit dem Einverständnis der Eltern/Verwandten und Nachbarn/Verwandten beider Seiten verlobt; [6] ich habe beschlossen, dass ich sie mit etwas von meinen eigenen Dingen mittels des Rechtstitels über die Braut- bzw. Ehegabe für immer ehre. Darum schenke ich (X) dir, o liebreichste und teuerste Braut (Y), und übergebe als Besitz in jenem [7] Gau (A), auf dem Landgut, das (B) genannt wird, eine Manse, die zum Herrenland gehört, mit den oben genannten Nebengebäuden, mit der Kirche und den Mühlen, mit bebautem und unbebautem Land, Wiesen und Wäldern, Gewässern und Wasserläufen, mit Aus- und Einzugsrechten [d. h. Zollrechten]. Zur selben Manse gehören noch so viele andere Mansen mit den abhängigen Personen beiderlei Geschlechts, die ebendort dazu gehören. Diese ganzen oben zusammengefassten Dinge schenke und übergebe ich dir, o meine liebreichste und teuerste Braut (Y), vollständig und unversehrt, einen auserlesenen Besitz, was dort als mein Besitz gelte; auf diese Weise sollst du das oben Erfasste vom heutigen Tag an haben, halten und besitzen oder was auch immer du damit machen willst, [dazu] sollst du bei allem die freie und uneingeschränkte Macht mit der Hilfe Christi haben, [es] zu tun. [8] Wenn aber jemand gegen diese Urkunde über die Braut- bzw. Ehegabe wagt, sich zu erheben, oder gleichwie sich anmaßt, sie zu entkräften, was ich keineswegs glaube, soll jener [d. h. Gott], der die Frau mit dem Mann ehelich verband und wollte, dass die Erde erfüllt werde, von jenem als Bestrafer empfunden werden; und er soll gezwungen werden, 100 Pfund Gold [sowie] 1000 Pfund Silber zu bezahlen; und was er fordert, soll er nicht erreichen; vielmehr soll die Urkunde über die Braut- bzw. Ehegabe dauerhaft, unwandelbar und unerschüttert über alle Zeiten hinweg bleiben – unterstützt durch eine rechtssymbolische Handlung.

50. Formulae extravagantes I,13 (MGH.Formulae Merowingici et Karolini aevi), S. 541f: Der höchste und unaussprechliche Vater, dessen über allem waltendes Wesen durch die Ursprünglichkeit seiner Natur auch die Atome selbst und das Leere durchdringt, über die die gotteslästerlichen Lehrmeinungen der alten Philosophen wie über zwei ewige Grundstoffe streiten, ob sie zwei Grundsätze aller Dinge immer gewesen sein: Dieses höhere Wesen gewährt durch die ihm innewohnende Gestalt alles Guten, die nicht zeitlich begrenzt ist, und durch seine ebenfalls ewige und wesensgleiche Weisheit einen glanzspendenden Wohnraum himmlischer Erhabenheit an je zweimal fünf Reihen geistiger Scharen, die zum Lob und Ruhm seines Namens geschaffen sind. Diese Engels-

leguntur habuisse, ut vel per innate bonitatis ac debitae devotionis obsequium perpetua felicitate gauderent, vel eam per contemptum inrecuperabiliter amitterent. Quam utrumlibet eligendi libertatem non illis ideo fons bonorum omnium creditur contulisse, ut eorum aliquos perditum iri cuperet propter arrogantiae delictum, sed ut haberet, quos merito muneraret propter liberae et non coactae servitutis studium. Verum chorus ille, qui ob claritatem, quam ex divina munificentia creando susceperat, nomen accepit Luciferi, dum sui Conditoris excellentiam respicere maiestatemque revereri non meminit, sese mirans intumuit. Nec mora, luculento habitu viduatus, in voraginem baratri omni turpitudine defuscatus corruit. Tunc caetera celicorum agmina discrimine ac ruina scelestorum perculsa, dum similem casum timuerunt incurrere, de bivio libertatis imperfectum et simplicem bonitatis habitum sic leguntur evasisse, ut nequaquam amplius affeccio peccandi posset eos attingere. Ea igitur causa genus humanum sumpsisse perhibetur originem, ut obediendo proficisceretur ad gloriam, quam superbus amiserat ob inremediabilem culpam. Cuius generis propaginem non sic intelligitur amplificari voluisse bonus omnis creaturae Dispositor, ut licenter quibuslibet viri mulieribus abuterentur, sed inter marem ac feminam fides servaretur coniugii, cum protoplasto non plures, sed unam desponsaverit; cum per eundem sanctum adhuc et sapientem dixerit: ›Relinquet homo patrem suum et matrem et adherebit uxori suae, et erunt duo in carne una‹. Qui ergo uni viro virginem unam despondit quique duos in carne una constituit, subtiliter interventionem tercii vel terciae propter duorum discidium arguens interdicit. Verum istud tantis Nove Legis et Vetustae nititur assertionibus, ut nostris argumentis firmari non indigeat. Quod vero legale conubium religio sit, non delictum, dominus Iesus Christus liquido patefecit, qui, nuptiarum convivio dignatus interesse cum suis discipulis, signorum illas primordiis decoravit. Unde ego ... videlicet, miles Dei, sanctorum patrum emulari cupiens instituta, te scilicet ... propter amorem generandae prolis et conservandae regulae coniugalis in matrimonium volo ducere, et de meis possessionibus honorare, ut, ex more patratis nuptiarum copulis, haec ex mea legione teneas sub nomine dotis. Reddas ipsa diu sponso, qui talia fecit, Servitium suplex et sub amore fidem. Amin. Benedictus Deus!

chöre feinsinnigster Natur werden alle gemäß dem Willen ihres Schöpfers jeweils anderen Diensten zugeordnet und durch Ehrengaben ausgezeichnet. Es wird geschrieben, sie hätten jedoch in der ihnen gegönnten Macht im Allgemeinen die Freiheit gehabt, entweder durch die Willfährigkeit einer ihnen angeborenen Güte und pflichtgemäßen Ergebenheit ein ewiges Glück zu genießen oder aber dies durch den gezeigten Hochmut unwiderruflich zu verlieren. Es wird aber geglaubt, dass die Quelle alles Guten [d. h. Gott] ihnen nicht deswegen die Freiheit gewährt habe, diese Alternative zu wählen, weil er einige von ihnen wegen des Fehltritts des Hochmuts zugrunde richten wollte, sondern weil er die Möglichkeit haben wollte, sie wegen des Bemühens um einen freien und nicht einen erzwungenen Gehorsam auf verdiente Weise zu belohnen. Wahrlich jener Chor, der wegen der Erlauchtheit, die er bei der Schöpfung dank göttlicher Freigiebigkeit erhalten hatte, den Namen Lucifers angenommen hatte, blähte sich in Selbstbewunderung auf, indem er vergaß, sich nach der Vorzüglichkeit seines Schöpfers umzublicken und Ehrfurcht vor dessen Erhabenheit zu empfinden. Ohne Verzug stürzte dieser in den Abgrund der Hölle, indem er seines ansehnlichen Gewandes beraubt und durch alle Schändlichkeit befleckt wurde. So, wie man liest, kehrten die übrigen Scharen des Himmels – erschreckt durch das Verderben und den Untergang der Frevelhaften, weil sie fürchteten, in ähnlicher Weise zu fallen – dermaßen vom Scheideweg der Freiheit zur unvollendeten und einfachen Haltung der Güte ab, dass sie von der Neigung zum Sündigen nicht mehr berührt werden konnten. Aus diesem Grund also wird erzählt, dass das Geschlecht des Menschen seinen Anfang genommen habe, damit es durch Gehorsam zum Ruhm voranschreite, welchen der Hochmütige [d. h. Lucifer] wegen unheilbarer Schuld verloren hatte. Hierbei ist es aber nicht so zu verstehen, dass der gute Lenker aller Geschöpfe die Vermehrung des menschlichen Geschlechts so haben wollte, dass die Männer zügellos alle beliebigen Frauen missbrauchen, sondern dass zwischen Mann und Frau die Treue der Ehe bewahrt werde, da er den zuerst Geschaffenen [d. h. Adam] nicht mit mehreren, sondern nur mit einer verlobt hatte; denn er hat durch denselben Heiligen und Weisen hierzu gesagt: ›Der Mann wird seinen Vater und seine Mutter verlassen und sich an seine Ehefrau binden, und sie werden zwei in einem Fleisch sein‹. Folglich verbietet derjenige – der einen Mann mit einer Jungfrau verlobt und beschließt, dass sie zwei in einem Fleisch sein sollen – den Eingriff eines Dritten oder einer Dritten und bekämpft ihn/sie wegen der Zwietracht, die er [d. h. der Dritte] zwischen beiden gestiftet hat. Dieses wird aber auf dermaßen ausdrückliche Erklärungen des Neuen und Alten Testamentes gestützt, dass es durch unsere Argumente nicht mehr bekräftigt zu werden braucht. Dass aber die rechtmäßige Ehe Ausdruck der Frömmigkeit sei und nicht ein Vergehen, hat der Herr Jesus Christus ausdrücklich bezeugt, indem er sich gewürdigt hat, mit seinen Jüngern am Gastmahl der Hochzeit teilzunehmen, und sie auch mit seinen ersten Wunderzeichen geschmückt hat. Daher will ich (X), Streiter Gottes, indem ich die Bräuche der heiligen Väter nachzuahmen wünsche, dich (Y), aus Liebe zu der zu zeugenden Nachkommen und um die Regeln der Gatten in der Ehe zu bewahren, in die Ehe führen und mit meinen Besitzungen ehren, damit du nach der Erfüllung gebräuchlicher Regeln der Hochzeit dieses aus meinem Eigentum

51. Formulae extravagantes I,15 (MGH.Formulae Merowingici et Karolini aevi), S. 542f: [1] Multiplices sacrarum scripturarum asserciones necnon peritorum doctorum pagine exquisite satis patenter edocent, quia omnium conditor atque arbiter Deus ad sue laudis magnificentiam angelicam creaverit dignitatem. Verum quidam ex collegio ob superbiae pestem irreparabili lapsu a celi sede prostrati sunt. Ne autem deserta foret eorum beata statio, idem Deus, formata tocius mundi machina, hominem ex limae materia ad suae claritatis imaginem fecit. Ipso quoque ad suae voluntatis nutum soporato costaque ex eius latere adempta, mulierem ei figuravit. Deinde eos sua benedictione corroborans, infit: ›Crescite et multiplicamini‹, et subiunxit: ›Relinquet homo patrem et matrem et adherebit uxori suae, et erunt duo in carne una‹. Novissime autem Dominus in carne veniens nuptias presentia sui corporis non recusans adire, latices in vina convertens, suis sanctis eas miraculis illustravit. Sed et apostolus bonum coniugale ad fornicationem tollendam commendans, inter cetera dixit: ›Unusquisque habeat propter fornicationem‹. [2] Pulcherrime itaque usus inolevit, ut, quicunque uxorem ducere disponit, eam in fide et legitimo consensu et spe sobolis, non autem gratia libidinis exercende ducat, et ei de rebus, quae sibi adiacent, legitime osculum faciat, et non in abditis, sicut gentes, qui Deum ignorant, sed adhibitis secum ex utraque parte amicis, nuptias publice celebrandas constituat. [3] His igitur auctoritatibus commonitus, ego N. te, amatissimam sponsam meam N., non sine legitimo meorum atque parentum tuorum assensu in uxorem habere dispono, et de rebus meis secundum ritum antecessorum nostrorum tibi osculum constituo, dans tibi ista et ista.

als Braut- bzw. Ehegabe erhalten sollst. Du selbst sollst solange dem Bräutigam, der das so Beschaffene getan hat, in aller Demut Dienst und Treue in Liebe erweisen. Amen. Gelobt sei Gott!

51. Formulae extravagantes I,15 (MGH.Formulae Merowingici et Karolini aevi), S. 542f: [1] Viele Erklärungen der heiligen Schriften und auch der erfahrenen Gelehrten des Heiligen Textes lehren klar genug, dass Gott der Schöpfer und Gebieter aller Dinge zur himmlischen Pracht seines eigenen Lobes die Engelwürde geschaffen hat. Aber einige davon wurden aus der Gemeinschaft wegen der Pest des Hochmuts durch einen unwiederbringlichen Sündenfall vom Himmelssitz niedergestürzt. Damit aber ihr seliger Stand nicht verödet sei, hat derselbe Gott, nachdem er die ganze Welt geformt hatte, den Menschen aus dem Stoff des Lehms zum Abbild seiner Herrlichkeit gemacht. Nachdem er selbst auch ihn nach seinem Willen in einen Schlaf fallen ließ und eine Rippe aus seiner Seite entnommen hatte, hat er ihm die Frau geschaffen. Daraufhin sagte er, indem er sie durch seinen Segen stärkte: ›Wachset und mehret euch‹ und fügte hinzu: ›Der Mann wird Vater und Mutter verlassen und sich an seine Frau binden und sie werden ein Fleisch werden‹. Endlich aber verherrlichte der Herr, als er im Fleisch kam, die Hochzeit durch seine leibliche Anwesenheit, indem er es nicht verschmähte, zu kommen, und Wasser in Wein verwandelte, wobei er diese Hochzeit mit seinen heiligen Wundern auszeichnete. Aber auch der Apostel empfahl das Gut der Ehe, um die Unzucht zu beseitigen, und sagte: ›Ein jeder soll lieber eine Frau zur Vermeidung der Unzucht haben‹. [2] Sehr schön hat sich die Gewohnheit eingebürgert, dass, wer auch immer eine Ehefrau heimführen will, er diese durch zuverlässige und in rechtmäßiger Zustimmung und in Hoffnung auf Nachkommenschaft, nicht aber aus Begierde heimführt und mit ihr über die Dinge, die ihm gehören, einen rechtmäßigen Vertrag macht und nicht im Verborgenen, so wie die Heiden, die Gott nicht kennen, sondern in Anwesenheit von Freunden/Verwandten beider Seiten beschließt, dass die Hochzeit öffentlich zu feiern sei. [3] Ermahnt durch solche Autoritäten will ich (X) dich, meine liebste Braut (Y), nicht ohne die rechtmäßige Zustimmung meiner und deiner Eltern/Verwandten als Ehefrau haben und stelle dir von meinem Besitz gemäß der Sitte unserer Vorfahren die Eheschenkungsurkunde hin, indem ich dir das da und das da gebe.

Konzilien

Concilium Romanum
(721)

1. Concilium Romanum a. 721 c. 4 (Mansi 12), Sp. 263: Si quis commatrem spiritalem duxerit in conjugium, anathema sit. [...].

2. Concilium Romanum a. 721 c. 5 (Mansi 12), Sp. 263: Si quis fratris uxorem duxerit in conjugium, anathema sit. [...].

3. Concilium Romanum a. 721 c. 6 (Mansi 12), Sp. 263: Si quis neptem duxerit in conjugium, anathema sit. [...].

4. Concilium Romanum a. 721 c. 7 (Mansi 12), Sp. 263: Si quis novercam aut nurum suam duxerit in conjugium, anathema sit. [...].

5. Concilium Romanum a. 721 c. 8 (Mansi 12), Sp. 263: Si quis consobrinam duxerit in conjugium, anathema sit. [...].

6. Concilium Romanum a. 721 c. 9 (Mansi 12), Sp. 263: Si quis de propria cognatione, vel quam cognatus habuit, duxerit in uxorem, anathema sit. [...].

7. Concilium Romanum a. 721 c. 10 (Mansi 12), Sp. 264: Si quis viduam rapuerit vel furatus fuerit in uxorem, cum sibi consentientibus, anathema sit. [...].

8. Concilium Romanum a. 721 c. 11 (Mansi 12), Sp. 264: Si quis virginem, quam sibi non desponsaverit, rapuerit vel furatus fuerit in uxorem, vel consentiens ei, anathema sit. [...].

Concilium Romanum
(743)

9. Concilium Romanum a. 743 c. 5 (MGH.Conc 2,1), S. 13f, 31: V. capitulo, ut presbyteram, diaconam, nonnam aut monacham vel etiam spiritalem commatrem nullus praesumat nefario coniugio copulari. Nam qui huiusmodi opus perpetraverit, sciat se anathematis vinculo esse obligatum et Dei iudicio condemnatum atque a sacro corpore et sanguine Domini nostri Iesu Christi alienum, statuente apostolica censura, ut quicumque sacerdotum eos communicare praesumpserit eorum consortio condemnatus sacerdotii sui honore privetur. Si autem hi, qui coniuncti sunt, ammoniti declinaverint et ab alterutrum fuerint divisi, paenitentiae summittantur, ut sacerdos loci providerit. *Forma minor*: V. Ut presbyteram, diaconam, monacham vel etiam spiritalem commatrem nullus praesumat nefario coniugio copulare. Si quis talibus communionem dederit, honore privetur. Si autem fuerint divisi, paenitentiae submittantur.

Konzilien

Concilium Romanum
(721)

1. Concilium Romanum a. 721 c. 4 (Mansi 12), Sp. 263: Wenn jemand die Patin/geistliche Mitmutter in die Ehe geführt hat, sei er mit dem Kirchenbann belegt. […].
2. Concilium Romanum a. 721 c. 5 (Mansi 12), Sp. 263: Wenn jemand die Ehefrau des Bruders in die Ehe geführt hat, sei er mit dem Kirchenbann belegt. […].
3. Concilium Romanum a. 721 c. 6 (Mansi 12), Sp. 263: Wenn jemand die Nichte/Enkelin in die Ehe geführt hat, sei er mit dem Kirchenbann belegt. […].
4. Concilium Romanum a. 721 c. 7 (Mansi 12), Sp. 263: Wenn jemand seine Stiefmutter oder seine Schwiegertochter in die Ehe geführt hat, sei er mit dem Kirchenbann belegt. […].
5. Concilium Romanum a. 721 c. 8 (Mansi 12), Sp. 263: Wenn jemand die Cousine ersten Grades in die Ehe geführt hat, sei er mit dem Kirchenbann belegt. […].
6. Concilium Romanum a. 721 c. 9 (Mansi 12), Sp. 263: Wenn jemand eine aus der eigenen Verwandtschaft oder diejenige, die ein Verwandter gehabt hat, als Ehefrau heimgeführt hat, sei er mit dem Kirchenbann belegt. […].
7. Concilium Romanum a. 721 c. 10 (Mansi 12), Sp. 264: Wenn jemand eine Witwe geraubt oder als Ehefrau erschlichen hat, sei er zusammen mit denen, die ihm zugestimmt haben, mit dem Kirchenbann belegt. [ ]
8. Concilium Romanum a. 721 c. 11 (Mansi 12), Sp. 264: Wenn jemand eine Jungfrau, mit der er nicht verlobt ist, geraubt oder als Ehefrau erschlichen hat oder [wenn] der, der einem solchen Mann zugestimmt hat, sei er mit dem Kirchenbann belegt. […].

Concilium Romanum
(743)

9. Concilium Romanum a. 743 c. 5 (MGH.Conc 2,1), S. 13f, 31: Fünftes Kapitel. Keiner soll es wagen, sich mit einer Presbyterin, einer Diakonin, einer Nonne oder Klosterfrau oder auch mit der Patin/geistlichen Mitmutter in sündhafter Ehe zu verbinden. Denn der, der so etwas ins Werk gesetzt hat, soll wissen, dass er mit der Fessel des Kirchenbanns belegt ist und – nach dem Urteil Gottes für schuldig befunden – auch vom heiligen Leib und Blut unseres Herrn Jesus Christus fern zu bleiben hat, wobei das apostolische Urteil vorschreibt, dass, welcher Priester es auch gewagt hat, ihnen die Kommunion zu spenden, [dass dieser] von der Gemeinschaft [der Priester] für schuldig befunden und der Ehre seines Priesteramtes beraubt werden soll. Wenn aber die, die ehelich verbunden worden sind, infolge der Ermahnung nachgegeben und sich voneinander getrennt haben, sollen sie sich der Buße unterziehen, wie es der Ortspriester vorsieht. *Kurzform:* V. Keiner soll es wagen, sich mit einer Presbyterin, einer

10. Concilium Romanum a. 743 c. 6 (MGH.Conc 2,1), S. 14f, 31: VI. capitulo, ut consobrinam, neptem, novercam, fratris uxorem vel etiam de propriae cognationis nullus praesumat in coniugio copulari, quia scriptum est in lege Domini: *Turpitudinem uxoris patris, uxoris fratris atque sororis tuae non revelabis; turpitudo enim tua est*. Et si Deus Hebraicho populo ante incarnatione unigeniti filii sui haec servanda mandavit, quantum amplius nos, qui Christianae religionis documenta tenemus, ab inlicitis conubiis observare debemus, ne demersi in voragine ignis aeterni concrememur incendio. Si quis vero in hoc nefario coniugio convenerit et in eo permanserit, sciat se auctoritate apostolica anathematis vinculo esse innodatum, et nullus sacerdos illi tribuat communionem, ut in superiore capitulo continetur, et, si inclinatus divisusque fuerit ab inlicita copula, paenitentiae submittatur, ut sacerdos loci consideraverit. *Forma minor*: VI. Ut consobrinam, neptem, novercam, fratris uxorem vel etiam de propria cognatione aut quam cognatus habuit nullus audeat in coniugium copulare. Si quis huic tali nefario coniugio convenerit et in eo permanserit, sciat se apostolicae auctoritatis anathematis vinculis esse innodatum, et nullus sacerdos tribuat illi communionem; si vero conversus divisusque fuerit copulatione, dignae paenitentiae submittatur, ut sacerdos loci consideraverit.

11. Concilium Romanum a. 743 c. 7 (MGH.Conc 2,1), S. 15: [...] Si quis temerario ausu praesumpserit virginem aut viduam furare in uxorem, praeter si disponsata habuerit, anathema sit. [...].

Concilium Liftinense
(743)

12. Concilium Liftinense a. 743 o.c. (MGH.Conc 2,1), S. 6: Si quis filiastrum aut filiastram suam ante episcopum ad confirmationem tenuerit, separetur ab uxore sua et alteram non accipiat. Simili modo et mulier alterum non accipiat.

13. Concilium Liftinense a. 743 c. 3 (MGH.Conc 2,1), S. 7: Similiter praecipimus, ut iuxta decreta canonum adulteria et incesta matrimonia, que non sint legitima, prohibeantur et emendentur episcoporum iudicio, et ut mancipia Christiana paganis non tradantur.

Diakonin, einer Klosterfrau oder auch mit der Patin/geistlichen Mitmutter in sündhafter Ehe zu verbinden. Wenn aber jemand solchen [Personen] die Kommunion gereicht hat, soll er der Ehre [d. h. seines Amtes bzw. seiner Würde] beraubt werden. Wenn sie aber voneinander getrennt worden sind, sollen sie sich der Buße unterziehen.

10. Concilium Romanum a. 743 c. 6 (MGH.Conc 2,1), S. 14f, 31: Sechstes Kapitel. Keiner soll es wagen, die Cousine ersten Grades, die Nichte/Enkelin, die Stiefmutter, die Ehefrau des Bruders oder auch eine aus der eigenen Verwandtschaft zu heiraten, weil im Gesetz des Herrn geschrieben steht: ›Du sollst die Scham der Ehefrau des Vaters, der Ehefrau des Bruders und deiner Schwester nicht enthüllen; es ist nämlich deine Scham‹. Und wenn Gott dem hebräischen Volk vor der Geburt seines eingeborenen Sohnes aufgetragen hat, dies zu beachten, um wie viel mehr müssen wir, die wir uns nach der Lehre der christlichen Religion richten, uns vor unerlaubten Ehen hüten, damit wir nicht im Abgrund des ewigen Feuers verbrannt werden. Wenn aber jemand zu einer solch schändlichen Ehe kommt und darin verharrt, soll er wissen, dass er durch apostolische Autorität mit der Fessel des Kirchenbannes belegt ist. Kein Priester darf jenem die Kommunion reichen, wie es im oben genannten Capitulum festgehalten wird, und wenn er von der unerlaubten Verbindung abgebracht und getrennt worden ist, soll er sich der Buße unterziehen, wie sie der Ortspriester vorsieht. *Kurzform:* VI. Keiner soll es wagen, die Cousine ersten Grades, die Nichte/Enkelin, die Stiefmutter, die Ehefrau des Bruders oder eine aus der eigenen Verwandtschaft zu heiraten. Wenn aber jemand zu einer solch schändlichen Ehe kommt und darin verharrt, soll er wissen, dass er durch apostolische Autorität mit der Fessel des Kirchenbannes belegt ist. Kein Priester darf jenem die Kommunion reichen; wenn er aber von der unerlaubten Verbindung abgewendet und getrennt worden ist, soll er sich der angemessenen Buße unterziehen, wie sie der Ortspriester vorsieht.

11. Concilium Romanum a. 743 c. 7 (MGH.Conc 2,1), S. 15: [...] Wenn es jemand unbesonnen gewagt hat, eine Jungfrau oder Witwe zu rauben und zu ehelichen, außer es war seine Verlobte, sei er mit dem Kirchenbann belegt.

Concilium Liftinense
(743)

12. Concilium Liftinense a. 743 o.c. (MGH.Conc 2,1), S. 6: Wenn jemand seinen Stiefsohn oder seine Stieftochter zur Firmung vor den Bischof geführt hat, soll er von seiner Ehefrau getrennt werden und keine andere annehmen. Auf die gleiche Weise soll auch die Frau keinen anderen [Mann] annehmen.

13. Concilium Liftinense a. 743 c. 3 (MGH.Conc 2,1), S. 7: Gleichermaßen erteilen wir Weisung, dass gemäß den Bestimmungen der Kanones Ehebruch und inzestuöse Heiraten verhindert und durch das Urteil der Bischöfe rückgängig gemacht werden sollen, weil sie nicht rechtmäßig sind; und [wir erteilen Weisung,] dass christliche abhängige Personen nicht den Heiden ausgeliefert werden sollen.

Concilium Suessionense
(744)

14. Concilium Suessionense a. 744 c. 9 (MGH.Conc 2,1), S. 35: [1] Similiter constituemus, ut nullus laicus homo Deo sacrata femina ad mulierem non habeat nec sua parentem; [2] nec marito viventem sua mulier alius non accipiat[36], nec mulier vivente suo viro alium accipiat, quia maritus muliere sua non debet dimittere, excepto causa fornicationis deprehensa.

Concilium Dingolfingense
(770)

15. Concilium Dingolfingense a. 770 c. 10 (MGH.Conc 2,1), S. 95: De eo quod, si quis servus mulierem nobilem acceperit in coniugium et non prescivit, ita constituit, ut iterum libera esset, dimittat servum et postea non redigatur in servitium, sed esset libera.

Concilium Foroiuliense
(796 vel 797)

16. Concilium Foroiuliense a. 796 vel 797 c. 10 (MGH.Conc 2,1), S. 192f: [1] Item placuit, ut resoluto fornicationis causa iugali vinculo non liceat viro, quamdiu adultera vivit, aliam uxorem ducere, licet sit illa adultera, sed nec adulterae, quae paenas gravissimas vel paenitentiae tormentum luere debet, alium accipere virum nec vivente nec mortuo, quem non erubuit defraudare, marito. [2] Nam etsi legatur in sacris evangelicis paginis sola fornicationis causa dixisse Dominum dimittere virum uxorem suam, non tamen legitur concessisse aliam vivente illa in coniugio sibi sociare, prohibuisse quidem modis omnibus non ambigitur. Ait enim: *Quicumque dimiserit uxorem suam nisi ob fornicationem et aliam duxerit, moechatur.* Qua de re ita diffinire prospeximus, ut iuxta eiusdem Domini mellifluam vocem nemo haec interdicta violator inculcare praesumat. [3] Sed quoniam in medio ambiguus interponitur sermo, id est ›nisi ob fornicationem‹, quaeri nimirum potest, utrum ad solam licentiam dimittendi uxorem ›qui dimiserit uxorem suam nisi ob fornicationem‹ an etiam ad utrumque dictum referatur, hoc est ad aliam vivente illa accipiendam, quasi dixerit: ›Qui dimiserit uxorem suam et aliam nisi ob fornicationem duxerit, moechatur‹. Et idcirco peritissimi viri beati Hieronimi libellum commentariorum recenseri nobis studiose mandavimus, anxiae utique cognoscere

---

36 Dieser Teil des Textes ist grammatikalisch so verstellt, dass sich der Sinn überhaupt nur aus dem folgenden Satzteil erschließen lässt.

Concilium Suessionense
(744)

14. Concilium Suessionense a. 744 c. 9 (MGH.Conc 2,1), S. 35: [1] Gleichermaßen setzen wir fest, dass kein Laie eine Gott geweihte Frau heiraten darf, auch nicht seine Verwandte; [2] weder darf ein Mann eine andere annehmen[36], während seine Frau noch lebt, noch darf eine Frau einen anderen annehmen, während ihr Mann noch lebt, weil der Ehemann seine Frau nicht entlassen darf, außer wenn sie bei Unzucht ertappt worden ist.

Concilium Dingolfingense
(770)

15. Concilium Dingolfingense a. 770 c. 10 (MGH.Conc 2,1), S. 95: Wenn ein abhängiger Mann eine adlige Frau geheiratet und diese es vorher nicht gewusst hat, so hat man festgesetzt, dass sie wiederum frei sein soll, den abhängigen Mann entlassen und später nicht in Abhängigkeit zurückgeführt werden, sondern frei sein soll.

Concilium Foroiuliense
(796 vel 797)

16. Concilium Foroiuliense a. 796 vel 797 c. 10 (MGH.Conc 2,1), S. 192f: [1] Ebenso hat man beschlossen, dass es dem Mann, nachdem das Band der Ehe aus dem Grund der Unzucht gelöst worden ist, nicht erlaubt ist, eine andere als Ehefrau heimzuführen, solange die Ehebrecherin noch lebt, auch wenn jene eine Ehebrecherin war; aber auch die Ehebrecherin, die die härtesten Strafen erleiden und die Qual der Buße bezahlen muss, darf keinen anderen Mann annehmen, weder während ihr Ehemann lebt, den zu betrügen sie sich nicht gescheut hat, noch wenn er tot ist. [2] Denn auch wenn im Text des Evangliums gelesen wird, dass der Herr gesagt hat, dass allein im Fall der Unzucht der Mann seine Frau wegschicken darf, kann man dort dennoch nicht lesen, dass er [d. h. der Herr] es ihm erlaubt hat, eine andere in der Ehe mit sich zu verbinden, während jene noch lebt; es kann vielmehr kein Zweifel bestehen, dass er [d. h. der Herr] es verboten hat. Er sagt nämlich: ›Wer auch immer seine Ehefrau außer im Fall der Unzucht weggeschickt und eine andere heimgeführt hat, begeht Ehebruch‹. Aus diesem Grund haben wir Fürsorge getragen, es so zu bestimmen, dass nach dem honigsüßen Wort des Herrn es sich niemand anmaßen soll, wie ein Gesetzesübertreter diese Verbote mit Füßen zu treten. [3] Aber weil ja der zweideutige Ausdruck ›außer im Falle der Unzucht‹ in der Mitte steht, kann freilich

---

36 Dieser Teil des Textes ist grammatikalisch so verstellt, dass sich der Sinn überhaupt nur aus dem folgenden Satzteil erschließen lässt.

festinantes, qualiter hisdem famosissimus doctor haec sacrata dominica verba iuxta capatioris ingenii sui subtilitatem sensisse monstraretur. Cuius nimirum sensum, sagaciter explorantes, in promptum nichilominus patuit ad solam dimittendi uxorem licentiam pertinere. [4] Nam cum more suo vir sanctus ad huius capituli summatim seriem exponendam transcurreret, inter cetera et post pauca sic ait: Et quia poterat, inquit, accidere, ut aliquis calumniam faceret innocenti et ob secundam copulam nuptiarum veteri crimen inpingeret, sic prior dimitti iubetur uxor, ut secundam prima vivente non habeat. [5] Non enim debet imitari malum adultere uxoris, et si illa duo, immo unam carnem per scissuras fornicationum divisit in tres, non decet, ut maritus nequius exsequendo tres dividat in quattuor. [6] Unde patenter datur intellegi: quamdiu vivit adultera, non licet viro nec potest inpune secundas contrahere nuptias.

Concilium Baiuvaricum
(800)[37]

17. Concilium Baiuvaricum a. 800 c. 12 (MGH.Conc 2,1), S. 53: Ut et nuptiae caveantur, ne inordinate neque inexaminatae non fiant, neque quisquam audeat ante nubere, antequam presbitero suo adnuntiet et parentibus suis et vicinis, qui eorum possint examinare propinquitatem, et cum eorum fiat consilio et voluntate.

Concilium Arelatense
(813)

18. Concilium Arelatense a. 813 c. 11 (MGH.Conc 2,1), S. 251: [1] De incestis coniunctionibus, sicut a sanctis patribus institutum est, nihil prorsus veniae reservamus, nisi cum adulterium separatione sanaverint. [2] Incestos vero nullo coniugii nomine deputandos, quos etiam designare funestum est, hos enim esse censemus: [3] si quis relictam fratris, quae pene prius soror extiterat,

---

37 Zur Datierung vgl. SAAR, Ehe, S. 175.

gefragt werden, ob sich das Diktum ›wer seine Frau außer im Falle der Unzucht entlassen hat‹ nur auf die Erlaubnis zur Entlassung der Ehefrau bezieht oder auf beides, d. h. eine andere zur Frau zu nehmen, während jene noch lebt, als wenn er gesagt hätte: ›Wer seine Ehefrau entlassen und eine andere außer im Falle der Unzucht angenommen hat, der bricht die Ehe‹. Deswegen haben wir es unternommen, den Kommentar des hoch erfahrenen seligen Hieronymus sorgfältig zu untersuchen; denn wir waren darauf gespannt und hatten es eilig zu erfahren, auf welche Weise der hochberühmte Gelehrte diese heilige Aussage des Herrn gemäß seinem scharfsinnigen Verstand erläutert hat. Als wir also seine Interpretation aufmerksam erforschten, wurde uns sofort klar, dass es sich nur auf die Erlaubnis bezieht, die Frau zu entlassen. [4] Denn als der heilige Mann nach seiner Art dazu überging, dieses Kapitel zusammenfassend zu erklären, sagte er unter anderem kurz darauf Folgendes: Und weil es geschehen konnte, dass irgendjemand das Recht gegenüber einer Unschuldigen/einem Unschuldigen verdreht und um einer zweiten Ehe willen der alten Ehe eine Verleumdung anhaftet, so wird befohlen, dass die frühere Ehefrau entlassen wird, damit der Mann keine zweite [Frau] zu Lebzeiten der ersten hat. [5] Er darf nämlich nicht die Untat der ehebrecherischen Frau nachmachen; und wenn jene die zwei, [die] doch gewiss ein Fleisch [sind], durch die Spaltungen der Unzuchtsvergehen in drei geteilt hat, ist es nicht erlaubt, dass der Ehemann leichtfertig durch sein Tun die drei in vier teilt. [6] Daher wird offen dargetan, dass es so verstanden wird: Solange die Ehebrecherin lebt, ist es dem Mann nicht erlaubt und er kann nicht ungestraft eine zweite Hochzeit eingehen.

Concilium Baiuvaricum
(800)[37]

17. Concilium Baiuvaricum a. 800 c. 12 (MGH.Conc 2,1), S. 53: Sie sollen sich bei Heiraten in Acht nehmen, dass sie nicht ungeordnet und ungeprüft geschehen und dass es niemand wage, zu heiraten, bevor er es bei seinem Priester und bei seinen Eltern/Verwandten und Nachbarn/Verwandten, die ihrer beider Verwandtschaft prüfen können, angekündigt hat, damit es mit ihrer Zustimmung und ihrem Willen geschehe.

Concilium Arelatense
(813)

18. Concilium Arelatense a. 813 c. 11 (MGH.Conc 2,1), S. 251: [1] Inzestuösen Ehen erteilen wir keine Vergebung, so wie es von den heiligen Vätern beschlossen worden ist, außer wenn sie den Ehebruch durch Trennung geheilt haben. [2] Inzestuöse aber dürfen nicht mit dem Namen der Ehe bezeichnet werden – sie schon anzubahnen, ist verderblich – und das sind unseres Erachtens die Fol-

---

37 Zur Datierung vgl. SAAR, Ehe, S. 175.

carnali coniunctione violaverit; si quis fratris germanam uxorem acceperit; si quis novercam duxerit; si quis consobrinae suae se societ; [4] si quis relictae vel filiae avunculi misceatur aut patris filiae vel privignae suae concubitu polluatur vel si quid est huiusmodi, quod et hic annotare longum est et in incesti baratrum neglegentem quemlibet inmergit.

Concilium Cabillonense
(813)

19. Concilium Cabillonense a. 813 c. 29 (MGH.Conc 2,1), S. 279: Sane quae in propria viro, haec nimirum in uxoris parentela de lege nuptiarum regula custodienda est. Quia ergo constat eos duos esse in carne una, communis illis utrimque parentela esse credenda est, sicut scriptum est: *Erunt duo in carne una.*

20. Concilium Cabillonense a. 813 c. 30 (MGH.Conc 2,1), S. 279: Dictum nobis est, quod quidam legitima servorum matrimonia potestativa quadam praesumptione dirimant, non attendentes illud evangelicum: *Quod Deus coniunxit homo non separet.* Unde nobis visum est, ut coniugia servorum non dirimantur, etiamsi diversos dominos habeant, sed in uno coniugio permanentes dominis suis serviant. Et hoc in illis observandum est, ubi legalis coniunctio fuit et per voluntatem dominorum.

Concilium Moguntinense
(813)

21. Concilium Moguntinense a. 813 c. 54 (MGH.Conc 2,1), S. 273: Ne in quarta generacione coniugium copuletur. Contradicimus quoque, ut in quarta generatione nullus amplius coniugio copuletur; ubi autem post interdictum factum fuerit inventum, separetur.

22. Concilium Moguntinense a. 813 c. 55 (MGH.Conc 2,1), S. 273: Ne proprius filius de baptismo suscipiatur. Nullus igitur proprium filium vel filiam de fonte baptismatis suscipiat nec filiolam nec commatrem[38] ducat uxorem nec illam,

---

38 In diesem Fall kann mit der *commater* nur die Frau gemeint sein, die als Patin der Kinder eines Mannes seine geistliche Mitmutter ist, weil die Mutter seiner Patenkinder, die ebenfalls seine geistliche Mitmutter ist, im Folgenden angesprochen wird.

genden: [3] Wenn jemand die Witwe des Bruders, die sozusagen ehemals [seine] Schwester gewesen ist, durch die Vereinigung des Fleisches verletzt hat, wenn jemand die Schwester des Bruders zur Ehefrau genommen hat; wenn jemand die Stiefmutter heimgeführt hat; wenn jemand seine Cousine geheiratet hat; [4] wenn sich jemand mit der Witwe oder der Tochter des Onkels verbunden oder sich mit der Tochter des Vaters oder mit seiner Stieftochter durch Beischlaf befleckt hat oder wenn ähnliche Fälle vorkommen, die hier noch lange zu vermerken wären und je den Nachlässigen in den Abgrund des Inzestuösen stürzen würden.

Concilium Cabillonense
(813)

19. Concilium Cabillonense a. 813 c. 29 (MGH.Conc 2,1), S. 279: Unbeschadet dessen, was beim eigenen Mann [vorgeschrieben ist], ist bei der Verwandtschaft der Frau allerdings diese Regel über das Gesetz der Ehe zu beachten. Weil also feststeht, dass die zwei in einem Fleisch sind, ist zu glauben, dass ihre beiderseitige Verwandtschaft eine gemeinsame ist. Und die zwei werden in einem Fleisch sein.
20. Concilium Cabillonense a. 813 c. 30 (MGH.Conc 2,1), S. 279: Es ist uns zu Ohren gekommen, dass gewisse Leute die rechtmäßigen Eheschließungen der abhängigen Männer/Menschen mit gewisser Machtanmaßung trennen, ohne jenes Wort des Evangeliums zu beachten: ›Was Gott verbunden hat, soll der Mensch nicht trennen‹. Daher erscheint es uns richtig, dass die Ehen der abhängigen Männer/Menschen nicht getrennt werden sollen, auch wenn sie verschiedene Herren haben, sondern dass sie in der einen Ehe bleiben und ihren Herren dienen. Das ist auch in denjenigen Fällen zu beachten, wo die Verbindung rechtmäßig gewesen ist und mit dem Willen der Herren [zustande gekommen ist].

Concilium Moguntinense
(813)

21. Concilium Moguntinense a. 813 c. 54 (MGH.Conc 2,1), S. 273: In der vierten Generation soll man nicht in der Ehe verbunden werden. Wir setzen auch im Gegensatz zu früheren Bestimmungen fest, dass keiner mehr in der vierten Generation durch eine Ehe verbunden werde; wo es aber nach diesem Verbot entdeckt wird, [da] sollen sie getrennt werden.
22. Concilium Moguntinense a. 813 c. 55 (MGH.Conc 2,1), S. 273: Keiner darf den eigenen Sohn aus der Taufe heben. Deshalb darf keiner den eigenen Sohn oder die Tochter aus der Taufe heben, auch nicht die Patentochter oder die [eigene]

cuius filium aut filiam ad confirmationem duxerit. Ubi autem factum fuerit, separentur.

23. Concilium Moguntinense a. 813 c. 56 (MGH.Conc 2,1), S. 273: De damnatis nuptiis. Si quis viduam uxorem duxerit et postea cum filiastra sua fornicatus fuerit seu duabus sororibus nupserit, aut si qua duobus fratribus nupserit seu cum patre et filio, tales copulationes anathematizari et disiungi praecipimus nec umquam amplius coniugio copulari, sed sub magna districtione fieri.

Appendices ad Concilia
(813)

24. Appendices ad Concilia a. 813 c. 95 (MGH.Conc 2,1), S. 305: Ne legitima servorum matrimonia dividantur.

Concilium Romanum
(826)

25. Concilium Romanum a. 826 c. 36 (MGH.Conc 2,2), S. 582[39]: [1] De his, qui adhibitam sibi uxorem reliquerunt et aliam sociaverunt. [2] Nulli liceat, excepta causa fornicationis, adhibitam uxorem relinquere et deinde aliam copulare; alioquin transgressorem priori convenit sociari coniugio. [3] Sin autem vir et uxor divertere pro sola religiosa inter se consenserint vita, nullatenus sine conscientia episcopi fiat, ut ab eo singulariter proviso constituantur loco. [4] Nam uxore nolente aut altero eorum etiam pro tali re matrimonium non solvatur. [5] *Forma minor*: Nullus excepta causa fornicationis uxorem suam dimittat. [6] Si vero vir et uxor pro religione dividi voluerint, cum consensu episcopi hoc faciant. [7] Nam si unus voluerit et alius noluerit, etiam pro tali re matrimonium non solvatur.

---

39 Fast wortidentisch vgl. Eugenii II Concilium Romanum a. 826 c. 36 (MGH.Cap 1), S. 376.

Patin bzw. die geistliche Mitmutter [d. h. die Patin seiner Kinder][38] zur Frau nehmen, auch nicht jene, dessen Sohn oder Tochter er zur Firmung geführt hat. Wo aber diese Tat bereits geschehen ist, sollen sie getrennt werden.

23. Concilium Moguntinense a. 813 c. 56 (MGH.Conc 2,1), S. 273: Verbotene Eheschließungen. Wenn jemand eine Witwe als Ehefrau heimgeführt und später mit ihrer Tochter Unzucht getrieben oder zwei Schwestern geheiratet hat; oder wenn eine [Frau] zwei Brüder geheiratet oder mit Vater und Sohn [Unzucht getrieben hat], [dann] schreiben wir vor, dass die so beschaffenen Verbindungen mit dem Kirchenbann belegt und getrennt werden und niemals mehr in einer Ehe verbunden werden; aber es soll genau kontrolliert werden.

Appendices ad Concilia
(813)

24. Appendices ad Concilia a. 813 c. 95 (MGH.Conc 2,1), S. 305: Die rechtmäßigen Eheschließungen der abhängigen Männer/Menschen sollen nicht getrennt werden.

Concilium Romanum
(826)

25. Concilium Romanum a. 826 c. 36 (MGH.Conc 2,2), S. 582[39]: [1] Über diejenigen, welche die Ehefrau, die sie bereits angenommen haben, verlassen und sich mit einer anderen verbinden. [2] Es ist niemandem erlaubt, außer im Falle der Unzucht, die Ehefrau, mit der er zusammengelebt hat, zu verlassen und sich daraufhin mit einer anderen in der Ehe zu verbinden; widrigenfalls ist man übereingekommen, dass der Übertreter [dieser Weisung] der ersten Ehe wieder zugeführt wird. [3] Wenn sich aber ein Mann und eine Frau um des Klosterlebens willen einig gewesen sind, auseinander zu gehen, soll dies keinesfalls ohne die Zustimmung des Bischofs geschehen, damit sie an dem von ihm für sie jeweils vorgesehenen Ort angesiedelt werden. [4] Denn wenn die Ehefrau oder [überhaupt] einer der beiden Ehepartner es nicht will, kann die Ehe auch aus einem solchen Motiv heraus nicht gelöst werden. [5] *Kurzform*: Niemand darf seine Ehefrau, außer im Falle der Unzucht, entlassen. [6] Wenn aber ein Mann und eine Frau um der Religion willen getrennt werden wollen, sollen sie es mit dem Einverständnis des Bischofs tun. [7] Denn wenn einer will und der andere nicht will, kann die Ehe auch aus einem solchen Motiv heraus nicht getrennt werden.

---

38 In diesem Fall kann mit der *commater* nur die Frau gemeint sein, die als Patin der Kinder eines Mannes seine geistliche Mitmutter ist, weil die Mutter seiner Patenkinder, die ebenfalls seine geistliche Mitmutter ist, im Folgenden angesprochen wird.
39 Fast wortidentisch vgl. Eugenii II Concilium Romanum a. 826 c. 36 (MGH.Cap 1), S. 376.

26. Concilium Romanum a. 826 c. 37 (MGH.Conc 2,2), S. 582[40]: [1] Ut non liceat uno tempore duas habere uxores sive concubinas. [2] Nulli liceat uno tempore duas habere uxores, [3] quia, cum domui non sit lucrum, animae fit detrimentum. Nam sicut Christus castam observat eclesiam, ita vir castum debet custodire coniugium.

27. Concilium Romanum a. 826 c. 38 (MGH.Conc 2,2), S. 582f[41]: De incestis et inutilibus coniunctionibus. Consobrinam, neptem, novercam, fratris uxorem vel etiam de propria cognatione aut quam cognatus habuit nullus audeat in coniugium copulare. Si quis vero huic tali nefario coniugio convenerit et in eo permanserit, sciat se apostolicae auctoritatis anathematis vinculo esse innodatum, et nullus sacerdos illi tribuat communionem; si vero conversus divisusque ab inlicita fuerit copulatione, dignae paenitentiae submittatur, ut sacerdos loci consideraverit.

Concilium Parisiense
(829)

28. Concilium Parisiense a. 829 (69) Cap 2 (MGH.Conc 2,2), S. 670f: [1] [...] scilicet quod nosse eos oporteat coniugium a Deo esse constitutum et quod non sit causa luxoriae, sed causa potius filiorum appetendum, et ut virginitas, sicut doctores nostri tradunt, usque ad nuptias sit custodienda, et uxores habentes neque pelicem neque concubinam habere debeant, quomodo etiam in castitate uxores suas diligere eisque utpote vasi infirmiori honorem debitum debeant inpendere, et quod commixtio carnalis cum uxoribus gratia fieri debeat prolis, non voluptatis, et qualiter a coitu pregnantium uxorum viris abstinendum sit, [2] nisi causa fornicationis, ut Dominus ait, non sit uxor dimittenda, sed potius sustinenda et quod hi, qui causa fornicationis dimissis uxoribus suis alias ducunt, Domini sententia adulteri esse notentur, sive etiam qualiter incesta a Christianis cavenda sint.

---

40 Fast wortidentisch vgl. ebd. c. 37 (MGH.Cap 1), S. 376.
41 Fast wortidentisch vgl. ebd. c. 38 (MGH.Cap 1), S. 376f.

26. Concilium Romanum a. 826 c. 37 (MGH.Conc 2,2), S. 582[40]: [1] Es ist nicht erlaubt, zur gleichen Zeit zwei Ehefrauen oder Konkubinen zu haben. [2] Keinem ist es erlaubt, zur gleichen Zeit zwei Ehefrauen zu haben, [3] denn während es im Haus kein Vorteil ist, wird es zum Schaden der Seele gereichen. So wie Christus die Kirche rein bewahrt hat, so muss der Mann die Ehe rein bewahren.

27. Concilium Romanum a. 826 c. 38 (MGH.Conc 2,2), S. 582f[41]: Über inzestuöse und verderbliche Ehen. Die Cousine ersten Grades, die Nichte/Enkelin, die Stiefmutter, die Frau des Bruders oder auch die aus der eigenen Verwandtschaft oder eine, die ein Verwandter zur Frau gehabt hat, soll niemand wagen, zu ehelichen. Wenn jemand aber eine solch schändliche Ehe eingegangen ist und in ihr verharrt, soll er wissen, dass er durch apostolische Autorität mit den Fesseln des Kirchenbannes belegt ist und kein Priester ihm die Kommunion reichen darf. Wenn er sich aber von der unerlaubten Verbindung abwendet und getrennt wird, soll er sich einer angemessenen Buße unterziehen, wie es der Ortspriester vorgesehen hat.

Concilium Parisiense
(829)

28. Concilium Parisiense a. 829 (69) Cap 2 (MGH.Conc 2,2), S. 670f: [1] [...] Die Gläubigen sollen nämlich wissen, dass die Ehe von Gott eingesetzt worden ist und dass sie nicht um der Ausschweifung willen, sondern vielmehr um der Kinder willen zu suchen ist und dass die Jungfräulichkeit, so wie es unsere Kirchenväter überliefern, bis zur Hochzeit bewahrt werden muss und dass diejenigen, die Ehefrauen haben, weder eine Dirne noch eine Konkubine haben sollen, und sie lehren auch, auf welche Weise sie ihre Ehefrauen auch in Keuschheit lieben müssen und diesen nämlich – als dem schwächeren Gefäß – die Ehre, die ihnen gebührt, erweisen müssen; [die Gläubigen sollen nämlich wissen,] dass der Geschlechtsverkehr mit der Ehefrau um der Nachkommen willen geschehen muss, nicht wegen des Vergnügens, und genauso sollen sich die Männer vom Geschlechtsverkehr mit den schwangeren Ehefrauen enthalten, [2] und [die Gläubigen sollen auch wissen,] dass sie, außer wegen Unzucht, wie es der Herr sagt, die Ehefrau nicht entlassen dürfen, sondern sie behalten müssen und dass diejenigen, die andere heimführen, nachdem sie ihre Ehefrau wegen Unzucht weggeschickt haben, nach dem Wort des Herrn als Ehebrecher angesehen werden sollen. [Sie sollen weiterhin wissen], dass die Christen sich vor Inzest hüten müssen.

---

40 Fast wortidentisch vgl. ebd. c. 37 (MGH.Cap 1), S. 376.
41 Fast wortidentisch vgl. ebd. c. 38 (MGH.Cap 1), S. 376f.

Concilium Meldense – Parisiense
(845/846)

29. Concilium Meldense – Parisiense a. 845/846 c. 64 (MGH.Conc 3), S. 115: [1] Raptores virginum et viduarum, qui etiam postea voluntate parentum eas quasi desponsantes sub dotalicii nomine in coniugium duxerunt, publicae paenitentiae subigantur. [...] [2] Filii vero ex huiusmodi vituperabili coniunctione ante coniugium etiam minus laudabile procreati ad ecclesiasticam dignitatem nullo modo provehantur [...].

30. Concilium Meldense – Parisiense a. 845/846 c. 65 (MGH.Conc 3), S. 115: Hi autem, qui necdum eas, quas rapuerant, cum voluntate parentum sub praefato desponsionis vel dotalicii nomine in coniugium sumptas habent [...] ab earum coniunctione separentur et publicae paenitentiae subigantur, raptae autem parentibus legaliter restituantur. Post peractam vero publicam paenitentiam, si aetas et incontinentia exegerit, legitimo et ex utrisque partibus placito coniugio socientur. Nam in his non regulam constituimus, sed, ut verbis magni Leonis utamur, *quid sit tolerabilius, aestimamus*. Quodsi unus ex coniugatis obierit, is, qui publicam penitentiam egit et superstes extiterit, iterare coniugium non praesumat; nisi forte episcopus praeviderit aliquam concedere indulgentiam, ut graviorem possit amovere offensam.

31. Concilium Meldense – Parisiense a. 845/846 c. 66 (MGH.Conc 3), S. 116: Qui vero deinceps rapere virgines vel viduas praesumpserint, secundum synodalem beati Gregorii diffinitionem ipsi et complices eorum anathematizentur, et raptores sine spe coniugii perpetuo maneant.

32. Concilium Meldense – Parisiense a. 845/846 c. 68 (MGH. Conc 3), S. 116f: De his, qui sponsas alienas rapiunt vel consensu parentum accipiunt, antiqua et synodalis sententia observetur. [...] alterius sponsae acceptor sine publica transeat penitentia et sponso legaliter multa componat. [...].

33. Concilium Meldense – Parisiense a. 845/846 c. 69 (MGH.Conc 3), S. 117: Is, qui vivente marito coniugem illius adulterasse accusatur et eo in proximo defuncto eandem sumpsisse dinoscitur, omnimodis publicae paenitentiae subigatur. De quo etiam post paenitentiam praefata, si expedierit, servabitur regula, nisi forte isdem aut mulier virum, qui mortuus fuerit, occidisse notentur aut propinquitas vel alia quaelibet actio criminalis impediat. Quodsi probatum fuerit, sine ulla spe coniugii cum penitentia perpetuo maneant. Si autem negaverit se eandem feminam vivente viro nequaquam adulterasse et praefati homicidii nemo eorum reus extiterit et probatis testibus neuter eorum convinci potuerit, purgent legaliter famam suae opinionis et sumpto utantur coniugio, si alia, ut diximus, non praepedit ratio.

Concilium Meldense – Parisiense
(845/846)

29. Concilium Meldense – Parisiense a. 845/846 c. 64 (MGH.Conc 3), S. 115: [1] Die Räuber von Jungfrauen und Witwen, die diese sogar später mit dem Willen der Eltern/Verwandten so wie eine Verlobte mittels einer Braut- bzw. Ehegabe in die Ehe geführt haben, sollen der öffentlichen Buße unterworfen werden. [...] [2] Die Kinder aus einer derart tadelnswerten ehelichen Verbindung aber, die vor einer [rechtmäßigen] Ehe, die freilich auch weniger lobenswert ist, gezeugt worden sind, sollen auf keine Weise zu einer kirchlichen Würde erhoben werden. [...].
30. Concilium Meldense – Parisiense a. 845/846 c. 65 (MGH.Conc 3), S. 115: Diejenigen aber, die die Frauen, die sie geraubt haben, noch nicht mit dem Willen der Eltern/Verwandten mittels der oben erwähnten Verlobung oder der Braut- bzw. Heiratsgabe in die Ehe genommen haben [...], sollen von ihrer Verbindung getrennt werden und sich einer öffentlichen Buße unterwerfen; die aber, die geraubt worden sind, sollen rechtmäßig den Eltern/Verwandten zurückgebracht werden. Nach vollendeter öffentlicher Buße aber sollen sie, wenn es das Alter und die Unfähigkeit zur Enthaltsamkeit verlangen, in rechtmäßiger und von beiden Seiten beschlossener Ehe verbunden werden. Denn in diesen Fällen stellen wir keine Regel auf, sondern, um die Worte Leo des Großen zu gebrauchen, schätzen wir, was eher zu ertragen ist. Wenn aber einer der Eheleute gestorben ist, soll der Überlebende, der öffentliche Buße getan hat, es nicht wagen, sich abermals eine Ehe anzumaßen, es sei denn, dass der Bischof vorsieht, eine Ausnahme zu gestatten, um ihm größere Ungnade zu ersparen.
31. Concilium Meldense – Parisiense a. 845/846 c. 66 (MGH.Conc 3), S. 116: Welche Personen aber fortan Jungfrauen oder Witwen zu rauben gewagt haben, die sollen selbst – gemäß dem synodalen Beschluss des seligen Gregor – genauso wie ihre Komplizen mit dem Kirchenbann belegt werden; und die Räuber sollen beständig ohne Hoffnung auf eine Ehe bleiben.
32. Concilium Meldense – Parisiense a. 845/846 c. 68 (MGH. Conc 3), S. 116f: Was diejenigen betrifft, die die Verlobten anderer rauben oder mit dem Einverständnis der Eltern/Verwandten [zur Ehefrau] nehmen, ist die alte und synodale Lehre einzuhalten [...]; [so] soll der, der die Verlobte eines anderen angenommen hat, auf keinen Fall ohne öffentliche Buße davonkommen und dem Bräutigam rechtmäßig eine Geldbuße bezahlen [...].
33. Concilium Meldense – Parisiense a. 845/846 c. 69 (MGH.Conc 3), S. 117: Der, der beschuldigt wird, zu Lebzeiten des Ehemannes mit dessen Ehefrau Ehebruch begangen zu haben, und sie, nachdem dieser alsbald verstorben war, bekanntlich geheiratet hat, soll allen Arten der öffentlichen Buße unterworfen werden. Bei diesem wird auch nach der Buße die vorgenannte Regel eingehalten [gemeint ist die des Kanon 68 für Räuber, d. h.], wenn nicht womöglich festgestellt wird, dass derselbe oder die Frau den Mann, der gestorben ist, umgebracht hat, oder ein verwandtschaftliches Verhältnis oder eine andere beliebige strafbare Handlung das verhindert. Wenn das also erwiesen worden ist, sollen sie ohne irgendeine Hoffnung auf eine Ehe in beständiger Buße verbleiben. Wenn er

Concilium Moguntinum
(847)

34. Concilium Moguntinum a. 847 c. 29 (MGH.Conc 3), S. 175: *De damnatis nuptiis. Si quis viduam uxorem duxerit et postea cum filiastra sua fornicatus fuerit seu duabus sororibus nupserit; aut si qua duobus fratribus nupserit seu cum patre et filio, item si quis relictam fratris, quae pene prius soror exstiterat, carnali coniunctione violaverit, si quis fratris germanam uxorem acceperit, si quis novercam duxerit, si quis consobrinae suae impudice se sociaverit vel relicte sive filiue avunculi aut patris filiae vel privigne suae concubitu pollutus* vel huiscemodi coniunctionis attactu maculatus fuerit, eos *disiungi et* ulterius *numquam conuigio copulari, sed sub magna districtione fieri* volumus.

35. Concilium Moguntinum a. 847 c. 30 (MGH.Conc 3), S. 175f: Quota generatione coniugia copulari debeant. *Contradicimus quoque, ut in quarta generatione nullus amplius coniugio copuletur; ubi autem post interdictum factum inventum fuerit, separetur.* […].

Concilium Moguntinum
(852)

36. Concilium Moguntinum a. 852 c. 12 (MGH.Conc 3), S. 249: De concubinis. Quodsi quislibet concubinam habuerit, quae non legitime fuit desponsata, et postea desponsatam ritę puellam duxerit abiecta concubina, habeat illam, quam legitime desponsavit. De hoc Leo papa in decretis suis ita diffinivit dicens: *Dubium non est eam mulierem non pertinere ad matrimonium, in qua docetur nuptiale non fuisse mysterium. Paterno arbitrio viris iuncte carent culpa, si mulieres, quae a viris habebantur, in matrimonio non fuerunt, quia aliud est nupta, aliud concubina.*

aber geleugnet hat, dass er mit derselben Frau zu Lebzeiten des Mannes in irgendeiner Weise Ehebruch begangen hat, und keiner von beiden des oben erwähnten Mordes angeklagt ist und keiner von beiden durch anerkannte Zeugen der Schuld überführt werden konnte, sollen sie sich von der üblen Nachrede gemäß dem Gesetz reinigen und von der angenommenen Ehe Gebrauch machen, wenn das nicht ein anderer Grund, wie wir gesagt haben, verhindert.

Concilium Moguntinum
(847)

34. Concilium Moguntinum a. 847 c. 29 (MGH.Conc 3), S. 175: Über verurteilte Eheschließungen. Wenn jemand eine Witwe als Ehefrau heimgeführt und später mit ihrer Tochter Unzucht getrieben oder zwei Schwestern geheiratet hat; oder wenn eine [Frau] zwei Brüder geheiratet oder mit Vater und Sohn [Unzucht getrieben hat], ebenso wenn jemand die Witwe des Bruders, die früher nahezu eine leibliche Schwester gewesen ist, durch geschlechtliche Vereinigung verletzt hat, wenn jemand die Schwester des Bruders zur Ehefrau genommen hat, wenn jemand die Stiefmutter heimgeführt hat, wenn sich jemand unzüchtig mit der Cousine ersten Grades verbunden hat oder wenn sich jemand mit der Witwe oder der Tochter des Onkels mütterlicherseits oder mit der Tochter des Vaters oder der Stieftochter durch Geschlechtsverkehr befleckt hat oder durch die Berührung einer solchen Vereinigung befleckt worden ist, [dann] schreiben wir vor, dass diese getrennt werden und niemals weiter in einer Ehe verbunden werden; aber es soll genau kontrolliert werden.
35. Concilium Moguntinum a. 847 c. 30 (MGH.Conc 3), S. 175f: In der wievielten Generation Eheleute verbunden werden dürfen. Wir setzen auch im Gegensatz zu früheren Bestimmungen fest, dass keiner mehr in der vierten Generation durch eine Ehe verbunden werde; wo sie aber nach diesem Verbot vorgefunden werden, sollen sie getrennt werden. [...].

Concilium Moguntinum
(852)

36. Concilium Moguntinum a. 852 c. 12 (MGH.Conc 3), S. 249: Über Konkubinen. Wenn jemand eine Konkubine gehabt hat, mit der er nicht rechtmäßig verlobt war, und später ein Mädchen heimgeführt hat – nachdem er die Konkubine weggeschickt hatte –, soll er jene haben, die er rechtmäßig verlobt hat. Über dies hat Papst Leo in seinen Dekreten das Folgende entschieden, indem er gesagt hat: ›Es besteht kein Zweifel, dass diese Frau nicht auf eine Ehe abzielt, von der gelehrt wird, dass sie die geheimnisvolle Ehewirklichkeit nicht gehabt hat. Dem väterlichen Urteil folgend haben die mit Männern ehelich Verbundenen keine Schuld, wenn die Frauen, die von den Männern gehabt wurden, nicht in der Ehe gewesen sind, weil eine Ehefrau etwas anderes ist als eine Konkubine‹.

37. Concilium Moguntinum a. 852 c. 15 (MGH.Conc 3), S. 250: *Qui uxorem habet et simul concubinam. De eo, qui uxorem habet, si concubinam habuerit, non communicet. Ceterum autem is, qui non habet uxorem et pro uxore concubinam habet, a communione non* pellatur, *tantum* aut *unius mulieris, aut uxoris aut concubine, ut ei placuerit, sit conjunctione contentus. Alias vero vivens, abiciatur, donec desinat, aut* ad *paenitentiam revertatur.*

Konzil von Rom
(853)

38. Konzil von Rom a. 853 c. 36 (MGH.Conc 3), S. 328: [1] De his, qui adhibitam sibi uxorem reliquerunt et aliam sociaverunt. [2] Nulli liceat excepta causa fornicationis adhibitam uxorem relinquere et deinde aliam copulare, alioquin transgressorem priori convenit sotiari coniugio. [3] Sin autem vir et uxor divertere pro sola religiosa inter se consenserint vita, nullatenus sine conscientia episcopi fiat, ut ab eo singulariter proviso constituantur loco. [4] Nam uxore nolente aut altero eorum etiam pro tali re matrimonium non solvatur; [5] utraque enim pars consentiens et magis alter ex illis divini amoris quam humani ardens, ut in castitate maneret, divortium miserit et postmodum pollicitationem propriam non observaverit, ad destrictam mentiens penitentiam redigatur.

39. Konzil von Rom a. 853 c. 37 (MGH.Conc 3), S. 329: wortidentisch mit Concilium Romanum a. 826 c. 37 (MGH.Conc 2,2), S. 583 [Anhang Conc 26, S. 156].
40. Konzil von Rom a. 853 c. 38 (MGH.Conc 3), S. 329: wortidentisch mit Concilium Romanum a. 826 c. 38 (MGH.Conc 2,2), S. 583f [Anhang Conc 27, S. 156].

Provinzialsynode der Kirchenprovinz Mainz[42]
(856–863?)

41. Provinzialsynode der Kirchenprovinz Mainz c. 4 (ed. HARTMANN, Sammlung), S. 212: [1] Ut nullus accipiat in coniugium viduam spiritalis patris [2] neque cummatrem pater spiritalis filioli sui.

---

42 Ob es sich bei den entsprechenden Kanones tatsächlich um eine Provinzialsynode der Kirchenprovinz Mainz handelt, ist ebenso wenig gesichert wie die Datierung (vgl. HARTMANN, Sammlung, S. 210).

37. Concilium Moguntinum a. 852 c. 15 (MGH.Conc 3), S. 250: Wer gleichzeitig eine Ehefrau und eine Konkubine hat. Der, der eine Ehefrau hat, soll nicht kommunizieren, wenn er eine Konkubine gehabt hat. Anders aber soll der, der keine Ehefrau und an ihrer Stelle ein Konkubine hat, von der Kommunion nicht zurückgewiesen werden, soweit er sich mit der Verbindung mit einer einzigen Frau – sei es Ehefrau oder Konkubine –, wie es ihm genehm ist, zufrieden gibt. Falls er aber anders lebt, soll er davon [d. h. von der Kommunion] zurückgewiesen werden, bis er davon nicht ablässt oder sich nicht der Buße zugewandt hat.

Konzil von Rom
(853)

38. Konzil von Rom a. 853 c. 36 (MGH.Conc 3), S. 328: [1] Über diejenigen, die die Ehefrau, die sie bereits angenommen haben, verlassen und sich mit einer anderen verbinden. [2] Es ist niemandem erlaubt, außer im Falle der Unzucht, die Ehefrau, die er angenommen hat, zu verlassen und sich daraufhin mit einer anderen zu verbinden. Widrigenfalls ist man übereingekommen, dass der Übertreter [dieser Weisung] der ersten Ehe wieder zugeführt wird. [3] Wenn sich aber ein Mann und eine Frau einig gewesen sind, auseinander zu gehen, um ein klösterliches Leben zu führen, soll dies keinesfalls ohne die Zustimmung des Bischofs geschehen, damit sie an dem von diesem für sie jeweils vorgesehenen Ort angesiedelt werden. [4] Denn wenn die Ehefrau oder [überhaupt] einer der beiden Partner nicht will, kann die Ehe auch um einer so beschaffenen Sache willen nicht gelöst werden. [5] Stimmen beide Seiten nämlich überein und brennt der eine von ihnen mehr für die göttliche Liebe als für die menschliche [und] hat, um keusch zu bleiben, [den anderen] in die Trennung entlassen und bald darauf das eigene Versprechen nicht beachtet, [so] wird er, weil er gelogen hat, einer strengen Buße unterworfen.
39. Konzil von Rom a. 853 c. 37 (MGH.Conc 3), S. 329: wortidentisch mit Concilium Romanum a. 826 c. 37 (MGH.Conc 2,2), S. 583 [Anhang Conc 26, S. 156].
40. Konzil von Rom a. 853 c. 38 (MGH.Conc 3), S. 329: wortidentisch mit Concilium Romanum a. 826 c. 38 (MGH.Conc 2,2), S. 583f [Anhang Conc 27, S. 156].

Provinzialsynode der Kirchenprovinz Mainz[42]
(856–863?)

41. Provinzialsynode der Kirchenprovinz Mainz c. 4 (ed. HARTMANN, Sammlung), S. 212: [1] Keiner soll die Witwe des Paten in der Ehe annehmen, [2] auch [soll] der Vater nicht die geistliche Mitmutter seines Patenkindes [annehmen].

---

42 Ob es sich bei den entsprechenden Kanones tatsächlich um eine Provinzialsynode der Kirchenprovinz Mainz handelt, ist ebenso wenig gesichert wie die Datierung (vgl. HARTMANN, Sammlung, S. 210).

42. Provinzialsynode der Kirchenprovinz Mainz c. 7 (ed. HARTMANN, Sammlung), S. 212: Si qui in quarta aut V generatione conscienter uxores duxerint, ab eis canonicae segregati fuerint. Visum est sanctae synudo Magontiacensi propter fornicationem, ut post peractam penitentiam uxores licitas ducant.

Konzil von Savonnières
(859)

43. Konzil von Savonnières a. 859 c. 16 (MHG.Conc 3), S. 479: Ut raptores et *adulteri* vel *rapaces*, qui, sicut ait apostolus, *regnum dei non consequentur,* cum quibus etiam, sicut ipse praecepit, *nec cibus sumendus* est, censura et severitate principum, qui *non sine causa gladium portant,* insequantur [...].

Konzil von Mainz
(861–863)

44. Konzil von Mainz a. 861–863 o.c. (MGH.Conc 4), S. 131: [1] Si quis cum duabus sororibus fuerit fornicatus aut cum his personis, de quibus sacra scriptura prohibet, si dignam egerit poenitentiam et castitatis non valuerit continentiam sustinere, liceat ei legitimo coniugio uxorem accipere. Similiter et mulier, quae tali fuerit scelere lapsa, ut fornicationis non perducatur ad chaos, perficiat. Sed hoc de laicis viris ac mulieribus solummodo statuimus. [2] Si quis cum commatre spiritali[43] fuerit fornicatus, anathematis, ut scitis, percutitur ictibus. Similiter autem et illum percutere promulgamus, qui cum ea, quam de sacro fonte baptismatis susceperit, aut cum illa, quam ante episcopum tenuerit, cum sacro chrismate fuerit uncta, fornicationis perpetraverit scelus. Legitimam autem, si habuerit, *non dimittat uxorem.* [3] Inter haec sanctitas vestra addere studuit: Si cuius uxor adulterium perpetraverit, utrum marito ipsius liceat secundum mundanam legem eam interficere. Sancta dei ecclesia mundanis numquam constringitur legibus; gladium non habet nisi spiritalem atque divinum; non occidit, sed vivificat.

---

43 Geht man von einem parallelen Aufbau des Kanons aus, könnte in diesem Fall auch nur die Patin gemeint sein, weil im Folgenden die Heirat mit dem Täufling untersagt ist.

42. Provinzialsynode der Kirchenprovinz Mainz c. 7 (ed. HARTMANN, Sammlung), S. 212: Wenn irgendwelche [Männer] in vierter oder fünfter Generation wissentlich Ehefrauen heimgeführt haben, [dann] sollen sie rechtmäßig von diesen getrennt werden. Der Mainzer Synode erscheint es angemessen, damit nicht Unzucht geschieht, dass [die Männer], nachdem sie Buße getan haben, erlaubte Ehefrauen heimführen.

Konzil von Savonnières
(859)

43. Konzil von Savonnières a. 859 c. 16 (MHG.Conc 3), S. 479: [Frauen-]Räuber, Ehebrecher und Räuber, die, so wie es der Apostel sagt, das Himmelreich nicht erlangen [und] mit denen auch, wie er selbst vorschreibt, nicht gegessen werden darf, sollen durch strenge Prüfung und Strenge der Fürsten, die nicht ohne Grund das Schwert tragen, [strafrechtlich] verfolgt werden. [...].

Konzil von Mainz
(861–863)

44. Konzil von Mainz a. 861–863 o.c. (MGH.Conc 4), S. 131: [1] Wenn jemand mit zwei Schwestern Unzucht getrieben hat oder mit den Personen, die die Heilige Schrift verbietet, [und] wenn er eine geziemende Buße getan hat und nicht imstande ist, die Mäßigung der Keuschheit auszuhalten, ist es ihm erlaubt, eine rechtmäßige Ehefrau anzunehmen. Gleichermaßen soll es auch eine Frau tun, die durch einen so beschaffenen Frevel gesündigt hat, damit sie nicht zum Chaos der Unzucht verführt wird. Aber wir beschließen dies allein für männliche und weibliche Laien. [2] Wenn jemand mit seiner Patin/geistlichen Mitmutter[43] Unzucht getrieben hat, soll er – wie ihr wisst – vom Stoß des Kirchenbannes getroffen werden. Gleichermaßen verkünden wir, dass es aber auch jenen trifft, der mit der, die er aus der heiligen Taufe gehoben hat, oder mit jener, die er vor den Bischof gehalten hat, als sie mit dem heiligen Salböl gesalbt worden ist, den Frevel der Unzucht betrieben hat; seine rechtmäßige Ehefrau – sollte er eine haben – soll er [aber] nicht entlassen. [3] Zu diesen hat sich eure Heiligkeit bemüht, [die Antwort zu folgender Frage] hinzuzufügen: Wenn jemandes Ehefrau Ehebruch begangen hat, ob es ihrem Mann gemäß dem weltlichen Gesetz erlaubt sei, sie zu töten. Die heilige Kirche Gottes wird niemals durch die weltlichen Gesetze gebunden. Sie besitzt nicht das Schwert, außer das geistliche und das göttliche; er soll sie nicht töten, sondern lebendig lassen; sie tötet nicht, sondern schenkt das Leben.

---

43 Geht man von einem parallelen Aufbau des Kanons aus, könnte in diesem Fall auch nur die Patin gemeint sein, weil im Folgenden die Heirat mit dem Täufling untersagt ist.

Konzil von Worms
(868)

45. Konzil von Worms a. 868 c. 8 (MGH.Conc 4), S. 266f: In quota generatione sibi fideles iungantur. In copulatione fidelium generationum numerum non diffinimus, sed id *statuimus, ut nulli liceat christiano de propria consanguinitate sive cognatione uxorem accipere, usque dum generatio recordatur, cognoscitur aut memoria retinetur.*

46. Konzil von Worms a. 868 c. 14 (MGH.Conc 4), S. 269: *De his, qui cum duabus sororibus fuerint fornicati vel cum his personis, de quibus sacra scriptura prohibet. Si quis cum duabus sororibus fuerit fornicatus aut cum his personis, de quibus sacra scriptura prohibet, si dignam egerit paenitentiam et castitatis non valuerit continentiam sustinere, liceat ei legitimam in coniugio uxorem accipere. Similiter et mulier, quae tali fuerit scelere lapsa, ut fornicationis non perducatur ad chaos, perficiat. Sed hoc de laicis viris ac mulieribus solummodo statuimus.*

47. Konzil von Worms a. 868 c. 15 (MGH.Conc 4), S. 270: De eo, qui cum commatre spiritali[44] vel cum ea, quam de sacro fonte baptismatis susceperit, aut cum illa, quam ante episcopum tenuerit, cum sacro crismate fuerit uncta, fornicationem perpetraverit. *Si quis cum commatre spiritali fuerit fornicatus,* usque ad dignam paenitentiam *anathematis, percutiatur ictibus. Similiter autem et illum percutere promulgamus, qui cum ea, quam de sacro fonte baptismatis susceperit, aut cum illa, quam ante episcopum tenuerit, cum sacro crismate fuerit uncta, fornicationis perpetraverit scelus; legitimam autem, si habuerit, uxorem non dimittat.*

48. Konzil von Worms a. 868 c. 19 (MGH.Conc 4), S. 272: De eo, qui viduam in matrimonium susceperit et cum filia ipsius, quam ex priori marito habuit, concubuerit, vel que patri filioque se substernunt, seu de his, qui cum duabus sororibus concubuerint. *Si vir viduam in coniugium duxerit,* quae *ex priore marito filiam habuit, et cum eadem postmodum* filia *concubuerit, coniugium modis omnibus matrimonii dissolvatur et vir ille paenitentiae subiaceat sanctionibus, ita ut per triennii tempus a sacro corpore domini nostri Iesu Christi suspendatur et sanguine. Carnem non manducet, abstineat* autem *a vino et singulis diebus ieiunium celebrare festinet exceptis festis diebus atque dominicis. Orationibus omni insistere sollicitudine studeat integriter perficere atque summopere curet. Similiter autem de mulieribus, quae clanculo patri se in concubitu substernerint et filio, observandum est. Taliter quidem de his sancimus, qui duabus se absconse sororibus pollutos cognoscunt.*

---

44 Vgl. Anm. 43, S. 164.

Konzil von Worms
(868)

45. Konzil von Worms a. 868 c. 8 (MGH.Conc 4), S. 266f: In der wievielten Generation Gläubige ehelich verbunden werden. Für die Ehe der Gläubigen setzen wir nicht die Anzahl der Generationen fest, sondern beschließen, dass es keinem Christen erlaubt ist, eine Ehefrau aus der eigenen Blutsverwandtschaft oder Heiratsverwandtschaft anzunehmen, solange man sich an die Generation erinnern kann, um sie weiß oder in Erinnerung bewahrt.
46. Konzil von Worms a. 868 c. 14 (MGH.Conc 4), S. 269: Diejenigen, die mit zwei Schwestern Unzucht getrieben haben oder mit den Personen, welche die Heilige Schrift verbietet. Wenn jemand mit zwei Schwestern Unzucht getrieben hat oder mit den Personen, die die Heilige Schrift verbietet, [und] wenn er eine würdige Buße getan hat und nicht imstande ist, die Mäßigung der Keuschheit auszuhalten, ist es ihm erlaubt, eine rechtmäßige Ehefrau anzunehmen. Gleichermaßen soll es auch eine Frau tun, die durch einen so beschaffenen Frevel gesündigt hat, damit sie nicht zum Chaos der Unzucht verführt wird. Aber wir beschließen dies allein für männliche und weibliche Laien.
47. Konzil von Worms a. 868 c. 15 (MGH.Conc 4), S. 270: Über denjenigen, der mit der Patin/geistlichen Mitmutter[44] oder mit jener, die er aus der heiligen Taufe gehoben hat, oder mit jener, die er vor den Bischof gehalten hat, als sie mit dem heiligen Salböl gesalbt worden ist, Unzucht getrieben hat. Wenn jemand mit seiner Patin/geistlichen Mitmutter Unzucht getrieben hat, soll er – wie ihr wisst – vom Stoß des Kirchenbannes getroffen werden. Gleichermaßen verkünden wir, dass es aber auch jenen trifft, der mit der, die er aus der heiligen Taufe gehoben hat, oder mit jener, die er vor den Bischof gehalten hat – als sie mit dem heiligen Salböl gesalbt worden ist –, den Frevel der Unzucht betrieben hat; die rechtmäßige Ehefrau – sollte er eine haben – soll er [aber] nicht entlassen.
48. Konzil von Worms a. 868 c. 19 (MGH.Conc 4), S. 272: Bestimmungen über den, der eine Witwe in die Ehe geführt und mit deren Tochter, die sie von ihrem früheren Manne gehabt hat, geschlechtlich verkehrt hat, oder [über die,] die sich sowohl dem Vater als auch dem Sohn im Geschlechtsakt hingeben, wie auch [über] diejenigen, die mit zwei Schwestern geschlechtlich verkehrt haben. Wenn ein Mann eine Witwe in die Ehe geführt hat, welche von ihrem früheren Mann eine Tochter gehabt hat, und [wenn] er mit derselben Tochter bald darauf Geschlechtsverkehr gehabt hat, soll die Verbindung der [rechtlich] geschlossenen Ehe auf alle Fälle gelöst werden und jener Mann soll sich der Strafbestimmung der Buße unterziehen, [und zwar] so, dass er für die Dauer von drei Jahren von dem heiligen Leib und Blut unseres Herrn Jesus Christus ferngehalten wird. Er soll kein Fleisch essen, sich aber von Wein fernhalten und jeden Tag eifrig fasten, außer an Fest- und Sonntagen. Er möge mit allem Eifer dem beständigen Gebet obliegen und sich in vollständiger Weise um Vervoll-

---

44 Vgl. Anm. 43, S. 165.

49. Konzil von Worms a. 868 c. 39 (MGH.Conc 4), S. 279: De adulteris. *Si cuius uxor adulterium fecerit, aut vir in alienam uxorem irruerit, septem annos paenitentiam agat.*

Concilium Triburiense
(895)

50. Concilium Triburiense a. 895 c. 4 (MGH.Cap 2), S. 207: De Francia nobilis quidam homo nobilem de Saxonia Saxonum lege duxit uxorem. Tenuit eam multis annis et ex ea filios procreavit. Verum quia non hisdem utuntur legibus Saxones et Franci, causatus est, quod eam non sua, id est Francorum, lege desponsaverit vel acceperit aut dotaverit; dimissaque illa, duxit alteram. Definivit super hoc sancta synodus, ut ille transgressor evangelicae legis subigatur penitentiae, a secunda coniuge separetur, priorem resumere cogatur.

51. Concilium Triburiense a. 895 c. 5 (MGH.Cap 2), S. 207: Quidam desponsavit uxorem et dotavit, cum illa vero coire non potuit. Quam frater eius clanculo corrupit et gravidam reddidit. Decretum est, ut, quamvis nupta esse non potuerit legitimo viro, desponsatam tamen fratri frater habere non possit. Sed mechus et mecha fornicationis quidem vindictam sustineant, licita vero eis coniugia non negentur.

52. Concilium Triburiense a. 895 c. 38 (MGH.Cap 2), S. 235: [1] Si quis liber libertam duxerit, ulterius habere debebit. [2] In decretis papae Leonis cap. XVIII. scriptum est: [3] ›Non omnis mulier viro iuncta uxor est viri, quia nec omnis filius heres est patris. Nuptiarum autem foedera inter ingenuos sunt legitima et inter aequales. [4] Itaque aliud est uxor, aliud concubina, sicut aliud ancilla, aliud libera. Igitur si quis filiam suam viro habenti concubinam in matrimonium dederit, non ita accipiendum est, quasi eam coniugato dederit, nisi forte illa mulier et ingenua sit facta et dotata legitime et in publicis nuptiis honestata videatur‹. [5] Unde paternam sequentes auctoritatem sub praesenti huius sancti catalogo concilii statuimus et libere iudicamus, ut, quisquis liber libertam, hoc est ex ancilla per manumissionem et regalem largitionem liberam factam, legitime in matrimonium duxerit, ulterius habere debebit tamquam unam ex nobili genere progenitam, excepta fornicationis causa; et quamdiu illa vivat, nullam aliam accipiat. [6] Est igitur, ut ex decretis papae Leonis praediximus, ›ingenua facta et dotata legitime et in publicis honestata nuptiis‹, et propterea iam non est concubina, sed uxor legibus adquisita. Haec eadem lex pro qualitate sexus sit feminis et viris libertis.

kommnung bemühen. Gleichermaßen ist es auch für Frauen zu beachten, die sich heimlich dem Vater und dem Sohn im Geschlechtsakt hingegeben haben. So schreiben wir es auch für jene vor, die anerkennen, heimlich mit zwei Schwestern unrein [geworden zu sein].

49. Konzil von Worms a. 868 c. 39 (MGH.Conc 4), S. 279: Wenn jemandes Ehefrau Ehebruch begangen hat oder der Mann über die Ehefrau eines anderen hergefallen ist, soll er/sie sieben Jahre Buße tun.

Concilium Triburiense
(895)

50. Concilium Triburiense a. 895 c. 4 (MGH.Cap 2), S. 207: Ein gewisser fränkischer adliger Mann, der eine adlige Frau aus Sachsen nach dem Gesetz der Sachsen heimgeführt hat. Er hat sie viele Jahre gehalten und mit ihr Söhne gezeugt. Weil die Sachsen und Franken nicht von denselben Gesetzen Gebrauch machen, wurde er angeklagt, dass er diese nicht nach seinem Gesetz, nämlich dem der Franken, verlobt, angenommen und dotiert hatte; und nachdem er jene weggeschickt hatte, hat er eine andere heimgeführt. Über diesen Fall hat die heilige Synode bestimmt, dass jener Übertreter des evangelischen Gesetzes zur Buße gezwungen, von der zweiten Ehefrau getrennt [und] gezwungen werden soll, die erste wieder anzunehmen.

51. Concilium Triburiense a. 895 c. 5 (MGH.Cap 2), S. 207: Ein gewisser Mann hat sich mit einer Frau verlobt und sie dotiert, konnte aber mit jener keinen Beischlaf haben. Dessen Bruder hat diese [aber] heimlich geschändet und sie geschwängert. Es ist entschieden worden, dass der Bruder dennoch die Verlobte seines Bruders nicht haben kann, obgleich sie dem rechtmäßigen Mann nicht Ehefrau sein konnte. Aber der Ehebrecher und die Ehebrecherin sollen die Strafe für die Unzucht zwar ertragen, die erlaubte Ehe aber wird ihnen nicht versagt werden.

52. Concilium Triburiense a. 895 c. 38 (MGH.Cap 2), S. 235: [1] Wenn ein freier Mann eine freigelassene Frau heimgeführt hat, wird er [sie] weiterhin behalten müssen. [2] In den Dekreten des Papstes Leo in Kapitel 18 steht geschrieben: [3] ›Nicht jede Frau ist mit dem Mann als Ehefrau des Mannes verbunden, weil auch nicht jeder Sohn der Erbe des Vaters ist. Hochzeitsverträge aber werden zwischen freien und gleichen Personen rechtmäßig geschlossen. [4] Deshalb ist eine Ehefrau etwas anderes als eine Konkubine, so wie eine abhängige Frau etwas anderes als eine freie Frau ist. Wenn also jemand seine Tochter einem Mann, der eine Konkubine hat, in die Ehe gegeben hat, darf es nicht so verstanden werden, als hätte er sie einem Verheirateten gegeben, wenn nicht etwa jene Frau sowohl frei gemacht als auch rechtmäßig ausgesteuert worden ist und durch öffentliche Heirat geehrt zu sein scheint‹. [5] Daher haben wir der Väterautorität folgend innerhalb der Tagesordnung dieses gegenwärtigen heiligen Konzils beschlossen und rechtmäßig geurteilt, dass jeder, der als freier Mann eine freigelassene Frau, das heißt eine [Frau], die durch Entlassung und ein dem König zukommendes freigebiges Schenken von einer abhängigen Frau zur freien Frau gemacht worden ist, rechtmäßig in die Ehe geführt hat, dass

53. Concilium Triburiense a. 895 c. 40 (MGH.Cap 2), S. 236f: De eo, quod quidam uxorem alterius vivente eo constupravit et insuper iuramento confirmavit eo moriente coniugem eam accipere. Audivimus rem execrabilem et catholicis omnibus detestandam quendam nefario fornicationis opere alicuius uxorem vivente eo commaculasse et in augmentum iniquitatis iuramento confirmasse, si eius legitimum supervixissent ambo maritum, ut ille fornicator illam adulteram adulterino sibi associaret thoro et legitimo matrimonio; si hoc iure dici matrimonium potest, per quod oriuntur, quae apostolus numerat mala, quae sunt fornicatio, inmunditia, luxuria et cetera, ad ultimum vero veneficia et homicidia, quia pro tam inlicito amore alii veneno, alii gladio vel aliis diversis sunt perempti maleficiis. Idcirco acutissimo ferro et totius generis artificio sunt resecanda, per quae caelestia regna sunt obcludenda; ›quoniam‹, ut idem apostolus ait, ›qui talia agunt, regnum Dei non consequentur‹. Tale igitur conubium anathematizamus et christianis omnibus obseramus. Non licet ergo nec christianae religioni oportet, ut ullus ea utatur in matrimonio, cum qua prius pollutus est adulterio.

54. Concilium Triburiense a. 895 c. 47 (MGH.Cap 2), S. 240: Si quis spiritalem habet compatrem, cuius uxor commater non est, eo defuncto eius viduam licet ei ducere uxorem. Qui spiritalem habet compatrem, cuius filium de lavacro sacri fontis accepit, et eius uxor commater non est, liceat ei defuncto compatre suo eius viduam ducere in uxorem, si nullam habent consanguinitatis propinquitatem. Quid enim? Numquid non possunt coniungi, quos nulla proximitas carnalis vel in id generatio secernit spiritalis?

55. Concilium Triburiense a. 895 c. 48 (MGH.Cap 2), S. 240: De eo, si quis suae spiritalis commatris filiam duxerit uxorem. Illud etiam nec canonica institutione diffinimus nec introductione aliqua refutamus, sed propter eos, qui diverse de eo sentiunt, hoc loco aliquid commemoramus: Si quis suae spiritalis commatris filiam fortuito et ita contingente rerum casu in coniugium duxerit, consilio maturiori servato habeat atque honeste legitimo coniugio operam det.

[also] der diese weiterhin behalten muss, gleich als ob sie eine aus adligem Geschlecht Geborene ist, ausgenommen der Fall der Unzucht; und solange jene lebt, soll er keine andere annehmen. [6] Sie ist also, wie wir aus den Entscheidungen des Papstes Leo zitiert haben, ›frei gemacht und rechtmäßig ausgesteuert und in der öffentlichen Heirat geehrt‹ und deswegen ist sie nicht mehr eine Konkubine, sondern eine gesetzmäßige Ehefrau. Dasselbe Gesetz soll nach der Beschaffenheit des Geschlechtes für freigelassene Frauen und Männer gelten.

53. Concilium Triburiense a. 895 c. 40 (MGH.Cap 2), S. 236f: Ein Mann hat die Frau eines anderen geschändet, während dieser [noch] lebte, und hat obendrein durch einen Eid bekräftigt, diese zur Ehefrau zu nehmen, wenn dieser stirbt. Wir haben eine verfluchenswerte Sache gehört, die von allen Katholiken verabscheut werden muss, [nämlich] dass [jemand] die Ehefrau eines anderen durch das Werk der Unzucht befleckt, während dieser [noch] lebte, und zur Vermehrung der Ungerechtigkeit durch Eid bekräftigt hat, dass jener Unzuchttreibende sich jener Ehebrecherin, wenn sie deren rechtmäßigen Ehemann beide überleben, im Bett des Ehebruchs beigesellen und sie zur rechtmäßigen Ehe vereinigen werde. Wenn dies mit Recht Ehe genannt werden kann, durch das die Übel entstehen, die der Apostel aufzählt, welche nämlich sind: Unzucht, Unreinheit, Zügellosigkeit und die Übrigen, führt eine solche Ehe letztlich zu Giftmischerei und Totschlag; denn wegen einer solch unerlaubten Liebe sind die einen durch Gift, die anderen durch das Schwert oder durch andere verschiedene Übeltaten vernichtet worden. Deshalb müssen jene Übel mit dem schärfsten Eisen und aller ärztlichen Kunst herausgeschnitten werden, durch die das Himmelreich den Menschen verschlossen werden muss, ›da ja‹, wie derselbe Apostel sagt, ›diejenigen, die so handeln, das Reich Gottes nicht erlangen‹. Derartige Eheverbindung also belegen wir mit dem Bann und verbieten sie allen Christen. Es ist also nicht erlaubt und gehört sich für die christliche Religion nicht, dass jemand sich mit einer Frau ehelich verbindet, wenn er sich vorher durch Ehebruch mit ihr befleckt hat.

54. Concilium Triburiense a. 895 c. 47 (MGH.Cap 2), S. 240: Wenn jemand einen geistlichen Mitvater hat, dessen Frau nicht geistliche Mitmutter ist, sei es ihm erlaubt, nachdem dieser gestorben ist, dessen Witwe als Ehefrau heimzuführen. Wer einen geistlichen Mitvater hat, dessen Sohn er aus der Taufe gehoben hat und dessen Ehefrau aber nicht die geistliche Mitmutter ist, dem sei es nach dem Tod seines geistlichen Mitvaters erlaubt, dessen Witwe zu heiraten, wenn sie nicht blutsverwandt sind. Was nämlich? Können etwa die nicht ehelich verbunden werden, die keine fleischliche Verwandtschaft haben oder geistlich nicht zusammengehören?

55. Concilium Triburiense a. 895 c. 48 (MGH.Cap 2), S. 240: Über den Fall, dass jemand die Tochter seiner Patin/geistlichen Mitmutter als Ehefrau heimgeführt hat. Dies aber beschließen wir weder durch kanonische Regelung noch widerlegen wir [es] durch irgendeinen neuen Erlass, sondern wegen denen, die darüber verschieden urteilen, wollen wir an dieser Stelle etwas in Erinnerung rufen: Wenn einer die Tochter seiner Patin/geistlichen Mitmutter durch Zusammenspiel der Umstände in die Ehe geführt hat, soll er sie nach gründlicher Überlegung halten und sich bemühen, dass [diese] Ehe ehrenvoll [und] rechtmäßig wird.

56. Concilium Triburiense a. 895 c. 51 (MGH.Cap 2), S. 241: De eo, si quis cum uxore alterius vivente eo fornicatus fuerit. Illud vero communi decreto secundum canonum instituta diffinimus et praeiudicamus, ut, si quis cum uxore alterius vivente eo fornicatus fuerit, moriente marito synodali iudicio aditus ei claudatur inlicitus, ne ulterius ei coniungatur matrimonio, quam prius polluit adulterio. Nolumus enim nec christianae religioni oportet, ut ullus ducat in coniugium, quam prius polluit per adulterium.

56. Concilium Triburiense a. 895 c. 51 (MGH.Cap 2), S. 241: Das aber legen wir in einem allgemeinen Dekret gemäß den Einrichtungen der Kanones fest und entscheiden im Voraus, dass, wenn jemand mit der Frau eines anderen Unzucht begangen hat, während dieser noch lebt, ihm durch das Urteil der Synode [auch dann] der Zugang zu ihr als unzulässig versperrt werden soll, wenn der Ehemann stirbt, damit er später nicht mit derjenigen in der Ehe verbunden wird, die er früher durch Ehebruch befleckt hatte. Wir wollen nämlich nicht und es ziemt sich auch für die christliche Religion nicht, dass einer die in die Ehe heimführt, welche er vorher durch Ehebruch befleckt hat.

Kapitularien[45]

Pippini regis capitulare
(751/755)

1. Pippini regis capitulare a. 751/755 c. 1 (MGH.Cap 1), S. 31: [1] De incestis. Si homo incestum commiserit de istis causis, [2] de Deo sacrata, aut commatre[46] sua, [3] aut cum matrina sua spiritali de fonte et confirmatione episcopi, [4] aut cum matre et filia, aut cum duabus sororibus, aut cum fratris filia aut sororis filia, aut nepta, aut cum consobrina atque subrina, aut cum amita vel matertera: de istis capitulis pecuniam suam perdat, si habet; et si emendare se noluerit, nullus eum recipiat nec cibum ei donet. Et si fecerit, LX solidos domno regi componat, usque dum se ipse homo correxerit. Et si pecuniam non habet, si liber est, mittatur in carcere usque ad satisfactionem. Si servus aut libertus est, vapuletur plagis multis; et si dominus suus permiserit eum amplius in tale scelus cadere, ipsos LX solidos domno rege componat.

Concilium Vernense
(755)

2. Concilium Vernense a. 755 c. 15 (MGH.Cap 1), S. 36: Ut omnes homines laici publicas nuptias faciant, tam nobiles quam innobiles.

Decretum Vermeriense
(756)

3. Decretum Vermeriense a. 756 c. 1 (MGH.Cap 1), S. 40: [1] In tertio genuculum separantur, et post penitentiam actam, si ita voluerint, licentiam habent aliis se coniungere. [2] In quarta autem coniunctione si inventi fuerint, eos non separamus, sed poenitentiam eis iudicamus. Attamen si factum non fuerit, nullam facultatem coniungendi in quarta generatione damus.

---

45 Zu den folgenden Datierungen vgl. MORDEK, Traditionszusammenhang, S. 1079–1110.
46 Da im Folgenden die *matrina* als Patin genannt wird, dürfte es sich hier bei der *commater* um die geistliche Mitmutter, d. h. um die Mutter des Patenkindes, und nicht um die Patin handeln.

Kapitularien[45]

Pippini regis capitulare
(751/755)

1. Pippini regis capitulare a. 751/755 c. 1 (MGH.Cap 1), S. 31: [1] Inzest. Wenn ein Mensch Inzest in folgenden Fällen begangen hat: [2] mit der Gott Geweihten oder seiner geistlichen Mitmutter[46] [3] oder seiner Tauf- oder Firmpatin [4] oder mit der Mutter und der Tochter oder mit zwei Schwestern oder mit der Tochter des Bruders oder der Schwester oder der Nichte/Enkelin oder der Cousine ersten oder zweiten Grades oder mit der Tante väterlicher- oder mütterlicherseits: Aufgrund dieser Beschlüsse soll er sein Geld verlieren, wenn er es hat; und wenn er sich nicht bessern will, soll ihn keiner aufnehmen, auch soll ihm keiner etwas zu essen geben. Und wenn er es gemacht hat, soll er dem Herrn König 40 Schillinge bezahlen, so lange, bis er sich selbst gebessert hat. Und wenn er über das Geld nicht verfügt, soll er, wenn er frei ist, bis zu einer Genugtuungsleistung ins Gefängnis geschickt werden. Wenn er ein abhängiger oder ein freigelassener Mann ist, soll er viele Schläge bekommen; und wenn es sein Herr erlaubt, dass dieser noch einmal in einen solchen Frevel verfällt, muss dieser selbst 40 Schillinge dem Herrn König zahlen.

Concilium Vernense
(755)

2. Concilium Vernense a. 755 c. 15 (MGH.Cap 1), S. 36: Alle Menschen sollen die Hochzeiten öffentlich feiern, sowohl Adlige als auch Nicht-Adlige.

Decretum Vermeriense
(756)

3. Decretum Vermeriense a. 756 c. 1 (MGH.Cap 1), S. 40: [1] In der dritten Generation werden sie getrennt und nach abgeleisteter Buße haben sie die Erlaubnis, einen anderen zu heiraten, wenn sie wollen. [2] Wenn sie aber in vierter [Generation] in einer Ehe vorgefunden werden, trennen wir sie nicht, sondern erteilen ihnen eine Buße. Doch wenn es noch nicht zur Eheschließung gekommen ist, gestatten wir keine Möglichkeit, in der vierten Generation zu heiraten.

---

45 Zu den folgenden Datierungen vgl. MORDEK, Traditionszusammenhang, S. 1079–1110.
46 Da im Folgenden die *matrina* als Patin genannt wird, dürfte es sich hier bei der *commater* um die geistliche Mitmutter.

4. Decretum Vermeriense a. 756 c. 2 (MGH.Cap 1), S. 40: Si aliquis cum filiastra sua manet, nec matrem nec filiam ipsius potest habere, nec ille nec illa aliis se poterunt coniungere ullo unquam tempore. Attamen uxor eius, si ita voluerit, si se continere non potest, si postea quam cognovit quod cum filia sua vir eius fuit in adulterio, carnale commercium cum eo non habet, nisi voluntate se abstinet, potest alio nubere.

5. Decretum Vermeriense a. 756 c. 5 (MGH.Cap 1), S. 40: Si qua mulier mortem viri sui cum aliis hominibus consiliavit, et ipse vir ipsius hominem se defendendo occiderit et hoc probare potest, ille vir potest ipsam uxorem dimittere et, si voluerit, aliam accipiat.

6. Decretum Vermeriense a. 756 c. 6 (MGH.Cap 1), S. 40: [1] Si quis ingenuus homo ancillam uxorem acceperit pro ingenua, si ipsa femina postea fuerit inservita, si redimi non potest, si ita voluerit, liceat ei aliam accipere. Similiter et mulier ingenua, si servum accipiat pro ingenuo, et postea pro qualicumque causa inservitus fuerit – [2] nisi pro inopia fame cogente se vendiderit, et ipsa hoc consenserit, et de precio viri sui a fame liberata fuerit – [3] si voluerit, potest eum dimittere et, si se continere non potest, alium ducere. Similiter et de muliere, si se vendiderit, et vir eius ita consenserit, taliter potest stare. [4] Si se separaverint, poenitentia tamen amborum necessaria est: nam qui de pretio paris sui de tali necessitate liberatus fuerit, in tali coniugio debent permanere et non separari.

7. Decretum Vermeriense a. 756 c. 7 (MGH.Cap. 2,1), S. 40: Si servus suam ancillam concubinam habuerit, si ita placet, potest, illa dimissa, comparem suam, ancillam domini sui, accipere; sed melius est suam ancillam tenere.

8. Decretum Vermeriense a. 756 c. 8 (MGH.Cap 1), S. 40f: Si quis servus, libertate a domino suo accepta, postea cum ancilla eius adulterium perpetraverit, si dominus eius vult, velit nolit, ipsam ad uxorem habebit. Quod si ipsam dimiserit et aliam duxerit, cogatur omnino, ut posteriorem dimittat, et ipsam cum qua prius adulterium fecit recipiat, aut illa vivente nullam aliam habeat.

9. Decretum Vermeriense a. 756 c. 10 (MGH.Cap 1), S. 41: Si filius cum noverca sua, uxore patris sui, dormierit, nec ille nec illa possunt ad coniugium pervenire. Sed ille vir, si vult, potest aliam uxorem habere; sed melius est abstinere.

4. Decretum Vermeriense a. 756 c. 2 (MGH.Cap 1), S. 40: Wenn jemand mit seiner Stieftochter zusammen lebt – [denn] er kann weder ihre Mutter noch ihre Tochter haben [d. h. er kann nicht Mutter und Tochter haben] –, kann sich weder jener noch jene zu irgendeiner Zeit mit anderen ehelich verbinden. Und dennoch kann dessen Ehefrau einen anderen heiraten, wenn sie es so gewollt hat [und] wenn sie sich nicht enthalten kann; wenn sie später, nachdem sie erfahren hat, dass ihr Mann mit ihrer Tochter im Ehebruch verharrt hat, den fleischlichen Verkehr mit ihm nicht hat, außer freiwillig, soll sie sich enthalten.
5. Decretum Vermeriense a. 756 c. 5 (MGH.Cap 1), S. 40: Wenn eine Frau den Tod ihres Mannes mit anderen Menschen beraten hat und der Mann den Menschen getötet hat, weil er sich selbst verteidigt hat, und dies beweisen kann, kann jener Mann seine Ehefrau wegschicken und – wenn er will – eine andere annehmen.
6. Decretum Vermeriense a. 756 c. 6 (MGH.Cap 1), S. 40: [1] Wenn ein freier Mann eine abhängige Frau wie eine freie Frau zur Ehefrau genommen hat, diese Frau später in Abhängigkeit gerät und nicht frei zurückgekauft werden kann, ist es diesem erlaubt, wenn er/sie es so will, eine andere anzunehmen; gleichermaßen kann auch eine freie Frau, wenn sie einen abhängigen wie einen freien Mann angenommen hat und er später aus irgendeinem Grund abhängig wird, [3] wenn sie/er will, ihn entlassen und einen anderen heiraten, wenn sie sich nicht enthalten kann. [2] Es sei denn, er [d. h. der Mann] habe sich aus Mangel in einer Hungersnot selbst verkauft, sie habe dem zugestimmt und sei [so] durch den Preis ihres Mannes vom Hunger befreit worden. Gleichermaßen kann auch eine Frau, wenn sie sich verkauft hat und ihr Mann so zugestimmt hat, derartig [in Abhängigkeit] bleiben. [4] Wenn sie sich getrennt haben, ist dennoch eine Buße für beide notwendig: Denn der, der vom Geld seines Partners von einer so beschaffenen Notlage befreit worden ist, muss in der so beschaffenen Ehe verharren und darf nicht getrennt werden.
7. Decretum Vermeriense a. 756 c. 7 (MGH.Cap. 2,1), S. 40: Wenn ein abhängiger Mann seine abhängige Frau zur Konkubine gehabt hat, kann er, wenn es ihm gefällt, nachdem er jene weggeschickt hat, die abhängige Frau seines Herrn als seine Gefährtin/Gattin annehmen; aber es ist besser, dass er seine abhängige Frau behält.
8. Decretum Vermeriense a. 756 c. 8 (MGH.Cap 1), S. 40f: Wenn ein abhängiger Mann, nachdem er von seinem Herrn die Freiheit empfangen hatte, später mit dessen abhängiger Frau Ehebruch begangen hat, wird er diese selbst, ob er will oder nicht, zur Ehefrau haben, wenn ihr Herr es will. Wenn er aber diese selbst entlassen und eine andere heimgeführt hat, soll er gänzlich gezwungen werden, Letztere zu entlassen und diejenige, mit der er vorher Ehebruch begangen hat, [zur Frau] zu nehmen oder zu deren Lebzeiten keine andere zu haben.
9. Decretum Vermeriense a. 756 c. 10 (MGH.Cap 1), S. 41: Wenn ein Sohn mit seiner Stiefmutter, das ist die Ehefrau seines Vaters, geschlafen hat, kann weder jener noch jene zu einer ehelichen Verbindung gelangen. Jener Mann aber kann, wenn er will, eine andere Ehefrau haben; es ist aber besser, sich zu enthalten.

10. Decretum Vermeriense a. 756 c. 11 (MGH.Cap 1), S. 41: Si quis cum filiastra sua dormierit, simili sententia stare potest; et cum sorore uxoris suae simili modo stare potest.
11. Decretum Vermeriense a. 756 c. 12 (MGH.Cap 1), S. 41: Qui dormierit cum duabus sororibus, et una ex illis antea uxor fuerit, nullam ex illis habeat; nec illa adultera soror, nec ille vir qui cum illa adulteravit alios umquam accipiant.

12. Decretum Vermeriense a. 756 c. 13 (MGH.Cap 1), S. 41: Qui scit uxorem suam ancillam esse et accepit eam voluntarie, semper postea permaneat cum ea.

13. Decretum Vermeriense a. 756 c. 18 (MGH.Cap 1), S. 41: Qui cum consobrina uxoris suae manet, sua careat et nullam aliam habeat. Illa mulier quam habuit faciat quod vult. Hoc aecclesia non recipit.

14. Decretum Vermeriense a. 756 c. 19 (MGH.Cap 1), S. 41: Si servus aut ancilla per venditionis causam separati fuerint, praedicandi sunt ut sic maneant, si eos reiungere non possumus.

15. Decretum Vermeriense a. 756 c. 21 (MGH.Cap 1), S. 41: Qui uxorem suam dimiserit velare, aliam non accipiat.

Decretum Compendiense
(757)

16. Decretum Compendiense a. 757 c. 1 (MGH.Cap 1), S. 37: Si in quarta progenie reperti fuerint coniuncti, non separamus.

17. Decretum Compendiense a. 757 c. 2 (MGH.Cap 1), S. 37: In tercia vero si reperti fuerint, separentur.
18. Decretum Compendiense a. 757 c. 3 (MGH.Cap 1), S. 38: Et eos, qui unus in quarta alius in tercia sibi pertinent et coniuncti inveniuntur, separamus.

19. Decretum Compendiense a. 757 c. 4 (MGH.Cap 1), S. 38: Si duo in tercio loco sibi pertinent, sive vir sive femina, aut unus in tercio et alter in quarto, uno mortuo, non licet alterum accipere uxorem eius; et si inventi fuerint, separentur. Una lex est de viris et feminis.

20. Decretum Compendiense a. 757 c. 5 (MGH.Cap 1), S. 38: Mulier si sine commeatu viri sui velum in caput miserit, si viro placuerit, recipiat eam iterum ad coniugium.
21. Decretum Compendiense a. 757 c. 6 (MGH.Cap 1), S. 38: Et si quis Francam filiastram suam contra voluntatem ipsius et matris et parentum dederit viro ingenuo aut servo vel ecclesiastico, et illa noluerit habere ipsum et reliquerit eum, potestatem habent parentes ipsius dare ei alium maritum. Et si ipsa alium habet, quem postea accepit, non separentur.

10. Decretum Vermeriense a. 756 c. 11 (MGH.Cap 1), S. 41: Wenn einer mit seiner Stieftochter schläft, kann der gleiche Beschluss feststehen, auch für die Schwester seiner Frau kann es auf die gleiche Art und Weise feststehen.
11. Decretum Vermeriense a. 756 c. 12 (MGH.Cap 1), S. 41: Wenn jemand mit zwei Schwestern geschlafen hat und die eine von ihnen ist vorher seine Ehefrau gewesen, soll er keine von ihnen haben; weder jene ehebrecherische Schwester noch jener Mann, der mit ihr Ehebruch begangen hat, soll irgendeinen anderen Partner heiraten.
12. Decretum Vermeriense a. 756 c. 13 (MGH.Cap 1), S. 41: Derjenige, der weiß, dass seine Ehefrau eine abhängige Frau ist, und diese freiwillig annimmt, soll später immer bei dieser bleiben.
13. Decretum Vermeriense a. 756 c. 18 (MGH.Cap 1), S. 41: Derjenige, der bei der Cousine ersten Grades seiner Ehefrau bleibt, soll sich von dieser fernhalten und keine andere [Frau] haben. Jene Frau, die er gehabt hat, kann machen, was sie will. Dies [nämlich] lässt die Kirche nicht zu.
14. Decretum Vermeriense a. 756 c. 19 (MGH.Cap 1), S. 41: Wenn ein abhängiger Mann oder eine abhängige Frau aufgrund des Verkaufs voneinander getrennt worden sind, sollen sie ermahnt werden, so zu bleiben, wenn wir diese nicht wieder verbinden können.
15. Decretum Vermeriense a. 756 c. 21 (MGH.Cap 1), S. 41: Derjenige, der sich von seiner Frau trennt, damit sie ins Kloster geht, soll keine andere annehmen.

Decretum Compendiense
(757)

16. Decretum Compendiense a. 757 c. 1 (MGH.Cap 1), S. 37: Wenn [die Eheleute] in vierter Abstammung ehelich verbunden vorgefunden worden sind, so trennen wir sie nicht.
17. Decretum Compendiense a. 757 c. 2 (MGH.Cap 1), S. 37: Wenn sie aber in dritter Generation vorgefunden werden, sollen sie getrennt werden.
18. Decretum Compendiense a. 757 c. 3 (MGH.Cap 1), S. 38: Und die, bei denen sich der eine im vierten Grad, der andere im dritten befindet, und [sie] ehelich verbunden entdeckt werden, trennen wir.
19. Decretum Compendiense a. 757 c. 4 (MGH.Cap 1), S. 38: Wenn zwei im dritten Grad verwandt sind, ob Mann oder Frau, oder einer im dritten und der andere im vierten Grad, ist es nicht erlaubt, dass, nachdem der eine gestorben ist, der andere dessen Ehefrau annimmt; und wenn sie entdeckt worden sind, sollen sie getrennt werden. Es gilt ein einziges Gesetz für Männer und Frauen.
20. Decretum Compendiense a. 757 c. 5 (MGH.Cap 1), S. 38: Wenn sich eine Frau ohne die Erlaubnis ihres Mannes den Schleier um das Haupt gelegt hat, mag der Mann, wenn es ihm beliebt, diese wiederum in die Ehe zurücknehmen.
21. Decretum Compendiense a. 757 c. 6 (MGH.Cap 1), S. 38: Wenn jemand seine freie Stieftochter sowohl gegen ihren eigenen Willen als auch gegen den der Mutter und der Verwandten einem freien Mann, einem abhängigen Mann oder einem abhängigen Mann der Kirche [zur Frau] gegeben hat, jene ihn [aber] nicht wollte und ihn verlassen hat, so steht es in der Macht der Eltern/Ver-

22. Decretum Compendiense a. 757 c. 7 (MGH.Cap 1), S. 38: Si Francus homo acceperit mulierem et sperat quod ingenua sit, et postea invenit quod non est ingenua, dimittat eam, si vult, et accipiat aliam. Similiter et femina ingenua.

23. Decretum Compendiense a. 757 c. 8 (MGH.Cap 1), S. 38: Si femina ingenua accepit servum et sciebat tunc quod servus erat, habeat interim quo vivit. Una lex de viris et de feminis.

24. Decretum Compendiense a. 757 c. 9 (MGH.Cap 1), S. 38: Homo Francus accepit beneficium de seniore suo, et duxit secum suum vassallum, et postea fuit ibi mortuus ipse senior et dimisit ibi ipsum vassallum; et post hoc accepit alius homo ipsum beneficium, et pro hoc ut melius potuisset habere illum vassallum, dedit ei mulierem de ipso beneficio, et habuit ipsam aliquo tempore; et, dimissa ipsa, reversus est ad parentes senioris sui mortui, et accepit ibi uxorem, et modo habet eam. Definitum est, quod illam quam postea accepit, ipsam habeat.

25. Decretum Compendiense a. 757 c. 10 (MGH.Cap 1), S. 38: Si quis, uxore accepta, invenit eam apud fratrem suum contaminatam, ipsam dimittens accepit aliam, ipsamque contaminatam invenit, uxor illius legittima est, propterea quia nec ipse virgo fuit illo tempore. Quod si tertiam postea acceperit, revertat ad medianam; et ipsa posterior potestatem habeat alio viro se coniungere.

26. Decretum Compendiense a. 757 c. 11 (MGH.Cap 1), S. 38: Si quis homo habet mulierem legittimam, et frater eius adulteraverit cum ea, ille frater vel illa femina qui adulterium perpetraverunt, interim quo vivunt, numquam habeant coniugium. Ille cuius uxor fuit, si vult, potestatem habet accipere aliam.

27. Decretum Compendiense a. 757 c. 13 (MGH.Cap 1), S. 38: Si pater sponsam filii sui oppresserit, et postea filius ipsam acceperit, pater eius postea non habeat uxorem, et ipsa femina non habeat virum, quia non dixit quod pater eius cum ipsa mansisset; filius vero eius qui nesciens fecit accipiat mulierem legittimam.

28. Decretum Compendiense a. 757 c. 15 (MGH.Cap 1), S. 38: Si quis filiastram aut filiastrum ante episcopum ad confirmationem tenuerit, separetur ab uxore sua et alteram non accipiat. Similiter et femina alterum non accipiat.

29. Decretum Compendiense a. 757 c. 16 (MGH.Cap 1), S. 38: Si quis vir dimiserit uxorem suam et dederit comiatum pro religionis causa infra monasterium Deo servire aut foras monasterium dederit licentiam velare, sicut diximus, propter

wandten, sie einem anderen Mann zu übergeben. Wenn sie selbst [allerdings] einen anderen auswählt, den sie später [zum Mann] nimmt, sollen sie nicht getrennt werden.
22. Decretum Compendiense a. 757 c. 7 (MGH.Cap 1), S. 38: Wenn ein freier Mann eine Frau angenommen hat und hofft, dass sie frei ist, und sich später herausstellt, dass sie nicht frei ist, darf er diese entlassen, wenn er will, und eine andere annehmen. Gleichermaßen [darf das] auch eine freie Frau [tun].
23. Decretum Compendiense a. 757 c. 8 (MGH.Cap 1), S. 38: Wenn eine freie Frau einen abhängigen Mann angenommen hat und damals wusste, dass er ein abhängiger Mann war, soll sie [ihn] behalten, solange sie lebt. Es gilt ein einziges Gesetz für Männer und Frauen.
24. Decretum Compendiense a. 757 c. 9 (MGH.Cap 1), S. 38: Ein freier Mann hat ein Lehen von seinem Lehnsherrn angenommen und hat seinen Vasallen mit sich geführt; später ist der Lehnsherr [dort] selbst gestorben und hat den selbigen Vasallen dort entlassen; danach hat ein anderer Mann dasselbe Lehen angenommen. Und damit er denselben Vasallen besser halten kann, hat er ihm eine Frau von seinem Lehen gegeben, die jener eine Zeit lang bei sich behielt; nachdem er diese [selbst] weggeschickt hatte, ist er zu den Eltern/Verwandten seines toten Lehnsherrn zurückgekehrt und hat dort eine Ehefrau angenommen und auf diese Art gehabt. Es ist beschlossen worden, dass er diejenige behalten soll, die er danach erhalten hatte.
25. Decretum Compendiense a. 757 c. 10 (MGH.Cap 1), S. 38: Wenn jemand seine Ehefrau, nachdem er diese angenommen hatte, von seinem eigenen Bruder befleckt vorgefunden hat, kann er, indem er dieselbige wegschickt, eine andere annehmen. Wenn er auch diese befleckt vorfindet, ist sie jedoch seine rechtmäßige Frau, weil er zu jenem Zeitpunkt nicht [mehr] jungfräulich gewesen war. Wenn er danach aber eine Dritte angenommen hat, soll er zur Mittleren zurückkehren; und sie selbst, [die er] später [angenommen hat], hat die Möglichkeit, sich mit einem anderen zu verbinden.
26. Decretum Compendiense a. 757 c. 11 (MGH.Cap 1), S. 38: Wenn ein Mann eine rechtmäßige Frau hat und sein Bruder mit ihr Ehebruch begangen hat, sollen jener Bruder und jene Frau, die den Ehebruch zustande gebracht haben, solange sie leben, niemals eine Ehe eingehen. Der Mann dieser Frau hat die Möglichkeit, wenn er will, eine andere [zur Frau] zu nehmen.
27. Decretum Compendiense a. 757 c. 13 (MGH.Cap 1), S. 38: Wenn ein Vater die Braut seines Sohnes überfallen und später der Sohn sie selbst angenommen hat, soll dessen Vater sie später nicht als Ehefrau haben und die Frau selbst soll keinen Mann haben, weil sie nicht gesagt hat, dass sein Vater bei ihr geblieben war; der Sohn aber, der es unwissend getan hat, soll eine rechtmäßige Frau annehmen.
28. Decretum Compendiense a. 757 c. 15 (MGH.Cap 1), S. 38: Wenn jemand die Stieftochter oder den Stiefsohn vor den Bischof zur Firmung geführt hat, soll er von seiner Frau getrennt werden und keine andere annehmen dürfen. Gleichermaßen darf auch die Frau keinen anderen Mann annehmen.
29. Decretum Compendiense a. 757 c. 16 (MGH.Cap 1), S. 38: Wenn ein Mann seine Ehefrau entlassen und ihr die Bewilligung gegeben hat, aus religiösen Gründen innerhalb des Klosters Gott zu dienen, oder die Erlaubnis gegeben hat,

Deum, vir illius accipiat mulierem legittimam. Similiter et mulier faciat. Georgius consensit.

30. Decretum Compendiense a. 757 c. 17 (MGH.Cap 1), S. 39: Si quis cum matre et filia in adulterio mansit, nesciente matre quod cum filia sua mansisset, similiter et filia nescivit quod cum matre sua mansisset, postea ille vir, si acceperit, mulierem dimittat, usque in diem mortis suae non habeat uxorem, et illa mulier quam reliquerit accipiat virum; et illa mater et filia cum quibus in adulterio mansit, ambabus nescientibus quod cum matre et filia mansisset, habeant viros. Nam si in notitiam illarum venerit hoc scelus, dimittant maritos et agant poenitentiam, et illorum mariti posteriores accipiant mulieres.

31. Decretum Compendiense a. 757 c. 18 (MGH.Cap 1), S. 39: Similiter et de duabus sororibus, qui cum una in adulterio mansit et alteram in publico accepit, non habeat mulierem usque in diem mortis. Et illae duae sorores, si nescierunt, habeant maritos; et si in notitiam eis venit, superiorem formam servent.

32. Decretum Compendiense a. 757 c. 19 (MGH.Cap 1), S. 39: Si quis leprosus mulierem habeat sanam, si vult ei donare comiatum ut accipiat virum, ipsa femina, si vult, accipiat. Similiter et vir.

33. Decretum Compendiense a. 757 c. 20 (MGH.Cap 1), S. 39: Si quis vir accepit mulierem et habuit ipsam aliquo tempore, et ipsa femina dicit quod non mansisset cum ea, et ille vir dicit quod sic fecit, in veritate viri consistat, quia caput est mulieris. De muliere, quae dicit quod vir suus ei commercium maritale non reddidit, Georgius consensit.

34. Decretum Compendiense a. 757 c. 21 (MGH.Cap 1), S. 39: Si qui propter faidam fugiunt in alias patrias et dimittunt uxores suas, nec illi viri nec illae feminae accipiant coniugium.

Karoli magni notitia Italica
(776)

35. Karoli magni notitia Italica a. 776 c. 1 (MGH.Cap 1), S. 187: Primis omnium placuit nobis, ut cartulas obligationis, quae factae sunt de singulis hominibus qui se et uxores, filios vel filias suas in servitio tradiderunt, ubi inventae fuerint, frangantur, et sint liberi sicut primitus fuerunt.

dass sie sich außerhalb des Klosters verhüllen darf, was wir ›um Gott willen‹ genannt haben, deren Mann darf eine rechtmäßige Frau annehmen. Gleichermaßen soll es auch eine Frau tun. Georgius stimmt hiermit überein.

30. Decretum Compendiense a. 757 c. 17 (MGH.Cap 1), S. 39: Wenn jemand mit der Mutter und mit der Tochter im Ehebruch gelebt hat und die Mutter nicht wusste, dass er mit ihrer Tochter zusammen gewesen ist, [und] gleichermaßen auch die Tochter nicht gewusst hat, dass er mit ihrer Mutter zusammen gewesen ist, soll jener Mann später, wenn er eine Frau angenommen hat, diese entlassen [und] bis zu seinem Todestag keine Ehefrau haben; und jene Frau, die er entlassen hat, kann einen Mann annehmen; auch jene Mutter und [jene] Tochter, mit denen er im Ehebruch gelebt hat, mögen Männer haben, wenn beide nicht gewusst haben, dass er mit der Mutter und der Tochter zusammen gewesen ist. Wenn dieser Frevel aber jenen [Frauen] zur Kenntnis gelangt ist, sollen sie die Männer entlassen und Buße tun; und die Männer von jenen mögen später andere Frauen nehmen.

31. Decretum Compendiense a. 757 c. 18 (MGH.Cap 1), S. 39: Gleichermaßen [gilt es] auch für zwei Schwestern: derjenige, der mit der einen im Ehebruch gelebt und die andere öffentlich angenommen hat, soll bis zum Todestag keine Frau haben. Und wenn jene zwei Schwestern nichts [davon] gewusst haben, sollen sie Männer haben; und wenn es ihnen zur Kenntnis gelangt, sollen sie die oben genannte Vorschrift beachten.

32. Decretum Compendiense a. 757 c. 19 (MGH.Cap 1), S. 39: Wenn ein Leproser eine gesunde Frau hat [und] ihr die Entlassung schenken will, damit sie einen [anderen] Mann annimmt, soll die Frau, wenn sie will, einen [anderen] annehmen. Gleichermaßen [soll es] ein Mann [tun].

33. Decretum Compendiense a. 757 c. 20 (MGH.Cap 1), S. 39: Wenn ein Mann eine Frau angenommen und diese eine Zeit lang gehabt hat und die Frau sagt, dass er nicht mit ihr verkehrt habe, und der Mann sagt, dass er es so gemacht hat, muss man dem Mann glauben, weil der Mann das Haupt der Frau ist. Über die Frau, die sagt, dass ihr Mann ihr den ehelichen Verkehr nicht gewährt hat, ist Georgius derselben Meinung.

34. Decretum Compendiense a. 757 c. 21 (MGH.Cap 1), S. 39: Wenn irgendwelche [Leute] um der Vergeltung willen in ein anderes Land flüchten und ihre Frauen verlassen, sollen weder jene Männer noch jene Frauen einen anderen in die Ehe nehmen.

Karoli magni notitia Italica
(776)

35. Karoli magni notitia Italica a. 776 c. 1 (MGH.Cap 1), S. 187: Als erstes von allem haben wir beschlossen, dass jene Abhängigkeitsurkunden, die im Blick auf einzelne Männer gemacht worden sind, die sich selbst und ihre Ehefrauen, Söhne und Töchter in die Abhängigkeit geführt haben, [dass jene Abhängigkeitsurkunden] dort, wo sie [d.h. die Urkunden] gefunden worden sind, vernichtet werden; und dass sie selbst frei sein sollen, so wie sie es vorher gewesen sind.

Capitularia Italica
(779?)

36. Capitula Italica a. 779? c. 12 (MGH.Cap 1), S. 218: Ut coniugia servorum non dirimantur, si diversos dominos habuerint, sed in uno coniugio servi permanentes dominis suis serviant, sic tamen, ut ipsum coniugium legale sit et per voluntatem dominorum suorum iuxta illud euangelium: ›Quod Deus coniunxit, homo non separet‹.

37. Capitula Italica a. 779? c. 13 (MGH.Cap 1), S. 218: Si qua mulier filium vel filiam suam per fraudem aliquam coram episcopo ad confirmandum tenuerit, propter fallaciam suam poenitentiam agat, a viro tamen suo non separetur.

Capitulatio de partibus Saxoniae
(782 vel 785)

38. Capitulatio de partibus Saxoniae a. 782 vel 785 c. 12 (MGH.Cap 1), S. 69: Si quis filiam domini sui rapuerit, morte morietur.

Summula de bannis
(780–790)

39. Summula de bannis c. 5 (MGH.Cap 1), S. 224: Qui raptum facit, hoc est qui feminam ingenuam trahit contra voluntatem parentum suorum. […].

Capitula cum Italiae episcopis deliberata
(790/800?)

40. Capitula cum Italiae episcopis deliberata a. 790/800? c. 4 (MGH.Cap 1), S. 202: [1] Similiter inquirat unusquisque homines sibi commissos, ubi forsitan invenitur, ubi facte sunt inlicitas coniunctiones: [2] ita ut qui uxorem consobrino aut insobrino suo uxorem duxisset, aut etiam qualibet parentem suam sibimetipsos uxorem copulasset, sine omnem moderatione eos ab invicem separentur, et eos ad penitentiae remedium faciat destinari.

41. Capitula cum Italiae episcopis deliberata a. 790/800? c. 5 (MGH.Cap 1), S. 202: Et hoc etiam scribimus, ut cunctis diligentes inquirat: ut si est homo uxorem habens, et supra ipsa cum alia adulterans et concubinam habuerint, a tali igitur inlicita perpetratione faciat eos cum omni sollicitudine separari.

Capitularia Italica
(779?)

36. Capitula Italica a. 779? c. 12 (MGH.Cap 1), S. 218: Ehen von abhängigen Männern/Menschen sollen nicht getrennt werden, [auch] wenn sie verschiedene Herren haben; vielmehr sollen die abhängigen Männer/Menschen in ihrer ehelichen Verbindung bleiben und ständig ihren Herren dienen, vorausgesetzt, dass ihre Ehe rechtmäßig ist und mit dem Willen ihrer Herren [zustande gekommen ist] gemäß dem Evangelium: ›Was Gott verbunden hat, soll der Mensch nicht trennen‹.
37. Capitula Italica a. 779? c. 13 (MGH.Cap 1), S. 218: Wenn eine Frau ihren Sohn oder ihre Tochter durch irgendeinen Betrug vor aller Augen dem Bischof zur Firmung zugeführt hat, soll sie wegen dieser Täuschung Buße tun; von ihrem Mann aber soll sie deshalb nicht getrennt werden.

Capitulatio de partibus Saxoniae
(782 vel 785)

38. Capitulatio de partibus Saxoniae a. 782 vel 785 c. 12 (MGH.Cap 1), S. 69: Wenn jemand die Tochter seines Herrn geraubt hat, büße er mit seinem Leben.

Summula de bannis
(780–790)

39. Summula de bannis c. 5 (MGH.Cap 1), S. 224: Wer einen Raub begeht, d. h. sich eine freie Frau gegen den Willen der Eltern/Verwandten genommen hat. […].

Capitula cum Italiae episcopis deliberata
(790/800?)

40. Capitula cum Italiae episcopis deliberata a. 790/800? c. 4 (MGH.Cap 1), S. 202: [1] Gleichermaßen soll jeder Einzelne die Menschen untersuchen, die ihm anvertraut worden sind, ob nicht vielleicht entdeckt werden könnte, dass unerlaubte Verbindungen zustande gekommen sind: [2] So wie derjenige, der eine Cousine ersten Grades (*consobrinus et insobrinus*) als Ehefrau oder irgendeine andere Verwandte (*parens*) heimgeführt hat, [so] sollen diese voneinander ohne jede Duldung getrennt und zum Heilmittel der Buße bestimmt werden.
41. Capitula cum Italiae episcopis deliberata a. 790/800? c. 5 (MGH.Cap 1), S. 202: Und das schreiben wir auch [auf], dass er es bei allen sorgfältig untersuchen soll, dass, wenn ein Mann eine Ehefrau hat und über sie hinaus mit einer anderen Ehebruch begangen und eine Konkubine hat, er dafür sorgen soll, dass diese von solchen unerlaubten Dingen mit aller Sorgfalt getrennt werden.

Capitula e conciliorum canonibus collecta
(um 801)

42. Capitula e conciliorum canonibus collecta c. 1 (MGH.Cap 1), S. 232: Illud preterea per omnia precaventes prohibere decrevimus, ut nullus presummat ante annos pubertatis, id est infra aetatem, puerum vel puellam in matrimonium sociare, nec in dissimili aetate, sed coaetaneos sibique consencientes. Multas sepius ex huiuscemodi nuptiale contractu ruinas animarum factas audivimus, et tales fornicationes perpetratos, quales nec inter gentes: ita plane, ut, cum contigerit puerum adultum esse et puellam parvulam, et e contrario si puella maturae aetatis et puer sit tenere, et per virum cognata et socrus deprehendantur adultere, et propter puellam frater vel pater pueri tanti peccati flagitio pereant inretiti. Unde qui haec prohibita de cetero usurpare presumpserit, ab omni aeclesiastico consortio sit alienus, sed nec ad publicis sit inmunis iudiciis.

43. Capitula e conciliorum canonibus collecta c. 2 (MGH.Cap 1), S. 232: De coniunctione parentelae, neque in quarto neque in quinto genuculo coniungere presummat aliquis; et si quis presumpserit, a sancta communione sit alienus.

Responsa misso cuidam data
(802/813)

44. Responsa misso cuidam data a. 802/813 c. 8 (MGH.Cap 1), S. 145f: In octavo capitulo referebatur de servis qui Francas feminas accipiunt, et postea illorum domini eis cartas faciunt eo tenore ut, si aliqua procreatio filiorum aut filiarum ex ipsis orta fuerit, liberi permaneant; et nesciunt, sicut scripsisti, utrum habere debeant an non. Deinde volumus ut, si ille homo servo aut ancillae cartam in sua praesentia fecerit, et ille vel illa qui cartam libertatis habere debet praesentes fuerint, ipsa carta stabilis permaneat. Sed qui post discessum domini sui ortus fuerit, in servitio permaneat; et illae cartae, quae a quibusdam dominis his factae fuerint qui necdum nati esse noscuntur sed post eorum discessum nati fuerint, nullum optineant effectum, nec per easdem cartas liberi esse valeant.

Capitula e conciliorum canonibus collecta
(um 801)

42. Capitula e conciliorum canonibus collecta c. 1 (MGH.Cap 1), S. 232: Wir haben entschieden, in aller Hinsicht vorsorglich zu verbieten, dass es keiner wagen soll, vor den Jahren der Pubertät, das heißt vor der Volljährigkeit, einen Jungen oder ein Mädchen zu verheiraten, [und zwar gilt dieses Verbot] auch dann, wenn sie unterschiedlichen Alters, aber auch, wenn sie gleichaltrig und sich einig sind. Wir haben gehört, dass ihre Seelen öfter durch einen derartigen Heiratsvertrag Schaden genommen haben und dass solche Unzuchtstaten verübt worden sind, wie sie nicht einmal unter den Heiden vorkommen. Wenn es sich zuträgt, dass der Junge erwachsen und das Mädchen klein oder im Gegenteil das Mädchen reifen Alters ist und der Junge zarten Alters und die Schwägerin und die Schwiegermutter durch einen Mann als Ehebrecherinnen gefasst worden sind und wegen des Mädchens der Bruder oder der Vater des Jungen verstrickt in der Schandtat einer solchen großen Sünde untergehen, dann soll derjenige, der sich anmaßt, diese Verbote zu brechen, von jeder kirchlichen Gemeinschaft ausgeschlossen sein, aber nicht der öffentlichen Gerichtsbarkeit entzogen werden.

43. Capitula e conciliorum canonibus collecta c. 2 (MGH.Cap 1), S. 232: Verbindungen innerhalb der Verwandtschaft: Keiner soll es wagen, sich als viertes oder als fünftes Glied zu verheiraten; und wenn es jemand gewagt hat, soll er von der heiligen Kommunion fern bleiben.

Responsa misso cuidam data
(802/813)

44. Responsa misso cuidam data a. 802/813 c. 8 (MGH.Cap 1), S. 145f: Im achten Kapitel wurde über abhängige Männer berichtet, die freie Frauen angenommen und deren Herren in diesem Zuge ihnen später eine Urkunde ausgestellt haben, dass, wenn sie Söhne oder Töchter gezeugt haben, sie frei bleiben sollen; und sie wissen nicht, so wie du es geschrieben hast, ob sie sie haben müssen oder nicht. Dann wollen wir, dass die Urkunde selbst dauerhaft bleiben soll, wenn jener Mann dem abhängigen Mann oder der abhängigen Frau die Urkunde in seiner Gegenwart ausgestellt hat und jener oder jene, der die Urkunde der Freiheit haben muss, anwesend gewesen ist. Aber jeder [Nachkomme], der nach dem Tod ihrer Herren gezeugt worden ist, soll in Abhängigkeit verbleiben; und jene Urkunden, die für diese [Nachkommen] von diesem gewissen Herrn ausgestellt worden sind [und] von denen man weiß, dass sie noch nicht geboren worden sind, sondern erst nach deren Tod geboren worden sind, gewinnen keine Wirkung; auch können sie nicht aufgrund derselben Urkunden frei sein.

Capitulare Baiuvaricum
(803?)

45. Capitulare Baiuvaricum a. 803? c. 5 (MGH.Cap 1), S. 159: Ut latrones vel homicidae seu adulteri vel incestuosi sub magna districtione et correctione sint correpti secundum eoa Baiuvariorum vel lege.

Capitula incerta
(814–840)

46. Capitula incerta a. 814–840 c. 1 (MGH.Cap 1), S. 315: [1] Qui sponsam alienam ipsa non consentiente rapuerit, [2] licet cum ea concubuerit, [3] reddat eam ei cuius sponsa est, et is ducat eam si velit, [4] quia vim passa pocius quam violata videtur. [5] Quodsi eam ducere noluerit, accipiat alteram feminam; tamen si et ipsa nubere voluerit, excepto raptore, cui voluerit alteri legitime copuletur, raptor vero adulterii crimine reus teneatur. Quodsi et ipsa consensit, similiter ut raptor a nuptiis in ulterius proibeatur; et is qui eam accepturus erat aliam quam voluerit accipiat.

Capitula legibus addenda
(818/819)

47. Capitula legibus addenda a. 818/819 c. 4 (MGH.Cap 1), S. 281: De raptu viduarum. Qui viduam intra primos triginta dies viduitatis suae vel invitam vel volentem sibi copulaverit, bannum nostrum id est sexaginta solidos in triplo conponat; et si invitam eam duxit, legem suam ei conponat, illam vero ulterius non adtingat.

Capitula legi Salicae addita
(819/820)

48. Capitula legi Salicae addita a. 819/820 c. 3 (MGH.Cap 1), S. 292: De XIIII. capitulo legis Salicae. Si quis ingenuus ancillam alienam in coniugium acceperit, ipse cum ea in servitio inplicetur. De hoc capitulo iudicatam est ab omnibus, ut, si ingenua femina quemlibet servum in coniugium sumpserit, non solum cum ipso servo in servitio permaneat, sed etiam omnes res quas habet, si eas cum parentibus suis divisas tenet, ad dominum cuius servum in coniugium accepit

Capitulare Baiuvaricum
(803?)

45. Capitulare Baiuvaricum a. 803? c. 5 (MGH.Cap 1), S. 159: Räuber, Mörder, Ehebrecher oder Inzestuöse sind mit großer Strenge und Zurechtweisung gemäß dem Stammesrecht und dem Gesetz der Bayern zur Verantwortung gezogen worden.

Capitula incerta
(814–840)

46. Capitula incerta a. 814–840 c. 1 (MGH.Cap 1), S. 315: [1] Wer die Verlobte eines anderen ohne ihr Einverständnis raubt, soll diese, [2] auch wenn er mit ihr geschlafen hat, [3] dem zurückgeben, dessen Verlobte sie ist; dieser führe sie heim, wenn er will, [4] weil sie eher als eine anzusehen ist, die Gewalt erlitten hat, als eine, die defloriert worden ist. [5] Wenn er diese nicht heimführen will, soll er eine andere Frau annehmen, sollte gleichwohl sie selbst [d. h. die Geraubte] heiraten wollen, soll sie – außer mit dem Räuber – mit einem anderen, den sie will, rechtmäßig ehelich verbunden werden. Der Räuber aber soll für die Tat des Ehebruchs verantwortlich gemacht werden. Wenn sie selbst aber [dem Raub] zugestimmt hat, soll sie gleichermaßen – wie der Räuber – künftig von Eheschließungen ferngehalten werden; derjenige, der sie ursprünglich hatte annehmen wollen, soll eine andere, die er will, annehmen.

Capitula legibus addenda
(818/819)

47. Capitula legibus addenda a. 818/819 c. 4 (MGH.Cap 1), S. 281: Raub von Witwen. Wer eine Witwe innerhalb der ersten 30 Tage ihrer Witwenschaft entweder wider Willen oder freiwillig mit sich verbunden hat, soll unseren Bann, das heißt 60 Schillinge im Dreifachen, bezahlen; und wenn er sie wider ihren Willen heimgeführt hat, soll er ihr nach ihrem Gesetz genugtun, sie aber nicht mehr berühren.

Capitula legi Salicae addita
(819/820)

48. Capitula legi Salicae addita a. 819/820 c. 3 (MGH.Cap 1), S. 292: Über das 14. Kapitel des Salischen Gesetzes: Wenn irgendein freier Mann eine fremde abhängige Frau geheiratet hat, soll er selbst mit dieser in Abhängigkeit verstrickt werden. Über dieses Kapitel ist von allen gesagt worden, dass eine freie Frau – falls sie es gewagt haben sollte, einen beliebigen abhängigen Mann in die Ehe zu nehmen – nicht nur mit diesem selbigen in Abhängigkeit verharren soll,

perveniant. Et si cum parentibus suis res paternas vel maternas non divisit, nec alicui quaerenti respondere nec cum suis heredibus in rerum paternarum hereditate ultra divisor accedere possit. Similiter et si Francus homo alterius ancillam in coniugium sumpserit, sic faciendum esse iudicauerunt.

49. Capitula legi Salicae addita a. 819/820 c. 8 (MGH.Cap 1), S. 293: De XLVI. capitulo, id est qui viduam in coniugium accipere vult, iudicauerunt omnes, ut non[,] ita sicut in lege Salica scriptum est[,] eam accipiat, sed cum parentorum consensu et voluntate, velut usque nunc antecessores eorum fecerunt, in coniugium sibi eam sumat.

50. Capitula legi Salicae addita 98,1 (MGH.LNG 4,1), S. 255: De muliere, qui se cum seruo suo copulauerit. Si quis mulier, qui cum seruo suo in coniugio copulauerit, omnes res suas fiscus adquirat et illa aspellis faciat.

51. Capitula legi Salicae addita 98,2 (MGH.LNG 4,1), S. 255: Si quis <de parentibus> eam occiderit, nullus mortem illius nec parentes nec fiscus <nullatenus> requiratur. Seruus ille pessima (c)ruciatu ponatur, hoc est <ut> in rota mittatur. Et uero muliere ipsius de parentibus aut que<m>libet panem aut hospitalem dederit, solidos XV culpabilis iudicetur.

52. Capitula legi Salicae addita 99,1 (MGH.LNG 4,1), S. 256: De conciliatoribus. Si quis filium aut filiam alienam extra consilium parentum in coniugio copulandum et conciliauerit et ei fuerit adprobatum, et parentes exinde aliquid damnati fuerint aut certe raptores uel conuiuas conciliatores fuerint, morte damnentur et res ipsorum fiscus adquirat.

53. Capitula legi Salicae addita 99,2 (MGH.LNG 4,1), S. 256: Raptores uero, quod in anteriore lege scriptum est, amplius non damnentur.

54. Capitula legi Salicae addita 100,1 (MGH.LNG 4,1), S. 256: De muliere uidua, qui se ad alium maritum dare uoluerit. Si quis mulier uidua post mortem mariti sui ad alterum marit(um) <se> dare uoluerit, prius, qui eam accipere uoluerit, rei(p)us secundum legem donet. <Et> postea mulier, si de anteriore marito filios habet, parentes infantum suorum consiliare debet. Et si in dotis XXV solidos accepit, III solidos achasium parentibus, qui proximiores sunt marito defuncto, donet, hoc est si pater aut mater desunt, frater defuncti aut certe nepus, fratris senioris filius, ipsis achasius debetur. Et si isti non fuerint, tunc in mallo iudici, hoc est comite aut grafione, roget de ea; in uerbum regis mittat et achasium, quem parentibus mortui mariti dare debuerant, parti fisci adquirat.

55. Capitula legi Salicae addita 100,2 (MGH.LNG 4,1), S. 257: Si uero LXII (semis) solidos in dotis accepit, solidi VI in ach(a)sium dentur, hoc est u(t) per decinus

sondern es sollen auch alle Dinge, die sie besitzt, dem Herrn, dessen abhängigen Mann sie in die Ehe geführt hat, zufallen, wenn sie diese mit ihren Eltern/Verwandten geteilt hat. Und wenn sie die väterlichen und mütterlichen Dinge nicht mit ihren Eltern/Verwandten geteilt hat, kann sie weder dem entsprechen, der gegen sie Ansprüche erhebt, noch mit ihrem Erbe in das Erbe der väterlichen Dinge weiterhin als Teiler herantreten. Gleichermaßen haben sie geurteilt, dass so zu verfahren sei, wenn ein freier Mann es gewagt haben sollte, die abhängige Frau eines anderen in die Ehe zu führen.

49. Capitula legi Salicae addita a. 819/820 c. 8 (MGH.Cap 1), S. 293: Über das 46. Kapitel – wo es heißt, wer eine Witwe heiraten will – haben alle geurteilt, dass er sie nicht [bloß] annehmen soll, wie es im Salischen Gesetz geschrieben steht, sondern dass er diese mit dem Einverständnis und dem Willen der Eltern/Verwandten heiraten soll, ebenso wie es bisher deren Vorgänger getan haben.

50. Capitula legi Salicae addita 98,1 (MGH.LNG 4,1), S. 255: Über eine Frau, die sich mit ihrem abhängigen Mann verbunden hat. Wenn eine Frau sich mit ihrem abhängigen Mann zur Ehe verbunden hat, erwerbe der Fiskus ihr ganzes Vermögen und sie werde verbannt.

51. Capitula legi Salicae addita 98,2 (MGH.LNG 4,1), S. 255: Wenn einer der Eltern/Verwandten sie getötet hat, forsche niemand ihrem Tode irgendwie nach – weder die Eltern/Verwandten noch der Fiskus. Jener abhängige Mann werde zur schwersten Folterung gebracht, d.h. er werde aufs Rad gelegt. Gewährt aber einer von den Eltern/Verwandten oder jemand anderer dieser Frau Brot und Unterkunft, werde er zu 15 Schillingen verurteilt.

52. Capitula legi Salicae addita 99,1 (MGH.LNG 4,1), S. 256: Über Anstifter. Wenn jemand eines anderen Sohn oder Tochter überredet hat, sich gegen den Willen der Eltern/Verwandten ehelich zu verbinden, und es ihm nachgewiesen worden ist, sollen auch die Eltern/Verwandten deswegen irgendwie bestraft werden; die Räuber aber oder ihre Mithelfer, die Anstifter waren, sollen zum Tode verurteilt werden und ihr Vermögen erwerbe der Fiskus.

53. Capitula legi Salicae addita 99,2 (MGH.LNG 4,1), S. 256: Die Räuber aber sollen nicht höher verurteilt werden, als es im früheren Gesetz geschrieben steht.

54. Capitula legi Salicae addita 100,1 (MGH.LNG 4,1), S. 256: Über eine verwitwete Frau, die sich einem anderen Ehegatten geben wollte. Wenn eine verwitwete Frau sich nach dem Tod ihres Ehegatten einem anderen Ehegatten geben wollte, muss vorher der, der sie nehmen wollte, das Wiederverheiratungsgeld gemäß dem Gesetz geben; und danach soll die Frau, wenn sie von dem früheren Ehegatten Kinder hat, die Verwandten seiner Kinder zu Rate ziehen. Und wenn sie als Braut- bzw. Ehegabe 25 Schillinge erhielt, gebe sie drei Schillinge als Lösungssumme den Verwandten, die dem verstorbenen Ehegatten am nächsten sind, d.h. wenn Vater oder Mutter fehlen, dem Bruder des Verstorbenen oder etwa dem Neffen, des ältesten Bruders Sohn; diesen wird die Lösungssumme geschuldet. Und wenn diese nicht da sind, dann bitte er auf dem Gerichtstermin den Richter um sie, d.h. den Gaugrafen und Grafen; sie stelle sich unter den Schutz des Königs und die Lösungssumme, die er den Eltern/Verwandten des verstorbenen Ehegatten geben soll, erhalte dieser als Anteil für den Fiskus.

55. Capitula legi Salicae addita 100,2 (MGH.LNG 4,1), S. 257: Wenn sie aber 62 ½ Schillinge als Braut- bzw. Ehegabe erhalten hat, sollen sechs Schillinge als Lö-

solidos singuli in achasium debentur; sic tamen ut dotem, quem anterior maritus dedit, filiis suis post obitum matris sine ullum consorcium sibi uindicent ac defendant. De qua dote mater nec uendere nec donare praesumat. Certe si mulier de anteriore marito filios non habuerit et cum dote sua ad alias nuptias ambulare uoluerit, sicut superius diximus, achasium donet. Et sic postea scamno cooperiat et lecto cum lectaria ornet; et ante IX testes parentibus defuncti marit(i) inuitat et dicat: »Omnis mihi testes scitis, quia et achasium dedi, ut pacem habeam parentum, et lectum stratum et lectaria condigna et scamno cooperto et cathedras, quae de casa patris mei exhibui, hic demitto". Et hoc (facto) liceat cum duas partes dotis sui alio se dare marito.

56. Capitula legi Salicae addita 100,3 (MGH.LNG 4,1), S. 257: Si uero istud non fecerit, duas partes dotis perdat et insuper fisco solidos LXII (semis) culpabilis iudicetur.
57. Capitula legi Salicae addita 101,1 (MGH.LNG 4,1), S. 257f: De uiris, qui alias ducunt uxores. Si quis uxorem amiserit et aliam habere uoluerit, dotem, quem primariae uxor(i) dedit, secunda ei donare non licet. Si tamen adhuc filii paruuli sunt, usque ad perfectam aetatem res uxor(i)s anterior(i)s uel dot(em) caute liceat iudicare; sic uero de has nec uendere nec donare praesumat.

58. Capitula legi Salicae addita 101,2 (MGH.LNG 4,1), S. 258: Si uero de anteriore uxore filios non habuerit, parentes, qui proximiores sunt mulieris defuncti, duas partes dotis recolligant et dua lectaria demittant <et> dua scamna cooperta <et> duas cathedras. Quod si istud non fecerint, tertia sola de dote recolligant; <et> tamen si per adfatimus antea non co(n)u(en)erint.

59. Capitula legi Salicae addita 130,1 (MGH.LNG 4,1), S. 266: Si quis libertus libertam alienam rapuerit, DCCC denarios qui faciunt solidos XX culpabilis iudicetur.
60. Capitula legi Salicae addita 130,2 (MGH.LNG 4,1), S. 266: Praeter graphione solidos X soluat, et mulier ad potestatem domini sui reuertatur.

61. Capitula legi Salicae addita 130,3 (MGH.LNG 4,1), S. 266: Si ingenuam rapuerit, de uita sua conponat.

sungssumme gegeben werden, d. h. dass für je zehn Schillinge einer als Lösungssumme geschuldet wird, und zwar so, dass die Braut- bzw. Ehegabe, die der frühere Ehegatte gab, dessen Kinder nach dem Tod der Mutter ohne irgendwelche Beteiligung für sich beanspruchen und verteidigen sollen. Von dieser Braut- bzw. Ehegabe zu verkaufen oder zu verschenken, maße sich die Mutter nicht an. Wenn die Frau etwa von dem früheren Ehegatten keine Kinder hat und mit ihrer Braut- bzw. Ehegabe zu einer anderen Heirat schreiten will, gebe sie, wie wir oben gesagt haben, die Lösungssumme. Und so bereite sie danach die Bank und versehe das Bett mit einer Decke und lade vor neun Verwandte des Verstorbenen, die als Zeugen einzuladen sind, und sage: ›Ihr alle sollt als meine Zeugen wissen, dass ich auch die Lösungssumme gegeben habe, damit ich mit den Verwandten Frieden habe, und dass ich das hergerichtete Bett und eine angemessene Decke und eine bedeckte Bank und Stühle, die ich aus dem Hause meines Vaters mitgebracht habe, hier zurücklasse‹. Und so sei es ihr erlaubt, sich mit zwei Dritteln ihrer Braut- bzw. Ehegabe einem anderen Ehegatten zu geben.

56. Capitula legi Salicae addita 100,3 (MGH.LNG 4,1), S. 257: Wenn sie dies aber nicht tut, verliere sie die zwei Drittel der Braut- bzw. Ehegabe und werde überdies zu 62 ½ Schillingen an den Fiskus verurteilt.

57. Capitula legi Salicae addita 101,1 (MGH.LNG 4,1), S. 257f: Über Männer, die weitere Ehefrauen heimführen. Wenn jemand die Ehefrau verloren hat und eine andere haben wollte, ist es ihm nicht erlaubt, die Braut- bzw. Ehegabe, die er der ersten Ehefrau gab, ihr zum zweiten Mal zu schenken. Und solange die Kinder klein sind, sei es ihm erlaubt, bis zu deren vollendetem Alter die Sachen der Ehefrau oder deren Braut- bzw. Ehegabe achtsam zu behandeln, jedoch so, dass er sich nicht anmaße, von ihr zu verkaufen oder zu verschenken.

58. Capitula legi Salicae addita 101,2 (MGH.LNG 4,1), S. 258: Wenn er aber von der früheren Ehefrau keine Kinder gehabt hat, sollen die Verwandten, die der verstorbenen Frau am nächsten sind, zwei Drittel der Braut- bzw. Ehegabe an sich nehmen und zwei Decken, zwei bedeckte Bänke und zwei Stühle abgeben. Wenn sie dies nicht tun, sollen sie nur den dritten Teil der Braut- bzw. Ehegabe an sich nehmen, jedoch nur, wenn sie sich vorher nicht durch Erbvergabung gebunden haben.

59. Capitula legi Salicae addita 130,1 (MGH.LNG 4,1), S. 266: Wenn ein freigelassener Mann eines anderen freigelassene Frau geraubt hat, werde er zu 800 Pfennigen, gleich 20 Schillingen, verurteilt.

60. Capitula legi Salicae addita 130,2 (MGH.LNG 4,1), S. 266: Außerdem zahle er dem Grafen zehn Schillinge und die Frau kehre in die Gewalt ihres Herrn zurück.

61. Capitula legi Salicae addita 130,3 (MGH.LNG 4,1), S. 266: Wenn er eine freie Frau geraubt hat, büße er mit seinem Leben.

62. Capitula legi Salicae addita 133 (MGH.LNG 4,1), S. 267: Si quis uxorem alienam tulerit uiuo marito, mallobergo[47], sunt denarii VIIIM qui faciunt solidos CC culpabilis iudicetur.

Capitulare Ecclesiasticum
(818/819)

63. Capitulare Ecclesiasticum a 818/819 c. 24 (MGH.Cap 1), S. 279: De desponsatis puellis et ab aliis raptis ita in concilio Ancyrano, capitulo decimo, legitur: ›Desponsatas puellas et post ab aliis raptas placuit erui et eis reddi quibus ante fuerant disponsatae, etiamsi eis a raptoribus vis inlata constiterit‹. Proinde statutum est a sacro conventu, ut raptor publica poenitentia multetur, raptae vero, si sponsus recipere noluerit et ipsa eidem crimini consentiens non fuit, licentia nubendi alii non negetur; quod si et ipsa consensit, simili sententiae subiaceat. Quod si post haec se iungere praesumpserint, uterque anathematizetur.

Capitulare Olonnense
(822/823)

64. Capitulare Olonnense a. 822/823 c. 3 (MGH.Cap 1), S. 317: Si quis adulter cum adultera conprehensus, secundum edicta legis Langobardorum marito adulterae ambo ad vindictam traditi fuerint, si eos quispiam emerit eosque coniunctos in eodem scelere habere repertus fuerit, ipsos fiscus adquirat.

65. Capitulare Olonnense a. 822/823 c. 4 (MGH.Cap 1), S. 317: [1] Si quis liber homo uxorem habens liberam propter aliquod crimen aut debitum servitio alterius se subdit, infantes qui tali coniugio nati fuerint libertatis statum non amittant. [2] Si vero illa defuncta secunda uxor, et tamen libera, tali se sciens iunxerit coniugio, liberi illorum servituti subdantur.

---

47 Hier fehlt das volkssprachliche Wort ›affalthecha‹, das Pactus legis Salicae 15,1 (MGH.LNG 4,1), S. 70 jedoch nennt (vgl. Anhang L 15, S. 4).

62. Capitula legi Salicae addita 133 (MGH.LNG 4,1), S. 267: Wenn jemand eines anderen Ehefrau zu Lebzeiten des Gatten genommen hat, vor Gericht ›Raub‹ genannt[47], werde er zu 8000 Pfennigen, gleich 200 Schillingen, verurteilt.

Capitulare Ecclesiasticum
(818/819)

63. Capitulare Ecclesiasticum a 818/819 c. 24 (MGH.Cap 1), S. 279: Über verlobte junge Frauen und solche, die von anderen geraubt worden sind, ist auf dem Konzil von Ancyra in Kapitel zehn Folgendes zu lesen: ›Es wurde beschlossen, dass verlobte junge Mädchen, die später von anderen geraubt worden sind, befreit und denen zurückgegeben werden, mit denen sie vorher verlobt gewesen sind, auch wenn feststeht, dass ihnen von den Räubern Gewalt angetan worden ist‹. Daraufhin ist von der heiligen Versammlung beschlossen worden, dass der Räuber mit einer öffentlichen Buße belegt werden soll; der Geraubten aber wird die Erlaubnis nicht versagt, einen anderen zu heiraten, wenn der Verlobte sie nicht zurücknehmen will und sie selbst der Straftat nicht zugestimmt hatte. Wenn jene aber einverstanden gewesen ist, soll sie sich dem gleichen Beschluss unterziehen. Wenn sie es aber nachher wagen, zu heiraten, sollen beide mit dem Kirchenbann belegt werden.

Capitulare Olonnense
(822/823)

64. Capitulare Olonnense a. 822/823 c. 3 (MGH.Cap 1), S. 317: Wenn ein Ehebrecher mit einer Ehebrecherin ertappt worden ist [und] beide gemäß den Edikten des Gesetzes der Langobarden dem Ehemann der Ehebrecherin zur Bestrafung übergeben worden sind [und] wenn irgendjemand diese gekauft hat und dabei ertappt wurde, dass er diese als durch das Verbrechen Verbundene hält, dann soll der Fiskus sie erwerben.
65. Capitulare Olonnense a. 822/823 c. 4 (MGH.Cap 1), S. 317: [1] Wenn ein freier Mann, während er eine freie Ehefrau hat, wegen irgendeines Verbrechens oder einer Schuld sich in Abhängigkeit eines anderen bringt, sollen die Kinder, die in der so beschaffenen Ehe geboren worden sind, den Status der Freiheit nicht verlieren. [2] Wenn sich aber, nachdem jene gestorben ist, eine zweite Ehefrau, gleichwohl auch sie frei, wissentlich in einer so beschaffenen ehelichen Verbindung verbindet, sollen deren Kinder der Abhängigkeit unterworfen werden.

---

47 Hier fehlt das volkssprachliche Wort ›affalthecha‹, das der Pactus legis Salicae 15,1 (MGH.LNG 4,1), S. 70 jedoch nennt (vgl. Anhang L 15, S. 4).

Concessio generalis
(823?)

66. Concessio generalis a. 823? c. 1 (MGH.Cap 1), S. 320: Ut si cuiuscumque servus liberam feminam sibi ea consentiente in coniugio copulaverit, et infra anni spatium ad vindictam traditi non fuerint, sicut lex tales personas nostro fisco sociat, ita nos nostra libertate concedimus, ut in potestate et servitio domini illius cuius servus fuerit ambo revertantur.

Collectio capitularium Ansegisi abbatis
(827)

67. Collectio capitularium Ansegisi abbatis 1,42 (MGH.Cap.N.S. 1), S. 456: De uxore a viro dimissa. Item in eodem, ut nec uxor a viro dimissa alium accipiat virum vivente viro suo, nec vir aliam accipiat vivente uxore priore.

68. Collectio capitularium Ansegisi abbatis 1,98 (MGH.Cap.N.S. 1), S. 490f: De puellis raptis necdum desponsatis. De puellis raptis necdum desponsatis in concilio Chalcedonensi, ubi DCXXX patres adfuerunt, capitulo XXXVIII ita habetur: *Eos qui rapiunt puellas sub nomine simul habitandi cooperantes et conibentes raptoribus, decrevit sancta synodus, si quidem clerici sunt, decidant gradu proprio; si vero laici, anathematizentur.* Quibus verbis aperte datur intellegi, qualiter huius mali auctores damnandi sunt, quando participes et conibentes tanto anathemate feriuntur, et iuxta canonicam auctoritatem ad coniugia legitima raptas sibi iure vindicare nullatenus possunt.

69. Collectio capitularium Ansegisi abbatis 1,99 (MGH.Cap.N.S. 1), S. 491f: De desponsatis puellis et ab aliis raptis. [1] De desponsatis puellis et ab aliis raptis ita in concilio Ancyritano capitulo X legitur: [2] *Disponsatas puellas et post ab aliis raptas placuit erui et eis reddi, quibus ante fuerint desponsatae, etiam si eis a raptoribus vis inlata constiterit.* Proinde statutum est a sacro conventu, ut raptor publica poenitentia multetur. Raptae vero, si sponsus recipere noluerit et ipsa eiusdem crimini consentiens non fuit, licentia nubendi alii non negetur. Quod si et ipsa consensit, simili sententia subiaceat. [3] Quod si post haec se coniungere praesumpserint, uterque anathematizentur.

Concessio generalis
(823?)

66. Concessio generalis a. 823? c. 1 (MGH.Cap 1), S. 320: Wenn sich jemandes abhängiger Mann mit einer freien Frau in Übereinstimmung ehelich verbunden hat und sie nicht innerhalb eines Zeitraumes von einem Jahr zur Strafgerichtsbarkeit überführt worden sind, so wie das Gesetz die so beschaffenen Personen unserem Fiskus einverleibt, so nehmen wir uns das Recht, zu beschließen, dass beide in den Machtbereich und die Abhängigkeit jenes Herrn zurückkehren, dessen abhängiger Mann er gewesen ist.

Collectio capitularium Ansegisi abbatis
(827)

67. Collectio capitularium Ansegisi abbatis 1,42 (MGH.Cap.N.S. 1), S. 456: Über die Ehefrau, die vom Mann entlassen worden ist. Ebenso ist in demselben zu lesen, dass weder die Frau, die vom Mann entlassen worden ist, einen anderen Mann annehmen darf, während ihr Mann [noch] lebt, noch der Mann eine andere annehmen darf, solange seine erste Frau noch lebt.
68. Collectio capitularium Ansegisi abbatis 1,98 (MGH.Cap.N.S. 1), S. 490f: [Das Thema] ›Geraubte Mädchen, die noch nicht verlobt worden sind‹ wird auf dem Konzil von Chalcedon, wo 630 Väter anwesend gewesen sind, in Kapitel 38 folgendermaßen behandelt: Bezüglich derer, die Mädchen unter dem Vorwand des Zusammenwohnens geraubt haben, und bezüglich der Mithelfer und derer, die die Räuber unterstützt haben, hat die heilige Synode beschlossen: Wenn es Kleriker sind, sollen sie ihren Rang [d. h. ihren Weihegrad] verlieren; wenn es aber Laien [sind], sollen sie mit dem Kirchenbann belegt werden. Durch diese Worte wird unverhohlen die Möglichkeit gegeben, zu verstehen, wie die Verursacher dieses Übels zu verurteilen sind. Da ja die Beteiligten und die Unterstützenden insgesamt vom Kirchenbann getroffen werden, können sie gemäß der kanonischen Autorität bezüglich der legitimen Ehe in keiner Weise die für sich Geraubten rechtmäßig als Eigentum beanspruchen.
69. Collectio capitularium Ansegisi abbatis 1,99 (MGH.Cap.N.S. 1), S. 491f: [1] Über verlobte Mädchen und solche, die von anderen geraubt worden sind, ist im Konzil von Ancyra, zehntes Kapitel, zu lesen: [2] ›Es wurde beschlossen, dass junge Mädchen, die verlobt und nachher von anderen geraubt worden sind, befreit und denen zurückgegeben werden, mit denen sie vorher verlobt gewesen sind, auch wenn feststeht, dass diesen von den Räubern Gewalt angetan worden ist‹. Außerdem ist von der heiligen Versammlung beschlossen worden, dass der Räuber durch öffentliche Buße bestraft werden soll; der Geraubten aber soll, falls sie der Verlobte nicht wieder zurücknehmen will und sie demselben Verbrechen nicht zugestimmt hat, die Erlaubnis nicht verweigert werden, einen anderen zu heiraten; wenn jene aber einverstanden gewesen ist, soll sie sich demselben Urteil unterwerfen. [3] Wenn sie es aber gewagt haben, sich ehelich zu verbinden, sollen beide mit dem Kirchenbann belegt werden.

70. Collectio capitularium Ansegisi abbatis 3,29 (MGH.Cap.N.S. 1), S. 586f: De homine libero, qui se loco wadii tradit. Liber, qui se loco wadii in alterius potestatem commiserit ibique constitutus dampnum aliquod cuilibet fecerit, qui eum in loco wadii suscepit aut damnum solvat aut hominem in mallo productum dimittat, perdens simul debitum propter quod eum pro wadio suscepit. Et qui damnum fecit, dimissus iuxta qualitatem rei cogatur emendare. Si vero liberam feminam habuerit usque dum in pignore extiterit et filios habuerint, liberi permaneant.

Capitulare Missorum Silvacense
(853)

71. Capitulare Missorum Silvacense a. 853 c. 2 (MGH.Cap 2), S. 271f: [...] Tum maxime de raptoribus puellarum et viduarum causis [...].

Allocutio missi cuiusdam Divionensis
(857)

72. Allocutio missi cuiusdam Divionensis a. 857 c. 5 (MGH.Cap 2), S. 292: [1] Ut nemo virgines aut viduas rapere praesumat et ad eas nullo modo accedat, nisi legaliter eas nuptialiter desponsatas coniunxerit. [...] [2] Si quis hoc transgressus fuerit, ecclesiastico anathemate feriatur et publico iudicio damnetur.

Capitula post conventum confluentinum missis tradita
(860)

73. Capitula post conventum confluentinum missis tradita a. 860 c. 4 (MGH.Cap 2), S. 299: Ut a rapinis ac [...] a raptis feminarum se omnes caveant.
74. Capitula post conventum confluentinum missis tradita a. 860 c. 6 (MGH.Cap 2), S. 299f: [...] et de raptis feminarum, tam viduarum quam et puellarum atque nonnarum, firmiter banniverunt, ut amodo et deinceps nullus praesumat. [...].

Edictum Pistense
(864)

75. Edictum Pistense a. 864 c. 34 (MGH.Cap 2), S. 326f: [...] Si vero liberam feminam habuerit et, usque dum in pignore extitit, filios habuerint, liberi permaneant.

70. Collectio capitularium Ansegisi abbatis 3,29 (MGH.Cap.N.S. 1), S. 586f: Über einen freien Mann, der sich anstelle eines Pfandes gegeben hat. Ein freier Mann, der sich anstelle eines Pfandes der Gewalt eines anderen anvertraut und sich als solcher festgelegt hat. Falls er jemandem Schaden zufügt, soll derjenige, der ihn anstelle des Pfandes aufgenommen hat, den Schaden entweder wieder gutmachen oder den Mann der Gerichtsversammlung überlassen und zugleich [soll er] die Schuldsumme verlieren, weil er ihn um des Loskaufes willen aufgenommen hat; wer den Schaden zufügt, wird als Entlassener gezwungen sein, gemäß der Qualität der Sache Wiedergutmachung zu leisten. Wenn er aber eine freie Frau gehabt hat, bis er zur Geisel geworden ist, und sie Kinder haben, sollen sie frei bleiben.

Capitulare Missorum Silvacense
(853)

71. Capitulare Missorum Silvacense a. 853 c. 2 (MGH.Cap 2), S. 271f: [...] Dann besonders über die Raubfälle von jungen Mädchen und Witwen [...].

Allocutio missi cuiusdam Divionensis
(857)

72. Allocutio missi cuiusdam Divionensis a. 857 c. 5 (MGH.Cap 2), S. 292: [1] Niemand soll es wagen, Jungfrauen oder Witwen zu rauben und an diese auf irgendeine Weise heranzutreten, wenn er sie nicht rechtmäßig hochzeitlich zur Frau genommen hat, indem er sich mit ihnen verlobt hatte. [...] [2] Wenn jemand dieses [Verbot] übertreten hat, soll er vom kirchlichen Bann getroffen und durch öffentlichen Schiedsspruch verurteilt werden.

Capitula post conventum confluentinum missis tradita
(860)

73. Capitula post conventum confluentinum missis tradita a. 860 c. 4 (MGH.Cap 2), S. 299: Man soll sich vor Raub und [...] Frauenraub hüten.
74. Capitula post conventum confluentinum missis tradita a. 860 c. 6 (MGH.Cap 2), S. 299f: [...] und Räubereien von Frauen – sowohl Witwen als auch Mädchen und Nonnen haben sie fest verbannt, damit es von nun an und demnächst keiner [mehr] wagt. [...].

Edictum Pistense
(864)

75. Edictum Pistense a. 864 c. 34 (MGH.Cap 2), S. 326f: [...] Wenn er aber eine freie Frau gehabt hat und sie, so lange bis er in Knechtschaft geraten war, Söhne ge-

[…] Propterea una cum consensu et fidelium nostrorum consilio constituimus […] ut, si huiusmodi personas aliqui aut ad extraneas gentes aut ad transmarina loca transferre aut venundare praesumpserint, ipse, qui hoc contra statuta praesumpserit, constitutionem regii bannii componat. Et si talis homo antea liber, usque dum in tali servitio fuerit, de libera femina filios habuerit, ipsi filii liberi permaneant. […].

habt haben, sollen sie frei bleiben. [...] Deswegen haben wir in Übereinstimmung und mit dem Rat unserer Getreuen festgesetzt [...], dass, wenn es jemand auf irgendeine Weise gewagt hat, Personen entweder zu fremden Völkern oder zu überseeischen Plätzen hinüberzubringen oder zu verkaufen, [dass] der, der dies gegen die Satzungen gewagt hat, die festgelegte königliche Bannsumme zu zahlen hat. Und wenn ein solcher Mann zuvor als freier [Mann] – bis er in so große Abhängigkeit kam – von einer freien Frau Söhne hatte, sollen die Söhne selbst frei bleiben.

Bischofskapitularien

Ghärbald von Lüttich, Zweites Kapitular (Ghärbald II)
(zwischen 802 und 809)

1. Ghärbald von Lüttich II,4 (MGH.Capitula Episcoporum 1), S. 27: Si omnes secundum legem domini sive nobiles sive ignobiles uxores legitime sortitas habent, non uxores ab aliis dimissas, non deo sacratas nonnanes, non raptas et contra parentum voluntatem habentes, non parentum neque propinquitatis alicui affinitate coniunctas id est primum non matris incestor, non sororis, non materterae id est matris sororis, non amitae id est sororis patris, non privignae id est filiastram, non fratris uxorem, non avunculi uxorem, non nepotis uxorem, non quis patris uxorem concubito illicito violet, non consobrinam id est de fratre et sorore natam aut de duobus fratribus vel de duabus sororibus, non sobrinam id est in tertiam generationem vel de una in tertiam de alia in quartam vel ambabus in quartam generationem, una lex id est sive de viro sive de femina in istis generationibus coniunctis, sive aliquam feminam, quam suus consobrinus aut sobrinus in secundam aut in tertiam aut in quartam generationem accipit id est aut in tertium articulum vel in quartum sibi de una parte in tertiam et de alia in quartam pertinentes fuerunt. Post obitum defuncti propinquus eius uxorem illius accipere non potest.

2. Ghärbald von Lüttich II,16 (MGH.Capitula Episcoporum 1), S. 31: De his, qui commatres suas habent ad coniugium fonte vel de sacro chrismate ab episcopo consignatum id est confirmatione, si publice eas habent aut si adulteratur; similiter de filiolas, quisquis eas de fonte suscepit et cum ea adulteravit vel ad manum episcopi eam tenuerit et postea in coniugium eam accepit aut adulteravit.

3. Ghärbald von Lüttich II,17 (MGH.Capitula Episcoporum 1), S. 31: Si quis vir filiastrum suum aut filiastram ad manum episcopi tenuit id est ad confirmationem, ubi septiformis gratia sancti spiritus datur, et postea in tale coniugium aut adulterium se miscuerit, ante nos illum venire faciatis.

Bischofskapitularien

Ghärbald von Lüttich, Zweites Kapitular (Ghärbald II)
(zwischen 802 und 809)

1. Ghärbald von Lüttich II,4 (MGH.Capitula Episcoporum 1), S. 27: Wenn alle gemäß dem Gesetz des Herrn, sowohl Adlige als auch Nicht-Adlige, rechtmäßige Ehefrauen ausgesucht haben, und zwar keine Ehefrauen, die von anderen entlassen worden sind, nicht Gott geweihte Nonnen, nicht Geraubte oder solche, die sie gegen den Willen der Eltern/Verwandten haben, keine Verbindung mit Frauen weder [aus dem Kreis] der Verwandten noch dem der nahen Verwandtschaft: das heißt zuerst nicht als Blutschänder der Mutter, der Schwester, der Tante mütterlicherseits, (das heißt der Mutter der Schwester), der Tante väterlicherseits, (das heißt der Schwester des Vaters), der Stieftochter, die auch als *filiastra* bezeichnet wird, der Ehefrau des Bruders, der Ehefrau des Onkels, der Ehefrau des Enkels/Neffen [aufzutreten]; auch soll keiner die Frau seines Vaters durch unerlaubten Beischlaf beflecken, nicht die Cousine ersten Grades, (das ist die Tochter des Bruders oder der Schwester oder von zwei Brüdern oder zwei Schwestern), nicht die Cousine zweiten Grades, (das heißt in der dritten Generation oder die eine in der dritten und die andere in der vierten oder aber mit beiden in der vierten Generation) [befindenden Frauen verbinden]. Es gilt ein einziges Gesetz sowohl für den Mann als auch für die Frau, die in diesen Generationen ehelich verbunden worden sind. Oder wenn einer die Frau heiratet, die sein Cousin ersten oder zweiten Grades in der zweiten, dritten oder in der vierten Generation geheiratet hat, das heißt, wenn sie untereinander im dritten oder im vierten Glied, wobei einer im dritten, der andere im vierten Glied, verbunden sind. Keiner darf die Ehefrau seines verstorbenen Verwandten heiraten.
2. Ghärbald von Lüttich II,16 (MGH.Capitula Episcoporum 1), S. 31: Über diejenigen, die ihre Patinnen [geheiratet] haben, [das sind diejenigen,] die sie in der Taufe bestätigt haben oder durch das heilige Salböl vom Bischof, das ist durch Firmung, [bestätigt haben] lassen, wenn sie diese öffentlich haben oder wenn Ehebruch begangen wird; gleichermaßen über die Patentöchter, wer auch immer diese aus der Taufe gehoben und mit ihr Ehebruch begangen hat oder diese zur Hand des Bischofs gehalten und diese später zur ehelichen Verbindung angenommen oder Ehebruch begangen hat.
3. Ghärbald von Lüttich II,17 (MGH.Capitula Episcoporum 1), S. 31: Wenn irgendein Mann seinen Stiefsohn oder seine Stieftochter zur Hand des Bischofs geführt hat, das ist zur Firmung, wo siebenfältig die Gnade des Heiligen Geistes gegeben wird, und er sich später in einer so beschaffenen ehelichen Verbindung oder im Ehebruch vermischt hat, sollt ihr dafür sorgen, dass jener zu uns kommt.

Capitula Bavarica
(813?)

4. Capitula Bavarica a. 813? c. 2 (MGH.Capitula Episcoporum 3), S. 195: Ut a presbiteris ammoneatur plebs christiana, ut sanctitatem vitę, quam in baptismo adsumit, studeat omnimodis conservare: Ut abstineant se a fornicationis malo, pro quo maximae istas patimur tribulationes et pręssuras, quae novae nobis et insolite superveniunt; et ut paenitentiam veram doceantur facere de omnibus peccatis suis et non erubescant confiteri deo peccata sua in ecclesia sancta coram sacerdotibus, qui testes adstant inter nos et deum et a quibus documenta et medicamenta salutis nostrae accipere debeamus, quia, *qui abscondit scelera sua, non dirigitur* in viam salutis. Melius est enim hic in praesenti erubescere in conspectu unius hominis quam in futuro iudicio coram cunctis gentibus. Unde nos, dilectissimi, monet apostolus dicens: *Confitemini alterutrum peccata vestra et orate pro invicem, ut salvemini.* Et ne tardent converti se ad dominum deum ipsorum, quia nescit homo diem exitus sui, ut nullus absque viatiquo et absque confessione vitam istam excedat, quia maximum periculum est, ut longum illud iter, ubi ad aeternam migramur sive ad mortem sive ad vitam, absque viatico faciamus.

Capitula Silvanectensia prima
(830–840?)

5. Capitula Silvanectensia prima a. 830–840? c. 5 (MGH.Capitula Episcoporum 3), S. 81: *Si omnes secundum legem domini, sive nobiles sive ignobiles, uxores legitime secum sortitas habeant, non uxores ab aliis dimissas, non deo sacratas, non raptas et contra parentum voluntatem habentes neque propinquitatis alicuius adfinitate coniunctas, id est non matrem, non sororem, non materteram id est matris sororem, non amitam id est patris sororem, non privignam id est filiastram, non fratris uxorem, non avunculi uxorem, non nepotis uxorem non consobrinam id est de fratre aut sorore aut de duobus fratribus vel de duabus sororibus* progenitam, *non sobrinam id est in tertiam generationem vel de una in tertiam vel de alia in quartam vel ambabus in quartam vel quintam aut sextam generationem; una lex est sive de viro sive de femina in istis generationibus non legitime coniunctis* continetur. Nullus enim *propinquus post obitum* sui propinqui *aliquam feminam, quam suus consubrinus habuit aut subrinus, in secundam aut tertiam aut quartam* aut quintam aut sextam *generationem* dare debet.

Capitula Bavarica
(813?)

4. Capitula Bavarica a. 813? c. 2 (MGH.Capitula Episcoporum 3), S. 195: Das christliche Volk soll von den Priestern belehrt werden, dass sie sich bemühen, die Heiligkeit des Lebens, die sie in der Taufe erworben haben, gänzlich zu bewahren: Sie sollen sich vom Übel der Unzucht fernhalten, für welches wir am meisten jene Anfechtungen und Nöte dulden, die für uns neu und fremd dazugekommen sind; und sie sollen sie belehren, für alle ihre Sünden wahrhaftige Buße zu tun und sich nicht schämen, vor Gott ihre Sünden in der heiligen Kirche gegenüber den Priestern zu beichten, die als Zeugen zwischen uns und Gott stehen und von denen wir Warnung und Medizin für unser Heil annehmen müssen, denn, wer seine Frevel verbirgt, wird nicht auf den Weg des Heils gelenkt. Es ist nämlich besser, sich jetzt für dies im Angesicht des einen Menschen zu schämen als in der Zukunft im Gericht in Anwesenheit aller Völker. Daher warnt der Apostel uns, ihr Lieben, indem er sagt: ›Bekennt einer dem anderen eure Sünden und betet gegenseitig für euch, damit ihr gerettet werdet‹. Und sie sollen nicht zögern, sich zu ihrem göttlichen Herrn zu bekehren, weil der Mensch den Tag seines Todes nicht kennt, damit keiner ohne Wegzehrung und Beichte aus dem Leben scheidet, weil höchste Gefahr besteht, dass wir jenen langen Weg, wohin wir zur Ewigkeit wandern – entweder zum Leben oder zum Tod –, ohne heilige Wegzehrung gehen.

Capitula Silvanectensia prima
(830–840?)

5. Capitula Silvanectensia prima a. 830–840? c. 5 (MGH.Capitula Episcoporum 3), S. 81: Wenn alle gemäß dem Gesetz des Herrn, sowohl Adlige als auch Nicht-Adlige, die ihnen rechtmäßige Ehefrau ausgesucht haben, und zwar keine Ehefrauen, die von anderen entlassen worden sind, nicht Gott Geweihte, nicht Geraubte oder solche, die sie gegen den Willen der Eltern/Verwandten haben, auch nicht die Ehefrauen eines Nächsten aus der Verwandtschaft, das heißt: nicht die Mutter, die Schwester, die Tante mütterlicherseits – das ist die Schwester der Mutter, nicht die Tante väterlicherseits – das ist die Schwester des Vaters, nicht die Stieftochter (*privigna*) – das ist die Stieftochter (*filiastra*) –, nicht die Ehefrau des Bruders, die Ehefrau des Onkels, die Ehefrau des Enkels/Neffen, nicht die Cousine ersten Grades – das ist die von Bruder und Schwester oder von zwei Brüdern oder zwei Schwestern Gezeugte –, nicht die Cousine zweiten Grades – das heißt: aus dritter Generation oder aus dem einen in dritter Generation und aus dem anderen in vierter Generation oder aus beiden in vierter oder in fünfter oder in sechster Generation; es gilt ein einziges Gesetz, das sowohl Männer als auch Frauen, die in diesen Generationen nicht rechtmäßig verbunden worden sind, umfasst. Kein Verwandter darf nach dem Tod seines nächsten Verwandten eine Frau, die ein Cousin ersten oder zweiten Grades

6. Capitula Silvanectensia prima c. 830–840? c. 12 (MGH.Capitula Episcoporum 3), S. 83: Si qui vero *homicidio* et adulterio *et periurio* et de ceteris viciis criminalibus *reprobati sunt et penitentiam non egerunt* et incertum est, utrum *penitentiam accepissent* an non, iubemus, ut diligenter requirantur, quibus *presbiteris confessi* sunt vel *quale* consilium ab his acceperunt.

Capitula Treverensia
(830–900?)

7. Capitula Treverensia a. 830–900? c. 4 (MGH.Capitula Episcoporum 1), S. 55: Volumus etiam, ut ubi scitis in *propinquitatem coniunctos* aut *adfinitatem* aut *incestum commissum id est cum matre* aut *sorore* aut *amita* aut *matertera* aut privignę aut *avunculi uxore* vel *nepotis vel in terciam et quartam* vel quintam *generationem*. *Una lex est sive de viro* seu *de femina in is generationibus coniunctis*.

8. Capitula Treverensia a. 830–900? c. 8 (MGH.Capitula Episcoporum 1), S. 56: Similiter, *qui commatres habent ad coniugium*, quarum infantes *de fonte susceperunt*, vel eas, quarum filios tenuerunt *ad manum episcopi ad confirmationem* vel illarum filias, quas ad baptismum suceperunt seu *ad manum* habuerunt *episcopi*; eos atque eas nobis notafacite.

9. Capitula Treverensia a. 830–900? c. 9 (MGH.Capitula Episcoporum 1), S. 56: *Si alicuius uxor adulterata fuerit vel si ipse adulterium commiserit,* quia *neque dimissus ab uxore neque dimissa a marito alteri coniungatur.*

Radulf von Bourges
(zwischen 853 und 866)

10. Radulf von Bourges c. 42 (MGH.Capitula Episcoporum 1), S. 265: [1] *Si cuius uxor adulterata fuerit vel si ipse adulterium commiserit, septem annorum paenitentia oportet eum perfectionem consequi secundum pristinos gradus.* [2] *Si vero uxorem habens concubinam habuerit, non communicet, donec desinat et ad paenitentiam revertatur.* [3] *Quodsi conscio marito uxor fuerit moechata, usque in finem non communicet. Si autem eam reliquerit, post decem annos accipiat communionem.*

hatte, jemandem aus der zweiten, dritten, vierten, fünften oder sechsten Generation als Ehefrau geben.

6. Capitula Silvanectensia prima c. 830–840? c. 12 (MGH.Capitula Episcoporum 3), S. 83: Wenn aber irgendwelche wegen Mordes, Ehebruchs, Meineides und der übrigen verbrecherischen Laster getadelt worden sind [und] keine Buße getan haben und es unsicher ist, ob sie die Buße angenommen haben oder nicht, befehlen wir, dass man sie mit Sorgfalt fragt, welchen Priestern sie gebeichtet haben oder was für einen Rat sie von ihnen bekommen haben.

Capitula Treverensia
(830–900?)

7. Capitula Treverensia a. 830–900? c. 4 (MGH.Capitula Episcoporum 1), S. 55: Wir wollen auch, dass ihr über die, die sich innerhalb der Verwandtschaft verheiratet oder Inzest begangen haben, wisst, das heißt: [über die, die] mit der Mutter, der Schwester, der Tante väterlicher- oder mütterlicherseits, der Stieftochter, der Frau des Onkels oder des Neffen/Enkels [bzw. allgemein gesprochen] im dritten, vierten und fünften Grad [verheiratet sind bzw. Inzest begangen haben]. Es gilt ein einziges Gesetz sowohl für Männer als auch für Frauen, die in diesen Generationen ehelich verbunden worden sind.
8. Capitula Treverensia a. 830–900? c. 8 (MGH.Capitula Episcoporum 1), S. 56: Gleichermaßen die, die die geistlichen Mitmütter geheiratet haben; [das sind die Personen], deren Kinder sie aus der Taufe gehoben oder deren Söhne sie der Hand des Bischofs zur Firmung zugeführt haben bzw. deren Töchter, die sie aus der Taufe gehoben oder der Hand des Bischofs zugeführt haben; diese (m) und diese (f) sollt ihr uns bekannt geben.
9. Capitula Treverensia a. 830–900? c. 9 (MGH.Capitula Episcoporum 1), S. 56: Wenn jemandes Ehefrau Ehebruch begangen hat oder wenn er selbst Ehebruch begangen hat, darf weder der, der von der Frau, noch die, die vom Mann weggeschickt worden ist, mit einem anderen [Partner] ehelich verbunden werden.

Radulf von Bourges
(zwischen 853 und 866)

10. Radulf von Bourges c. 42 (MGH.Capitula Episcoporum 1), S. 265: [1] Falls jemandes Ehefrau oder er selbst Ehebruch begangen hat, gehört es sich, dass dieser/diese – um sich zu bessern – gemäß den früheren Abstufungen eine siebenjährige Buße verfolgt. [2] Wenn er aber eine Ehefrau und eine Konkubine hat, soll er nicht kommunizieren, so lange, bis er davon abläßt und sich einer Buße unterzogen hat. [3] Wenn also die Ehefrau mit dem Wissen des Ehemannes Ehebruch begangen hat, soll er bis ans Ende [des Lebens] nicht kommunizieren. Wenn er aber diese verlässt, soll er nach zehn Jahren die Kommunion wieder empfangen [dürfen].

Herard von Tours
(858)

11. Herard von Tours c. 36 (MGH.Capitula Episcoporum 2), S. 136: *Ne in quinta* vel *sexta generatione copuletur coniugio.* Et *usque ad septimam generationem progenies observetur.*
12. Herard von Tours c. 38 (MGH.Capitula Episcoporum 2), S. 136: Ut *nullus filium vel filiam a fonte suscipiat nec eam ducat, cuius filium tenuit.* Quod si inventi sunt, separentur.

Capitula Trosleiana a. post 909
(Beginn 10. Jahrhundert)

13. Capitula Trosleiana a. post 909 c. 3 (MGH.Capitula Episcoporum 3), S. 144: Quicumque aut sororis aut fratris filiam *aut consobrinam aut fratis uxorem* sceleratis sibi nuptiis iunxerint, a consortio sancte ęcclesię segregentur. Et si ad penitenciam venire distulerint, districtim anatematizentur.

Isaak von Langres
(nach 960)

14. Isaak von Langres, Capitulatio 5,4 (MGH.Capitula Episcoporum 2), S. 214: *De desponsatis puellis et ab aliis raptis ita in concilio Anchyrano capitulo X. legitur: Desponsatas puellas et post ab aliis raptas placuit erui et eis reddi, quibus ante fuerant desponsatę, etiamsi eis a raptoribus vis inlata constiterit. Proinde statutum est a sancto conventu, ut raptor publica poenitentia multetur; raptę vero, si sponsus eam recipere noluerit et ipsa eiusdem criminis consentiens non fuerit, licentia nubendi alii non negetur. Quodsi et illa consensit, simili sententiae subiaceat. Quodsi post haec iungere praesumpserit, utrique anatematizentur.*

Herard von Tours
(858)

11. Herard von Tours c. 36 (MGH.Capitula Episcoporum 2), S. 136: Die Ehe darf nicht in der fünften oder sechsten Generation geschlossen werden. Die Abstammung soll bis zur siebten Generation untersucht werden.
12. Herard von Tours c. 38 (MGH.Capitula Episcoporum 2), S. 136: Keiner soll den Sohn oder die Tochter aus der Taufe heben und nicht diejenige heimführen, deren Sohn er angenommen hat. Falls sie entdeckt werden, soll man sie trennen.

Capitula Trosleiana a. post 909
(Beginn 10. Jahrhundert)

13. Capitula Trosleiana a. post 909 c. 3 (MGH.Capitula Episcoporum 3), S. 144: Wer auch immer entweder die Tochter der Schwester oder des Bruders, die Cousine ersten Grades oder die Ehefrau des Bruders frevelhaft geheiratet hat, soll von der heiligen Gemeinschaft der Kirche ausgeschlossen werden. Und wenn sie zögern, zur Buße zu kommen, sollen sie streng mit dem Kirchenbann belegt werden.

Isaak von Langres
(nach 960)

14. Isaak von Langres, Capitulatio 5,4 (MGH.Capitula Episcoporum 2), S. 214: Über [das Thema] ›Verlobte junge Frauen und von anderen Geraubte‹ ist auf dem Konzil von Ancyra in Kapitel zehn Folgendes zu lesen: ›Es wurde beschlossen, dass verlobte junge Frauen, die später von anderen geraubt worden sind, befreit und denen zurückgegeben werden, mit denen sie vorher verlobt gewesen sind, auch wenn feststeht, dass ihnen von den Räubern Gewalt angetan worden ist‹. Dementsprechend ist von der heiligen Versammlung beschlossen worden, dass der Räuber mit einer öffentlichen Buße belegt werden soll; der Geraubten aber wird die Erlaubnis nicht versagt, einen anderen Mann zu heiraten, wenn der Verlobte sie nicht zurücknehmen will und sie selbst der Straftat nicht zugestimmt hatte. Wenn jene aber einverstanden gewesen ist, soll sie sich demselben Urteil unterziehen. Wenn sie es aber nachher wagt, zu heiraten, sollen beide mit dem Kirchenbann belegt werden.

Paenitentialien

Synodus I S. Patricii
(5. Jahrhundert (450))

1. Synodus I S. Patricii c. 19 (ed. BIELER), S. 56: Mulier Christiana quae acciperit uirum honestis nuptis et postmodum discesserit a primo et iunxerit se adulter[i,]o, quae haec fecit[,] excommonis sit.
2. Synodus I S. Patricii c. 22 (ed. BIELER), S. 56: Si quis tradiderit filiam suam viro honestis nuptis et amauerit alium et consentit filiae suae et acceperit dotem, ambo ab aecclesia excludantur.

Paenitentiale Ambrosianum
(550 bis 650)

3. Paenitentiale Ambrosianum II,2 (ed. KÖRNTGEN, Quellen der Bußbücher), S. 260: Qui cum uirgine uel uidua non *disponsata* Christo uel uiro peccauerit, placeat parentibus eius *dotis* largitione iuxta legem et annum poeniteat. *Si non habuerit unde reddat*, III annis ad iudicium sacerdotis, quantum uoluerit, poeniteat, sic tamen, ut tristitiam amicorum uirginis humili satisfactione sanet.

Paenitentiale Finniani
(Ende 6. Jahrhundert)

4. Paenitentiale Finniani c. 39 (S) (ed. BIELER), S. 88: Si quis laicus cum uxore propria intrauerit ad ancillam suam et ita debet fieri, ancillam uenundari, et ipse per annum integrum non intrabit ad uxorem suam propriam.

5. Paenitentiale Finniani c. 39 (V) (ed. BIELER), S. 88: Si qui<s> intrat ad ancellam suam, uenundet eam et annum peniteat.

6. Paenitentiale Finniani c. 40 (S) (ed. BIELER), S. 88: Si autem genuerit ex illa ancilla filium unum aut duos uel tres, oportet eum libera fieri ancilla, et si uoluerit uenundari eam, non permittatur ei, sed separe/antur ab inuicem et peniteat annum integrum cum pane et aqua per mensuram; et non intret amplius ad concubinam suam, sed iungatur propriae uxori.

7. Paenitentiale Finniani c. 40 (V) (ed. BIELER), S. 88: Si genuerit filium ex ea, liberet eam.

Paenitentialien

Synodus I S. Patricii
(5. Jahrhundert (450))

1. Synodus I S. Patricii c. 19 (ed. BIELER), S. 56: Eine Christin, die einen Mann ehrenvoll geheiratet und sich bald von demselben getrennt und sich mit einem Ehebrecher verbunden hat, die, die das tut, soll exkommuniziert sein.
2. Synodus I S. Patricii c. 22 (ed. BIELER), S. 56: Wenn jemand seine Tochter mit einem Mann ehrenvoll verheiratet hat, sie [aber] würde einen anderen lieben und er [d. h. der Vater] stimmt mit seiner Tochter überein und hat die Braut- bzw. Ehegabe empfangen, sollen beide von der Kirche ausgeschlossen werden.

Paenitentiale Ambrosianum
(550 bis 650)

3. Paenitentiale Ambrosianum II,2 (ed. KÖRNTGEN, Quellen der Bußbücher), S. 260: Wenn jemand mit der Jungfrau oder Witwe, die nicht mit Christus oder mit einem Mann verlobt ist, gesündigt hat, [über den] hat man beschlossen, dass er ihren Eltern/Verwandten die rechtmäßige Braut- bzw. Ehegabe gemäß dem Gesetz übergeben und ein Jahr Buße tun soll. Wenn er aber kein Vermögen hat, aus dem er es bezahlen könnte, soll er drei Jahre nach dem Urteil des Priesters, wie viel er will, Buße tun, vorausgesetzt, dass es durch menschliche Genugtuung die üble Laune der Eltern/Verwandten der Jungfrau wiedergutmacht.

Paenitentiale Finniani
(Ende 6. Jahrhundert)

4. Paenitentiale Finniani c. 39 (S) (ed. BIELER), S. 88: Wenn ein Laie zu seiner abhängigen Frau hintritt, obwohl er eine eigene Ehefrau hat, muss es so geschehen: Die abhängige Frau muss verkauft werden und er selbst wird ein Jahr lang nicht zu seiner eigenen Ehefrau hintreten.
5. Paenitentiale Finniani c. 39 (V) (ed. BIELER), S. 88: Wenn jemand zu seiner abhängigen Frau hintritt, soll er diese verkaufen und ein Jahr Buße tun.
6. Paenitentiale Finniani c. 40 (S) (ed. BIELER), S. 88: Wenn er aber mit jener abhängigen Frau ein, zwei oder drei Kinder gezeugt hat, soll er diese [d. h. die abhängige Frau] freilassen. Und wenn er sie verkaufen will, soll es ihm verboten werden; aber sie sollen voneinander getrennt werden und er soll ein ganzes Jahr bei Wasser und Brot Buße tun; zu seiner Konkubine soll er nicht länger hintreten, sondern mit seiner eigenen Ehefrau verbunden werden.
7. Paenitentiale Finniani c. 40 (V) (ed. BIELER), S. 88: Wenn er ein Kind mit ihr gezeugt hat, soll er sie freilassen.

8. Paenitentiale Finniani c. 51 (ed. BIELER), S. 92: Si quis fuerit cuius uxor fo<r>nicata est cum alio, non debet intrare ad eam donec peniteat secundum illam penitentiam quam supra posuimus, id est post annum integrum penitentiae. Sic et mulier non debet intrare ad uirum suum si fornicatus est cum alia muliere donec peniteat equali penitentia.

Paenitentiale Columbani
(6./7. Jahrhundert)

9. Columban, Paenitentiale Columbani c. 3 (ed. WALKER), S. 168 u. 170: […] si fornicaverit semel tantum, tribus annis monachus paeniteat, si saepius septem annis […].
10. Columban, Paenitentiale Columbani c. 14 (ed. WALKER), S. 174: Si quis laicus de alterius uxore filium genuerit, id est adulterium commiserit toro proximi sui violato, III annis paeniteat, abstinens se a cibis suculentioribus et a propria uxore, dans insuper praetium pudicitiae marito uxoris violatae et sic culpa per sacerdotem abstergatur.

11. Columban, Paenitentiale Columbani c. 16 (ed. WALKER), S. 176: Si quis autem fornicaverit de laicis cum mulieribus a coniugio liberis, id est viduis vel puellis, si cum vidua, uno anno, si cum puella, duobus annis, reddito tamen humiliationis eius praetio parentibus eius, paeniteat; si autem uxorem non habuit sed virgo virgini coniunctus est, si volunt parentes eius, ipsa sit uxor eius, ita tamen ut anno ante paeniteant ambo et ita sint coniugales.

Paenitentiale Cummeani
(7. Jahrhundert)

12. Paenitentiale Cummeani II,26 (ed. BIELER), S. 116: Qui autem ad suam intrat ancillam, uendat eam et .i. ann(o) peniteat.
13. Paenitentiale Cummeani II,27 (ed. BIELER), S. 116: Si genuerit ex ea filium, liberet eam.

Canones Wallici [A]
(550–650)

14. Canones Wallici [A] 17 (P XXVII) (ed. BIELER), S. 138: Si quis fornicatus fuerit cum alterius uxore aut sorore aut filia, morte moriatur; qui autem occiderit,

8. Paenitentiale Finniani c. 51 (ed. BIELER), S. 92: Wenn es jemanden gibt, dessen Ehefrau mit einem anderen Unzucht getrieben hat, so darf er zu dieser nicht hintreten, solange sie Buße tut gemäß jener Buße, die wir darüber aufgestellt haben, das heißt nach einem ganzen keuschen Jahr Buße. So darf auch eine Frau nicht zu ihrem Mann treten, wenn er mit einer anderen Frau Unzucht getrieben hat, solange er die gleiche Buße büßt.

Paenitentiale Columbani
(6./7. Jahrhundert)

9. Columban, Paenitentiale Columbani c. 3 (ed. WALKER), S. 168 u. 170: [...] Wenn jemand bloß einmal Unzucht begeht, soll er drei Jahre als Mönch büßen, wenn öfter, sieben Jahre [...].
10. Columban, Paenitentiale Columbani c. 14 (ed. WALKER), S. 174: Wenn ein Laie einen Sohn von der Ehefrau eines anderen bekommen hat, das heißt, [wenn] er Ehebruch begangen hat, indem er das Bett des Nächsten verletzt hat, soll er drei Jahre Buße tun, indem er sich von schmackhafter Nahrung und seiner eigenen Frau enthält. Zudem soll er [d. h. der Ehebrecher] zusätzlich dem Ehemann der verletzten Frau den Preis für die Keuschheit zahlen und so soll seine Schuld durch den Priester aufgehoben werden.
11. Columban, Paenitentiale Columbani c. 16 (ed. WALKER), S. 176: Wenn ein Laie Unzucht mit einer Unverheirateten begangen hat, das heißt mit einer Witwe oder jungen Frau, soll er – sollte es mit einer Witwe geschehen sein – ein Jahr Buße tun; [er büße] jedoch zwei Jahre, wenn es eine Jungfrau war, vorausgesetzt er bezahlt den Eltern/Verwandten die Braut- bzw. Ehegabe für ihre Entehrung. Wenn er aber keine Ehefrau hat, sondern sich als Jungfräulicher mit einer Jungfrau verbunden hat, soll sie seine Frau werden, wenn die Eltern/Verwandten einverstanden sind, jedoch unter der Bedingung, dass sie beide zunächst ein Jahr Buße tun. Dann sollen sie Eheleute sein.

Paenitentiale Cummeani
(7. Jahrhundert)

12. Paenitentiale Cummeani II,26 (ed. BIELER), S. 116: Wer zu seiner abhängigen Frau hintritt, soll sie verkaufen und ein Jahr Buße tun.
13. Paenitentiale Cummeani II,27 (ed. BIELER), S. 116: Wenn er mit ihr ein Kind gezeugt hat, soll er sie freilassen.

Canones Wallici [A]
(550–650)

14. Canones Wallici [A] 17 (P XXVII) (ed. BIELER), S. 138: Wenn jemand mit der Ehefrau eines anderen, mit der Schwester oder der Tochter Unzucht getrieben

nullam causam timeat habere.

15. Canones Wallici [A] c. 47 (ed. BIELER), S. 144: Si quis filiam marito tradiderit, legitimam dotem accipiat. Quod si cassus mortis illum demisserit et ipsa alteri uiro nubere uoluerit, filii dotem accipiant. Quod si hos non habuerit, patri dari iubetur.

16. Canones Wallici [A] c. 60 (ed. BIELER), S. 148: Si quis ancellam suam in matrimonio sibi habere uoluerit et de suis rebus habet potestatem, si noluerit postea habere eam, non conceditur; quod si eam uenundare uoluerit, eum uenundari iubemus et ancellam illam in sacerdotis ponimus potestatem.

Canones Synodi Hibernensis S. Patricio perperam attributi (›Synodus II S. Patricii‹)

(8. Jahrhundert)

17. Canones Synodi Hibernensis S. Patricio perperam attributi (›Synodus II S. Patricii‹) c. 25 (ed. BIELER), S. 194: Audi decreta sinodi: Superstis frater thorum defuncti fratris non ascendat, Domino dicente: *Erunt duo in carne una*; ergo uxor fratris tui soror tua est.

18. Canones Synodi Hibernensis S. Patricio perperam attributi (›Synodus II S. Patricii‹) c. 27 (ed. BIELER), S. 194: Quid uult pater efficiat uirgo, quia capud mulieris vir. Sed quaerenda est a patre uoluntas uirginis, dum Deus relinquid hominem in manibus consilii sui.

19. Canones Synodi Hibernensis S. Patricio perperam attributi (›Synodus II S. Patricii‹) c. 29 (ed. BIELER), S. 196: Intellege quid lex loquitur, non minos nec plus; quod autem obseruatur apud nos, ut quattuor genera diuidantur, nec uidisse dicunt nec legisse.

Judicia Theodori
(7./8. Jahrhundert)

20. Judicia Theodori D c. 29 (ed. FINSTERWALDER), S. 241: In tertia propinquia carnis secundum Grecos licet nubere sicut in lege scriptum est. In quinta secundum Romanos. Tamen in quarta non solvunt coniugium postquam factum fuerit.

hat, soll er sterben; wer [diesen] aber getötet hat, soll keine Anklage fürchten [müssen].

15. Canones Wallici [A] c. 47 (ed. BIELER), S. 144: Wenn jemand die Tochter einem Ehemann zugeführt hat, soll er eine rechtmäßige Braut- bzw. Ehegabe erhalten. Wenn der Todesfall des Gatten eintritt und sie mit einem anderen Mann verheiratet sein will, sollen die Söhne/Kinder die Braut- bzw. Ehegabe erhalten. Wenn sie keine Söhne/Kinder hat, wird es gutgeheißen, dass sie [d. h. die Braut- bzw. Ehegabe] dem Vater gegeben wird.

16. Canones Wallici [A] c. 60 (ed. BIELER), S. 148: Wenn jemand seine eigene abhängige Frau heiraten wollte und Macht über seine eigenen Sachen hat, wird es ihm nicht gestattet, [sie zu entlassen], wenn er diese später nicht mehr haben will. Aber wenn er sie verkaufen wollte, ordnen wir an, dass er verkauft wird, und wir unterstellen jene abhängige Frau der priesterlichen Macht.

Canones Synodi Hibernensis S. Patricio perperam attributi (›Synodus II S. Patricii‹)

(8. Jahrhundert)

17. Canones Synodi Hibernensis S. Patricio perperam attributi (›Synodus II S. Patricii‹) c. 25 (ed. BIELER), S. 194: Höre das Dekret der Synode: ›Der überlebende Bruder soll das Ehebett des verstorbenen Bruders nicht besteigen‹. Der Herr hat gesagt: ›Sie werden zwei in einem Fleisch sein‹; also ist so die Ehefrau deines Bruders deine Schwester.

18. Canones Synodi Hibernensis S. Patricio perperam attributi (›Synodus II S. Patricii‹) c. 27 (ed. BIELER), S. 194: Was der Vater will, das soll die Jungfrau tun, weil das Haupt der Frau der Mann ist. Aber der Wille der Jungfrau ist vom Vater zu erfragen, weil Gott den Menschen den Händen seiner eigenen Entscheidung überlässt.

19. Canones Synodi Hibernensis S. Patricio perperam attributi (›Synodus II S. Patricii‹) c. 29 (ed. BIELER), S. 196: Bemerke, was das Gesetz sagt, nicht weniger, aber auch nicht mehr; sie sagen, dass sie weder gesehen noch gelesen hätten, was von uns jedoch beachtet wird, nämlich dass vier Generationen getrennt werden sollen.

Judicia Theodori
(7./8. Jahrhundert)

20. Judicia Theodori D c. 29 (ed. FINSTERWALDER), S. 241: Im dritten Verwandtschaftsverhältnis ist es gemäß den Griechen erlaubt, zu heiraten, so wie es im Gesetz geschrieben steht. Gemäß den Römern im fünften. Nachdem die Ehe im vierten geschlossen worden ist, sollen sie gleichwohl nicht getrennt werden.

21. Judicia Theodori D c. 30 (ed. FINSTERWALDER), S. 242: In tertia propinquia tantum non licet uxorem alterius post obitum eius habere.

22. Judicia Theodori D c. 34 (ed. FINSTERWALDER), S. 242: In primo coniugio debet presbiter missam agere et benedicere ambos et postea abstineant se ab ecclesia XXX diebus quibus peractis peniteant XL diebus et vacent orationi et postea communicent cum oblatione.

23. Judicia Theodori D c. 64 (ed. FINSTERWALDER), S. 244: Qui cum sorore fornicatur XIIII annis peniteat.
24. Judicia Theodori D c. 104 (ed. FINSTERWALDER), S. 247: Maritus si se ipsum servum fecerit in furto aut in fornicatione mulier habet potestatem accipere virum.
25. Judicia Theodori D c. 107 (ed. FINSTERWALDER), S. 247: Qui dimiserit uxorem suam alteri coniugens VII annos peniteat.
26. Judicia Theodori D c. 108 (ed. FINSTERWALDER), S. 247: Si praegnantem mulierem conparat aliquis prius liberam liber est qui generatus est.
27. Judicia Theodori D c. 109 (ed. FINSTERWALDER), S. 247: Qui ancillam praegnatem liberat, qui generatus est servus est.

28. Judicia Theodori D c. 110 (ed. FINSTERWALDER), S. 248: Patri et filio matrem et filiam licet in matrimonio habere.
29. Judicia Theodori D c. 111 (ed. FINSTERWALDER), S. 248: Similiter II bus fratribus duas habere licet sorores.
30. Judicia Theodori D c. 112 (ed. FINSTERWALDER), S. 248: Vir et mulier in matrimonio si ille voluerit servire deo et illa noluerit aut illa voluerit et ille noluerit vel ille infirmatus sive illa infirmata tamen omnino consensu amborum separentur.
31. Judicia Theodori D c. 118 (ed. FINSTERWALDER), S. 248: Desponsata mulier viro deinde habitare non vult cum ea reddat pecuniam quam ipsi datur et tertiam partem addat.

32. Judicia Theodori D c. 121 (ed. FINSTERWALDER), S. 248: In V generatione coniungantur quarta si inventi fuerint coniuncti non separentur III separentur.
33. Judicia Theodori D c. 145 (ed. FINSTERWALDER), S. 250: Desponsatam puellam non licet parentibus tradere alicui si illa omnino resistat. Tamen ad monasterium (ire) licet[48].

34. Judicia Theodori D c. 158 (ed. FINSTERWALDER), S. 251: In generatione III secundum Grecos vel IIII licet nubere.
35. Judicia Theodori D c. 163 (ed. FINSTERWALDER), S. 251: Cuius uxor fornicata licet eam dimittere et aliam accipere.

---

48 Der Kontext lässt darauf schließen, dass hier wiederum die Frau die Entscheidung trifft.

21. Judicia Theodori D c. 30 (ed. FINSTERWALDER), S. 242: Im dritten Verwandtschaftsgrad ist es überhaupt nicht erlaubt, die Frau eines anderen nach dessen Tod zu haben.
22. Judicia Theodori D c. 34 (ed. FINSTERWALDER), S. 242: Bei der ersten ehelichen Verbindung soll der Priester eine Messe feiern und die beiden segnen und danach sollen sie sich 30 Tage lang von der Kirche fernhalten; nachdem sie dieses getan haben, sollen sie 40 Tage Buße tun und sollen Muße für das Gebet haben und später sollen sie nach der Spendung von Opfergaben kommunizieren.
23. Judicia Theodori D c. 64 (ed. FINSTERWALDER), S. 244: Wer mit der Schwester Unzucht treibt, soll 14 Jahre Buße tun.
24. Judicia Theodori D c. 104 (ed. FINSTERWALDER), S. 247: Wenn ein Ehemann aufgrund von Diebstahl oder mittels Unzucht sich selbst zum abhängigen Mann gemacht hat, habe die Frau die Macht, einen anderen anzunehmen.
25. Judicia Theodori D c. 107 (ed. FINSTERWALDER), S. 247: Wer seine Ehefrau verlassen und sich mit einer anderen verbunden hat, soll sieben Jahre Buße tun.
26. Judicia Theodori D c. 108 (ed. FINSTERWALDER), S. 247: Wenn jemand eine schwangere, früher freie Frau kauft, [so] ist der frei, der gezeugt worden ist.
27. Judicia Theodori D c. 109 (ed. FINSTERWALDER), S. 247: Wer eine schwangere abhängige Frau freilässt, [so] ist der, der gezeugt worden ist, ein abhängiger Mann.
28. Judicia Theodori D c. 110 (ed. FINSTERWALDER), S. 248: Vater und Sohn ist es erlaubt, Mutter und Tochter zu heiraten.
29. Judicia Theodori D c. 111 (ed. FINSTERWALDER), S. 248: Gleichermaßen ist es zwei Brüdern erlaubt, zwei Schwestern zu haben.
30. Judicia Theodori D c. 112 (ed. FINSTERWALDER), S. 248: Ein Mann und eine Frau sind verheiratet. Wenn [nun] jener Gott dienen will und jene will es nicht oder jene will und jener will es nicht oder jener oder jene ist erkrankt, sollen beide dennoch [nur] ganz und gar einvernehmlich getrennt werden.
31. Judicia Theodori D c. 118 (ed. FINSTERWALDER), S. 248: Nachdem eine Frau mit einem Mann verlobt worden ist und er daraufhin nicht mehr mit ihr leben will, soll er das Geld zurückgeben, das ihm selbst gegeben worden ist, und ein Drittel hinzufügen.
32. Judicia Theodori D c. 121 (ed. FINSTERWALDER), S. 248: Wenn Eheleute in der vierten und fünften Generation verheiratet aufgefunden werden, sollen sie nicht getrennt werden, [wohl aber] in der dritten.
33. Judicia Theodori D c. 145 (ed. FINSTERWALDER), S. 250: Es ist den Eltern/Verwandten nicht erlaubt, ein verlobtes Mädchen irgendjemandem zu übergeben, wenn jene sich ganz und gar widersetzt. Dennoch ist es ihr[48] erlaubt, ins Kloster zu gehen.
34. Judicia Theodori D c. 158 (ed. FINSTERWALDER), S. 251: In der dritten oder vierten Generation ist es gemäß den Griechen erlaubt, zu heiraten.
35. Judicia Theodori D c. 163 (ed. FINSTERWALDER), S. 251: Wessen Ehefrau Unzucht getrieben hat, dem ist es erlaubt, diese wegzuschicken und eine andere anzunehmen.

---

48 Der Kontext lässt darauf schließen, dass hier wiederum die Frau die Entscheidung trifft.

36. Judicia Theodori Co c. 76 (ed. FINSTERWALDER), S. 276: Qui autem nuberit die dominico petat veniam et duo vel III dies peniteat.

37. Judicia Theodori Co c. 78 (ed. FINSTERWALDER), S. 276: In primo coniugio debet presbiter missas agere et benedicere ambos et postea apstineant se ab ecclesia XXX dies et vacent orationes et postea communicent cum oblatione.

38. Judicia Theodori Co c. 80 (ed. FINSTERWALDER), S. 276: Potest autem alter alteri licentiam dare accedere ad servitium dei | in monasterio et si[49] nubere si in primo conubio erat. Secundum Grecos tamen non est canonicum. Sin autem in secundo, non licet ei tertium vivente viro vel uxori.

39. Judicia Theodori Co c. 81 (ed. FINSTERWALDER), S. 276: Duos fratres possunt duas sorores habere in coniugio et pater et filius matrem et filiam possunt habere.

40. Judicia Theodori Co c. 82 (ed. FINSTERWALDER), S. 276: In tertia propinquitate carnis secundum Grecos licet nubere sicut in lege scriptum est. In quinta secundum Romanus. In tertia tamen non solvunt conubium postquam factum fuerit.

41. Judicia Theodori Co c. 83 (ed. FINSTERWALDER), S. 276: In tertia tamen propinquitate non licet uxorem alterius accipere post obitum eius.

42. Judicia Theodori Co c. 89 (ed. FINSTERWALDER), S. 277: Mulieri non licet votum vovere sine licentia viri. sed si voluerit dimittere potest.

43. Judicia Theodori Co c. 90 (ed. FINSTERWALDER), S. 277: Si cuius uxor fornicata fuerit licet dimittere eam et aliam reducere.

44. Judicia Theodori Co c. 91 (ed. FINSTERWALDER), S. 277: Mulieri non licet virum dimittere licet fornicantur nisi forte pro monasterium Basilius iudicavit.

45. Judicia Theodori Co c. 92 (ed. FINSTERWALDER), S. 277: Si servum et ancillam dominus amborum in matrimonio coniunxerit postea liberato servo vel ancilla si non potest redemi qui in servitio est.[50]

46. Judicia Theodori Co c. 93 (ed. FINSTERWALDER), S. 277: Liberato licet ingenuo coniungere.

47. Judicia Theodori Co c. 94 (ed. FINSTERWALDER), S. 277: Equaliter coniungiter vir in matrimonio eius qui sibi consanguinei sunt et uxoris suae consanguineis post mortem uxoris.

---

49 se.
50 Hier dürften Teile des Textes fehlen. Zur Vollständigkeit vgl. Judicia Theodori G c. 73 (ed. FINSTERWALDER), S. 260 [Anhang P 74, S. 224].

36. Judicia Theodori Co c. 76 (ed. FINSTERWALDER), S. 276: Wer aber am Tag des Herrn den Geschlechtsakt vollzogen hat, soll um Gnade bitten und zwei oder drei Tage Buße tun.
37. Judicia Theodori Co c. 78 (ed. FINSTERWALDER), S. 276: Bei der ersten Eheschließung soll der Priester eine Messe feiern, die beiden segnen und später sollen sie sich 30 Tage lang von der Kirche fernhalten, sich dem Gebet widmen und danach mit Opfergaben zur Kommunion herantreten.
38. Judicia Theodori Co c. 80 (ed. FINSTERWALDER), S. 276: Der eine Ehepartner kann dem anderen die Erlaubnis geben, für den Dienst Gottes ins Kloster einzutreten, und sich[49] [wieder] verheiraten, wenn er sich in der ersten Ehe befunden hat. Gemäß den Griechen ist es aber kein kanonisches [Gesetz]. Wenn er sich aber in der zweiten Ehe befindet, ist es nicht erlaubt, zum dritten Mal zu heiraten, solange der Mann oder die Frau noch leben.
39. Judicia Theodori Co c. 81 (ed. FINSTERWALDER), S. 276: Zwei Brüder können zwei Schwestern ehelichen und Vater und Sohn können Mutter und Tochter haben.
40. Judicia Theodori Co c. 82 (ed. FINSTERWALDER), S. 276: Gemäß den Griechen ist es im dritten Verwandtschaftsverhältnis erlaubt, zu heiraten, so wie es im Gesetz geschrieben steht. Gemäß den Römern im fünften. Nachdem die Ehe geschlossen worden ist, sollen sie im dritten gleichwohl nicht getrennt werden.
41. Judicia Theodori Co c. 83 (ed. FINSTERWALDER), S. 276: Im dritten Verwandtschaftsverhältnis aber ist es nicht erlaubt, die Ehefrau eines anderen nach dessen Tod anzunehmen.
42. Judicia Theodori Co c. 89 (ed. FINSTERWALDER), S. 277: Einer Frau ist es nicht erlaubt, ohne die Zustimmung des Mannes das Gelübde abzulegen. Aber wenn er will, kann er sie entlassen.
43. Judicia Theodori Co c. 90 (ed. FINSTERWALDER), S. 277: Wessen Ehefrau Unzucht getrieben hat, dem ist es erlaubt, diese wegzuschicken und eine andere anzunehmen.
44. Judicia Theodori Co c. 91 (ed. FINSTERWALDER), S. 277: Der Frau ist es nicht erlaubt, den Mann zu verlassen, mag auch Unzucht getrieben worden sein, es sei denn für das Klosterleben. So hat Basilius geurteilt.
45. Judicia Theodori Co c. 92 (ed. FINSTERWALDER), S. 277: Wenn der gemeinsame Herr einen abhängigen Mann und eine abhängige Frau ehelich verbunden hat [und] wenn später, nachdem er den abhängigen Mann oder die abhängige Frau freigelassen hat, derjenige, der sich in Abhängigkeit befindet, nicht zurückgekauft werden kann.[50]
46. Judicia Theodori Co c. 93 (ed. FINSTERWALDER), S. 277: Dem freigelassenen Mann ist es erlaubt, eine freie Frau zu ehelichen.
47. Judicia Theodori Co c. 94 (ed. FINSTERWALDER), S. 277: Gleichermaßen wird der Mann durch seine Ehe mit denen ehelich verbunden, die mit ihm blutsverwandt sind, wie mit den Blutsverwandten seiner Frau, auch nach dem Tod der Frau.

---

49 *se*.
50 Hier dürften Teile des Textes fehlen. Zur Vollständigkeit vgl. Judicia Theodori G c. 73 (ed. FINSTERWALDER), S. 260 [Anhang P 74, S. 224].

48. Judicia Theodori Co c. 153 (ed. Finsterwalder), S. 281: Qui cum matre fornicaverit XII annos peniteat.
49. Judicia Theodori Co c. 154 (ed. Finsterwalder), S. 281: Qui cum sorore fornicaverit similiter XII et nunquam mutat nisi dominico die.

50. Judicia Theodori Ba c. 30 (ed. Asbach), S. 82: Una penitentia est vidae[51] et puelle maiorem meruit que virum habet si fornicationis crimen comiserit.

51. Judicia Theodori Ba c. 31a (ed. Asbach), S. 82: Si quis dimiserit gentilis uxorem gentilem post baptismum in potestate eins[52] erit habere eam vel non habere.

52. Judicia Theodori Ba c. 31b (ed. Asbach), S. 82: Simili modo si unus eorum baptizatus est, Aliter gentilis sicut apostolus dicit: Infidelis si discedat reliqua.[53]
53. Judicia Theodori Ba c. 32a (ed. Asbach), S. 82: In tertia propinquitate carnis secundum grecos licet nubere sicut in lege scriptum est. In quinta secundum Romanos tamen non solvunt in tertia postquam fuerit factum.

54. Judicia Theodori Ba c. 32b (ed. Asbach), S. 82: In tertiam tamen propinquitate non licet uxorem alterius accipere post obitum eius.

55. Judicia Theodori Ba c. 32c (ed. Asbach), S. 82: Legitimum coniugium non licet separare sine consensu amborum.
56. Judicia Theodori Ba c. 32d (ed. Asbach), S. 82: Post hec alter alteri licentiam dare accedere ad servitium Dei in monasterium et sibi nubere si in primo conubio; secundum Grecos canonicum non est sin autem in secundo non licet et in tertio vivente viro vel uxore.

57. Judicia Theodori Ba c. 33 (ed. Asbach), S. 83: Dagamus[54] penitens uno anno IIII feria et sexta et III XLmis abstineat se a carnibus non demittat uxorem.

58. Judicia Theodori Ba c. 34a (ed. Asbach), S. 83: Trigamus vel supra id est in IIII vel V vel plus VII annis III et VI feria et in tribus XLmis abstineat a carnibus non separantur tamen Bassilius iudicavit in canone autem III annis.

59. Judicia Theodori Ba c. 34b (ed. Asbach), S. 83: In primo coniugio presbiter debet misam agere et benedicere ambos et abstineat se postea ab ecclesia XXX diebus et vacent brationibus[55] et commonicant postea cum oblationibus.

---

51 *viduae*.
52 *eius*.
53 Teile des Textes dürften fehlen.
54 *bigamus*.
55 *orationibus*.

48. Judicia Theodori Co c. 153 (ed. FINSTERWALDER), S. 281: Wer mit der Mutter Unzucht getrieben hat, soll zwölf Jahre Buße tun.
49. Judicia Theodori Co c. 154 (ed. FINSTERWALDER), S. 281: Wer mit der Schwester Unzucht getrieben hat, soll gleichermaßen zwölf Jahre [Buße tun] und niemals daran etwas ändern, außer am Tag des Herrn.
50. Judicia Theodori Ba c. 30 (ed. ASBACH), S. 82: Es gilt eine Buße für Witwen[51] und junge Mädchen, aber eine größere verdient diejenige, die einen Mann hat und das Verbrechen der Unzucht begeht.
51. Judicia Theodori Ba c. 31a (ed. ASBACH), S. 82: Wenn ein Heide seine heidnische Ehefrau nach der Taufe verlassen hat, stehe es in seiner[52] Macht, diese zu haben oder nicht zu haben.
52. Judicia Theodori Ba c. 31b (ed. ASBACH), S. 82: Auf die gleiche Weise [soll es geschehen], wenn einer von ihnen getauft und der andere ein Heide ist; so wie es der Apostel sagt: Wenn der Ungläubige sich trennt usw.[53]
53. Judicia Theodori Ba c. 32a (ed. ASBACH), S. 82: Im dritten Verwandtschaftsverhältnis ist es gemäß den Griechen erlaubt, zu heiraten, so wie es im Gesetz geschrieben steht. Gemäß den Römern im fünften. Dennoch sollen sie im dritten nicht getrennt werden, nachdem [die Ehe] geschlossen worden ist.
54. Judicia Theodori Ba c. 32b (ed. ASBACH), S. 82: Im dritten Verwandtschaftsverhältnis ist es gleichwohl nicht erlaubt, die Ehefrau eines anderen nach dessen Tod anzunehmen.
55. Judicia Theodori Ba c. 32c (ed. ASBACH), S. 82: Es ist nicht erlaubt, eine rechtmäßige Ehe ohne das Einverständnis beider zu trennen.
56. Judicia Theodori Ba c. 32d (ed. ASBACH), S. 82: Hiernach kann der eine dem anderen die Erlaubnis geben, für den Dienst Gottes ins Kloster zu gehen, und sich [selbst erneut] verheiraten, wenn er sich in erster Ehe [befindet]; gemäß den Griechen ist das nicht kanonisch; wenn es die zweite [Ehe] ist, ist es nicht erlaubt, sich ein drittes Mal zu verheiraten, solange der Mann oder die Frau noch leben.
57. Judicia Theodori Ba c. 33 (ed. ASBACH), S. 83: Der zweifach[54] Verheiratete soll sich während eines Jahres mittwochs und freitags sowie für drei 40tägige Fastenzeiten von Fleisch enthalten und seine Frau nicht entlassen.
58. Judicia Theodori Ba c. 34a (ed. ASBACH), S. 83: Der dreifach Verheiratete oder mehr – das heißt vier- oder fünffach oder [noch] mehr Verheiratete – soll sich für sieben Jahre dienstags und freitags und während drei 40tägiger Fastenzeiten von Fleisch enthalten; dennoch sollen sie nicht getrennt werden. Basilius hat in seinem Kanon aber drei Jahre [gesagt].
59. Judicia Theodori Ba c. 34b (ed. ASBACH), S. 83: Bei der ersten Eheschließung soll der Priester eine Messe feiern, die beiden segnen und später sollen sie sich 30 Tage lang von der Kirche fernhalten, sich dem Gebet[55] widmen und danach mit Opfergaben zur Kommunion herantreten.

---

51 *viduae*.
52 *eius*.
53 Teile des Textes dürften fehlen.
54 *bigamus*.
55 *orationibus*.

60. Judicia Theodori Ba c. 35a (ed. ASBACH), S. 83: Cuius uxorem hostis abstulerit et non potest repetere eam licet ei aliam accipere melius est quam (fol.4r) fornicare.
61. Judicia Theodori Ba c. 37 (ed. ASBACH), S. 83: Mulieri non licet votum vovere sine licentia viri sui, si voverit nihil est.
62. Judicia Theodori Ba c. 38 (ed. ASBACH), S. 83: Si quis maritus vel si qua mulier votum habens virginitatis adiungitur uxori. Postea non demittit uxorem peniteat annis IIII.
63. Judicia Theodori Ba c. 39 (ed. ASBACH), S. 83: Cuius uxor fornicata fuerit licet eam dimittere et aliam ducere.
64. Judicia Theodori Ba c. 40 (ed. ASBACH), S. 83: Mulieri non licet virum dimittere fornicantem et alium accipere nisi forte pro monasterio. Basilius iudicavit.

65. Judicia Theodori Ba c. 100 (ed. ASBACH), S. 87: Disponsatam viro puellam non licet parentibus alio viro tradere nisi illo omnino resistat monasterium tantum in tradere licet[56].
66. Judicia Theodori G c. 62 (ed. FINSTERWALDER), S. 259: In primo coniugio debit presbiter missa agere et benedicere ambos et postea absteneant se ab ecclesia XXX dies quibus peractis peniteant XL dies et vacent oratione et postea communicent cum oblatione.
67. Judicia Theodori G c. 65 (ed. FINSTERWALDER), S. 260: Legitimum coniugium non licet separari sine consensu amborum.
68. Judicia Theodori G c. 66 (ed. FINSTERWALDER), S. 260: Si cuius uxor fornicata fuerit licet dimittere eam et aliam non accipere.
69. Judicia Theodori G c. 67 (ed. FINSTERWALDER), S. 260: Mulier non est licitum virum suum dimittere licet fornicato nisi forte pro monasterio. Basilius iudicavit hoc.
70. Judicia Theodori G c. 68 (ed. FINSTERWALDER), S. 260: Si quis vir uxorem suam invenerit adulteratam et non vult dimittere eam sed in matrimonio suo habere annos II peniteat relegionis aut quamdiu ipsa peniteat absteneat se a matrimonio eius quia adulterium illa perpetraverat.
71. Judicia Theodori G c. 69 (ed. FINSTERWALDER), S. 260: Mulieri non est licitum votum vovere sine licentia viri. sed si voluerit dimitti potest.
72. Judicia Theodori G c. 71 (ed. FINSTERWALDER), S. 260: Duo fratres duas sorores in coniugio habere et pater et filius matrem et filiam similiter possunt habere.
73. Judicia Theodori G c. 72 (ed. FINSTERWALDER), S. 260: Si cuius uxorem hostes abstulerit et non potest redimere eam licet ei aliam accipere. melius est quam

---

56 Der Kontext lässt darauf schließen, dass hier wiederum die Frau die Entscheidung trifft.

60. Judicia Theodori Ba c. 35a (ed. Asbach), S. 83: Wessen Ehefrau der Feind verschleppt hat und wer sie nicht zurückerhalten kann, dem ist es erlaubt, eine andere anzunehmen; es ist besser, als Unzucht zu treiben.
61. Judicia Theodori Ba c. 37 (ed. Asbach), S. 83: Einer Frau ist es nicht erlaubt, ein Gelübde ohne die Erlaubnis ihres Mannes abzulegen; wenn sie gelobt hat, ist es ungültig.
62. Judicia Theodori Ba c. 38 (ed. Asbach), S. 83: Wenn ein Mann oder eine Frau, die ein Gelübde der Jungfräulichkeit abgelegt haben, mit einem Ehegatten verbunden werden [und] er die Frau später nicht weggeschickt, soll er vier Jahre Buße tun.
63. Judicia Theodori Ba c. 39 (ed. Asbach), S. 83: Wessen Ehefrau Unzucht getrieben hat, dem ist es erlaubt, diese zu entlassen und eine andere anzunehmen.
64. Judicia Theodori Ba c. 40 (ed. Asbach), S. 83: Einer Frau ist es nicht erlaubt, den Mann, der Unzucht getrieben hat, zu entlassen und einen anderen anzunehmen, außer vielleicht für das Kloster. So hat Basilius geurteilt.
65. Judicia Theodori Ba c. 100 (ed. Asbach), S. 87: Es ist den Eltern/Verwandten nicht erlaubt, ein verlobtes Mädchen jemand anderem zu übergeben, wenn sie sich jenem [d. h. dem Mann] ganz und gar widersetzt. Dennoch ist es ihr[56] erlaubt, ins Kloster zu gehen.
66. Judicia Theodori G c. 62 (ed. Finsterwalder), S. 259: Bei der ersten ehelichen Verbindung soll der Priester eine Messe feiern, die beiden segnen und danach sollen sie sich 30 Tage lang von der Kirche fernhalten; nachdem sie dieses getan haben, sollen sie 40 Tage Buße tun und sollen Muße haben für das Gebet und später sollen sie mit Opfergaben kommunizieren.
67. Judicia Theodori G c. 65 (ed. Finsterwalder), S. 260: Es ist nicht erlaubt, dass eine rechtmäßige Ehe ohne das Einverständnis beider getrennt wird.
68. Judicia Theodori G c. 66 (ed. Finsterwalder), S. 260: Wessen Ehefrau Unzucht getrieben hat, dem ist es erlaubt, sie zu entlassen, aber keine andere anzunehmen.
69. Judicia Theodori G c. 67 (ed. Finsterwalder), S. 260: Der Frau ist es nicht erlaubt, den Mann zu verlassen, mag auch Unzucht getrieben worden sein, es sei denn für das Klosterleben. So hat Basilius geurteilt.
70. Judicia Theodori G c. 68 (ed. Finsterwalder), S. 260: Wenn ein Mann seine Ehefrau beim Ehebruch ertappt hat und sie nicht verstoßen will, sondern in der Ehe mit ihr verbleiben will, soll sie aus Gottesfurcht zwei Jahre Buße tun oder solange sie selbst Buße tut, soll er sich von seiner Ehe fernhalten, weil jene Ehebruch begangen hat.
71. Judicia Theodori G c. 69 (ed. Finsterwalder), S. 260: Einer Frau ist es nicht erlaubt, ohne die Zustimmung des Mannes das Gelübde abzulegen. Aber wenn er will, kann sie entlassen werden.
72. Judicia Theodori G c. 71 (ed. Finsterwalder), S. 260: Zwei Brüder können zwei Schwestern ehelichen und Vater und Sohn können Mutter und Tochter haben.
73. Judicia Theodori G c. 72 (ed. Finsterwalder), S. 260: Wenn Feinde jemandes Ehefrau weggeführt haben und er diese nicht zurückkaufen kann, ist es ihm

---

56 Der Kontext lässt darauf schließen, dass hier wiederum die Frau die Entscheidung trifft.

fornicare. si postea reditur uxor non debet recipere eam si aliam habet sed ipsa accipiat alterum virum si unum habuit. Eadem sententia stat de servis transmarinis.

74. Judicia Theodori G c. 73 (ed. FINSTERWALDER), S. 260: Si servum aut ancillam dominus amborum in matrimonium coniunxerit postea liberato servo vel ancilla si non potest redimi qui in servitio est, liberato licet ingenuo coniungere.

75. Judicia Theodori G c. 74 (ed. FINSTERWALDER), S. 260: Aequanimiter iungetur vir in matrimonio eis qui sibi consanguinei sunt et uxoris suae consanguineis post mortem uxoris.

76. Judicia Theodori G c. 78 (ed. FINSTERWALDER), S. 261: Secundum Grecos in quarta propinquitate carnis licet nubere sicut in lege scriptum est. secundum Romanos in quinta. tamen in quarta non solvunt coniugium postquam factum fuerit.

77. Judicia Theodori G c. 81 (ed. FINSTERWALDER), S. 261: [1] Si vir dimiserit uxorem propter fornicationem si prima fuerit licitum est ut aliam accipiat uxorem. [2] Illa vero si voluerit penitere peccata sua post V annos, alium virum accipiat.

78. Judicia Theodori G c. 84 (ed. FINSTERWALDER), S. 261f: Potest autem alter alio licentiam dare accedere ad servitium dei in monasterium et sibi nubere si in primo connubio erat. Secundum Grecos tamen non est canonicum. Sin autem in secundum non licet ei tertium vivente viro vel uxore.

79. Judicia Theodori G c. 89 (ed. FINSTERWALDER), S. 262: Si cum sorore fornicat XV annos peniteat nisi in die dominico.

80. Judicia Theodori G c. 90 (ed. FINSTERWALDER), S. 262: Si cum matre fornicat XII annos peniteat et numquam mutet nisi tantum in diebus dominicis.

81. Judicia Theodori G c. 98 (ed. FINSTERWALDER), S. 263: Qui multa mala fecerit id est homicidium adulterium cum pecore et cum muliere et furtum fecerit penitentiam eius iudicavit ut in monasterium exiret et peniteret usque ad mortem.

82. Judicia Theodori G c. 127 (ed. FINSTERWALDER), S. 265: Qui nuberit die dominico petat a deo indulgentiam et I vel II vel III dies peniteat.

83. Judicia Theodori G c. 178 (ed. FINSTERWALDER), S. 269: Si praegnantem mulierem prius liberam comparat aliquis liber primus qui generatus est, servus est.

erlaubt, eine andere anzunehmen. Es ist besser, als Unzucht zu treiben. Wenn die Ehefrau später zurückkehrt, muss er diese nicht zurücknehmen, wenn er eine andere hat, sondern sie selbst kann einen anderen Mann annehmen, wenn sie erst einen gehabt hat. Dieselbe Lehre gilt für überseeische abhängige Männer.

74. Judicia Theodori G c. 73 (ed. FINSTERWALDER), S. 260: Wenn der gemeinsame Herr einen abhängigen Mann und eine abhängige Frau ehelich verbunden hat [und] wenn später, nachdem er den abhängigen Mann oder die abhängige Frau freigelassen hat, derjenige, der sich in Abhängigkeit befindet, nicht zurückgekauft werden kann, [dann] ist es dem freigelassenen Partner erlaubt, sich mit einem freien Partner zu verheiraten.

75. Judicia Theodori G c. 74 (ed. FINSTERWALDER), S. 260: Gleichermaßen wird der Mann durch seine Ehe mit denen ehelich verbunden, die mit ihm blutsverwandt sind, wie mit den Blutsverwandten seiner Frau, auch nach dem Tod der Frau.

76. Judicia Theodori G c. 78 (ed. FINSTERWALDER), S. 261: Gemäß den Griechen ist es im vierten fleischlichen Verwandtschaftsverhältnis erlaubt, zu heiraten, so wie es im Gesetz geschrieben steht. Gemäß den Römern im fünften. Nachdem die Ehe geschlossen worden ist, sollen sie im vierten gleichwohl nicht getrennt werden.

77. Judicia Theodori G c. 81 (ed. FINSTERWALDER), S. 261: [1] Wenn ein Mann die Ehefrau wegen Unzucht weggeschickt hat, so ist es erlaubt, dass er eine andere Ehefrau annimmt, vorausgesetzt es ist seine erste Ehefrau gewesen. [2] Jene aber kann nach fünf Jahren einen anderen Mann annehmen, wenn sie ihre Sünden zu büßen bereit war.

78. Judicia Theodori G c. 84 (ed. FINSTERWALDER), S. 261f: Der eine Ehepartner kann dem anderen die Erlaubnis geben, für den Dienst Gottes ins Kloster einzutreten, und sich [wieder] verheiraten, wenn er sich in der ersten Ehe befunden hat. Bei den Griechen ist das allerdings nicht kanonisch. Wenn er sich aber in der zweiten Ehe befindet, ist es nicht erlaubt, zum dritten Mal zu heiraten, solange der Mann oder die Frau noch leben.

79. Judicia Theodori G c. 89 (ed. FINSTERWALDER), S. 262: Wenn jemand mit der Schwester Unzucht getrieben hat, soll er 15 Jahre Buße tun, außer am Tag des Herrn.

80. Judicia Theodori G c. 90 (ed. FINSTERWALDER), S. 262: Wenn jemand mit der Mutter Unzucht begeht, soll er zwölf Jahre Buße tun und niemals [daran etwas] ändern, außer an den Tagen des Herrn.

81. Judicia Theodori G c. 98 (ed. FINSTERWALDER), S. 263: Wer viele Übel begangen hat – das ist Mord, Ehebruch mit dem Tier und mit einer Frau und Diebstahl begangen hat –, für den wird als Buße bestimmt, dass er ins Kloster gehen und bis ans Lebensende büßen soll.

82. Judicia Theodori G c. 127 (ed. FINSTERWALDER), S. 265: Wer am Tag des Herrn den Geschlechtsakt vollzogen hat, der soll vor Gott um Milde bitten und ein oder zwei oder drei Tage Buße tun.

83. Judicia Theodori G c. 178 (ed. FINSTERWALDER), S. 269: Wenn jemand eine schwangere, zuvor freie Frau erwirbt, [so] ist das erste Kind, das gezeugt worden ist, ein abhängiger Mann.

84. Judicia Theodori G c. 179 (ed. FINSTERWALDER), S. 269: Si quis liber ancillam in matrimonium acceperit non habet licentiam dimittere eam si ante consensu amborum coniuncti sunt.
85. Judicia Theodori G c. 185 (ed. FINSTERWALDER), S. 270: Mulier si se adulteravit et vir eius nolit habitare cum ea si voluerit monasterium intrare quartam partem hereditatis suae obtineat. sin autem non vult nihil habet.
86. Judicia Theodori U c. 1,16 (ed. FINSTERWALDER), S. 291: Si cum matre quis fornicaverit, XV annos peniteat et nunquam mutat nisi dominicis diebus. Et hoc tam profanum incestum ab eo similiter alio modo dicitur, ut cum peregrinatione perenni VII annos peniteat.
87. Judicia Theodori U c. 2,16 (ed. FINSTERWALDER), S. 291: Si cum matre quis fornicaverit, XV annos peniteat [...] dicitur, ut cum peregrinatione perenni VII annos peniteat.
88. Judicia Theodori U c. 2,17 (ed. FINSTERWALDER), S. 292: Qui cum sorore fornicaverit XV annos peniteat eo modo, quo superius de matre dicitur. Sed et istud alias in canone XII annos confirmavit, unde non absurde XV anni ad matrem transeunt, qui scribuntur.
89. Judicia Theodori U c. 2,20 (ed. FINSTERWALDER), S. 292: Si mater cum filio suo parvulo fornicationem imitatur III annos abstineat se a carne et diem unum ieiunet in ebdomada usque ad vesperum.
90. Judicia Theodori U c. 7,1 (ed. FINSTERWALDER), S. 298: Qui multa mala fecerint, id est homicidium, adulterium cum muliere et cum pecude et furtum eat in monasterium et peniteant usque ad mortem.
91. Judicia Theodori U c. 11,1 (ed. FINSTERWALDER), S. 306: In primo coniugio presbiter debet missam agere et benedicere ambos et postea abstineant se ab ecclesia XXX diebus quibus peractis peniteant XL diebus et vacent orationi et postea communicent cum oblatione.
92. Judicia Theodori U c. 14,7 (ed. FINSTERWALDER), S. 307: Mulieri non licet votum vovere sine consensu viri sed etsi noverit, dimitti potest et peniteat iudicio sacerdotis.
93. Judicia Theodori U c. 14,20 (ed. FINSTERWALDER), S. 309: Qui nubet die dominico petat a deo indulgentiam et I vel II diebus vel III bus diebus peniteat.
94. Judicia Theodori U II c. 12,28 (ed. FINSTERWALDER), S. 330: Aequaliter vir coniungitur in matrimonio eis qui sibi consanguinei sunt, et uxoris suae consanguineis post mortem uxoris.

84. Judicia Theodori G c. 179 (ed. FINSTERWALDER), S. 269: Wenn ein freier Mann eine abhängige Frau in die Ehe geführt hat, hat er nicht die Erlaubnis, sie wegzuschicken, wenn sie vorher mit beider Zustimmung verbunden worden sind.
85. Judicia Theodori G c. 185 (ed. FINSTERWALDER), S. 270: Wenn eine Frau Ehebruch begangen hat und ihr Mann nicht [weiter] mit ihr zusammenleben will, soll sie, wenn sie ins Kloster eintreten will, den vierten Teil ihres Erbes erhalten. Wenn sie es aber nicht will, soll sie nichts haben.
86. Judicia Theodori U c. 1,16 (ed. FINSTERWALDER), S. 291: Wenn jemand mit der Mutter Unzucht getrieben hat, soll er 15 Jahre Buße tun und daran niemals etwas ändern, außer an den Tagen des Herrn. Und dieser so heidnische Inzest wird von ihm [d. h. dem Gesetzgeber] auch auf andere Weise bestimmt, nämlich dass er [d. h. der Sündige] sieben Jahre hindurch mittels einer ununterbrochenen Pilgerfahrt Buße tut.
87. Judicia Theodori U c. 2,16 (ed. FINSTERWALDER), S. 291: Wenn jemand mit der Mutter Unzucht getrieben hat, soll er 15 Jahre Buße tun […] [oder] auf die gleiche Weise, dass er durch eine ununterbrochene Pilgerfahrt sieben Jahre beständig Buße tut.
88. Judicia Theodori U c. 2,17 (ed. FINSTERWALDER), S. 292: Wer mit der Schwester Unzucht begangen hat, soll 15 Jahre auf die Weise Buße tun, die vorher über die Mutter gesagt worden ist. Dies wird aber anderswo im Kanon für zwölf Jahre bestimmt, so dass es sinnvoll erscheint, dass 15 Jahre auch für die Mutter geschrieben stehen.
89. Judicia Theodori U c. 2,20 (ed. FINSTERWALDER), S. 292: Wenn die Mutter mit ihrem kleinen Sohn Unzucht nachahmt, soll sie sich drei Jahre lang von Fleisch fernhalten und einen Tag in der Woche bis zum Abend [fasten].
90. Judicia Theodori U c. 7,1 (ed. FINSTERWALDER), S. 298: Die Personen, die viele Übel begangen haben – das ist Mord, Ehebruch mit der Frau und mit dem Tier und Diebstahl –, sollen ins Kloster gehen und bis ans Lebensende büßen.
91. Judicia Theodori U c. 11,1 (ed. FINSTERWALDER), S. 306: Bei der ersten Eheschließung soll der Priester eine Messe feiern und die beiden segnen. Und später sollen sie sich 30 Tage lang von der Kirche fernhalten, sich dem Gebet widmen und danach mit Opfergaben zur Kommunion herantreten.
92. Judicia Theodori U c. 14,7 (ed. FINSTERWALDER), S. 307: Der Frau ist es ohne die Erlaubnis ihres Mannes nicht gestattet, ins Kloster einzutreten; wenn er aber zustimmt, kann sie [aus der Ehe] entlassen werden und sie soll gemäß dem priesterlichen Urteil Buße tun.
93. Judicia Theodori U c. 14,20 (ed. FINSTERWALDER), S. 309: Wer am Tag des Herrn den Geschlechtsakt vollzieht, soll vom Herrn Nachsicht erbitten und ein, zwei oder drei Tage büßen.
94. Judicia Theodori U II c. 12,28 (ed. FINSTERWALDER), S. 330: Gleichermaßen wird der Mann durch seine Ehe mit denen ehelich verbunden, die mit ihm blutsverwandt sind, wie mit den Blutsverwandten seiner Frau, auch nach dem Tod der Frau.

Paenitentiale Pseudo-Bedae
(spätes 8. Jahrhundert)

95. Paenitentiale Pseudo-Bedae I,15 (ed. SCHMITZ 2), S. 655: Si adulescens sororem, V annos.

96. Paenitentiale Pseudo-Bedae I,16 (ed. SCHMITZ 2), S. 655: Si matrem, annos VII et quamdiu vivit numquam sine penitentia.

97. Paenitentiale Pseudo-Bedae I,26 (ed. SCHMITZ 2), S. 656: Si mater cum filio suo parvulo fornicationem imitatur, II annos et tres XLmas cum legitimas ferias.

Paenitentiale Pseudo-Egberti
(spätes 8. Jahrhundert)

98. Paenitentiale Pseudo-Egberti II,7 (ed. WASSERSCHLEBEN), S. 324: Si vir adulteret, VII annos jejunet, III dies per hebdomadam in pane et aqua. Et si mulier praeter dominum suum legitimum alium habet virum, eodem sit digna.

99. Paenitentiale Pseudo-Egberti II,8 (ed. WASSERSCHLEBEN), S. 325: [1] Vir, qui uxorem suam legitimam deseruerit et aliam mulierem ceperit, adulter est; [2] ne det ei ullus presbyter eucharistiam, neque ullum eorum rituum, qui Christianum hominem decent; et si eum obire contigerit, ne ponatur cum Christianis hominibus. Et si mulier virum suum legitimum deseruerit et alium elegerit, sit eadem sententia digna, ut supra dictum est; [3] et cognati, qui illi consilio interfuerit, patiantur eandem sententiam, nisi prius ad emendationem se convertere velint, prout confessarius eorum eis praescripserit.

100. Paenitentiale Pseudo-Egberti II,10 (ed. WASSERSCHLEBEN), S. 325: Si vir quis cum alterius legitima uxore adulteraverit, vel mulier cum alterius conjuge, VII annos jejunet, III in pane et aqua, et III, prout confessarius ejus ei praescripserit.

101. Paenitentiale Pseudo-Egberti II,11 (ed. WASSERSCHLEBEN), S. 325: Si mulier aliqua duos fratres, unum post alterum, in conjugium sibi ceperit separentur, et sint in poenitentia quamdiu vivent, prout confessarius eorum eis praescripserit; et obeuntibus illis, faciat eis sacerdos ritus, sicut hominibus Christianis faciendum est, si promittant diutius se emendaturos, si sibi diutius vivere liceret. Si quis in tali nefando conjugio permanserit usque ad finem suum, non possumus ei aliquam emendationem praescribere, sed Dei judicio est relinquendum.

Paenitentiale Pseudo-Bedae
(spätes 8. Jahrhundert)

95. Paenitentiale Pseudo-Bedae I,15 (ed. SCHMITZ 2), S. 655: Wenn ein Jugendlicher mit seiner Schwester Unzucht treibt, soll er fünf Jahre Buße tun.
96. Paenitentiale Pseudo-Bedae I,16 (ed. SCHMITZ 2), S. 655: Wenn jemand mit der Mutter [Unzucht treibt], soll er sieben Jahre [büßen] und, solange er lebt, niemals ohne Buße sein.
97. Paenitentiale Pseudo-Bedae I,26 (ed. SCHMITZ 2), S. 656: Wenn eine Mutter mit ihrem kleinen Sohn Unzucht nachahmt, soll sie zwei Jahre und drei 40tägige Fastenzeiten an den kirchlich festgesetzten Fastentagen [Buße tun].

Paenitentiale Pseudo-Egberti
(spätes 8. Jahrhundert)

98. Paenitentiale Pseudo-Egberti II,7 (ed. WASSERSCHLEBEN), S. 324: Wenn ein Mann Ehebruch begeht, soll er sieben Jahre fasten, drei Tage pro Woche bei Wasser und Brot. Und wenn eine Frau außer ihrem eigenen rechtmäßigen Mann einen anderen Mann hat, sei sie desselben [d. h. derselben Strafe wie der Ehebrecher] würdig.
99. Paenitentiale Pseudo-Egberti II,8 (ed. WASSERSCHLEBEN), S. 325: [1] Ein Mann, der seine rechtmäßige Frau verlassen und eine andere angenommen hat, ist ein Ehebrecher; [2] kein Presbyter soll ihm die Kommunion geben und keine der Riten, die sich für einen Christen geziemen; und fügt es sich, dass er stirbt, soll man ihn nicht zusammen mit [anderen] Christen bestatten. Und wenn eine Frau ihren rechtmäßigen Mann verlassen und einen anderen gewählt hat, soll sie desselben Urteils würdig sein, wie es oben gesagt wurde; [3] und die Verwandten, die bei dem Beschluss dabei gewesen sind, sollen dasselbe Urteil erdulden, es sei denn, sie wollen sich vorher zur Besserung bekehren, so wie es ihnen ihr Beichtvater verordnet hat.
100. Paenitentiale Pseudo-Egberti II,10 (ed. WASSERSCHLEBEN), S. 325: Wenn ein Mann mit der rechtmäßigen Frau eines anderen die Ehe gebrochen hat oder eine Frau mit dem Gatten einer anderen, soll er/sie sieben Jahre fasten, drei davon bei Wasser und Brot und zwei, so wie es ihr/ihm ihr/sein Beichtvater vorgeschrieben hat.
101. Paenitentiale Pseudo-Egberti II,11 (ed. WASSERSCHLEBEN), S. 325: Wenn eine Frau zwei Brüder hintereinander geheiratet hat, sollen sie getrennt werden und büßen, solange sie leben, so wie es ihr Beichtvater ihnen vorgeschrieben hat; und wenn jene sterben, soll der Priester ihnen den Ritus zuteil werden lassen, wie es sich bei Christen gehört zu tun, wenn sie versprechen, dass sie sich länger bessern werden, falls es ihnen gegönnt wird, länger zu leben. Wenn jemand in einer derartig ruchlosen ehelichen Verbindung bis zu seinem Tod verharrt, können wir ihm keine Besserung vorschreiben, sondern müssen es dem Urteil Gottes überlassen.

102. Paenitentiale Pseudo-Egberti II,18 (ed. WASSERSCHLEBEN), S. 326: Si quis proximam cognatam, vel matrinam, vel fratris sui viduam, vel novercam in uxorem duxerit, excommunicetur ab omnibus Christianis hominibus; et si ad poenitentiam se convertat, prout necesse habet, emendet usque et poeniteat, quamdiu erit, juxta sententiam episcopi.

103. Paenitentiale Pseudo-Egberti II,21 (ed. WASSERSCHLEBEN), S. 327: Sancti libri docent, quid cuique homini fideli faciendum sit, cum legitimam suam uxorem primum domum duxerit, id est juxta librorum doctrinam, ut per spatium trium dierum et noctium castitatem suam servare, et tunc tertio die missae suae adesse, et ambo eucharistiam accipere debeant, et deinde conjugium suum tenere coram Deo et coram mundo, uti ipsis necesse erit.

104. Paenitentiale Pseudo-Egberti III,39 (ed. WASSERSCHLEBEN), S. 338: In quinto propinquitatis gradu hominibus caris se conjungere licet, et in quarto si inventi fuerint, non separentur; in tertio gradu separentur.

105. Paenitentiale Pseudo-Egberti IV,3 (ed. SCHMITZ 2), S. 664: Qui cum matre fornicaverit, XV annos peniteat.

106. Paenitentiale Pseudo-Egberti IV,4 (ed. SCHMITZ 2), S. 664: Si cum filia vel sorore, XII annos peniteat.

107. Paenitentiale Pseudo-Egberti IV,5 (ed. SCHMITZ 2), S. 664: Qui cum fratre naturali fornicaverit per commixtionem carnis, ab omni carne se abstineat XV annos. […].

108. Paenitentiale Pseudo-Egberti IV,6 (ed. SCHMITZ 2), S. 664: Si mater cum filio suo parvulo fornicaverit, III annos abstineat se a carne et diem unum in hebdomada ad vesperum jejunet.

109. Paenitentiale Pseudo-Egberti IV,8,15 (ed. WASSERSCHLEBEN), S. 344: Si mater cum filio suo parvulo fornicata fuerit, III annos jejunet, ita ut carnem non gustet, et uno die in hebdomade usque ad vesperam.

110. Paenitentiale Pseudo-Egberti IV,9 (ed. SCHMITZ 2), S. 664: Qui demiserit alteri uxorem suam conjugi, VII annos peniteat.[57]

111. Paenitentiale Pseudo-Egberti IV,11 (ed. WASSERSCHLEBEN), S. 334: Si quis cum alterius hominis legitima uxore fornicari vellet, et illa consentire nollet, pro prava sua cupidine III quadragesimas in pane et aqua jejunet, unam quadragesimam ante mediam aestatem, et alteram ante aequinoctium autumnale, et tertiam ante natale Domini.

---

57 Problematisch sind vor allem die Formen *alteri* und *coniugi*. Die vorliegende Übersetzung versteht *coniugi* als Ablativ causae und *alteri* als Kurzform von *alterius*; denkbar, aber weniger wahrscheinlich, ist auch die folgende Übersetzung: »Wer seine Ehefrau verlässt und die Frau eines anderen zu seiner Frau nimmt, soll sieben Jahre Buße tun«; oder aber: »Wer seine Frau einem anderen Mann überlässt, soll sieben Jahre Buße tun.«

102. Paenitentiale Pseudo-Egberti II,18 (ed. WASSERSCHLEBEN), S. 326: Wenn jemand die nächste Verwandte, entweder die Patin oder die Witwe seines Bruders oder die Stiefmutter, als Ehefrau heimgeführt hat, soll er von allen Christen aus der Kirche ausgeschlossen werden; und wenn er sich der Buße zuwendet, so wie er es nötig hat, soll er sich ununterbrochen bessern und büßen, solange er leben wird, gemäß dem Urteils des Bischofs.
103. Paenitentiale Pseudo-Egberti II,21 (ed. WASSERSCHLEBEN), S. 327: Die Heiligen Bücher lehren, was mit dem gläubigen Mann zu tun ist, wenn er seine rechtmäßige Ehefrau zum ersten Mal nach Hause führen würde, das heißt gemäß der Lehre der Bücher: Sie sollen für einen Zeitraum von drei Tagen und Nächten ihre Keuschheit bewahren, danach am dritten Tag ihrer Messe beiwohnen und beide die Eucharistie empfangen; daraufhin sollen sie im Angesicht Gottes und der Welt an ihrer ehelichen Gemeinschaft festhalten, wie es für sie notwendig sein wird.
104. Paenitentiale Pseudo-Egberti III,39 (ed. WASSERSCHLEBEN), S. 338: Menschen, die sich lieben, ist es erlaubt, dass sie sich im fünften Verwandtschaftsgrad ehelich verbinden; und sind sie im vierten Grad aufgefunden worden, so sollen sie nicht getrennt werden; im dritten Grad sollen sie getrennt werden.
105. Paenitentiale Pseudo-Egberti IV,3 (ed. SCHMITZ 2), S. 664: Wer mit der Mutter Unzucht getrieben hat, soll 15 Jahre Buße tun.
106. Paenitentiale Pseudo-Egberti IV,4 (ed. SCHMITZ 2), S. 664: Wenn [jemand] mit der Tochter oder der Schwester [Unzucht getrieben hat], soll er zwölf Jahre Buße tun.
107. Paenitentiale Pseudo-Egberti IV,5 (ed. SCHMITZ 2), S. 664: Wenn jemand mit dem Bruder aus einer nicht-begüterten Ehe Unzucht durch Vermischung des Fleisches getrieben hat, soll er sich 15 Jahre von allem Fleisch fernhalten. […].
108. Paenitentiale Pseudo-Egberti IV,6 (ed. SCHMITZ 2), S. 664: Wenn die Mutter mit ihrem kleinen Sohn Unzucht getrieben hat, soll sie drei Jahre kein Fleisch genießen und einen Tag in der Woche bis zum Abend fasten.
109. Paenitentiale Pseudo-Egberti IV,8,15 (ed. WASSERSCHLEBEN), S. 344: Wenn die Mutter mit ihrem kleinen Sohn Unzucht getrieben hat, soll sie drei Jahre fasten, [und zwar] so, dass sie kein Fleisch genießen soll und einen Tag in der Woche bis zum Abend.
110. Paenitentiale Pseudo-Egberti IV,9 (ed. SCHMITZ 2), S. 664: Wer seine Ehefrau wegen der Frau eines anderen weggeschickt hat, soll sieben Jahre Buße tun.[57]
111. Paenitentiale Pseudo-Egberti IV,11 (ed. WASSERSCHLEBEN), S. 334: Wenn jemand mit der rechtmäßigen Ehefrau eines anderen Mannes Unzucht treiben will und jene nicht zustimmen will, soll er für seine schändliche Begierde drei 40tägige Fastenzeiten bei Wasser und Brot fasten, eine 40tägige Fastenzeit vor der Mitte des Sommers, eine andere vor der herbstlichen Tag- und Nachtgleiche und die dritte vor der Geburt des Herrn.

---

57 Problematisch sind vor allem die Formen *alteri* und *coniugi*. Die vorliegende Übersetzung versteht *coniugi* als Ablativ causae und *alteri* als Kurzform von *alterius*; denkbar, aber weniger wahrscheinlich, ist auch die folgende Übersetzung: »Wer seine Ehefrau verlässt und die Frau eines anderen zu seiner Frau nimmt, soll sieben Jahre Buße tun«; oder aber: »Wer seine Frau einem anderen Mann überlässt, soll sieben Jahre Buße tun.«

112. Paenitentiale Pseudo-Egberti IV,13 (ed. WASSERSCHLEBEN), S. 334: Si homo quis alterum filia sua spoliaverit, emendet erga amicos, et uterque eorum annum I jejunet, diebus Mercurii et Veneris in pane et aqua, et reliquis diebus cibo suo fruantur, excepta carne; et ducat eam postea in uxorem legitimam, si amici voluerint.

113. Paenitentiale Pseudo-Egberti IV,48,11 (ed. WASSERSCHLEBEN), S. 344: Qui cum matre fornicatus fuerit, XV annos jejunet, et nunquam mutent, nisi die dominico et sancto tempore, et etiam in terram peregrinam proficiscantur, et ibi VII annos jejunent.

114. Paenitentiale Pseudo-Egberti IV,48,12 (ed. WASSERSCHLEBEN), S. 344: Qui cum sorore fornicatus fuerit, VII annos jejunet. In quodam canone dicitur XII annos, quia, quae supra stant, ad matrem spectant.

115. Paenitentiale Pseudo-Egberti IV,55 (ed. WASSERSCHLEBEN), S. 340: Vir et mulier, in matrimonio conjuncti, si alter eorum Dei servus esse velit, et alter nolit, vel alter eorum infirmus sit, alter sanus, cum mutuo eorum consensu tamen, si velint, separentur; at id sit cum cognitione episcopi.

Paenitentiale Burgundense
(8. Jahrhundert)

116. Paenitentiale Burgundense c. 8 (ed. KOTTJE), S. 13 u. 17: Si quis adulterium commiserit, id est cum uxore aliena (alterius) aut sponsa[,] uel uirginitate corruperit, si clericus, III (V) annos peneteat, unum (duos) ex his in pane et aqua, (si diaconus septem, tres ex hiis in pane et aqua), si presbiter VII (XII) annos, III (quinque) ex his in pane et aqua.

117. Paenitentiale Burgundense c. 16 (ed. KOTTJE), S. 25: Si quis concupiscit mulierem et non I potest peccare cum illa aut non uult eum suscipere mulier, annum integrum peneteat (annos peniteat, si diaconus duos, presbyter tres).

Paenitentiale Bobbiense
(8. Jahrhundert)

118. Paenitentiale Bobbiense c. 15 (ed. KOTTJE), S. 25: Si quis concupiscit mulierem et non uult eum suscipere, I annum peneteat.

112. Paenitentiale Pseudo-Egberti IV,13 (ed. WASSERSCHLEBEN), S. 334: Wenn ein Mann die Tochter eines anderen geraubt hat, soll er es gegenüber den Freunden/Verwandten wieder gutmachen; jeder von beiden soll ein Jahr fasten: mittwochs und freitags bei Wasser und Brot und die übrigen Tage sollen sie ihre Speise außer Fleisch genießen. Später soll er sie als rechtmäßige Ehefrau heimführen, wenn es die Freunde/Verwandten wollen.
113. Paenitentiale Pseudo-Egberti IV,48,11 (ed. WASSERSCHLEBEN), S. 344: Wer mit der Mutter Unzucht getrieben hat, soll 15 Jahre büßen und nichts daran ändern, außer am Tag des Herrn und während heiliger Zeiten; auch sollen sie in ein fremdes Land aufbrechen und dort sieben Jahre fasten.
114. Paenitentiale Pseudo-Egberti IV,48,12 (ed. WASSERSCHLEBEN), S. 344: Wer mit seiner Schwester Unzucht getrieben hat, soll sieben Jahre fasten. In einem gewissen Kanon wird zwölf Jahre gesagt, weil es, wie es oben steht, auf die Mutter bezogen wird.
115. Paenitentiale Pseudo-Egberti IV,55 (ed. WASSERSCHLEBEN), S. 340: Ein Mann und eine Frau sind durch eine Ehe verbunden worden; wenn [nun] der eine von diesen Diener Gottes sein will und der andere will es nicht oder der eine von beiden ist krank, der andere gesund, sollen sie dennoch [nur] in gegenseitigem Einverständnis getrennt werden, wenn sie es wollen; dies soll auch mit Wissen des Bischofs geschehen.

Paenitentiale Burgundense
(8. Jahrhundert)

116. Paenitentiale Burgundense c. 8 (ed. KOTTJE), S. 13 u. 17: Wenn jemand Ehebruch begangen hat, nämlich mit der Frau eines anderen oder einer Verlobten, oder die Jungfräulichkeit verdorben hat, soll er, wenn er Kleriker ist, drei (fünf) Jahre Buße tun, eines (zwei) bei Wasser und Brot, (wenn er Diakon [ist], sieben, davon drei bei Wasser und Brot), wenn er Priester ist, sieben (zwölf) Jahre, drei (fünf) davon bei Wasser und Brot.
117. Paenitentiale Burgundense c. 16 (ed. KOTTJE), S. 25: Wenn jemand eine Frau begehrt und mit ihr [aber] nicht sündigen kann oder die Frau ihn nicht aufnehmen will, soll er ein ganzes Jahr Buße tun, (wenn [es ein] Diakon [ist], zwei Jahre, ein Presbyter drei).

Paenitentiale Bobbiense
(8. Jahrhundert)

118. Paenitentiale Bobbiense c. 15 (ed. KOTTJE), S. 25: Wenn jemand eine Frau begehrt und [sie] ihn nicht aufnehmen will, soll er ein Jahr Buße tun.

Paenitentiale Parisiense simplex
(8. Jahrhundert)

119. Paenitentiale Parisiense simplex c. 7 (ed. KOTTJE), S. 14 u. 18: Si quis adulterium commiserit, id est cum uxorem alterius aut sponsa uel uirginitate corruperit, si clericus, III annos peneteat, I ex his in pane et aqua, si diaconus IIII, II ex his in pane et aqua, si praesbyter VII, III ex his in pane et aqua.

Paenitentiale Sletstatense
(8./9. Jahrhundert)

120. Pacnitentiale Sletstatense c. 8 (ed. KOTTJE), S. 14: Si quis adulterium commiserit, id est cum uxore aliena aut sponsa, uirginitatem corruperit, si clericus, III annos paeniteat, duos ex his in pane et aqua, si presbyter, VII annos paeniteat, unum ex his in pane et aqua.

121. Paenitentiale Sletstatense c. 15 (ed. KOTTJE), S. 26: Si quis concupiscit mulierem et non potuerit peccare cum illa aut non uult suscipere mulier, annum intecrum paeniteat, diaconus duos annos paeniteat, presbyter III annos.

122. Paenitentiale Sletstatense c. 34 (ed. KOTTJE), S. 85: Si cum sorore sua fornicauerit, XV annos paeniteat, V ex his in pane et aqua.

123. Paenitentiale Sletstatense c. 35 (ed. KOTTJE, Paenitentalia minora), S. 85: Si cum alia parenta proxima fornicauerit, X an<n>os paeniteat, tribus ex his in pane et aqua.

Paenitentiale Oxoniense I
(8./9. Jahrhundert)

124. Paenitentiale Oxoniense I c. 6 (ed. KOTTJE), S. 15: Si quis cum uxore alterius aut sponsam uel urginitatem eius corruperit, | si clericus est, V annos peniteat, III ex his in pane et aqua, si presbiter, XII annis peniteat, V ex his in pane et aqua.

125. Paenitentiale Oxoniense I c. 10 (ed. KOTTJE), S. 23: Si laicus[,] quis uxorem habet et fornicauerit cum extraneis mulieribus, V annos peniteat, II ex his in pane et aqua.

126. Paenitentiale Oxoniense I c. 13 (ed. KOTTJE), S. 27: Si quis concupiscit mulierem et non potest peccare cum illa, non uult eum suscipere, annum integrum peniteat, si diaconus est, II annos, si presbyter, III annos peniteat.

Paenitentiale Parisiense simplex
(8. Jahrhundert)

119. Paenitentiale Parisiense simplex c. 7 (ed. KOTTJE), S. 14 u. 18: Wenn jemand Ehebruch begangen hat, nämlich wenn er die Frau eines anderen oder eine Verlobte oder eine Jungfrau verdorben hat, soll er, wenn er Kleriker ist, drei Jahre Buße tun, eines von ihnen bei Wasser und Brot, wenn er Diakon ist, vier, davon zwei bei Wasser und Brot, wenn er Presbyter ist, sieben Jahre, drei davon bei Wasser und Brot.

Paenitentiale Sletstatense
(8./9. Jahrhundert)

120. Paenitentiale Sletstatense c. 8 (ed. KOTTJE), S. 14: Wenn jemand Ehebruch begangen hat, das heißt mit der Ehefrau eines anderen oder der Braut, oder eine Jungfrau verdorben hat, soll er, wenn er Kleriker ist, drei Jahre Buße tun, zwei davon bei Wasser und Brot; wenn er Priester ist, sieben, eines davon bei Wasser und Brot.
121. Paenitentiale Sletstatense c. 15 (ed. KOTTJE), S. 26: Wenn jemand eine Frau begehrt und mit ihr [aber] nicht sündigen konnte oder die Frau [ihn] nicht aufnehmen will, soll er ein ganzes Jahr Buße tun, ein Diakon zwei Jahre, ein Presbyter drei Jahre.
122. Paenitentiale Sletstatense c. 34 (ed. KOTTJE), S. 85: Wenn [jemand] mit seiner Schwester Unzucht getrieben hat, soll er 15 Jahre Buße tun, fünf bei Wasser und Brot.
123. Paenitentiale Sletstatense c. 35 (ed. KOTTJE, Paenitentalia minora), S. 85: Wenn einer mit einer anderen nächsten Verwandten Unzucht getrieben hat, soll er zehn Jahre Buße tun, davon drei bei Wasser und Brot.

Paenitentiale Oxoniense I
(8./9. Jahrhundert)

124. Paenitentiale Oxoniense I c. 6 (ed. KOTTJE), S. 15: Wenn jemand mit der Ehefrau eines anderen [Unzucht getrieben hat] oder dessen Braut oder Jungfrau verdorben hat, soll er, wenn er Kleriker ist, fünf Jahre Buße tun, drei davon bei Wasser und Brot, wenn er Priester ist, zwölf, davon fünf bei Wasser und Brot.
125. Paenitentiale Oxoniense I c. 10 (ed. KOTTJE), S. 23: Wenn ein Laie, der eine Ehefrau hat, auch mit fremden Frauen Unzucht getrieben hat, soll er fünf Jahre Buße tun, zwei bei Wasser und Brot.
126. Paenitentiale Oxoniense I c. 13 (ed. KOTTJE), S. 27: Wenn jemand eine Frau begehrt und mit ihr [aber] nicht sündigen kann oder sie ihn nicht aufnehmen will, soll er ein ganzes Jahr Buße tun, wenn es ein Diakon ist, zwei Jahre, wenn es ein Presbyter ist, soll er drei Jahre Buße tun.

Paenitentiale Floriacense
(9. Jahrhundert)

127. Paenitentiale Floriacense c. 8 (ed. KOTTJE), S. 15 u. 19: Si quis vero adulterium commisserit, id est cum uxore aliena aut sponsata uel urginitatem corrupperit, si clericus est vel laicus, V annus peneteat, II ex his in pane et aqua, si presbyter, X annus, V ex his in pane et aqua, si diaconus, VII annus peneteat, III ex his in pane et aqua.

128. Paenitentiale Floriacense c. 16 (ed. KOTTJE), S. 27: Si quis concupiscit mulierem et non potest peccare cum ea aut illa eum non uult suscipere, annum unum peneteat.

129. Paenitentiale Floriacense c. 43 (ed. KOTTJE), S. 101: Si quis acciperit sororem aut filiam uxoris suae, non iudicetur, nisi prius separentur, et postea ieiunet annus II, si<c> tamen, ut multas clemosinas facit.

Paenitentiale Hubertense
(8./9. Jahrhundert)

130. Paenitentiale Hubertense c. 9 (ed. KOTTJE), S. 16 u. 20: Si quis adulterium commiserit, id est cum uxore aliena aut sponsata uirginitatem ruperit, septem annis poeniteat aut certe exsilio destinetur et eleemosynas plures faciat. Quodsi bene egerit, transactis annis communionem percipiat, quia sacrum uiaticum illis tantum iubent percipere. Qui uero consenserit aut locum fecerit ad hoc malum agendum, quinque annis poeniteat. Et mulier uel sponsa, si uoluntarie consenserit. Quodsi uim perpessae sunt in agro aut ubi occursus non fuit, uir, qui hoc egerit, duplum poenitentiam ut supra accipiat. Tantum illi cum de corpore egreditur, uiaticum tribuetur. Quodsi cum urgine non desponsata uir fornicauerit, quinque annis poeniteat. Monachus uero uel consensor ******

131. Paenitentiale Hubertense c. 17 (ed. KOTTJE), S. 28: Si quis concupiscit mulierem et non potest cum ea peccare aut illa non uult eum suscipere, anno integro poeniteat, monachus III.

132. Paenitentiale Hubertense c. 38 (ed. KOTTJE), S. 112: Si quis uirginem uel uiduam raptus fuerit et contra uoluntatem eius eam sibi aut alteri sociauerit per uim, tribus annis poeniteat.

133. Paenitentiale Hubertense c. 45 (ed. KOTTJE), S. 113: Si quis acceperit uxorem consobrini uel patrui seu sororem uxoris, amitam uel neptam, omnimodo separentur et quinque annis poeniteant.

Paenitentiale Floriacense
(9. Jahrhundert)

127. Paenitentiale Floriacense c. 8 (ed. KOTTJE), S. 15 u. 19: Wenn jemand aber Ehebruch begangen hat, das ist mit der Ehefrau eines anderen oder dessen Braut, oder ihre Jungfräulichkeit verdorben hat, soll er, wenn er Kleriker oder Laie ist, fünf Jahre Buße tun, zwei davon bei Wasser und Brot, wenn er Priester ist, zehn, fünf davon bei Wasser und Brot, wenn er Diakon ist, soll er sieben Jahre Buße tun, drei davon bei Wasser und Brot.
128. Paenitentiale Floriacense c. 16 (ed. KOTTJE), S. 27: Wenn jemand eine Frau begehrt und mit ihr [aber] nicht sündigen kann oder sie ihn nicht aufnehmen will, soll er ein Jahr Buße tun.
129. Paenitentiale Floriacense c. 43 (ed. KOTTJE), S. 101: Wenn jemand die Schwester oder die Tochter seiner Ehefrau annimmt, wird er erst gerichtet, nachdem sie getrennt worden sind, und später soll er zwei Jahre fasten, aber so, dass er viele Almosen geben soll.

Paenitentiale Hubertense
(8./9. Jahrhundert)

130. Paenitentiale Hubertense c. 9 (ed. KOTTJE), S. 16 u. 20: Wenn jemand Ehebruch begangen hat, das heißt mit der Ehefrau eines anderen, oder eine verlobte Jungfrau verdorben hat, soll er sieben Jahre Buße tun oder unbedingt ins Exil geschickt werden und viele Almosen geben. Wenn er das auf rechte Weise getan hat, soll er nach Beendigung der Bußzeit die Kommunion erhalten, weil es ihm nur erlaubt sein wird, die heilige Wegzehrung zu empfangen. Wer aber zugestimmt hat oder die Gelegenheit geschaffen hat, die schlechte Tat auszuführen, soll fünf Jahre Buße tun. Dies sollten auch die Frau oder die Verlobte tun, falls sie freiwillig zugestimmt haben. Wenn sie aber auf dem Acker oder dort, wo man nicht fliehen kann, vergewaltigt worden sind, so soll der, der dies getan hat, die doppelte Buße wie oben genannt empfangen. Jenem aber soll nur die Wegzehrung gegeben werden, wenn er sterben sollte. Wenn ein Mann mit einer nicht verlobten Jungfrau Unzucht getrieben hat, soll er fünf Jahre Buße tun; ein Mönch aber oder der, der zugestimmt hat ******
131. Paenitentiale Hubertense c. 17 (ed. KOTTJE), S. 28: Wenn jemand eine Frau begehrt und mit ihr [aber] nicht sündigen kann oder diese ihn nicht aufnehmen will, soll er ein ganzes Jahr Buße tun, ein Mönch drei.
132. Paenitentiale Hubertense c. 38 (ed. KOTTJE), S. 112: Wenn jemand eine Jungfrau oder eine Witwe geraubt hat und sie gegen ihren Willen gewalttätig mit sich oder mit einem anderen ehelich verbunden hat, soll er drei Jahre Buße tun.
133. Paenitentiale Hubertense c. 45 (ed. KOTTJE), S. 113: Wenn jemand die Ehefrau des Cousins oder des Onkels oder die Schwester der Ehefrau, die Tante oder die Nichte geheiratet hat, sollen sie auf alle Fälle getrennt werden und fünf Jahre Buße tun.

134. Paenitentiale Hubertense c. 46 (ed. KOTTJE), S. 113: Si quis repudiatam duxerit uxorem, abiiciatur a thoro coniugii et agat poenitentiam anno uno. Ipse dominus dixit: *Qui dimissam duxerit, adulterat.*

135. Paenitentiale Hubertense c. 51 (ed. KOTTJE), S. 113: Si quis filium uel sororem ex sacro fonte uel chrismate in coniugio sociauerit, diuidantur et agant poenitentiam annis V. Si uero fornicauerit, VII annis poeniteat unusquisque, exsilio proficiscant et elemosyna tradentur pro ipsis.

136. Paenitentiale Hubertense c. 55 (ed. KOTTJE), S. 114: Licitum sit cuiquam uiris et mulieribus secundas uel tertias nuptias facere, quia hoc apostolica sinit auctoritas. Sed ieiunet unusquisque hebdomadas tres; qui uero quartas fecerit, ieiuent heb<d>omadas XXXIII.

Paenitentiale Sangallense simplex
(8./9. Jahrhundert)

137. Paenitentiale Sangallense simplex c. 8 (ed. KOTTJE), S. 28: Si quis apud mulierem uolens peccare et non potuit, II annos.

Paenitentiale Oxoniense II
(Anfang/Mitte 8. Jahrhundert)

138. Paenitentiale Oxoniense II c. 2 (ed. KOTTJE), S. 191: [...] [1] Si autem uxor mechauerit sub praesenti uiro, ieiunet ebdomada XLII. Maritus autem eius, si uoluerit eam habere uxorem, potestatem habet, et si dimittere uoluerit, potestatem habet. Et habeat uir licentiam ducere alteram. [2] Mulier, qui uirum suum dimittit uoluntaria, nemo accipiat eam, quia dominus noster Iesus Christus dixit: Si *quis dimissam* mulierem *duxerit, mechatur.* [...].

139. Paenitentiale Oxoniense II c. 3 (ed. KOTTJE), S. 191: [1] De his, qui accipiunt nouercas aut cognatas[58] suas. Si quis autem duxerit uiduam patris aut fratris sui, christiani isti tales non possunt iudicium accipere, | nisi prius separauerint se ab inuicem. [2] Postea uero paenitentiam agant ambo, ieiunent unusquisque eorum ebdomada X, sic tamen, ut de cetero non adpropinquet sibi ob inmundiciam. Si autem uoluerit ille autem homo, ducat alteram uxorem. Similiter et mulier ducat alterum maritum. Si autem gentiles fuerint ambo, quando nubserint, et postea facti sunt christiani, potestatem habent, ut non separentur, quia per baptismum remissa sunt peccata eorum.

---

58 Unter Berücksichtigung der folgenden Ausführungen des Kanons muss es sich in diesem Fall bei der *cognata* um die ›Schwägerin‹ handeln, keinesfalls jedoch um die ›Verwandte‹ im Allgemeinen.

134. Paenitentiale Hubertense c. 46 (ed. KOTTJE), S. 113: Wenn jemand eine Verstoßene als Ehefrau heimgeführt hat, soll er/sie vom Ehebett weggestoßen werden und ein Jahr Buße tun. Der Herr selbst hat gesagt: ›Wer eine Entlassene heiratet, bricht die Ehe‹.
135. Paenitentiale Hubertense c. 51 (ed. KOTTJE), S. 113: Wenn jemand den Sohn oder die Schwester aus der Taufe oder Firmung geheiratet hat, sollen sie getrennt werden und fünf Jahre Buße tun. Wenn er aber Unzucht getrieben hat, soll jeder Einzelne sieben Jahre Buße tun; sie sollen ins Exil aufbrechen und Almosen für sich selbst ausgeben.
136. Paenitentiale Hubertense c. 55 (ed. KOTTJE), S. 114: Mann und Frau ist es erlaubt, eine zweite oder dritte Ehe einzugehen, weil es die apostolische Autorität zulässt. Aber jeder Einzelne soll drei Wochen Buße tun, wer es zum vierten Mal tut, soll 33 Wochen büßen.

Paenitentiale Sangallense simplex
(8./9. Jahrhundert)

137. Paenitentiale Sangallense simplex c. 8 (ed. KOTTJE), S. 28: Wenn jemand mit einer Frau sündigen wollte und nicht konnte, [soll er] zwei Jahre [Buße tun].

Paenitentiale Oxoniense II
(Anfang/Mitte 8. Jahrhundert)

138. Paenitentiale Oxoniense II c. 2 (ed. KOTTJE), S. 191: […] [1] Wenn eine Ehefrau in Gegenwart ihres Mannes Ehebruch begangen hat, soll sie 42 Wochen fasten. Deren Ehemann aber hat die Macht, diese als Ehefrau zu behalten, wenn er will; wenn er sie wegschicken will, hat er [ebenso] die Macht dazu. Der Mann soll die Erlaubnis haben, eine andere heimzuführen. [2] Die Frau, die ihren Mann von sich aus [d. h. ohne Grund] verlässt, soll niemand annehmen, weil unser Herr Jesus Christus gesagt hat: Wenn jemand eine entlassene Frau heiratet, begeht er Ehebruch. […].
139. Paenitentiale Oxoniense II c. 3 (ed. KOTTJE), S. 191: [1] Über die, die die Stiefmütter oder ihre Schwägerin[58] angenommen haben. Wenn jemand aber die Witwe des Vaters oder seines Bruders heimgeführt hat, kann über sie als Christen so lange kein Urteil gesprochen werden, bis sie sich voneinander getrennt haben. [2] Später sollen sie Buße tun, jeder von beiden soll zehn Wochen fasten, [und zwar] dergestalt, dass er/sie sich ihr/ihm darüber hinaus wegen ihrer/seiner Unreinheit nicht nähert. Wenn aber jener Mann will, kann er eine andere als Frau heimführen. Gleichermaßen kann auch die Frau einen anderen als Ehemann heimführen. Wenn beide aber Heiden gewesen sind, als sie geheiratet

---

58 Unter Berücksichtigung der folgenden Ausführungen des Kanons muss es sich in diesem Fall bei der *cognata* um die ›Schwägerin‹ handeln, keinesfalls jedoch um die ›Verwandte‹ im Allgemeinen.

140. Paenitentiale Oxoniense II c. 11 (ed. KOTTJE), S. 194: De eo, qui accipit filiam uxoris suae. Hic non potest iudicare, donec dimittat eam. Postquam autem dimiserit et sic date unicuique eorum siue uiro siue mulieri penitentiam, ut ieiunet ebdomada XIV, sic tamen, ut de cetero non se uideant ad inmunditiam suam. Si autem uoluerit nubere uir alia uxori, potestatem habet. Similiter et illa mulier nubat | non ad illum, quem dimissit, sed alterum, que uoluerit.

141. Paenitentiale Oxoniense II c. 12 (ed. KOTTJE), S. 194: De eis, qui accipiunt cognata sua aut nouerca aut auunculi uiduam. Eandem iudicium habeat ut his, qui uxori fratri sui uel patri sui aut uxori sue sorore uel uiduam auunculi sui acciperint.[59]

142. Paenitentiale Oxoniense II c. 22 (ed. KOTTJE), S. 195: De eam, qui accipit patrinium suum. Si quis aliqua mulier accipit matris suae maritum, illa non potestis iudicare, donec relinquat eum. Postquam separauerint se ad inuicem, ieiunet unusquisque eorum ebdomada XIV.

143. Paenitentiale Oxoniense II c. 35 (ed. KOTTJE), S. 196f: De eo, qui dimiserit uxorem et alteram adduxerit christianas. Si legitimam uxorem induxerit et *dimiserit eam,* quam legitimam accepit, *et aliam duxerit,* illa, quem duxerit, non est illi uxor sed meretrix. Illi talis cum christianis non manducet neque bibat neque illa mulier, quam illi accepit, neque in sermone neque in opere neque in aliquis ei communis sit neque illi neque parentibus eorum, si tamen consenserunt hoc, sed et illi sint excommunicati a christianis.

144. Paenitentiale Oxoniense II c. 38 (ed. KOTTJE), S. 197: De eum, qui secunda aut tertiam uxorem duxerit, similiter et mulier. Si autem homini fuerit mortua uxor, quam prius accepit, habeat potestatem, ut accipiat alteram. Similiter et mulier, si mortuum fuerit maritus, habeat potestatem post annum, ut accipiat alterum uirum. Postea ille uel illa ieiunent ebdomada II uel III in eorum sit potestatem. Si autem tertio uiro accipiat mulier aut tertia muliere uir, ieiunet ebdomada XIV.

145. Paenitentiale Oxoniense II c. 39 (ed. KOTTJE), S. 197: | De eam, qui quarto aut quinto maritum acceperit, ieiunet ebdomada XXXI.

146. Paenitentiale Oxoniense II c. 60 (ed. KOTTJE), S. 201: De gentibus. Gentiles homo, qui accipit fratri suo uidua et post hoc factum fuerit christianus et si habuerit

---

59 Als alternative Übersetzung wäre auch vorstellbar: »Über die, die ihre Schwägerin, die Stiefmutter oder die Witwe des Onkels annehmen.«

haben, und später Christen geworden sind, haben sie die Macht, dass sie nicht getrennt werden, weil ihre Sünden durch die Taufe getilgt sind.
140. Paenitentiale Oxoniense II c. 11 (ed. KOTTJE), S. 194: Über denjenigen, der die Tochter seiner Ehefrau angenommen hat. Über dieses [Vergehen] kann man nicht urteilen, solange er diese nicht entlassen hat. Nachdem er sie aber entlassen hat, gebt jedem Einzelnen von ihnen, sei es Mann oder Frau, so die Buße auf, dass sie 14 Wochen fasten, [und zwar] dergestalt, dass sie sich darüber hinaus wegen ihrer Unreinheit nicht sehen. Wenn aber der Mann eine andere Ehefrau heiraten will, habe er die Macht dazu. Gleichermaßen kann auch jene Frau heiraten, nicht [aber] jenen, den sie verlassen hat, sondern einen anderen, den sie will.
141. Paenitentiale Oxoniense II c. 12 (ed. KOTTJE), S. 194: Über die, die ihre Verwandten annehmen, entweder die Stiefmutter oder die Witwe des Onkels.[59] Sie sollen ebenso verurteilt werden wie die, die die Ehefrau ihres Bruders oder ihres Vaters oder die Schwester ihrer Ehefrau oder die Witwe ihres Onkels annehmen.
142. Paenitentiale Oxoniense II c. 22 (ed. KOTTJE), S. 195: Die, die ihren Stiefvater annimmt. Wenn eine Frau den Ehemann ihrer Mutter annimmt, könnt ihr jene nicht verurteilen, solange sie diesen nicht verlassen hat. Nachdem sie sich voneinander getrennt haben, soll jeder Einzelne von ihnen 14 Wochen fasten.
143. Paenitentiale Oxoniense II c. 35 (ed. KOTTJE), S. 196f: Über den, der die Ehefrau weggeschickt und eine andere aus der Christengemeinde [d. h. Christin] heimgeführt hat. Wenn jemand eine Ehefrau rechtmäßig heimgeführt und die weggeschickt, die er als rechtmäßig angenommen hat, und eine andere heimgeführt hat, ist jene, die er heimgeführt hat, nicht seine Ehefrau, sondern eine Dirne. Ein Derartiger soll nicht mit den Christen essen und trinken und auch nicht die Frau, die er angenommen hat; weder in Gesprächen und bei der Arbeit noch bei irgendetwas anderem soll man mit ihm/ihr/ihnen Gemeinschaft haben und auch nicht mit deren Eltern/Verwandten; wenn sie jedoch diesem [Vergehen] zugestimmt haben, sollen aber auch jene von der Christengemeinde exkommuniziert werden.
144. Paenitentiale Oxoniense II c. 38 (ed. KOTTJE), S. 197: Über den, der die zweite oder dritte Ehefrau heimgeführt hat, gleichermaßen auch eine Frau. Wenn aber die Ehefrau eines Mannes, die er vorher angenommen hat, tot ist, steht es in seiner Macht, eine andere anzunehmen. Gleichermaßen steht es auch in der Macht einer Frau, nach einem Jahr einen anderen anzunehmen, wenn ihr Mann tot ist. Nachher sollen jener oder jene zwei oder drei Wochen fasten, wenn es in ihrer Macht steht. Wenn eine Frau aber den dritten Mann oder der Mann die dritte Frau annimmt, sollen sie 14 Wochen fasten.
145. Paenitentiale Oxoniense II c. 39 (ed. KOTTJE), S. 197: | Die, die zum vierten oder fünften Mal einen Ehemann annimmt, soll 31 Wochen fasten.
146. Paenitentiale Oxoniense II c. 60 (ed. KOTTJE), S. 201: Über Heiden. Wenn ein Heide, der die Witwe seines Bruders angenommen hat und nach dieser Tat

---

59 Als alternative Übersetzung wäre auch vorstellbar: »Über die, die ihre Schwägerin, die Stiefmutter oder die Witwe des Onkels annehmen.«

infantes et noluerint separare se ab inuicem, ne cogatis eos, sed ieiunet unusquisque eorum ebdomada XIV et redimat animas christianas de seruitutem. Quodsi propter paupertatem non potuerit, | ieiunet ebdomada XXI. Si autem aliquis de christianis hoc scandalizauerit et dicat, quare non dimittetur homini illis, christianis fuit ab initio, habet fratri sui uiduam, sic ei dicitis, quoniam per fidem et baptismum remissa sunt peccata eorum.

Paenitentiale Merseburgense b
(8./9. Jahrhundert)

147. Paenitentiale Merseburgense b c. 3 (ed. KOTTJE), S. 173: Si quis acceperit uxorem consobrini uel patrui seu sororem uxoris, amitatis uel nepte, omnino separentur, V annos peniteat, I in pane et aqua.[60]

148. Paenitentiale Merseburgense b c. 4 (ed. KOTTJE), S. 173: Si quis reputicatam duxerit uxorem, abiciatur a thoro coniugii et agant penitentia annum I. Ipse dominus dicit: *Qui dimissam duxerit, adulterat.*

149. Paenitentiale Merseburgense b c. 8 (ed. KOTTJE), S. 173: Si quis filia ut sororem ex sagro fonte uel crismate sociauerit in coniungio, deuidantur et agant penitentia annos V. Si quis uero fornicaberit, VII annos peniteat unusquisque, exilio proficiscant et elymosinas faciant.

150. Paenitentiale Merseburgense b c. 11 (ed. KOTTJE), S. 174: Licitum sit cuiquam uiri et mulieri secunda uel tertias nuptias facere, quia hoc apostolica sin<i>t auctoritas. Sed ieiunet unusquisque ebdomadas III; qui uero quarta fecerit, ieiunet ebdomadas XXXIII.

151. Paenitentiale Merseburgense b c. 18 (ed. KOTTJE), S. 175: Si quis cum sanguinitatem suam fornicauerit, VII annos peniteat, III ex his in pane et aqua, et numquam nubat. Et si innupta est et illa, nemo sibi in coniungio societ, sed fletu multum et elymo<si>nam dent.

152. Paenitentiale Merseburgense b c. 23 (ed. KOTTJE), S. 175f: Si quis adulterium commiserit, id est cum uxore alterius aut sponsata, uel uirginitatem corruperit, X annos peniteat, V ex his in pane et aqua, aut certe in exilio destinet et

---

60 Grammatikalisch legt der Kanon die folgende Übersetzung nahe: »Wenn jemand die Ehefrau des Cousins oder des Onkels oder die Schwester der Ehefrau, der Tante oder der Nichte annimmt, sollen sie auf jeden Fall getrennt werden und fünf Jahre Buße tun, eines bei Wasser und Brot.« Eine solche Translation würde jedoch allen anderen Kanones widersprechen. Letztere erlassen an keiner Stelle derart weit verzweigte Inzestverbote, die bis zur Schwester der Tante bzw. zur Schwester der Nichte reichen, zumal die Schwester der Nichte ebenfalls eine Nichte wäre. Es sei denn, bei dieser Schwester handele es sich lediglich um eine Halb- oder Stiefschwester. Wahrscheinlicher ist jedoch die obige Übersetzung, die – wie in vielen anderen Bestimmungen auch – Tante und Nichte unter das Inzesttabu fallen lässt. (vgl. Teil A, VI.3.b, S. 215, 217).

Christ geworden ist und er Kinder gehabt hat und sie sich nicht voneinander trennen wollten, [so] zwingt sie nicht; stattdessen soll jeder Einzelne von ihnen 14 Wochen fasten und christliche Seelen aus der Abhängigkeit freikaufen. Wenn er es aus Armut nicht vermag, soll er 21 Wochen fasten. Wenn sich aber irgendjemand unter den Christen darüber empört und fragt, warum dieser Mann nicht bestraft wird, wie es bei den Christen von Anfang an geschieht, da er die Witwe seines Bruders hat, so sagt ihm: da ja durch Glauben und Taufe deren Sünden nachgelassen sind.

Paenitentiale Merseburgense b
(8./9. Jahrhundert)

147. Paenitentiale Merseburgense b c. 3 (ed. KOTTJE), S. 173: Wenn jemand die Ehefrau des Cousins oder des Onkels oder die Schwester der Ehefrau, die Tante oder die Nichte angenommen hat, sollen sie auf jeden Fall getrennt werden und fünf Jahre Buße tun, eines bei Wasser und Brot.[60]
148. Paenitentiale Merseburgense b c. 4 (ed. KOTTJE), S. 173: Wenn jemand eine Verstoßene als Ehefrau heimgeführt hat, soll er/sie vom Ehebett weggestoßen werden und beide sollen ein Jahr Buße tun. Der Herr selbst hat gesagt: ›Wer eine Entlassene heiratet, bricht die Ehe‹.
149. Paenitentiale Merseburgense b c. 8 (ed. KOTTJE), S. 173: Wenn jemand die Tochter wie die Schwester aus der heiligen Taufe oder aus der Firmung in der Ehe verbunden hat, sollen sie getrennt werden und fünf Jahre lang Buße tun. Wenn aber jemand Unzucht getrieben hat, so soll jeder Einzelne sieben Jahre lang Buße tun, sie sollen ins Exil aufbrechen und Almosen geben.
150. Paenitentiale Merseburgense b c. 11 (ed. KOTTJE), S. 174: Einem Mann und einer Frau ist es erlaubt, eine zweite oder dritte Ehe einzugehen, weil es die apostolische Autorität zulässt. Aber jeder Einzelne soll drei Wochen Buße tun; wer es zum vierten Mal tut, soll 33 Wochen büßen.
151. Paenitentiale Merseburgense b c. 18 (ed. KOTTJE), S. 175: Wenn jemand mit seiner Blutsverwandten Unzucht getrieben hat, soll er sieben Jahre Buße tun, drei davon bei Wasser und Brot, und er soll niemals heiraten. Und wenn jene auch unverheiratet gewesen ist, soll niemand sich mit ihr ehelich verbinden, sondern unter Tränen eine Vielzahl von Almosen geben.
152. Paenitentiale Merseburgense b c. 23 (ed. KOTTJE), S. 175f: Wenn jemand Ehebruch begangen hat – nämlich mit der Frau eines anderen oder mit einer Verlobten, oder die Jungfräulichkeit zerstört hat –, soll er zehn Jahre büßen, fünf

---

60 Grammatikalisch legt der Kanon die folgende Übersetzung nahe: »Wenn jemand die Ehefrau des Cousins oder des Onkels oder die Schwester der Ehefrau, der Tante oder der Nichte annimmt, sollen sie auf jeden Fall getrennt werden und fünf Jahre Buße tun, eines bei Wasser und Brot.« Eine solche Translation würde jedoch allen anderen Kanones widersprechen. Letztere erlassen an keiner Stelle derart weit verzweigte Inzestverbote, die bis zur Schwester der Tante bzw. zur Schwester der Nichte reichen, zumal die Schwester der Nichte ebenfalls eine Nichte wäre. Es sei denn, bei dieser Schwester handele es sich lediglich um eine Halb- oder Stiefschwester. Wahrscheinlicher ist jedoch die obige Übersetzung, die – wie in vielen anderen Bestimmungen auch – Tante und Nichte unter das Inzesttabu fallen lässt. (vgl. Teil A, VI.3.b, S. 215, 217).

elimosinas plures faciat. Quodsi be<ne> egerit, transactis annis communione percipiat, quia sacri uiaticum illi tantum iubet percipere. Qui uero consenserit aut locum fecerit ad hoc malum agendum, VII annos peniteat, III ex his in pane et aqua, et mulier uel sponsata, si uoluntarie consenserit, simili iudicio ut uir excipiat. | Quodsi uim perpessae sunt in agro aut ubi non fugitur, qui hoc egerit, dubla penitentiam ut supra excipiat. Tantum illi, cum de corpore egredietur, uiaticum tribuatur. Quodsi cum uirginem non disponsata uir fornicaberit, V annos peniteat, III ex his in pane et aqua, monachus uero VII, consensor V, III ex his in pane et aqua.

153. Paenitentiale Merseburgense b c. 27 (ed. Kottje), S. 176: Si quis uirginem aut uiduam rapta fuerit et contra uoluntatem eius eam sibi aut alteri sociaberit per uim, III annos in pane et aqua peniteat.

154. Paenitentiale Merseburgense b c. 31 (ed. Kottje), S. 176: Maritum, si se ipsum in furtum aut in fornicatione seruum fecerit, mulier habeat potestatem alterum uirum accipere.

155. Paenitentiale Merseburgense b c. 42 (ed. Kottje), S. 177: Qui multa mala fecerit, id est adulterium cum pecode et cum mulierem et furtum fecerit, monasterio introeat et peniteat usque ad mortem.

Excarpsus Cummeani
(zweites Viertel 8. Jahrhundert)

156. Excarpsus Cummeani c. 3,25 (ed. Schmitz 2), S. 615: Equaliter vir conjungitur in matrimonio eis, qui sibi consanguinei sunt et uxoris suae consanguineis post mortem uxoris.

157. Excarpsus Cummeani c. 3,32 (ed. Schmitz 2), S. 616: Si quis intrat ad ancillam suam, venundet eam, et annum I peniteat; si genuerit filium ex ea, liberet eam.

158. Excarpsus Cummeani c. 3,33 (ed. Schmitz 2), S. 616: Mulier adultera IV annos peniteat.

Capitula Iudiciorum
(um 800)

159. Capitula Iudiciorum c. 7,3 (ed. Meens), S. 442: Si quis cum uxore alterius adulteraverit episcopus XII ann., III ex his i.p.e.a. et deponatur, presbyter X, III ex his i.p.e.a. et deponatur. Diaconus et monachus VII, III ex his i.p.e.a. et deponatur. Clericus et laicus V ann. paenit., II ex his i.p.e.a.; hii supra scribti a communione priventur. Post actam paenit. reconcilientur ad communionem,

davon bei Wasser und Brot, oder sicher ins Exil gehen und viele Almosen geben. Bei guter Führung soll er nach Beendigung der Bußzeit die Kommunion erhalten, ansonsten soll ihm als einziger Sakramentenempfang das Viaticum gestattet sein. Wer aber zugestimmt oder die Gelegenheit geschaffen hat, diese schlechte Tat auszuführen, soll sieben Jahre Buße tun, davon drei bei Wasser und Brot. Die Frau oder die Verlobte, sollte sie freiwillig zugestimmt haben, soll dasselbe Urteil wie der Mann empfangen. Wenn sie aber vergewaltigt worden sind auf dem Acker oder dort, wo man nicht fliehen kann, so soll der, der dies getan hat, die doppelte Buße wie oben genannt empfangen. Jenem aber soll nur die Wegzehrung gegeben werden, wenn er sterben sollte. Wenn ein Mann mit einer Jungfrau, die nicht verlobt ist, Unzucht getrieben hat, soll er fünf Jahre Buße tun, davon drei bei Wasser und Brot, ein Mönch aber sieben, der, der damit einverstanden war, fünf, drei davon bei Wasser und Brot.

153. Paenitentiale Merseburgense b c. 27 (ed. Kottje), S. 176: Wenn jemand eine Jungfrau oder eine Witwe geraubt hat und sie gegen ihren Willen gewalttätig mit sich oder mit einem anderen ehelich verbindet, soll er drei Jahre bei Wasser und Brot Buße tun.
154. Paenitentiale Merseburgense b c. 31 (ed. Kottje), S. 176: Die Frau soll die Macht haben, einen anderen Mann anzunehmen, wenn der Ehemann sich selbst aufgrund von Diebstahl oder Unzucht zum abhängigen Mann gemacht hat.
155. Paenitentiale Merseburgense b c. 42 (ed. Kottje), S. 177: Wer viele Übel begangen hat – das ist Ehebruch mit dem Tier und mit einer Frau und Diebstahl –, der soll ins Kloster eintreten und bis ans Lebensende büßen.

Excarpsus Cummeani
(zweites Viertel 8. Jahrhundert)

156. Excarpsus Cummeani c. 3,25 (ed. Schmitz 2), S. 615: Gleichermaßen wird der Mann durch seine Ehe mit denen ehelich verbunden, die mit ihm blutsverwandt sind, wie mit den Blutsverwandten seiner Frau, auch nach dem Tod der Frau.
157. Excarpsus Cummeani c. 3,32 (ed. Schmitz 2), S. 616: Wenn einer bei seiner abhängigen Frau eintritt, soll er sie verkaufen und ein Jahr Buße tun; wenn er ein Kind gezeugt hat, soll er sie freilassen.
158. Excarpsus Cummeani c. 3,33 (ed. Schmitz 2), S. 616: Eine ehebrecherische Frau soll vier Jahre Buße tun.

Capitula Iudiciorum
(um 800)

159. Capitula Iudiciorum c. 7,3 (ed. Meens), S. 442: Wenn jemand mit der Frau eines anderen Ehebruch getrieben hat, soll ein Bischof zwölf Jahre Buße tun, drei bei Wasser und Brot, und des Amtes enthoben werden; ein Priester soll zehn Jahre Buße tun, drei bei Wasser und Brot, und des Amtes enthoben werden; ein Diakon und ein Mönch sollen sieben Jahre Buße tun, drei bei Wasser und Brot, und

nam ad sacerdotium nunquam accedant.

160. Capitula Iudiciorum c. 7,4 (ed. MEENS), S. 442: Si quis vidua vel sponsa alterius fornicaverit, episcopus XII ann. paenit., III ex his i.p.e.a. et deponatur. Presbyter X, III ex his i.p.e.a. et deponatur. Diaconus et monachus VII, III ex his i.p.e.a. et deponatur. Clericus et laicus V, II ex his i.p.e.a., a communione priventur et a sacerdotio.

161. Capitula Iudiciorum c. 7,5 (ed. MEENS), S. 442: Si quis cum cognata aut sorore vel cum matre sua fornicatus fuerit, episcopus XV ann., presbyter XII, diaconus vel monachus X, clericus vel laicus VII, omnes hii III ex his i.p.e.a., a communione et sacerdotio priventur.

162. Capitula Iudiciorum c. 7,6 (ed. MEENS), S. 442: Si quis cum ea, quam propter Deum relinquit, uxore fornicatus fuerit, episcopus XII ann. paenit., III ex his i.p.e.a., presbyter X, III ex his in pane et aqua. Diaconus et monachus VII, III ex his i.p.e.a. et priventur a sacerdotio. Clericus et laicus V ann., II ex his i.p.e.a.

163. Capitula Iudiciorum c. 7,8 (ed. MEENS), S. 442: Si quis concupiscit fornicari et non potuerit aut mulier non susceperit eum, episcopus VII ann., presbyter V, diaconus vel monachus III, I ex his i.p.e.a., clerici et laici II ann. paen.

164. Capitula Iudiciorum c. 7,10b (ed. MEENS), S. 444: Qui sepe fecerit fornicationem, primus canon judicavit, X ann. penitere, secundus VII. Sed pro infirmitate hominis et per consilium dixerunt trium annorum penitentiam ei.

165. Capitula Iudiciorum c. 7,10e (ed. MEENS), S. 444: Si quis cum matre vel sorore fornicat, XV ann. paenit. et non mutet nisi tantum die dominica.

166. Capitula Iudiciorum c. 7,10f (ed. MEENS), S. 444: Si quis uxorem suam invenerit adulteratam et non vult dimittere eam, sed in matrimonio habere, II ann. paenit. aut quamdiu illa paenit., abstineat se ab ea.

167. Capitula Iudiciorum c. 7,12b (ed. MEENS), S. 444: Moechator matris in tribus annis cum peregrinatione perenni paeniteat.

des Amtes enthoben werden; ein Kleriker und ein Laie fünf, zwei bei Wasser und Brot. Die oben Genannten sollen von der Kommunion ferngehalten werden. Nachdem sie Buße getan haben, sollen sie zur Kommunion wieder zugelassen werden, jedoch niemals zum Priestertum.

160. Capitula Iudiciorum c. 7,4 (ed. MEENS), S. 442: Wenn jemand mit der Witwe oder mit der Verlobten eines anderen Unzucht getrieben hat, soll ein Bischof zwölf Jahre Buße tun, drei bei Wasser und Brot, und des Amtes enthoben werden; ein Priester [soll] zehn Jahre [Buße tun], drei bei Wasser und Brot, und er soll des Amtes enthoben werden; ein Diakon und ein Mönch [soll] sieben Jahre [Buße tun], drei bei Wasser und Brot, und er soll des Amtes enthoben werden; ein Kleriker und ein Laie [sollen] fünf [Jahre Buße tun], zwei bei Wasser und Brot; sie sollen der Kommunion und des Priesteramtes beraubt werden.

161. Capitula Iudiciorum c. 7,5 (ed. MEENS), S. 442: Wenn jemand mit der Schwägerin, der Schwester oder seiner Mutter Unzucht getrieben hat, soll ein Bischof 15 Jahre Buße tun, ein Priester zwölf, ein Diakon und ein Mönch zehn, ein Kleriker und ein Laie sieben; alle diese [sollen] drei Jahre bei Wasser und Brot [Buße tun]; sie sollen der Kommunion und des Priesteramtes beraubt werden.

162. Capitula Iudiciorum c. 7,6 (ed. MEENS), S. 442: Wenn jemand mit einer Ehefrau, derentwegen er Gott verlassen hat, Unzucht getrieben hat, soll ein Bischof zwölf Jahre Buße tun, drei davon bei Wasser und Brot, ein Priester zehn, drei davon bei Wasser und Brot. Ein Diakon und ein Mönch [sollen] sieben [Jahre Buße tun], drei davon bei Wasser und Brot, und des Priesteramtes beraubt werden. Ein Kleriker und ein Laie [sollen] fünf [Jahre Buße tun], drei davon bei Wasser und Brot.

163. Capitula Iudiciorum c. 7,8 (ed. MEENS), S. 442: Wenn jemand begehrt, Unzucht zu treiben, und nicht konnte oder die Frau ihn nicht aufnehmen wollte, soll ein Bischof sieben Jahre Buße tun, ein Priester fünf, ein Diakon und ein Mönch drei, eines davon bei Wasser und Brot, ein Kleriker und ein Laie sollen zwei Jahre Buße tun.

164. Capitula Iudiciorum c. 7,10b (ed. MEENS), S. 444: Wer oft Unzucht begangen hat, [soll] zehn Jahre Buße tun, [so wie] der erste Kanon geurteilt hat, [gemäß] dem zweiten sieben. Aber wegen der Gebrechlichkeit des Menschen und gemäß dem Beschluss hat man seine Buße auf drei Jahre [fest]gesetzt.

165. Capitula Iudiciorum c. 7,10e (ed. MEENS), S. 444: Wenn jemand mit der Mutter oder Schwester Unzucht treibt, soll er 15 Jahre Buße tun und niemals [daran etwas] ändern, außer am Tag des Herrn.

166. Capitula Iudiciorum c. 7,10f (ed. MEENS), S. 444: Wenn ein Mann seine Ehefrau als Ehebrecherin ertappt hat und sie nicht entlassen, sondern sie in der Ehe behalten will, soll sie zwei Jahre Buße tun und solange sie selbst Buße tut, soll er sich von ihr fernhalten.

167. Capitula Iudiciorum c. 7,12b (ed. MEENS), S. 444: Wer Unzucht mit seiner eigenen Mutter getrieben hat, soll drei Jahre lang mittels einer ununterbrochenen Pilgerfahrt Buße tun.

168. Capitula Iudiciorum c. 7,13b (ed. MEENS), S. 444: Si quis laicus maculaberit uxorem proximi[61] sui vel virginem, I ann. c.p.e.a. sine uxore propria paenit.

169. Capitula Iudiciorum c. 8,1 (ed. MEENS), S. 446: Si quis virginem aut viduam rapuerit, III ann. i.p.e.a. paenit.

170. Capitula Iudiciorum c. 8,2 (ed. MEENS), S. 446: Si quis more pecorum cum propinqua sanguinis sui incestis nuptiis conjuncti sunt ante vicesimum aetatis suae annum, X ann. in paenitentia exactis, orationi tantum incipiant communicari. Post triginta vero ann. ad communionem cum oblatione suscipiantur. Discutiatur et vita eorum, quae fuerit tempore paenitentiae et ita hanc humanitatem consequantur. Quod si quis abusi sunt hoc crimine prolixiori tempore post XX annos etatis et uxores habentes hoc crimen incurrerint, XXV ann. paenit. et jam acta ad communionem orationum admittantur et post alium quinquennium ad plenam communionem cum oblatione suscipiantur. Quod si aliqui uxores habentes et per I. aetatis suae annos in hoc prolapsi sunt, ad exitum vitae tantum communionem mereantur.

171. Capitula Iudiciorum c. 8,3 (ed. MEENS), S. 446: Mulier, si duobus fratribus nupserit abjici eam debere usque ad obitum mortis, sed propter humanitatem in extremis suis communioni eam reconciliari, ita tamen ut si forte sanitatem receperit, matrimonio soluto ad penitentiam admittatur; quod si defuncta fuerit, mulier hujusmodi consortio alligata, difficilis erit penitentia remanenti; quam sententiam tam mulieres quam viri tenere debent.

172. Capitula Iudiciorum c. 9,1a (ed. MEENS), S. 446: Si quis gentilis dimiserit uxorem gentilem, in potestate ejus erit post baptismum habere eam an non habere.

173. Capitula Iudiciorum c. 9,1b (ed. MEENS), S. 446: Simili modo si unus baptizatus est et alter gentilis. Si cujus uxor infidelis est vel gentilis et non potest eam convertere, dimittat eam.

174. Capitula Iudiciorum c. 9,1c (ed. MEENS), S. 446: Si vir dimiserit uxorem suam propter fornicationem, si prima fuerit, licitum est, ut aliam accipiat. Illa vero si noluerit paenitere peccata sua post quinque annos alterum virum accipiat.

175. Capitula Iudiciorum c. 9,1d (ed. MEENS), S. 446: Potest alter alteri licentiam dare, ad servitium Dei accedere in monasterium et sibi nubere, si in primo conjugio est secundum grecos, tamen non est canonicum. Si autem in secundo, non licet.

---

61 Die geringe Strafe weist auf ein weites Verwandtschaftsverhältnis hin (vgl. Teil C, XII.1.b, S. 354f).

168. Capitula Iudiciorum c. 7,13b (ed. MEENS), S. 444: Wenn ein Laie die Ehefrau seines nächsten Verwandten[61] oder eine Jungfrau befleckt hat, soll er ein Jahr bei Wasser und Brot ohne seine eigene Ehefrau [d. h. ohne Umgang mit seiner eigenen Ehefrau] Buße tun.
169. Capitula Iudiciorum c. 8,1 (ed. MEENS), S. 446: Wenn jemand eine Witwe oder Jungfrau geraubt hat, soll er drei Jahre bei Wasser und Brot Buße tun.
170. Capitula Iudiciorum c. 8,2 (ed. MEENS), S. 446: Wenn jemand nach der Sitte des Viehs mit seiner Blutsverwandten vor seinem 20. Lebensjahr durch inzestuöse Heirat verbunden worden ist, sollen sie – nachdem sie zehn Jahre Buße getan haben – lediglich beginnen, am Gebet Anteil zu haben. Nach dreißig Jahren aber sollen sie mit Opfergaben zur Kommunion aufgenommen werden. Auch ihr Leben soll untersucht werden, welches sie in der Zeit der Buße [geführt] haben, und dementsprechend sollen sie Milde erfahren. Wenn aber welche sich dieses Vergehens eine längere Zeit – und zwar nach dem 20. Lebensjahr – schuldig gemacht haben, indem sie Ehefrauen hatten, sollen sie erst nach 25 Jahren Buße zum Gebet zugelassen werden und nach weiteren fünf Jahren mit Opfergaben zur vollständigen Kommunion aufgenommen werden. Wenn welche – während sie Ehefrauen haben – durch 50 Jahre ihres Lebens hindurch diesem [Vergehen] verfallen gewesen sind, sollen sie die Kommunion nur am Lebensende verdienen.
171. Capitula Iudiciorum c. 8,3 (ed. MEENS), S. 446: Wenn eine Frau zwei Brüder geheiratet hat, muss sie bis zum Tod verstoßen werden, aber um der Menschlichkeit willen [soll] sie an ihrem Lebensende mit der Kommunion wieder versöhnt werden; so soll sie dennoch – wenn sie die Gesundheit vielleicht wiedererlangt hat – zur Buße zugelassen werden, nachdem ihre Ehe gelöst worden ist; wenn die Frau, die sich in einer solchen Ehe befindet, gestorben ist, wird die Buße für denjenigen, der überlebt, schwierig sein; diesen Beschluss müssen sowohl Männer als auch Frauen einhalten.
172. Capitula Iudiciorum c. 9,1a (ed. MEENS), S. 446: Wenn ein Heide seine heidnische Ehefrau entlassen hat, steht es in seiner Macht, diese nach der Taufe zu haben oder nicht zu haben.
173. Capitula Iudiciorum c. 9,1b (ed. MEENS), S. 446: Gleichermaßen wenn einer getauft und der andere heidnisch ist. Wenn jemand eine ungläubige oder heidnische Ehefrau hat und wenn er diese nicht bekehren kann, soll er sie entlassen.
174. Capitula Iudiciorum c. 9,1c (ed. MEENS), S. 446: Wenn ein Mann seine Ehefrau wegen Unzucht entlassen hat [und] es die erste gewesen ist, ist es erlaubt, dass er eine andere annimmt. Jene aber soll nach fünf Jahren einen anderen Mann annehmen, wenn sie ihre Sünden nicht büßen wollte.
175. Capitula Iudiciorum c. 9,1d (ed. MEENS), S. 446: Der eine Ehepartner kann dem anderen die Erlaubnis geben, für den Dienst Gottes ins Kloster einzutreten, und sich [wieder] verheiraten, wenn er sich – gemäß den Griechen – in der ersten Ehe befunden hat, und es ist dennoch nicht kanonisch. Wenn er sich aber in zweiter [Ehe befunden hat], ist es nicht erlaubt.

---

61 Die geringe Strafe weist auf ein weites Verwandtschaftsverhältnis hin (vgl. Teil C, XII.1.b, S. 354f).

176. Capitula Iudiciorum c. 9,1e (ed. MEENS), S. 446f: Maritus si se ipsum in furto aut in fornicatione servum fecerit, mulier habeat potestatem, alterum virum accipere.
177. Capitula Iudiciorum c. 9,2a (ed. MEENS), S. 448: Si ab aliquo sua discesserit uxor et iterum reversa fuerit, suscipiat eam sine dote et ipsa I ann. paenit. i. p.e. a. sic et ipse, si aliam duxerit.

178. Capitula Iudiciorum c. 9,2b (ed. MEENS), S. 448: Cujus uxor sterilis est, et ille et illa continentes sint.

Paenitentiale Sangallense tripartitum
(8. Jahrhundert)

179. Paenitentiale Sangallense tripartitum c. 4 (ed. MEENS), S. 330: Si quis cum uxore alterius fornicauerit, episcopus XII annos peniteat, III in pane et aqua et deponatur; presbyter X annos, III in pane et aqua et deponatur; Diaconus uel monachus / / VII annos peniteat, III in pane et aqua et deponatur; clericus uel laicus V, II in pane et aqua. Omnes isti a communione priuentur usquedum compleant penitentiam; postea ad communionem reconcilientur. Nam ad gradus sacerdotii numquam accedere praesumant.

180. Paenitentiale Sangallense tripartitum c. 5 (ed. MEENS), S. 330: Si quis cum uidua fornicauerit uel cum sponsa alterius, episcopus XII annos peniteat, III in pane et aqua et deponatur; presbyter X annos, III in pane et aqua et deponatur, diaconus uel monachus VII, III in pane et aqua et deponatur; clericus uel laicus V, II in pane et aqua. Hii suprascripti suspendantur a communione usquedum compleant penitentiam. Nam ad sacerdotii gradus accedere numquam praesumant.

181. Paenitentiale Sangallense tripartitum c. 6 (ed. MEENS), S. 330: Si quis cum cognita aut sorore uel cum matre sua fornicauerit, episcopus XV annos peniteat, III in pane et aqua; presbyter XII annos, III in pane et aqua; diaconus uel monachus X, III in pane et aqua; clerici uel laici VII, III in pane et aqua. Priuentur a communione et ad sacerdotii gradus numquam accedere praesumant.

182. Paenitentiale Sangallense tripartitum c. 9 (ed. MEENS), S. 330: Si quis concupiscens non potuerit peccare aut noluerit mulier, episcopus VII annos peniteat, presbyter V, diaconus uel monachus III, clerici uel laici I annum peniteant. Iterum atque iterum eis contigerit a communione priuentur I annum.

176. Capitula Iudiciorum c. 9,1e (ed. MEENS), S. 446f: Wenn ein Ehemann sich selbst aufgrund von Diebstahl oder Unzucht zum abhängigen Mann gemacht hat, soll die Frau die Macht haben, einen anderen Mann anzunehmen.
177. Capitula Iudiciorum c. 9,2a (ed. MEENS), S. 448: Wenn sich die Ehefrau von ihrem Mann getrennt hat und wiederum [zu ihm] zurückgekehrt ist, soll er sie ohne Braut- bzw. Ehegabe annehmen und sie selbst soll ein Jahr bei Wasser und Brot Buße tun; so [soll es] auch der Mann selbst [tun], wenn er eine andere heimgeführt hat.
178. Capitula Iudiciorum c. 9,2b (ed. MEENS), S. 448: Wessen Ehefrau unfruchtbar ist, [da] sollen jener und jene enthaltsam leben.

Paenitentiale Sangallense tripartitum
(8. Jahrhundert)

179. Paenitentiale Sangallense tripartitum c. 4 (ed. MEENS), S. 330: Wenn jemand mit der Frau eines anderen Unzucht getrieben hat, soll ein Bischof zwölf Jahre Buße tun, drei bei Wasser und Brot, und des Amtes enthoben werden; ein Priester soll zehn Jahre Buße tun, drei bei Wasser und Brot, und des Amtes enthoben werden; ein Diakon und ein Mönch sollen sieben Jahre Buße tun, drei bei Wasser und Brot, und des Amtes enthoben werden; ein Kleriker und ein Laie fünf [Jahre], zwei bei Wasser und Brot. All jene sollen von der Kommunion ferngehalten werden, bis sie die Buße vollenden; später sollen sie zur Kommunion wieder zugelassen werden. Wahrhaftig sollen sie sich niemals herausnehmen, das Priesteramt [wieder] zu erlangen.
180. Paenitentiale Sangallense tripartitum c. 5 (ed. MEENS), S. 330: Wenn jemand mit der Witwe oder mit der Verlobten eines anderen Unzucht getrieben hat, soll ein Bischof zwölf Jahre Buße tun und des Amtes enthoben werden, drei bei Wasser und Brot; ein Priester [soll] zehn Jahre [Buße tun], drei bei Wasser und Brot, und des Amtes enthoben werden; ein Diakon und ein Mönch [sollen] sieben Jahre [Buße tun], drei bei Wasser und Brot, und des Amtes enthoben werden; ein Kleriker und ein Laie [sollen] fünf [Jahre Buße tun], zwei bei Wasser und Brot. Die oben Genannten sollen von der Kommunion suspendiert werden, bis sie die Buße vollenden. Aber sie sollen sich niemals anmaßen, das Priesteramt [wieder] zu erlangen.
181. Paenitentiale Sangallense tripartitum c. 6 (ed. MEENS), S. 330: Wenn jemand mit der Schwägerin oder der Schwester oder mit seiner Mutter Unzucht getrieben hat, soll ein Bischof 15 Jahre Buße tun, drei bei Wasser und Brot; ein Priester [soll] zwölf Jahre [Buße tun], drei bei Wasser und Brot; ein Diakon und ein Mönch [sollen] zehn Jahre [Buße tun], drei bei Wasser und Brot; ein Kleriker und ein Laie [sollen] sieben [Jahre Buße tun], drei bei Wasser und Brot. Sie sollen von der Kommunion ferngehalten werden und es sich niemals anmaßen, das Priesteramt [wieder] zu erlangen.
182. Paenitentiale Sangallense tripartitum c. 9 (ed. MEENS), S. 330: Wenn jemand begehrt hat und nicht sündigen konnte oder die Frau nicht wollte, soll ein Bischof sieben Jahre Buße tun, ein Priester fünf, ein Diakon und ein Mönch drei, ein Kleriker und ein Laie sollen ein Jahr Buße tun. Überkommt es sie wiederum

183. Paenitentiale Sangallense tripartitum c. 10 (ed. MEENS), S. 330: Si quis uirginem aut uiduam rapuerit, III annos peniteat in pane et aqua.

184. Paenitentiale Sangallense tripartitum c. 7 (ed. MEENS), S. 338: Si quis maritus uel si qua mulier uotum habens uirginitatis adiungitur uxori, postea non dimittat uxorem sed III annos peniteat; sic stulta uota frangenda sunt et inportabilia.

185. Paenitentiale Sangallense tripartitum c. 8 (ed. MEENS), S. 338: Si quis inuenerit uxorem suam adulteram et non uult dimittere eam, II annos peniteat aut quamdiu ipsa peniteat abstineat se a matrimonio eius qui adulterium illic perpetrauit.

186. Paenitentiale Sangallense tripartitum c. 10 (ed. MEENS), S. 338: Si cum sorore fornicatur, XV annos peniteat nisi dominica die tantum non mutet. Si cum matre fornicauerit, XII annos peniteat et numquam mutet nisi dominica die.

187. Paenitentiale Sangallense tripartitum c. 13 (ed. MEENS), S. 338: Qui sepe fecerit fornicationem, primus canon iudicauit X annos peniteat, secundo VII, sed pro infirmitate hominis et per consilium, III annos penitentia eius.

188. Paenitentiale Sangallense tripartitum c. 7b (ed. MEENS), S. 344: Mechator matris tribus annis cum peregrinatione perenni peniteat.

189. Paenitentiale Sangallense tripartitum c. 11 (ed. MEENS), S. 344: Si quis laicus maculans uxorem proximi sui [uel] uirginem, I annum in pane et aqua et sine uxore propria.

Paenitentiale Vindobonense B
(Ende 8. Jahrhundert)

190. Paenitentiale Vindobonense B c. 29,1 (ed. MEENS), S. 396: [1] Si quis adulterium fecerit, id est cum uxore aliena aut sponsa, uel uirginem corruperit aut sanctimonialem aut Deo sacratam, laicus III annos peniteat, I ex his in pane et aqua; [2] si clericus V, II in pane et aqua; subdiaconus VI, duos in pane et aqua; diaconus et monachus VII, III in pane et aqua; presbyter X, episcopis XII, V in pane et aqua.

191. Paenitentiale Vindobonense B c. 29,3 (ed. MEENS), S. 396: Si qui con//cupiscit mulierem alienam et non potest peccare cum ea aut non uult eum suscipere mulier, si laicus XL dies, si clericus aut monachus est annum peniteat, medium

und wiederum, sollen sie ein Jahr lang von der Kommunion ferngehalten werden.
183. Paenitentiale Sangallense tripartitum c. 10 (ed. MEENS), S. 330: Wenn jemand eine Witwe oder Jungfrau geraubt hat, soll er drei Jahre bei Wasser und Brot Buße tun.
184. Paenitentiale Sangallense tripartitum c. 7 (ed. MEENS), S. 338: Wenn ein Ehemann oder eine Frau mit einem Ehegatten verbunden werden, obwohl sie das Gelübde der Jungfräulichkeit abgelegt haben, soll er seine Ehefrau nicht wegschicken, sondern drei Jahre Buße tun; so sind die törichten Gelübde zu brechen und untragbar.
185. Paenitentiale Sangallense tripartitum c. 8 (ed. MEENS), S. 338: Wenn jemand die eigene Ehefrau beim Ehebruch entdeckt hat und sie nicht wegschicken will, soll sie zwei Jahre Buße tun und solange sie selbst Buße tut, soll er sich von der Ehe mit der fernhalten, die jenen Ehebruch begangen hat.
186. Paenitentiale Sangallense tripartitum c. 10 (ed. MEENS), S. 338: Wenn jemand mit der Schwester Unzucht treibt, soll er 15 Jahre Buße tun [und] nichts [daran] ändern, außer am Tag des Herrn. Wenn jemand mit der Mutter Unzucht getrieben hat, soll er zwölf Jahre Buße tun [und] nichts [daran] ändern, außer am Tag des Herrn.
187. Paenitentiale Sangallense tripartitum c. 13 (ed. MEENS), S. 338: Wer oft Unzucht begangen hat, soll zehn Jahre Buße tun, [so wie] der erste Kanon geurteilt hat, [gemäß] dem zweiten sieben, aber wegen der Schwäche des Menschen und gemäß dem Beschluss ist seine Buße drei Jahre.
188. Paenitentiale Sangallense tripartitum c. 7b (ed. MEENS), S. 344: Wer Ehebruch mit der eigenen Mutter begeht, soll drei Jahre lang mit einer ununterbrochenen Pilgerfahrt Buße tun.
189. Paenitentiale Sangallense tripartitum c. 11 (ed. MEENS), S. 344: Wenn ein Laie die Ehefrau seines Nächsten oder eine Jungfrau befleckt, soll er ein Jahr bei Wasser und Brot und ohne die eigene Ehefrau [d. h. ohne Umgang mit der eigenen Ehefrau] Buße tun.

Paenitentiale Vindobonense B
(Ende 8. Jahrhundert)

190. Paenitentiale Vindobonense B c. 29,1 (ed. MEENS), S. 396: [1] Wenn jemand Ehebruch begangen hat, das ist mit der Ehefrau eines anderen oder mit der Verlobten, oder eine Jungfrau, eine Nonne oder eine Gott Geweihte verführt hat, soll ein Laie drei Jahre Buße tun, eines davon bei Wasser und Brot; [2] wenn es ein Kleriker [gewesen ist], fünf [Jahre], zwei bei Wasser und Brot; ein Subdiakon [soll] sechs [Jahre Buße tun], zwei bei Wasser und Brot; ein Diakon und ein Mönch sieben [Jahre], drei bei Wasser und Brot; ein Priester [soll] zehn [Jahre Buße tun], ein Bischof zwölf [Jahre], fünf bei Wasser und Brot.
191. Paenitentiale Vindobonense B c. 29,3 (ed. MEENS), S. 396: Wenn jemand eine fremde Frau begehrt und mit ihr nicht sündigen kann oder die Frau ihn nicht aufnehmen will, soll er – wenn es ein Laie ist – 40 Tage Buße tun, wenn es ein

in pane et aqua; si diaconus II, presbyter III.

192. Paenitentiale Vindobonense B c. 29,7 (ed. MEENS), S. 398: Si quis cum matre quis fornicauerit XV annos peniteat et numquam mutet nisi dominicis diebus.

193. Paenitentiale Vindobonense B c. 29,8 (ed. MEENS), S. 398: Qui cum sorore hoc modo XV annos peniteat.

194. Paenitentiale Vindobonense B c. 29,18 (ed. MEENS), S. 398: Digamus peniteat / / I annum, IIII et VI feria et in tribus quadragesimis abstineat se a uino et a carnibus. Non dimittat tamen uxorem.

195. Paenitentiale Vindobonense B c. 29,19 (ed. MEENS), S. 398: Trigamus aut superius, id est in IIII vel V uel plus, VII annis IIII et VI feria et in tribus quadragesimis abstineat se ut superius. Non separentur tamen. Basilius hoc iudicavit, in canone autem quattuor annos.

196. Paenitentiale Vindobonense B c. 30,1a (ed. MEENS), S. 398: Vt qui post sinodum Aurilianensem ante hoc triennium constitutam inliciti thori iure presumpserat circa eum secundum statutam epau/ /nensium a sacerdotibus ecclesie seueritas reteneatur.

197. Paenitentiale Vindobonense B c. 30,1b (ed. MEENS), S. 398: Incesti coniunctionibus nihil prursus uenie reseruamus, nisi cum adulterium separatione sanauerint.

198. Paenitentiale Vindobonense B c. 30,2 (ed. MEENS), S. 400: Si quis uel si qua adulterium commiserint / / VII annis oportet perfectionem consequi in penitentia conpletis, reddantur secundum pristinos grados.

199. Paenitentiale Vindobonense B c. 30,4 (ed. MEENS), S. 400: In quinta generatione coniungantur, quarta, si inuenta fuerit, non separantur, in tertia separantur. In tertia tamen propin/ /quitate non licet uxorem alterius accipere post obitum eius.

200. Paenitentiale Vindobonense B c. 30,5 (ed. MEENS), S. 400: Aequaliter uir coniungitur in matrimonium eis, qui sibi consanguinei sunt et uxoris sue consanguineis post obitum eius uxoris.

201. Paenitentiale Vindobonense B c. 30,6 (ed. MEENS), S. 400: Duo quoque fratres duas sorores in coniugio possunt habere et pater filiusque matrem et filiam.

202. Paenitentiale Vindobonense B c. 30,7 (ed. MEENS), S. 400: Si laicus fornicauerit cum uidua aut puella, II annos peniteat, reddito tamen humiliationis pretium parentibus eius. Si uxorem non habet si uoluntas parentum eorum est / / ipsa sit uxor eius ita ut V annos peniteant ambo.

Kleriker oder ein Mönch ist, ein Jahr, die Hälfte bei Wasser und Brot; wenn [es] ein Diakon [ist], zwei [Jahre], ein Priester [soll] drei [Jahre Buße tun].

192. Paenitentiale Vindobonense B c. 29,7 (ed. MEENS), S. 398: Wenn jemand mit der Mutter Unzucht begangen hat, soll er 15 Jahre Buße tun und niemals [daran etwas] ändern, außer an den Tagen des Herrn.

193. Paenitentiale Vindobonense B c. 29,8 (ed. MEENS), S. 398: Wer mit der Schwester auf diese Weise [umgeht], soll 15 Jahre Buße tun.

194. Paenitentiale Vindobonense B c. 29,18 (ed. MEENS), S. 398: Der zweifach Verheiratete soll ein Jahr Buße tun, sich mittwochs und freitags und während drei 40tägiger Fastenzeiten von Wein und Fleisch enthalten. Die Ehefrau soll er trotzdem nicht entlassen.

195. Paenitentiale Vindobonense B c. 29,19 (ed. MEENS), S. 398: Der dreifach Verheiratete oder mehr – das heißt vier- oder fünffach oder [noch] mehr [Verheiratete] – soll sich für sieben Jahre mittwochs und freitags und während drei 40tägiger Fastenzeiten – wie es oben steht – enthalten. Dennoch sollen sie nicht getrennt werden. Basilius hat so entschieden, im Kanon aber [stehen] vier Jahre.

196. Paenitentiale Vindobonense B c. 30,1a (ed. MEENS), S. 398: Über denjenigen, der sich nach der Synode von Orléans, die vor diesem Triennium anberaumt worden war, angemaßt hat, sich eines unerlaubten Ehebettes zu bemächtigen: In Bezug auf diesen soll gemäß dem Beschluss von Epaon die kirchliche Strenge durch die Priester beibehalten werden.

197. Paenitentiale Vindobonense B c. 30,1b (ed. MEENS), S. 398: Inzestuöse eheliche Verbindungen erhalten ganz und gar keine Gnade, außer wenn sie den Ehebruch durch Trennung geheilt haben.

198. Paenitentiale Vindobonense B c. 30,2 (ed. MEENS), S. 400: Wenn ein [Mann] oder eine [Frau] Ehebruch begangen haben, gehört es sich, dass diesen ihr früherer Status zurückgegeben wird, nachdem sie sieben Jahre die Buße vollendet haben, in der sie die sittliche Vollkommenheit verfolgt haben.

199. Paenitentiale Vindobonense B c. 30,4 (ed. MEENS), S. 400: In der fünften Generation sollen sie verheiratet werden; wenn sie in der vierten aufgefunden werden, sollen sie nicht getrennt werden; in der dritten sollen sie getrennt werden; gleichwohl ist es im dritten Verwandtschaftsverhältnis nicht erlaubt, dass jemand die Frau eines anderen nach dessen Tod annimmt.

200. Paenitentiale Vindobonense B c. 30,5 (ed. MEENS), S. 400: Gleichermaßen wird der Mann durch seine Ehe mit denen ehelich verbunden, die mit ihm blutsverwandt sind, wie mit den Blutsverwandten seiner Frau, auch nach dem Tod der Frau.

201. Paenitentiale Vindobonense B c. 30,6 (ed. MEENS), S. 400: Zwei Brüder aber können zwei Schwestern ehelichen und Vater und Sohn Mutter und Tochter.

202. Paenitentiale Vindobonense B c. 30,7 (ed. MEENS), S. 400: Wenn ein Laie mit einer Witwe oder einem jungen Mädchen Unzucht getrieben hat, soll er zwei Jahre Buße tun, nachdem er ihren Eltern/Verwandten gleichwohl wegen der Erniedrigung ein Strafgeld erstattet hat. Wenn er keine Ehefrau hat [und] wenn es der Wille ihrer Eltern/Verwandten [d.h. der Eltern/Verwandten von beiden Seiten] ist, sei sie seine Frau, vorausgesetzt, dass beide fünf Jahre Buße tun.

203. Paenitentiale Vindobonense B c. 30,14 (ed. MEENS), S. 402: Sic et uir qui dimiserit uxorem / / suam alteri coniungens se, VII annos cum pane et aqua peniteat cum tribulatione uel leuius XV annos.
204. Paenitentiale Vindobonense B c. 30,15 (ed. MEENS), S. 402: Si ab aliquo discesserit sua uxor et iterum reuersa fuerit, suscipiat eam et ipsa annum I cum pane et aqua peniteat uel ipse si aliam duxerit.

205. Paenitentiale Vindobonense B c. 30,16 (ed. MEENS), S. 402: Si qui intrat ad ancellam suam uenundet eam et annum peniteat. Si genuerit filium ex ea, liberet eam.
206. Paenitentiale Vindobonense B c. 30,17 (ed. MEENS), S. 402: Mulier adultera III annos peniteat. [...].
207. Paenitentiale Vindobonense B c. 30,20 (ed. MEENS), S. 402: Si qui maritus uel si qua mulier / / uotum habens uirginitatis, adiungitur uxori, postea non dimittat uxorem sed peniteat III annos.

208. Paenitentiale Vindobonense B c. 30,21 (ed. MEENS), S. 402: Vota stulta frangenda sunt et inportabilia.
209. Paenitentiale Vindobonense B c. 30,22 (ed. MEENS), S. 402: Muli(eri) non licet uotum uouere sine licentia uiri, sed si uouerit[62] dimitti potest et peniteat iudicio sacerdotis.

210. Paenitentiale Vindobonense B c. 30,24 (ed. MEENS), S. 402: Mulier si duobus fratribus nupserit abiciatur usque ad mortem, sed propter humanitatem in extre/ /mis suis reconciliari eam oportet; quae tamen sanitate recepta si matrimonium soluerit ad penitentiam admittatur. Quodsi defuncta fuerit mulier uel uir in huiusmodi consortio constitutus, difficilis erit penitentia in uita remanenti.

211. Paenitentiale Vindobonense B c. 40,1 (ed. MEENS), S. 426: In primo coniugio presbyter debet missam agere et benedicere ambos et postea abstineant se ab ecclesia XXX diebus; quibus peractis peniteant XL diebus et uacent / / orationi et postea communicent cum oblatione.

212. Paenitentiale Vindobonense B c. 42,5 (ed. MEENS), S. 426: [1] Si cuius uxor fornicata fuerit, licet demittere eam et aliam accipere, hoc est si uir dimiserit uxorem suam propter fornicationem; [2] si prima fuerit licitum est ut aliam accipiat uxorem, illa uero / / si uoluerit penitere peccata sua, post V annos

---

62 Alle übrigen Kanones, die sich mit diesem Fall beschäftigen – eine Ausnahme bilden zusammen mit dem vorliegenden Kanon das Paenitentiale Merseburgense a Me$_1$ c. 128 (ed. KOTTJE), S. 161 [Anhang P 263, S. 266] sowie das Paenitentiale Vallicellanum I c. 115 (ed. SCHMITZ 1), S. 332 [Anhang P 418, S. 308] –, sprechen im vorliegenden Fall anstelle von *vouerit* von *voluerit*. Demnach widerspricht der vorliegende Kanon allen übrigen, so dass zu prüfen wäre, ob auch in dieser Handschrift *voluerit* vermerkt ist. Hinzu kommt, dass ein Kanon der Judicia Theodori Ba ein solches Gelübde ausdrücklich für ungültig erklärt (vgl. Judicia Theodori Ba c. 37 (ed. ASBACH), S. 83 [Anhang P 61, S. 222]); zum Gesamtproblem vgl. Teil A, II.3.a, S. 76–82.

203. Paenitentiale Vindobonense B c. 30,14 (ed. MEENS), S. 402: So soll auch ein Mann, der seine Ehefrau entlassen hat und sich mit einer anderen verbindet, in aller Strenge sieben Jahre bei Wasser und Brot Buße tun oder leichter 15 Jahre.
204. Paenitentiale Vindobonense B c. 30,15 (ed. MEENS), S. 402: Wenn sich die Ehefrau von jemanden getrennt hat und wiederum zurückgekehrt ist, soll er diese aufnehmen und sie selbst soll ein Jahr bei Wasser und Brot Buße tun oder er selbst, wenn er eine andere heimgeführt hat.
205. Paenitentiale Vindobonense B c. 30,16 (ed. MEENS), S. 402: Wenn jemand zu seiner abhängigen Frau eintritt, soll er sie verkaufen und ein Jahr Buße tun. Wenn er mit ihr ein Kind gezeugt hat, soll er diese freilassen.
206. Paenitentiale Vindobonense B c. 30,17 (ed. MEENS), S. 402: Eine ehebrecherische Frau soll drei Jahre Buße tun. [...].
207. Paenitentiale Vindobonense B c. 30,20 (ed. MEENS), S. 402: Wenn ein Ehemann oder eine Frau mit einem Ehegatten verbunden werden, obwohl sie das Gelübde der Jungfräulichkeit abgelegt haben, soll er[/sie] die Ehefrau[/den Ehemann] nicht entlassen, sondern drei Jahre Buße tun.
208. Paenitentiale Vindobonense B c. 30,21 (ed. MEENS), S. 402: Die törichten Gelübde sind zu brechen und untragbar.
209. Paenitentiale Vindobonense B c. 30,22 (ed. MEENS), S. 402: Einer Frau ist es nicht erlaubt, ohne die Zustimmung ihres Mannes ein Gelübde abzulegen[62], aber wenn sie gelobt hat, kann sie entlassen werden und sie soll nach dem Urteil des Priesters Buße tun.
210. Paenitentiale Vindobonense B c. 30,24 (ed. MEENS), S. 402: Wenn eine Frau zwei Brüder geheiratet hat, soll sie bis zum Tod verstoßen werden. Aber um der Barmherzigkeit willen gehört es sich, dass sie am Lebensende versöhnt wird; dennoch soll sie, nachdem sie die Gesundheit wiedererlangt hat, wenn sie die Ehe gelöst hat, zur Buße zugelassen werden. Wenn die Frau oder der Mann, die sich in einer solchen Ehe befinden, gestorben sind, wird die Buße für denjenigen, der am Leben bleibt, schwierig sein.
211. Paenitentiale Vindobonense B c. 40,1 (ed. MEENS), S. 426: Bei der ersten Eheschließung soll der Priester eine Messe feiern und die beiden segnen und später sollen sie sich 30 Tage lang von der Kirche fernhalten; nachdem sie das getan haben, sollen sie 40 Tage Buße tun und sich dem Gebet widmen und danach mit Opfergaben zur Kommunion herantreten.
212. Paenitentiale Vindobonense B c. 42,5 (ed. MEENS), S. 426: [1] Wessen Ehefrau Unzucht getrieben hat, dem ist es erlaubt, sie zu entlassen und eine andere anzunehmen, das ist, wenn der Mann seine Ehefrau wegen Unzucht entlassen hat; [2] wenn es die erste gewesen ist, ist es erlaubt, dass er eine andere Ehefrau

---

62 Alle übrigen Kanones, die sich mit diesem Fall beschäftigen – eine Ausnahme bilden zusammen mit dem vorliegenden Kanon das Paenitentiale Merseburgense a c. 128 (ed. KOTTJE), S. 161 [Anhang P 263, S. 266] sowie das Paenitentiale Vallicellanum I c. 115 (ed. SCHMITZ 1), S. 332 [Anhang P 418, S. 308] –, sprechen im vorliegenden Fall anstelle von *voluerit* von *voluerit*. Demnach widerspricht der vorliegende Kanon allen übrigen, so dass zu prüfen wäre, ob auch in dieser Handschrift *voluerit* vermerkt ist. Hinzu kommt, dass ein Kanon der Judicia Theodori Ba ein solches Gelübde ausdrücklich für ungültig erklärt (vgl. Judicia Theodori Ba c. 37 (ed. ASBACH), S. 83 [Anhang P 61, S. 222]); zum Gesamtproblem vgl. Teil A, II.3.a, S. 76–82.

alium uirum accipiat.

213. Paenitentiale Vindobonense B c. 42,6 (ed. Meens), S. 426: Mulieri non licet uirum dimittere, licet sit fornicator, nisi forte pro monasterio. Basilius hoc iudicauit.
214. Paenitentiale Vindobonense B c. 42,7 (ed. Meens), S. 426: Ligitimum coniugium non licet separare sine consensu amborum.
215. Paenitentiale Vindobonense B c. 42,8 (ed. Meens), S. 426: Potest tamen alter alteri licentiam dare abscedere ad seruitium Dei in monasterio et sibi nubere si in primo conubio erit secundum Grecos, et tamen non est canonicum; sin autem non licet uiuente uiro uel uxore. / /

216. Paenitentiale Vindobonense B c. 42,9 (ed. Meens), S. 428: Maritus si se ipsum in furtu aut in fornicatione seruum facit uel quocumque peccato, mulier si prius non habuit coniugium habet potestatem post annum alterum accipere uirum. Digamo non licet.

217. Paenitentiale Vindobonense B c. 42,10 (ed. Meens), S. 428: Muliere mortua licet uiro post mense alteram accipere. Mortuo uiro, post anno licet mulieri alterum tollere uirum.

218. Paenitentiale Vindobonense B c. 42,11 (ed. Meens), S. 428: Mulier si adultera est et uir eius non uult habitare cum ea, si uult illa monasterio intrare, quartam partem sue hereditatis obteneat. / / Si non uult, nihil habeat.

219. Paenitentiale Vindobonense B c. 42,12 (ed. Meens), S. 428: Quecumque mulier adulterium perpetrauit, in potestate uiri est si uellet reconciliare mulieri.

220. Paenitentiale Vindobonense B c. 42,13 (ed. Meens), S. 428: Vir et mulier in matrimonio, si ille uoluerit Deo seruirae et illa noluerit, aut illa uoluerit et ille noluerit, uel infirmatus ille aut illa fuerit, tamen omnino cum consensu amborum saeparentur.
221. Paenitentiale Vindobonense B c. 42,14 (ed. Meens), S. 428: Mulier que uouet ut post mortem uiri eius non accipiat alium et mortuo illo praeuaricatrix accipiet alium, iterumque nupta cum eo penitentia mota im / / plere uult uota sua, in potestate uiri eius est utrum impleat an non.

222. Paenitentiale Vindobonense B c. 42,15 (ed. Meens), S. 428: Ergo uni licentiam dedit Theodorus que confessa est uotum, post XI annos nubere cum illo uiro.

223. Paenitentiale Vindobonense B c. 42,18 (ed. Meens), S. 428: Si mulier discesserit a uiro suo dispiciens eum, nolens reuertere et reconciliari uiro, / / post V annos cum consensu episcopi aliam accipere licebit uxorem.

annimmt; jene aber soll nach fünf Jahren einen anderen Mann annehmen, wenn sie ihre Sünden hat büßen wollen.
213. Paenitentiale Vindobonense B c. 42,6 (ed. MEENS), S. 426: Einer Frau ist es nicht erlaubt, den Mann zu entlassen, auch wenn er ein Unzüchtiger ist; außer vielleicht für das Kloster. So hat Basilius geurteilt.
214. Paenitentiale Vindobonense B c. 42,7 (ed. MEENS), S. 426: Es ist nicht erlaubt, eine rechtmäßige Ehe ohne das Einverständnis beider zu trennen.
215. Paenitentiale Vindobonense B c. 42,8 (ed. MEENS), S. 426: Dennoch kann der eine Ehepartner dem anderen die Erlaubnis geben, für den Dienst Gottes ins Kloster wegzugehen, und sich [wieder] verheiraten, wenn er sich – gemäß der Griechen – in der ersten Ehe befunden hat, und es ist dennoch nicht kanonisch. Es ist aber nicht erlaubt, wenn Mann oder Frau noch leben.
216. Paenitentiale Vindobonense B c. 42,9 (ed. MEENS), S. 428: Wenn ein Ehemann sich selbst aufgrund von Diebstahl oder Unzucht zum abhängigen Mann macht oder durch eine beliebige [andere] Sünde, soll die Frau – wenn sie vorher noch nicht verheiratet war – die Macht haben, nach einem Jahr einen anderen Mann anzunehmen. Der zweifach Verheirateten ist es nicht erlaubt.
217. Paenitentiale Vindobonense B c. 42,10 (ed. MEENS), S. 428: Nachdem die Frau gestorben ist, ist es dem Mann nach einem Monat erlaubt, eine andere anzunehmen. Nachdem der Mann gestorben ist, ist es der Frau nach einem Jahr erlaubt, einen anderen Mann anzunehmen.
218. Paenitentiale Vindobonense B c. 42,11 (ed. MEENS), S. 428: Wenn eine Frau Ehebruch begangen hat und ihr Mann nicht [weiter] mit ihr zusammenleben will, soll sie, wenn sie ins Kloster eintreten will, den vierten Teil ihres Erbes erhalten. Wenn sie es aber nicht will, soll sie nichts haben.
219. Paenitentiale Vindobonense B c. 42,12 (ed. MEENS), S. 428: Welche Frau auch immer Ehebruch begangen hat, [da] habe der Mann die Macht, wenn er will, sich mit der Frau zu versöhnen.
220. Paenitentiale Vindobonense B c. 42,13 (ed. MEENS), S. 428: Wenn [nun] jener Gott dienen wollte und jene wollte es nicht oder jene wollte und jener nicht oder jener oder jene ist erkrankt, werden sie dennoch gänzlich [nur] mit dem Einverständnis beider getrennt.
221. Paenitentiale Vindobonense B c. 42,14 (ed. MEENS), S. 428: Eine Frau, die gelobt hat, dass sie nach dem Tod ihres Mannes keinen anderen annehmen wird, und dennoch ihr Wort bricht, indem sie nach dessen Tod einen anderen annimmt: Wenn sie nach der Eheschließung durch Buße bewegt ihr Gelübde wiederum erfüllen will, steht es in der Macht ihres Mannes, ob sie ihr Gelübde erfüllt oder nicht.
222. Paenitentiale Vindobonense B c. 42,15 (ed. MEENS), S. 428: Deshalb hat Theodor einzig die Erlaubnis gegeben, dass diejenige, die ein Gelübde abgelegt hat, jenen Mann nach elf Jahren heiraten darf.
223. Paenitentiale Vindobonense B c. 42,18 (ed. MEENS), S. 428: Wenn eine Frau sich von ihrem Mann getrennt hat, weil sie ihn verschmäht und nicht [zu ihm] zurückkehren und mit ihm versöhnt werden will, wird es [dem Mann] nach fünf Jahren mit dem Einverständnis des Bischofs erlaubt sein, eine andere als Ehefrau anzunehmen.

224. Paenitentiale Vindobonense B c. 42,19 (ed. MEENS), S. 428: Si in captiuitate per uim ducta redimi non potest, post annum potest alteram accipere.

225. Paenitentiale Vindobonense B c. 42,20 (ed. MEENS), S. 428: Item si in captiuitate ducta fuerit, uir eius V annos expectet. Similiter autem et mulier si uiro talia contigerint.

226. Paenitentiale Vindobonense B c. 42,21 (ed. MEENS), S. 428: Si igitur uir alteram duxerit uxorem, priorem de captiuitate reuersam accipiat, posteriorem demittat. Similiter autem illa sicut superius diximus, si uiro talia contigerint, faciat.

227. Paenitentiale Vindobonense B c. 42,22 (ed. MEENS), S. 428: Si cuius uxorem hostis abstulerit / / et ipse eam iterum adipisci non potest, licet aliam acciperae. Melius est sic facere quam fornicare (...).

228. Paenitentiale Vindobonense B c. 42,23 (ed. MEENS), S. 428: Si iterum post haec uxor illa uenerit ad eum, non debet recipi ab eo si aliam habet sed illa tollat alium uirum si unum ante habuerat. Eadem sententia stat de seruis transmarinis.

229. Paenitentiale Vindobonense B c. 42,24 (ed. MEENS), S. 430: [1] In tertia propinquitate licet nubere secundum Grecos sicut in lege scriptum est; in quinta secundum Romanos, tamen in quarta non soluunt postquam factum fuerit. / / [2] Ergo in quinta generatione coniungantur, quarta si inuenta fuerint non separentur, tertia separentur.

230. Paenitentiale Vindobonense B c. 42,25 (ed. MEENS), S. 430: In tertia propinquitate non licet uxorem alterius accipere post obitum eius.

231. Paenitentiale Vindobonense B c. 42,26 (ed. MEENS), S. 430: Aequaliter uir qui coniungitur in matrimonio eis, qui sibi consanguinei sunt et uxoris sue consanguineis post mortem uxoris.

232. Paenitentiale Vindobonense B c. 42,27 (ed. MEENS), S. 430: Duo quoque fratres duas sorores in coniugio possunt habere et pater filiusque matrem et filiam.

233. Paenitentiale Vindobonense B c. 42,31 (ed. MEENS), S. 430: Si uir et mulier coniunxerint se in matrimonio et postea dixerit mulier de uiro suo non posse nubere cum ea, si quis poterit probare quod uerum sit, accipiat alium.

234. Paenitentiale Vindobonense B c. 42,32 (ed. MEENS), S. 430: Puellam disponsatam non licet parentibus dare alteri uiro, nisi illa omnino resistat; tamen ad monasterio licet / / ire si uoluerit.

235. Paenitentiale Vindobonense B c. 42,33 (ed. MEENS), S. 430: Illa autem disponsata si non uult habitare cum illo uiro cui est disponsata, reddatur ei pecunia quam pro ipsa dedit et III pars addatur; si autem noluerit perdat pecuniam quam pro

224. Paenitentiale Vindobonense B c. 42,19 (ed. MEENS), S. 428: Wenn sie mit Gewalt in Gefangenschaft geführt worden ist und er sie nicht zurückkaufen kann, kann er nach einem Jahr eine andere annehmen.
225. Paenitentiale Vindobonense B c. 42,20 (ed. MEENS), S. 428: Ebenso soll ihr Mann fünf Jahre abwarten, wenn sie in Gefangenschaft geführt worden ist. Gleichermaßen [soll es] aber auch eine Frau [tun], wenn dem Mann solches widerfährt.
226. Paenitentiale Vindobonense B c. 42,21 (ed. MEENS), S. 428: Wenn also ein Mann eine andere als Ehefrau heimgeführt hat, soll er die erste annehmen, wenn sie aus der Gefangenschaft zurückkehrt; die spätere soll er entlassen. Gleichermaßen aber soll es jene machen, so wie wir es oben gesagt haben, wenn dem Mann solche Dinge widerfahren.
227. Paenitentiale Vindobonense B c. 42,22 (ed. MEENS), S. 428: Wessen Ehefrau von Feinden verschleppt worden ist und er selbst sie wiederum nicht zurückerhalten kann, [dem] ist es erlaubt, eine andere anzunehmen. Es ist besser, es so zu machen, als Unzucht zu treiben (...).
228. Paenitentiale Vindobonense B c. 42,23 (ed. MEENS), S. 428: Wenn jene Ehefrau danach wiederum zum ihm gekommen ist, muss sie von ihm nicht zurückgenommen werden, wenn er eine andere hat, sondern jene soll einen anderen Mann annehmen, wenn sie vorher [nur] einen hatte. Derselbe Beschluss gilt für überseeische abhängige Männer/Menschen.
229. Paenitentiale Vindobonense B c. 42,24 (ed. MEENS), S. 430: [1] Im dritten Verwandtschaftsverhältnis ist es gemäß den Griechen erlaubt, zu heiraten, so wie es im Gesetz geschrieben steht; gemäß den Römern im fünften; dennoch sollen sie im vierten nicht getrennt werden, nachdem es geschehen ist. [2] Also sollen sie in der fünften Generation ehelich verbunden werden; wenn sie in der vierten vorgefunden werden, sollen sie nicht getrennt werden; in der dritten sollen sie getrennt werden.
230. Paenitentiale Vindobonense B c. 42,25 (ed. MEENS), S. 430: Im dritten Verwandtschaftsverhältnis ist es nicht erlaubt, die Ehefrau eines anderen nach dessen Tod anzunehmen.
231. Paenitentiale Vindobonense B c. 42,26 (ed. MEENS), S. 430: Gleichermaßen wird der Mann durch seine Ehe mit denen ehelich verbunden, die mit ihm blutsverwandt sind, wie mit den Blutsverwandten seiner Frau, auch nach dem Tod der Frau.
232. Paenitentiale Vindobonense B c. 42,27 (ed. MEENS), S. 430: Zwei Brüder können zwei Schwestern ehelichen und Vater und Sohn Mutter und Tochter.
233. Paenitentiale Vindobonense B c. 42,31 (ed. MEENS), S. 430: Wenn Mann und Frau sich in der Ehe verbunden haben und später die Frau von ihrem Mann gesagt hat, dass er mit ihr den Geschlechtsakt nicht vollziehen kann, soll sie einen anderen annehmen, wenn jemand beweisen konnte, dass es wahr ist.
234. Paenitentiale Vindobonense B c. 42,32 (ed. MEENS), S. 430: Es ist den Eltern/Verwandten nicht erlaubt, ein verlobtes Mädchen einem anderen Mann zu übergeben, es sei denn, dass sich diese ihnen ganz und gar nicht widersetzt. Dennoch ist es ihr erlaubt, ins Kloster zu gehen, wenn sie [es] will.
235. Paenitentiale Vindobonense B c. 42,33 (ed. MEENS), S. 430: Wenn jene aber nach der Verlobung mit dem Mann, dem sie verlobt worden ist, nicht zusammenleben will, soll ihm das Geld, das er für sie gegeben hat, zurückgegeben werden

illa dedit.

236. Paenitentiale Vindobonense B c. 42,35 (ed. MEENS), S. 430: Puer usque ad XV annos sit in potestate patris sui, tunc ipsum potest monachum facere. Puella uero XVI uel XVII annorum qui ante in potestate parentum sunt, post hanc aetatem patri filiam suam contra / / uoluntatem eius non licet in matrimonio dare.
237. Paenitentiale Vindobonense B c. 43,4 (ed. MEENS), S. 430: Si seruum et ancillam dominus amborum in matrimonium coniunxerit, postea liberato seruo uel ancilla, si non potest / / redimi qui in seruitio est, libero licet ingenuo coniungere.

238. Paenitentiale Vindobonense B c. 43,5 (ed. MEENS), S. 430: Si qui liber ancillam in matrimonio acciperit, non habet licentiam dimittere eam si ante cum consensu amborum coniuncti sunt.

239. Paenitentiale Vindobonense B 30,5 (ed. MEENS), S. 400: Aequaliter uir coniungitur in matrimonium eis, qui sibi consanguinei sunt et uxoris sue consanguineis post obitum eius uxoris.

Paenitentiale Merseburgense a
(8./9. Jahrhundert)

240. Paenitentiale Merseburgense a Me_1 c. 8 (ed. KOTTJE), S. 128: Si quis fornicauerit cum uxorem alterius aut sponsam uel uirginem corruperit, [...] si laicus, III annos peneteat, I ex his in pane et aqua [...].

241. Paenitentiale Merseburgense a V_{23} c. 8 (ed. KOTTJE), S. 128: Si quis fornicauerit cum uxore alterius aut sponsa uel uirginem corruperit, si [...] est [...] laicus, III annos peniteat, I ex his in pane et aqua [...].

242. Paenitentiale Merseburgense a W_{10} c. 9 (ed. KOTTJE), S. 128: Si quis fornicauerit cum uxore alterius aut cum sponsata uel uirginem corruperit, si est [...] laicus, III annos peniteat, I ex his in pane et aqua.

243. Paenitentiale Merseburgense a Me_1 c. 11 (ed. KOTTJE), S. 129: Si quis laicus habens uxorem suam et cum alterius uxorem uel uirginem fornicatus fuerit, V annos peneteat, II ex his in pane et aqua.
244. Paenitentiale Merseburgense a V_{23} c. 11 (ed. KOTTJE), S. 129: Si laicus habens uxorem et cum alius uxore uel uirigine fornicatus fuerit, V annos peniteat.

245. Paenitentiale Merseburgense a W_{10} c. 12 (ed. KOTTJE), S. 129: Si quis laicus habens uxorem et cum alia uxorem uel uirginem fornicauerit, V annos peniteat.

und es soll ein Drittel hinzugefügt werden; falls aber jener dies nicht will, soll er des Geldes, das er für sie gegeben hat, verlustig gehen.
236. Paenitentiale Vindobonense B c. 42,35 (ed. MEENS), S. 430: Ein Junge sei bis zum 15. Lebensjahr in der Gewalt seines Vaters; danach kann er sich selbst zum Mönch machen. Ein Mädchen aber ist vor dem 16. oder 17. Lebensjahr in der Gewalt der Eltern/Verwandten; nach diesem Alter ist es dem Vater nicht erlaubt, seine Tochter gegen ihren Willen in die Ehe zu geben.
237. Paenitentiale Vindobonense B c. 43,4 (ed. MEENS), S. 430: Wenn der gemeinsame Herr einen abhängigen Mann und eine abhängige Frau ehelich verbunden hat [und] wenn später, nachdem er den abhängigen Mann oder die abhängige Frau freigelassen hat, derjenige, der sich in Abhängigkeit befindet, nicht zurückgekauft werden kann, [dann] ist es dem freigelassenen Partner erlaubt, sich mit freien Menschen zu verheiraten.
238. Paenitentiale Vindobonense B c. 43,5 (ed. MEENS), S. 430: Wenn ein freier Mann eine abhängige Frau in die Ehe geführt hat, hat er nicht die Erlaubnis, sie wegzuschicken, wenn sie vorher mit beiderlei Zustimmung verbunden worden sind.
239. Paenitentiale Vindobonense B 30,5 (ed. MEENS), S. 400: Gleichermaßen wird der Mann durch seine Ehe mit denen ehelich verbunden, die mit ihm blutsverwandt sind, wie mit den Blutsverwandten seiner Frau, auch nach dem Tod der Frau.

Paenitentiale Merseburgense a
(8./9. Jahrhundert)

240. Paenitentiale Merseburgense a Me_1 c. 8 (ed. KOTTJE), S. 128: Wenn jemand mit der Ehefrau eines anderen Unzucht getrieben oder eine Verlobte oder Jungfrau verdorben hat, [...] soll er, wenn er Laie ist, drei Jahre Buße tun, eines davon bei Wasser und Brot. [...].
241. Paenitentiale Merseburgense a V_{23} c. 8 (ed. KOTTJE), S. 128: Wenn jemand mit der Ehefrau eines anderen Unzucht getrieben oder eine Verlobte oder eine Jungfrau verdorben hat, soll er, wenn er Laie ist, drei Jahre Buße tun, eines davon bei Wasser und Brot. [...].
242. Paenitentiale Merseburgense a W_{10} c. 9 (ed. KOTTJE), S. 128: Wenn jemand mit der Ehefrau eines anderen Unzucht getrieben hat oder mit einer Verlobten oder eine Jungfrau verdorben hat, soll er, wenn er Laie ist, drei Jahre Buße tun, eines davon bei Wasser und Brot.
243. Paenitentiale Merseburgense a Me_1 c. 11 (ed. KOTTJE), S. 129: Wenn ein Laie, der eine Ehefrau hat, mit der Ehefrau eines anderen oder einer Jungfrau Unzucht getrieben hat, soll er fünf Jahre Buße tun, zwei davon bei Wasser und Brot.
244. Paenitentiale Merseburgense a V_{23} c. 11 (ed. KOTTJE), S. 129: Wenn ein Laie, der eine Ehefrau hat, mit der Ehefrau eines anderen oder mit einer Jungfrau Unzucht getrieben hat, soll er fünf Jahre Buße tun.
245. Paenitentiale Merseburgense a W_{10} c. 12 (ed. KOTTJE), S. 129: Wenn ein Laie, der eine Ehefrau hat, mit der Ehefrau eines anderen oder mit einer Jungfrau Unzucht getrieben hat, soll er fünf Jahre Buße tun.

246. Paenitentiale Merseburgense a Me₁ c. 43 (ed. KOTTJE), S. 139f: [1] Si quis fornicaberit cum uidua patri sui aut uiduam barbani sui aut cum germana sua aut cum cognata sua aut pater *turpitudinem* filii sui *reuelauerit* aut cum filiastra sua, [2] X annos peregrinus peneteat, II ex his in pane et aqua, [3] et si peregrinare non potest, pro uno anno det soledos XII. [4] Si laicus est, tundatur et dimittat hominem liberum.

247. Paenitentiale Merseburgense a V₂₃ c. 48 (ed. KOTTJE), S. 139f: Si quis fornicauerit cum matrinia[63] sua aut cum uidua barbani sui aut cum sorore aut cum cognata sua aut pater *turpitudinem* filii sui *reuelauerit*, id est cum nora sua aut cum filiastra[64] sua fornicauerit, X annos peniteat peregrinus, II in pane et aqua, et si pergrinari non potest, pro uno anno solidos XXVI. Et si laicus est, tondatur, et si habet, dimittat hominem liberum.

248. Paenitentiale Merseburgense a W₁₀ c. 51 (ed. KOTTJE), S. 139f: Si quis fornicauerit cum matrinia[65] sua aut cum uidua barbani sui aut cum sorore aut cum cognata sua aut pater *turpitudinem* filii sui *reuelauerit*, id est cum nuram suam aut socrum aut filiastra[66] sua fornicauerit, decem annos peniteat, et si cum matrem suam, quindecim annos peniteat in monasterio, III ex his in pane et aqua.

249. Paenitentiale Merseburgense a Me₁ c. 45 (ed. KOTTJE), S. 140: Si quis sponsam habens et uitium ei intulerit et sororem eius uxorem duxerit, illa uiro, que uicium passa est, si fortem necem sibi intulerit, omnes, qui huius facti consentient ei sunt, X annis in pane et aqua peneteant.

250. Paenitentiale Merseburgense a V₂₃ c. 50 (ed. KOTTJE), S. 140: Si quis habens sponsam et uitium ei intulerit et sororem eius uxorem ducit, illa uero, quae uitium passa est, si forte se ipsam occidit, omnes, qui huius facti consensi sunt, X annos peniteant.

251. Paenitentiale Merseburgense a W₁₀ c. 53 (ed. KOTTJE), S. 140: Si quis habens sponsam et uicium | ei intulerit et sororem eius duxerit uxorem et illa, que criminata est, forte ipsa occiderit, omnes, qui huius facti consensi sunt, decem annos peniteant.

252. Paenitentiale Merseburgense a Me₁ c. 60 (ed. KOTTJE), S. 144: Si quis intrat ad ancillam suam, si genuerit ex ea, libertit eam et I annum peneteat.

---

63 Da in der parallelen Handschrift von der *vidua patris* die Rede ist, dürfte auch hier mit der *matrinia* die Stiefmutter und nicht die Taufpatin gemeint sein.
64 Hier dürfte es sich bei der *filiastra* aufgrund der parallelen Gestaltung um die Stieftochter und nicht um die Patentochter handeln.
65 Vgl. Anm 63.
66 Vgl. Anm 64.

246. Paenitentiale Merseburgense a Me₁ c. 43 (ed. KOTTJE), S. 139f: [1] Wenn jemand mit der Witwe seines Vaters oder der Witwe seines väterlichen Onkels oder mit seiner Schwester oder mit seiner Schwägerin Unzucht getrieben hat oder der Vater die Scham seines Sohnes aufgedeckt oder mit seiner Stieftochter Unzucht getrieben hat, [2] soll er zehn Jahre als Pilger büßen, zwei davon bei Wasser und Brot, [3] und wenn er keine Pilgerfahrt unternehmen kann, soll er für jedes Jahr zwölf Schillinge geben. [4] Wenn er ein Laie ist, soll er tonsuriert werden und den freien Mann aufgeben [d. h. ins Kloster eintreten].
247. Paenitentiale Merseburgense a V₂₃ c. 48 (ed. KOTTJE), S. 139f: Wenn jemand mit seiner Stiefmutter[63], mit der Witwe seines väterlichen Onkels, mit der Schwester oder mit seiner Schwägerin Unzucht getrieben hat oder der Vater die Scham seines Sohnes entblößt hat, das heißt mit seiner Schwiegertochter oder mit seiner Stieftochter[64] Unzucht getrieben hat, soll er zehn Jahre als Pilger Buße tun, zwei davon bei Wasser und Brot; und wenn er kein Pilger sein kann, soll er pro Jahr 26 Schillinge [geben]. Und wenn er Laie ist, soll er tonsuriert werden und den freien Mann aufgeben [d. h. ins Kloster eintreten].
248. Paenitentiale Merseburgense a W₁₀ c. 51 (ed. KOTTJE), S. 139f: Wenn jemand mit seiner Stiefmutter[65], mit der Witwe des väterlichen Onkels, mit der Schwester oder mit seiner Schwägerin Unzucht getrieben hat oder der Vater die Scham seines Sohnes entblößt hat, das heißt mit seiner Schwiegertochter oder mit seiner Schwiegermutter oder seiner Stieftochter[66] Unzucht getrieben hat, soll er zehn Jahre Buße tun. Und wenn es mit seiner Mutter geschehen ist, soll er 15 Jahre im Kloster Buße tun, drei davon bei Wasser und Brot.
249. Paenitentiale Merseburgense a Me₁ c. 45 (ed. KOTTJE), S. 140: Wenn jemand eine Verlobte hat und [gleichzeitig] dieser die Schändlichkeit zugefügt und deren Schwester als Ehefrau heimgeführt hat und wenn [aber] diese Frau, die geschändet wurde, sich selbst getötet hat, sollen alle, die der Tat zugestimmt haben, zehn Jahre bei Wasser und Brot büßen.
250. Paenitentiale Merseburgense a V₂₃ c. 50 (ed. KOTTJE), S. 140: Wenn jemand eine Verlobte hat und dieser die Schändlichkeit zugefügt hat und deren Schwester als Ehefrau heimführt, jene aber, die geschändet wurde, sich selbst getötet hat, sollen alle, die der Tat zugestimmt haben, zehn Jahre Buße tun.
251. Paenitentiale Merseburgense a W₁₀ c. 53 (ed. KOTTJE), S. 140: Wenn jemand eine Verlobte hat und dieser die Schändlichkeit zugefügt und deren Schwester als Ehefrau heimgeführt hat und wenn die, die beschädigt worden ist, sich selbst getötet hat, sollen alle, die der Tat zugestimmt haben, zehn Jahre Buße tun.
252. Paenitentiale Merseburgense a Me₁ c. 60 (ed. KOTTJE), S. 144: Wenn jemand zu seiner abhängigen Frau eintritt und mit ihr ein Kind gezeugt hat, soll er diese freilassen und ein Jahr Buße tun.

---

63 Da in der parallelen Handschrift von der *vidua patris* die Rede ist, dürfte auch hier mit der *matrinia* die Stiefmutter und nicht die Taufpatin gemeint sein.
64 Hier dürfte es sich bei der *filiastra* aufgrund der parallelen Gestaltung um die Stieftochter und nicht um die Patentochter handeln.
65 Vgl. Anm. 63.
66 Vgl. Anm. 64.

253. Paenitentiale Merseburgense a V_{23} c. 58 (ed. KOTTJE), S. 144: Si quis genuerit ex ancilla, liberet ea et I annum peniteat.

254. Paenitentiale Merseburgense a W_{10} c. 60 (ed. KOTTJE), S. 144: Si quis genuerit ex ancilla, liberet eam et unum annum peniteat.

255. Paenitentiale Merseburgense a Me_1 c. 94 (ed. KOTTJE), S. 154: Si quis, cuius uxorem hostis abstulerit et non potest eam | redimere, liceat eum aliam accipere. Si postea redit uxor eius, alium uiro accipiat illa; sic et de seruis transmarinis.

256. Paenitentiale Merseburgense a V_{23} c. 115 (ed. KOTTJE), S. 154: Si cuius uxorem hostis rapuerit, non poterit dimittere eam, post annum licet eum aliam ducere.[67]

257. Paenitentiale Merseburgense a Me_1 c. 124 (ed. KOTTJE), S. 160f: Si quis legitimam *uxorem dimiserit* et acciperit alienam, illi talis cum christianis non manducent nec nullus cum eis communis sit, excummunicati a christianis.

258. Paenitentiale Merseburgense a V_{23} c. 107 (ed. KOTTJE), S. 160f: Si quis *uxorem* legitimam *dimittit* et aliam ducit, excommunicetur a christianis, etiam <si> illa consentiat, quae prior est.

259. Paenitentiale Merseburgense a W_{10} c. 102 (ed. KOTTJE), S. 160f: Si quis *uxorem* legitimam *dimittit* et aliam ducit, excommunicetur, etiam <si> illa prius consentiat.

260. Paenitentiale Merseburgense a Me_1 c. 123 (ed. KOTTJE), S. 160: Legitimum coniugium non licet separare, nisi fuerit consenso amborum.

261. Paenitentiale Merseburgense a V_{23} c. 105 (ed. KOTTJE), S. 160: Non licet legitimum coniugium non separare, nam si amborum consensus, ut innupti maneant.

262. Paenitentiale Merseburgense a W_{10} c. 100 (ed. KOTTJE), S. 160: Non licet legitimo coniugio separare, nisi amborum consensus fuerint, aut nupta maneant.

263. Paenitentiale Merseburgense a Me_1 c. 128 (ed. KOTTJE), S. 161: Mulieri non licet uotum uouerit sine licentiam uiri sui, sed si uouerit[68], dimitti potest.

---

67 Das *dimittere* mutet in diesem Kontext auf den ersten Blick ungewöhnlich an, da in allen übrigen Handschriften von *redimere* gesprochen wird und eine solche Redeweise sinnvoll erscheint. Versteht man *dimittere* als ›befreien‹, so passt sich der Kanon in die anderen Vorschriften ein (vgl. Art. *dimittere*, in: NIERMEYER – VAN DE KIEFT, Lexicon 1, S. 438).

68 Alle übrigen Kanones, die sich mit diesem Fall beschäftigen – eine Ausnahme bilden zusammen mit dem vorliegenden Kanon das Paenitentiale Vindobonense B c. 30,22 (ed. MEENS), S. 402 [Anhang P 209, S. 256] sowie das Paenitentiale Vallicellanum I c. 115 (ed. SCHMITZ 1), S. 33 [Anhang P 418, S. 308] –, sprechen im vorliegenden Fall anstelle von *voverit* von *voluerit*. Demnach widerspricht der vorliegende Kanon allen übrigen, so dass zu prüfen wäre, ob auch in dieser

253. Paenitentiale Merseburgense a V_{23} c. 58 (ed. KOTTJE), S. 144: Wenn jemand mit der abhängigen Frau [ein Kind] gezeugt hat, soll er sie freilassen und ein Jahr Buße tun.
254. Paenitentiale Merseburgense a W_{10} c. 60 (ed. KOTTJE), S. 144: Wenn jemand mit der abhängigen Frau [ein Kind] gezeugt hat, soll er sie freilassen und ein Jahr Buße tun.
255. Paenitentiale Merseburgense a Me_1 c. 94 (ed. KOTTJE), S. 154: Wenn jemand seine Ehefrau, die der Feind verschleppt hat, nicht zurückkaufen kann, sei es ihm erlaubt, eine andere anzunehmen. Wenn seine Ehefrau später zurückkehrt, soll sie einen anderen Mann annehmen; so auch bei überseeischen abhängigen Männern/Menschen.
256. Paenitentiale Merseburgense a V_{23} c. 115 (ed. KOTTJE), S. 154: Wessen Ehefrau von Feinden geraubt worden ist und er sie nicht befreien konnte, dem sei es erlaubt, nach einem Jahr eine andere zu heiraten.[67]
257. Paenitentiale Merseburgense a Me_1 c. 124 (ed. KOTTJE), S. 160f: Wenn jemand die rechtmäßige Ehefrau verlassen und eine andere angenommen hat, [dann] sollen diese nicht mit den Christen essen und [es soll auch] niemand mit ihnen Gemeinschaft haben, weil sie von den Christen ausgeschlossen sind.
258. Paenitentiale Merseburgense a V_{23} c. 107 (ed. KOTTJE), S. 160f: Wenn jemand seine rechtmäßige Ehefrau verlässt und eine andere heimführt, soll er von der christlichen Gemeinschaft ausgeschlossen werden, auch wenn jene, die er zuerst hatte, zustimmen sollte.
259. Paenitentiale Merseburgense a W_{10} c. 102 (ed. KOTTJE), S. 160f: Wenn jemand seine rechtmäßige Ehefrau verlässt und eine andere heimführt, soll er von der christlichen Gemeinschaft ausgeschlossen werden, auch wenn jene, die er vorher hatte, zugestimmt hat.
260. Paenitentiale Merseburgense a Me_1 c. 123 (ed. KOTTJE), S. 160: Es ist nicht erlaubt, eine rechtmäßige Ehe zu trennen, wenn es nicht mit Zustimmung beider geschieht.
261. Paenitentiale Merseburgense a V_{23} c. 105 (ed. KOTTJE), S. 160: Es ist nicht erlaubt, eine rechtmäßige Ehe zu trennen, außer es ist das Einverständnis beider, dass sie unverheiratet bleiben.
262. Paenitentiale Merseburgense a W_{10} c. 100 (ed. KOTTJE), S. 160: Es ist nicht erlaubt, eine rechtmäßige Ehe zu trennen, außer es ist das Einverständnis beider gewesen, oder sie bleiben verheiratet.
263. Paenitentiale Merseburgense a Me_1 c. 128 (ed. KOTTJE), S. 161: Einer Frau ist es nicht erlaubt, ohne die Erlaubnis ihres Mannes das Gelübde abzulegen; aber wenn sie gelobt[68] hat, kann sie entlassen werden.

---

67 Das *dimittere* mutet in diesem Kontext auf den ersten Blick ungewöhnlich an, da in allen übrigen Handschriften von *redimere* gesprochen wird und eine solche Redeweise sinnvoll erscheint. Versteht man *dimittere* als ›befreien‹, so passt sich der Kanon in die anderen Vorschriften ein (vgl. Art. *dimittere*, in: NIERMEYER – VAN DE KIEFT, Lexicon 1, S. 438).
68 Alle übrigen Kanones, die sich mit diesem Fall beschäftigen – eine Ausnahme bilden zusammen mit dem vorliegenden Kanon das Paenitentiale Vindobonense B c. 30,22 (ed. MEENS), S. 402 [Anhang P 209, S. 256] sowie das Paenitentiale Vallicellanum I c. 115 (ed. SCHMITZ 1), S. 33 [Anhang P 418, S. 308] –, sprechen im vorliegenden Fall anstelle von *voverit* von *voluerit*. Demnach widerspricht der vorliegende Kanon allen übrigen, so dass zu prüfen wäre, ob auch in dieser

264. Paenitentiale Merseburgense a V_{23} c. 110 (ed. KOTTJE), S. 161: Similiter non licet mulieri uouere sine licentia uiri.[69]

265. Paenitentiale Merseburgense a Me_1 c. 136 (ed. KOTTJE), S. 163: Si qua duobus fratribus nupserit, secundum canones usque ad exitus uite suae peneteat.

266. Paenitentiale Merseburgense a V_{23} c. 90 (ed. KOTTJE), S. 163: Si mulier duobus fratribus nupserit, secundum canonem usque ad exitum uitae peniteat.

267. Paenitentiale Merseburgense a W_{10} c. 90 (ed. KOTTJE), S. 163: Si mulier duobus fratribus nupserit, secundum canonem usque ad exitum uitae suae peniteat.

268. Appendix Me_1 c. 144 (ed. KOTTJE), S. 165: Si quis aput suam comatrem fornicaberit, VII annos peneteat.

269. Appendix Me_1 c. 146 (ed. KOTTJE), S. 165: Si quis acceperit sororem aut filia uxori suae, non iudicentur, nisi prius separentur, et postea ieiunent annos III, sic tamen elymosinas multas faciant.

270. Appendix Me_1 c. 147 (ed. KOTTJE), S. 165: Si quis *dimiserit uxorem suam et alia[m] duxerit*, | illa, quod ducit postea, non est eius uxor, sed meretrix. Istorum oblationem sacerdos non excipiat[,] neque cum eo communicet neque in domo nemini intret nec conloquium cum neminem habeat nec manducet nec bibat cum aliquem, usque dum non separentur, et postea ieiunit annos IIII, I ex his in pane et aqua.

271. Appendix Me_1 c. 148 (ed. KOTTJE), S. 165: Si quis fornicaberit habens uxorem et presens fuerit uxor eius, ille ieiunit ebdomadas XLII. Quodsi non potuerit omnino XLII ebdomadas ieiunare et habuerit pecuniam, tribuat ex laboribus suis ad redimendum animam suam. Si diues fuerit, det pro se solidos XX. Quodsi noluerit tantum dari, det solidos X, et si permultum pauper fuerit, det solidos III et ieiunit ebdomadas XXII, et neminem hoc conturbet, quia iussimus solidos XX daret aut minus aut amplius, quia si diues | furerit, facilius est illi dare solidos XX quam pauperis solidos III aut I; et non quisquam adtendat, cui dare debeat, sed pro redemptionem captiuorum siue super sanctum altare siue pauperibus christianis erogare debeant.

Handschrift *voluerit* vermerkt ist. Hinzu kommt, dass ein Kanon der Judicia Theodori Ba ein solches Gelübde ausdrücklich für ungültig erklärt (vgl. Judicia Theodori Ba c. 37 (ed. ASBACH), S. 83 [Anhang P 61, S. 222]); zum Gesamtproblem vgl. Teil A, II.3.a, S. 76–82.

69 Das *similiter* bezieht sich auf den vorangehenden Kanon des Bußbuchs, in dem ein ähnlicher Fall verhandelt wird: nämlich die Bekehrung eines Mönches mit der Erlaubnis des Abtes.

264. Paenitentiale Merseburgense a V_{23} c. 110 (ed. KOTTJE), S. 161: Gleichermaßen ist es einer Frau nicht gestattet, ohne die Erlaubnis ihres Mannes ein Gelübde abzulegen.[69]
265. Paenitentiale Merseburgense a Me_1 c. 136 (ed. KOTTJE), S. 163: Wenn eine Frau zwei Brüder geheiratet hat, soll sie gemäß den Kanones bis zum Endes ihres Lebens Buße tun.
266. Paenitentiale Merseburgense a V_{23} c. 90 (ed. KOTTJE), S. 163: Wenn eine Frau zwei Brüder geheiratet hat, soll sie gemäß den Kanones bis zum Ende des Lebens Buße tun.
267. Paenitentiale Merseburgense a W_{10} c. 90 (ed. KOTTJE), S. 163: Wenn eine Frau zwei Brüder geheiratet hat, soll sie gemäß den Kanones bis zum Ende ihres Lebens Buße tun.
268. Appendix Me_1 c. 144 (ed. KOTTJE), S. 165: Wenn jemand mit seiner Patin/geistlichen Mitmutter Unzucht getrieben hat, soll er sieben Jahre Buße tun.
269. Appendix Me_1 c. 146 (ed. KOTTJE), S. 165: Wenn jemand die Schwester oder die Tochter seiner Ehefrau angenommen hat, sollen sie nicht gerichtet werden, bevor sie nicht getrennt worden sind. Und danach sollen sie drei Jahre fasten und dennoch viele Almosen geben.
270. Appendix Me_1 c. 147 (ed. KOTTJE), S. 165: Wenn jemand seine Ehefrau verlassen und eine andere heimgeführt hat, soll jene, die er später heimgeführt hat, nicht seine Ehefrau sein, sondern eine Dirne. Der Priester soll ihre Darbringung [d. h. also die Darbringung von Opfergaben von beiden] nicht annehmen, auch nicht mit ihm/ihr kommunizieren; auch soll er/sie niemandes Haus betreten und mit niemandem eine Unterredung haben, auch nicht mit jemandem essen und trinken, solange bis sie sich trennen, und danach soll er/sie vier Jahre fasten, eines davon bei Wasser und Brot.
271. Appendix Me_1 c. 148 (ed. KOTTJE), S. 165: Wenn jemand, der verheiratet ist, Unzucht getrieben hat und seine Ehefrau anwesend gewesen ist, soll er 42 Wochen fasten. Wenn er nicht 42 Wochen gänzlich fasten kann, aber über Geld verfügt, soll er zur Rettung seiner Seele von seinen Arbeiten bezahlen. Wenn er reich ist, gebe er für sich 20 Schillinge. Wenn er nicht so viel geben will, gebe er zehn Schillinge und wenn er sehr arm ist, gebe er drei Schillinge und faste 22 Wochen; und niemanden soll das stören, weil wir es verordnen, dass er 20 Schillinge geben soll, entweder mehr oder weniger. Denn es fällt ihm leichter, 20 Schillinge zu geben, wenn er reich ist, als jenen Armen, die drei oder einen Schilling geben sollen; und wenn es irgendjemand nicht beachtet, wem er es geben soll, sollen sie es zum Loskauf der Gefangenen, für den heiligen Altar oder für die christlichen Armen geben.

Handschrift *voluerit* vermerkt ist. Hinzu kommt, dass ein Kanon der Judicia Theodori Ba ein solches Gelübde ausdrücklich für ungültig erklärt (vgl. Judicia Theodori Ba c. 37 (ed. ASBACH), S. 83 [Anhang P 61, S. 222]); zum Gesamtproblem vgl. Teil A, II.3.a, S. 76–82.

69 Das *similiter* bezieht sich auf den vorangehenden Kanon des Bußbuchs, in dem ein ähnlicher Fall verhandelt wird: nämlich die Bekehrung eines Mönches mit der Erlaubnis des Abtes.

Paenitentiale Martenianum
(9. Jahrhundert)

272. Paenitentiale Martenianum c. 24 (ed. VON HÖRMANN), S. 370: De in|cestis canon*um* Arlatin*ensium* cap*itulum* X | De his qui coniuges suas in adulterio depre|hendunt *et* iidem sunt adulescentes | fideles *et* prohibentur nubere placuit | ut quantum possit consilium eis de*t*ur | ne alias uxores viventibus uxoribus | suis lic*et* adulteris accipiant. |

273. Paenitentiale Martenianum c. 25 (ed. VON HÖRMANN), S. 370f: Mulier si duobus fratribus | nupserit abiciatur usque ad | mortem. Verum tamen in exitu | propter misericordiam si promiserit | quod facta incolumis huius coniunctio|nis vincula dissolvat fructum peni|tentiae consequatur. quod si de|feccrit vir aut mulier in talibus | nuptiis difficilis erit paenitentia || in vita permanenti. |

274. Paenitentiale Martenianum c. 26 (ed. VON HÖRMANN), S. 371f: [1] Canones Apoenins*es*. | Incestis coniunctionibus nihil prorsus | veniae reservamus. Nisi cum adulte|rium separatione sanaverint. In|cestus vero nec ullo coniugii nomine prae|valendos prae*t*er illos quos vel nomi|nare funestum es*t* hoc *esse* censuimus. | [2] si quis relictam fratris quae paene | prius soror exstiterat carnali con|iunctione violaverit si quis frater | germanam uxoris accipiat. si quis | novercam duxerit. si quis consubrinae | que (se) soci*et* quod ut a presente tempo|re prohibemus ita ea quae sunt ante|rius instituta non solvimus. si quis | relictae abunculi misceatur aut | patrui vel privignae id es*t* philiastrae || concubitu polluatur. sane quibus con|iunctio inlicita interdicitur habeantur | ineundi melioris coniugii libertatem. |

275. Paenitentiale Martenianum c. 27 (ed. VON HÖRMANN), S. 372: Interrogat*um* Augu*stini*. si debeant duo | germani f*r*a*tres* singulas sorores | accipere q*u*a*e* su*nt* ab illis longa pro|genie generatae | Respondit g*regorius*. hoc fieri modis | omnibus lic*et* nequaquam | enim in sacris eloquiis. inveniatur | quod huic capitulo contradicere vide|atur.

276. Paenitentiale Martenianum c. 28 (ed. VON HÖRMANN), S. 372f: [1] Et in alio loco. | Duo f*r*a*tres* duas sorores *et* coniugio | possunt habere, quidam pater | *et* filius matrem *et* filiam. [2] In tertia propinquita|te carnis licet nubere se|cundum Grec*os*. || Sicut in lege scriptum es*t* in quinta secun|dum romanos. tamen in tertia non | solvunt postquam factum fuerit. [3] er|go in quinta generatione coniugantur| Quarta si inventi fuerint non sepa|rantur. tertia separantur. in ter|tia tamen propinquitate non licet | uxorem alterius accipere post obit*um* | eius.

Paenitentiale Martenianum
(9. Jahrhundert)

272. Paenitentiale Martenianum c. 24 (ed. VON HÖRMANN), S. 370: Das Kapitel zehn der Kanones von Arles über die Inzestuösen. Über diejenigen, die ihre Ehegatten beim Ehebruch ertappen und gläubige Jugendliche sind und daran gehindert werden, zu heiraten, [über die] ist beschlossen worden, dass ihnen nach Möglichkeit der Ratschlag gegeben wird, dass es ihnen nicht erlaubt sei, andere Ehefrauen anzunehmen, solange ihre Ehefrauen noch leben, auch wenn diese Ehebrecherinnen sind.
273. Paenitentiale Martenianum c. 25 (ed. VON HÖRMANN), S. 370f: Wenn eine Frau zwei Brüder geheiratet hat, soll sie bis zum Tod verstoßen werden. Gleichwohl soll sie im Todesfall um der Barmherzigkeit willen in den Genuss der Buße gelangen, wenn sie versprochen hat, dass sie nach ihrer Genesung das Band dieser Ehe lösen werde. Wenn Mann oder Frau in einer so beschaffenen Ehe gestorben sind, wird die Buße für denjenigen, der überlebt, schwierig sein.
274. Paenitentiale Martenianum c. 26 (ed. VON HÖRMANN), S. 371f: [1] Kanon von Epaon. Inzestuöse eheliche Verbindungen erhalten ganz und gar keine Gnade, außer wenn sie den Ehebruch durch Trennung geheilt haben. Wir haben bestimmt, dass Inzest nicht unter dem Namen der Ehe zu gelten hat; darüber hinaus ist es verderblich, sie sogar beim Namen zu nennen. [2] Wenn jemand die Witwe des Bruders, die früher sogar wie die Schwester des Fleisches gewesen ist, durch eine fleischliche Verbindung verletzt hat; wenn ein Bruder die Schwester der Ehefrau angenommen hat. Wenn jemand die Stiefmutter heimgeführt hat. Wenn sich jemand mit der Cousine ersten Grades verbunden hat. Dies verbieten wir vom gegenwärtigen Zeitpunkt an. Die vorher geschlossenen Eheverbindungen lösen wir nicht. Wenn sich jemand mit der Witwe des Onkels mütterlicher- oder väterlicherseits vermischt oder mit der Stieftochter (*privigna*), das ist die Stieftochter (*filiastra*), durch Geschlechtsverkehr befleckt worden ist. Fürwahr wird jenen, denen eine unerlaubte eheliche Verbindung verboten wird, die Freiheit überlassen, eine bessere Ehe einzugehen.
275. Paenitentiale Martenianum c. 27 (ed. VON HÖRMANN), S. 372: Frage des Augustinus: Ob zwei leibliche Brüder einzelne Schwestern annehmen sollen, die durch Abstammung weit voneinander entfernt sind. Gregor hat geantwortet: Dies darf auf allerlei Weise geschehen, denn es ist durchaus nichts in den Heiligen Schriften zu finden, was dieser Satzung zu widersprechen scheint.
276. Paenitentiale Martenianum c. 28 (ed. VON HÖRMANN), S. 372f: [1] Und an anderer Stelle: Zwei Brüder können auch zwei Schwestern haben, ein Vater und ein Sohn Mutter und Tochter. [2] Im dritten Verwandtschaftsverhältnis ist es gemäß den Griechen erlaubt, zu heiraten. So wie es im Gesetz geschrieben steht, gemäß den Römern im fünften. Dennoch sollen sie sich im dritten nicht trennen, nachdem es geschehen ist. [3] Also dürfen sie in der fünften Generation ehelich verbunden werden. Wenn sie in der vierten aufgefunden werden, sollen sie nicht getrennt werden. In der dritten sollen sie getrennt werden. Im dritten Verwandtschaftsverhältnis ist es dennoch nicht erlaubt, dass ein Mann die Ehefrau eines anderen nach dessen Tod annimmt.

277. Paenitentiale Martenianum c. 30,3 (ed. VON HÖRMANN), S. 374: Si quis cummatrem spiritalem duxerit I in coniugium anathema sit. I

278. Paenitentiale Martenianum c. 30,4 (ed. VON HÖRMANN), S. 374: Si quis fratris uxorem duxerit in coniu|gium anathema sit. I

279. Paenitentiale Martenianum c. 30,5 (ed. VON HÖRMANN), S. 374: Si quis neptem in coniugium sociaverit I anathema sit. I

280. Paenitentiale Martenianum c. 30,6 (ed. VON HÖRMANN), S. 374: Si quis novercam aut nurum duxerit I in coniugium anathema sit. I

281. Paenitentiale Martenianum c. 30,7 (ed. VON HÖRMANN), S. 374: Si quis consubrinam in coniugium duxe|rit similiter anathema sit.

282. Paenitentiale Martenianum c. 30,8 (ed. VON HÖRMANN), S. 374: Si quis de propria cognatione vel quam cognatus habuit duxerit in coniugium I anathema sit.

283. Paenitentiale Martenianum c. 31 (ed. VON HÖRMANN), S. 374f: INvenimus etiam in aliorum de|cretis quod si nescientes sicut I adsolet ecclesiasticam consti|tutionem per neglegentiam nostri temporis I sacordotum in quarto vel quinto vel sexto I gradu cognationis id. est cumsanguinitatis I in coniugio copulati fuerint non separen|tur sed tamen istud non inlegitime sed I veniabiliter concessum esse noscatis. I Idcirco prius cavendum est ne hoc omni|no proveniat. In tertio vero vel secundo I quod absit gradu si contigerit talis co|pula separari oportet.

284. Paenitentiale Martenianum c. 33 (ed. VON HÖRMANN), S. 376: De consanguinitate I in coniugio. I Intellege quid lex loquitur non mi|nus nec plus. quod autem observatur I apud nos ut quattuor genera divi|dantur nec vidisse dicunt nec legisse I.

285. Paenitentiale Martenianum c. 37 (ed. VON HÖRMANN), S. 377f: Augustinus ait qualis. esse debet I uxor quae habenda est. I Id est si virgo casta si disponsata in vir|ginitate si dotata legitime et a pa|rentibus tradita et a sponso et para|nimphis eius accipienda ita secundum legem et evangelium. publicis nuptiis ho|neste in coniugium legitime sumenda I est et omnibus diebus vitae suae nisi ex I consensu et causa vacandi deo numquam I a viro suo separanda est excepto for|nicationis causa. si enim fornica|ta fuerit relinquenda est sed illa I vivente altera non ducenda est quia I adulteri regnum dei non possedebunt I.

286. Paenitentiale Martenianum c. 38 (ed. VON HÖRMANN), S. 378: De adulterio. II Vir qui uxorem suam invenit I adulteram. et non vult demittere I eam. sed in matrimonio suo adhuc I habere annos II peniteat et ieiunia re|legiosa exerceat

277. Paenitentiale Martenianum c. 30,3 (ed. VON HÖRMANN), S. 374: Wenn jemand die Patin/geistliche Mitmutter in die Ehe geführt hat, sei er mit dem Kirchenbann belegt.
278. Paenitentiale Martenianum c. 30,4 (ed. VON HÖRMANN), S. 374: Wenn jemand die Ehefrau des Bruders in die Ehe geführt hat, sei er mit dem Kirchenbann belegt.
279. Paenitentiale Martenianum c. 30,5 (ed. VON HÖRMANN), S. 374: Wenn jemand die Nichte/Enkelin geheiratet hat, sei er mit dem Kirchenbann belegt.
280. Paenitentiale Martenianum c. 30,6 (ed. VON HÖRMANN), S. 374: Wenn jemand die Stiefmutter oder die Schwiegertochter in die Ehe geführt hat, sei er mit dem Kirchenbann belegt.
281. Paenitentiale Martenianum c. 30,7 (ed. VON HÖRMANN), S. 374: Wenn jemand die Cousine ersten Grades in die Ehe geführt hat, sei er gleichermaßen mit dem Kirchenbann belegt.
282. Paenitentiale Martenianum c. 30,8 (ed. VON HÖRMANN), S. 374: Wenn jemand eine aus der eigenen Verwandtschaft oder eine, die ein Verwandter gehabt hat, in die Ehe geführt hat, sei er mit dem Kirchenbann belegt.
283. Paenitentiale Martenianum c. 31 (ed. VON HÖRMANN), S. 374f: Wir finden auch in Dekreten anderer Autoren, dass diejenigen, die – wie üblich wegen Unwissenheit der kirchlichen Bestimmungen, welche durch die Nachlässigkeit des Priestertums unserer Zeit veranlasst wird – im vierten oder fünften oder sechsten Grad der Verwandtschaft, das heißt Blutsverwandtschaft, ehelich verbunden werden, nicht getrennt werden sollen. Ihr sollt aber wissen, dass dies dennoch nicht unrechtmäßig, sondern aus Nachsicht zugestanden worden ist. Deshalb muss man zuerst Fürsorge tragen, dass sich dies überhaupt nicht ereignet. Im dritten oder zweiten Grad – was fern sei – gehört es sich, dass sie, wenn es zu einer solchen Verbindung kommt, getrennt wird.
284. Paenitentiale Martenianum c. 33 (ed. VON HÖRMANN), S. 376: Über die Blutsverwandtschaft in der Ehe. Bemerke, was das Gesetz sagt, nicht weniger, aber auch nicht mehr. Sie sagen, dass sie weder gesehen noch gelesen hätten, was von uns jedoch beachtet wird, nämlich dass vier Generationen getrennt werden sollen.
285. Paenitentiale Martenianum c. 37 (ed. VON HÖRMANN), S. 377f: Augustinus sagt, wie eine Ehefrau sein muss, mit welcher man zusammenleben muss. Das heißt, wenn [sie] eine reine Jungfrau [ist], wenn sie in Jungfräulichkeit verlobt worden ist, wenn sie rechtmäßig dotiert worden und von den Eltern/Verwandten übergeben worden und von dem Bräutigam und von seinen Dienern anzunehmen ist, so [sei es] gemäß dem Gesetz und dem Evangelium. [Sie ist] durch öffentliche Hochzeit ehrenvoll in rechtmäßiger Ehe anzunehmen und [sie ist] niemals durch alle Tage ihres Lebens – außer mit Zustimmung ihres Mannes und um sich Gott zu widmen – von ihrem Mann zu trennen, außer im Falle der Unzucht. Wenn sie nämlich unzüchtig gewesen ist, muss sie entlassen werden, aber er darf – solange sie noch lebt – keine andere annehmen, weil Ehebrecher das Reich Gottes nicht besitzen werden.
286. Paenitentiale Martenianum c. 38 (ed. VON HÖRMANN), S. 378: Über den Ehebruch. Ein Mann, der seine Ehefrau beim Ehebruch ertappt und sie nicht entlassen, sondern weiterhin in seiner Ehe haben will, soll zwei Jahre Buße tun

et quamdiu ipsa | paeneteat absteneat se a matri|monio eius quia adulterium illa | perpetrave*rit*.

287. Paenitentiale Martenianum c. 40 (ed. von Hörmann), S. 378: Mulier adultera si est *et* vir eius | non vult habitare cum illa | si vult illa monasterium intrare | quartam partem suae heredita|tis obtineat si non vult nihil habeat.

288. Paenitentiale Martenianum c. 41 (ed. von Hörmann), S. 378f: Vir *et* mulier (si) coniunxerint se || in matrimonio *et* postea dixerit | mulier de viro non posse nubere cum | ea si quis potest probare quod veru*m* | es*t* accipiat alium.

289. Paenitentiale Martenianum c. 42 (ed. von Hörmann), S. 379: Ab ostibus capta. | Cuius uxorem hostis abstulerit | *et* non potest repe*t*ere eam lic*et* | ei aliam accipere melius es*t* quam | fornicare si postea redditur uxor | non deb*et* recipere eam si aliam ha|be*t* sed ipsa accipiat alterum viru*m* | si unum ante habuerit. eadem scn|tentia stat de servis transmarinis |

290. Paenitentiale Martenianum c. 50,16 (ed. von Hörmann), S. 387: Qui cum sorore sua fornicat | XII anno*s* pen*itea*t alii XV iudicant. ||

291. Paenitentiale Martenianum c. 50,17 (ed. von Hörmann), S. 387: Si cum matre fornicaverit XV annos | pen*itea*t *et* numquam mut*et* nisi diebus | dominicis. |

292. Paenitentiale Martenianum c. 50,18 (ed. von Hörmann), S. 388: Si mater cum filio parvulo fornica|tionem imitatur annos. III pen*itea*t *et* III | quadragesimas *et* legitimas fer*ias*.

Paenitentiale Pseudo-Romanum
(8./9. Jahrhundert)

293. Paenitentiale Pseudo-Romanum c. 14 (ed. Schmitz 1), S. 476: Si quis de alterius uxore filium genuerit, id est, adulterium commiserit, ac torum proximi sui violaverit, III annos poeniteat, abstineat se a cibis succulentioribus et a propria uxore, dans insuper pretium pudicitiae marito uxoris violatae.

294. Paenitentiale Pseudo-Romanum c. 15 (ed. Schmitz 1), S. 476: Si quis adulterare voluerit, et non potuerit, id est non fuerit susceptus, quadraginta dies poeniteat.

295. Paenitentiale Pseudo-Romanum, De incestis (ed. Schmitz 1), S. 486: Si quis accepit filiam uxoris, hunc non potestatis judicare, nisi prius separentur. Postquam separati fuerint, unicuique eorum imponas hebdomadas XIV, et iterum nunquam se jungant. […].

und heiliges Fasten üben und solange sie selbst Buße tut, soll er sich von seiner Ehe [d. h. vom Geschlechtsverkehr mit ihr] fernhalten, weil jene den Ehebruch begangen hat.
287. Paenitentiale Martenianum c. 40 (ed. VON HÖRMANN), S. 378: Wenn eine Frau Ehebruch begangen hat und ihr Mann nicht mit ihr leben will, soll sie – wenn sie ins Kloster eintreten will – den vierten Teil ihres Erbes erhalten; wenn sie es nicht will, erhalte sie nichts.
288. Paenitentiale Martenianum c. 41 (ed. VON HÖRMANN), S. 378f: Wenn Mann und Frau sich in der Ehe verbunden haben und später die Frau von ihrem Mann gesagt hat, dass er keinen Geschlechtsverkehr mit ihr haben kann, soll sie – wenn es jemand beweisen kann, dass es wahr ist – einen anderen annehmen.
289. Paenitentiale Martenianum c. 42 (ed. VON HÖRMANN), S. 379: Von Feinden Geraubte. Wessen Ehefrau ein Feind geraubt hat und er sie nicht zurückerhalten kann, [so] ist es ihm erlaubt, eine andere anzunehmen, [was] besser ist, als Unzucht zu treiben; wenn die Ehefrau später zurückgegeben wird, muss er diese nicht zurücknehmen, wenn er eine andere hat, sondern sie selbst soll einen anderen Mann annehmen, wenn sie vorher [nur] einen hatte; dieselbe Lehre gilt für überseeische abhängige Männer/Menschen.
290. Paenitentiale Martenianum c. 50,16 (ed. VON HÖRMANN), S. 387: Wer mit seiner Schwester Unzucht getrieben hat, soll zwölf Jahre Buße tun, andere urteilen 15.
291. Paenitentiale Martenianum c. 50,17 (ed. VON HÖRMANN), S. 387: Wenn [jemand] mit der Mutter Unzucht getrieben hat, soll er 15 Jahre Buße tun und niemals [daran etwas] ändern, außer an den Tagen des Herrn.
292. Paenitentiale Martenianum c. 50,18 (ed. VON HÖRMANN), S. 388: Wenn die Mutter mit ihrem kleinen Sohn Unzucht nachahmt, soll sie drei Jahre Buße tun, drei 40tägige Fastenzeiten und an den kirchlich festgesetzten Werktagen.

Paenitentiale Pseudo-Romanum
(8./9. Jahrhundert)

293. Paenitentiale Pseudo-Romanum c. 14 (ed. SCHMITZ 1), S. 476: Wenn jemand mit der Ehefrau eines anderen ein Kind gezeugt hat, das heißt Ehebruch begangen und das Bett seines Nächsten verletzt hat, soll er drei Jahre Buße tun. Er soll sich von gehaltvollen Speisen und von seiner Ehefrau fernhalten. Darüber hinaus soll er dem Mann dieser Frau den Preis für die verletzte Keuschheit zahlen.
294. Paenitentiale Pseudo-Romanum c. 15 (ed. SCHMITZ 1), S. 476: Wenn jemand Ehebruch begehen wollte, aber nicht konnte, das heißt, dass er nicht aufgenommen worden ist, soll er 40 Tage Buße tun.
295. Paenitentiale Pseudo-Romanum, De incestis (ed. SCHMITZ 1), S. 486: Wenn jemand die Tochter der Ehefrau angenommen hat, kann darüber nicht eher geurteilt werden, bis sie getrennt werden. Nachdem sie getrennt worden sind, ist jedem Einzelnen von ihnen 14 Wochen Fasten aufzuerlegen; und sie sollen sich wiederum niemals verbinden.[…].

296. Paenitentiale Pseudo-Romanum, De adulterio (ed. SCHMITZ 1), S. 487: Si mulier deceperit[70] matris suae maritum, illa non potest judicari, donec relinquat eum. Cum separati fuerint, jejunet hebdomadas XIV. [...].

Hrabanus Maurus, Poenitentium liber ad Otgarium
(Mitte 8. Jahrhundert)

297. Hrabanus Maurus, Poenitentium liber ad Otgarium Cap. 2 (PL 112), Sp. 1405Af: *De incestis conjunctionibus.* De incestis conjunctionibus in concilio Agathensi, cap. 61, ita scriptum est: Incestis conjugiis nihil prorsus veniae reservamus, nisi cum adulterium separatione sanaverint. Incestos vero nullo conjugii nomine deputandos, quos etiam designare funestum est. Hos enim esse censemus: Si quis relictam fratris, quae pene prius soror exstiterat, carnali conjunctione violaverit. Si quis fratris germanam uxorem acceperit. Si quis novercam duxerit. Si quis consobrinae suae se sociaverit. Quod ita praesenti tempore prohibemus, ut ita ea quae sunt ante nos constituta non dissolvamus. Si quis relictae vel filiae aut avunculi misceatur, aut patris filiae vel privignae suae concubitu polluatur. Sane quibus conjunctio illicita interdicitur, habebunt ineundi melioris conjugii libertatem. Item de eisdem in concilio Aurelianensi, cap. 14, scriptum est: Ne frater super thorum defuncti fratris ascendat. Ne quisquam, amissa uxore, sorori audeat sociari. Quod si fecerit, ab ecclesiastica districtione feriatur. [...] Item de his in Ancyrano concilio, cap. 24, ita scriptum est: Quidam sponsam habens, sororem ejus violavit, et gravidam reddidit: postmodum desponsatam sibi duxit uxorem. Illa vero quae corrupta est laqueo se peremit. Hi qui fuerunt conscii, post decennem satisfaetionem jussi sunt suscipere gradus poenitentiae constitutos. Item in Neocaesariensi concilio, cap. 2, ita dictum est de his quae duobus fratribus nupserint, vel qui duas sorores uxores acceperint: Mulier si duobus fratribus nupserit, abjiciatur usque ad mortem. Verumtamen in exitu propter misericordiam, si promiserit quod facta incolumis hujus conjunctionis vincula dissolvat, fructum poenitentiae consequatur. Quod si defecerit mulier aut vir in talibus nuptiis, difficilis erit poenitentia in vita permanenti. Item de his qui duabus sororibus copulantur, in Heliberritano concilio, cap. 61, ita scriptum est: Si quis post obitum uxoris suae sororem ejus duxerit, et ipsa fuerit fidelis, quinquennium a communione placuit abstineri, nisi forte velocius dari pacem necessitas coegerit infirmitatis. Item de muliere quae duos fratres sumit in conjugio, vel vir qui duas sorores habuerit, in concilio Martini episcopi, cap. 78, ita scriptum est: Si qua mulier duos fratres, aut si quis vir duas sorores duxerit, a communione abstineant usque ad mortem. In morte eis communio pro misericordia detur. Si vero supervixerint communione accepta, et de infirmitate convaluerint, agant plenam poenitentiam tempore constituto.

---

70 *acceperit.*

296. Paenitentiale Pseudo-Romanum, De adulterio (ed. SCHMITZ 1), S. 487: Wenn eine Frau den Ehemann ihrer Mutter geheiratet hat[70], kann über jene nicht geurteilt werden, solange sie ihn nicht verlassen hat. Wenn sie getrennt worden sind, soll sie 14 Wochen fasten. [...].

Hrabanus Maurus, Poenitentium liber ad Otgarium
(Mitte 8. Jahrhundert)

297. Hrabanus Maurus, Poenitentium liber ad Otgarium Cap. 2 (PL 112), Sp. 1405Af: Über inzestuöse eheliche Verbindungen. Über inzestuöse eheliche Verbindungen steht im Konzil von Agde, Kap. 61, das Folgende geschrieben: Bei inzestuösen ehelichen Verbindungen üben wir überhaupt keine Nachsicht, außer wenn sie den Ehebruch durch Trennung geheilt haben. Wir legen nämlich fest, dass Inzestuöse, von denen man aber nicht glauben darf, dass sie sich in einem ›Ehe‹ genannten Zustand befinden, [dass Inzestuöse,] die sogar [allein schon] zu benennen verwerflich sind, die Folgenden sind: Wenn jemand die Witwe des Bruders, die früher fast [wie] eine Schwester gewesen ist, durch eine fleischliche Verbindung verletzt hat. Wenn jemand die Schwester des Bruders als Ehefrau angenommen hat. Wenn jemand die Stiefmutter heimgeführt hat. Wenn sich jemand mit seiner Cousine ersten Grades verbunden hat. Dies verbieten wir vom gegenwärtigen Zeitpunkt an, dass wir die [ehelichen Verbindungen], die vorher geschlossen worden sind, nicht auflösen. Wenn sich jemand mit der Witwe oder Tochter des Onkels mütterlicherseits vermischt oder mit der Tochter des Vaters oder seine Stieftochter durch Geschlechtsverkehr befleckt. Fürwahr werden jene, denen eine unerlaubte eheliche Verbindung verboten wird, die Freiheit haben, eine bessere Ehe einzugehen. Ebenso steht über dieselben im Konzil von Orléans, Kap. 14, geschrieben: Der Bruder soll das Ehebett des verstorbenen Bruders nicht besteigen. Niemand soll es wagen, sich mit der Schwester zu verbinden, nachdem er seine Ehefrau verloren hat. Wenn das jemand getan hat, soll er aus dem Bereich der Kirche gestoßen werden. [...] Ebenso steht über diese im Konzil von Ancyra, Kap. 24, geschrieben: Wer eine Braut hat und ihre Schwester verletzt hat und sie schwanger zurückgelassen hat: Späterhin hat er die, die mit ihm verlobt worden ist, als Ehefrau heimgeführt. Jene aber, die verletzt worden ist, hat sich erhängt. Denjenigen, die davon gewusst haben, wurde befohlen, nach einer Zeit von zehn Jahren Genugtuung die festgesetzten Grade der Buße auf sich zu nehmen. Ebenso ist auf dem Konzil von Neocaesarea, Kap. 2, über diejenigen, die zwei Brüder geheiratet, oder diejenigen, die zwei Schwestern als Ehefrauen angenommen haben, gesagt worden: Wenn eine Frau zwei Brüder geheiratet hat, soll sie bis zum Tod verstoßen werden. Gleichwohl soll sie im Todesfall um der Barmherzigkeit willen in den Genuss der Buße gelangen, wenn sie versprochen hat, dass sie nach ihrer Genesung das Band dieser Ehe lösen werde. Wenn Mann oder Frau in einer so beschaffenen Ehe gestorben sind, wird die Buße für denjenigen, der über-

70 *acceperit.*

298. Hrabanus Maurus, Poenitentium liber ad Otgarium Cap. 3 (PL 112), Sp. 1406Af:
[1] Adulterium autem non solum lex damnat, sed etiam evangelica auctoritas omnino fieri vetat. Unde et sancti Patres, coelesti magisterio imbuti, de hoc quid servandum sit sanciverunt. Nam in Ancyrano concilio, cap. 18., ita scriptum est: Si cujus uxor adulterata fuerit, vel si ipse adulterium commiserit, septem annorum poenitentiam agentem, oportet eum persequi secundum pristinos gradus. [2] Item in Africano concilio, cap. 69, de his qui uxores aut quae viros dimittunt, ut sic maneant, scriptum est: Placuit, ut secundum evangelicam et apostolicam disciplinam, neque dimissus ab uxore, neque dimissa a marito, alteri conjungatur, ut ita maneant, aut sibimet reconcilientur. Quod si contempserint, ad poenitentiam redigantur: in qua causa legem imperialem petendam promulgari. [3] Item in decretis Innocentii papae, cap. 24, scriptum est quod viri cum adulteris non conveniant. Et illud desideratum est sciri cur communicantes viri cum adulteris uxoribus non conveniant, cum contra uxores in consortio adulterorum virorum manere videantur. Super hoc Christiana religio adulterium in utroque sexu pari ratione condemnat. Sed viros suos mulieres non facile de adulterio accusant, et non habent latentia peccata vindictam. Viri autem liberius uxores adulteras apud sacerdotes deferre consueverunt: et ideo mulieribus, prodito earum crimine, communio denegatur. Virorum autem latente commisso, non facile quisquam ex suspicionibus abstinetur. Qui utique submovebitur, si ejus flagitium detegatur. Cum ergo par causa sit, interdum probatione cessante, vindictae ratio conquiescit. [4] Item in ejusdem decretis, cap. 27, scriptum est: Quod hi qui intercedente repudio divortium pertulerunt, si se aliis nuptiis adjunxerint, adulteri esse monstrentur. [5] De his etiam requisivit dilectio tua[71], qui, interveniente repudio, alii se matrimonio copularunt: [6] quos in utraque parte adulteros esse manifestum est. Qui vero vel uxore vivente, quamvis dissociatum videatur esse conjugium, ad aliam copulam festinarunt, neque possunt adulteri non videri: in tantum etiam, ut hae personae quibus tales conjuncti sunt, etiam ipsae adulterium commisisse videantur: secundum illud quod legimus in

---

71 Hier wird Otgar als Adressat des Buches angesprochen.

lebt, schwierig sein. Ebenso steht über diejenigen, die sich mit zwei Schwestern vereinigt haben, im Konzil von Elvira, Kap. 61, das Folgende geschrieben: Wenn jemand nach dem Tod seiner Frau ihre Schwester heimgeführt hat und sie selbst gläubig gewesen ist, hat man beschlossen, dass sie für eine Zeit von 15 Jahren von der Kommunion ferngehalten werden, außer dass vielleicht die Notwendigkeit einer Krankheit dazu zwingt, dass ihnen schneller der Friede gegeben wird. Ebenso steht über die Frau, die zwei Brüder geheiratet hat, oder den Mann, der zwei Schwestern gehabt hat, im Konzil des Bischofs Martin, Kap. 78, das Folgende geschrieben: Wenn eine Frau zwei Brüder oder wenn ein Mann zwei Schwestern heimgeführt hat, sollen sie sich bis zum Tod von der Kommunion fernhalten. Auf dem Sterbebett soll ihnen um der Barmherzigkeit willen die Kommunion gegeben werden. Wenn sie aber überleben, nachdem sie die Kommunion erhalten haben und von der Krankheit genesen sind, sollen sie die volle Buße in der festgesetzten Zeit tun.

298. Hrabanus Maurus, Poenitentium liber ad Otgarium Cap. 3 (PL 112), Sp. 1406Af: [1] Ehebruch aber verurteilt nicht nur das Gesetz, sondern auch die Autorität des Evangeliums verbietet gänzlich, dass es geschieht. Daher haben auch die heiligen Väter – erfüllt von himmlischer Lehre – darüber festgesetzt, was zu befolgen ist. Denn im Konzil von Ancyra, Kap. 18, steht geschrieben: Wenn jemandes Ehefrau Ehebruch begangen hat oder wenn er selbst Ehebruch betrieben hat, gehört es sich, dass er nach den früheren Abstufungen mit einer siebenjährigen Buße verfolgt wird. [2] Ebenso steht im afrikanischen Konzil, Kap. 69, über diejenigen geschrieben, die die Ehefrau, oder die, die den Mann verstoßen, dass sie so verbleiben sollen: Es wurde beschlossen, dass gemäß der Lehre des Evangeliums und der Apostel weder der, der von der Ehefrau, noch die, die vom Ehemann verstoßen worden ist, einen anderen heiraten dürfen, dass sie [vielmehr] so verbleiben oder miteinander versöhnt werden sollen. Wenn sie es verachten, sollen sie der Buße unterworfen werden: In dieser Angelegenheit ist es erwünscht, dass das kaiserliche Gesetz öffentlich bekannt gegeben wird. [3] Ebenso steht in den Dekreten des Papstes Innozenz, Kap. 24, geschrieben, dass Männer mit Ehebrecherinnen nicht zusammenkommen sollen. Und jenes ist wissenswert, warum kommunizierende Männer nicht mit ihren ehebrecherischen Ehefrauen zusammenkommen sollen, wenn im Gegenteil die Ehefrauen in der Gemeinschaft der ehebrecherischen Männer zu verbleiben scheinen. Diesbezüglich verurteilt die christliche Religion den Ehebruch beider Geschlechter mit dem gleichen Maßstab. Aber Frauen können ihre Männer nicht leicht des Ehebruchs anklagen und [so] gibt es keine Strafe für die im Verborgenen begangenen Sünden. Die Männer aber pflegen ehebrecherische Ehefrauen leichter bei den Priestern anzuklagen: Und deshalb wird den Frauen, nachdem ihre Straftat bekannt gemacht worden ist, die Kommunion verweigert. Durch das heimliche Vergehen der Männer aber ist es nicht leicht, dass jemand auf Verdacht erwischt wird. Der wird sich gewiss entziehen können, wenn seine Schandtat aufgedeckt wird. Obwohl also der Fall für Männer und Frauen gleich gelagert ist, wird das Strafverfahren manchmal aus Mangel an Beweisen ruhen. [4] Ebenso steht in Kap. 27 desselben Dekrets geschrieben: Dass diejenigen, die eine Trennung durchführen, nachdem sie eine Ehescheidung zustande gebracht haben und sich durch andere Hochzeiten

Evangelio: « Qui dimiserit uxorem suam, et aliam duxerit, moechatur. Similiter et qui dimissam duxerit, moechatur *(Matth. v).* » [7] Et ideo omnes a communione abstinendos. [8] De parentibus autem aut propinquis eorum nihil tale statui potest, nisi incentores illiciti consortii fuisse detegantur. [9] In concilio quoque Heliberritano, cap. 9, de feminis quae adulteros maritos reliquerunt, et aliis nubunt, scriptum est: Femina fidelis quae adulterum maritum reliquerit fidelem, et alterum ducit, prohibeatur ne ducat. Si duxerit, non prius accipiat communionem, nisi quem reliquit de saeculo exierit: nisi forte necessitas infirmitatis dare compulerit.

299. Hrabanus Maurus, Poenitentium liber ad Otgarium Cap. 4 (PL 112), Sp. 1407A:
[...] Item in eodem concilio, cap. 42, de eo qui uxorem habens saepius moechatur, scriptum est: Si quis fidelis habens uxorem, non semel, sed saepe fuerit moechatus, in fine mortis est conveniendus. Quod si promiserit se cessaturum, detur ei communio. Si resuscitatus rursus fuerit moechatus, placuit ulterius non ludere eum de communione pacis. [...].

300. Hrabanus Maurus, Poenitentium liber ad Otgarium Cap. 7 (PL 112), S. 1408Df:
In decretis quoque Innocentii papae, cap. 37, scriptum est: Quod si cujus uxor in captivitatem fuerit abducta, et alteram maritus acceperit, revertente prima, secunda mulier debet excludi. [...].

301. Hrabanus Maurus, Poenitentium liber ad Otgarium Cap. 8 (PL 112), S. 1409B:
Quod aliud sit uxor, aliud concubina, et quod non sit conjugii duplicatio, quando, ancilla rejecta, uxor assumitur. In decretis Leonis papae, cap. 19, scriptum est quod aliud sit uxor, et aliud concubina. Nec erret quisquis filiam suam in matrimonium tradiderit ei qui habuit concubinam. Non omnis mulier viro juncta, uxor est viri: quia nec omnis filius haeres est patris. Nuptiarum autem foedera inter ingenuos sunt legitima, et inter aequales. Et multo prius hoc ipsum Domino constituente, quam initium Romani juris existeret. Itaque aliud est uxor, aliud concubina: sicut aliud ancilla, aliud libera. Propter quod etiam Apostolus ad manifestandam harum personarum discretionem, testimonium

verbunden haben, belehrt werden sollen, dass sie Ehebrecher sind. [5] Du hast mich, lieber Freund[71], aber gefragt, wie es mit denjenigen sei, die sich mit einer anderen in der Ehe verbinden, nachdem sie die Ehescheidung zustande gebracht haben: [6] Es ist offenbar, dass beide Partner Ehebrecher sind. Diejenigen aber, die es eilig haben, eine andere Ehe [zu schließen], sogar während die Ehefrau noch lebt, obgleich sie aufgelöst zu sein scheint, können nur als Ehebrecher betrachtet werden: Allerdings sind auch diese Personen, mit denen die so Beschaffenen ehelich verbunden worden sind, als Ehebrecher zu bezeichnen gemäß dem, was wir im Evangelium lesen: ›Wer seine Ehefrau entlassen und eine andere heimgeführt hat, bricht die Ehe. Gleichermaßen aber bricht der die Ehe, der eine Entlassene heiratet‹. [7] Und deshalb müssen sich diese alle von der Kommunion fernhalten. [8] Über ihre Eltern/Verwandten aber oder Nächstverwandten kann nichts Derartiges entschieden werden, außer sie werden als Anstifter der unerlaubten Eheschließung entlarvt. [9] Auch im Konzil von Elvira, Kap. 9, steht über Frauen, die ihre ehebrecherischen Männer verlassen und andere heiraten, geschrieben: Der gläubigen Frau, die ihren ehebrecherischen Ehemann verlassen und einen anderen Gläubigen heimgeführt hat, wird verboten, dass sie ihn heimführt. Wenn sie ihn heimgeführt hat, soll sie nicht eher die Kommunion annehmen, es sei denn, dass der, den sie verlassen hat, gestorben ist: außer vielleicht die Notwendigkeit einer Krankheit zwingt es, sie ihr zu geben.

299. Hrabanus Maurus, Poenitentium liber ad Otgarium Cap. 4 (PL 112), Sp. 1407A: […] Ebenso steht in demselben Konzil, Kap. 42, über den geschrieben, der eine Ehefrau hat und sehr oft Ehebruch begeht. Wenn ein Gläubiger eine Ehefrau hat und nicht einmal, sondern oft Ehebruch begangen hat, [so] darf er erst angesichts des Todes wieder in die Gemeinschaft der Kirche aufgenommen werden. Und wenn er versprochen hat, dass er damit aufhört, soll ihm die Kommunion gegeben werden. Wenn er – wieder zum Leben erweckt – erneut Ehebruch begeht, haben wir beschlossen, dass er die Kommunion des Friedens nicht weiter auf die leichte Schulter nehmen soll.

300. Hrabanus Maurus, Poenitentium liber ad Otgarium Cap. 7 (PL 112), S. 1408Df: Auch im Dekret des Papstes Innozenz, Kap. 37, steht geschrieben: Wenn jemandes Ehefrau in Gefangenschaft weggeführt worden ist und der Ehemann eine andere angenommen hat, soll die zweite Frau – wenn die erste zurückkehrt – abgewiesen werden. […].

301. Hrabanus Maurus, Poenitentium liber ad Otgarium Cap. 8 (PL 112), S. 1409B: Die Ehefrau ist etwas anderes als die Konkubine und es stellt keine Verdoppelung einer Ehe dar, wenn eine Ehefrau angenommen wird, nachdem die abhängige Frau fortgeschickt worden ist. In den Dekreten des Papstes Leo, Kap. 19, steht geschrieben, dass die Ehefrau etwas anderes ist als die Konkubine. Auch irrt derjenige nicht, der seine Tochter dem, der eine Konkubine hat, in die Ehe gegeben hat. Nicht jede Frau ist mit dem Mann als Ehefrau des Mannes verbunden, weil auch nicht jeder Sohn der Erbe des Vaters ist. Rechtmäßige Hochzeitsverträge aber werden zwischen freien und gleichen Menschen ge-

---

71 Hier wird Otgar als Adressat des Buches angesprochen.

ponit ex Genesi, ubi dicitur Abrahae :« Ejice ancillam[72] et filium ejus. Non enim haeres erit filius ancillae cum filio meo Isaac *(Gen. XXI).*» Undecum societas nuptiarum ita ab initio constituta sit, ut praeter sexuum conjunctionem haberet in se Christi et Ecclesiae sacramentum, dubium non est eam mulierem non pertinere ad matrimonium, in qua docetur nuptiale non fuisse mysterium. Igitur cujuslibet loci clericus, si filiam suam viro habenti concubinam in matrimonium dederit, non ita accipiendum est, quasi eam conjugato dederit, nisi forte illa mulier et ingenua facta,et dotata legitime, et publicis nuptiis honestata videatur: paterno arbitrio viris junctae carent culpa si mulieres quae a viris habeantur in matrimonio non fuerunt, quia aliud est nupta, aliud concubina. [...].

302. Hrabanus Maurus, Poenitentium liber ad Otgarium Cap. 10 (PL 112), Sp. 1410B: *De illo qui concubinam super uxorem habet.* In Toletano concilio, cap. 7, scriptum est de eo qui uxorem habet, si concubinam habuerit, quod non communicet. Si quis habens uxorem fidelis, si concubinam habeat, non communicet. Caeterum is qui non habet uxorem, et pro uxore concubinam habet, a communione non repellatur: tantum ut unius mulieris aut uxoris aut concubinae, ut ei placuerit, sit conjunctione contentus. Alias vero vivens, abjiciatur donec desinat; et ad poenitentiam revertatur.

Hrabanus Maurus, Poenitentiale ad Heribaldum
(Mitte 8. Jahrhundert)

303. Hrabanus Maurus, Poenitentiale ad Heribaldum Cap. 20 (PL 110), Sp. 485C: nahezu wortidentisch mit Ders., Liber ad Otgarium Cap. 2 (PL 112), Sp. 1405Af [Anhang P 297, S. 276].
304. Hrabanus Maurus, Poenitentiale ad Heribaldum Cap. 21 (PL 110), Sp. 487D: nahezu wortidentisch mit Ders., Liber ad Otgarium Cap. 3 (PL 112), Sp. 1406B [Anhang P 298, S. 278f].
305. Hrabanus Maurus, Poenitentiale ad Heribaldum Cap. 22 (PL 110), Sp. 489A: nahezu wortidentisch mit Ders., Liber ad Otgarium Cap. 4 (PL 112), Sp. 1407B [Anhang P 299, S. 280].

---

72 Da es sich um ein Bibelzitat handelt, wurde die *ancilla* ausnahmsweise mit ›Magd‹ übersetzt.

schlossen. Und dieses ist vom Herrn bestimmt worden, lange bevor das römische Recht seinen Anfang nahm. Deshalb ist die Ehefrau etwas anderes als die Konkubine, so wie die abhängige Frau etwas anderes ist als die freie Frau. Deshalb legt auch der Apostel einen Beweis aus [dem Buch] der Genesis vor, um den Unterschied zwischen allen diesen Personen sichtbar zu machen, wo über Abraham gesagt wird: ›Schaffe diese Magd[72] und ihren Sohn weg! Denn der Sohn der Magd wird nicht zusammen mit meinem Sohn [gleich wie mein Sohn] Isaac Erbe sein (Gen XXI)‹. Daher ist die Gemeinschaft der Ehe von Anfang an so konstituiert worden, dass sie über die Verbindung der Geschlechter hinaus in sich das Sakrament Christi und der Kirche aufweist. Es besteht kein Zweifel, dass diese Frau sich nicht auf die Ehe bezieht, von welcher gelehrt wird, dass es kein eheliches Geheimnis ist. Wenn ein Kleriker irgendeines Ortes seine Tochter einem Mann, der eine Konkubine hat, in die Ehe gegeben hat, darf es deshalb nicht so verstanden werden, als hätte er sie einem Verheirateten gegeben, wenn nicht etwa jene Frau sowohl frei gemacht als auch rechtmäßig ausgesteuert worden ist und durch öffentliche Heirat geehrt zu sein scheint: Dem väterlichen Urteil folgend entbehren diejenigen [Frauen], die mit den Männern ehelich verbunden worden sind, der Schuld, wenn die Frauen, die von den Männern [zuvor] gehabt wurden, nicht in der Ehe gewesen sind, weil eine Ehefrau etwas anderes ist als eine Konkubine. […].

302. Hrabanus Maurus, Poenitentium liber ad Otgarium Cap. 10 (PL 112), Sp. 1410B: Im Konzil von Toledo, Kap. 7, steht über den geschrieben, der eine Ehefrau und dazu eine Konkubine hat, dass er nicht kommunizieren soll. Wenn ein Gläubiger, der eine Ehefrau hat, [auch] eine Konkubine hat, soll er nicht kommunizieren. Aber der, der keine Ehefrau und anstelle einer Ehefrau eine Konkubine hat, soll nicht von der Kommunion zurückgewiesen werden: Nur dass er sich mit der ehelichen Verbindung zu einer einzigen Frau zufrieden gebe – [sei es] Ehefrau oder Konkubine –, wie es ihm gefällt. Falls er jedoch anders als so lebt, soll er von der Kommunion so lange ferngehalten werden, bis er davon ablässt und sich zur Buße bekehrt.

Hrabanus Maurus, Poenitentiale ad Heribaldum
(Mitte 8. Jahrhundert)

303. Hrabanus Maurus, Poenitentiale ad Heribaldum Cap. 20 (PL 110), Sp. 485C: nahezu wortidentisch mit Ders., Liber ad Otgarium Cap. 2 (PL 112), Sp. 1405Af [Anhang P 297, S. 276].
304. Hrabanus Maurus, Poenitentiale ad Heribaldum Cap. 21 (PL 110), Sp. 487D: nahezu wortidentisch mit Ders., Liber ad Otgarium Cap. 3 (PL 112), Sp. 1406B [Anhang P 298, S. 278f].
305. Hrabanus Maurus, Poenitentiale ad Heribaldum Cap. 22 (PL 110), Sp. 489A: nahezu wortidentisch mit Ders., Liber ad Otgarium Cap. 4 (PL 112), Sp. 1407B [Anhang P 299, S. 280].

---

72 Da es sich um ein Bibelzitat handelt, wurde die *ancilla* ausnahmsweise mit ›Magd‹ übersetzt.

306. Hrabanus Maurus, Poenitentiale ad Heribaldum Cap. 26 (PL 110), Sp. 490B: [1] De his qui se gentilibus vel Judoeis junxerunt. Item de his quae se gentilibus vel Judaeis junxerunt, in concilio Arelatensi scriptum est: « Puellae fideles quae gentilibus junguntur, placuit ut aliquanto tempore a communione separentur. » [2] Item in concilio Elibertino, cap. 78, de fidelibus conjugatis, si cum Judaea vel gentili moechaverint, scriptum: « Si quis fidelis, habens uxorem, cum Judaea vel gentili fuerit moechatus, a communione arceatur. Quod si alius eam duxerit, post quinquennium, acta legitima poenitentia, poterit Dominicae communioni sociari.

307. Hrabanus Maurus, Poenitentiale ad Heribaldum Cap. 28 (PL 110), Sp. 490D: nahezu wortidentisch mit Ders., Liber ad Otgarium Cap. 10 (PL 112), Sp. 1410B [Anhang P 302, S. 282].

308. Hrabanus Maurus, Poenitentiale ad Heribaldum Cap. 29 (PL 110), Sp. 491A: *De conjugatis qui nubere non possunt.* Quod autem interrogasti de his qui matrimonio conjuncti sunt, et nubere non possunt: si ille aliam, vel illa alium ducere possit? non cum auctoritate, sed de quorumdam statutis respondemus, in quibus scriptum est: « Vir et mulier, si se conjunxerit matrimonio, et postea dixerit mulier de viro quod non possit ei nubere, si potest probare per justum indicium, quod verum sit, accipiat alium. »

Paenitentiale Pseudo-Theodori
(9. Jahrhundert)

309. Paenitentiale Pseudo-Theodori II,17,9 (ed. WASSERSCHLEBEN), S. 577: De observatione conjugatorum. [...] In primo conjugio presbiter debet missam agere, et benedicere ambos, sicut in Libro sacramentorum continetur, et postea abstineant se ab aecclesia XXX diebus, quibus peractis, poeniteant XL dies et vacent orationi, et postea communicent cum oblatione.

310. Paenitentiale Pseudo-Theodori II,17,10 (ed. WASSERSCHLEBEN), S. 577f: Presbiterium in nuptiis bigami prandere non convenit, quia, cum poenitentia bigamus egeat, quis erit presbiter, qui propter convivium, talibus nuptiis possit praebere concessum?

311. Paenitentiale Pseudo-Theodori IV,19,2 (ed. WASSERSCHLEBEN), S. 581: Si quis laicus propriam uxorem dimiserit, uxoremque alterius duxerit, VIII annos poeniteat.

312. Paenitentiale Pseudo-Theodori IV,19,5 (ed. WASSERSCHLEBEN), S. 581: Si uxoratus cum multis vacantibus faeminis unaque cum uxore alterius se polluit, VIII annis poeniteat.

306. Hrabanus Maurus, Poenitentiale ad Heribaldum Cap. 26 (PL 110), Sp. 490B: [1] Über diejenigen, die sich mit Heiden oder Juden ehelich verbunden haben. Ebenso steht über diejenigen, die sich mit Heiden oder Juden ehelich verbunden haben, im Konzil von Arles geschrieben: ›Über gläubige Mädchen, die mit Heiden ehelich verbunden werden, hat man beschlossen, dass sie für eine ziemlich lange Zeit von der Kommunion ferngehalten werden‹. [2] Ebenso steht im Konzil von Elvira, Kap. 78, über gläubige Ehegatten, wenn sie mit einer Jüdin oder einer Heidin Ehebruch begangen haben, geschrieben: ›Wenn irgendein Gläubiger, der eine Ehefrau hat, mit einer Jüdin oder Heidin Ehebruch begangen hat, [dann] soll er von der Kommunion ferngehalten werden. Wenn ein anderer diese heimgeführt hat, kann er nach fünf Jahren, wenn die rechtmäßige Buße getan worden ist, mit der Herren-Kommunion verbunden werden‹.
307. Hrabanus Maurus, Poenitentiale ad Heribaldum Cap. 28 (PL 110), Sp. 490D: nahezu wortidentisch mit Ders., Liber ad Otgarium Cap. 10 (PL 112), Sp. 1410B [Anhang P 302, S. 282].
308. Hrabanus Maurus, Poenitentiale ad Heribaldum Cap. 29 (PL 110), Sp. 491A: Über Eheleute, die keinen Geschlechtsverkehr haben können. Dies hast du bezüglich derjenigen gefragt, die in der Ehe verbunden worden sind, aber keinen Geschlechtsverkehr haben können: Ob jener eine andere oder jene einen anderen heimführen kann? Nicht mit Vollmacht, aber durch gewisse Satzungen antworten wir, in denen geschrieben steht: ›Wenn sich Mann und Frau in der Ehe verbunden haben und die Frau später vom Mann gesagt hat, dass er mit ihr den Geschlechtsakt nicht vollziehen kann: Wenn sie es durch ein angemessenes [d. h. stichhaltiges] Indiz beweisen kann, dass es wahr ist, möge sie einen anderen annehmen‹.

Paenitentiale Pseudo-Theodori
(9. Jahrhundert)

309. Paenitentiale Pseudo-Theodori II,17,9 (ed. WASSERSCHLEBEN), S. 577: Über die Regelung von Eheschließungen. [...] Bei der ersten Eheschließung soll der Priester eine Messe feiern und beide segnen, so wie es im Buch über die Sakramente festgehalten wird; später sollen sie sich 30 Tage von der Kirche fernhalten; nachdem sie das getan haben, sollen sie 40 Tage Buße tun und sich dem Gebet widmen; später sollen sie mit Opfergaben kommunizieren.
310. Paenitentiale Pseudo-Theodori II,17,10 (ed. WASSERSCHLEBEN), S. 577f: Die priesterliche Einsegnung ist bei der Eheschließung von Zweit-Eheschließenden nicht angebracht, denn welcher Priester würde, wenn der Zweit-Eheschließende keine Buße tut, wegen eines solchen Zusammenlebens eine so beschaffene Hochzeit genehmigen?
311. Paenitentiale Pseudo-Theodori IV,19,2 (ed. WASSERSCHLEBEN), S. 581: Wenn ein Laie seine eigene Ehefrau entlassen und die Frau eines anderen heimgeführt hat, soll er acht Jahre Buße tun.
312. Paenitentiale Pseudo-Theodori IV,19,5 (ed. WASSERSCHLEBEN), S. 581: Wenn sich ein Verheirateter mit vielen unverheirateten Frauen und mit der Frau eines anderen befleckt hat, soll er acht Jahre Buße tun.

313. Paenitentiale Pseudo-Theodori IV,19,7 (ed. WASSERSCHLEBEN), S. 581: Si uxoratus cum ancilla sua dormierit, I annum poeniteat, et in secundo anno III quadragesimas, cum legitimis feriis, et in tribus mensibus primis a sua uxore se abstineat. Illa si invita passa est, XL dies, si consentiens est, III XL ac legitimas ferias.

314. Paenitentiale Pseudo-Theodori IV,19,8 (ed. WASSERSCHLEBEN), S. 581: Si uxoratus intrat ad ancillam suam, eamque concubinam habuerit, I annum poeniteat, eamque liberam dimittat, maxime si ex ea filium genuerit.

315. Paenitentiale Pseudo-Theodori IV,19,9 (ed. WASSERSCHLEBEN), S. 581: Si ab aliquo sua discesserit uxor, et iterum reversa fuerit, suscipiat eam, et ipsa I annum in pane et aqua poeniteat. Si vero ille interim aliam duxerit, similiter poeniteat, eamque dimittat.

316. Paenitentiale Pseudo-Theodori IV,19,11 (ed. WASSERSCHLEBEN), S. 581: Si quis adulterare voluerit et non potuerit, id est, si non fuerit susceptus, XL dies poeniteat.

317. Paenitentiale Pseudo-Theodori IV,19,12 (ed. WASSERSCHLEBEN), S. 581f: Si quis legitimam uxorem habens dimiserit illam, et aliam duxerit, VII annos poeniteat. Illa vero, quam duxerit, non est illius, ideo non manducet, neque bibat, neque omnino in sermone sit cum illa, quam male accepit, neque cum parentibus illius, ipsi tamen, si consenserint, sint excommunicati, illa vero excommunicatio talis fiat, ut neque manducent, neque bibant cum aliis Christianis, neque in sacra oblatione participes existant, et a mensa Domini separentur, quousque fructum poenitentiae dignum, per confessionem et lacrimas, ostendant.

318. Paenitentiale Pseudo-Theodori IV,19,18 (ed. WASSERSCHLEBEN), S. 582: Mulier si adulterata est, et vir ejus non vult habitare cum ea, dimittere eam potest, juxta sententiam Domini, et aliam ducere; illa, si vult in monasterium intrare, IIII partem suae hereditatis obtineat.

319. Paenitentiale Pseudo-Theodori IV,19,19 (ed. WASSERSCHLEBEN), S. 582: Cujuscumque mulier adulterium perpetraverit, in potestate erit viri ejus, si vult, reconciliari mulieri adulterae; si reconciliaverit, non proficiscitur in clero vindicta illius, ad proprium enim virum pertinet.

320. Paenitentiale Pseudo-Theodori IV,19,23 (ed. WASSERSCHLEBEN), S. 582f: Si mulier discesserit a viro suo, despiciens eum, nolens revertere et reconciliari viro, post V annos, cum consensu aepiscopi, ipse aliam accipiat uxorem. Si continens esse non poterit, III annos poeniteat, quia, juxta sententiam Domini, moechus comprobatur.

313. Paenitentiale Pseudo-Theodori IV,19,7 (ed. WASSERSCHLEBEN), S. 581: Wenn ein Verheirateter mit seiner abhängigen Frau geschlafen hat, soll er ein Jahr Buße tun und im zweiten Jahr drei 40tägige Fastenzeiten [Buße tun] und die kirchlich festgesetzten Fastentage [einhalten] und er soll sich [darüber hinaus] in den ersten drei Monaten von seiner Frau enthalten. Jene aber, der es schuldlos widerfahren ist, soll 40 Tage [Buße tun]; wenn es in Übereinstimmung geschehen ist, soll sie drei 40tägige Fastenzeiten [Buße tun] und dazu die kirchlich festgesetzten Fastentage [einhalten].
314. Paenitentiale Pseudo-Theodori IV,19,8 (ed. WASSERSCHLEBEN), S. 581: Wenn ein Verheirateter bei seiner abhängigen Frau eintritt und diese zur Konkubine gehabt hat, soll er ein Jahr Buße tun und sie als frei entlassen, erst recht, wenn er ein Kind mit ihr gezeugt hat.
315. Paenitentiale Pseudo-Theodori IV,19,9 (ed. WASSERSCHLEBEN), S. 581: Wenn jemandes Ehefrau sich getrennt hat und wiederum zurückgekehrt ist, soll er sie aufnehmen; sie selbst soll ein Jahr bei Wasser und Brot Buße tun. Wenn jener aber inzwischen eine andere heimgeführt hat, soll er gleichermaßen Buße tun und diese [d. h. die neue Frau] entlassen.
316. Paenitentiale Pseudo-Theodori IV,19,11 (ed. WASSERSCHLEBEN), S. 581: Wenn jemand Ehebruch begehen wollte und nicht konnte, das heißt, wenn er nicht aufgenommen worden ist, soll er 40 Tage Buße tun.
317. Paenitentiale Pseudo-Theodori IV,19,12 (ed. WASSERSCHLEBEN), S. 581f: Wenn jemand seine rechtmäßige Ehefrau verlassen und eine andere heimgeführt hat, soll er sieben Jahre Buße tun. Jene aber, die er geheiratet hat, gilt nicht als die Seine. Deshalb soll er mit jener, welche er unrechtmäßig angenommen hat, nicht essen, nicht trinken noch überhaupt etwas reden, auch nicht mit ihren Eltern/Verwandten. Diese aber sollen exkommuniziert werden, wenn sie zugestimmt haben. Die Exkommunikation soll aber auf diese Weise geschehen, dass sie mit den anderen Christen weder essen noch trinken sollen, auch sollen sie zum heiligen Messopfer nicht als Teilnehmende erscheinen und vom Tisch des Herrn getrennt werden, bis sie die würdige Frucht der Buße durch Beichte und Tränen öffentlich tun.
318. Paenitentiale Pseudo-Theodori IV,19,18 (ed. WASSERSCHLEBEN), S. 582: Wenn die Frau die Ehe gebrochen hat und ihr Mann nicht länger mit ihr zusammen leben will, kann er sie gemäß den Worten des Herrn entlassen und eine andere annehmen. Jene erhält den vierten Teil ihres Erbes, wenn sie ins Kloster eintreten will.
319. Paenitentiale Pseudo-Theodori IV,19,19 (ed. WASSERSCHLEBEN), S. 582: Wessen Frau Ehebruch begangen hat, deren Mann hat die Macht, wenn er will, sich mit der ehebrecherischen Frau zu versöhnen; wenn er sich versöhnt hat, gelangt ihre Strafe nicht zum Klerus, denn sie gehört ihrem Mann.
320. Paenitentiale Pseudo-Theodori IV,19,23 (ed. WASSERSCHLEBEN), S. 582f: Wenn sich eine Frau von ihrem Mann getrennt hat, weil sie ihn verachtet, und nicht zu ihm zurückkehren und sich mit dem Mann versöhnen will, soll er nach fünf Jahren mit dem Einverständnis des Bischofs eine andere annehmen. Wenn er sich nicht zurückhalten konnte, soll er drei Jahre Buße tun, weil er sich gemäß der Lehre des Herrn als Ehebrecher erwiesen hat.

321. Paenitentiale Pseudo-Theodori IV,19,24 (ed. WASSERSCHLEBEN), S. 583: Si cujus uxor in captivitatem per vim ducta fuerit, et redimi non poterit, post annos VII potest alteram accipere. Item, si in captivitate ducta fuerit, et sperans, quod debet revertere, vir ejus V annos expectet. Similiter autem et mulier, si viro talia contigerint. Si igitur vir interim aliam duxerit uxorem, et prior iterum mulier de captivitate reversa fuerit, eam accipiat, posterioremque dimittat. Similiter autem et illa, sicut superius diximus, si viro talia contigerint, faciat.

322. Paenitentiale Pseudo-Theodori IV,19,27 (ed. WASSERSCHLEBEN), S. 583: Puella vero XVI vel XVII annorum sit in potestate parentum, post hanc aetatem, non licet parentes ejus dare eam in matrimonium, contra ejus voluntatem.

323. Paenitentiale Pseudo-Theodori IV,19,31 (ed. WASSERSCHLEBEN), S. 583: Si quis vir uxorem suam invenit adulteram, et non vult dimittere eam, sed in matrimonio suo adhuc habere, annis duobus poeniteat, duos dies in ebdomada, et III XL, aut quamdiu ipsa poeniteat, abstineat se a matrimonio ejus, quia adulterium perpetravit illa, ipsa vero VII annos poeniteat.

324. Paenitentiale Pseudo-Theodori IV,19,32 (ed. WASSERSCHLEBEN), S. 583: Si uxoratus uxorem alterius polluit, VII annos poeniteat.

325. Paenitentiale Pseudo-Theodori IV,19,33 (ed. WASSERSCHLEBEN), S. 583: Qui uxorem simul habet et concubinam, non communicet, tantum unius mulieris conjunctione sit contentus, alias vero vivens, abjiciatur, donec desinat, et ad poenitentiam revertatur, et quando ad poeniteniam venerit, I annum poeniteat, et in secundo anno III XL cum legitimis feriis.

326. Paenitentiale Pseudo-Theodori V,20,2 (ed. WASSERSCHLEBEN), S. 584: Si quis commatrem spiritalem in conjugio duxerit, anathema sit.

327. Paenitentiale Pseudo-Theodori V,20,3 (ed. WASSERSCHLEBEN), S. 584: Si quis fratris uxorem duxerit in conjugio, anathema sit.

328. Paenitentiale Pseudo-Theodori V,20,4 (ed. WASSERSCHLEBEN), S. 584: Si quis neptam duxerit in conjugio, anathema sit.

329. Paenitentiale Pseudo-Theodori V,20,5 (ed. WASSERSCHLEBEN), S. 584: Si quis proneptam aut abneptam duxerit in conjugio, anathema sit.

330. Paenitentiale Pseudo-Theodori V,20,6 (ed. WASSERSCHLEBEN), S. 584: Si quis de propria cognatione, vel quam cognatus habuit, duxerit in conjugio, anathema sit.

321. Paenitentiale Pseudo-Theodori IV,19,24 (ed. WASSERSCHLEBEN), S. 583: Wenn jemandes Ehefrau gewalttätig in Gefangenschaft geführt worden ist und nicht zurückgekauft werden kann, kann er nach sieben Jahren eine andere annehmen. Ebenso soll ihr Mann fünf Jahre abwarten, wenn sie in Gefangenschaft geführt worden ist und Hoffnung auf ihre Wiederkehr bestehen sollte. Gleichermaßen [soll es] aber auch eine Frau [tun], wenn dem Mann so beschaffene Dinge widerfahren. Wenn also der Mann in der Zwischenzeit eine andere Frau als Ehefrau heimgeführt hat und die Frau später wiederum aus der Gefangenschaft zurückkehrt, soll er diese annehmen und die spätere entlassen. Und gleichermaßen soll es auch jene machen, so wie wir es oben gesagt haben, wenn dem Mann so beschaffene Dinge widerfahren.
322. Paenitentiale Pseudo-Theodori IV,19,27 (ed. WASSERSCHLEBEN), S. 583: Das Mädchen aber soll 16 oder 17 Jahre in der Gewalt der Eltern sein; nach diesem Lebensalter ist es nicht erlaubt, dass ihre Eltern/Verwandten sie gegen ihren Willen in die Ehe geben.
323. Paenitentiale Pseudo-Theodori IV,19,31 (ed. WASSERSCHLEBEN), S. 583: Wenn ein Mann festgestellt hat, dass seine Ehefrau Ehebruch begangen hat, und er sie nicht entlassen, sondern weiterhin in der Ehe behalten will, soll er zwei Jahre Buße tun, zwei Tage die Woche und drei 40tägige Fastenzeiten oder: Solange sie selbst Buße tut, soll er sich von der Ehe mit ihr fernhalten, weil jene Ehebruch begangen hat; sie selbst soll sieben Jahre Buße tun.
324. Paenitentiale Pseudo-Theodori IV,19,32 (ed. WASSERSCHLEBEN), S. 583: Wenn ein Verheirateter die Ehefrau eines anderen befleckt hat, soll er sieben Jahre Buße tun.
325. Paenitentiale Pseudo-Theodori IV,19,33 (ed. WASSERSCHLEBEN), S. 583: Wer gleichzeitig eine Ehefrau und eine Konkubine hat, soll nicht kommunizieren und sich mit der Ehe mit einer Frau zufrieden geben; falls er aber anders leben wird, soll er verstoßen werden, bis er davon abläßt und sich zur Reue hingewendet hat; und wenn er zur Buße gekommen ist, soll er ein Jahr Buße tun und im zweiten Jahr dreimal 40 Tage und während der kirchlich festgesetzten Fastentage.
326. Paenitentiale Pseudo-Theodori V,20,2 (ed. WASSERSCHLEBEN), S. 584: Wenn jemand die Patin/geistliche Mitmutter in die Ehe geführt hat, sei er mit dem Kirchenbann belegt.
327. Paenitentiale Pseudo-Theodori V,20,3 (ed. WASSERSCHLEBEN), S. 584: Wenn jemand die Ehefrau des Bruders in die Ehe geführt hat, sei er mit dem Kirchenbann belegt.
328. Paenitentiale Pseudo-Theodori V,20,4 (ed. WASSERSCHLEBEN), S. 584: Wenn jemand die Nichte/Enkelin in die Ehe geführt hat, sei er mit dem Kirchenbann belegt.
329. Paenitentiale Pseudo-Theodori V,20,5 (ed. WASSERSCHLEBEN), S. 584: Wenn jemand die Urenkelin oder die Ururenkelin in die Ehe geführt hat, sei er mit dem Kirchenbann belegt.
330. Paenitentiale Pseudo-Theodori V,20,6 (ed. WASSERSCHLEBEN), S. 584: Wenn jemand die eigene Verwandte oder die, die ein Verwandter gehabt hat [d.h. die Angeheiratete], in die Ehe geführt hat, sei er mit dem Kirchenbann belegt.

331. Paenitentiale Pseudo-Theodori V,20,7 (ed. WASSERSCHLEBEN), S. 584: Si quis novercam, aut nurum suam, vel socrum suam, duxerit in conjugio, anathema sit.

332. Paenitentiale Pseudo-Theodori V,20,8 (ed. WASSERSCHLEBEN), S. 584: Si quis privignam suam duxerit in conjugio, anathema sit.

333. Paenitentiale Pseudo-Theodori V,20,9 (ed. WASSERSCHLEBEN), S. 584: Si quis viduam, nisi desponsaverit, furatus fuerit in uxorem, cum consentientibus eis, anathema sit.

334. Paenitentiale Pseudo-Theodori V,20,10 (ed. WASSERSCHLEBEN), S. 584: Si quis uxorem legitimam habens, et cum filia ejus, quae privigna dicitur, forsitan nesciens concubuerit, id est, aut nimio potu sopitus, vel etiam aestimans, quod propria uxor sit, V annos poeniteat, I in pane et aqua. Si vero scienter taliter peccat, VII vel XIIII annos, II in pane et aqua. Illa vero, si invita passa est, III annos poeniteat. Si consentiens est, IIII poeniteat, dimidiam in pane et aqua, et nunquam postea taliter se commisceant.

335. Paenitentiale Pseudo-Theodori V,20,12 (ed. WASSERSCHLEBEN), S. 584: Mulier si duobus fratribus nupserit, abjici eam debere oportet usque ad diem mortis, sed propter humanitatem, in extremis suis sacramento reconciliari oportet, illa tamen, ut, si forte sanitatem recuperaverit, matrimonio soluto, ad poenitentiam admittatur. Quod si defuncta fuerit mulier hujusmodi consortio constituta, difficilis erit poenitentia invita remanenti, quam sententiam tam viri quam mulieres tenere debent.

336. Paenitentiale Pseudo-Theodori V,20,13 (ed. WASSERSCHLEBEN), S. 584: Si quis cum matre fornicaverit, XV annos poeniteat, et nunquam mutet, nisi in die dominico.

337. Paenitentiale Pseudo-Theodori V,20,14 (ed. WASSERSCHLEBEN), S. 584: Si cum filia vel sorore fornicaverit, similiter poeniteat.

338. Paenitentiale Pseudo-Theodori V,20,15 (ed. WASSERSCHLEBEN), S. 584f: Si quis cum duabus cognatis scienter fornicationem fecerit, primitus anathematizetur, deinde X annos poeniteat. Similiter et illae, si consentientes sunt. Si vero quis ignoranter taliter peccat, VIII annos poeniteat, similiter et illa.

339. Paenitentiale Pseudo-Theodori, V,20,16 (ed. WASSERSCHLEBEN), S. 585: Qui cum fratre naturali fornicaverit, ab omni carne se abstineat XV annis.

340. Paenitentiale Pseudo-Theodori V,20,17 (ed. WASSERSCHLEBEN), S. 585: Si mater cum filio suo parvulo fornicationem immitatur, II annos poeniteat, et III XL, ac

331. Paenitentiale Pseudo-Theodori V,20,7 (ed. WASSERSCHLEBEN), S. 584: Wenn jemand seine Stiefmutter oder seine Schwiegertochter oder seine Schwiegermutter in die Ehe geführt hat, sei er mit dem Kirchenbann belegt.
332. Paenitentiale Pseudo-Theodori V,20,8 (ed. WASSERSCHLEBEN), S. 584: Wenn jemand seine Stieftochter in die Ehe geführt hat, sei er mit dem Kirchenbann belegt.
333. Paenitentiale Pseudo-Theodori V,20,9 (ed. WASSERSCHLEBEN), S. 584: Wenn jemand eine Witwe als seine Ehefrau erschlichen hat [und] wenn er nicht mit ihr verlobt ist, sei er zusammen mit denjenigen, die zugestimmt haben, mit dem Kirchenbann belegt.
334. Paenitentiale Pseudo-Theodori V,20,10 (ed. WASSERSCHLEBEN), S. 584: Wenn jemand eine rechtmäßige Ehefrau hat und mit deren Tochter, die Stieftochter genannt wird, vielleicht unwissend den Beischlaf vollzogen hat – das heißt entweder aufgrund von zu vielem Trinken betäubt oder auch glaubend, dass es die eigene Ehefrau ist –, soll er fünf Jahre büßen, eines bei Wasser und Brot. Wenn er aber wissentlich derartig sündigt, [soll er] sieben oder 14 Jahre [büßen], zwei bei Wasser und Brot. Jene aber, der es schuldlos widerfahren ist, soll drei Jahre Buße tun. Wenn es in Übereinstimmung geschehen ist, soll sie vier Jahre Buße tun, die Hälfte bei Wasser und Brot; und sie sollen später niemals derartigen Geschlechtsverkehr miteinander haben.
335. Paenitentiale Pseudo-Theodori V,20,12 (ed. WASSERSCHLEBEN), S. 584: Wenn eine Frau zwei Brüder geheiratet hat, gehört es sich, dass sie bis zum Todestag ausgestoßen werden muss; wegen der Menschlichkeit aber gehört es sich, dass sie am Lebensende zu den Sakramenten wieder zugelassen wird; gleichwohl soll jene, wenn sie die Gesundheit vielleicht wiedererlangt, zur Buße zugelassen werden, nachdem die Ehe gelöst worden ist. Wenn die Frau gestorben ist, nachdem eine derartige Gemeinschaft aufgestellt worden ist, wird die Buße wider Willen für den Überlebenden schwierig sein. Diese Regelung sollen sowohl die Männer als auch die Frauen einhalten.
336. Paenitentiale Pseudo-Theodori V,20,13 (ed. WASSERSCHLEBEN), S. 584: Wenn jemand mit der Mutter Unzucht getrieben hat, soll er 15 Jahre Buße tun und niemals [etwas daran] ändern, außer am Tag des Herrn.
337. Paenitentiale Pseudo-Theodori V,20,14 (ed. WASSERSCHLEBEN), S. 584: Wenn jemand mit der Tochter oder Schwester Unzucht getrieben hat, soll er auf die gleiche Weise büßen.
338. Paenitentiale Pseudo-Theodori V,20,15 (ed. WASSERSCHLEBEN), S. 584f: Wenn jemand wissentlich mit zwei Verwandten Unzucht getrieben hat, soll er zuerst mit dem Kirchenbann belegt sein und dann zehn Jahre Buße tun. Gleichermaßen [sollen es] auch jene [tun], wenn sie zugestimmt haben. Wenn aber jemand unwissentlich derartig sündigt, soll er acht Jahre Buße tun, gleichermaßen [sollen es] auch jene [tun].
339. Paenitentiale Pseudo-Theodori, V,20,16 (ed. WASSERSCHLEBEN), S. 585: Wer mit dem Bruder, der aus einer nicht-begüterten Ehe hervorgegangen ist, Unzucht getrieben hat, soll sich 15 Jahre von allem Fleisch fernhalten.
340. Paenitentiale Pseudo-Theodori V,20,17 (ed. WASSERSCHLEBEN), S. 585: Wenn die Mutter mit ihrem kleinen Sohn Unzucht nachahmt, soll sie zwei Jahre Buße

legitimas ferias, et diem I in unaquaque ebdomade jejunet ad vesperam.

341. Paenitentiale Pseudo-Theodori V,20,18 (ed. WASSERSCHLEBEN), S. 585: Si quis cum spiritali matre peccaverit, primitus, sicut superius dictum est, a sancta aecclesia anathematizetur, deinde VIII annos poeniteat, et nunquam postea cum illa se conjungat. Similiter et illa poeniteat, si ei consentit. Si invita passa est, V annos.

342. Paenitentiale Pseudo-Theodori V,20,19 (ed. WASSERSCHLEBEN), S. 585: [1] Si quis cum pronepta, aut abnepta, vel cum trinepta peccaverit, primitus separetur a coetu fidelium, deinde poeniteat VI vel VII vel X annis, et ulterius non se cum talibus conjungat. [2] Similiter et illa poeniteat, si ei consentit. Si vero invita passa est, III annos, quia scriptum est. Omnis homo ad proximam sanguinis sui non accedet, ut revelet turpitudinem ejus. [3] Et iterum: Anima, quae fecerit quippiam ex istis, peribit de medio populi sui. Item in lege: Non accipiet homo uxorem patris sui, nec revelabit operimentum ejus. [4] Item: Turpitudinem uxoris fratris tui non revelabis. Item: Qui enim duxerit uxorem fratris sui, rem facit inlicitam, quia turpitudinem fratris sui revelavit. [5] Item: Cum uxore proximi tui non coibis, nec seminis commixtione maculaberis. [6] Alibi quoque scriptum est: Inter sex igitur propinquitatis gradus ad conjugalem copulam nemini accedere convenit, nec eam, quam aliquis ex propria consanguinitate conjugem habuit, in conjugium ducere nulli profecto Christianorum licet, vel licebit, quia incestuosus talis coitus abhominabilis est Deo. Item: Si quis autem de propria cognatione, vel quam cognatus habuit, duxerit in conjugio, primitus anathematizetur, deinde VII vel X annos poeniteat. [7] Similiter et illa, si consensit. Si quis vero ignoranter taliter peccat, III vel V annos poeniteat.

343. Paenitentiale Pseudo-Theodori V,20,20 (ed. WASSERSCHLEBEN), S. 585f: Gregorius dicit: Si quis monacham, vel commatrem spiritalem, vel fratris uxorem, vel neptam, vel novercam, vel consobrinam, vel de propria cognatione, vel quam cognatus habuit, duxerit uxorem, anathema sit. Item: Si quis cum duabus cognatis fornicationem fecerit, primitus anathematizetur, deinde VII vel X annos poeniteat. Sane quibus conjunctio inlicita interdicitur, habebunt ineundi melioris conjugii libertatem.

344. Paenitentiale Pseudo-Theodori V,20,21 (ed. WASSERSCHLEBEN), S. 586: Si quis cum noverca sua, aut nuru, aut socru, peccaverit, anathematizetur, sicut superius dictum est, deinde X annos poeniteat. Similiter illae, si consentientes

tun und drei 40tägige Fastenzeiten während der kirchlich festgesetzten Fastentage und an einem Tag jeder Woche bis zum Abend.

341. Paenitentiale Pseudo-Theodori V,20,18 (ed. WASSERSCHLEBEN), S. 585: Wenn jemand mit der Taufpatin gesündigt hat, sei er zuerst aus der heiligen Gemeinschaft ausgeschlossen, so wie es oben gesagt worden ist. Dann soll er acht Jahre Buße tun und sich später niemals mit jener geschlechtlich verbinden. Gleichermaßen soll jene Buße tun, wenn sie zugestimmt hat. Wenn es ihr jedoch gegen ihren Willen widerfahren ist, soll sie [nur] fünf Jahre Buße tun.

342. Paenitentiale Pseudo-Theodori V,20,19 (ed. WASSERSCHLEBEN), S. 585: [1] Wenn jemand mit der Urenkelin, der Ururenkelin oder der Urururenkelin gesündigt hat, soll dieser zuerst von jedem Umgang mit den Gläubigen ausgeschlossen werden. Daraufhin soll er sechs, sieben oder zehn Jahre Buße tun und sich nicht weiter mit Derartigen verbinden. [2] Gleichermaßen soll auch jene Buße tun, wenn sie damit einverstanden gewesen ist. Wenn sie dies aber wider Willen erlitten hat, soll sie drei Jahre büßen, weil geschrieben steht: ›Kein Mann soll zu seiner nächsten Blutsverwandten herantreten, dass er deren Scham enthüllt‹. [3] Und wiederum: ›Die Seele derer, die das getan hat, wird aus der Gemeinschaft ihres Volkes ausgemerzt werden‹. [4] Auf die gleiche Weise [steht] im Gesetz: ›Ein Mann soll nicht zur Ehefrau seines Vaters herantreten, auch wird er nicht dessen Decke enthüllen‹. Ebenso: ›Du sollst die Scham der Ehefrau deines Bruders nicht enthüllen‹. Wer nämlich die Ehefrau seines Bruders heimgeführt hat, hat eine unerlaubte Sache getan, weil er die Scham seines Bruders enthüllt hat. [5] Ebenso: ›Du wirst mit der Ehefrau deines Nächsten/Verwandten nicht schlafen, auch wirst du dich nicht durch Vermischung der Samen befleckt haben‹. [6] Anderswo ist auch das geschrieben: ›Es besteht Einvernehmen, dass niemand innerhalb des sechsten Verwandtschaftsgrades zur ehelichen Vereinigung herantreten darf und dass es überhaupt keinem Christen erlaubt ist oder erlaubt sein wird, diejenige, die er aus der eigenen Blutsverwandtschaft als Ehefrau gehabt hat, zu ehelichen, weil eine so beschaffene inzestuöse Vereinigung vor Gott abscheulich ist‹. Ebenso: ›Wenn jemand [eine Frau] aus der eigenen Verwandtschaft oder eine, die ein Verwandter gehabt hat [d. h. eine Angeheiratete], in die Ehe geführt hat, wird er zuerst mit dem Kirchenbann belegt, danach soll er sieben oder zehn Jahre Buße tun‹. [7] Gleichermaßen auch jene, die zugestimmt hat. Wenn jemand aber unwissend derartig gesündigt hat, soll er drei oder fünf Jahre Buße tun.

343. Paenitentiale Pseudo-Theodori V,20,20 (ed. WASSERSCHLEBEN), S. 585f: Gregor sagt: Wenn jemand eine Nonne, die Patin/geistliche Mitmutter, die Ehefrau des Bruders, die Nichte/Enkelin, die Stiefmutter, die Cousine ersten Grades oder eine von den eigenen Verwandten oder eine, die ein Verwandter gehabt hat, als Ehefrau heimgeführt hat [d. h. eine Angeheiratete], sei er mit dem Kirchenbann belegt. Ebenso: Wenn jemand mit zwei Verwandten Unzucht getrieben hat, soll er zuerst mit dem Kirchenbann belegt werden, danach soll er sieben oder zehn Jahre Buße tun. Gewiss werden diejenigen, denen eine unerlaubte Ehe verboten ist, die Freiheit haben, sich in einer besseren Ehe zu verbinden.

344. Paenitentiale Pseudo-Theodori V,20,21 (ed. WASSERSCHLEBEN), S. 586: Wenn jemand mit seiner Stiefmutter, seiner Schwiegertochter oder seiner Schwiegermutter gesündigt hat, soll er mit dem Kirchenbann belegt werden, so wie es

sunt. Si invitae passae sunt, VII annos poeniteant.

345. Paenitentiale Pseudo-Theodori V,20,22 (ed. WASSERSCHLEBEN), S. 586: Si uxoratus cum uxore cognati sui frequenter peccat, primitus anathematizetur, deinde VIII annos poeniteat. Similiter et illa, si ei consentit. Si vero invita passa est, V annos.

346. Paenitentiale Pseudo-Theodori V,20,23 (ed. WASSERSCHLEBEN), S. 586: Si quis concubinam habens eamque dimiserit, ac legitime uxorem duxerit, si forte postea frater ejus aut propinquuus cum ea scienter peccaverit, primitus, propter tam nefariam rem, ab aecclesia separetur, deinde X annos poeniteat. Similiter illa, si ei consentit. Si vero invita passa est, VII annos poeniteat.

347. Paenitentiale Pseudo-Theodori V,20,24 (ed. WASSERSCHLEBEN), 586: Si pater et filius cum una faemina scienter peccaverint, primitus anathematizentur, deinde XV annos poeniteant, et nunquam cum illa se conjungant. Si vero ignoranter taliter peccaverint, id est, ut illa ullum, cum quo primitus peccaverat, celat, ut liberius cum sequenti possit peccare, XII annos poeniteant, illa vero abjiciatur usque ad mortem, verumtamen in extremis reconciliari oportet.

348. Paenitentiale Pseudo-Theodori, V,20,25 (ed. WASSERSCHLEBEN), S. 586: Si quis cum illa faemina peccaverit, quam cognatus suus in conjugio habuerit, anathematizetur, deinde VII annos poeniteat. Similiter illa, si consentiens est ei. Si vero invita passa est, IIII annos poeniteat.

349. Paenitentiale Pseudo-Theodori V,20,26 (ed. WASSERSCHLEBEN), S. 586: Si quis cum illa faemina scienter peccaverit, cum qua forsitan avunculus, vel alius quislibet cognatus suus fornicationem peccaverit, anathematizetur primitus, deinde VII annos poeniteat. Similiter et illa, si consentiens est. Si vero invita passa est, V annis poeniteat. Si vero quis ignoranter taliter peccaverit, V annos poeniteat, et nunquam se cum talibus copulet.

Paenitentiale Pseudo-Gregorii
(Mitte 8. Jahrhundert)

350. Paenitentiale Pseudo-Gregorii c. 4 (ed. KERFF), S. 169f: [1] De adulterio. Adulterium dicitur, qui alterius uiolat uxorem uel sanctimonialem. Adulter uocatur uiolator maritalis pudoris, eo quod alterius thorum polluit. Si episcopus adulterium commiserit, XII annos peniteat, presbiter X, diaconus VII, subdiaconus V, clerici et laici III. Si autem in conscientia populi deuenerit, extra aecclesiam fiant et inter laicos peniteant, quamdiu uiuunt. [2] Si qua

oben gesagt worden ist; dann soll er zehn Jahre Buße tun. Gleichermaßen sollen es jene tun, wenn sie zugestimmt haben. Wenn es ihnen jedoch gegen ihren Willen widerfahren ist, sollen sie sieben Jahre Buße tun.

345. Paenitentiale Pseudo-Theodori V,20,22 (ed. WASSERSCHLEBEN), S. 586: Wenn ein Verheirateter mit der Ehefrau seines Verwandten oft sündigt, soll er zuerst mit dem Kirchenbann belegt werden; dann soll er acht Jahre Buße tun. Gleichermaßen soll es jene tun, wenn sie zugestimmt hat. Wenn es ihr jedoch gegen ihren Willen widerfahren ist, soll sie fünf Jahre Buße tun.

346. Paenitentiale Pseudo-Theodori V,20,23 (ed. WASSERSCHLEBEN), S. 586: Wenn jemand eine Konkubine hat, sie weggeschickt und eine legitime Ehefrau heimgeführt hat [und] wenn [dann] vielleicht später dessen Bruder oder ein Verwandter mit ihr wissentlich gesündigt hat, soll er zuerst wegen einer solch schändlichen Sache von der Kirche getrennt werden, danach soll er zehn Jahre Buße tun. Gleichermaßen [soll es] jene [tun], die ihm zugestimmt hat. Wenn sie es aber wider Willen erlitten hat, soll sie sieben Jahre Buße tun.

347. Paenitentiale Pseudo-Theodori V,20,24 (ed. WASSERSCHLEBEN), 586: Wenn Vater und Sohn mit der gleichen Frau wissentlich gesündigt haben, sollen sie zuerst mit dem Kirchenbann belegt werden, danach sollen sie 15 Jahre Buße tun und sich niemals mit ihr ehelich verbinden. Wenn sie aber derartig unwissend gesündigt haben, das heißt, wenn jene jenem verheimlicht, mit welchem sie zuerst gesündigt hat, damit sie mit dem Folgenden sorgloser sündigen kann, sollen sie zwölf Jahre Buße tun, jene aber wird bis zum Tod ausgestoßen sein, gleichwohl es sich gehört, dass sie in der Todesstunde versöhnt wird.

348. Paenitentiale Pseudo-Theodori, V,20,25 (ed. WASSERSCHLEBEN), S. 586: Wenn jemand mit jener Frau gesündigt hat, die sein Verwandter geheiratet hat, soll er mit dem Kirchenbann belegt werden; dann soll er sieben Jahre Buße tun. Gleichermaßen soll es jene tun, wenn sie diesem zugestimmt hat. Wenn es ihr jedoch gegen ihren Willen widerfahren ist, soll sie vier Jahre Buße tun.

349. Paenitentiale Pseudo-Theodori V,20,26 (ed. WASSERSCHLEBEN), S. 586: Wenn jemand mit jener Frau wissentlich gesündigt hat, mit der vielleicht der Onkel oder ein anderer seiner Verwandten Unzucht getrieben hat, wird er zuerst mit dem Kirchenbann belegt und soll daraufhin sieben Jahre Buße tun. Gleichermaßen [soll es] auch jene [tun], wenn sie zugestimmt hat. Wenn diese es gegen ihren Willen erlitten hat, soll sie fünf Jahre büßen. Wenn aber jemand unwissend auf diese Weise gesündigt hat, soll er fünf Jahre büßen und nie wieder mit solchen Verwandten schlafen.

Paenitentiale Pseudo-Gregorii
(Mitte 8. Jahrhundert)

350. Paenitentiale Pseudo-Gregorii c. 4 (ed. KERFF), S. 169f: [1] Über den Ehebruch. Ehebruch wird genannt, wenn jemand die Ehefrau eines anderen oder eine Nonne verletzt. Ehebrecher wird der Verletzer des ehelichen Schamgefühls genannt, weil dieser das Ehebett eines anderen befleckt. Wenn ein Bischof Ehebruch begangen hat, soll er zwölf Jahre Buße tun, ein Priester zehn, ein Diakon sieben, ein Subdiakon fünf, ein Kleriker und ein Laie drei. Wenn diese Tatsa-

femina cum conscientia mariti fuerit adulterata, et ipse consenserit habitare cum ea, placuit nec in finem dandam eis esse communionem. Si uero eam reliquerit, post V annos accipiat communionem. Et si quis uir uel si qua femina usque in finem mortis suae cum aliena femina uel ipsa cum altero uiro fuerint adulterati, placuit nec in finem percipere communionem.

351. Paenitentiale Pseudo-Gregorii c. 5 (ed. KERFF), S. 170f: [1] De fornicatione. Si quis pontifex faciens fornicationem, secundum humaniorem diffinitionem VII annos peniteat, presbiter V, diaconus IIII, subdiaconus III, clerici et laici II. [...] [2] Qui sepe faciunt fornicationem, siue clerici siue laici siue feminae, primus canon iudicauit, ut VII annos peniteat. Sed si paruerint, humanius diffinierunt, ut III annos eorum penitentia sit.

352. Paenitentiale Pseudo-Gregorii c. 16 (ed. KERFF), S. 174f: [1] De incestis. Incesti dicuntur, qui proprie illicitam commistionem perpetrant. [2] Vocati incesti quasi incasti. [3] Incesti nanque tales dicti sunt, si filius cum matre, si frater cum sorore, si quis nouercam duxerit aut cognatam, si quis cumsobrinus consobrinam aut sororis filiam, si quis relictae auunculi misceatur aut patrui uel priuigne concubitu polluantur uel qui duas sorores aut illa, que duos fratres. Si quis filius cum matre tam funestum atque nefarium uicium perpetrauerit, secundum antiquam diffinitionem inermis XV annos cum fletu et luctu penitentiae et uxorem numquam accipiet et ex his VII annos extra metas ipsius terrae exul fiat et non communicet nisi urgente mortis periculo. Si cum filia et sorore, simili sententia subiaceat. Si cum nepta uel cum matre uel quae superius nominate sunt, secundum paternam diffinitionem XII annos se penitentiae subdat et uxorem numquam accipiet, et ille uir arma relinquat et exul fiat nec communicet, nisi inminente die mortis periculo. Si qua mulier duos fratres aut si quis uir duas sorores habuerit, a communione abstineantur usque ad mortem. In mortem eis autem detur communio pro misericordia. Si uero superuixerint communione accepta et de infirmitate conualuerint, agant plenam penitentiam tempore constituto in eodem concilio. Si quis post obitum uxoris suae sororem duxerit et ipsa fuerit fidelis, quiquennium a communione placuit abstineri, nisi forte dari pacem uelocius necessitas cogerit infirmitatis.

che aber [d. h. ihr Ehebruch] zur Kenntnis des Volkes gelangt ist, sollen sie aus der Kirche vertrieben werden und unter den Laien Buße tun, solange sie leben. [2] Wenn eine Frau mit Wissen des Ehemannes Ehebruch begangen hat und er selbst zugestimmt hat, mit ihr zusammen zu leben, ist beschlossen worden, dass ihnen auch am Lebensende die Kommunion nicht gegeben werden darf. Wenn er diese aber verlassen hat, soll er nach fünf Jahren die Kommunion erhalten. Und wenn ein Mann oder eine Frau bis an ihr Lebensende mit einer anderen Frau oder sie mit einem anderen Mann Ehebruch begangen haben, ist beschlossen worden, dass sie auch am Lebensende die Kommunion nicht bekommen.

351. Paenitentiale Pseudo-Gregorii c. 5 (ed. KERFF), S. 170f: [1] Über Unzucht. Wenn ein Bischof Unzucht treibt, soll er gemäß dem milderen Beschluss sieben Jahre Buße tun, ein Presbyter fünf, ein Diakon vier, ein Subdiakon drei, ein Kleriker und ein Laie zwei. [...] [2] Treiben sie oft Unzucht – sowohl Kleriker als auch Laien und auch Frauen –, hat der erste Kanon geurteilt, dass sie sieben Jahre Buße tun sollen. Wenn sie sich aber gehorsam zeigen, wird auf milde Weise beschlossen, dass ihre Buße drei Jahre sein soll.

352. Paenitentiale Pseudo-Gregorii c. 16 (ed. KERFF), S. 174f: [1] Über Inzestuöse. Inzestuöse werden eigentlich jene genannt, die eine unerlaubte Ehe eingehen. [2] Inzestuöse werden gleichwie Unkeusche genannt. [3] Wahrlich sind solche Inzestuöse genannt worden: Wenn der Sohn mit der Mutter, wenn der Bruder mit der Schwester [Unzucht begangen hat], wenn jemand die Stiefmutter oder die Schwägerin heimgeführt hat, wenn der Cousin ersten Grades die Cousine ersten Grades oder die Tochter der Schwester [heimgeführt hat], wenn sich jemand mit der Witwe des Onkels mütterlicher- oder väterlicherseits vereinigt oder mit der Stieftochter durch Geschlechtsverkehr befleckt wird oder wenn einer mit zwei Schwestern oder wenn eine mit zwei Brüdern [Unzucht getrieben hat]. Wenn ein Sohn mit der Mutter eine solche verderbliche wie auch ruchlose Schändlichkeit begangen hat, soll er gemäß dem alten Beschluss schutzlos 15 Jahre der Buße unter Tränen und Trauer leben und niemals eine Ehefrau annehmen und von diesen sieben Jahren soll er außerhalb der Grenzen seines Landes verbannt sein und nicht kommunizieren, außer in drängender Todesgefahr. Wenn [sich] jemand mit der Tochter oder Schwester [vereinigt], soll er sich der gleichen Strafe unterziehen. Wenn [sich] jemand mit der Nichte/Enkelin oder mit der Mutter oder mit einer, die oben genannt worden ist, [vereinigt], soll er sich gemäß dem väterlichen Beschluss zwölf Jahre der Buße unterziehen und niemals eine Ehefrau annehmen; und jener Mann soll die Waffen zurücklassen, verbannt werden und nicht kommunizieren, außer bei drohender Gefahr des Todestages. Wenn eine Frau zwei Brüder oder ein Mann zwei Schwestern gehabt hat, soll er sich bis zum Tod von der Kommunion fernhalten. Im Todesfall aber soll man ihnen die Kommunion um der Barmherzigkeit willen geben. Wenn sie aber überlebt haben, nachdem sie die Kommunion erhalten haben, und von der Krankheit genesen sind, sollen sie die volle Bußzeit tun, die durch dasselbe Konzil beschlossen worden ist. Wenn jemand nach dem Tod seiner Ehefrau die Schwester heimgeführt hat und sie selbst gläubig gewesen ist, ist beschlossen worden, dass er/sie fünf Jahre lang von der Kommunion ferngehalten wird, außer es besteht vielleicht die Not-

353. Paenitentiale Pseudo-Gregorii c. 18 (ed. Kerff), S. 178: De virginibus corrubtis. Si quis uirginem corruperit nec eam postea sibi uxorem acceperit aut sponsam alterius tale facinus adtemptauerit, secundum antiquam diffinicionem V annos peniteat. Humanius autem III annos diffinierunt. Si quis sponsae alterius hominis sorori eius forsitan uicium intulerit eique inheserit tamquam suae et sibi expetendam se copulauerit, hanc autem deceptam postea uxorem duxerit desponsatam. Illa uero, quae uicium passa est, si forsitan necem sibi intulerit, omnes hi, qui huius facti sunt conscii, X annos peniteant secundum canonum institucionem. Sed nonnulli VII annos diffinierunt.

Paenitentiale Vigilanum
(um 859)

354. Paenitentiale Vigilanum c. 65 (ed. Bezler), S. 9: De incestis coniunctionibus nichil prorsus uenie reserbamus, nisi cum separatione adulterii separaberint.
355. Paenitentiale Vigilanum c. 67 (ed. Bezler), S. 9: Qui concupiscit mente fornicari, sed non potuit, III XL peniteat.
356. Paenitentiale Vigilanum c. 77 (ed. Bezler), S. 10: Si quis laycus de alterius uxore per adulterium filium generauit, VII annos peniteat.

357. Paenitentiale Vigilanum c. 78 (ed. Bezler), S. 10: Si quis intrat ad ancillam suam et uenundat, I annum peniteat. Si genuerit filium, liberet eam.

358. Paenitentiale Vigilanum c. 79 (ed. Bezler), S. 10: Cuius uxor est sterilis, ambo et ille et illa in continentiam sint.
359. Paenitentiale Vigilanum c. 80 (ed. Bezler), S. 10: Si quis cum matre aut cum filia fornicaberit, usque ad finem uite sue peniteat.
360. Paenitentiale Vigilanum c. 82 (ed. Bezler), S. 10: Si quis in quinta generatione <in> coniugio inuentus fuerit, penitea<n>t et non separentur.
361. Paenitentiale Vigilanum c. 83 (ed. Bezler), S. 11: Si quis in quarta, separentur et penitenat.
362. Paenitentiale Vigilanum c. 84 (ed. Bezler), S. 11: Cuius uxorem hostes abstulerint, et non poterit recipere eam, licet ei aliam accipere. Si postea redit uxor, non debet recipere eam si aliam habet.

363. Paenitentiale Vigilanum c. 85 (ed. Bezler), S. 11: Vota stulta frangenda sunt, et inportabilia.
364. Paenitentiale Vigilanum c. 88 (ed. Bezler), S. 11: Si puer fornicaberit in domo parentis uel ubiquumque priusquam ad recto coniugio uenerit, CC flagella suscipiat et III annos peniteat.

wendigkeit, dass ihm/ihr um der Krankheit willen der Friede früher gegeben wird.
353. Paenitentiale Pseudo-Gregorii c. 18 (ed. KERFF), S. 178: Über geschändete Jungfrauen. Wenn jemand eine Jungfrau geschändet und diese später nicht als seine Ehefrau angenommen hat oder mit einer solchen Schandtat die Verlobte eines anderen in Versuchung geführt hat, soll er gemäß dem alten Beschluss fünf Jahre Buße tun. Menschlicher hat man aber drei Jahre [Buße] beschlossen. Wenn jemand der Verlobten eines anderen Mannes oder vielleicht ihrer Schwester die Schändlichkeit zugefügt und dieser gleichwie der Seinen angehangen [und] sich mit ihr vereinigt hat, diese Betrogene aber später verlobt hat und als seine Ehefrau heimgeführt hat. Wenn sich jene aber, die geschändet wurde, vielleicht selbst tötet, sollen alle, die dieser Tat zugestimmt haben, zehn Jahre gemäß der kanonischen Anordnung Buße tun. Einige aber haben sieben Jahre [Buße] beschlossen.

Paenitentiale Vigilanum
(um 859)

354. Paenitentiale Vigilanum c. 65 (ed. BEZLER), S. 9: Inzestuöse Ehen erhalten ganz und gar keine Gnade, außer wenn die Ehebrecher sich getrennt haben.
355. Paenitentiale Vigilanum c. 67 (ed. BEZLER), S. 9: Wer gedanklich begehrt, Unzucht zu treiben, aber nicht konnte, soll drei 40tägige Fastenzeiten Buße tun.
356. Paenitentiale Vigilanum c. 77 (ed. BEZLER), S. 10: Wenn irgendein Laie mit der Ehefrau eines anderen durch Ehebruch ein Kind gezeugt hat, soll er sieben Jahre Buße tun.
357. Paenitentiale Vigilanum c. 78 (ed. BEZLER), S. 10: Wenn jemand zu seiner abhängigen Frau eintritt und sie verkauft, soll er ein Jahr Buße tun. Wenn er ein Kind gezeugt hat, soll er sie freilassen.
358. Paenitentiale Vigilanum c. 79 (ed. BEZLER), S. 10: Wessen Ehefrau unfruchtbar ist, sollen beide – sowohl jener als auch jene – enthaltsam sein.
359. Paenitentiale Vigilanum c. 80 (ed. BEZLER), S. 10: Wenn jemand mit der Mutter oder der Tochter Unzucht getrieben hat, soll er bis ans Lebensende Buße tun.
360. Paenitentiale Vigilanum c. 82 (ed. BEZLER), S. 10: Wenn jemand in der fünften Generation verheiratet aufgefunden wird, sollen sie [beide] Buße tun und nicht getrennt werden.
361. Paenitentiale Vigilanum c. 83 (ed. BEZLER), S. 11: Wenn jemand in vierter [Generation vorgefunden wird], sollen sie getrennt werden und Buße tun.
362. Paenitentiale Vigilanum c. 84 (ed. BEZLER), S. 11: Wessen Ehefrau die Feinde geraubt haben und [wenn] er sie nicht zurückerlangen kann, dem sei es erlaubt, eine andere anzunehmen. Wenn die Frau später zurückkommt, soll er diese nicht zurücknehmen, wenn er eine andere hat.
363. Paenitentiale Vigilanum c. 85 (ed. BEZLER), S. 11: Törichte Gelübde sind zu brechen und untragbar.
364. Paenitentiale Vigilanum c. 88 (ed. BEZLER), S. 11: Wenn ein Junge im Haus seiner Eltern oder irgendwo anders Unzucht getrieben hat, soll er, bevor er zur richtigen Ehe schreitet, 200 Peitschenhiebe erhalten und drei Jahre Buße tun.

365. Paenitentiale Vigilanum c. 89 (ed. Bezler), S. 11: Maritus si se ipsum in furtum aut in fornicationem serbum fecerit, mulier habeat potestatem accipere alium uirum.
366. Paenitentiale Vigilanum c. 90 (ed. Bezler), S. 11: Muliere mortua, uiro | licitum est post menses sex alteram accipere mulierem. Mortuo uiro, post annum mulieri alium uirum accipere.

367. Paenitentiale Vigilanum c. 91 (ed. Bezler), S. 11: Bigamus, I annum peniteat.

368. Paenitentiale Vigilanum c. 92 (ed. Bezler), S. 11: Trigamus, V annos peniteat.

Paenitentiale Silense
(erste Hälfte 11. Jahrhundert (1060–1065))

369. Paenitentiale Silense c. 128 (ed. Bezler), S. 29: Laicus si cum uxore aliena adulterat, VII annos peniteat.
370. Paenitentiale Silense c. 129 (ed. Bezler), S. 29: Cuius uxor est sterilis, ambo se contineant a pollutione.
371. Paenitentiale Silense c. 130 (ed. Bezler), S. 29: Si uirgo uirgini coniuncta est sine uelaminum benedictione, V annos peniteat.

372. Paenitentiale Silense c. 131 (ed. Bezler), S. 29: Si quis ad ancillam suam intrat et uenundat, III annos peniteat. Si genuerit filium, liberet eam.

373. Paenitentiale Silense c. 132 (ed. Bezler), S. 29: Si quis cum matre et filia fornicatur, usque ad finem uite sue peniteat biduana, et elemosinas tribuendo | et lacrimas fundendo.
374. Paenitentiale Silense c. 135 (ed. Bezler), S. 29: Si laicus sine benedictione III uxores habuerit, dimittat ipsas et ulterius ad coniugium non accedat, et prolixius peniteat.
375. Paenitentiale Silense c. 136 (ed. Bezler), S. 30: Si quis fidelis cum iudea uel gentili fuerit mecatus, XV annos peniteat et per quinquennium arceatur a communione.

376. Paenitentiale Silense c. 138 (ed. Bezler), S. 30: Si quis maritus, uel qua mulier, uota habens uirginitatis, adiungitur uxori, postea non dimittat, et III annos peniteat. Vota stulta et inportabilia frangenda sunt.

377. Paenitentiale Silense c. 144 (ed. Bezler), S. 30: Mulieri non liceat uotum uobere sine uiri sui licentia.
378. Paenitentiale Silense c. 145 (ed. Bezler), S. 30: Si qua uxor fornicatur, liceat eam uiro dimitti et aliam accipere.

365. Paenitentiale Vigilanum c. 89 (ed. Bezler), S. 11: Wenn sich der Ehemann wegen Diebstahls oder Unzucht zum abhängigen Mann gemacht hat, soll [seine] Frau die Macht haben, einen anderen Mann anzunehmen.
366. Paenitentiale Vigilanum c. 90 (ed. Bezler), S. 11: Nachdem die Frau gestorben ist, ist es dem Mann erlaubt, nach sechs Monaten eine andere zur Frau zu nehmen. Nachdem der Mann gestorben ist, [ist es] der Frau nach einem Jahr [erlaubt], einen anderen zum Mann zu nehmen.
367. Paenitentiale Vigilanum c. 91 (ed. Bezler), S. 11: Der zweifach Verheiratete soll ein Jahr Buße tun.
368. Paenitentiale Vigilanum c. 92 (ed. Bezler), S. 11: Der dreifach Verheiratete soll fünf Jahre Buße tun.

Paenitentiale Silense
(erste Hälfte 11. Jahrhundert (1060–1065))

369. Paenitentiale Silense c. 128 (ed. Bezler), S. 29: Wenn ein Laie mit der Ehefrau eines anderen Ehebruch begangen hat, soll er sieben Jahre Buße tun.
370. Paenitentiale Silense c. 129 (ed. Bezler), S. 29: Wessen Ehefrau unfruchtbar ist, [da] sollen sich beide von der Befleckung enthalten.
371. Paenitentiale Silense c. 130 (ed. Bezler), S. 29: Wenn sich eine Jungfrau ehelich mit einem Jungfräulichen ohne den Segen des Schleiers verbindet, soll sie fünf Jahre Buße tun.
372. Paenitentiale Silense c. 131 (ed. Bezler), S. 29: Wenn ein Mann zu seiner abhängigen Frau eintritt und sie verkauft, soll er drei Jahre Buße tun. Wenn daraus ein Nachkomme hervorgegangen ist, soll sie freigelassen werden.
373. Paenitentiale Silense c. 132 (ed. Bezler), S. 29: Wenn jemand mit der Mutter und der Tochter Unzucht treibt, soll er bis ans Lebensende zwei Tage pro Woche Buße tun, [und zwar] sowohl Almosen zahlen als auch Tränen vergießen.
374. Paenitentiale Silense c. 135 (ed. Bezler), S. 29: Wenn ein Laie ohne den Segen drei Ehefrauen gehabt hat, soll er sie entlassen und weiterhin keine Ehe mehr antreten und reichlich Buße tun.
375. Paenitentiale Silense c. 136 (ed. Bezler), S. 30: Wenn ein Gläubiger mit einer Jüdin oder einer Heidin Ehebruch begangen hat, soll er 15 Jahre Buße tun und für einen Zeitraum von fünf Jahren von der Kommunion ferngehalten werden.
376. Paenitentiale Silense c. 138 (ed. Bezler), S. 30: Wenn ein Mann oder eine Frau, obwohl sie das Gelübde der Jungfräulichkeit abgelegt haben, mit einem Ehegatten verbunden werden, soll er/sie diesen später nicht entlassen und drei Jahre Buße tun. Törichte und untragbare Gelübde sind zu brechen.
377. Paenitentiale Silense c. 144 (ed. Bezler), S. 30: Der Frau ist es nicht erlaubt, ohne die Erlaubnis ihres Mannes ein Gelübde abzulegen.
378. Paenitentiale Silense c. 145 (ed. Bezler), S. 30: Wenn eine Ehefrau Unzucht begeht, soll es erlaubt sein, dass sie von [ihrem] Mann entlassen wird und [dass dieser] eine andere annimmt.

379. Paenitentiale Silense c. 146 (ed. Bezler), S. 30: Mulier(i) non licet uirum dimittere, licet si est fornicator, nisi propter monasterium aut sodomiticum morem.
380. Paenitentiale Silense c. 147 (ed. Bezler), S. 30: Parentes qui fidem fregerint sponsaliorum, III annos peniteant.
381. Paenitentiale Silense c. 148 (ed. Bezler), S. 30f: Si cuius uxor fuerit abducta in cabtibitate(m) et alteram maritus acceperit, reuertente prima, secunda mulier debet excludi et unusquisque quod suum est recipiat; et non probetur esse culpabilis qui uxorem capti in matrimonio uidetur esse sortitus. Aut si uir uel mulier ad priorem coniugium reddire noluerint, uelut impii ecclesiastica comunione prybandi sunt.

382. Paenitentiale Silense c. 149 (ed. Bezler), S. 31: Nullatenus sit uti aliquis uxore et concubina | et qui duxerit nec communicetur.
383. Paenitentiale Silense c. 151 (ed. Bezler), S. 31: Sponsatis puellis et ab aliis corruptis, etiam cum damno pudoris sponsi(s) tradantur.

384. Paenitentiale Silense c. 152 (ed. Bezler), S. 31: Si quislibet uxores sibi rapuerit, anathematizetur.
385. Paenitentiale Silense c. 153 (ed. Bezler), S. 31: Raptores uiduarum uel uirginum ab eclesie communione pellantur.
386. Paenitentiale Silense c. 154 (ed. Bezler), S. 31: Hi qui suas coniuges sine iudicii examinatione derelinquunt, a comunione eclesie excludantur.

387. Paenitentiale Silense c. 155 (ed. Bezler), S. 31: Femine que reliquerint uiros suos et alteri(s) se copulaberint, nec in finem accipiant communionem.

388. Paenitentiale Silense c. 156 (ed. Bezler), S. 31: Femina fidelis que adulterum maritum reliquerit, ne ducat alterum in uita adulteri; si duxerit, non prius accipiat communionem nisi quem reliquit de seculo exierit, aut per infirmitatem.

389. Paenitentiale Silense c. 157 (ed. Bezler), S. 32: *Qui dimiserit uxorem suam et duxerit aliam*, uel *qui dimissam*, sint omnes a communione fidelium abstinendos.
390. Paenitentiale Silense c. 158 (ed. Bezler), S. 32: Digami | I annum.

391. Paenitentiale Silense c. 159 (ed. Bezler), S. 32: Trigami II annos peniteant.

392. Paenitentiale Silense c. 160 (ed. Bezler), S. 32: Si quis uxorem habens sepius mecatur, in finem mortis est conueniendus dari communionem; quodsi se promiserit cessaturum, communio ei datur.

393. Paenitentiale Silense c. 161 (ed. Bezler), S. 32: Si quis uxorem habens semel fuerit lapsus in adulterium, V annos peniteat.

379. Paenitentiale Silense c. 146 (ed. Bezler), S. 30: Einer Frau ist es nicht erlaubt, ihren Mann zu entlassen, auch wenn er unzüchtig gewesen ist, außer wegen des Klosters oder der Sitte der Sodomie.
380. Paenitentiale Silense c. 147 (ed. Bezler), S. 30: Die Eltern/Verwandten, die die Treue der Verlobungen gebrochen haben, sollen drei Jahre Buße tun.
381. Paenitentiale Silense c. 148 (ed. Bezler), S. 30f: Wenn jemandes Ehefrau in Gefangenschaft geraten ist und der Mann eine andere angenommen hat, soll er – wenn die erste zurückkehrt – die zweite abweisen und die, die die Seine ist, zurücknehmen; und derjenige, der die Ehefrau eines Gefangenen in die Ehe führt, soll nicht als schuldig betrachtet werden. Oder wenn Mann und Frau nicht zur ersten Ehe zurückkehren wollen, sind sie gleichwie Ruchlose von der kirchlichen Gemeinschaft fernzuhalten.
382. Paenitentiale Silense c. 149 (ed. Bezler), S. 31: Jemand, der eine Ehefrau und eine Konkubine heimgeführt hat, darf auf keinen Fall kommunizieren.
383. Paenitentiale Silense c. 151 (ed. Bezler), S. 31: Verlobte und von anderen geschändete Mädchen sollen aber [zusammen] mit einer Geldbuße für die [erlittene] Schande den Verlobten zurückgegeben werden.
384. Paenitentiale Silense c. 152 (ed. Bezler), S. 31: Wenn jemand Ehefrauen geraubt hat, soll er mit dem Kirchenbann belegt werden.
385. Paenitentiale Silense c. 153 (ed. Bezler), S. 31: Räuber von Witwen und Jungfrauen sind von der kirchlichen Gemeinschaft fernzuhalten.
386. Paenitentiale Silense c. 154 (ed. Bezler), S. 31: Diejenigen, die ihre Ehefrauen ohne gerichtliche Untersuchung verlassen, sollen von der kirchlichen Gemeinschaft ausgeschlossen werden.
387. Paenitentiale Silense c. 155 (ed. Bezler), S. 31: Frauen, die ihre Männer verlassen und sich mit anderen verbunden haben, sollen die Kommunion auch nicht [einmal] am Lebensende erhalten.
388. Paenitentiale Silense c. 156 (ed. Bezler), S. 31: Eine gläubige Frau, die einen ehebrecherischen Mann verlassen hat, soll zu Lebzeiten des Ehebrechers keinen anderen heimführen; wenn sie [einen] heimgeführt hat, darf sie nicht eher die Kommunion empfangen, bis der, den sie verlassen hat, aus der Welt geschieden [d.h. gestorben] ist oder [sie selbst] durch [eigene] Krankheit [dazu gezwungen wird].
389. Paenitentiale Silense c. 157 (ed. Bezler), S. 32: Derjenige, der seine Ehefrau verlassen und eine andere heimgeführt hat, oder derjenige, der eine Verlassene [heimgeführt hat], sie alle sind von der gläubigen Gemeinschaft fernzuhalten.
390. Paenitentiale Silense c. 158 (ed. Bezler), S. 32: Zweifach Verheiratete [sollen] ein Jahr [Buße tun].
391. Paenitentiale Silense c. 159 (ed. Bezler), S. 32: Dreifach Verheiratete sollen zwei Jahre Buße tun.
392. Paenitentiale Silense c. 160 (ed. Bezler), S. 32: Wenn jemand, der eine Ehefrau hat, sehr oft Ehebruch begeht, dem soll am Lebensende die Kommunion gegeben werden; wenn er aber versprochen hat, dass er damit aufhören wird, soll ihm die Kommunion gegeben werden.
393. Paenitentiale Silense c. 161 (ed. Bezler), S. 32: Wenn jemand, der eine Ehefrau hat, einmal in Ehebruch verfallen ist, soll er fünf Jahre Buße tun.

394. Paenitentiale Silense c. 165 (ed. BEZLER), S. 32: Quequumque femina usque ad mortem cum alienis uiris adulterat, <placuit> nec in finem dandam esse ei communionem, forsitan si penitentiam legitimam habuerit, post Xm annos accipiat communionem.

395. Paenitentiale Silense c. 166 (ed. BEZLER), S. 33: Si cum conscientia mariti uxor fuerit mecata, <placuit> nec in finem dandam esse ei communionem; | si uero eam reliquerit, post X annos accipiat communionem.

396. Paenitentiale Silense c. 169 (ed. BEZLER), S. 33: Si puer fornicatur in domo parentum, uel ubiquumque, priusquam ad rectum coniugium ueniat, V annos peniteat.

397. Paenitentiale Silense c. 174 (ed. BEZLER), S. 33: Maritus si se ipsum in furtum aut in | fornicationem serbum fecerit, mulier habeat potestatem accipere alium uirum.

398. Paenitentiale Silense c. 175–177 (ed. BEZLER), S. 34: Qui cum matre sua fornicatur, XV annos peniteat; ita cum sorore, et preuigna.

399. Paenitentiale Silense c. 178 (ed. BEZLER), S. 34: Hae sunt porcabiture: uxor fratris, germana fratris[73], filia patris, filia noberce, noberca, uxor secunda patris, consobrina, filia abunculi uel matertere, prebigna antenata. De his omnibus nichil prorsus uenie reserbamus, nisi cum adulterium separatione sanaberint.

400. Paenitentiale Silense c. 179 (ed. BEZLER), S. 34: <De> Incestis, <ut> quamdiu in scelere sunt, inter catecuminos habeantur; cum quibus etiam nec cibum sumere ulli christianorum oportet, tantoque annosioris excomunicationis tempore et a Christi corpore et fraternitatis consortio sequestrentur quanto fuerint <propinquioris sanguinis contagione> polluti, alioquin XV annos peniteant, et a comunione annos septenos arceantur post finem adulterii. |

401. Paenitentiale Silense c. 180 (ed. BEZLER), S. 34: Mulier, si duobus fratribus nubserit, in mortis hora tantum comunicetur.

402. Paenitentiale Silense c. 181 (ed. BELZER), S. 34: Si quis in secunda, IIIa, IIIIa generatione inbenitur, separentur, et post peniteat ut supra; qui in quinta, VIa, VIIa, non separentur, et per singulos annos quadragenos dies penitea(n)t.

---

[73] Der Kontext lässt nicht klar erkennen, wer genau gemeint ist; möglicherweise geht es um die Schwester des Halbbruders.

394. Paenitentiale Silense c. 165 (ed. Bezler), S. 32: Welche Frau auch immer bis zum Tod mit anderen Männern Ehebruch begeht, [über die] ist beschlossen worden, dass ihr auch am Lebensende die Kommunion nicht gegeben wird. Gesetzt den Fall, sie hat die gesetzliche Buße geleistet, kann sie nach zehn Jahren die Kommunion erhalten.
395. Paenitentiale Silense c. 166 (ed. Bezler), S. 33: Wenn eine Frau mit dem Einverständnis ihres Mannes Ehebruch begangen hat, [so] ist beschlossen worden, dass ihm auch am Lebensende die Kommunion nicht gegeben wird; wenn er diese aber verlassen hat, soll er nach zehn Jahren die Kommunion annehmen.
396. Paenitentiale Silense c. 169 (ed. Bezler), S. 33: Wenn ein Junge im Haus der Eltern Unzucht begeht oder wo auch immer, soll er, bevor er zur richtigen Ehe schreitet, fünf Jahre Buße tun.
397. Paenitentiale Silense c. 174 (ed. Bezler), S. 33: Wenn der Ehemann sich aufgrund von Diebstahl oder Unzucht zum abhängigen Mann gemacht hat, hat [seine] Frau die Macht, einen anderen Mann anzunehmen.
398. Paenitentiale Silense c. 175–177 (ed. Bezler), S. 34: Derjenige, der mit seiner Mutter Unzucht begeht, soll 15 Jahre Buße tun; so [auch der, der mit seiner] Schwester und [seiner] Stieftochter [Unzucht begeht].
399. Paenitentiale Silense c. 178 (ed. Bezler), S. 34: Diese sind zu verbieten: die Ehefrau des Bruders, die Schwester des Bruders[73], die Tochter des Vaters, die Tochter der Stiefmutter, die Stiefmutter, die zweite Ehefrau des Vaters, die Cousine ersten Grades, die Tochter des Onkels oder der Tante mütterlicherseits, die Stieftochter. Alle diese erhalten ganz und gar keine Gnade, außer wenn sie den Ehebruch durch Trennung heilen.
400. Paenitentiale Silense c. 179 (ed. Bezler), S. 34: Über Inzestuöse, wenn sie sich – solange sie sich im Frevel [des Inzests] befinden – unter den Katechumenen befinden: Keiner der Christen darf mit diesen die Speise zu sich nehmen; sie sollen ebenso lange durch Kirchenbann bestraft und vom Leib Christi und von der brüderlichen Gemeinschaft ausgeschlossen werden, wie lange sie durch die Verseuchung des Verwandtenblutes befleckt sind; überhaupt sollen sie 15 Jahre Buße tun und nach Ende des Ehebruchs sollen sie sieben Jahre von der Kommunion ferngehalten werden.
401. Paenitentiale Silense c. 180 (ed. Bezler), S. 34: Wenn eine Frau zwei Brüder geheiratet hat, soll ihr bloß in der Todesstunde die Kommunion gereicht werden.
402. Paenitentiale Silense c. 181 (ed. Belzer), S. 34: Wenn jemand in der zweiten, dritten, vierten Generation vorgefunden wird, [dann] sollen sie getrennt werden und nachher Buße tun, so wie [es] oben [steht]; wer in der fünften, sechsten, siebten [Generation vorgefunden wird], die sollen nicht getrennt werden und in jedem einzelnen Jahr 40 Tage Buße tun.

---

73 Der Kontext lässt nicht klar erkennen, wer genau gemeint ist; möglicherweise geht es um die Schwester des Halbbruders.

Paenitentiale Vallicellanum I
(Ende 9. bis Mitte 10. Jahrhundert)

403. Paenitentiale Vallicellanum I c. 12 (ed. SCHMITZ 1), S. 264: Si quis sponsam habens et vicium ei intulerit et sororem ejus duxerit in uxorem. Illa vero que vicio passa est, si forte necem sibi intulerit, omnes qui hujus facti consentanei sunt, X annos peniteant in pane et aqua.
404. Paenitentiale Vallicellanum I c. 14 (ed. SCHMITZ 1), S. 266: Si quis adulterium commiserit, id est uxorem alterius vel virginem corruperit si clericus est V annos peniteat, II in pane et aqua; Laicus vero III annos peniteat ex his [I] in pane et aqua. Si Diaconus aut monachus est VII annos peniteat, III in pane et aqua. Sacerdos X annos peniteat, III ex his in pane et aqua. Episcopus XII et deponatur.
405. Paenitentiale Vallicellanum I c. 15 (ed. SCHMITZ 1), S. 267: Si quis laicus habens uxorem suam et cum alterius uxore vel virgine fornicatus fuerit, V annos peniteat, II in pane et aqua.
406. Paenitentiale Vallicellanum I c. 17 (ed. SCHMITZ 1), S. 270: Si quis viduam vel virginem raptus fuerit, III annos peniteat in pane et aqua.
407. Paenitentiale Vallicellanum I c. 19 (ed. SCHMITZ 1), S. 274: Si quis fornicaverit cum vidua patris sui aut vidua barbani sui aut cum germana sua aut cognata sua aut pater turpitudinem filii sui revelaverit aut cum filiastra sua X annos peregrinus peniteat, II ex his in pane et aqua et si peregrinare non potest, pro uno anno det. solid. XII, si laicus est, tondatur et dimittat hominem liberum.

408. Paenitentiale Vallicellanum I c. 20 (ed. SCHMITZ 1), S. 275: […] Si quis cum matre vel sorore fornicaverit, XV annos peniteat et nunquam mutet nisi dominicis diebus. […].
409. Paenitentiale Vallicellanum I c. 21 (ed. SCHMITZ 1), S. 277: Si quis intrat ad ancillam suam, si genuerit ex ea filium, libera sit et annum I peniteat.

410. Paenitentiale Vallicellanum I c. 22 (ed. SCHMITZ 1), S. 279: Si quis concupiscit fornicare et non potuit, III XLmas peniteat et qui turpi tactu vel colloquio vel aspectu coinquinatus est, tamen noluit fornicare, XL dies peniteat. Si autem impugnatione cogitationis violenter inquinatus est, VII diebus peniteat.

411. Paenitentiale Vallicellanum I c. 23 (ed. SCHMITZ 1), S. 279: Si quis concupiscit mulierem et non potest peccare cum illa aut non vult eam mulier suscipere, annum I peniteat.
412. Paenitentiale Vallicellanum I c. 26 (ed. SCHMITZ 1), S. 361: Si quis virginem vel viduam rapuerit, III annos peniteat in pane et aqua.

Paenitentiale Vallicellanum I
(Ende 9. bis Mitte 10. Jahrhundert)

403. Paenitentiale Vallicellanum I c. 12 (ed. SCHMITZ 1), S. 264: Wenn jemand eine Verlobte hat und [gleichzeitig] dieser die Schändlichkeit zugefügt und deren Schwester als Ehefrau heimgeführt hat, jene aber, die geschändet wurde, sich selbst tötet, sollen alle, die der Tat zugestimmt haben, zehn Jahre Buße tun.
404. Paenitentiale Vallicellanum I c. 14 (ed. SCHMITZ 1), S. 266: Wenn jemand Ehebruch begangen hat, das heißt, die Ehefrau eines anderen oder eine Jungfrau verführt hat, [dann] soll er fünf Jahre Buße tun, wenn er Kleriker ist, zwei bei Wasser und Brot; ein Laie aber soll drei Jahre Buße tun, [eines] bei Wasser und Brot. Wenn er aber Diakon oder Mönch ist, soll er sieben Jahre Buße tun, drei bei Wasser und Brot. Der Priester soll zehn Jahre Buße tun, drei bei Wasser und Brot; der Bischof zwölf und aus dem Amt entlassen werden.
405. Paenitentiale Vallicellanum I c. 15 (ed. SCHMITZ 1), S. 267: Wenn ein Laie, der eine Ehefrau hat, mit der Ehefrau eines anderen oder einer Jungfrau Unzucht getrieben hat, soll er fünf Jahre Buße tun, zwei bei Wasser und Brot.
406. Paenitentiale Vallicellanum I c. 17 (ed. SCHMITZ 1), S. 270: Wenn jemand eine Witwe oder eine Jungfrau geraubt hat, soll er drei Jahre bei Wasser und Brot Buße tun.
407. Paenitentiale Vallicellanum I c. 19 (ed. SCHMITZ 1), S. 274: Wenn jemand mit der Witwe seines Vaters oder der Witwe seines väterlichen Onkels oder mit seiner Schwester oder seiner Schwägerin Unzucht getrieben oder der Vater die Scham seines Sohnes enthüllt hat oder mit seiner Stieftochter [Unzucht getrieben hat], soll er zehn Jahre als Pilger büßen, zwei davon bei Wasser und Brot, und wenn er nicht auf Pilgerfahrt gehen kann, soll er pro Jahr zwölf Schillinge geben; wenn er ein Laie ist, soll er tonsuriert werden und den freien Mann aufgeben.
408. Paenitentiale Vallicellanum I c. 20 (ed. SCHMITZ 1), S. 275: [...] Wenn jemand mit der Mutter oder der Schwester Unzucht getrieben hat, soll er 15 Jahre Buße tun und niemals [etwas daran] ändern, außer an den Tagen des Herrn.
409. Paenitentiale Vallicellanum I c. 21 (ed. SCHMITZ 1), S. 277: Wenn jemand bei seiner abhängigen Frau eintrat und mit dieser ein Kind gezeugt hat, soll er ihr die Freiheit geben und ein Jahr Buße tun.
410. Paenitentiale Vallicellanum I c. 22 (ed. SCHMITZ 1), S. 279: Wenn jemand begehrt, Unzucht zu treiben, aber dies nicht konnte, soll er drei 40tägige Fastenzeiten büßen und wer durch eine schändliche Berührung oder durch eine Unterredung oder durch den Anblick verunreinigt worden ist und dennoch nicht Unzucht treiben wollte, soll 40 Tage büßen. Wenn aber jemand durch den Ansturm von schlechten Gedanken gewaltig verunreinigt worden ist, soll er sieben Tage büßen.
411. Paenitentiale Vallicellanum I c. 23 (ed. SCHMITZ 1), S. 279: Wenn jemand eine Frau begehrt und mit ihr nicht sündigen kann oder die Frau ihn nicht aufnehmen will, soll er ein Jahr Buße tun.
412. Paenitentiale Vallicellanum I c. 26 (ed. SCHMITZ 1), S. 361: Wenn jemand eine Witwe oder eine Jungfrau geraubt hat, soll er drei Jahre bei Wasser und Brot Buße tun.

413. Paenitentiale Vallicellanum I c. 36 (ed. SCHMITZ 1), S. 283: Si quis vir diligens feminam inscius alicujus mali polluitur sermone, XL dies peniteat. Osculatus autem eum et amplexatus III, XL peniteat; diligens tantum mente, VII dies peniteat.

414. Paenitentiale Vallicellanum I c. 37 (ed. SCHMITZ 1), S. 284: Legitimum conjugium non licet separare, nisi fuerit consensus amborum.

415. Paenitentiale Vallicellanum I c. 38 (ed. SCHMITZ 1), S. 284: Si quis legitimam uxorem dimiserit et acceperit aliam, illi tales cum Xtianis non manducent, nec ullus cum eis communis sit, sed excommunicati a Xtianis.

416. Paenitentiale Vallicellanum I c. 39 (ed. SCHMITZ 1), S. 284: Si mulier a viro suo discesserit et iterum reversa fuerit, suscipiat eam sine dote et ipsa uno anno in pane et aqua peniteat; similiter et vir si aliam duxerit.

417. Paenitentiale Vallicellanum I c. 43 (ed. SCHMITZ 1), S. 287: Si quis cum duobus fratribus nupserit secundum canones usque exitum vitae suae peniteat.

418. Paenitentiale Vallicellanum I c. 115 (ed. SCHMITZ 1), S. 332: Mulieri non est licitum, votum vovere sine licentia viri sui, sed si voverit[74], dimitti potest.

Paenitentiale Casinense
(Ende 10./ Anfang 11. Jahrhundert)

419. Paenitentiale Casinense c. 13 (ed. SCHMITZ 1), S. 403: Si quis laicus maculaverit uxorem proximi sui vel virginem corruperit, I annum peniteat et sine uxore propria dormiat.
420. Paenitentiale Casinense c. 17 (ed. SCHMITZ 1), S. 404: [1] Si quis laicus habens uxorem suam et cum alterius uxore fornicaverit, annos II peniteat, [2] clericus III annos peniteat, monachus vel Diaconus V annos peniteat, Subdiaconus III annos, Sacerdos VII annos, Episcopus annos X; [3] si quis laicus habens uxorem propriam vel concubinam sed multe fornicatus fuerit, V annos peniteat.

421. Paenitentiale Casinense c. 18 (ed. SCHMITZ 1), S. 404: Si quis cum matre vel sorore sua fornicaverit, XV annos peniteat.

---

74 Alle übrigen Kanones, die sich mit diesem Fall beschäftigen – eine Ausnahme bilden zusammen mit dem vorliegenden Kanon das Paenitentiale Vindobonense B c. 30,22 (ed. MEENS), S. 402 [Anhang P 209, S. 256] sowie das Paenitentiale Merseburgense a Me_1 c. 128 (ed. KOTTJE), S. 161 [Anhang P 263, S. 266] –, sprechen im vorliegenden Fall anstelle von *voverit* von *voluerit*. Demnach widerspricht der vorliegende Kanon allen übrigen, so dass zu prüfen wäre, ob auch in dieser Handschrift *voluerit* vermerkt ist. Hinzu kommt, dass ein Kanon der Judicia Theodori Ba ein solches Gelübde ausdrücklich für ungültig erklärt (vgl. Judicia Theodori Ba c. 37 (ed. ASBACH), S. 83 [Anhang P 61, S. 222]); zum Gesamtproblem vgl. Teil A, II.3.a, S. 76–82.

413. Paenitentiale Vallicellanum I c. 36 (ed. SCHMITZ 1), S. 283: Wenn ein Mann – während er eine Frau liebt und dabei nichts Schlechtes denkt – durch Worte befleckt wird, soll er 40 Tage Buße tun. Wenn er diese geküsst und umarmt hat, soll er dreimal 40 [Tage] Buße tun; [wenn er sie aber nur] in Gedanken liebt, soll er sieben Tage Buße tun.
414. Paenitentiale Vallicellanum I c. 37 (ed. SCHMITZ 1), S. 284: Es ist nicht erlaubt, eine rechtmäßige Ehe zu trennen, wenn es nicht mit der Zustimmung beider geschehen ist.
415. Paenitentiale Vallicellanum I c. 38 (ed. SCHMITZ 1), S. 284: Wenn jemand seine rechtmäßige Ehefrau entlassen und eine andere angenommen hat, sollen jene so Beschaffenen nicht mit den Christen speisen und nicht mit ihnen Gemeinschaft haben, sondern sie sollen von der Christenheit exkommuniziert sein.
416. Paenitentiale Vallicellanum I c. 39 (ed. SCHMITZ 1), S. 284: Wenn sich eine Frau von ihrem Mann getrennt hat und wiederum zu ihm zurückgekehrt ist, soll er sie ohne Braut- bzw. Ehegabe aufnehmen und sie selbst soll ein Jahr bei Wasser und Brot Buße tun. Gleichermaßen [soll es] auch der Mann [tun], wenn er eine andere heimgeführt hat.
417. Paenitentiale Vallicellanum I c. 43 (ed. SCHMITZ 1), S. 287: Wenn eine Frau zwei Brüder geheiratet hat, soll sie gemäß den Kanones bis zum Lebensende Buße tun.
418. Paenitentiale Vallicellanum I c. 115 (ed. SCHMITZ 1), S. 332: Einer Frau ist es nicht erlaubt, ohne die Zustimmung ihres Mannes ein Gelübde abzulegen, aber wenn sie gelobt hat[74], kann sie entlassen werden.

Paenitentiale Casinense
(Ende 10./ Anfang 11. Jahrhundert)

419. Paenitentiale Casinense c. 13 (ed. SCHMITZ 1), S. 403: Wenn ein Laie die Ehefrau seines Nächsten befleckt oder eine Jungfrau verführt hat, soll er ein Jahr Buße tun und ohne seine eigene Ehefrau schlafen.
420. Paenitentiale Casinense c. 17 (ed. SCHMITZ 1), S. 404: [1] Wenn ein verheirateter Laie mit der Ehefrau eines anderen Unzucht begangen hat, soll er zwei Jahre Buße tun, [2] ein Kleriker soll drei Jahre Buße tun, ein Mönch oder ein Diakon sollen fünf Jahre Buße tun, ein Priester sieben Jahre, ein Bischof zehn Jahre; [3] wenn aber ein Laie, der eine eigene Frau oder eine Konkubine hat, oft Unzucht begangen hat, [dann] soll er fünf Jahre Buße tun.
421. Paenitentiale Casinense c. 18 (ed. SCHMITZ 1), S. 404: Wenn jemand mit seiner Mutter oder Schwester Unzucht getrieben hat, soll er 15 Jahre Buße tun.

---

74 Alle übrigen Kanones, die sich mit diesem Fall beschäftigen – eine Ausnahme bilden zusammen mit dem vorliegenden Kanon das Paenitentiale Vindobonense B c. 30,22 (ed. MEENS), S. 402 [Anhang P 209, S. 256] sowie das Paenitentiale Merseburgense a Me$_1$ c. 128 (ed. KOTTJE), S. 161 [Anhang P 263, S. 266] –, sprechen im vorliegenden Fall anstelle von *voverit* von *voluerit*. Demnach widerspricht der vorliegende Kanon allen übrigen, so dass zu prüfen wäre, ob auch in dieser Handschrift *voluerit* vermerkt ist. Hinzu kommt, dass ein Kanon der Judicia Theodori Ba ein solches Gelübde ausdrücklich für ungültig erklärt (vgl. Judicia Theodori Ba c. 37 (ed. ASBACH), S. 83 [Anhang P 61, S. 222]); zum Gesamtproblem vgl. Teil A, II.3.a, S. 76–82.

422. Paenitentiale Casinense c. 22 (ed. SCHMITZ 1), S. 404: Si quis intraverit ad ancillam suam et nupserit cum ea, annum I peniteat et si genuerit filium ex ea, liberum illum constituat.

423. Paenitentiale Casinense c. 24 (ed. SCHMITZ 1), S. 404: Si quis cum matre de fonte fornicaverit, vitam suam peregrinando finiat et plus de tertia mansione non maneat in civitate vel ullo loco et non se mutet nisi in nativitate Domini sive in Pascha et a communione privetur.

424. Paenitentiale Casinense c. 49 (ed. SCHMITZ 1), S. 411: Mulieribus non licet vota vovere sine licentia viri sui, sed si voluerit, dimitti potest et poenitentiam judicet sacerdos.

425. Paenitentiale Casinense c. 56 (ed. SCHMITZ 1), S. 412: Si quae mulier duobus fratris nupserit, abjicienda est usque ad exitum mortis, sed propter humanitatem in extremis suis communio eam reconciliat; Ita autem, ut si forte sanitatem ceperit, matrimonio soluto ad poenitentiam admittatur; quod si defuncta fuerit mulier hujusmodi consortio alligata, difficilis erit poenitentia remanenti.

426. Paenitentiale Casinense c. 63 (ed. SCHMITZ 1), S. 413: Mulier adultera III annos peniteat.
427. Paenitentiale Casinense o.c. (ed. SCHMITZ 1), S. 429: Si quis fornicaverit cum vidua patris sui vel barbani sui aut germana cognata vel filiastra sua, X annos poeniteat peregrinando, III ex his in pane et aqua; et si cum uxore proximi sui, V annos poeniteat.

428. Paenitentiale Casinense o.c. (ed. SCHMITZ 1), S. 430: Si quis uxorem dimiserit et acceperit aliam, cum christianis non manducet et VII annis poeniteat.

Paenitentiale Vallicellanum (E. 62)
(nach 1050)

429. Paenitentiale Vallicellanum (E. 62) c. 21 (ed. WASSERSCHLEBEN), S. 559: Mulier non licet votum vovere sine licentia viri sui, si voluerit vir ejus, ut solvat, frangendum est, postea VII dies. […].

430. Paenitentiale Vallicellanum (E. 62) c. 27 (ed. WASSERSCHLEBEN), S. 560: Si quis acceperit cognatam aut novercam avunculis suis, isti separentur et post hoc canonice judicentur.
431. Paenitentiale Vallicellanum (E. 62) c. 30 (ed. WASSERSCHLEBEN), S. 560: Si quis abens uxorem vir duxerit aliam, dimissa est, que prius legitimam accepit, non est illius uxor, est meretrix. Illos tamen christianos non communicet, neque edant aut bibant, nec in sermone aut in opere aliquis ei communicet, set

422. Paenitentiale Casinense c. 22 (ed. SCHMITZ 1), S. 404: Wenn einer bei seiner abhängigen Frau eingetreten ist und mit ihr geschlafen hat, soll er ein Jahr Buße tun; und wenn er ein Kind mit ihr gezeugt hat, soll er bestimmen, dass es frei sei.
423. Paenitentiale Casinense c. 24 (ed. SCHMITZ 1), S. 404: Wenn jemand mit der Taufpatin Unzucht getrieben hat, soll er sein Leben auf Pilgerschaft beenden und sich weder in den Städten noch irgendwo anders länger als drei Tage aufhalten; und er soll [daran] nichts ändern, außer an Weihnachten oder an Ostern, und soll von der Kommunion ferngehalten werden.
424. Paenitentiale Casinense c. 49 (ed. SCHMITZ 1), S. 411: Den Frauen ist es ohne die Erlaubnis ihres Mannes nicht gestattet, ein Gelübde abzulegen; wenn aber dieser es will, kann [die Frau] entlassen werden und der Priester soll die Buße zusprechen.
425. Paenitentiale Casinense c. 56 (ed. SCHMITZ 1), S. 412: Wenn eine Frau zwei Brüder geheiratet hat, muss sie bis zum Todestag ausgestoßen werden; aber wegen der Menschlichkeit soll ihr am Lebensende die Kommunion Frieden bringen; gleichwohl soll sie, wenn sie die Gesundheit vielleicht wiedererlangt, zur Buße zugelassen werden, nachdem die Ehe gelöst worden ist. Wenn die in einer solchen Gemeinschaft verbundene Frau gestorben ist, wird es für den Überlebenden schwierig, in der Buße zu verharren.
426. Paenitentiale Casinense c. 63 (ed. SCHMITZ 1), S. 413: Eine ehebrecherische Frau soll drei Jahre büßen.
427. Paenitentiale Casinense o.c. (ed. SCHMITZ 1), S. 429: Wenn jemand mit der Witwe seines Vaters oder der Witwe seines väterlichen Onkels oder mit seiner schwesterlichen Schwägerin oder mit seiner Stieftochter Unzucht getrieben hat, soll er zehn Jahre als Pilger büßen, drei davon bei Wasser und Brot, und wenn es mit der Ehefrau seines Nächsten [geschieht], soll er fünf Jahre Buße tun.
428. Paenitentiale Casinense o.c. (ed. SCHMITZ 1), S. 430: Wenn jemand seine Ehefrau entlassen und eine andere angenommen hat, darf er nicht mit den Christen essen und soll sieben Jahre Buße tun.

Paenitentiale Vallicellanum (E. 62)
(nach 1050)

429. Paenitentiale Vallicellanum (E. 62) c. 21 (ed. WASSERSCHLEBEN), S. 559: Es ist nicht erlaubt, dass die Frau ohne die Erlaubnis ihres Mannes das Gelübde ablegt. Wenn ihr Mann will, dass sie das Gelübde löst, muss das Gelübde gebrochen werden und nachher sollen sie sieben Tage [Buße tun]. [...]
430. Paenitentiale Vallicellanum (E. 62) c. 27 (ed. WASSERSCHLEBEN), S. 560: Wenn jemand die Schwägerin oder die Stiefmutter seines Onkels angenommen hat, sollen sie getrennt werden und danach gemäß den Kanones verurteilt werden.
431. Paenitentiale Vallicellanum (E. 62) c. 30 (ed. WASSERSCHLEBEN), S. 560: Wenn ein Mann, der eine Ehefrau hat, eine andere heimgeführt hat, nachdem er die verlassen hat, die er früher rechtmäßig angenommen hat, ist jene nicht seine Ehefrau, [sondern] sie ist eine Dirne. Demzufolge soll er nicht mit Christen ver-

parentibus eorum. Qui hec fecerunt ista talia, non possit penitere, donec separentur; postquam separati fuerint, jejunet unusquisque ebdom. quadraginta, digna est mulier duplum jejunare. Set considerandum est, quis de his voluit tales scelus facere; a mulier, qui alterius virum suadet illam, excommunicentur.

432. Paenitentiale Vallicellanum (E. 62) c. 31 (ed. WASSERSCHLEBEN), S. 560f: [1] Duos fratres vel duas sorores in conjugio sociare; similiter patrem et filium, matrem et filiam. [2] Mulier si duobus fratribus nupserit, abicienda est, si separaverint se a conjuntione, usque ad mortem agat penitentiam.

433. Paenitentiale Vallicellanum (E. 62) c. 34 (ed. WASSERSCHLEBEN), S. 561: [1] Si quis cum matre sua fornicaverit, X anni penit. [2] et numquam mutet cibum nisi in die dominico; [3] si in peregrinatione, II anni penit. i. p. e. a. si in patria sua voluerit, VII anni penit. aut certe toto illos decem, neque vinum neque carnem nec coctum manducet excepto panem.

434. Paenitentiale Vallicellanum (E. 62) c. 37 (ed. WASSERSCHLEBEN), S. 561: Si quis cum comatre sua adulterium fecerit, VII ann. pen. III ex his i. p. e. a.

Paenitentiale Vallicellanum (C. 6)
(vor 1089)

435. Paenitentiale Vallicellanum (C. 6), De fornicatoribus (ed. SCHMITZ 1), S. 357: Tria sunt genera carnalis immunditiae. Primum: fornicatio, secundum: adulterium, tertium: incestus. Fornicatio fit cum puellis et viduis in seculari habito manentibus. Unde et fornicatio dicitur a fornicibus, ubi istud scelus clam perficitur. Fornices sunt arci volubiles fornicatoribus ad peragendum crimen habiles. Adulterium proprie cum uxore alterius agitur, unde et adulter alterius tori violator dicitur. Incestus cum propinquis et Deo sacratis virginibus committitur, unde et incestus vocatur.

436. Paenitentiale Vallicellanum (C. 6) c. 20 (ed. SCHMITZ 1), S. 360: Laicus uxorem habens si adulterium fecerit, VIII annos peniteat, IIII in pane et aqua; si absque uxore est, VII annos peniteat, III in pane et aqua; si autem incestus peccatum perfecerit, X annos peniteat, V in pane et aqua.

437. Paenitentiale Vallicellanum (C. 6) c. 28 (ed. SCHMITZ 1), S. 361: Mulier si duobus fratribus nupserit, abjiciatur usque ad mortem; sed propter humanitatem in extremis ad communionem reconcilietur, ita tamen, ut si forte sanitatem receperit, matrimonio soluto, poenitentiae subdatur. Quod si defuncta fuerit

kehren; sie sollen weder [gemeinsam] essen noch trinken, auch soll keiner ins Gespräch mit ihm kommen oder bei der Arbeit mit ihm reden, sondern [er soll nur] mit seinen Verwandten [verkehren]. Diejenigen, die diese Dinge getan haben, können nicht büßen, bis sie getrennt werden; nachdem sie getrennt worden sind, soll jeder Einzelne 40 Wochen fasten, wobei es der Frau würdig ist, doppelt zu fasten. Aber es ist zu bedenken, wer von ihnen diese Schandtat begehen wollte; aber die Frau [d. h. die Kupplerin], die ihr zum Mann einer anderen rät, soll exkommuniziert werden.

432. Paenitentiale Vallicellanum (E. 62) c. 31 (ed. WASSERSCHLEBEN), S. 560f: [1] Zwei Brüder und zwei Schwestern in der Ehe zu verbinden; gleichermaßen Vater und Sohn, Mutter und Tochter. [2] Wenn eine Frau zwei Brüder geheiratet hat, muss sie verstoßen werden. Wenn sie sich von der ehelichen Verbindung getrennt haben, soll sie Buße tun bis zum Tod.

433. Paenitentiale Vallicellanum (E. 62) c. 34 (ed. WASSERSCHLEBEN), S. 561: [1] Wenn jemand mit seiner Mutter Unzucht begangen hat, soll er zehn Jahre Buße tun [2] und niemals die Speise ändern, außer am Tag des Herrn; [3] wenn er durch Pilgerfahrt büßt, soll er es zwei Jahre bei Wasser und Brot tun; wenn er in seiner Heimat bleiben wollte, soll er sieben Jahre Buße tun oder aber ganze zehn Jahre weder Wein noch Fleisch noch Gegartes essen außer Brot.

434. Paenitentiale Vallicellanum (E. 62) c. 37 (ed. WASSERSCHLEBEN), S. 561: Wenn jemand mit seiner Patin/geistlichen Mitmutter Ehebruch begangen hat, soll er sieben Jahre Buße tun, davon drei bei Wasser und Brot.

Paenitentiale Vallicellanum (C. 6)
(vor 1089)

435. Paenitentiale Vallicellanum (C. 6), De fornicatoribus (ed. SCHMITZ 1), S. 357: Über die Unzüchtigen. Es gibt drei Arten von fleischlichen Unreinheiten: zuerst Unzucht, als Zweites Ehebruch, als Drittes Inzest. Unzucht treibt man mit jungen (unverheirateten) Mädchen oder Witwen, die sich im weltlichen Gewand befinden. Daher nennt man es auch *fornicatio* von *fornix*, wo dieses Verbrechen heimlich vollzogen wird. *Fornices* sind Laubengänge, die den Unzuchttreibenden gelegen sind, um dieses Verbrechen zu vollziehen. Ehebruch im eigentlichen Sinne wird mit der Ehefrau eines anderen getrieben. Daher wird auch der als Ehebrecher bezeichnet, der dem Ehebett des anderen Gewalt antut. Inzest wird mit den Verwandten und den Gott geweihten Jungfrauen begangen, daher wird er auch *incestus* genannt.

436. Paenitentiale Vallicellanum (C. 6) c. 20 (ed. SCHMITZ 1), S. 360: Wenn ein Mann, der eine Ehefrau hat, Ehebruch begangen hat, soll er acht Jahre Buße tun, vier davon bei Wasser und Brot. Und wenn er keine Ehefrau hat, soll er sieben Jahre Buße tun, drei davon bei Wasser und Brot; wenn er aber inzestuös sündigt, soll er zehn Jahre Buße tun, fünf davon bei Wasser und Brot.

437. Paenitentiale Vallicellanum (C. 6) c. 28 (ed. SCHMITZ 1), S. 361: Wenn eine Frau zwei Brüder geheiratet hat, gehört es sich, dass sie bis zum Todestag ausgestoßen werden muss; um der Menschlichkeit willen aber gehört es sich, dass sie am Lebensende zur Kommunion wieder zugelassen wird; gleichwohl soll jene,

hujusmodi consortio alligata, difficilis erit penitentia remanenti. Hanc sententiam viri et mulieres timere debent.

438. Paenitentiale Vallicellanum (C. 6) c. 36 (ed. SCHMITZ 1), S. 364: Si quis Episcopus incestum commiserit cum propinqua sua vel commatre aut Deo sacrata, XV annos peniteat; Presbyter XII; Diaconus et monachus X; Laici et clerici VIIII et communione priventur et sacro ordine.

439. Paenitentiale Vallicellanum (C. 6) c. 37 (ed. SCHMITZ 1), S. 365: Qui concupiscit fornicari et non potest aut mulier non susceperit eum, Episcopus V annos peniteat; Presbyter IIII; Diaconus et monachus III; Clerici et laici II.

440. Paenitentiale Vallicellanum (C. 6) c. 38 (ed. SCHMITZ 1), S. 365: Si quis uxorem suam deprehenderit in adulterio, abjiciat eam. Quodsi noluerit, III annos simul peniteat et ipsis penitentiae annis a concubitu se abstineant.

Paenitentiale Vallicellanum (F. 92)
(zwischen 1014 und 1025)

441. Paenitentiale Vallicellanum (F. 92) c. 1 (ed. WASSERSCHLEBEN), S. 683f: [1] Si germanus cum germana[75] tam funestum atque nefarium vitium perpetraverit, secundum antiquam et humaniorem diffinitionem inhermis XV ann. cum fletu et luctu penit. et ex his V ann. peregrinetur et uxorem numquam accipiat, nec illa virum, et non communicet nisi in die mortis. [2] Si patruus vel avunculus cum nepte, si neptos cum amita vel matertera, si consubrinus cum consubrina subrinave, secundum antiquam diffinitionem XII ann. excommunicatus paenit., humanius diffinierunt X. [3] Si cum agnata vel cum cognata a tertia usque ad VII propinquitatem, secundum antiquam et humanam diffinitionem, si tertia fuerit, XII ann. paenit., si IV, X, si V, VII, si VI, VI, si VII, V. [4] Si socer cum nucrum, si gener cum socru, si vitricus cum privigna, si privignus cum noverca, si cognatus cum cognata, que est uxor germani sui aut germana uxoris suae, sec. antiq. et humaniorem diffin. X ann. penit, si secundae uxoris suae, VIII ann. penit., si III, VII, si IV, VI. [5] Si pater et filius aut duos fratres cum una muliere aut cum matre et filia, aut cum duabus sororibus aut cum duabus commatribus, sec. antiq. et human. diff. VIII ann. penit. [6] Si cum sacrata virgine vel sanctimoniali sive cum uxore alterius, si compatre cum commatre, si pater cum filia aut filius cum matre vel frater cum sorore in Christo, sec. ant. diffin. X ann. penit., humanius diffinierunt VII.

---

75 Die Strafen lassen auf ein enges Verwandtschaftsverhältnis schließen.

wenn sie die Gesundheit vielleicht wiedererlangt, zur Buße zugelassen werden, nachdem die Ehe gelöst worden ist. Wenn die Frau, die in einer derartigen Gemeinschaft verbunden worden ist, [jedoch] gestorben ist, wird es für den Überlebenden schwierig sein, in der Buße zu verharren. Diese Regelung sollen sowohl die Männer als auch die Frauen achten.

438. Paenitentiale Vallicellanum (C. 6) c. 36 (ed. Schmitz 1), S. 364: Wenn ein Bischof Unzucht/Inzest mit seiner Verwandten oder der Patin/geistlichen Mitmutter oder der Gott Geweihten begangen hat, soll er 15 Jahre Buße tun; der Priester zwölf; der Diakon und der Mönch zehn, der Laie und der Kleriker neun; und sie sollen der Kommunion und des heiligen Amtes beraubt werden.

439. Paenitentiale Vallicellanum (C. 6) c. 37 (ed. Schmitz 1), S. 365: Wenn jemand begehrt, Unzucht zu treiben, und kann nicht oder die Frau hat ihn nicht aufgenommen, soll er als Bischof fünf Jahre Buße tun, als Priester vier, als Diakon und als Mönch drei, als Kleriker und als Laie zwei.

440. Paenitentiale Vallicellanum (C. 6) c. 38 (ed. Schmitz 1), S. 365: Wenn jemand seine Ehefrau beim Ehebruch ertappt hat, soll er sie wegschicken. Wenn er es aber nicht wollte, sollen sie zugleich drei Jahre Buße tun und sich während dieser Jahre der Buße von der Ehe/vom Geschlechtsakt fernhalten.

Paenitentiale Vallicellanum (F. 92)
(zwischen 1014 und 1025)

441. Paenitentiale Vallicellanum (F. 92) c. 1 (ed. Wasserschleben), S. 683f: [1] Wenn ein Bruder mit seiner Schwester[75] ein dergestalt verderbliches und ruchloses Laster begangen hat, soll er gemäß der alten und menschlicheren Entscheidung schutzlos 15 Jahre unter Wehklagen und Trauer Buße tun und von diesen fünf Jahre in die Fremde gehen und niemals eine Ehefrau annehmen, auch [soll] jene keinen Mann [annehmen] und sie sollen nicht kommunizieren außer am Tag des Sterbens. [2] Wenn [sich] ein Onkel mütterlicherseits oder ein Onkel väterlicherseits mit der Nichte, wenn [sich] der Neffe mit der Tante väterlicher- oder mütterlicherseits, wenn [sich] der Cousin ersten Grades mit der Cousine ersten oder zweiten Grades [verbindet], soll er gemäß der früheren Entscheidung zwölf Jahre als Exkommunizierter Buße tun, menschlicher entscheidet man zehn. [3] Wenn [sich] jemand mit einer Verwandten väterlicher- oder mütterlicherseits vom dritten bis zum siebten Verwandtschaftsgrad [vereinigt], soll er gemäß der alten und menschlichen Entscheidung zwölf Jahre Buße tun, wenn es den dritten Grad betrifft; wenn es der vierte ist, zehn Jahre; ist es der fünfte, sieben Jahre; wenn es der sechste ist, sechs Jahre; wenn es der siebte ist, fünf Jahre. [4] Wenn [sich] der Schwiegervater mit der Schwiegertochter, wenn [sich] der Schwiegersohn mit der Schwiegermutter, wenn [sich] der Stiefvater mit der Stieftochter, wenn [sich] der Stiefsohn mit der Stiefmutter, wenn [sich] ein Verwandter mit einer Verwandten [verbindet], die die Ehefrau seines leiblichen [Verwandten] (Bruders) oder die leibliche [Verwandte] (Schwester) seiner

---

75 Die Strafen lassen auf ein enges Verwandtschaftsverhältnis schließen.

442. Paenitentiale Vallicellanum (F. 92) c. 2 (ed. WASSERSCHLEBEN), S. 684: De patre et filio et de avunculo et nepote, si cum una muliere fornicati sunt.

443. Paenitentiale Vallicellanum (F. 92) c. 19 (ed. WASSERSCHLEBEN), S. 687: [1] De eo, qui parentem suam infra VII consanguinitatem suam. Ex decretis sentientibus ejus. Synodus statuit Romanam, ut non oportet quis filiam suam vel parentes in conjugio intra septimam propinquitatem copulare suam; nam qui hujusmodi opus perpetraverit, sciat, se anathematis vinculo esse obligatum et Dei judicio condempnatum atque a sancto sacro corpore et sanguine Domini alienum. [2] Simili modo ei omnibus haec consentientibus, [3] statuente canonica censura, ut, quicunque sacerdotum scienter eis communicare ante dignam satisfactionem praesumpserit, inter eorum consortia dampnatus atque a sacerdotii sui gradu funditus privetur. [4] Si autem hi, qui conjuncti sunt, admoniti declinaverint et ab altero fuerint divisi, penit. submittantur, ut sacerdos loci, quemadmodum propinquitatem providerit, quatinus de prima et secunda, hic taceatur, si vero tertia fuerit, XV ann. penit., si IV, XIV, si V, XII, si VI, X, si VII, VII.

Paenitentiale Arundel
(10. Jahrhundert)

444. Paenitentiale Arundel c. 39 (ed. SCHMITZ 1), S. 448: Qui cum matre vel sorore vel filia vel commatre vel filiola coierit, juxta Nicenum Concilium et Anchyre canonem XV annos peniteat.

445. Paenitentiale Arundel c. 40 (ed. SCHMITZ 1), S. 448: Qui adulterium simplex fecerit, juxta anchyranum concilium VII annos peniteat; qui vero duplex, XIIII peniteat.

Ehefrau ist, soll er gemäß der alten und menschlichen Entscheidung zehn Jahre Buße tun; wenn es seine zweite Ehefrau ist, acht Jahre; wenn es die dritte ist, sieben Jahre; wenn es die vierte ist, sechs Jahre. [5] Wenn Vater und Sohn oder zwei Brüder mit einer Frau oder mit Mutter und Tochter oder mit zwei Schwestern oder mit zwei Patinnen/geistlichen Mitmütter [Unzucht getrieben haben], sollen sie gemäß der alten und menschlichen Entscheidung acht Jahre Buße tun. [6] Wenn jemand mit einer geweihten Jungfrau oder Nonne oder mit der Ehefrau eines anderen, wenn der Pate/geistliche Mitvater mit der Patin/geistlichen Mitmutter, wenn der Vater mit der Tochter oder der Sohn mit der Mutter oder der Bruder mit der Schwester in Christo [d. h. der Mönch mit der Nonne] [Unzucht getrieben hat], soll er gemäß der alten Entscheidung zehn Jahre Buße tun, menschlicher bestimmt man sieben.

442. Paenitentiale Vallicellanum (F. 92) c. 2 (ed. WASSERSCHLEBEN), S. 684: Über Vater und Sohn und über Onkel und Neffe, wenn sie mit ein und derselben Frau Unzucht getrieben haben.

443. Paenitentiale Vallicellanum (F. 92) c. 19 (ed. WASSERSCHLEBEN), S. 687: [1] Über den, der seine Verwandte unterhalb des siebten Blutsverwandtenkreises [heiratet]. Aus den diesbezüglichen dekretalen Beschlüssen. Eine römische Synode hat festgesetzt, dass es sich nicht gehört, dass jemand seine Tochter oder seine Verwandten innerhalb seines siebten Verwandtschaftsgrades verheiraten lässt; denn wer eine derartige Tat begangen hat, soll wissen, dass er mit den Fesseln des Kirchenbannes gebunden, durch das Urteil Gottes für schuldig befunden und vom hochheiligen Fleisch und Blut des Herrn ausgeschlossen sei. [2] Das Gleiche gilt auch für all die, die zugestimmt haben; [3] hierbei hat der kanonische Beschluss festgelegt, dass, welcher Priester auch immer es wagen sollte, diesen die Kommunion vor einer würdigen Wiedergutmachung zu reichen, obwohl er darum weiß, [dass dieser] gemeinsam mit ihnen verurteilt und gänzlich um den Grad seines Priestertums beraubt werden soll. [4] Wenn aber die, die ehelich verbunden worden waren, ermahnt davon Abstand genommen haben und voneinander getrennt worden sind, [dann] sollen sie sich der Buße unterwerfen, sowie der Ortspriester ihre Verwandtschaft festgestellt hat; dass es sich um den ersten und zweiten Grad handelt, sei hier außer Acht gelassen, wenn es aber der dritte gewesen ist, sollen sie 15 Jahre Buße tun, [wenn es] der vierte [gewesen ist], 14, [wenn es] der fünfte [gewesen ist], zwölf, [wenn es] der sechste [gewesen ist], zehn und [wenn es] der siebte [gewesen ist], sieben.

Paenitentiale Arundel
(10. Jahrhundert)

444. Paenitentiale Arundel c. 39 (ed. SCHMITZ 1), S. 448: Wer sich mit der Mutter, Schwester, Tochter, Patin/geistlichen Mitmutter oder der Patentochter vereinigt hat, soll gemäß dem Konzil von Nicäa und dem Kanon von Ancyra 15 Jahre Buße tun.

445. Paenitentiale Arundel c. 40 (ed. SCHMITZ 1), S. 448: Wenn jemand einmal Ehebruch begangen hat, soll er gemäß dem Konzil von Ancyra sieben Jahre Buße tun; wer [es] aber zweimal [getan hat], soll 14 Jahre Buße tun.

446. Paenitentiale Arundel c. 41 (ed. SCHMITZ 1), S. 448: [1] Si quae moechata fuerit cum aliquo longo tempore, X annos peniteat; [2] si publice XII; [3] si quae cum conscientia mariti sui moechatur, uterque X annos peniteat.

447. Paenitentiale Arundel c. 43 (ed. SCHMITZ 1), S. 449: Si vidua fuerit moechata cum conjugato et eum postea mortua uxore suum virum duxerit, ante omnia separentur et postea VII annos peniteat; si vero relicta ab illo vel illum vel alium duxerit, X annos peniteat.

448. Paenitentiale Arundel c. 44 (ed. SCHMITZ 1), S. 450: Si uxoratus cum maritata moechatus fuerit, X annos, si semel tantum, peniteat; si sepius, XIIII annos peniteat.

449. Paenitentiale Arundel c. 46 (ed. SCHMITZ 1), S. 451: Si quis post factam poenitentiam iterum moechatus fuerit, juxta heleberitanum Concilium X annos peniteat.

450. Paenitentiale Arundel c. 48 (ed. SCHMITZ 1), S. 451: Si qua duobus fratribus nupserit eodem modo peniteat et insuper non communicet usque ad mortem. In his duabus extremis sententiis eos omnes comprehendimus, huic penitentiae subjacere, qui cum duabus sororibus coierunt, vel cum duobus fratribus vel cum consanguinea vel patruo, vel avunculo, vel nepote, vel nutricio, vel pervigno, vel genero, vel sacro[76], vel monacho.

451. Paenitentiale Arundel c. 58 (ed. SCHMITZ 1), S. 453: Quisquis vult et procurat machinationem quantum potest adulterium committere nec tamen potest, XL diebus peniteat.

452. Paenitentiale Arundel c. 65 (ed. SCHMITZ 1), S. 455: Si quis uxorem rapuerit, absque ejus voluntate et parentum suorum eam, nisi illa sponte sua voluerit, uxorem habere non poterit, sed per separationem ipsa, si velit, alteri nubat. Raptor vero VII annos peniteat. Quod si ipsa antequam alteri jungatur illius conjunctioni assensum praebuerit, habeat eam uxorem sed tamen praedicto modo peniteat.

Confessionale Pseudo-Egberti
(10. Jahrhundert)

453. Confessionale Pseudo-Egberti c. 14 (ed. WASSERSCHLEBEN), S. 307: [1] Laicus uxorem habens, si alterius viri uxorem maculaverit vel puellam, I annum jejunet; si infantem habeat, III annos jejunet; si autem coelebs sit, VII annos jejunet; nonnulli volunt X. [2] Qui cum matre sua, vel sorore, vel filia coiverit,

---

[76] *socro.*

446. Paenitentiale Arundel c. 41 (ed. Schmitz 1), S. 448: [1] Wenn eine Frau über eine lange Zeit hinweg Ehebruch begangen hat, soll sie zehn Jahre Buße tun; [2] wenn sie es öffentlich tut, zwölf Jahre; [3] wenn sie es mit dem Einverständnis des Mannes tut, sollen beide zehn Jahre Buße tun.
447. Paenitentiale Arundel c. 43 (ed. Schmitz 1), S. 449: Wenn eine Witwe mit einem Verheirateten Ehebruch begangen und diesen nach dem Tod der Ehefrau als ihren Mann heimgeführt hat, sollen sie vor allen Dingen getrennt werden und sieben Jahre Buße tun. Wenn sie aber von diesem verlassen worden ist und [dann] denselben oder aber einen anderen heimgeführt hat, soll sie zehn Jahre büßen.
448. Paenitentiale Arundel c. 44 (ed. Schmitz 1), S. 450: Wenn ein Verheirateter mit einer Verheirateten nur einmal Ehebruch begangen hat, soll er zehn Jahre Buße tun; wenn es öfter geschehen ist, soll er 14 Jahre Buße tun.
449. Paenitentiale Arundel c. 46 (ed. Schmitz 1), S. 451: Wenn jemand nach abgeleisteter Buße wiederum Ehebruch begangen hat, soll er gemäß der Synode von Elvira zehn Jahre Buße tun.
450. Paenitentiale Arundel c. 48 (ed. Schmitz 1), S. 451: Wenn eine Frau zwei Brüder geheiratet hat, soll sie auf dieselbe Weise Buße tun und darf obendrein bis zum Tod nicht kommunizieren. In diesen beiden letzten Sentenzen führen wir alle zusammen, die dieser Buße unterliegen, [nämlich diejenigen,] die sich mit zwei Schwestern, zwei Brüdern, mit einer Blutsverwandten, dem Onkel väterlicherseits oder dem Onkel mütterlicherseits, dem Enkel/Neffen, dem Ernährer/Zögling, dem Stiefsohn, dem Schwiegersohn, dem Schwiegervater[76] oder einem Mönch vereinigt haben.
451. Paenitentiale Arundel c. 58 (ed. Schmitz 1), S. 453: Wer will und alles daran setzt, Ehebruch zu begehen, und [es] dennoch nicht [ausführen] kann, soll 40 Tage Buße tun.
452. Paenitentiale Arundel c. 65 (ed. Schmitz 1), S. 455: Wenn jemand eine Ehefrau ohne ihren Willen und den ihrer Eltern/Verwandten geraubt hat, kann er jene nicht zur Ehefrau haben, außer sie wollte es aus eigenem Antrieb. Aber aufgrund der Trennung kann sie selbst einen anderen heiraten, wenn sie will. Der Räuber aber soll sieben Jahre Buße tun. Wenn sie aber selbst – bevor sie dem anderen verbunden wird – der Vermählung mit jenem Mann die Zustimmung gewährt hat, soll er sie als Ehefrau haben, aber dennoch auf vorgeschriebene Weise Buße tun.

Confessionale Pseudo-Egberti
(10. Jahrhundert)

453. Confessionale Pseudo-Egberti c. 14 (ed. Wasserschleben), S. 307: [1] Der Laie, der eine Ehefrau hat, soll ein Jahr fasten, wenn er sich mit der Ehefrau eines anderen Mannes oder mit einem Mädchen befleckt hat. Wenn er ein Kind hat, soll er drei Jahre fasten; wenn es sich aber um einen Zölibatär handeln sollte,

---

[76] *socro.*

XII annos jejunet; et videat tamen sacerdos, in quo gradu sit.

454. Confessionale Pseudo-Egberti c. 17 (ed. WASSERSCHLEBEN), S. 307f: [1] Quicunque gentilis homo dimiserit mulierem gentilem in potestate sua, post baptismum ejus, utrum eam habeat an non habeat, aequale est. [2] Si alter eorum sit gentilis, alter baptizatus, gentilis a baptizato (discedere) potest, sicut Apostolus dicebat: *Infidelis si discedit, discedat.* [3] Qui bis haptizati sunt, ita ut nescirent, non opus erit eis jejunare, nisi quod, juxta sententiam canonis, ordinari non possunt, etiamsi necesse fuerit. [4] Si quis a fornicante presbytero baptizatus fuerit, statim iterum baptizetur. [5] Quicunque sciens secunda vice baptizatus sit, id est quasi iterum Christum crucifixerit, VII annos jejunet, duobus jejunii diebus per hebdomadam, et III legitimes jejuniis plene.

455. Confessionale Pseudo-Egberti c. 19 (ed. WASSERSCHLEBEN), S. 308f: [1] Si quis vir aut mulier voverit virginitatem servare, et postea jungatur in matrimonio, ne praetermittat uterque eorum, quin III annos jejunet, pro voto illo stulto, et quae non toleranda sunt, dirimantur. [2] Si uxor alicujus viri adulteravit, marito licet eam dimittere, et aliam ducere, si ea prima sit uxor; si secunda sit vel tertia, non licet ei tunc aliam ducere. Uxor illa, si pro flagitiis suis (poenitentiam) agere velit, post annos V licebit ei alium virum accipere. [3] Mortuo viro, post annum licet mulieri alium accipere. [4] Quicunque vir dimiserit uxorem suam, et fornicatione se associaverit, VII annos jejunet duro jejunio, vel XV levius. [5] Quicunque multa mala perpetraverit in caede, et in homicidio, et in perjurio, et in illicito concubitu cum bestiis et cum mulieribus, eat in monasterium, et semper jejunet, usque ad vitae suae finem, si valde multa commiserit.

456. Confessionale Pseudo-Egberti c. 25 (ed. WASSERSCHLEBEN), S. 310f: [1] Duobus fratribus duas sorores in uxores ducere licet, et patri ac filio matrem et filiam. [2] Si servus et ancilla mutua voluntate se conjunxerint, et si postea alter eorum liber factus sit, et servilem redimere nequeat, eorum quicunque liber sit, licebit ei servili libertatem obtinere. [3] Quicunque liber homo ancillam in uxorem duxerit, non licet ei dimittere eam, si prius cum consensu amborum conjuncti fuerint. [4] Quamquam quis praegnantem mulierem liberam fecerit, infans tamen semper erit servus. [5] Qui in legitimo matrimonio sunt, III dies ante jejunium quadragesimale non congregentur, ita etiam per totos illos XL dies, usque ad nonum diem in pascha. [6] Quicunque vero virum aut mulierem habuerit illicite matrimonio conjunctum, licet ei qualemcunque cibum habeat comedere, quoniam propheta dixit: Domini est terra et plenitudo ejus. [7] Vir et mulier in matrimonio conjuncti, si alter velit Dei servus esse, et alter nolit, vel

soll er sieben Jahre fasten; einige wollen zehn. [2] Wer mit seiner Mutter, Schwester oder Tochter geschlafen hat, soll zwölf Jahre fasten und der Priester soll dennoch schauen, in welchem Grad es ist.

454. Confessionale Pseudo-Egberti c. 17 (ed. WASSERSCHLEBEN), S. 307f: [1] Welcher heidnische Mann auch immer eine heidnische Frau eigenmächtig entlassen hat, kann nach der Taufe entscheiden, ob er sie haben oder nicht haben will – beides ist möglich. [2] Wenn einer von ihnen Heide und der andere getauft ist, kann sich der Heide vom Getauften trennen, wie es der Apostel sagte: ›Wenn ein Ungläubiger sich trennen will, soll er sich auch trennen‹. [3] Wenn sie zweimal getauft sind, davon aber nichts wissen, brauchen sie nicht zu fasten, außer dass sie gemäß der kanonischen Lehre nicht geweiht werden können, obwohl dies so sein sollte. [4] Wenn jemand von einem Priester, der Unzucht treibt, getauft worden ist, soll er wiederum getauft werden. [5] Wer auch immer ein zweites Mal getauft worden ist und darum weiß – das würde gleichsam heißen, dass Christus wiederum gekreuzigt worden sei –, der soll sieben Jahre Buße tun und er soll zwei Tage pro Woche und drei volle kirchlich festgesetzte Fastenzeiten fasten.

455. Confessionale Pseudo-Egberti c. 19 (ed. WASSERSCHLEBEN), S. 308f: [1] Wenn ein Mann oder eine Frau gelobt haben, die Jungfräulichkeit zu bewahren, und später in der Ehe verbunden werden, sollen sie es beide nicht unterlassen, für jenes törichte Gelübde drei Jahre Buße zu tun, und was nicht zu dulden ist, soll außer Kraft gesetzt werden [d.h. offenbar das Gelübde]. [2] Wenn eine Ehefrau mit einem anderen Mann Ehebruch begangen hat, ist es dem Mann erlaubt, diese zu entlassen und eine andere anzunehmen, wenn sie seine erste Ehefrau gewesen ist; wenn es die zweite oder dritte gewesen ist, ist es nicht erlaubt, eine andere anzunehmen. Wenn jene Frau für ihre Schandtaten Buße tun will, wird es ihr nach fünf Jahren erlaubt sein, einen anderen Mann anzunehmen. [3] Nachdem der Mann gestorben ist, ist es der Frau erlaubt, einen anderen Mann anzunehmen. [4] Welcher Mann auch immer seine Ehefrau entlassen und sich durch Unzucht verbunden hat, soll sieben Jahre streng fasten oder 15 [Jahre] leichter. [5] Wer durch Blutbad, Mord, Meineid und unerlaubten Geschlechtsverkehr mit einem Tier und einer Frau viele Übel begangen hat, soll ins Kloster gehen und er soll bis ans Lebensende immer fasten, wenn er sehr viele Übel begangen hat.

456. Confessionale Pseudo-Egberti c. 25 (ed. WASSERSCHLEBEN), S. 310f: [1] Zwei Brüdern ist es erlaubt, zwei Schwestern als Ehefrau heimzuführen, und Vater und Sohn [ist es erlaubt,] Mutter und Tochter [heimzuführen]. [2] Wenn sich ein abhängiger Mann und eine abhängige Frau mit gegenseitiger Zustimmung ehelich verbunden haben und wenn einer von ihnen später frei gelassen worden ist und nicht imstande sein sollte, den in Abhängigkeit Befindlichen auch freizukaufen, wird demjenigen, der frei ist, erlaubt, frei von seinem abhängigen Partner zu werden. [3] Welcher freie Mann auch immer eine abhängige Frau als Ehefrau heimgeführt hat, dem ist es nicht erlaubt, diese zu entlassen, wenn sie vorher mit beiderseitigem Einverständnis verbunden worden sind. [4] Auch wenn jemand eine schwangere Frau in Freiheit entlassen hat, wird ihr Kind dennoch ein abhängiger Mann sein. [5] Diejenigen, die in rechtmäßiger Ehe leben, sollen drei Tage vor der 40tägigen Fastenzeit nicht zusammenkom-

alter eorum infirmus sit, alter sanus, separentur, si velint, attamen cum consensu amborum.

457. Confessionale Pseudo-Egberti c. 26 (ed. WASSERSCHLEBEN), S. 311: [...] [1] Si mulier virum suum a se rejiciat, et nolit revertere et reconciliari cum eo, post V annos viro licet, cum consensu episcopi, aliam ducere uxorem. [2] Si vir mulieris in captivitatem ductus fuerit, exspectet eum VI annos; et ita faciat vir uxori, si ei captivitas evenerit; si vir aliam uxorem duxerit, et captiva post V annos redierit, dimittat posteriorem, et sumat captivam quam antea duxerat. [3] Et aequaliter vir, si in matrimonio conjunctus sit mulieri, quae suae cognationis sit, post uxoris suae mortem legitime conjungat se cognatis uxoris suae. [...].

458. Confessionale Pseudo-Egberti c. 27 (ed. WASSERSCHLEBEN), S. 311: [1] Puellae quatuordecim annorum corporis sui potestatem habere licet. Puer usque ad XV aetatis annum in potestate sit patris sui; deinde se monachum potest facere, si velit, et non antea. Puella usque ad XIII vel XIV annum sit in potestate parentum suorum; post hanc aetatem dominus ejus illam capere potest cum voluntate sua. Pater potest filium suum, magna necessitate compulsus, in servitutem tradere usque ad VII annum; deinde sine voluntate filii eum tradere non potest. [2] Si hostis viri alicujus uxorem abstulerit, et ipse eam recuperare non potest, licet ei aliam ducere; sic enim melius est, quam fornicationis crimen committere.

459. Confessionale Pseudo-Egberti c. 28 (ed. WASSERSCHLEBEN), S. 311f: [...] In quinto propinquitatis gradu licet caris hominibus in matrimonium ire, et si in quarto inventi fuerint, ne separentur; in tertio gradu separentur. [...].

Paenitentiale Fulberti
(10./11. Jahrhundert)

460. Paenitentiale Fulberti c. 17 (ed. KERFF), S. 30: Si quis adulterat simpliciter, V annos. Si dupliciter, X annos.
461. Paenitentiale Fulberti c. 19 (ed. KERFF), S. 30: Si quis raptum fecerit, III annos, I foris aecclesiam.

men, so auch durch jene ganzen 40 Tage hindurch bis zum neunten Tag nach Ostern. [6] Wer auch immer aber einen Mann oder eine Frau durch unrechtmäßige Ehe verheiratet hat, dem ist es erlaubt, welche Speise auch immer er hat, zu verzehren, weil der Prophet gesagt hat: Die Erde gehört dem Herrn und ihre Fülle. [7] Ein Mann und eine Frau sind durch eine Ehe verbunden worden; wenn [nun] der eine von diesen Diener Gottes sein will und der andere will es nicht oder der eine von beiden ist krank, der andere gesund, sollen sie dennoch [nur] in gegenseitigem Einverständnis getrennt werden, wenn sie es wollen.

457. Confessionale Pseudo-Egberti c. 26 (ed. WASSERSCHLEBEN), S. 311: [...] [1] Wenn eine Frau ihren Mann von sich zurückweist und nicht zu ihm zurückkehren und sich mit ihm versöhnen will, ist es dem Mann nach fünf Jahren erlaubt, mit dem Einverständnis des Bischofs eine andere Ehefrau anzunehmen. [2] Wenn der Mann einer Frau in Gefangenschaft geraten ist, soll sie sechs Jahre auf ihn warten; und so soll es der Mann von einer Ehefrau tun, wenn diese in Gefangenschaft geraten ist; wenn der Mann eine andere als Ehefrau heimgeführt hat und die Gefangene kommt nach fünf Jahren zurück, soll er die spätere entlassen und die Gefangene annehmen, die er vorher heimgeführt hatte. [3] Gleichermaßen soll sich ein Mann, der sich mit einer Frau aus seiner Verwandtschaft ehelich verbunden hat, nach ihrem Tod [weiterhin] rechtmäßig mit den Verwandten seiner Frau ehelich verbinden.

458. Confessionale Pseudo-Egberti c. 27 (ed. WASSERSCHLEBEN), S. 311: [1] Dem Mädchen ist es mit 14 Jahren erlaubt, die Macht über ihren Körper zu haben. Der Junge soll bis zum 15. Lebensjahr in der Gewalt seines Vaters sein; danach kann er Mönch werden, wenn er will, aber nicht eher. Das Mädchen soll bis zum 13. oder 14. Lebensjahr in der Gewalt ihrer Eltern sein, nach diesem Lebensjahr kann ihr Herr jene mit ihrem Willen übernehmen. Der Vater kann seinen Sohn, sollte große Notwendigkeit drängen, bis zum siebten Lebensjahr in Abhängigkeit überführen; danach kann er diesen ohne seinen Willen nicht überführen. [2] Wenn der Feind die Ehefrau irgendeines Mannes verschleppt hat und er selbst sie nicht zurückerlangen kann, ist es ihm erlaubt, eine andere heimzuführen; so ist es nämlich besser, als das Vergehen der Unzucht zu begehen.

459. Confessionale Pseudo-Egberti c. 28 (ed. WASSERSCHLEBEN), S. 311f: [...] Im fünften Verwandtschaftsgrad ist es Liebenden erlaubt, zu heiraten; wenn sie im vierten Grad vorgefunden werden, sollen sie nicht getrennt werden; im dritten Grad [aber] soll man sie trennen.

Paenitentiale Fulberti
(10./11. Jahrhundert)

460. Paenitentiale Fulberti c. 17 (ed. KERFF), S. 30: Wenn jemand einmal die Ehe bricht, soll er fünf Jahre büßen. Wenn [er es] zweimal [tut], zehn Jahre.

461. Paenitentiale Fulberti c. 19 (ed. KERFF), S. 30: Wenn jemand Frauenraub begangen hat, soll er drei Jahre [Buße tun], eines davon außerhalb der Kirche [d. h. der kirchlichen Gemeinschaft].

Burchard von Worms, Decretorum libri XX
(erstes Viertel 11. Jahrhundert)

462. Burchard von Worms, Decretorum lib. XIX, Cap. 5 (PL 140), Sp. 957D: [1] Moechatus es cum uxore alterius, tu non habens uxorem? XL dies in pane et aqua, quod in communi sermone carina vocatur, cum septem sequentibus annis poeniteas. [2] Si moechatus es tu uxoratus cum alterius uxore, quia habuisti quodmodo impleres tuam libidinem, duas carinas, cum quatuordecim sequentibus annis poenitere debes, unam quia super uxorem tuam alteram habuisti, ecce unum adulterium: habuisti etiam alterius uxorem, ecce aliud adulterium, et nunquam debes esse sine poenitentia.

463. Burchard von Worms, Decretorum lib. XIX, Cap. 5 (PL 140), Sp. 958C: Si corrupisti virginem, et postea eamdem suscepisti uxorem, eo quod solas nuptias, quod maximum est, violasti, annum unum per legitimas ferias poeniteas. Si autem non duxisti eam post corruptionem uxorem, duos annos per legitimas ferias poeniteas.

464. Burchard von Worms, Decretorum lib. XIX, Cap. 5 (PL 140), Sp. 959A: Contigit tibi ut uxor tua te conscio et hortante cum alio viro, illa autem nolente adulterium perpetraret? Si fecisti, XL dies, id est, carinam, in pane et aqua poeniteas et septem annos, unum ex his in pane et aqua poeniteas, et nunquam sis sine poenitentia. Si autem uxor tua hoc probare potuerit, quod tua culpa et tuo jussu, se renuente et reluctante, adulterata sit, si se continere non potest, nubat cui voluerit, tantum in Domino. Tu autem sine uxoria spe in perpetuo permaneas. Illa autem si consentiens fuerat, eadem jejunet quae tibi proposita sunt, et sine spe conjugii permaneat.

465. Burchard von Worms, Decretorum lib. XIX, Cap. 111 (PL 140), Sp. 1006B: *Ut poenitentia conjugatis ex consensu detur. (Ex Concilio Arelaten., capite 6.)* Ut poenitentia conjugatis ex consensu amborum detur. Poenitentiam conjugatis, non nisi ex consensu dandam.

Paenitentiale Laurentianum
(nach 1142)

466. Paenitentiale Laurentianum c. 19 (ed. SCHMITZ 1), S. 787: Qui peccat cum propria matre aut cum uxore patris sui, similiter peniteat.
467. Paenitentiale Laurentianum c. 20 (ed. SCHMITZ 1), S. 787: Qui peccat cum sorore aut consobrina aut uxore germani sui, XV annos peniteat.

Burchard von Worms, Decretorum libri XX
(erstes Viertel 11. Jahrhundert)

462. Burchard von Worms, Decretorum lib. XIX, Cap. 5 (PL 140), Sp. 957D: [1] Hast du die Ehe mit der Ehefrau eines anderen gebrochen, weil du keine Ehefrau hast? Büße 40 Tage bei Wasser und Brot, was gemeinhin die Fastenzeit genannt wird, und du sollst die folgenden sieben Jahre Buße tun. [2] Wenn du als Verheirateter mit der Frau eines anderen die Ehe gebrochen hast, weil du die Möglichkeit hattest, deiner Begierde genugzutun, musst du mit zwei 40tägigen Bußzeiten in den 14 folgenden Jahren Buße tun, weil du über deine Frau hinaus eine weitere gehabt hast, schau an: ein Ehebruch! Hattest du die Frau eines anderen, schau: noch ein Ehebruch! Und niemals sollst du ohne Buße sein.
463. Burchard von Worms, Decretorum lib. XIX, Cap. 5 (PL 140), Sp. 958C: Wenn du eine Jungfrau geschändet und dieselbe später geheiratet hast – womit du, was schwerwiegend ist, allein schon die [rechtmäßige] Hochzeit verletzt hast –, sollst du ein Jahr lang während der kirchlich festgelegten Fastentage Buße tun. Wenn du sie aber nach der Schändung nicht geheiratet hast, sollst du zwei Jahre lang während der kirchlich festgelegten Fastentage Buße tun.
464. Burchard von Worms, Decretorum lib. XIX, Cap. 5 (PL 140), Sp. 959A: Ist dir widerfahren, dass deine Ehefrau mit deinem Wissen und deiner Ermunterung mit einem anderen Mann, jene aber gegen ihren Willen Ehebruch begangen hat? Wenn du es getan hast, sollst du 40 Tage, das heißt die Fastenzeit bei Wasser und Brot, und sieben Jahre büßen, eines davon bei Wasser und Brot, und du sollst niemals ohne Buße sein. Wenn aber deine Frau das beweisen konnte, dass sie durch deine Schuld und infolge deines Befehls Ehebruch begangen hat, wobei sie es verneint und sich widersetzt hat, soll sie heiraten, wen sie will, möglichst im Herrn, wenn sie nicht enthaltsam sein kann. Du aber sollst auf immer ohne Hoffnung auf eine Ehefrau verbleiben. Wenn jene aber einverstanden gewesen ist, soll sie genauso viel fasten, wie dir vorgeschrieben worden ist, und ohne Hoffnung auf Heirat bleiben.
465. Burchard von Worms, Decretorum lib. XIX, Cap. 111 (PL 140), Sp. 1006B: Eine Buße für Verheiratete soll mit dem Einverständnis erteilt werden. (Aus dem Konzil von Arles, Kapitel 6). Eine Buße für Verheiratete kann nur mit dem Einverständnis beider erteilt werden. Den Verheirateten soll die Buße nur mit der Zustimmung erteilt werden.

Paenitentiale Laurentianum
(nach 1142)

466. Paenitentiale Laurentianum c. 19 (ed. SCHMITZ 1), S. 787: Wer mit der eigenen Mutter oder mit der Frau seines Vaters sündigt, soll gleichermaßen Buße tun.
467. Paenitentiale Laurentianum c. 20 (ed. SCHMITZ 1), S. 787: Wer mit der Schwester oder der Cousine oder der Ehefrau seines Bruders sündigt, soll 15 Jahre Buße tun.

468. Paenitentiale Laurentianum c. 21 (ed. SCHMITZ 1), S. 787: Si frater germanus committit peccare cum femina, cum quo alius frater peccat, XII annos peniteat.

469. Paenitentiale Laurentianum c. 30 (ed. SCHMITZ 1), S. 787: Fuisti raptor de virgine vel de vidua, VI a. peniteas.

470. Paenitentiale Laurentianum c. 39 (ed. SCHMITZ 1), S. 788: Qui peccat cum uxore avunculi sui, similiter peniteat.

471. Paenitentiale Laurentianum c. 40 (ed. SCHMITZ 1), S. 788: Qui peccat cum qualicunque sua proxima parente ante septimam progeniem si legitimam mulierem adprehendit nesciens jejunet, VII annos poenitentiae.

472. Paenitentiale Laurentianum c. 43 (ed. SCHMITZ 1), S. 789: Licet dimittere uxorem si culpabilis est de adulterio et si in longinqua regione peregit vir aut mulier; aut qui fortem hostem paganorum aut maligni christiani malum regnum portaverit, expectet eum vel eam quinque annis, postea faciat, quod ei necesse est.

Paenitentiale Civitatense
(nach 1142)

473. Paenitentiale Civitatense c. 7 (ed. WASSERSCHLEBEN), S. 689: Item nuptias clandestinas facientes puniuntur, et etiam sacerdos, si presens est, punitur, nisi fiant in facie ecclesie: extra De clandestin. despons.

474. Paenitentiale Civitatense c. 8 (ed. WASSERSCHLEBEN), S. 689: Item, qui cognovit filiam suam spiritualem vel commatrem et etiam, qui consentit eis, VII anni penit.: […].

475. Paenitentiale Civitatense c. 10 (ed. WASSERSCHLEBEN), S. 689: Item, si pater et filius cum una muliere dormiverint, aut si quis cum matre vel filia vel cum duabus sororibus coierit, VII annis penit.: XXXVIII. q. III c. Cum pater.

476. Paenitentiale Civitatense c. 12 (ed. WASSERSCHLEBEN), S. 689f: De consang. et affin. Item, si quis matrem vel filiam vel duas sorores vel nuptam vel neptam scienter cognoverit, perpetuo careat conjugio: extra De eo, qui cog. consang. uxor. sue. c. Ex litteris et XXXII. q. VII c. Si quis viduam etc., VIII annis penit.: XXX q. IIII c. Si pater et c. ultim et XXV. q. III.

477. Paenitentiale Civitatense c. 13 (ed. WASSERSCHLEBEN), S. 690: Si quis ignorans cognoverit duas sorores vel matrem vel filiam, uno anno penit.: XXXIIII. q. ult.

478. Paenitentiale Civitatense c. 25 (ed. WASSERSCHLEBEN), S. 691: Item, si quis cum filia vel consanguinea, vel nepte sua peccaverit, omnibus diebus vite sue penit., et elemosynas multas faciat, et in domo suo maneat.

468. Paenitentiale Laurentianum c. 21 (ed. Schmitz 1), S. 787: Wenn der leibliche Bruder mit einer Frau sündigt, mit der [auch] der andere Bruder sündigt, soll er zwölf Jahre Buße tun.
469. Paenitentiale Laurentianum c. 30 (ed. Schmitz 1), S. 787: Solltest du der Räuber von einer Jungfrau oder von einer Witwe gewesen sein, sollst du sechs Jahre Buße tun.
470. Paenitentiale Laurentianum c. 39 (ed. Schmitz 1), S. 788: Wer mit der Ehefrau des Onkels mütterlicherseits sündigt, soll genauso Buße tun.
471. Paenitentiale Laurentianum c. 40 (ed. Schmitz 1), S. 788: Wer mit irgendeiner seiner nächsten Verwandten vor der siebten Abstammung sündigt, soll, wenn er sie unwissend als rechtmäßige Frau in Anspruch genommen hat, fasten, [und zwar] sieben Jahre lang Buße [tun].
472. Paenitentiale Laurentianum c. 43 (ed. Schmitz 1), S. 789: Es ist erlaubt, die Ehefrau zu entlassen, wenn sie des Ehebruchs schuldig ist und wenn Mann oder Frau den Ehebruch in einer entfernten Gegend getan haben. Oder wer dauerhaft zu den heidnischen Feinden oder ins Königreich der böswilligen Christen gefahren ist, auf ihn oder auf sie warte er/sie fünf Jahre lang; danach soll man tun, was für ihn/sie notwendig ist.

Paenitentiale Civitatense
(nach 1142)

473. Paenitentiale Civitatense c. 7 (ed. Wasserschleben), S. 689: Ebenso werden die bestraft, die eine heimliche Hochzeit begehen, und auch der Priester wird bestraft, wenn er mitwirkt, außer sie tun es im Angesicht der Kirche. Zusatz zum [Dekret] ›Über heimliche Verlobungen‹.
474. Paenitentiale Civitatense c. 8 (ed. Wasserschleben), S. 689: Ebenso soll derjenige sieben Jahre Buße tun, der seinen Täufling oder seine Patin/geistliche Mitmutter erkannt hat; und auch der, der diesen zugestimmt hat, [soll sieben Jahre Buße tun]. […].
475. Paenitentiale Civitatense c. 10 (ed. Wasserschleben), S. 689: Ebenso wenn Vater und Sohn mit einer Frau geschlafen haben oder wenn jemand mit Mutter und Tochter oder zwei Schwestern sich vereinigt hat, soll er sieben Jahre Buße tun.
476. Paenitentiale Civitatense c. 12 (ed. Wasserschleben), S. 689f: Über Blutsverwandte und Verschwägerte. Ebenso wenn jemand die Mutter oder die Tochter oder zwei Schwestern oder die Braut/Ehefrau oder die Nichte/Enkelin wissentlich erkannt hat, soll er sich für immer von der Ehe fernhalten.

477. Paenitentiale Civitatense c. 13 (ed. Wasserschleben), S. 690: Wenn jemand unwissend zwei Schwestern oder Mutter und Tochter erkannt hat, soll er ein Jahr Buße tun.
478. Paenitentiale Civitatense c. 25 (ed. Wasserschleben), S. 691: Ebenso wenn jemand mit der Tochter, mit der Schwester oder mit seiner Nichte/Enkelin gesündigt hat, [dann] soll er sein ganzes Leben lang Buße tun, viele Almosen geben und in seinem Haus bleiben.

479. Paenitentiale Civitatense c. 26 (ed. WASSERSCHLEBEN), S. 691: Si quis cum vidua patris sui vel uxore vel cum germana sua sive cognata sua, vel si pater turpitudinem filie sue revelaverit, vel cum filiastra sua coierit, decem annis penit. et peregrinis incedat, et tres annos ex his i. p. e. a. faciat.

480. Paenitentiale Civitatense c. 27 (ed. WASSERSCHLEBEN), S. 691: Si quis cum compatre vel cum commatre sua de fonte vel de crismate peccaverit vel coierit, quindecim annis penit.

481. Paenitentiale Civitatense c. 28 (ed. WASSERSCHLEBEN,) S. 691: Si quis cum duabus sororibus suis coierit vel nupserit, usque ad extremum vite sue penit.

482. Paenitentiale Civitatense c. 33 (ed. WASSERSCHLEBEN), S. 691: Si mulier cum duobus fratribus coierit, usque ad mortem penit., et tunc corpus dominicum accipiat. Si aliqua mulier potionem acceperit, ut non concipiat, duobus annis p. e. a. jejunet.

483. Paenitentiale Civitatense c. 105 (ed. WASSERSCHLEBEN), S. 699: Sacerdos, qui interest clandestinis sponsalibus, III annis peniteat: extr. De cland. despons. c. ultim.

479. Paenitentiale Civitatense c. 26 (ed. WASSERSCHLEBEN), S. 691: Wenn jemand mit der Witwe oder Ehefrau seines Vaters oder mit seiner Schwester oder Schwägerin [Unzucht getrieben hat] oder die Scham seiner Schwiegertochter enthüllt hat, soll er zehn Jahre Buße tun und sich auf die Pilgerfahrt begeben; drei Jahre davon soll er bei Wasser und Brot fasten.
480. Paenitentiale Civitatense c. 27 (ed. WASSERSCHLEBEN), S. 691: Wenn jemand mit seinem Tauf- bzw. Firmpaten bzw. seiner Tauf- bzw. Firmpatin, mit seinem geistlichem Mitvater oder seiner geistlichen Mitmutter aus der Taufe oder aus der Firmung gesündigt oder sich vereinigt hat, soll er 15 Jahre Buße tun.
481. Paenitentiale Civitatense c. 28 (ed. WASSERSCHLEBEN,) S. 691: Wer sich mit zwei Schwestern vereinigt oder diese geheiratet hat, soll bis an sein Lebensende Buße tun.
482. Paenitentiale Civitatense c. 33 (ed. WASSERSCHLEBEN), S. 691: Wenn sich eine Frau mit zwei Brüdern vereinigt hat, soll sie bis zum Tod Buße tun und erst dann den Leib des Herrn empfangen. Wenn irgendeine Frau einen Trank genommen hat, damit sie nicht schwanger wird, soll sie zwei Jahre bei Wasser und Brot büßen.
483. Paenitentiale Civitatense c. 105 (ed. WASSERSCHLEBEN), S. 699: Ein Priester, der bei heimlichen Verlobungen mitwirkt, soll drei Jahre büßen.

Abkürzungsverzeichnis

Anhang Cap	Anhang Kapitularien
Anhang CapEp	Anhang Bischofskapitularien
Anhang Conc	Anhang Konzilien
Anhang F	Anhang Formulae
Anhang L	Anhang Leges
Anhang P	Anhang Paenitentialien
Bd.	Band
CChr.SL	Corpus Christianorum. Series Latina
Erg.bd.	Ergänzungsband
FS	Festschrift
lib.	liber
Mansi	Sacrorum conciliorum nova et amplissima collectio
MGH	Monumenta Germaniae Historica
MGH.Cap	Monumenta Germaniae Historica. Capitularia regum Francorum
MGH.Conc	Monumenta Germaniae Historica. Concilia
MGH.Ep	Monumenta Germaniae Historica. Epistulae
MGH.F	Monumenta Germaniae Historica. Fontes iuris Germanici antiqui in usum scholarum separatim editi
MGH.L	Monumenta Germaniae Historica. Leges in Folio
MGH.LNG	Monumenta Germaniae Historica. Leges nationum Germanicarum
ND	Neudruck
N.F.	Neue Folge
N.S.	Nova Series
PG	Patrologiae cursus completus. Accurante Jacques-Paul Migne. Series Graeca Prior
PL	Patrologiae cursus completus. Accurante Jacques-Paul Migne. Series Latina
Üb.	deutsche Übersetzung

Literaturverzeichnis

Quellen

Anselm von Lucca, Collectio canonum, ed. Friedrich THANER, Collectio canonum una cum collectione minore, Innsbruck 1906–1915 (ND Aalen 1965).
ASBACH, Franz Bernd, Das Poenitentiale Remense und der sogen. Excarpsus Cummeani. Überlieferung, Quellen und Entwicklung zweier kontinentaler Bußbücher aus der 1. Hälfte des 8. Jahrhunderts, Regensburg [Diss. masch.] 1975.
BEZLER, Francis, Paenitentialia Hispaniae (CChr.SL 156A: Paenitentialia Franciae, Italiae et Hispaniae saeculi VIII-IX, Bd. 2), Turnhoult 1998.
BIELER, Ludwig, The Irish Penitentials (Scriptores Latini Hiberniae, Bd. 5), Dublin 1963.
Burchard von Worms, Decretorum libri XX, ed. Jacques-Paul MIGNE (PL 140), Paris 1880, Sp. 537–1066; Burchard von Worms, Decretorum libri XX, ed. Gerhard FRANSEN – Theo KÖLZER, ND Aalen 1992.
Capitula Episcoporum → MGH.Capitula Episcoporum 1–4.
Capitularia → MGH.Cap 1–2.
Codex Justinianus, ed. Paul KRÜGER, Corpus Iuris Civilis, Bd. 2, Dublin – Zürich 1970.
Codex Theodosianus, ed. Paul KRÜGER, Bd. 1, Berlin 1923.
Collectio capitularium Ansegisi abbatis → MGH.Cap.N.S. 1.
Columban, Paenitentiale Columbani, ed. G. S. M. WALKER, Sancti Columbani Opera (Scriptores Latini Hiberniae, Bd. 2), Dublin 1957.
Concilia aevi Karolini 742–817 → MGH.Conc 2,1–2.
Concilia aevi Karolini DCCCXLIII–DCCCLIX → MGH.Conc 3.
Concilia aevi Karolini DCCCLX–DCCCLXXIV → MGH.Conc 4.
Corpus Iuris Civilis, ed. Paul KRUEGER – Theodor MOMMSEN, ND Berlin – Neukölln 1954.
Decretum Gratiani, ed. Emil FRIEDBERG, Corpus Iuris Canonici, Bd. 1, Leipzig 1879 (ND Graz 1959).
Edictum Theoderici Regis → MGH.L 5.
Edictus Langobardorum → Leges Langobardorum.
Edictus Rothari → Leges Langobardorum.
FINSTERWALDER, Paul Willem, Die Canones Theodori Cantuariensis und ihre Überlieferungsformen (Untersuchungen zu den Bußbüchern des 7., 8. und 9. Jahrhunderts, Bd. 1), Weimar 1929.
Formulae → MGH.Formulae Merowingici et Karolini aevi.
Gregor I. → MGH.Ep 2.
Grimvaldi Leges → Leges Langobardorum.
HARTMANN, Wilfried, Eine kleine Sammlung von Bußtexten aus dem 9. Jahrhundert, in: Deutsches Archiv für Erforschung des Mittelalters 39 (1983), S. 207–213.
HÖRMANN, Walther von, Bußbücherstudien, in: Zeitschrift der Savigny-Stiftung für Rechtsgeschichte 48. Kanonistische Abteilung 4 (1914), S. 360–483.
Hrabanus Maurus, Poenitentiale ad Heribaldum, ed. Jacques-Paul MIGNE (PL 110), Paris 1864, Sp. 467–494.
Hrabanus Maurus, Poenitentium liber ad Otgarium, ed. Jacques-Paul MIGNE (PL 112), Paris 1878, Sp. 1397–1424.
Isidor von Sevilla, Etymologia liber nonus, ed. Jacques-Paul MIGNE (PL 82), Paris 1850, Sp. 325–368.
Ivo von Chartres, Decreti pars septima, ed. Jacques-Paul MIGNE (PL 161), Paris 1889, Sp. 541–584.
Johannes Chrysostomos, Diatriba ad Opus imperfectum in Matthaeum, homilia XXXII, ed. Jacques-Paul MIGNE (PG 56), Paris 1862, Sp. 798–805.
Jonas von Orléans, De institutione laicali. Liber secundus, ed. Jacques-Paul MIGNE (PL 106), Paris 1864, Sp. 167–234.
KERFF, Franz, Das sogenannte Paenitentiale Fulberti. Überlieferung, Verfasserfrage, Edition, in: Zeitschrift der Savigny-Stiftung für Rechtsgeschichte 104. Kanonistische Abteilung 73 (1987), S. 1–40.

KERFF, Franz, Das Paenitentiale Pseudo-Gregorii. Eine kritische Edition, in: Mordek, Hubert (Hg.), Aus Archiven und Bibliotheken. FS Raymund Kottje (Freiburger Beiträge zur mittelalterlichen Geschichte. Studien und Texte, Bd. 3), Frankfurt a.M. u. a. 1992, S. 161-188.
KÖRNTGEN, Ludger, Studien zu den Quellen der frühmittelalterlichen Bußbücher (Quellen und Forschungen zum Recht im Mittelalter, Bd. 7), Sigmaringen 1993.
KOTTJE, Raymund, Paenitentialia minora Franciae et Italiae saeculi VIII-IX (CChr.SL 156: Paenitentialia Franciae, Italiae et Hispaniae saeculi VIII-IX, Bd. 1), Turnhoult 1994.
Leges Alamannorum → MGH.LNG 5,1.
Leges Anglo-Saxonum 601–925, ed. Karl August ECKHARDT (Germanenrechte. N.F., Bd. 4), Göttingen 1958, S. 17–203.
Leges Burgundionum → MGH.LNG 2,1.
Leges a Grimowaldo additae → Edictus Langobardorum.
Leges Langobardorum → MGH.F 2.
Leges Visigothorum → MGH.LNG 1.
Lex Baiuvariorum → MGH.LNG 5,2.
Lex Francorum Chamavorum → MGH.F 6.
Lex Frisionum → MGH.F 12.
Lex Ribuaria → MGH.LNG 3,2.
Lex Romana Burgundionum → Leges Burgundionum.
Lex Salica → Pactus legis Salicae.
Lex Saxonum → MGH.F 4.
Lex Thuringorum → MGH.F 4.
Liutprandi Leges → Leges Langobardorum.
MEENS, Rob, Het tripartite boeteboek. Overlevering en betekenis van vroegmiddeleeuwse biechtvoorschriften (met editie en vertaling van vier tripartita) (Middeleeuwse studies in bronnen, Bd. 41), Hilversum 1994.
Monumenta Germaniae Historica (MGH):
    Capitularia regum Francorum (Cap):
        Bd. 1:   ed. Alfred BORETIUS, Hannover 1883 (ND 1984).
        Bd. 2:   ed. Alfred BORETIUS – Viktor KRAUSE, Hannover 1897 (ND 2001).
    Capitularia regum Francorum. Nova Series (Cap.N.S.):
        Bd. 1:   Die Kapitulariensammlung des Ansegis (Collectio capitularium Ansegisi abbatis), ed. Gerhard SCHMITZ, Hannover 1996.
    Capitula Episcoporum:
        Bd. 1:   ed. Peter BROMMER, Hannover 1984.
        Bd. 2:   ed. Rudolf POKORNY – Martina STRATMANN, Hannover 1995.
        Bd. 3:   ed. Rudolf POKORNY, Hannover 1995.
        Bd. 4:   ed. Rudolf POKORNY, Hannover 2005.
    Concilia (Conc):
        Bd. 2,1–2: Concilia aevi Karolini 742–817, ed. Albert WERMINGHOFF, Hannover–Leipzig 1906/08 (ND 1997/2003).
        Bd. 3:   Die Konzilien der karolingischen Teilreiche 843–859 (Concilia aevi Karolini DCCCXLIII–DCCCLIX), ed. Wilfried HARTMANN, Hannover 1984.
        Bd. 4:   Die Konzilien der karolingischen Teilreiche 860–874 (Concilia aevi Karolini DCCCLX–DCCCLXXIV), ed. Wilfried HARTMANN, Hannover 1998.
    Epistulae (Ep):
        Bd. 2:   Registrum epistolarum, Bd. 2, ed. Ludwig M. HARTMANN, Berlin ²1957.
        Bd. 6:   Papae Epistolae, ed. Ernst PERELS, Epistolae Karolini aevi, Berlin 1925 (ND München 1978), S. 257–690.
    Fontes iuris Germanici antiqui in usum scholarum separatim editi (F):
        Bd. 2:   Leges Langobardorum, ed. Friedrich BLUHME, Edictus ceteraeque Langobardorum Leges, Hannover 1869; Üb.: Die Gesetze der Langobarden, ed. Franz BEYERLE, Weimar 1947.
        Bd. 4:   Lex Saxonum, ed. Claudius VON SCHWERIN, Hannover – Leipzig 1918, S. 7–34; Üb.: Die Gesetze des Karolingerreiches, Bd. 3: Sachsen, Thüringer, Chamaven und Friesen, ed. Karl August ECKHARDT (Germanenrechte, Bd. 2,3), Weimar 1934, S. 16–33.

	Lex Thuringorum, ed. Claudius VON SCHWERIN, Hannover – Leipzig 1918, S. 51–66; *Üb.*: Die Gesetze des Karolingerreiches, Bd. 3: Sachsen, Thüringer, Chamaven und Friesen, ed. Karl August ECKHARDT (Germanenrechte, Bd. 2,3), Weimar 1934, S. 36–47.
Bd. 6:	Lex Francorum Chamavorum, ed. Rudolph SOHM, Hannover 1883, S. 111–123; *Üb.*: Die Gesetze des Karolingerreiches, Bd. 3: Sachsen, Thüringer, Chamaven und Friesen, ed. Karl August ECKHARDT (Germanenrechte, Bd. 2,3), Weimar 1934, S. 50–59.
Bd. 12:	Lex Frisionum, ed. Karl August ECKHARDT – Albrecht ECKHARDT, Hannover 1982; *Üb.*: Die Gesetze des Karolingerreiches, Bd. 3: Sachsen, Thüringer, Chamaven und Friesen, ed. Karl August ECKHARDT (Germanenrechte, Bd. 2,3), Weimar 1934, S. 62–127.

Formulae Merowingici et Karolini aevi:
    ed. Karl ZEUMER, Hannover 1886.

Leges in Folio (L):
Bd. 5:	Edictum Theoderici Regis, ed. Friedrich BLUHME, Hannover 1875–89, S. 145–168.

Leges nationum Germanicarum (LNG):
Bd. 1:	Leges Visigothorum, ed. Karl ZEUMER, Hannover – Leipzig 1902 (ND 2005); *Üb.*: Gesetze der Westgoten, ed. Eugen WOHLHAUPTER (Germanenrechte. Texte und Übersetzungen, Bd. 11), Weimar 1936, S. 34–299.
Bd. 2,1:	Leges Burgundionum, ed. Ludwig Rudolf von SALIS, Hannover 1892 (ND 1973); *Üb.*: Gesetze der Burgunden, ed. Franz BEYERLE (Germanenrechte. Texte und Übersetzungen, Bd. 10), Weimar 1936.
Bd. 3,2.	Lex Ribuaria, ed. Franz BEYERLE – Rudolf BUCHNER, Hannover 1954 (ND 1997); *Üb.*: Die Gesetze des Karolingerreiches 714–911, Bd. 1: Salische und ribuarische Franken, ed. Karl August ECKHARDT (Germanenrechte. Texte und Übersetzungen, Bd. 2,1), Weimar 1934, S. 138–203.
Bd. 4,1–2:	Pactus legis Salicae, ed. Karl August ECKHARDT, Hannover 1962 (ND 2002), S. 1–236; Lex Salica, ed. DERS., Hannover 1969, S. 1–230; *Üb.*: Die Gesetze des Merowingerreiches 481–714, ed. DERS. (Germanenrechte, Bd. 1), Weimar 1935, S. 1–93; *Üb.*: Pactus legis Salicae, Bd. 1: Einführung und 80 Titel-Text; Bd. 1,2: Systematischer Text; Bd. 2,1: 65 Titel-Text; Bd. 2,2: Kapitularien und 70 Titel-Text; Bd. 3: Lex Salica. 100-Titel-Text (Germanenrechte. N.F., Bd. 5: Westgermanisches Recht, Bd. 1–3), Göttingen 1953–57; *Üb.*: Lex Salica, ed. DERS. (Germanenrechte, Bd. 2,1), Weimar 1934, S. 2–99.
Bd. 5,1:	Leges Alamannorum, ed. Karl LEHMANN, Hannover 1888; ed. Karl August ECKHARDT, Hannover ²1966 (ND 1993); *Üb.*: Die Gesetze des Karolingerreiches, Bd. 2: Alemannen und Bayern, ed. DERS. (Germanenrechte, Bd. 2,2), Weimar 1934, S. 1–71.
Bd. 5,2:	Lex Baiuvariorum, ed. Ernst von SCHWIND, Hannover 1926 (ND 1997); *Üb.*: Die Gesetze des Karolingerreiches, Bd. 2: Alemannen und Bayern, ed. Karl August ECKHARDT (Germanenrechte, Bd. 2,2), Weimar 1934, S. 73–187.

Nikolaus I. → MGH.Ep 6.
Pactus legis Alamannorum → Leges Alamannorum.
Pactus legis Salicae → MGH.LNG 4,1–2.
Regesta pontificum Romanorum ad condita ecclesia ad annum post Christum natum MCXCIII, 2 Bde., ed. Philipp JAFFÉ, Leipzig 1885 (ND Graz 1956).
Sacrorum conciliorum nova et amplissima collectio, ed. Giovanni Domenico MANSI, Leipzig – Paris 1901/1927 (ND 1960/1961).
SCHMITZ, Hermann Josef, Die Bussbücher und die Bussdisciplin der Kirche. Nach handschriftlichen Quellen dargestellt, Bd. 1, Mainz 1883 (ND Graz 1958).
SCHMITZ, Hermann Josef, Die Bussbücher und das kanonische Bussverfahren. Nach handschriftlichen Quellen dargestellt, Bd. 2, Düsseldorf 1898 (ND Graz 1958).
WASSERSCHLEBEN, F.W.H., Die Bussordnungen der abendländischen Kirche, Halle 1851 (ND Graz 1958).

Literatur

ADNÈS, Penitencia: ADNÈS, Pierre, La Penitencia (Bibliotheca de Autores Cristianos, Bd. 426) (Historia Salutis III: Los tiempos de la Iglesia, Bd. 17), Madrid 1981.
AFFELDT, Frühmittelalter: AFFELDT, Werner, Frühmittelalter und Historische Frauenforschung, in: Ders. – Kuhn, Studien, S. 10–30.
AFFELDT – KUHN, Studien: AFFELDT, Werner – KUHN, Annette (Hg.), Interdisziplinäre Studien zur Geschichte der Frauen im Frühmittelalter. Methoden – Probleme – Ergebnisse (Frauen in der Geschichte, Bd. 7) (Geschichtsdidaktik. Studien: Materialien, Bd. 39), Düsseldorf 1986.
AFFELDT, Einführung: AFFELDT, Werner, Einführung, in: Ders., Frauen, S. 9–29.
AFFELDT, Frauen im Frühmittelalter: AFFELDT, Werner u.a. (Hg.), Frauen im Frühmittelalter. Eine ausgewählte, kommentierte Bibliographie, Frankfurt a.M. u.a. 1990.
AFFELDT, Frauen: AFFELDT, Werner (Hg.), Frauen in Spätantike und Frühmittelalter. Lebensbedingungen – Lebensnormen – Lebensformen, Sigmaringen 1990.
ALTANER – STUIBER, Patrologie: ALTANER, Berthold – STUIBER, Alfred, Patrologie. Leben, Schriften und Lehre der Kirchenväter, Freiburg i.Br. ⁹1980.
ALTHOFF, Verwandte: ALTHOFF, Gerd, Verwandte, Freunde und Getreue. Zum politischen Stellenwert der Gruppenbindungen im frühen Mittelalter, Darmstadt 1990.
ALTHOFF, Deditio: ALTHOFF, Gerd, Das Privileg der ›Deditio‹. Formen gütlicher Konfliktbeendigung in der mittelalterlichen Adelsgesellschaft, in: Oexle, Otto Gerhard – Paravicini, Werner (Hg.), Nobilitas. Funktion und Repräsentation des Adels in Alteuropa (Veröffentlichungen des Max-Planck-Instituts für Geschichte, Bd. 133), Göttingen 1997, S. 27–52.
ALTHOFF, Kommunikation: ALTHOFF, Gerd (Hg.), Formen und Funktionen öffentlicher Kommunikation im Mittelalter (Vorträge und Forschungen, Bd. 51), Stuttgart 2001.
ALTHOFF, Inszenierung: ALTHOFF, Gerd, Inszenierung verpflichtet. Zum Verständnis ritueller Akte bei Papst-Kaiser-Begegnungen im 12. Jahrhundert, in: Frühmittelalterliche Studien 35 (2001), S. 61–84.
ALTHOFF, Rituale: ALTHOFF, Gerd, Die Macht der Rituale. Symbolik und Herrschaft im Mittelalter, Darmstadt 2003.
ANEX-CABANIS, Ehe: ANEX-CABANIS, Danielle, Art. Ehe B. Recht IV. Frankenreich, in: Lexikon des Mittelalters 3 (1986), Sp. 1626–1628.
ANGENENDT, Kaiserherrschaft: ANGENENDT, Arnold, Kaiserherrschaft und Königstaufe. Kaiser, Könige und Päpste als geistliche Patrone in der abendländischen Missionsgeschichte (Arbeiten zur Frühmittelalterforschung, Bd. 15), Berlin 1984.
ANGENENDT, Theologie: ANGENENDT, Arnold, Theologie und Liturgie der mittelalterlichen Toten-Memoria, in: Schmid, Karl – Wollasch, Joachim (Hg.), Memoria. Der geschichtliche Zeugniswert des liturgischen Gedenkens im Mittelalter (Münstersche Mittelalter-Schriften, Bd. 48), München 1984, S. 79–199.
ANGENENDT, Frömmigkeit: ANGENENDT, Arnold u.a., Gezählte Frömmigkeit, in: Frühmittelalterliche Studien 29 (1995), S. 1–71.
ANGENENDT, Frühmittelalter: ANGENENDT, Arnold, Das Frühmittelalter. Die abendländische Christenheit von 400 bis 900, Stuttgart – Berlin – Köln ²1995.
ANGENENDT, Religiosität: ANGENENDT, Arnold, Geschichte der Religiosität im Mittelalter, Darmstadt ²2000.
ANGENENDT, Cartam offerre: ANGENENDT, Arnold, *Cartam offerre super altare.* Zur Liturgisierung von Rechtsvorgängen, in: Frühmittelalterliche Studien 36 (2002), S. 133–158.
ANGENENDT, Offertorium: ANGENENDT, Arnold, Das Offertorium. In liturgischer Praxis und symbolischer Kommunikation, in: Althoff, Gerd (Hg.), Zeichen – Rituale – Werte. Internationales Kolloquium des Sonderforschungsbereichs 496 an der Westfälischen Wilhelms-Universität Münster (Symbolische Kommunikation und gesellschaftliche Wertesysteme. Schriftenreihe des Sonderforschungsbereichs 496, Bd. 3), Münster 2004, S. 71–150.
APSNER, Vertrag: APSNER, Burkhard, Vertrag und Konsens im frühen Mittelalter. Studien zu Gesellschaftsprogrammatik und Staatlichkeit im westfränkischen Reich (Trierer Historische Forschungen, Bd. 58), Trier 2006.
ARVIZU, Ehe: ARVIZU, Fernando de, Art. Ehe B. Recht V. Iberische Halbinsel, in: Lexikon des Mittelalters 3 (1986), Sp. 1628f.

BACKHAUS, Marx: BACKHAUS, Wilhelm, Marx, Engels und die Sklaverei (Geschichte und Gesellschaft. Bochumer Historische Studien), Düsseldorf 1974.
BALSDON, Frau: BALSDON, Dacre, Die Frau in der römischen Antike, München 1979.
BANDLIEN, Church's Teaching: BANDLIEN, Bjørn, The Church's Teaching on Women's Consent: A Threat to Parents and Society in Medieval Norway and Iceland?, in: Hansen, Family, S. 55–79.
BARBIER, Dotes: BARBIER, Josiane, *Dotes*, Donations après rapt et donations mutuelles. Les transferts patrimoniaux entre époux dans le royaume franc d'après les formules (VIe–XIe siècle), in: Bougard – Feller – Le Jan, Dots, S. 353–388.
BARTHÉLEMY, Feudal Revolution: BARTHÉLEMY, Dominique, Debate. The ›Feudal Revolution‹. I, in: Past and Present 152 (1996), S. 196–205.
BARTSCH, Rechtsstellung: BARTSCH, Robert, Die Rechtsstellung der Frau als Gattin und Mutter. Geschichtliche Entwicklung ihrer persönlichen Stellung im Privatrecht bis in das achtzehnte Jahrhundert, Leipzig 1903.
BAUMANN, Ehe: BAUMANN, Urs, Art. Ehe VI. Historisch-theologisch, in: Lexikon für Theologie und Kirche 3 (³1995), Sp. 471–474.
BAUMANN, Gesellschaft: BAUMANN, Urs, Gesellschaft, Recht und Glaube. Verständnis und Leitbild von Ehe in Theologie und Kanonistik des Mittelalters, in: Kustermann, Abraham Peter – Puza, Richard (Hg.), Bilderstreit um die Ehe. Theologische und Kanonistische Erblasten eines aktuellen Konflikts (Freiburger Veröffentlichungen aus dem Gebiete von Kirche und Staat, Bd. 53), Freiburg/Schweiz 1997, S. 35–47.
BAUMGÄRTNER, Sicht des Mittelalters: BAUMGÄRTNER, Ingrid, Eine neue Sicht des Mittelalters? Fragestellungen und Perspektiven der Geschlechtergeschichte, in: Fößel, Amalie – Kampmann, Christoph (Hg.), Wozu Historie heute? Beiträge zu einer Standortbestimmung im fachübergreifenden Gespräch (Bayreuther Historische Kolloquien, Bd. 10), Köln – Weimar – Wien 1996, S. 29–44.
BECHER, Karl der Große: BECHER, Matthias, Karl der Große und Papst Leo III. Die Ereignisse der Jahre 799 und 800 aus der Sicht der Zeitgenossen, in: Stiegemann, Christoph – Wemhoff, Matthias (Hg.), 799. Kunst und Kultur der Karolingerzeit. Karl der Große und Papst Leo III. in Paderborn [Ausstellungskatalog], Bd. 1, Mainz 1999, S. 22–36.
BECKER, Buße: BECKER, Jürgen, Art. Buße IV. Neues Testament, in: Theologische Realenzyklopädie 7 (1981), S. 446–451.
BENRATH, Buße: BENRATH, Gustav Adolf, Art. Buße V. Historisch, in: Theologische Realenzyklopädie 7 (1981), S. 452–473.
BENSCH, Slavery: BENSCH, Stephan P., Art. Medieval European and Mediterranean Slavery, in: Drescher – Engerman, Historical Guide, S. 229–231.
BETTINI, Familie: BETTINI, Maurizio, Familie und Verwandtschaft im antiken Rom (Historische Studien, Bd. 8), Frankfurt a.M. – New York 1992.
BEZLER, Pénitentiels: BEZLER, Francis, Les pénitentiels espagnols. Contribution à l'étude de la civilisation de l'Espagne chrétienne du haut moyen âge (Spanische Forschungen der Görresgesellschaft. Zweite Reihe, Bd. 30), Münster 1994.
BIELER, Penitentials: BIELER, Ludwig, The Irish Penitentials (Scriptores Latini Hiberniae, Bd. 5), Dublin 1963.
BIRKMEYER, Ehetrennung: BIRKMEYER, Regine, Ehetrennung und monastische Konversion im Hochmittelalter, Berlin 1998.
BISCHOF, Rätsel Ödipus: BISCHOF, Norbert, Das Rätsel Ödipus. Die biologischen Wurzeln des Urkonflikts von Intimität und Autonomie, München – Zürich 1985.
BISSON, Feudal Revolution: BISSON, Thomas N., The ›Feudal Revolution‹, in: Past and Present 142 (1994), S. 6–42.
BISSON, Feudal Revolution. Reply: BISSON, Thomas N., Debate. The ›Feudal Revolution‹. Reply, in: Past and Present 155 (1997), S. 208–225.
BLÄNKNER – JUSSEN, Institutionen: BLÄNKNER, Reinhard – JUSSEN, Bernhard, Institutionen und Ereignis. Anfragen an zwei alt gewordene geschichtswissenschaftliche Kategorien. Einleitung der Herausgeber, in: Dies. (Hg.), Institutionen und Ereignis. Über historische Praktiken und Vorstellungen gesellschaftlichen Ordnens (Veröffentlichungen des Max-Planck-Instituts für Geschichte, Bd. 138), Göttingen 1998, S. 9–16.
BOIS, Umbruch: BOIS, Guy, Umbruch im Jahr 1000. Lournand bei Cluny – ein Dorf in Frankreich zwischen Spätantike und Feudalherrschaft, Stuttgart 1993.

BONNASSIE, Slavery: BONNASSIE, Pierre, From Slavery to Feudalism in South-Western Europe, hg. v. Jean Birrell (Past and Present Publications), Cambridge 1991.
BONNASSIE, Society: BONNASSIE, Pierre, Society and Mentalities in Visigothic Spain, in: Ders., Slavery, S. 60–103.
BONNASSIE, Slave System: BONNASSIE, Pierre, The Survival and Extinction of the Slave System in the Early Medieval West (Fourth to Eleventh Centuries)?, in: Ders., Slavery, S. 1–59.
BONNASSIE, Servage: BONNASSIE, Pierre, Le servage: une sous-féodalité? Le témoignage des documents Catalans (fin XIe–XIIe siècle), in: Servitude, S. 643–661.
BORGOLTE, Sozialgeschichte: BORGOLTE, Michael, Sozialgeschichte des Mittelalters. Eine Forschungsbilanz nach der deutschen Einheit (Historische Zeitschrift. Beihefte. N.F., Bd. 22), München 1996.
BOUGARD – FELLER – LE JAN, Dots: BOUGARD, François – FELLER, Laurent – LE JAN, Régine (Hg.), Dots et douaires dans le haut moyen âge (Collection de l'École Française de Rome, Bd. 295), Rom 2002.
BOURIN – FREEDMAN, Introduction: BOURIN, Monique – FREEDMAN, Paul, Introduction, in: Servitude, S. 633–641.
BRESC, Avant-propos: BRESC, Henri, Avant-propos, in: Formes de la servitude, S. 493–498.
BRINCKMEIER, Glossarium: BRINCKMEIER, Eduard, Glossarium diplomaticum, 2 Bde., Wolfenbüttel/Hamburg und Gotha 1850/1856 (ND Aalen 1967).
BRINK, Ehe: BRINK, Leendert, Art. Ehe/Eherecht/Ehescheidung VI. Mittelalter, in: Theologische Realenzyklopädie 9 (1982), S. 330–336.
BROWN, Keuschheit: BROWN, Peter, Die Keuschheit der Engel. Sexuelle Entsagung, Askese und Körperlichkeit am Anfang des Christentums, München – Wien 1991.
BROWN, Konfliktaustragung: BROWN, Warren: Konfliktaustragung, Praxis der Schriftlichkeit und persönliche Beziehungen in den karolingischen Formelsammlungen, in: Esders, Rechtsverständnis, S. 31–53.
BRUNDAGE, Law: BRUNDAGE, James A., Law, Sex and Christian Society in Medieval Europe, Chicago – London 1987.
BRUNDAGE, Sex: BRUNDAGE, James A., Sex, Law and Marriage in the Middle Ages (Variorum Collected Studies Series, Bd. 397), Aldershot 1993.
BÜHRER-THIERRY, Femmes: BÜHRER-THIERRY, Geneviève, Femmes donatrices, femmes bénéficiaires. Les échanges entre époux en Bavière du VIIIe au Xe siècle, in: Bougard – Feller – Le Jan, Dots, S. 329–351.
BÜRKLE, Sühne: BÜRKLE, Horst, Art. Sühne I. Religionswissenschaftlich, in: Lexikon für Theologie und Kirche 9 (^{3}2000), Sp. 1097f.
BULLOUGH – BRUNDAGE, Sexual Practices: BULLOUGH, Vern L. – BRUNDAGE, James (Hg.), Sexual Practices & the Medieval Church, New York 1982.
BURGUIÈRE, Geschichte der Familie: BURGUIÈRE, André u. a. (Hg.), Geschichte der Familie, Bd. 1: Altertum, Frankfurt a.M. – New York 1996; Bd. 2: Mittelalter, Frankfurt a.M. – New York 1997.
CARRÉ, Baiser: CARRÉ, Yannick, Le baiser sur la bouche au moyen âge. Rites, symboles, mentalités, à travers les textes et les images. XIe–XVe siècles, Paris 1992.
CHARLES-EDWARDS, Ehe: CHARLES-EDWARDS, Thomas M., Art. Ehe B. Recht IX. Irland und Wales, in: Lexikon des Mittelalters 3 (1986), Sp. 1633–1635.
CHRYSSAVGIS, Love: CHRYSSAVGIS, John, Love, Sexuality and the Sacrament of Marriage, Brookline/Massachusetts 1998.
CONNOLLY, Penitentials: CONNOLLY, Hugh, The Irish Penitentials. And their Significance for the Sacrament of Penance Today, Dublin 1995.
CONRAD, Rechtsgeschichte: CONRAD, Hermann, Deutsche Rechtsgeschichte, Bd. 1: Frühzeit und Mittelalter, Karlsruhe ^{2}1962.
DAVIES, Women: DAVIES, Wendy, Celtic Women in the Early Middle Ages, in: Cameron, Averil – Kuhrt, Amélie (Hg.), Images of Women in Antiquity, London – Sydney 1983, S. 145–166.
DAVIES, Wynebwerth: DAVIES, Wendy, *Wynebwerth* et *Enepuuert*: L'entretien des épouses dans la Bretagne du IXe siècle, in: Bougard – Feller – Le Jan, Dots, S. 407–428.
DEISSLER, Sklaverei: DEISSLER, Johannes, Art. Sklaverei, in: Der Neue Pauly 15,3 (2003), Sp. 47–59.
DE JONG, Limits of Kinship: DE JONG, Mayke, To the Limits of Kinship. Anti-Incest Legislation in the Early Medieval West (500–900), in: Bremmer, Jan (Hg.), From Sappho to de Sade. Moments in the History of Sexuality, London – New York 1989, S. 36–59.

DELLING, Ehebruch: DELLING, Gerhard, Art. Ehebruch, in: Reallexikon für Antike und Christentum 4 (1959), Sp. 666–677.
DEPREUX, Dotation: DEPREUX, Philippe, La dotation de l'épouse en Aquitaine septentrionale du IXe au XIIe siècle, in: Bougard – Feller – Le Jan, Dots, S. 219–244.
DEVROEY, Grundherrschaft: DEVROEY, Jean-Pierre, Art. Grundherrschaft B. Frühmittelalter/Frankenreich, in: Lexikon des Mittelalters 4 (1989), Sp. 1740–1744.
DILCHER – VIOLANTE, Herrschaftsformen: DILCHER, Gerhard – VIOLANTE, Cinzio (Hg.), Strukturen und Wandlungen der ländlichen Herrschaftsformen vom 10. zum 13. Jahrhundert. Deutschland und Italien im Vergleich (Schriften des Italienisch-Deutschen Historischen Instituts in Trient, Bd. 14), Berlin 2000.
DI RENZO VILLATA, Ehe: DI RENZO VILLATA, Maria Gigliola, Art. Ehe B. Recht III. Italien, in: Lexikon des Mittelalters 3 (1986), Sp. 1625f.
DOLLINGER, Bauernstand: DOLLINGER, Philippe, Der Bayerische Bauernstand vom 9. bis zum 13. Jahrhundert, hg. v. Franz Irsigler, München 1982 [Original Paris 1949].
DORN, Landschenkungen: DORN, Franz, Die Landschenkungen der fränkischen Könige. Rechtsinhalt und Geltungsdauer (Rechts- und Staatswissenschaftliche Veröffentlichungen der Görres-Gesellschaft. N.F., Bd. 60), Paderborn u.a. 1991.
DRESCHER – ENGERMAN, Historical Guide: DRESCHER, Seymour – ENGERMAN, Stanley L. (Hg.), A Historical Guide to World Slavery, New York – Oxford 1998.
DUBY, Ritter, Frau und Priester: DUBY, Georges, Ritter, Frau und Priester. Die Ehe im feudalen Frankreich, Frankfurt a.M. 1985.
DU CANGE, Glossarium: DU CANGE, Charles, Glossarium Mediae et Infimae Latinitatis, Graz 1883/1887 (ND 1954).
EBEL, Friedelehe: EBEL, Else, Die sog. ›Friedelehe‹ im Island der Saga- und Freistaatszeit (870–1264), in: Schwab, Dieter u.a. (Hg.), Staat, Kirche, Wissenschaft in einer pluralistischen Gesellschaft. FS Paul Mikat, Berlin 1989, S. 243–258.
EBEL, Konkubinat: EBEL, Else, Der Konkubinat nach altwestnordischen Quellen. Philologische Studien zur sogenannten »Friedelehe« (Reallexikon der germanischen Altertumskunde. Ergänzungsbände, Bd. 8), Berlin – New York 1993.
ENNEN, Frau: ENNEN, Edith, Die Frau im Mittelalter. Eine Forschungsaufgabe unserer Tage, in: Kurtrierisches Jahrbuch 21 (1981), S. 70–93.
ENNEN, Geschichtsschreibung: ENNEN, Edith, Zur Geschichtsschreibung über die Frauen im Mittelalter, in: Kellenbenz, Hermann – Pohl, Hans (Hg.), Historia socialis et oeconomica. FS Wolfgang Zorn (Vierteljahrschrift für Sozial- und Wirtschaftsgeschichte. Beihefte, Bd. 84), Stuttgart 1987, S. 44–60.
EPP, Amicitia: EPP, Verena, Amicitia. Zur Geschichte personaler, sozialer, politischer und geistlicher Beziehungen im frühen Mittelalter (Monographien zur Geschichte des Mittelalters, Bd. 44), Stuttgart 1999.
ESDERS, Konfliktaustrag: ESDERS, Stefan, Mittelalterlicher Konfliktaustrag zwischen rechtlichem Verstehen und zielorientiertem Handeln. Zur Einführung in das Thema, in: Ders., Rechtsverständnis, S. 1–13.
ESDERS, Rechtsverständnis: ESDERS, Stefan, Rechtsverständnis und Konfliktbewältigung. Gerichtliche und außergerichtliche Strategien im Mittelalter, Köln – Weimar – Wien 2007.
ERLER, Gleichheit: ERLER, Adalbert, Art. Gleichheit, in: Handwörterbuch zur Deutschen Rechtsgeschichte 1 (1971), Sp. 1702–1706.
ESMYOL, Geliebte: ESMYOL, Andrea, Geliebte oder Ehefrau? Konkubinen im frühen Mittelalter (Beihefte zum Archiv für Kulturgeschichte, Bd. 52), Köln – Weimar – Wien 2002.
EVANS GRUBBS, Law and Family: EVANS GRUBBS, Judith, Law and Family in Late Antiquity. The Emperor Constantine's Marriage Legislation, Oxford 1995.
EWIG, Merowingische Dynastie: EWIG, Eugen, Studien zur merowingischen Dynastie, in: Frühmittelalterliche Studien 8 (1974), S. 15–59.
FAHRNER, Ehescheidung: FAHRNER, Ignaz, Geschichte der Ehescheidung im kanonischen Recht, Bd. 1: Geschichte des Unauflöslichkeitsprinzips und der vollkommenen Scheidung der Ehe im kanonischen Recht, Freiburg i.Br. 1903.
FEILSCHUSS-ABIR, Erschaffung der Frau: FEILSCHUSS-ABIR, A. S., Erschaffung, Bestimmung und Stellung der Frau in der Urgeschichte in anthropologischer Sicht, in: Theologie und Glaube 76 (1986), S. 399–423.

FELLER, Liberté: FELLER, Laurent, Liberté et servitude en Italie centrale (VIIIe–Xe siècle), in: Formes de la servitude, S. 511–533.
FELLER, Morgengabe: FELLER, Laurent, »Morgengabe«, dot, *tertia*: Rapport introductif, in: Bougard – Ders. – Le Jan, Dots, S. 1–25.
FICHTENAU, Urkundenwesen: FICHTENAU, Heinrich, Das Urkundenwesen in Österreich vom 8. bis zum frühen 13. Jahrhundert (Mitteilungen des Instituts für Österreichische Geschichtsforschung, Erg.bd. 23), Wien – Köln – Graz 1971.
FICHTENAU, Lebensordnungen: FICHTENAU, Heinrich, Lebensordnungen des 10. Jahrhunderts. Studien über Denkart und Existenz im einstigen Karolingerreich, Bd. 1 (Monographien zur Geschichte des Mittelalters, Bd. 30,1), Stuttgart 1984.
FÖGEN, Rechtsgeschichten: FÖGEN, Marie Theres, Römische Rechtsgeschichten. Über Ursprung und Evolution eines sozialen Systems (Veröffentlichungen des Max-Planck-Instituts für Geschichte, Bd. 172), Göttingen 2002.
FORD, Love: FORD, Jeffrey E., Love, Marriage and Sex in the Christian Tradition from Antiquity to Today, San Francisco – London – Bethesda 1999.
Formes de la servitude: Les formes de la servitude: esclavages et servages de la fin de l'Antiquité au monde moderne. Actes de la table ronde de Nanterre, 12 et 13 décembre 1997, in: Mélanges de l'École française de Rome. Moyen âge 112,2 (2000), S. 493–631.
FOUQUET, Freundschaft: FOUQUET, Gerhard, ›Freundschaft‹ und ›Feindschaft‹: Stadtadlige Verwandtschaftsfamilien in deutschen Städten des Spätmittelalters, erscheint in: Vorträge und Forschungen [im Druck].
FREISEN, Eherecht: FREISEN, Joseph, Geschichte des kanonischen Eherechts bis zum Verfall der Glossenliteratur, Paderborn 1893 (ND Aalen 1963).
FRIEDBERG, Recht: FRIEDBERG, Emil, Das Recht der Eheschließung in seiner geschichtlichen Entwicklung, Leipzig 1865 (ND Aalen 1965).
GANSHOF, Kapitularien: GANSHOF, François Louis, Was waren die Kapitularien?, Darmstadt 1961.
GARDNER, Frauen: GARDNER, Jane, Frauen im antiken Rom. Familie, Alltag, Recht, München 1995.
GAUDEMET, Mariage: GAUDEMET, Jean, Le mariage en Occident. Les mœurs et le droit, Paris 1987.
GAUSE, Genderforschung: GAUSE, Ute, Kirchengeschichte und Genderforschung. Eine Einführung in protestantischer Perspektive, Tübingen 2006.
GESTRICH – KRAUSE – MITTERAUER, Geschichte der Familie: GESTRICH, Andreas – KRAUSE, Jens-Uwe – MITTERAUER, Michael, Geschichte der Familie (Europäische Kulturgeschichte, Bd. 1), Stuttgart 2003.
GESTRICH, Neuzeit: GESTRICH, Andreas, Neuzeit, in: Ders. – Krause – Mitterauer, Geschichte der Familie, S. 364–652.
GNILKA, Matthäusevangelium: GNILKA, Joachim, Das Matthäusevangelium. Erster Teil. Kommentar zu Kapitel 1,1–13,58 (Herders theologischer Kommentar zum Neuen Testament, Bd. 1,1), Freiburg i.Br. – Basel – Wien ³1993.
GOEHRKE, Leibeigenschaft: GOEHRKE, Carsten, Art. Leibeigenschaft, in: Sowjetsystem und demokratische Gesellschaft. Eine vergleichende Enzyklopädie 3 (1969), Sp. 1399–1410.
GOETZ, Unterschichten: GOETZ, Hans-Werner, »Unterschichten« im Gesellschaftsbild karolingischer Geschichtsschreiber und Hagiographen, in: Mommsen, Hans – Schulze, Winfried (Hg.), Vom Elend der Handarbeit. Probleme historischer Unterschichtenforschung (Geschichte und Gesellschaft. Bochumer Historische Studien, Bd. 24), Stuttgart 1981, S. 108–130.
GOETZ, Leibeigenschaft: GOETZ, Hans-Werner, Art. Leibeigenschaft, in: Lexikon des Mittelalters 5 (1991), Sp. 1845–1848.
GOETZ, Lebensgestaltung: GOETZ, Hans-Werner (Hg.), Weibliche Lebensgestaltung im frühen Mittelalter, Köln – Weimar – Wien 1991.
GOETZ, Frauenbild: GOETZ, Hans-Werner, Frauenbild und weibliche Lebensgestaltung im Fränkischen Reich, in: Ders., Lebensgestaltung, S. 7–44.
GOETZ, Grundherrschaftsentwicklung: GOETZ, Hans-Werner, Beobachtungen zur Grundherrschaftsentwicklung der Abtei St. Gallen vom 8. zum 10. Jahrhundert, in: Rösener, Strukturen der Grundherrschaft, S. 197–246.
GOETZ, Frauen: GOETZ, Hans-Werner, Frauen im frühen Mittelalter. Frauenbild und Frauenleben im Frankenreich, Weimar – Köln – Wien 1995.
GOETZ, Mediävistik: GOETZ, Hans-Werner, Moderne Mediävistik. Stand und Perspektiven der Mittelalterforschung, Darmstadt 1999.

GOETZ, Kulturwissenschaft: GOETZ, Hans-Werner, Einführung. Mediävistische Kulturwissenschaft als Herausforderung und Aufgabe, in: Das Mittelalter 5 (2000), S. 3–12.

GOETZ, Grundherrschaften: GOETZ, Hans-Werner, Frühmittelalterliche Grundherrschaften und ihre Erforschung im europäischen Vergleich, in: Borgolte, Michael (Hg.), Das europäische Mittelalter im Spannungsbogen des Vergleichs (Europa im Mittelalter, Bd. 1), Berlin 2001, S. 65–87.

GOETZ, Dos: GOETZ, Hans-Werner, La dos en Alémanie (du milieu du VIIIe au début du Xe siècle), in: Bougard – Feller – Le Jan, Dots, S. 305–327.

GOODY, Ehe und Familie: GOODY, Jack, Die Entwicklung von Ehe und Familie in Europa, Berlin 1986.

GOODY, Geschichte der Familie: GOODY, Jack, Geschichte der Familie (Europa bauen), München 2002.

GRÆSDAL, Ownership: GRÆSDAL, Kathrine, Joint Ownership in Medieval Norway, in: Hansen, Family, S. 81–97.

GRAF, Ehebruch: GRAF, Wolfgang, Der Ehebruch im fränkischen und deutschen Mittelalter unter besonderer Berücksichtigung des weltlichen Rechts, Würzburg [Diss. masch.] 1982.

GRIESER, Sklaverei: GRIESER, Heike, Sklaverei im spätantiken und frühmittelalterlichen Gallien (5.–7. Jh.). Das Zeugnis der christlichen Quellen (Forschungen zur antiken Sklaverei, Bd. 28), Stuttgart 1997.

GUERREAU-JALABERT, Parenté: GUERREAU-JALABERT, Anita, Sur les structures de parenté dans l'Europe médiévale, in: Annales 36 (1981), S. 1028–1049.

GUERREAU-JALABERT, Groupes de parenté: GUERREAU-JALABERT, Anita, La désignation des relations et des groupes de parenté en Latin médiéval, in: Archivum latinitatis aevi. Bulletin du change (46/47) 1988, S. 65–108.

GUERREAU-JALABERT, Structures de parenté: GUERREAU-JALABERT, Anita, Art. Parenté, in: Dictionnaire raisonné de l'Occident médiéval, hg. v. Le Goff, Jacques – Schmitt, Jean-Claude, Fayard 1999, S. 861–876.

GUERREAU-JALABERT – LE JAN – MORSEL, Familles: GUERREAU-JALABERT, Anita – LE JAN, Régine – MORSEL, Joseph, Familles et parentés, in: Schmitt – Oexle, Tendances, S. 433–446.

HÄGELE, Paenitentiale: HÄGELE, Günter, Das Paenitentiale Vallicellianum I. Ein oberitalienischer Zweig der frühmittelalterlichen kontinentalen Bußbücher. Überlieferung, Verbreitung und Quellen (Quellen und Forschungen zum Recht im Mittelalter, Bd. 3), Sigmaringen 1984.

HÄGERMANN, Kapitularien: HÄGERMANN, Dieter, Zur Entstehung der Kapitularien, in: Schlögl, Waldemar – Herde, Peter (Hg.), Grundwissenschaften und Geschichte. FS Peter Acht (Münchener Historische Studien. Abteilung Geschichtl. Hilfswissenschaften, Bd. 15), Kallmünz 1976, S. 12–27.

HÄGERMANN, Grundherrschaft: HÄGERMANN, Dieter, Einige Aspekte der Grundherrschaft in den fränkischen formulae und in den leges des Frühmittelalters, in: Verhulst, Adriaan (Hg.), Le grand domaine aux époques mérovingienne et carolingienne. Die Grundherrschaft im frühen Mittelalter. Actes du colloque international, Gand, 8–10 septembre 1983. Abhandlungen des internationalen Kolloquiums, Gent, 8.–10. September 1983, Gent 1985, S. 51–77.

HÄGERMANN – HEDWIG, Hufe: HÄGERMANN, Dieter – HEDWIG, Andreas, Art. Hufe, in: Lexikon des Mittelalters 5 (1991), Sp. 154–156.

HAGGENMÜLLER, Überlieferung: HAGGENMÜLLER, Reinhold, Die Überlieferung der Beda und Egbert zugeschriebenen Bußbücher (Europäische Hochschulschriften. Reihe 3: Geschichte und ihre Hilfswissenschaften, Bd. 461), Frankfurt a.M. u. a. 1991.

HAGGENMÜLLER, Rezeption: HAGGENMÜLLER, Reinhold, Zur Rezeption der Beda und Egbert zugeschriebenen Bußbücher, in: Mordek, Archive, S. 149–159.

HAMMER, Slave Society: HAMMER, Carl I., A Large-Scale Slave Society of the Early Middle Ages. Slaves and their Families in Early Medieval Bavaria, Aldershot 2002.

HANNIG, Consensus: HANNIG, Jürgen, Consensus fidelium. Frühfeudale Interpretationen des Verhältnisses von Königtum und Adel am Beispiel des Frankenreiches (Monographien zur Geschichte des Mittelalters, Bd. 27), Stuttgart 1982.

HANNIG, Ars donandi: HANNIG, Jürgen, Ars donandi. Zur Ökonomie des Schenkens im frühen Mittelalter, in: Geschichte in Wissenschaft und Unterricht 37 (1986), S. 149–162.

HANSEN, Family: HANSEN, Lars Ivar (Hg.), Family, Marriage and Property Devolution in the Middle Ages, Tromsø 2000.

HANSEN, Introduction: HANSEN, Lars Ivar, Introduction, in: Ders., Family, S. 7–15.

HARTMANN, Probleme der Konzilsgeschichte: HARTMANN, Wilfried, Zu einigen Problemen der karolingischen Konzilsgeschichte, in: Annuarium historiae conciliorum 9 (1977), S. 6–28.

HARTMANN, Sammlung: HARTMANN, Wilfried, Eine kleine Sammlung von Bußtexten aus dem 9. Jahrhundert, in: Deutsches Archiv für Erforschung des Mittelalters 39 (1983), S. 207–213.
HARTMANN, Reform: HARTMANN, Wilfried, Die karolingische Reform und die Bibel, in: Annuarium historiae conciliorum 18 (1986), S. 58–74.
HARTMANN, Synoden: HARTMANN, Wilfried, Die Synoden der Karolingerzeit im Frankenreich und in Italien (Konziliengeschichte. Reihe A: Darstellungen, Bd. 9), Paderborn u. a. 1989.
HARTMANN, Rechtskenntnis: HARTMANN, Wilfried, Rechtskenntnis und Rechtsverständnis bei den Laien des früheren Mittelalters, in: Mordek, Archive, S. 1–20.
HARTMANN, Liebe: HARTMANN, Wilfried, Über Liebe und Ehe im früheren Mittelalter. Einige Bemerkungen zu einer Geschichte des Gefühls, in: Landau, Peter (Hg.), De iure canonico medii aevi. FS Rudolf Weigand (Studia Gratiana, Bd. 27), Rom 1996, S. 189–216.
HATTENHAUER, Rechtsgeschichte: HATTENHAUER, Hans, Europäische Rechtsgeschichte (Ius Communitatis), Heidelberg ⁴2004.
HAVERKAMP, Erneuerung der Sklaverei: HAVERKAMP, Alfred, Die Erneuerung der Sklaverei im Mittelmeerraum während des hohen Mittelalters. Fremdheit, Herkunft und Funktion, in: Herrmann-Otto, Arbeits- und Lebensverhältnisse, S. 130–166.
HEIDECKER, Kerk: HEIDECKER, Karl J., Kerk, huwelijk en politieke macht. De zaak Lotharius II (855–869), Amsterdam 1997.
HEIDRICH, Besitz: HEIDRICH, Ingrid, Besitz und Besitzverfügung verheirateter und verwitweter freier Frauen im merowingischen Frankenreich, in: Goetz, Lebensgestaltung, S. 119–138.
HEINEN, Sklaverei: HEINEN, Heinz, Art. Sklaverei, in: Sowjetsystem und demokratische Gesellschaft. Eine vergleichende Enzyklopädie 5 (1972), Sp. 877–887.
HEISER, Responsa: HEISER, Lothar, Die Responsa ad consulta Bulgarorum des Papstes Nikolaus I. (858–867). Ein Zeugnis päpstlicher Hirtensorge und ein Dokument unterschiedlicher Entwicklungen in den Kirchen von Rom und Konstantinopel (Trierer theologische Studien, Bd. 36), Trier 1979.
HELLMUTH, Frau und Besitz: HELLMUTH, Doris, Frau und Besitz. Zum Handlungsspielraum von Frauen in Alamannien (700–940) (Vorträge und Forschungen, Sonderbd. 42), Sigmaringen 1998.
HENNING, Leibeigenschaft: HENNING, Friedrich-Wilhelm, Art. Leibeigenschaft, in: Handwörterbuch zur Deutschen Rechtsgeschichte 2 (1978), Sp. 1761–1772.
HERGEMÖLLER, Geschlechtergeschichte: HERGEMÖLLER, Bernd-Ulrich, Masculus et femina. Systematische Grundlinien einer mediävistischen Geschlechtergeschichte (Hergemöllers historiographische Libelli, Bd. 1), Hamburg 2001.
HERLIHY, Land: HERLIHY, David, Land, Family, and Women in Continental Europe, 701–1200, in: Stuard, Women, S. 13–45.
HERLIHY, Households: HERLIHY, David, Medieval Households (Studies in Cultural History), Cambridge/Massachusetts – London 1985.
HERLIHY, Making Sense of Incest: HERLIHY, David, Making Sense of Incest. Women and the Marriage Rules of the Early Middle Ages, in: Bachrach, Bernard S. – Nicholas, David (Hg.), Law, Custom and the Social Fabric in Medieval Europe. Essays in Honor of Bryce Lyon, Kalamazoo 1990, S. 1–16.
HERNÆS – IVERSEN, Introduction: HERNÆS, Per – IVERSEN, Tore, Introduction, in: Dies., Slavery, S. I–XXVI.
HERNÆS – IVERSEN, Slavery: HERNÆS, Per – IVERSEN, Tore, (Hg.), Slavery across Time and Space. Studies in Slavery in Medieval Europe and Africa (Trondheim Studies in History, Bd. 38), Trondheim 2002.
HERRMANN-OTTO, Ancilla: HERRMANN-OTTO, Elisabeth, Ex ancilla natus. Untersuchungen zu den »hausgeborenen« Sklaven und Sklavinnen im Westen des römischen Kaiserreiches (Forschungen zur Antiken Sklaverei, Bd. 24), Stuttgart 1994.
HERRMANN-OTTO, Arbeits- und Lebensverhältnisse: HERRMANN-OTTO, Elisabeth (Hg.), Unfreie Arbeits- und Lebensverhältnisse von der Antike bis in die Gegenwart. Eine Einführung (Sklaverei. Knechtschaft. Zwangsarbeit. Untersuchungen zur Sozial-, Rechts- und Kulturgeschichte, Bd. 1), Hildesheim – Zürich – New York 2005.
HERRMANN-OTTO, Sklaverei: HERRMANN-OTTO, Elisabeth, Die Bedeutung der antiken Sklaverei für die Menschenrechte, in: Dies., Arbeits- und Lebensverhältnisse, S. 56–81.
HERRMANN-OTTO, Einführung: HERRMANN-OTTO, Elisabeth, Einführung, in: Dies., Arbeits- und Lebensverhältnisse, S. IX–XVII.

HINSCHIUS, Ehescheidungsrecht: HINSCHIUS, Paul, Das Ehescheidungsrecht nach den angelsächsischen und fränkischen Bußordnungen, in: Zeitschrift für deutsches Recht und deutsche Rechtswissenschaft 20 (1861), S. 66–87.
HOCH, Serfdom: HOCH, Steven L., Art. Serfdom, in: Drescher – Engerman, Historical Guide, S. 353–357.
HÖING, Reinheitsvorstellungen: HÖING, Annette, »Gott, der ganz Reine, will keine Unreinheit«. Die Reinheitsvorstellungen Hildegards von Bingen aus religionsgeschichtlicher Perspektive (Münsteraner theologische Abhandlungen, Bd. 63), Altenberge 2000.
HOFFMANN, Kirche und Sklaverei: HOFFMANN, Hartmut, Kirche und Sklaverei im frühen Mittelalter, in: Deutsches Archiv für Erforschung des Mittelalters 42 (1986), S. 1–24.
HOLZEM, Konfessionalisierung: HOLZEM, Andreas, Religion und Lebensformen. Katholische Konfessionalisierung im Sendgericht des Fürstbistums Münster 1570–1800 (Forschungen zur Regionalgeschichte, Bd. 33), Paderborn 2000.
HONEGER – ARNI, Gender: HONEGER, Claudia – ARNI, Caroline (Hg.), Gender. Die Tücken einer Kategorie. Joan W. Scott, Geschichte und Politik, Zürich 2001.
HOYER, Ehen: HOYER, Ernst, Die Ehen minderen Rechts in der fränkischen Zeit, Brünn 1926.
HUBRATH, Einführung: HUBRATH, Margarete, Einführung, in: Dies. (Hg.), Geschlechter-Räume. Konstruktionen von »gender« in Geschichte, Literatur und Alltag (Literatur – Kultur – Geschlecht. Studien zur Literatur- und Kulturgeschichte. Große Reihe, Bd. 15), Köln – Weimar – Wien 2001, S. 1–6.
JOYCE, Ehe: JOYCE, Georg H., Die Christliche Ehe. Eine geschichtliche und dogmatische Studie, Leipzig 1934.
JUSSEN, Patenschaft: JUSSEN, Bernhard, Patenschaft und Adoption im frühen Mittelalter. Künstliche Verwandtschaft als soziale Praxis (Veröffentlichungen des Max-Planck-Instituts für Geschichte, Bd. 98), Göttingen 1991.
JUSSEN, Erforschung von Gruppen: JUSSEN, Bernhard, Erforschung des Mittelalters als Erforschung von Gruppen. Über einen Perspektivenwechsel in der deutschen Mediävistik, in: Sozialwissenschaftliche Informationen 21 (1992), S. 202–209.
JUSSEN – KOSLOFSKY, Kulturelle Reformation: JUSSEN, Bernhard – KOSLOFSKY, Craig, >Kulturelle Reformation< und der Blick auf die Sinnformationen, in: Dies. (Hg.), Kulturelle Reformation. Sinnformationen im Umbruch. 1400–1600 (Veröffentlichungen des Max-Planck-Instituts für Geschichte, Bd. 145), Göttingen 1999, S. 13–27.
JUSSEN, Verwandtschaft: JUSSEN, Bernhard, Künstliche und natürliche Verwandtschaft? Biologismen in den kulturwissenschaftlichen Konzepten von Verwandtschaft, in: Bessmertny, Yuri L. – Oexle, Otto Gerhard (Hg.), Das Individuum und die Seinen. Individualität in der okzidentalen und in der russischen Kultur in Mittelalter und früher Neuzeit (Veröffentlichungen des Max-Planck-Instituts für Geschichte, Bd. 163), Göttingen 2001, S. 39–58.
JUSSEN, Famille: JUSSEN, Bernhard, Commentaire. Famille et parenté. Comparaison des recherches françaises et allemandes, in: Schmitt – Oexle, Tendances, S. 447–460.
JUSSEN, Theologie: JUSSEN, Bernhard, »Verdunkelte Theologie« im frühen Mittelalter? Tun-Ergehen-Zusammenhang und Gabentausch aus semantischer Perspektive, in: Holzem, Andreas (Hg.), Normieren, Tradieren, Inszenieren. Das Christentum als Buchreligion, Darmstadt 2004, S. 91–108.
KARRAS, History of Marriage: KARRAS, Ruth Mazo, The History of Marriage and the Myth of Friedelehe, in: Early Medieval Europe 114 (2006), 119–151.
KASER, Privatrecht: KASER, Max, Das römische Privatrecht, 2 Bde. (Handbuch der Altertumswissenschaft, Zehnte Abteilung, Bd. 3,3,1f), München ²1975/²1971.
KASTEN, Tätigkeitsfelder: KASTEN, Brigitte (Hg.), Tätigkeitsfelder und Erfahrungshorizonte des ländlichen Menschen in der frühmittelalterlichen Grundherrschaft (bis ca. 1000). FS Dieter Hägermann (Vierteljahrschrift für Sozial- und Wirtschaftsgeschichte, Bd. 184), München 2006.
KASTEN, Vorwort: KASTEN, Brigitte, Vorwort, in: Dies., Tätigkeitsfelder, S. XI–XVII.
KELLER, Ritual: KELLER, Hagen, Ritual, Symbolik und Visualisierung in der Kultur des ottonischen Reiches, in: Frühmittelalterliche Studien 35 (2001), S. 23–59.
KERFF, Paenitentiale Fulberti: KERFF, Franz, Das sogenannte Paenitentiale Fulberti. Überlieferung, Verfasserfrage, Edition, in: Zeitschrift der Savigny-Stiftung für Rechtsgeschichte 104. Kanonistische Abteilung 72 (1987), S. 1–40.

KERFF, Paenitentiale Pseudo-Gregorii: KERFF, Franz, Das Paenitentiale Pseudo-Gregorii. Eine kritische Edition, in: Mordek, Archive, S. 161–188.
KERTELGE, Markusevangelium: KERTELGE, Karl, Markusevangelium (Die Neue Echter Bibel. Kommentar zum Neuen Testament mit der Einheitsübersetzung, Bd. 2), Würzburg 1994.
KETSCH, Frauen: KETSCH, Peter, Frauen im Mittelalter, Bd. 2: Frauenbild und Frauenrechte in Kirche und Gesellschaft. Quellen und Materialien (Geschichtsdidaktik. Studien, Materialien, Bd. 19), Düsseldorf 1984.
KIRCHSCHLÄGER, Ehe: KIRCHSCHLÄGER, Walter, Ehe und Ehescheidung im Neuen Testament. Überlegungen und Anfragen zur Praxis der Kirche, Wien 1987.
KLÄR, Bußinstitut: KLÄR, Karl-Josef, Das kirchliche Bußinstitut von den Anfängen bis zum Konzil von Trient (Europäische Hochschulschriften. Reihe 23: Theologie, Bd. 413), Frankfurt a.M. u. a. 1991.
KNOCH, Ehe: KNOCH, Wendelin, Art. Ehe A. Theologie und Liturgie I. Biblisch-theologisch-sakramentale Eheauffassung, in: Lexikon des Mittelalters 3 (1986), Sp. 1616–1618.
KNOTHE – KOHLER, Status Familiae: KNOTHE, Hans-Georg – KOHLER, Jürgen (Hg.), Status Familiae. FS Andreas Wacke, München 2001.
KOAL, Nachwirkung der Kapitularien: KOAL, Valeska, Studien zur Nachwirkung der Kapitularien in den Kanonessammlungen des Frühmittelalters (Freiburger Beiträge zur mittelalterlichen Geschichte. Studien und Texte, Bd. 13), Frankfurt a.M. u. a. 2001.
KÖBLER, Freie: KÖBLER, Gerhard, Die Freien (liberi, ingenui) im alemannischen Recht, in: Schott, Beiträge zum Recht, S. 38–50.
KÖBLER, Wörterbuch: KÖBLER, Gerhard, Germanisches Wörterbuch (Arbeiten zur Rechts- und Sprachwissenschaft, Bd. 12), Gießen/Lahn 1980.
KOEP, Consensus: KOEP, Leo, Art. Consensus, in: Reallexikon für Antike und Christentum 3 (1957), Sp. 294–303.
KÖRNTGEN, Bußbuch: KÖRNTGEN, Ludger, Ein italienisches Bußbuch und seine fränkischen Quellen. Das anonyme Paenitentiale der Handschrift Vatikan, Arch. S. Pietro H 58, in: Mordek, Archive, S. 189–205.
KÖRNTGEN, Quellen der Bußbücher: KÖRNTGEN, Ludger, Studien zu den Quellen der frühmittelalterlichen Bußbücher (Quellen und Forschungen zum Recht im Mittelalter, Bd. 7), Sigmaringen 1993.
KÖRNTGEN, Bußbücher: KÖRNTGEN, Ludger, Art. Bußbücher, in: Lexikon für Kirchen- und Staatskirchenrecht 1 (2000), S. 307–309.
KÖSTLER, Ehebewilligung: KÖSTLER, Rudolf, Die väterliche Ehebewilligung. Eine kirchenrechtliche Untersuchung auf rechtsvergleichender Grundlage (Kirchenrechtliche Abhandlungen, Bd. 51), Stuttgart 1908 (ND Amsterdam 1965).
KÖSTLER, Raub-, Kauf- und Friedelehe: KÖSTLER, Rudolf, Raub-, Kauf- und Friedelehe bei den Germanen, in: Zeitschrift der Savigny-Stiftung für Rechtsgeschichte 76. Germanistische Abteilung 63 (1943), S. 92–136.
KONECNY, Frauen: KONECNY, Silvia, Die Frauen des karolingischen Königshauses. Die politische Bedeutung der Ehe und die Stellung der Frau in der fränkischen Herrscherfamilie vom 7. bis zum 10. Jahrhundert (Dissertationen der Universität Wien, Bd. 132), Wien 1976.
KORPIOLA, Act or Process: KORPIOLA, Mia, An Act or a Process? Competing Views on Marriage Formation and Legitimacy in Medieval Europe, in: Hansen, Family, S. 31–54.
KOSELLECK, Einleitung: KOSELLECK, Reinhart, Einleitung, in: Geschichtliche Grundbegriffe 1 (ND 1979), S. XIII–XXVII.
KOSELLECK, Semantik: KOSELLECK, Reinhart, >Neuzeit<. Zur Semantik moderner Bewegungsbegriffe, in: Ders., Vergangene Zukunft. Zur Semantik geschichtlicher Zeiten, Frankfurt a.M. 1989, S. 300–348.
KOTTJE, Ehe: KOTTJE, Raymund, Ehe und Eheverständnis in den vorgratianischen Bußbüchern, in: van Hoecke, Willy – Welkenhuysen, Andries (Hg.), Love and Marriage in the Twelfth Century (Mediaevalia Lovaniensia. Series I, Bd. 8), Leuven 1981, S. 18–40.
KOTTJE, Bußbücher: KOTTJE, Raymund, Art. Bußbücher, in: Lexikon des Mittelalters 2 (1983), Sp. 1118–1122.
KOTTJE, Paenitentiale Theodori: KOTTJE, Raymund, Art. Paenitentiale Theodori, in: Handwörterbuch zur Deutschen Rechtsgeschichte 3 (1984), Sp. 1413–1416.

KOTTJE, Busspraxis: KOTTJE, Raymund, Busspraxis und Bussritus, in: Segni e riti nella chiesa altomedievale occidentale, Bd. 1 (Settimane di Studio del Centro Italiano di Studi sull'Alto Medioevo, Bd. 33,1), Spoleto 1987, S. 369–395.
KOTTJE, Eherechtliche Bestimmungen: KOTTJE, Raymund, Eherechtliche Bestimmungen der germanischen Volksrechte (5.–8. Jahrhundert), in: Affeldt, Lebensbedingungen, S. 211–220.
KOTTJE, Paenitentialia minora: KOTTJE, Raymund, Paenitentialia minora Franciae et Italiae saeculi VIII–IX (CChrSL 156: Paenitentialia Franciae, Italiae et Hispaniae saeculi VIII–IX, Bd. 1), Turnhoult 1994.
KRAH, Gleichstellung: KRAH, Adelheid, Chancen einer Gleichstellung im Frühmittelalter? Sozialgeschichtliche Implikationen normativer Texte aus dem langobardischen Italien und aus dem bayerischen Rechtsbereich, in: http://www.rewi.hu-berlin.de/FHI/zitat/0203krah.htm (Artikel vom 12. März 2002).
KRAUSE, Liberi: KRAUSE, Hermann, Die liberi der lex Baiuvariorum, in: Albrecht, Dieter – Kraus, Andreas – Reindel, Kurt (Hg.), FS Max Spindler, München 1969, S. 41–73.
KRAUSE, Antike: KRAUSE, Jens-Uwe, Antike, in: Gestrich – Ders. – Mitterauer, Geschichte der Familie, S. 21–159.
KREUZER, Eherecht: KREUZER, Gratus, Katholisches Eherecht. Eine praktische Anleitung zur pfarramtlichen Behandlung mit steter Berücksichtigung der württembergischen Civilgesetze, Tübingen 1869.
KROESCHELL, Verfassungsgeschichte: KROESCHELL, Karl, Verfassungsgeschichte und Rechtsgeschichte des Mittelalters, in: Gegenstand und Begriffe der Verfassungsgeschichtsschreibung (Der Staat. Zeitschrift für Staatslehre, öffentliches Recht und Verfassungsgeschichte. Beihefte, Bd. 6), Berlin 1983, S. 47–77.
KROJ, Abhängigkeit: KROJ, Karina, Die Abhängigkeit der Frau in Eherechtsnormen des Mittelalters und der Neuzeit als Ausdruck eines gesellschaftlichen Leitbilds von Ehe und Familie. Zugleich eine Untersuchung zu den Realisierungschancen des zivilrechtlichen Gleichheitsgrundsatzes (Europäische Hochschulschriften. Reihe 2: Rechtswissenschaft, Bd. 743), Frankfurt a.M. u.a. 1988.
KUCHENBUCH, Bäuerliche Gesellschaft: KUCHENBUCH, Ludolf, Bäuerliche Gesellschaft und Klosterherrschaft im 9. Jahrhundert. Studien zur Sozialstruktur der Familia der Abtei Prüm (Vierteljahrschrift für Sozial- und Wirtschaftsgeschichte. Beihefte, Bd. 66), Wiesbaden 1978.
KUCHENBUCH, Klostergrundherrschaft: KUCHENBUCH, Ludolf, Die Klostergrundherrschaft im Frühen Mittelalter. Eine Zwischenbilanz, in: Prinz, Friedrich (Hg.), Herrschaft und Kirche. Beiträge zur Entstehung und Wirkungsweise episkopaler und monastischer Organisationsformen (Monographien zur Geschichte des Mittelalters, Bd. 33), Stuttgart 1988, S. 297–343.
KUCHENBUCH, Potestas: KUCHENBUCH, Ludolf, *Potestas* und *Utilitas*. Ein Versuch über Stand und Perspektiven der Forschung zur Grundherrschaft im 9.–13. Jahrhundert, in: Historische Zeitschrift 265 (1997), S. 117–146.
KUCHENBUCH, Sklaverei: KUCHENBUCH, Ludolf, Art. Sklaverei VI. Frühes Mittelalter, in: Der Neue Pauly 11 (2001), Sp. 632f.
KUCHENBUCH, Abschied von der »Grundherrschaft«: KUCHENBUCH, Ludolf, Abschied von der »Grundherrschaft«. Ein Prüfgang durch das ostfränkisch-deutsche Reich 950–1050, in: Zeitschrift der Savigny-Stiftung für Rechtsgeschichte 121. Kanonistische Abteilung 90 (2004), S. 1–99.
LEACH, Kultur: LEACH, Edmund, Kultur und Kommunikation. Zur Logik symbolischer Zusammenhänge, Frankfurt a.M. 1978.
LEBECQ, Sklave: LEBECQ, Stéphane, Art. Sklave A. West- und Mitteleuropa, in: Lexikon des Mittelalters 7 (1995), Sp. 1977–1980.
LE JAN, Douaires: LE JAN, Régine, Douaires et pouvoirs des reines en France et en Germanie (VIe–Xe siècle), in: Bougard – Feller – Dies., Dots, S. 457–497.
LE JAN, Famille: LE JAN, Régine, Famille et pouvoir dans le monde franc (VIIe – Xe siècle). Essai d'anthropologie sociale (Histoire ancienne et médiévale, Bd. 33), Paris ^{2}2003.
LENGELING, Ehe: LENGELING, Emil Joseph, Art. Ehe A. Theologie und Liturgie II. Theologie, in: Lexikon des Mittelalters 3 (1986), Sp. 1619–1621.
LENTZE, Andelang: LENTZE, H., Art. andelang, in: Handwörterbuch zur Deutschen Rechtsgeschichte 1 (1971), Sp. 158f.

LÉVI-STRAUSS, Verwandtschaft: LÉVI-STRAUSS, Claude, Die elementaren Strukturen der Verwandtschaft, Frankfurt a.M. ²2000.
LIEBERWIRTH, Ehebruch: LIEBERWIRTH, Rolf, Art. Ehebruch, in: Handwörterbuch zur Deutschen Rechtsgeschichte 1 (1971), Sp. 836–839.
LOSEBY, Economy: LOSEBY, Simon T., The Mediterranean Economy, in: New Cambridge History 1, S. 605–638.
LUBICH, Verwandtsein: LUBICH, Gerhard, Verwandtsein. Lesarten einer politisch-sozialen Beziehung im Frühmittelalter (6.–11. Jahrhundert) (Europäische Geschichtsdarstellungen, Bd. 16), Köln – Weimar – Wien 2008.
LUBSCZYK, Ehe: LUBSCZYK, Hans, Die Ehe im Alten Bund, in: Ders. – Schneider, Gerhard – Hauser, Richard (Hg.), Ehe unlösbar. Fragen an Bibel und Pastoral (Ehe in Geschichte und Gegenwart, Bd. 3), Berlin 1972, S. 9–48.
LUCAS, Women: LUCAS, Angela M., Women in the Middle Ages. Religion, Marriage and Letters, Brighton 1983.
LUNDT, Suche nach der Frau: LUNDT, Bea (Hg.), Auf der Suche nach der Frau im Mittelalter. Fragen, Quellen, Antworten, München 1991.
LUTTERBACH, Intentions- oder Tathaftung: LUTTERBACH, Hubertus, Intentions- oder Tathaftung? Zum Bußverständnis in den frühmittelalterlichen Bußbüchern, in: Frühmittelalterliche Studien 29 (1995), S. 120–143.
LUTTERBACH, Sexualität: LUTTERBACH, Hubertus, Sexualität im Mittelalter. Eine Kulturstudie anhand von Bußbüchern des 6. bis 12. Jahrhunderts, Köln – Weimar – Wien 1999.
LUTTERBACH, Rezension: LUTTERBACH, Hubertus, Rezension Birkmeyer, in: Theologische Revue 2 (2000), Sp. 114f.
LUTTERBACH, Fastenbuße: LUTTERBACH, Hubertus, Die Fastenbuße im Mittelalter, in: Schreiner, Klaus (Hg.), Frömmigkeit im Mittelalter. Politisch-soziale Kontexte, visuelle Praxis, körperliche Ausdrucksformen, München 2002, S. 399–437.
LYNCH, Kinship: LYNCH, Joseph H., Spiritual Kinship and Sexual Prohibitions in Early Medieval Europe, in: Kuttner, Stephan– Pennington, Kenneth (Hg.), Proceedings of the Sixth International Congress of Medieval Canon Law (Monumenta Iuris Canonici. Series C: Subsidia, Bd. 7), Rom 1985, S. 271–288.
LYNCH, Godparents: LYNCH, Joseph H., Godparents and Kinship in Early Medieval Europe, Princeton/New Jersey 1986.
LYNE, Love Poets: LYNE, Richard O.A.M., The Latin Love Poets. From Catullus to Horace, Oxford 1980.
MALINOWSKI, Introduction: MALINOWSKI, Bronislaw, Introduction, in: Hogbin, H. Ian, Law and Order in Polynesia, Hamden 1934 (ND 1961), S. XVII–LXXII.
Matrimonio: Il matrimonio nella società altomedievale, 2 Bde. (Settimane di studio del Centro Italiano di Studi sull'alto medioevo, Bd. 24,1–2), Spoleto 1977.
MAUSS, Gabe: MAUSS, Marcel, Die Gabe. Form und Funktion des Austauschs in archaischen Gesellschaften, Frankfurt a.M. ⁶2004.
MCCARTHY, Marriage: MCCARTHY, Conor, Marriage in Medieval England. Law, Literature and Practice, Woodbridge 2004.
MCCORMICK, Carolingian Economy: MCCORMICK, Michael, New Light on the ›Dark Ages‹: How the Slave Trade Fuelled the Carolingian Economy, in: Past and Present 177 (2002), S. 17–54.
MCCORMICK, Verkehrswege: MCCORMICK, Michael, Verkehrswege, Handel und Sklaven zwischen Europa und dem Nahen Osten um 900: Von der Geschichtsschreibung zur Archäologie?, in: Henning, Joachim (Hg.), Europa im 10. Jahrhundert. Archäologie einer Aufbruchszeit, Mainz 2002, S. 171–180.
MCNAMARA – WEMPLE, Marriage: MCNAMARA, Jo-Ann – WEMPLE, Suzanne F., Marriage and Divorce in the Frankish Kingdom, in: Stuard, Women, S. 95–124.
MEENS, Boeteboek: MEENS, Rob, Het tripartite boeteboek. Overlevering en betekenis van vroegmiddeleeuwse biechtvoorschriften (met editie en vertaling van vier tripartita) (Middeleeuwse studies in bronnen, Bd. 41), Hilversum 1994.
MENKE, Sühne: MENKE, Karl-Heinz, Art. Sühne III. Systematisch-theologisch, in: Lexikon für Theologie und Kirche 9 (³2000), Sp. 1102f.
MEYER, Antrittsrede: MEYER, Herbert, Antrittsrede des Hrn. Herbert Meyer, in: Jahrbuch der Preußischen Akademie der Wissenschaften (1939), Berlin 1940, S. 130–133.

MEYER, Ehe: MEYER, Herbert, Ehe und Eheauffassung der Germanen, Weimar 1940.
MEYER-ZWIFFELHOFFER, Erforschung der antiken Sklaverei: MEYER-ZWIFFELHOFFER, Eckhard, Kalter Krieg um ein heißes Thema. Die Erforschung der antiken Sklaverei in der DDR und in der BRD, in: Die Gegenwart Alteuropas: Antike. Mittelalter und Frühe Neuzeit im historischen Horizont der Nachkriegszeit. Kurseinheiten 1 und 2: Schlüsselthemen der deutschen Geschichtswissenschaft in Ost und West. Studienbrief der FernUniversität Hagen, Hagen 2005, S. 32–69.
MIKAT, Art. Ehe: MIKAT, Paul, Art. Ehe, in: Handwörterbuch zur Deutschen Rechtsgeschichte 1 (1971), Sp. 809–833.
MIKAT, Eheauffassung: MIKAT, Paul, Zu den Voraussetzungen der Begegnung von fränkischer und kirchlicher Eheauffassung in Gallien, in: Heinemann, Heribert – Herrmann, Horst – Ders. (Hg.), Diaconia et ius. FS Heinrich Flatten, München – Paderborn – Wien 1973, S. 1–26.
MIKAT, Schriften: MIKAT, Paul, Religionsgeschichtliche Schriften. Abhandlungen zum Staatskirchenrecht und Eherecht, hg. v. Joseph Listl (Staatskirchenrechtliche Abhandlungen, Bd. 5,2), Berlin 1974.
MIKAT, Ehe: MIKAT, Paul, Ehe, in: Ders., Schriften, S. 847–868.
MIKAT, Inzestverbote: MIKAT, Paul, Die Inzestverbote des Konzils von Epaon. Ein Beitrag zur Geschichte des fränkischen Eherechts, in: Ders., Schriften, S. 869–888.
MIKAT, Dotierte Ehe: MIKAT, Paul, Dotierte Ehe – rechte Ehe. Zur Entwicklung des Eheschließungsrechts in fränkischer Zeit (Rheinisch-Westfälische Akademie der Wissenschaften. Vorträge G 227), Opladen 1978.
MIKAT, Konziliare Anfängen: MIKAT, Paul, Zu den konziliaren Anfängen der merowingisch-fränkischen Inzestgesetzgebung, in: Buchholz, Stephan – Ders. – Werkmüller, Dieter (Hg.), Überlieferung, Bewahrung und Gestaltung in der rechtsgeschichtlichen Forschung (Rechts- und Staatswissenschaftliche Veröffentlichungen der Görres-Gesellschaft. N.F., Bd. 69), Paderborn u.a. 1993, S. 213–228.
MIKAT, Inzestgesetzgebung: MIKAT, Paul, Die Inzestgesetzgebung der merowingisch-fränkischen Konzilien. 511–626/27 (Rechts- und Staatswissenschaftliche Veröffentlichungen der Görres-Gesellschaft. N.F., Bd. 74), Paderborn u.a. 1994.
MITTERAUER, Mittelalter: MITTERAUER, Michael, Mittelalter, in: Gestrich – Krause – Ders., Geschichte der Familie, S. 160–363.
MITTERAUER, Europa: MITTERAUER, Michael, Warum Europa? Mittelalterliche Grundlagen eines Sonderwegs, München ⁴2004.
MOLNÁR, Adulterium: MOLNÁR, Imre, Das *adulterium* als ein das Ansehen der römischen Familie verletzendes Verbrechen, in: Knothe – Kohler, Status Familiae, S. 345–364.
MORDEK, Überlieferung: MORDEK, Hubert (Hg.), Überlieferung und Geltung normativer Texte des frühen und hohen Mittelalters (Quellen und Forschungen zum Recht im Mittelalter, Bd. 4), Sigmaringen 1986.
MORDEK, Archive: MORDEK, Hubert (Hg.), Aus Archiven und Bibliotheken. FS Raymund Kottje (Freiburger Beiträge zur mittelalterlichen Geschichte. Studien und Texte, Bd. 3), Frankfurt a.M. u.a. 1992.
MORDEK, Traditionszusammenhang: MORDEK, Hubert, Bibliotheca capitularium regum Francorum manuscripta. Überlieferung und Traditionszusammenhang der fränkischen Herrschererlasse (Monumenta Germaniae Historica. Hilfsmittel, Bd. 15), München 1995.
MÜLLER-LINDENLAUF, Eheauffassung: MÜLLER-LINDENLAUF, Hans Günther, Germanische und spätrömisch-christliche Eheauffassung in fränkischen Volksrechten und Kapitularien, Freiburg i.Br. [Diss. masch.] 1969.
NECKEL, Liebe: NECKEL, Gustav, Liebe und Ehe bei den vorchristlichen Germanen, Schkeuditz–Gartenstadt ³1939.
NEF, Conquêtes: NEF, Annliese, Conquêtes et reconquêtes médiévales: la Sicile normande est-elle une terre de réduction en servitude généralisée?, in: Formes de la servitude, S. 579–607.
NEHLSEN, Sklavenrecht: NEHLSEN, Hermann, Sklavenrecht zwischen Antike und Mittelalter. Germanisches und römisches Recht in den germanischen Rechtsaufzeichnungen, Bd. 1: Ostgoten, Westgoten, Franken, Langobarden (Göttinger Studien zur Rechtsgeschichte, Bd. 7), Göttingen – Frankfurt a.M. – Zürich 1972.
NEHLSEN, Lex Burgundionum: NEHLSEN, Hermann, Art. Lex Burgundionum, in: Handwörterbuch zur Deutschen Rechtsgeschichte 2 (1978), Sp. 1902–1915.

NEHLSEN, Lex Romana: NEHLSEN, Hermann, Art. Lex Romana Burgundionum, in: Handwörterbuch zur Deutschen Rechtsgeschichte 2 (1978), Sp. 1927–1934.

NEHLSEN-VON STRYK, Boni homines: NEHLSEN-VON STRYK, Karin, Die boni homines des frühen Mittelalters unter besonderer Berücksichtigung der fränkischen Quellen (Freiburger rechtsgeschichtliche Abhandlungen. N.F., Bd. 2), Berlin 1981.

New Cambridge History: The New Cambridge Medieval History, Bd. 1: c.500–c.700, hg. v. Paul Fouracre, Cambridge 2005; Bd. 2: c.700–c.900, hg. v. Rosamund McKitterick, Cambridge 1995.

NIEBERGALL, Ehe: NIEBERGALL, Alfred, Ehe und Eheschließung in der Bibel und in der Geschichte der alten Kirche (Marburger Theologische Studien, Bd. 18), Marburg 1985.

NIERMEYER – VAN DE KIEFT, Lexicon: NIERMEYER, Jan Frederik – VAN DE KIEFT, Co, Mediae Latinitatis lexicon minus, 2 Bde., Darmstadt 2002.

NIKOLASCH, Buße: NIKOLASCH, Franz, Art. Buße D. Westkirche I. Bussdisziplin und Bussriten [1] Allgemeine Grundzüge, in: Lexikon des Mittelalters 2 (1983), Sp. 1130f.

OBERMEIER, Ancilla: OBERMEIER, Monika, »Ancilla«. Beiträge zur Geschichte der unfreien Frauen im Frühmittelalter (Frauen in Geschichte und Gesellschaft, Bd. 32), Pfaffenweiler 1996.

OEXLE, Dreiteilung der Gesellschaft: OEXLE, Otto-Gerhard, Die funktionale Dreiteilung der ›Gesellschaft‹ bei Adalbero von Laon. Deutungsschemata der sozialen Wirklichkeit im früheren Mittelalter, in: Frühmittelalterliche Studien 12 (1978), S. 1–54.

OEXLE, Historische Kulturwissenschaft: OEXLE, Otto-Gerhard, Geschichte als Historische Kulturwissenschaft, in: Hardtwig, Wolfgang – Wehler, Hans-Ulrich (Hg.), Kulturgeschichte Heute (Geschichte und Gesellschaft. Zeitschrift für Historische Sozialwissenschaft. Sonderheft 16), Göttingen 1996, S. 14–40.

OEXLE, Gruppen: OEXLE, Otto-Gerhard, Soziale Gruppen in der Ständegesellschaft: Lebensformen des Mittelalters und ihre historischen Wirkungen, in: Ders. – Hülsen-Esch, Andrea von (Hg.), Die Repräsentation der Gruppen. Texte – Bilder – Objekte (Veröffentlichungen des Max-Planck-Instituts für Geschichte, Bd. 141), Göttingen 1998, S. 9–44.

OEXLE, Kulturwissenschaft: OEXLE, Otto-Gerhard, Kultur, Kulturwissenschaft, Historische Kulturwissenschaft. Überlegungen zur kulturwissenschaftlichen Wende, in: Das Mittelalter 5 (2000), S. 13–33.

OLBERG, Freie: OLBERG, Gabriele von, Freie, Nachbarn und Gefolgsleute. Volkssprachige Bezeichnungen aus dem sozialen Bereich in den frühmittelalterlichen Leges (Germanistische Arbeiten zur Sprache und Kulturgeschichte, Bd. 2), Frankfurt a.M. – Bern – New York 1983.

OLBERG, Stellung der Frauen: OLBERG, Gabriele von, Aspekte der rechtlich-sozialen Stellung der Frauen in den frühmittelalterlichen Leges, in: Affeldt, Lebensbedingungen, S. 221–235.

OLBERG, Bezeichnungen: OLBERG, Gabriele von, Die Bezeichnungen für soziale Stände, Schichten und Gruppen in den Leges Barbarorum (Arbeiten zur Frühmittelalterforschung, Bd. 11), Berlin – New York 1991.

OLSEN, Marriage: OLSEN, Glenn W., Marriage in Barbarian Kingdom and Christian Court. Fifth through Eleventh Century, in: Dies. (Hg.), Christian Marriage. A Historical Study, New York 2001, S. 146–212.

ORMØY, Inheritance: ORMØY, Ragnhild, Inheritance and Division of Wealth on the Death of a Husband, in: Hansen, Family, S. 99–106.

PAMME-VOGELSANG, Ehen: PAMME-VOGELSANG, Gudrun, Die Ehen mittelalterlicher Herrscher im Bild. Untersuchungen zu zeitgenössischen Herrscherdarstellungen des 9. bis 12. Jahrhunderts (Forschungen zur Geschichte der älteren deutschen Literatur, Bd. 20), München 1998.

PARISSE, Esclavage: PARISSE, Michel, Esclavage, servitude, servage d'après les chartes du Xe siècle, in: Kasten, Tätigkeitsfelder, S. 91–98.

PAYER, Sex: PAYER, Pierre J., Sex and the Penitentials. The Development of a Sexual Code 550–1150, Toronto – Buffalo – London 1984.

PELTERET, Slavery: PELTERET, David A.E., Slavery in Anglo-Saxon England, in: Woods, J. Douglas – Ders. (Hg.), The Anglo-Saxons. Synthesis and Achievement, Waterloo/Ontario 1985, S. 117–133.

PELTERET, Slavery in England: PELTERET, David A.E., Slavery in Early Mediaeval England. From the Reign of Alfred Until the Twelfth Century (Studies in Anglo-Saxon History, Bd. 7), Woodbridge 1995.

PESCH, Markusevangelium: PESCH, Rudolf, Das Markusevangelium. Zweiter Teil. Kommentar zu Kapitel 8,27–16,20 (Herders theologischer Kommentar zum Neuen Testament, Bd. 2,2), Freiburg i.Br. – Basel – Wien ⁴1991.

PHILLIPS, Europe: PHILLIPS, William D. jr., Art. Europe. Middle Ages, in: Drescher – Engerman, Historical Guide, S. 197–200.

POHL-RESL, Frauen als Schenkerinnen: POHL-RESL, Brigitte, Frauen als Schenkerinnen in bairischen und alemannischen Traditionen (8. und 9. Jahrhundert), Wien [Staatsarbeit masch.] 1986.

POHL-RESL, Rechtsfähigkeit und Landbesitz: POHL-RESL, Brigitte, »Quod me legibus contangent auere«. Rechtsfähigkeit und Landbesitz langobardischer Frauen, in: Mitteilungen des Instituts für österreichische Geschichtsforschung 101 (1993), S. 201–227.

POHL-RESL, Vorsorge: POHL-RESL, Brigitte, Vorsorge, Memoria und soziales Ereignis: Frauen als Schenkerinnen in den bayerischen und alemannischen Urkunden des 8. und 9. Jahrhunderts, in: Mitteilungen des Instituts für österreichische Geschichtsforschung 103 (1995), S. 265–287.

POSCHMANN, Kirchenbusse des Altertums: POSCHMANN, Bernhard, Die abendländische Kirchenbusse im Ausgang des christlichen Altertums (Münchener Studien zur historischen Theologie, Bd. 7), München 1928.

POSCHMANN, Kirchenbuße im frühen Mittelalter: POSCHMANN, Bernhard, Die abendländische Kirchenbuße im frühen Mittelalter (Breslauer Studien zur historischen Theologie, Bd. 16), Breslau 1930.

PREVENIER – DE HEMPTINNE, Ehe: PREVENIER, Walter – DE HEMPTINNE, Thérèse, Art. Ehe C. Ehe in der Gesellschaft des Mittelalters, in: Lexikon des Mittelalters 3 (1986), Sp. 1635–1640.

PRINZ, Hagiographie: PRINZ, Friedrich, Aspekte frühmittelalterlicher Hagiographie, in: Haverkamp, Alfred – Heit, Alfred (Hg.), Mönchtum, Kultur und Gesellschaft. Beiträge zum Mittelalter. FS Friedrich Prinz, München 1989, S. 177–198.

PRINZ, Europäische Grundlagen: PRINZ, Friedrich, Europäische Grundlagen deutscher Geschichte (4.–8. Jahrhundert), in: Gebhardt. Handbuch der deutschen Geschichte, Bd. 1, hg. v. Alfred Haverkamp, Stuttgart ¹⁰2004, S. 147–647.

RADL, Buße: RADL, Walter, Art. Buße (liturgisch-theologisch) B. Buße im NT, in: Lexikon des Mittelalters 2 (1983), Sp. 1124f.

RÉAL, Vies de saints: RÉAL, Isabelle, Vies de saints, vie de famille. Représentation et système de la parenté dans le royaume merovingien (481–751) d'après les sources hagiographiques (Hagiologia. Études sur la sainteté en Occident – Studies on Western Sainthood, Bd. 2), Turnhout 2001.

RÉAL, Mari et femme: RÉAL, Isabelle, Entre mari et femme. Dons réciproques et gestion des biens à l'époque mérovingienne d'après les chroniques et les vies de saints, in: Bougard – Feller – Le Jan, Dots, S. 389–406.

REUTER, Feudal Revolution: REUTER, Timothy, Debate. The ›Feudal Revolution‹. III, in: Past and Present 155 (1997), S. 177–195.

REUTER, Basis und Überbau: REUTER, Timothy, Könige, Adelige, Andere: »Basis« und »Überbau« in ottonischer Zeit, in: Schneidmüller, Bernd – Weinfurter, Stefan (Hg.), Ottonische Neuanfänge. Symposion zur Ausstellung »Otto der Große, Magdeburg und Europa«, Mainz 2001, S. 127–150.

REYNOLDS, Marriage: REYNOLDS, Philip Lyndon, Marriage in the Western Church. The Christianization of Marriage During the Patristic and Early Medieval Periods (Vigiliae Christianae. Supplements, Bd. 24), Leiden – New York – Köln 1994.

REYNOLDS, Dotal Charters: REYNOLDS, Philip L., Dotal Charters in the Frankish Tradition, in: Ders. – Witte, To Have and to Hold, S. 114–164.

REYNOLDS – WITTE, To Have and to Hold: REYNOLDS, Philip L. – WITTE, John (Hg.), To Have and to Hold. Marrying and its Documentation in Western Christendom, 400–1600, Cambridge 2007.

REYNOLDS, Marrying: REYNOLDS, Philip L., Marrying and Its Documentation in Pre–Modern Europe: Consent, Celebration, and Property, in: Ders. –Witte, To Have and to Hold, S. 1–42.

RITZER, Eheschließung: RITZER, Korbinian, Formen, Riten und religiöses Brauchtum der Eheschließung in den christlichen Kirchen des ersten Jahrtausends (Liturgiewissenschaftliche Quellen und Forschungen, Bd. 38), Münster ²1981.

RÖCKELEIN, Frauenforschung: RÖCKELEIN, Hedwig, Historische Frauenforschung. Ein Literaturbericht zur Geschichte des Mittelalters, in: Historische Zeitschrift 255 (1992), S. 377–409.

RÖSENER, Grundherrschaft: RÖSENER, Werner, Art. Grundherrschaft A. Definition und Grundzüge der Forschung, in: Lexikon des Mittelalters 4 (1989), Sp. 1739f.

RÖSENER, Grundherrschaft im Wandel: RÖSENER, Werner, Grundherrschaft im Wandel. Untersuchungen zur Entwicklung geistlicher Grundherrschaften im südwestdeutschen Raum vom 9. bis 14. Jahrhundert (Veröffentlichungen des Max-Planck-Instituts für Geschichte, Bd. 102), Göttingen 1991.

RÖSENER, Hörige: RÖSENER, Werner, Art. Hörige, Hörigkeit, in: Lexikon des Mittelalters 5 (1991), Sp. 125f.

RÖSENER, Strukturen der Grundherrschaft: RÖSENER, Werner (Hg.), Strukturen der Grundherrschaft im frühen Mittelalter (Veröffentlichungen des Max-Planck-Instituts für Geschichte, Bd. 92), Göttingen ²1993.

RÖSENER, Strukturformen: RÖSENER, Werner, Strukturformen der adeligen Grundherrschaft in der Karolingerzeit, in: Ders., Strukturen der Grundherrschaft, S. 126–180.

RÖSENER, Sklaven: RÖSENER, Werner, Vom Sklaven zum Bauern. Zur Stellung der Hörigen in der frühmittelalterlichen Grundherrschaft, in: Kasten, Tätigkeitsfelder, S. 71–89.

ROGGE, Weibliche Handlungsräume: ROGGE, Roswitha, Zwischen Moral und Handelsgeist. Weibliche Handlungsräume und Geschlechterbeziehungen im Spiegel des hamburgischen Stadtrechts vom 13. bis zum 16. Jahrhundert (Ius Commune. Sonderhefte: Studien zur Europäischen Rechtsgeschichte, Bd. 109), Frankfurt a.M. 1998.

SAAR, Ehe: SAAR, Stefan Christoph, Ehe – Scheidung – Wiederheirat. Zur Geschichte des Ehe- und des Ehescheidungsrechts im Frühmittelalter (6.–10. Jahrhundert) (Ius Vivens. Abteilung B: Rechtsgeschichtliche Abhandlungen, Bd. 6), Münster – Hamburg – London 2002.

SAMSON, Slave Trade: SAMSON, Ross, Art. Slave Trade. Medieval Europe, in: Drescher – Engerman, Historical Guide, S. 365–367.

SANTINELLI, Morgengabe: SANTINELLI, Emmanuelle, Ni »Morgengabe« ni *tertia* mais *dos* et dispositions en faveur du dernier vivant. Les échanges patrimoniaux entre époux dans la Loire moyenne (VIIe–XIe siècle), in: Bougard – Feller – Le Jan, Dots, S. 245–275.

SAWYER, Ehe: SAWYER, Birgit, Art. Ehe B. Recht VII. Skandinavien, in: Lexikon des Mittelalters 3 (1986), Sp. 1630–1632.

SCHARBERT, Genesis: SCHARBERT, Josef, Genesis 1–11 (Die Neue Echter Bibel. Kommentar zum Alten Testament mit Einheitsübersetzung, Bd. 5), Würzburg 1983.

SCHENK, Liebe: SCHENK, Herrad, Freie Liebe – wilde Ehe. Über die allmähliche Auflösung der Ehe durch Liebe, München ²1988.

SCHENK, Sünde: SCHENK, Richard, Art. Sünde VI. Mittelalter, in: Theologische Realenzyklopädie 32 (2001), S. 395–400.

SCHIEFFER, Karolingische Töchter: SCHIEFFER, Rudolf, Karolingische Töchter, in: Jenal, Georg (Hg.), Herrschaft, Kirche, Kultur. Beiträge zur Geschichte des Mittelalters. FS Friedrich Prinz (Monographien zur Geschichte des Mittelalters, Bd. 37), Stuttgart 1993, S. 125–139.

SCHIEFFER, Eheschließung: SCHIEFFER, Theodor, Eheschließung und Ehescheidung im Hause der karolingischen Kaiser und Könige, in: Theologisch-praktische Quartalschrift 116 (1968), S. 37–43.

SCHILD, Zweikampf: SCHILD, Wolfgang, Art. Zweikampf, in: Handwörterbuch zur Deutschen Rechtsgeschichte 5 (1998), Sp. 1835–1847.

SCHLEGEL, Grade der Verwandtschaft: SCHLEGEL, Karl August Moriz, Kritische und systematische Darstellung der verbotenen Grade der Verwandtschaft und Schwägerschaft, bey Heyrathen nach dem Mosaischen Gesetze, dem Römischen und canonischen Rechte, und den Protestantischen Kirchenordnungen, mit besonderer Hinsicht auf die Chur-Braunschweig-Lüneburgischen Kirchenordnungen, Hannover 1802.

SCHMID, Heirat: SCHMID, Karl, Heirat, Familienfolge, Geschlechterbewusstsein, in: Matrimonio 1, S. 103–138.

SCHMIDT-WIEGAND, Alemannisch und Fränkisch: SCHMIDT-WIEGAND, Ruth, Alemannisch und Fränkisch in Pactus und Lex Alamannorum, in: Schott, Beiträge zum Recht, S. 9–37.

SCHMIDT-WIEGAND, Lebenskreis: SCHMIDT-WIEGAND, Ruth, Der Lebenskreis der Frau im Spiegel der volkssprachigen Bezeichnungen der Leges barbarorum, in: Affeldt, Lebensbedingungen, S. 195–209.

SCHMIDT-WIEGAND, Lex Ribuaria: SCHMIDT-WIEGAND, Ruth, Art. Lex Ribuaria, in: Lexikon des Mittelalters 5 (1991), Sp. 1929f.

SCHMITT – OEXLE, Tendances: SCHMITT, Jean-Claude – OEXLE, Otto Gerhard (Hg.), Les tendances actuelles de l'histoire du moyen âge en France et en Allemagne. Actes des colloques de Sèvres

(1997) et Göttingen (1998) organisés par le Centre national de la recherche scientifique et le Max-Planck-Institut für Geschichte (Histoire ancienne et médiévale, Bd. 66), Paris 2003.

SCHMITT, Liberi homines: SCHMITT, Johannes, Untersuchungen zu den Liberi Homines der Karolingerzeit (Europäische Hochschulschriften. Reihe 3: Geschichte und ihre Hilfswissenschaften, Bd. 83), Frankfurt a.M. 1977.

SCHNELL, Geschlechtergeschichte: SCHNELL, Rüdiger, Geschlechtergeschichte, Diskursgeschichte und Literaturgeschichte. Eine Studie zu konkurrierenden Männerbildern in Mittelalter und Früher Neuzeit, in: Frühmittelalterliche Studien 32 (1998), S. 307–364.

SCHOTT, Beiträge zum Recht: SCHOTT, Clausdieter (Hg.), Beiträge zum frühalemannischen Recht (Veröffentlichung des Alemannischen Instituts Freiburg i.Br., Bd. 42), Bühl/Baden 1978.

SCHOTT, Freigelassene: SCHOTT, Clausdieter, Freigelassene und Minderfreie in den alemannischen Rechtsquellen, in: Ders., Beiträge zum Recht, S. 51–72.

SCHOTT, Leges-Forschung: SCHOTT, Clausdieter, Der Stand der Leges-Forschung, in: Frühmittelalterliche Studien 13 (1979), S. 29–55.

SCHOTT, Ehe: SCHOTT, Clausdieter, Art. Ehe B. Recht VI. Germanisches und deutsches Recht, in: Lexikon des Mittelalters 3 (1986), Sp. 1629f.

SCHOTT, Leges: SCHOTT, Clausdieter, Art. Leges, in: Lexikon des Mittelalters 5 (1991), Sp. 1802f.

SCHREINER, Grundherrschaft: SCHREINER, Klaus, Grundherrschaft – ein neuzeitlicher Begriff für eine mittelalterliche Sache, in: Dilcher – Violante, Strukturen, S. 69–93.

SCHULTE, Handbuch des Eherechts: SCHULTE, Johann Friedrich von, Handbuch des Katholischen Eherechts nach dem gemeinen katholischen Kirchenrechte und dem österreichischen, preussischen, französischen Particularrechte, mit Rücksichtsnahme auf noch andere Civilgesetzgebungen, Giessen 1855.

SCHULTZE, Zum altnordischen Eherecht: SCHULTZE, Alfred, Zum altnordischen Eherecht (Berichte über die Verhandlungen der Sächsischen Akademie der Wissenschaften zu Leipzig. Philologisch-historische Klasse, Bd. 91,1), Leipzig 1939.

SCHULTZE, Eherecht in den älteren angelsächsischen Königsgesetzen: SCHULTZE, Alfred, Das Eherecht in den älteren angelsächsischen Königsgesetzen (Berichte über die Verhandlungen der Sächsischen Akademie der Wissenschaften zu Leipzig. Philologisch-historische Klasse, Bd. 93,5), Leipzig 1941.

SCHULTZE, Westgotisch-spanisches Eherecht: SCHULTZE, Alfred, Über westgotisch-spanisches Eherecht (Berichte über die Verhandlungen der Sächsischen Akademie der Wissenschaften zu Leipzig. Philologisch-historische Klasse, Bd. 95,4), Leipzig 1944.

SCHULZE, Grundstrukturen: SCHULZE, Hans K., Grundstrukturen der Verfassung im Mittelalter, Bd. 1: Stammesverband, Gefolgschaft, Lehnswesen, Grundherrschaft, Stuttgart – Berlin – Köln ³1995.

SCHULZE, Eherecht: SCHULZE, Reiner, Art. Eherecht, in: Reallexikon der germanischen Altertumskunde 6 (1986), S. 480–500.

SEHLING, Wirkungen der Geschlechtsgemeinschaft: SEHLING, Emil, Die Wirkungen der Geschlechtsgemeinschaft auf die Ehe. Eine kirchenrechtliche Abhandlung, Leipzig 1885.

SEHLING, Verlöbnisse: SEHLING, Emil, Die Unterscheidung der Verlöbnisse im kanonischen Recht, Leipzig 1887.

SELB, Orientalisches Kirchenrecht: SELB, Walter, Orientalisches Kirchenrecht, Bd. 2: Die Geschichte des Kirchenrechts der Westsyrer (von den Anfängen bis zur Mongolenzeit) (Österreichische Akademie der Wissenschaften. Philosophisch-Historische Klasse. Sitzungsberichte, Bd. 543; Veröffentlichungen der Kommission für antike Rechtsgeschichte, Bd. 6), Wien 1989.

SELB, Christianisierung des Eherechts: SELB, Walter, Zur Christianisierung des Eherechts, in: Simon, Dieter (Hg.), Eherecht und Familiengut in Antike und Mittelalter (Schriften des Historischen Kollegs, Bd. 22), München 1992, S. 1–14.

Servitude: La servitude dans les pays de la Méditerranée occidentale chrétienne au XIIe siècle et au-delà: Déclinante ou renouvelée? Actes de la table ronde de Rome (8 et 9 octobre 1999), in: Mélanges de l'École française de Rome. Moyen âge 112,2 (2000), S. 633–1085.

SHERIDAN WALKER, Ehe: SHERIDAN WALKER, Sue, Art. Ehe B. Recht VIII. England, in: Lexikon des Mittelalters 3 (1986), Sp. 1632f.

SIEMS, Lex Frisionum: SIEMS, Harald, Studien zur Lex Frisionum (Münchener Universitätsschriften. Juristische Fakultät. Abhandlungen zur rechtswissenschaftlichen Grundlagenforschung, Bd. 42), Ebelsbach 1980.

SIEMS, Handel und Wucher: SIEMS, Harald, Handel und Wucher im Spiegel frühmittelalterlicher Rechtsquellen (Monumenta Germaniae Historica. Schriften, Bd. 35), Hannover 1992.
SIMON, Stipulationsklausel: SIMON, Dieter, Studien zur Praxis der Stipulationsklausel (Münchener Beiträge zur Papyrusforschung und antiken Rechtsgeschichte, Bd. 48), München 1964.
SMITH, Ordering Women's Lives: SMITH, Julie Ann, Ordering Women's Lives. Penitentials and Nunnery Rules in the Early Medieval West, Aldershot u. a. 2001.
SOHM, Eheschließung: SOHM, Rudolph, Das Recht der Eheschließung aus dem deutschen und canonischen Recht geschichtlich entwickelt. Eine Antwort auf die Frage nach dem Verhältnis der kirchlichen Trauung zur Civilehe, Weimar 1875.
SOHM, Trauung: SOHM, Rudolph, Trauung und Verlobung. Eine Entgegnung auf Friedberg: Verlobung und Trauung, Weimar 1876.
SOLIVA, Lex Romana Curiensis: SOLIVA, Claudio, Die Lex Romana Curiensis und die Stammesrechte, in: Schott, Beiträge zum Recht, S. 73–84.
SPÄTH, Patriarchat: SPÄTH, Thomas, Nicht Männer, sondern Väter: Patriarchat in Rom, in: Antike Welt 33 (2002), S. 249–251.
SPEYER, Fluch: SPEYER, Wolfgang, Art. Fluch A. Allgemeines I. Begriff, in: Reallexikon für Antike und Christentum 7 (1969), Sp. 1160–1163.
STÄLIN, Eheschließung: STÄLIN, Paul Friedrich, Die Lehre von der Form der Eheschließung nach dem kirchlichen Rechte vor der Abfassung des Gratianischen Decrets, Tübingen 1864.
STAFFORD, Concubines: STAFFORD, Pauline, Queens, Concubines and Dowagers. The King's Wife in the Early Middle Ages, Athens/Georgia 1983.
STRÄTZ, Verlobungskuss: STRÄTZ, Hans-Wolfgang, Der Verlobungskuss und seine Folgen rechtsgeschichtlich besehen. Nebst drei Anhängen, Konstanz 1979.
STRÄTZ, Kuß: STRÄTZ, Hans-Wolfgang, Art. Kuß, in: Lexikon des Mittelalters 5 (1991), Sp. 1590–1592.
STRÄTZ, Ehe: STRÄTZ, Hans-Wolfgang, Art. Ehe VIII. Rechtshistorisch, in: Lexikon für Theologie und Kirche 3 (^{3}1995), Sp. 475–479.
STUARD, Women: STUARD, Susan Mosher (Hg.), Women in Medieval Society (The Middle Ages), Philadelphia ^{2}1977.
STUMPP, Prostitution: STUMPP, Bettina Eva, Prostitution in der römischen Antike (Antike in der Moderne), Berlin 1998.
SYNEK, Ehe- und Familienrecht: SYNEK, Eva M., Oikos. Zum Ehe- und Familienrecht der Apostolischen Konstitutionen (Kirche und Recht, Bd. 22), Wien 1999.
THEOBALD, Ehescheidung: THEOBALD, Michael, Jesu Wort von der Ehescheidung. Gesetz oder Evangelium?, in: Theologische Quartalschrift 175 (1995), S. 109–124.
THOMAS, Formlose Ehen: THOMAS, Hans-Friedrich C., Formlose Ehen. Eine rechtsgeschichtliche und rechtsvergleichende Untersuchung (Schriften zum Deutschen und Europäischen Zivil-, Handels- und Prozessrecht, Bd. 77), Bielefeld 1973.
TOUBERT, Karolingische Einflüsse: TOUBERT, Pierre, Die karolingischen Einflüsse (8. bis 10. Jahrhundert), in: Burguière, Geschichte der Familie 2, S. 89–124.
TOUBERT, Europe: TOUBERT, Pierre, L'Europe dans sa première croissance. De Charlemagne à l'an mil, Paris 2004.
TOUBERT, Familles et pouvoir: TOUBERT, Pierre, Conclusion. Familles aristocratiques et pouvoir au IXe siècle, in: Ders., Europe, S. 373–381.
TOUBERT, Familles: TOUBERT, Pierre, Familles: le moment carolingien (VIIIe–Xe siècles), in: Ders., Europe, S. 321–356.
TOUBERT, Institution du mariage: TOUBERT, Pierre, L'institution du mariage chrétien de l'antiquité tardive à l'an mil, in: Ders., Europe, S. 249–281.
TOUBERT, Nom de personne: TOUBERT, Pierre, Du nom de personne au nom de famille. Famille et conscience familiale dans le Latium médiéval, in: Ders., Europe, S. 357–372.
TRÄGER, Renaissance und Religion: TRÄGER, Jörg, Renaissance und Religion. Die Kunst des Glaubens im Zeitalter Raphaels, München 1997.
TSCHOPP – WEBER, Kulturgeschichte: TSCHOPP, Silvia Serena – WEBER, Wolfgang E. J., Grundfragen der Kulturgeschichte (Kontroversen um die Geschichte), Darmstadt 2007.
VAN EICKELS, Konsens: VAN EICKELS, Klaus, Vom inszenierten Konsens zum systematisierten Konflikt. Die englisch-französischen Beziehungen und ihre Wahrnehmung an der Wende vom Hoch- zum Spätmittelalter (Mittelalter-Forschungen, Bd. 10), Stuttgart 2002.

VERHULST, Decline of Slavery: VERHULST, Adriaan, The Decline of Slavery and the Economic Expansion of the Early Middle Ages, in: Past and Present 133 (1991), S. 195–203.
VERHULST, Grundherrschaftsentwicklung: VERHULST, Adriaan, Die Grundherrschaftsentwicklung im ostfränkischen Raum vom 8. bis 10. Jahrhundert. Grundzüge und Fragen aus westfränkischer Sicht, in: Rösener, Strukturen der Grundherrschaft, S. 29–46.
VERHULST, Economic Organisation: VERHULST, Adriaan, Economic Organisation, in: New Cambridge History 2, S. 481–509.
VERLINDEN, Großhandel mit Sklaven: VERLINDEN, Charles, Wo, wann und warum gab es einen Großhandel mit Sklaven während des Mittelalters? (Kölner Vorträge zur Sozial- und Wirtschaftsgeschichte, Bd. 11), Köln 1970.
VERLINDEN, Esclavage: VERLINDEN, Charles, L'Esclavage dans l'Europe médiévale, 2 Bde., Brügge 1955/1977.
VERLINDEN, Mariage: VERLINDEN, Charles, Le ›mariage‹ des esclaves, in: Matrimonio 2, S. 569–593.
VIOLANTE, Ländliche Herrschaftsstrukturen: VIOLANTE, Cinzio, Einführung – Ländliche Herrschaftsstrukturen im historischen Kontext des 10.–12. Jahrhunderts, in: Dilcher – Ders., Strukturen, S. 11–49.
VIVELO, Kulturanthropologie: VIVELO, Frank Robert, Handbuch der Kulturanthropologie. Eine grundlegende Einführung, Stuttgart ²1995.
VOGEL, Composition légale: VOGEL, Cyrille, Composition légale et commutations dans le système de la pénitence tarifée, in: Revue de droit canonique 8 (1958), S. 289–318.
VOGEL, Buße: VOGEL, Cyrille, Buße (liturgisch-theologisch) D. Westkirche I. Bußdisziplin und Bußriten [2]. Entwicklung bis zum Bußsakrament, in: Lexikon des Mittelalters 2 (1983), Sp. 1131–1135.
VOGEL, Libri Paenitentiales: VOGEL, Cyrille, Les ›Libri Paenitentiales‹ (Typologie des sources du moyen âge occidental, Bd. 27), Turnhout 1978.
VOGEL – FRANTZEN, Libri Paenitentiales: VOGEL, Cyrille (†) – FRANTZEN, Allen J., Les ›Libri Paenitentiales‹ (Typologie des sources du moyen âge occidental, Bd. 27 [Supplement]), Turnhout ²1985.
VOLLRATH, Herrschaft: VOLLRATH, Hanna, Herrschaft und Genossenschaft im Kontext frühmittelalterlicher Rechtsbeziehungen, in: Historisches Jahrbuch 102 (1982), S. 33–71.
VORGRIMLER, Buße: VORGRIMLER, Herbert, Buße und Krankensalbung (Handbuch der Dogmengeschichte, Bd. 4,3), Freiburg i.Br. – Basel – Wien ²1978.
VOWINCKEL, Verwandtschaft: VOWINCKEL, Gerhard, Verwandtschaft, Freundschaft und die Gesellschaft der Fremden. Grundlagen menschlichen Zusammenlebens, Darmstadt 1995.
WEBER, Liber: WEBER, Angelina, ›liber-ingenuus‹. Studien zur Sozialgeschichte des 5.–8. Jahrhunderts anhand der Leges (Bochumer historische Studien. Mittelalterliche Geschichte, Bd. 3), Bochum 1983.
WEBER, Consensus: WEBER, Ines, »Consensus facit nuptias!« Überlegungen zum ehelichen Konsens in normativen Texten des frühen Mittelalters, in: Zeitschrift der Savigny-Stiftung für Rechtsgeschichte 118. Kanonistische Abteilung 87 (2001), S. 31–66.
WEBER: Eheschließung: WEBER, Ines, »Wachset und mehret euch«. Die Eheschließung im frühen Mittelalter als soziale Fürsorge, in: Holzem, Andreas – Dies. (Hg.), Ehe – Familie – Verwandtschaft. Vergesellschaftung in Religion und sozialer Lebenswelt, Paderborn 2008, S. 145–180.
WEBER, Ehescheidung: WEBER, Johann, Die Ehescheidung nach dem geltenden gemeinen Kirchenrechte, Freiburg i.Br. 1875.
WEBER, Ehehindernisse: WEBER, Johann, Die kanonischen Ehehindernisse sammt Ehescheidung und Eheprozeß mit Berücksichtigung der staatlichen Ehehindernisse in Deutschland, Oesterreich und der Schweiz. Ein vollständig praktisches Eherecht für den Kuraltklerus in Deutschland, Österreich und der Schweiz, Freiburg i.Br. ⁴1886.
WEBER, Ehefrau: WEBER, Marianne, Ehefrau und Mutter in der Rechtsentwicklung. Eine Einführung, Tübingen 1907 (ND Aalen 1989).
WEBER, Gründe des Untergangs: WEBER, Max, Die sozialen Gründe des Untergangs der antiken Kultur, in: Ders., Soziologie. Universalgeschichtliche Analysen. Politik, hg. v. Johannes Winckelmann, Stuttgart 1973, S. 1–26.
WEBER, Objektivität: WEBER, Max, Die »Objektivität« sozialwissenschaftlicher und sozialpolitischer Erkenntnis. 1904, in: Ders., Gesammelte Aufsätze zur Wissenschaftslehre, hg. v. Johannes Winckelmann, Tübingen ⁷1988, S. 146–214.

WEIDINGER, Grundherrschaft: WEIDINGER, Ulrich, Untersuchungen zur Grundherrschaft des Klosters Fulda in der Karolingerzeit, in: Rösener, Strukturen der Grundherrschaft, S. 247–265.
WEIGAND, Ehebruch: WEIGAND, Rudolf, Art. Ehebruch B. Recht II. Kanonisches Recht, in: Lexikon des Mittelalters 3 (1986), Sp. 1651–1653.
WEIGAND, Konsensprinzip: WEIGAND, Rudolf, Die Durchsetzung des Konsensprinzips im kirchlichen Eherecht, in: Ders., Liebe und Ehe im Mittelalter (Bibliotheca eruditorum, Bd. 7), Goldbach 1993, S. 141–154.
WEMPLE, Consent: WEMPLE, Suzanne Fonay, Consent and Dissent to Sexual Intercourse in Germanic Societies from the Fifth to the Tenth Century, in: Laiou, Angelika E. (Hg.), Consent and Coercion to Sex and Marriage in Ancient and Medieval Societies, Washington 1993, S. 227–243.
WEMPLE, Women: WEMPLE, Suzanne Fonay, Women in Frankish Society. Marriage and the Cloister 500 to 900, Philadelphia ³1993.
WESEL, Frühformen des Rechts: WESEL, Uwe, Frühformen des Rechts in vorstaatlichen Gesellschaften. Umrisse einer Frühgeschichte des Rechts bei Sammlern und Jägern und akephalen Ackerbauern und Hirten, Frankfurt a.M. 1985.
WESEL, Geschichte des Rechts: WESEL, Uwe, Geschichte des Rechts. Von den Frühformen bis zum Vertrag von Maastricht, München 1997.
WHITE, Custom: WHITE, Stephen D., Custom, Kinship, and Gifts to Saints. The *Laudatio Parentum* in Western France, 1050–1150 (Studies in Legal History), North Carolina 1988.
WHITE, Feudal Revolution: WHITE, Stephen D., Debate. The ›Feudal Revolution‹. II., in: Past and Present 152 (1996), S. 205–223.
WICKHAM, Transition: WICKHAM, Chris, The Other Transition: From the Ancient World to Feudalism, in: Past and Present 103 (1984), S. 3–36.
WICKHAM, Rural Society: WICKHAM, Chris, Rural Society in Carolingian Europe, in: New Cambridge History 2, S. 510–537.
WICKHAM, Feudal Revolution: WICKHAM, Chris, Debate. The ›Feudal Revolution‹. IV., in: Past and Present 155 (1997), S. 196–208.
WIELING, Kuß: WIELING, Hans, Kuß, Verlobung und Geschenk, in: Knothe – Kohler, Status Familiae, S. 541–557.
WIELING, Geminderte Freiheit: WIELING, Hans, Fälle geminderter Freiheit. Von Purpurschneckentauchern, Waffenschmieden und Landarbeitern, in: Herrmann-Otto, Arbeits- und Lebensverhältnisse, S. 103–116.
WISSMANN, Buße: WISSMANN, Hans, Art. Buße I. Religionsgeschichtlich, in: Theologische Realenzyklopädie 7 (1981), S. 431–433.
WUNDER, Frauen- und Geschlechtergeschichte: WUNDER, Heide, Frauen- und Geschlechtergeschichte, in: Schulz, Günther u. a. (Hg.), Sozial- und Wirtschaftsgeschichte. Arbeitsgebiete – Probleme – Perspektiven. 100 Jahre Vierteljahrschrift für Sozial- und Wirtschaftsgeschichte (Vierteljahrschrift für Sozial- und Wirtschaftsgeschichte, Bd. 169), München 2004, S. 304–324.
ZEIMENTZ, Ehe: ZEIMENTZ, Hans, Ehe nach der Lehre der Frühscholastik. Eine moralgeschichtliche Untersuchung zur Anthropologie und Theologie der Ehe in der Schule Anselms von Laon und Wilhelms von Champeaux, bei Hugo von St. Viktor, Walter von Mortagne und Petrus Lombardus (Moraltheologische Studien. Historische Abteilung, Bd. 1), Düsseldorf 1973.
ZIMMERLI, Mose: ZIMMERLI, Walther, 1. Mose 1–11. Die Urgeschichte (Zürcher Bibelkommentare, Bd. 1,1), Zürich ³1967.
ZONABEND, Familie: ZONABEND, Françoise, Über die Familie. Verwandtschaft und Familie aus anthropologischer Sicht, in: Burguière, Geschichte der Familie 1, S. 17–90.
ZOTZ, Grundherrschaft: ZOTZ, Thomas, Beobachtungen zur königlichen Grundherrschaft entlang und östlich des Rheins vornehmlich im 9. Jahrhundert, in: Rösener, Strukturen der Grundherrschaft, S. 74–125.

Stellenregister

Allocutio missi cuiusdam Divionensis a. 857
  c. 5   64
Appendices ad Concilia a. 813
  c. 95   284, 290, 293
Appendix Me₁
  c. 144   241
  c. 146   212, 217
  c. 147   183
  c. 148   184
Burchard von Worms, Decretorum lib. XIX
  Cap. 5   162, 174, 188
  Cap. 111   362
Burchard von Worms, Decretum lib. VIII
  Cap. 19   49
Canones Synodi Hibernensis S. Patricio perperam attributi (>Synodus II S. Patricii<)
  c. 25   217, 231, 244
  c. 27   48
  c. 29   224
Canones Wallici [A]
  c. 17   155, 160, 211, 216
  c. 47   123, 125
Capitula Bavarica a. 813?
  c. 2   155, 360, 363
Capitula cum Italiae episcopis deliberata a. 790/800?
  c. 4   215f, 220, 242
  c. 5   187
Capitula e conciliorum canonibus collecta
  c. 1   41
  c. 2   223
Capitula incerta a. 814–840
  c. 1   65, 157
Capitula Italica a. 779?
  c. 12   285, 290
  c. 13   241
Capitula Iudiciorum
  c. 7,3   165
  c. 7,4   165
  c. 7,5   211, 215f
  c. 7,6   77
  c. 7,8   171
  c. 7,10b   174

  c. 7,10e   211, 216
  c. 7,10f   176
  c. 7,12b   211
  c. 7,13b   219f, 243
  c. 8,1   65
  c. 8,2   219, 355
  c. 8,3   229
  c. 9,1a   186
  c. 9,1b   186
  c. 9,1c   183
  c. 9,1d   79
  c. 9,1e   296
  c. 9,2a   183
  c. 9,2b   186
Capitula legi Salicae addita a. 819/820
  c. 3   310, 323
  c. 8   60
  98,1   287
  98,2   287
  99,1   66, 69
  99,2   69
  100,1   61, 123, 146f
  100,2   61, 123, 146f
  100,3   61, 147
  101,1   123
  101,2   123
  130,1   301
  130,2   73, 301
  130,3   92
  133   68
Capitula legibus addenda a. 818/819
  c. 4   65
Capitula post conventum confluentinum missis tradita a. 860
  c. 4   64
  c. 6   64
Capitula Silvanectensia prima a. 830–840?
  c. 5   66, 187, 210, 214–216, 220, 223
  c. 12   155
Capitula Treverensia a. 830–900?
  c. 4   210, 214f, 223
  c. 8   23, 241
  c. 9   175, 177, 186

Capitula Trosleiana a. post 909
  c. 3   214f
Capitulare Baiuvaricum a. 803?
  c. 5   155, 169
Capitulare Ecclesiasticum a 818/819
  c. 24   65
Capitulare Missorum Silvacense a. 853
  c. 2   64
Capitulare Olonnense a. 822/823
  c. 3   170
  c. 4   297
Capitulatio de partibus Saxoniae a. 782 vel 785
  c. 12   64, 301
Cartae Senonicae
  6   95, 310, 312
  25   88, 94, 99, 109f, 135, 140
  31   138
Cartarum Senonicarum Appendix 1a   24, 94, 135
Codex Justinianus
  5,3,16   97f
Codex Theodosianus
  3,5,6   97
Collectio capitularium Ansegisi abbatis
  1,42   177
  1,98   64
  1,99   64f
  3,29   297
Collectio Sangallensis
  12   95, 135
  18   55, 94, 100, 135f
Columban, Paenitentiale Columbani
  c. 3   173f
  c. 14   176, 360
  c. 16   160
Concessio generalis a. 823?
  c. 1   310
Concilium Arelatense a. 813
  c. 11   210, 214–216, 242f
Concilium Baiuvaricum a. 800

c. 12   47
Concilium Cabillonense a. 813
  c. 29   200
  c. 30   285, 290, 309
Concilium Dingolfingense
  a. 770
  c. 10   291, 310
Concilium Foroiuliense a. 796
  vel 797
  c. 10   178f
Concilium Liftinense a. 743
  o.c.   240
  c. 3   155
Concilium Meldense – Parisiense a. 845/846
  c. 64   64
  c. 65   64, 71
  c. 66   64
  c. 68   64
  c. 69   175
Concilium Moguntinense
  a. 813
  c. 54   222
  c. 55   236, 240
  c. 56   229f, 230
Concilium Moguntinum
  a. 847
  c. 29   170
Concilium Moguntinum
  a. 852
  c. 15   187
Concilium Parisiense a. 829
  (69) Cap 2   177
Concilium Romanum a. 721
  c. 4   235
  c. 5   214
  c. 6   210, 215
  c. 7   210
  c. 8   215
  c. 9   219f, 220
  c. 10   64
  c. 11   64
Concilium Romanum a. 743
  c. 5   233, 235
  c. 6   210, 214f, 219, 244, 360
  c. 7   64
Concilium Romanum a. 826
  c. 36   77, 180
  c. 37   187f, 364
  c. 38   210, 214f, 219f
Concilium Suessionense a. 744
  c. 9   175, 220
Concilium Triburiense a. 895
  c. 4   52, 116, 186, 230
  c. 5   116, 230
  c. 38   116, 292f
  c. 40   175
  c. 47   237, 239

c. 48   236f, 240
c. 51   175
Concilium Vernense a. 755
  c. 15   116
Confessionale Pseudo-Egberti
  c. 14   164, 211, 216, 243
  c. 17   186
  c. 19   81, 107, 182, 184
  c. 25   79, 230, 286, 296f
  c. 26   181, 200, 297
  c. 27   41, 55, 296
  c. 28   223
Corpus Iuris Canonici
  1   49
Decretum Compendiense
  a. 757
  c. 1   222
  c. 2   222
  c. 3   222
  c. 4   228
  c. 5   77
  c. 6   47
  c. 7   291
  c. 8   291
  c. 9   276, 295
  c. 10   230, 243
  c. 11   230
  c. 13   230
  c. 15   240
  c. 16   77
  c. 17   229f
  c. 18   230
  c. 19   186
  c. 20   186
  c. 21   295
Decretum Gratiani
  c. 27 q. 2c,27   49
Decretum Vermeriense a. 756
  c. 1   222
  c. 2   210
  c. 5   175
  c. 6   294f
  c. 7   293
  c. 8   326
  c. 10   210
  c. 11   214
  c. 12   229
  c. 13   291
  c. 18   215
  c. 19   294
  c. 21   77
Edictum Pistense a. 864
  c. 34   297
Edictum Theoderici Regis
  21   302, 331
  61   328
  65   313
  66   313

67   313
Edictus Rothari
153   209
178   89, 95, 103, 129
179   121, 163
180   102
181   52
182   53, 61, 121, 125, 129
183   121, 129
185   213f, 218, 242f
186   128, 172
187   129, 172
188   57, 128
189   128, 161
190   73, 120, 129
191   73, 120, 129
192   59, 120
193   202
194   328
195   53, 59, 128
199   52, 121, 129, 133
200   129, 132
202   132
203   132
205   22, 327
206   327
209   299
210   300
211   289, 302
212   155, 162, 170, 327
213   171
214   60, 67, 302
215   102, 120, 129
216   128, 133, 286, 289, 315
217   286, 289, 316
218   286, 289, 313
219   286, 289, 313
220   286, 289, 316f
221   53, 287
222   94, 287, 289, 293, 312
Excarpsus Cummeani
  3,25   200
  3,32   326
  3,33   155f
Formulae Alsaticae
  18   310, 312
  19   310, 312
Formulae Andecavenses
  34   88, 93, 95, 109, 135
Formulae Augienses Coll. B
  24   56, 100, 135f, 286
  25   56, 94, 100, 109, 135f, 140
  26   139
  41   310, 312
Formulae extravagantes
  I,9   56, 99, 101, 108f, 113f, 141, 144

Stellenregister

I,10 56, 92–94, 96f, 99, 101f, 109, 140f
I,11 55, 88, 92, 100, 108f, 113, 136, 142
I,12 55, 88, 100, 108–110, 112, 136, 144
I,13 108, 180
I,15 89, 101, 108f
Formulae Marculfi
 II,6 138
 II,15 93f, 135
 II,16 74f, 88, 93
 II,29 310, 312
 II,30 51, 107
Formulae Salicae Bignonianae
 10 138
 12 138
 17 138
 18 138
Formulae Salicae Lindenbrogianae
 1 138
 7 55, 88, 94, 99f, 109f, 135, 140, 144
 13 139
Formulae Salicae Lindenbrogianae. Additamenta
 1 100, 139
 3 138
Formulae Salicae Merkelianae
 1 138
 16 139
 17 93f, 135
 18 51, 107
 19 74
 31 95f, 310, 312
Formulae Sangalienses Miscellaneae
 12 87f, 94, 96, 101, 135
 16 87, 94, 96, 101, 135
 19 88, 136
Formulae Senonicae
 25 140
Formulae Turonenses
 14 93–95, 143
 15 93f, 102
 16 74, 88, 145
 17 88, 95, 139
 19 51, 107
 32 71, 75
 37 138
Formulae Turonenses, Appendix
 2 56, 92–94, 96f, 99, 101, 109
 3 93, 95, 99, 102

Ghärbald von Lüttich
 II,4 64, 66, 186f, 210, 214–216, 220, 223
 II,16 241
 II,17 240
Grimvaldi Leges
 6 129
 7 163, 171
 8 170
Herard von Tours
 c. 36 223
 c. 38 240f
Hrabanus Maurus, Poenitentiale ad Heribaldum
 Cap. 20 212, 216–218, 243
 Cap. 21 165, 183–185
 Cap. 22 174
 Cap. 26 52, 165
 Cap. 28 188
 Cap. 29 186
Hrabanus Maurus, Poenitentium liber ad Otgarium
 Cap. 2 175, 212, 216–218, 243
 Cap. 3 165, 169, 181–185
 Cap. 4 174
 Cap. 7 297
 Cap. 8 292
 Cap. 10 188
Isaak von Langres, Capitulatio
 5,4 65
Judicia Theodori Ba
 c. 30 165
 c. 31a 186
 c. 31b 186
 c. 32a 224
 c. 32b 223
 c. 32c 50
 c. 32d 79
 c. 33 107
 c. 34a 107
 c. 34b 106
 c. 35a 296
 c. 37 80f
 c. 38 81
 c. 39 181
 c. 40 176
 c. 100 49, 80
Judicia Theodori Co
 c. 76 105
 c. 78 106
 c. 80 79
 c. 81 229, 232
 c. 82 224
 c. 83 223
 c. 89 80
 c. 90 181

c. 91 80, 176
c. 92 296
c. 93 286
c. 94 200
c. 153 211
c. 154 216
Judicia Theodori D
 c. 29 224
 c. 30 223
 c. 34 106
 c. 64 216
 c. 104 296
 c. 107 182
 c. 108 297
 c. 109 297
 c. 110 232
 c. 111 232
 c. 112 80
 c. 118 50, 125
 c. 121 223
 c. 145 49, 80
 c. 158 224
 c. 163 181
Judicia Theodori G
 c. 62 106
 c. 65 50
 c. 66 181
 c. 67 79, 176
 c. 68 176
 c. 69 80
 c. 71 232
 c. 72 296
 c. 73 296
 c. 74 200
 c. 78 224
 c. 81 182
 c. 84 79
 c. 89 216
 c. 90 211
 c. 98 169
 c. 127 105
 c. 178 297
 c. 179 286
 c. 185 170, 176
Judicia Theodori U
 c. 1,16 211
 c. 2,16 349
 c. 2,17 216
 c. 2,20 211, 354
 c. 7,1 169f
 c. 11,1 106
 c. 14,7 80
Judicia Theodori U II
 c. 12,28 200
Karoli magni notitia Italica a. 776
 c. 1 297
Konzil von Mainz a. 861–863

o.c. 170, 230, 236f
Konzil von Savonnières a. 859
  c. 16 64, 155
Konzil von Worms a. 868
  c. 8 219
  c. 14 230
  c. 15 236f
  c. 19 230
  c. 39 155
Konzil von Rom a. 853
  c. 36 77, 180
  c. 37 187f, 364
  c. 38 210, 214f, 219f
Leges Alamannorum
  17,1 (18,1) 310
  17,2 (18,2) 310f, 313
  39 213f, 218f
  50,1 (51,1) 68, 73, 128
  50,2 (51,2) 68, 73f
  51 (52) 68, 72, 163
  52 (53) 68, 185
  53,2 (54,2) 129, 145, 163
  54,1 (55) 123, 133, 145
  54,2 (56,1) 123
  54,3 (56,2) 132f
  75,1 (80) 331
Leges Anglo-Saxonum, Aethelberht
  10 331
  11 331
  14 331
  16 331
  31 170
  82 72
  83 73
  84 72
Leges Anglo-Saxonum, Alfred
  E. 29 161
  XI,10 173
  XII,11 173
  XII,11,1 173
  XII,11,2 173
  XII,11,3 173
  XII,11,4 173
  XII,11,5 173
  XVI,18,1 173
  XVI,18,2 173
  XVI,18,3 173
  XXIII, 25,1 327
Leges Anglo-Saxonum, Eadward – Guthrum 4,1 230
Leges Burgundionum. Lex Romana
  9,1 66
  9,2 70
  9,3 70
  22,1 128

22,2 127
22,3 95
22,4 95
22,5 102
22,6 102
22,7 102
25 155, 162
27,1 89
27,2 89
27,3 89
37,1 51, 93, 288
37,2 51, 93, 288
37,5 288, 313
Leges Burgundionum. Liber Constitutionum
  12,1 71f, 127
  12,2 69, 127
  12,3 69
  12,4 69, 127
  12,5 57
  24,1 127
  24,2 127
  24,3 127
  30,1 327
  30,2 327
  35,1 327
  35,2 329
  35,3 329
  44,1 163
  44,2 167
  52,3 53, 91, 126f
  52,4 126
  52,5 127
  61 163
  66,1 122
  66,2 122
  66,3 122
  68,1 156, 162, 170
  68,2 171
  100 56
Lex Baiuvariorum
  VII,1 213f, 218f
  VIII,1 155, 162, 170f
  VIII,2 329
  VIII,6 66, 68
  VIII,7 68, 73
  VIII,8 161
  VIII,10 327
  VIII,11 327
  VIII,13 327
  VIII,14 124
  VIII,15 90
  VIII,16 68, 72
  VIII,17 90
Lex Francorum Chamavorum
  47 71
Lex Frisionum
  6,1 291

6,2 291
9,1 156, 329
9,2 327, 329
9,3 328f
9,4 328
9,5 328
9,6 328
9,7 328
9,8 69, 300
9,9 69, 300
9,10 300
9,11 66, 301
9,12 301
9,13 301
Lex Ribuaria
  38,1 69, 301
  38,2 301
  38,3 301
  39,1 72
  39,2 156
  39,3 300
  41,1 96, 122
  41,2 96, 122, 133
  41,3 122
  61,9 311
  61,10 311
  61,11 311
  61,14 311
  61,15 311
  61,16 311
  61,17 327
Lex Salica. Decretio Childeberti
  1,2 214, 218, 220, 363
Lex Saxonum
  26 213
  40 72, 145
  43 60, 125, 145
  47 124
  49 73
Lex Thuringorum
  44 71
  45 52, 57
  56 301
Lex Visigothorum
  III,1,1 51
  III,1,2 53, 92, 103, 126
  III,1,3 51f, 89f, 92f, 95, 103, 144
  III,1,4 41, 52, 62, 89, 91, 96, 103
  III,1,5 52, 92, 124, 145
  III,1,6 92, 124
  III,1,7 54
  III,1,8 90
  III,1,9 53, 96, 124
  III,2,1 62
  III,2,2 22, 327

III,2,3   287
III,2,4   289
III,2,5   285, 312
III,2,6   60, 67
III,2,7   291
III,2,8   57, 66
III,3,1   68, 72
III,3,2   72
III,3,3   67, 73
III,3,4   59
III,3,5   68, 73, 126
III,3,6   69
III,3,7   70
III,3,8   300
III,3,9   300
III,3,10 300
III,3,11 58, 66, 69, 163, 296, 327
III,4,1   171
III,4,2   54, 95, 126, 162
III,4,3   162
III,4,4   155, 162, 170
III,4,5   161
III,4,6   170, 361
III,4,7   93, 162, 170
III,4,8   162
III,4,9   162
III,4,10 329
III,4,11 329
III,4,12 170
III,4,14 163, 328
III,4,15 327f
III,4,16 328f
III,5,5   214, 218
IV,1,1   204
IV,1,2   204
IV,1,3   205
IV,1,4   205, 218
IV,1,5   208
IV,1,6   209
IV,1,7   209
Liutprandi Leges
  7   95f, 132
  30   82, 128
  31   71, 128
  89   145
  94   71
  100 82, 128
  101 82, 129
  103 91, 132
  104 329
  105 94, 216
  106 94, 216
  112 41, 54
  114 58, 129
  117 41, 55, 96
  119 58
Pactus legis Salicae

13,1   22, 68, 68f
13,2   69
13,3   69
13,4   71
13,5   68
13,6   68, 202
13,7   301
13,8   302
13,9   299
13,10   22, 285
13,11   218f
13,12   72
13,13   73
13,14   73
15,1   67
15,2   328
15,3   163
25,1   328
25,2   328
25,3   310
25,4   310
25,5   329
25,6   329
25,7   285
44,1   62, 147
44,2   62, 147
44,3   62, 147
44,4   62, 147
44,5   62, 147
44,6   147
44,7   147
44,8   147
44,9   147
44,10   147
44,11   147
44,12   147
65a   89
Paenitentiale Ambrosianum
  II,2   160, 361
Paenitentiale Arundel
  c. 39   211, 241, 354
  c. 40   173
  c. 41   174, 185
  c. 43   174
  c. 44   174
  c. 46   174
  c. 48   212f, 219, 229f
  c. 58   171
  c. 65   66
Paenitentiale Bobbiense
  c. 15   171
Paenitentiale Burgundense
  c. 8   161
  c. 16   171
Paenitentiale Casinense
  c. 13   164, 243
  c. 17   164, 174
  c. 18   211, 216

c. 22   326
c. 24   241
c. 49   80
c. 56   229
c. 63   167
o.c.   182, 184, 212, 215, 217, 220
Paenitentiale Civitatense
  c. 7   107
  c. 8   241
  c. 10   230
  c. 12   211, 213, 217, 230
  c. 13   230
  c. 25   211, 213, 216f, 355
  c. 26   212, 215f, 349
  c. 27   242, 354
  c. 28   230
  c. 33   229
  c. 105 107
Paenitentiale Columbani
  → Columban
Paenitentiale Cummeani
  II,26   326
  II,27   326
Paenitentiale Finniani
  c. 39 (S)   325
  c. 39 (V)   326
  c. 40 (S)   325
  c. 40 (V)   326
  c. 51   177
Paenitentiale Floriacense
  c. 8   161
  c. 16   171
  c. 43   213, 217, 358
Paenitentiale Fulberti
  c. 17   173
  c. 19   65
Paenitentiale Hubertense
  c. 9   161, 171
  c. 17   171
  c. 38   66
  c. 45   217f, 353
  c. 46   187
  c. 51   241
  c. 55   107
Paenitentiale Laurentianum
  c. 19   211f
  c. 20   216f
  c. 21   230
  c. 30   65
  c. 39   218
  c. 40   224
  c. 43   181, 296
Paenitentiale Martenianum
  c. 24   182
  c. 25   230
  c. 26   212, 217f, 230, 242f
  c. 27   232

c. 28   223f, 233
c. 30,3   241
c. 30,4   217
c. 30,5   217
c. 30,6   212f
c. 30,7   217
c. 30,8   219f
c. 31   200, 223
c. 33   223
c. 37   51, 86, 93, 116, 181, 292
c. 38   176, 181
c. 40   170, 176, 181
c. 41   186
c. 42   296
c. 50,16   216
c. 50,17   211
c. 50,18   211, 354

Paenitentiale Merseburgense a Me₁
c. 8   161
c. 11   161, 164
c. 43   212, 215–217, 349
c. 45   229f
c. 60   325
c. 94   296
c. 123   50
c. 124   182, 184
c. 128   79f
c. 136   229

Paenitentiale Merseburgense a V₂₃
c. 8   161
c. 11   161, 164
c. 48   212f, 215–217, 349
c. 50   229f
c. 58   226
c. 90   229
c. 105   50
c. 107   182–185
c. 110   80
c. 115   296

Paenitentiale Merseburgense a W₁₀
c. 9   161
c. 12   161, 164
c. 51   212f, 215–217
c. 53   229f
c. 60   326
c. 90   229
c. 100   50
c. 102   182–185

Paenitentiale Merseburgense b
c. 3   212f, 217f
c. 4   187
c. 8   241
c. 11   107
c. 18   219, 242, 358
c. 23   171
c. 27   66
c. 31   296
c. 42   170

Paenitentiale Oxoniense I
c. 6   161
c. 10   155
c. 13   171

Paenitentiale Oxoniense II
c. 2   181, 184, 188
c. 3   212, 214f, 217, 231, 242, 244, 359, 363
c. 11   212, 244
c. 12   212, 217–219
c. 22   212, 232
c. 35   183f
c. 38   107
c. 39   107
c. 60   359

Paenitentiale Parisiense simplex
c. 7   161

Paenitentiale Pseudo-Bedae
I,15   165, 216
I,16   211
I,26   211, 354

Paenitentiale Pseudo-Egberti
II,7   164
II,8   182, 184f, 363
II,10   166
II,11   229
II,18   212, 217, 219, 241, 246, 354, 363
II,21   105f
III,39   223
IV,3   211
IV,4   211, 216
IV,5   216, 229, 244
IV,6   211
IV,8,15   211
IV,9   182
IV,11   171
IV,13   66
IV,48,11   211, 349
IV,48,12   215
IV,55   80f

Paenitentiale Pseudo-Gregorii
c. 4   153f, 243
c. 5   156, 167, 174, 188
c. 16   195, 211f, 215–218, 229f, 243
c. 18   229f

Paenitentiale Pseudo-Romanum
c. 14   160, 243, 359
c. 15   171
De incestis   212, 218
De adulterio   212

Paenitentiale Pseudo-Theodori
II,17,9   106
II,17,10   108
IV,19,2   182
IV,19,5   164, 174
IV,19,7   325
IV,19,8   326
IV,19,9   183
IV,19,11   171f
IV,19,12   184f
IV,19,18   170, 176, 181
IV,19,19   176
IV,19,23   181
IV,19,24   297
IV,19,27   41, 55
IV,19,31   181
IV,19,32   164
IV,19,33   188
V,20,2   241
V,20,3   217
V,20,4   213, 217
V,20,5   213
V,20,6   219f
V,20,7   212f
V,20,8   212
V,20,9   60
V,20,10   211f, 243
V,20,12   229
V,20,13   211
V,20,14   211, 216
V,20,15   230, 243
V,20,16   216
V,20,17   211, 354
V,20,18   241, 243
V,20,19   212f, 217, 219f, 224, 242–244
V,20,20   212f, 217, 219f, 241
V,20,21   212f
V,20,22   220, 243
V,20,23   230, 232, 243
V,20,24   230, 243
V,20,25   232, 243
V,20,26   232, 243

Paenitentiale Sangallense simplex
c. 8   171

Paenitentiale Sangallense tripartitum
c. 4   165
c. 5   165
c. 6   211, 215f
c. 7   81
c. 7b   211
c. 8   176
c. 9   174
c. 10   65, 211, 216

c. 11   220, 243
c. 13   174
Paenitentiale Silense
  c. 128   156
  c. 129   186
  c. 130   106
  c. 131   326
  c. 132   211
  c. 135   106
  c. 136   165
  c. 138   81
  c. 144   80
  c. 145   181
  c. 146   181
  c. 147   90
  c. 148   296f
  c. 149   176, 188
  c. 151   160
  c. 152   65
  c. 153   65
  c. 154   50
  c. 155   182, 184
  c. 156   181
  c. 157   182, 184, 187
  c. 158   107
  c. 159   107
  c. 160   174
  c. 161   174
  c. 165   174
  c. 166   185, 188
  c. 169   361
  c. 171   296
  c. 175–177   211f
  c. 178   216f, 242
  c. 179   242–244
  c. 180   230
  c. 181   223
Paenitentiale Sletstatense
  c. 8   161
  c. 15   171
  c. 34   216
  c. 35   220
Paenitentiale Vallicellanum (C. 6)
  De fornicatoribus   154
  c. 20   154, 174
  c. 28   229
  c. 36   219, 241, 354
  c. 37   172
  c. 38   176
Paenitentiale Vallicellanum (E. 62)
  c. 21   81
  c. 27   215, 218
  c. 30   185
  c. 31   229, 232
  c. 34   211, 349
  c. 37   241

Paenitentiale Vallicellanum (F. 92)
  c. 1   200, 211–213, 216f, 219, 221, 230f, 241
  c. 2   230
  c. 19   224, 242f
Paenitentiale Vallicellanum I
  c. 12   229f
  c. 14   161, 164f
  c. 15   164
  c. 17   65
  c. 19   212f, 215–217, 349
  c. 20   211, 216
  c. 21   326
  c. 22   172
  c. 23   172
  c. 26   65
  c. 36   172
  c. 37   50
  c. 38   184
  c. 39   183
  c. 43   229
  c. 115   80
Paenitentiale Vigilanum
  c. 65   242
  c. 67   171
  c. 77   156
  c. 78   326
  c. 79   186
  c. 80   211
  c. 82   223
  c. 83   223
  c. 84   297
  c. 85   81
  c. 88   361
  c. 89   296
  c. 90   107
  c. 91   107
  c. 92   107
Paenitentiale Vindobonense B
  c. 29,1   161
  c. 29,3   171
  c. 29,7   211
  c. 29,8   216
  c. 29,18   107
  c. 29,19   107
  c. 30,1a   156
  c. 30,1b   242
  c. 30,2   156, 363
  c. 30,4   223
  c. 30,5   200
  c. 30,6   232
  c. 30,7   160
  c. 30,14   182
  c. 30,15   183
  c. 30,16   326
  c. 30,17   156
  c. 30,20   81

  c. 30,21   81
  c. 30,22   79f
  c. 30,24   229
  c. 40,1   106
  c. 42,5   182
  c. 42,6   79f, 176
  c. 42,7   50
  c. 42,8   79
  c. 42,9   296
  c. 42,10   107
  c. 42,11   170, 176
  c. 42,12   181
  c. 42,13   80, 186
  c. 42,14   80
  c. 42,15   80
  c. 42,18   181
  c. 42,19   296
  c. 42,20   296
  c. 42,21   297
  c. 42,22   296
  c. 42,23   296f
  c. 42,24   223f
  c. 42,25   223
  c. 42,26   200
  c. 42,27   232
  c. 42,31   186
  c. 42,32   49
  c. 42,33   50, 125
  c. 42,35   41, 55
  c. 43,4   296
  c. 43,5   286
Pippini regis capitulare a. 751/755
  c. 1   210, 215f, 229, 233, 236f
Provinzialsynode der Kirchenprovinz Mainz
  c. 4   236
  c. 7   223
Radulf von Bourges
  c. 42   176, 188
Responsa misso cuidam data a. 802/813
  c. 8   313
Summula de bannis
  c. 5   64
Synodus I S. Patricii
  c. 19   183
  c. 22   49, 125

Sachregister

Abhängiger/Abhängige 21f, 32f, 47, 72, 128, 132f, 145, 163, 166, 191, 351f, 368, 370–372, 374–376, 380f, 383, 386f, 390f
Abhängigkeit 23, 73, 87, 133, 249–332, 379, 381, 383, 387, 393
accipere 20, 116, 284, 286, 289
adulter/adultera 154f, 182f, 186, 190
adulterium 26, 151–191, 244, 325–330, 371, 376, 380, 391
    – *proprie* 154, 156
    Bruch der eigenen/fremden Ehe 151f, 155, 166, 189
    als Vertragsbruch 159–169, 189f, 371
    Strafen für 169–177, 190f, 351f
    → Entlassung; Konkubinat; Neues Testament; Trennung; Wiederheirat
affinitas 23, 200[44], 201[48], 203f, 219[158] → auch Verwandtschaft
aldius/aldia 22, 289, 315f, 324, 327, 329f, 331
Altes Testament, Rekurs auf 41f, 48, 86, 108, 112f, 141[117], 179, 183, 194, 244, 340[40], 377
am(b)a(hto)nia 22
anagrip → Entschädigung
ancilla 21, 251, 260–262, 271, 275, 281f, 284f, 287–295, 300–302, 307, 310–313, 316f, 322, 324–331, 373
ancilla regis 311, 328
andelangum 24f, 138, 140
amici 23, 56[56], 371, 383, 384 → auch Verwandtschaft
arrha 21, 44, 90, 92, 96, 102, 110, 117, 139, 141
    symbolische Bestätigung 40, 43, 86, 89, 92, 99, 144, 148
    Rückerstattung 89–91
    Übergabe 40, 43, 92
    Höhe 144, 148, 372
    als Ring 40, 43, 86, 89f, 93, 98[67], 117, 144, 372
Befleckung → *pollutio*
Begierde 126, 171, 193, 328
Beurkundung 24f, 51, 71, 74f, 92–94, 96, 100–104, 109, 111, 122, 124, 130, 132, 134f, 137, 141, 297f, 310–314, 318, 376–380
Bibel 12, 18, 78, 109, 111–114, 179[146], 190, 201, 244, 346, 366, 386–388, 391f → auch Altes Testament; Neues Testament
bigamus → Mehrehe
boni homines 25, 75, 95[59]
boni vires → *boni homines*

Braut- bzw. Ehegabe 21, 48f, 58–61, 67, 71–74, 89, 92f, 98, 110, 117–150, 158–160, 163, 168, 172, 190, 288, 361, 369, 372, 375, 390–392
    Bestellung 41, 55, 87, 94, 135, 137, 139–142, 144–148, 316, 379, 390
    donatio (nuptialis) 21, 24, 51, 93, 97[65], 117, 127f, 130, 134–143, 149, 288, 390
    dos 21, 31, 40, 43f, 49, 86f, 92, 95, 115, 117–119, 122–124, 130, 134–137, 139–145, 149, 183, 390f
    als konstitutives Element 92–95, 115f, 134, 143, 148, 288, 293, 303, 372
    als Erbe der Kinder → Erbe
    Höhe 92, 117, 126, 131, 144–146, 148f, 288, 360, 369, 381
    meta 21, 73, 117, 120–122, 129f, 137, 143, 145, 163
    metfio 21, 117, 120–122, 129f, 132, 137, 143
    mundium 21, 25, 117, 119, 121, 128–130, 133, 137, 143, 149, 315f, 392 → auch *mundium/mundius*
    pretium (nuptiale) 21, 117, 125–130, 137, 143, 162
    pretium (als Preis) 21, 125–128, 170
    Rückzahlung 50[15], 58, 73, 120f, 123f, 126, 131, 133, 315f, 324
    Übergabe 21, 40, 51, 58, 75, 86, 94, 104, 115, 124, 129, 131, 137, 141, 183, 320, 324, 379, 382
    Verbriefung 24f, 40, 95–102, 104, 115, 122, 135–150, 378f
    Versorgung der Witwe 60f, 123, 131, 146–148
    wittimus 21, 117, 122, 126f, 130, 137, 143
    Wiederverheiratungsgeld 21, 61f, 146–148
    Zahlung 31, 71, 87, 94, 124, 132, 160, 162, 168, 172, 189, 250, 288, 294, 303, 315, 322, 348, 359, 361, 365, 379
    → auch Erbe
Brautpreis → Braut- bzw. Ehegabe
Bürge 25, 41[70], 55, 59, 103, 173, 234, 377
Buße 52[24], 66–68, 70, 72, 75, 77[172], 79–81, 90, 106, 147, 155[25], 157, 160–166, 170–178, 180–183, 185, 187, 190, 220f, 223, 230, 232, 240, 243f, 295f, 300, 302, 325, 327–330, 333–366, 380, 388, 390
Bußauflagen 70, 75, 104, 127, 144, 190, 340, 348f, 351–353, 355f, 358–360, 365, 380, 387f, 390

Sachregister

Bußfälligkeit 31, 48, 69, 104, 106, 185, 187, 189, 191, 317, 329, 352
Bußleistung 64, 69, 73, 171, 173, 176f, 223, 236, 300f, 326f, 331, 339, 341f, 348–350, 352, 356f, 359, 361–363, 365, 381, 388
Bußmaße 18, 67f, 70, 76, 88, 164, 167, 172, 174, 184, 191, 242, 326, 329, 332, 333–366, 381 → auch Exkommunikation
(abgestuftes) Bußwesen 68, 357–366, 380
ethisches Sündenverständnis 152, 346, 352, 355, 364
Tarifbuße 219[158], 346f, 366
camfio 26, 123
captiva 23 → Abhängigkeit
carta 24, 95f, 101, 134f, 138, 140
cognatus/cognata/cognatio → Verwandtschaft, kognatische
coitus → Geschlechtsakt
coniugium 20, 56, 78[173], 87, 107, 109, 201, 264, 280, 284, 286, 289, 303–305 → auch Ehe
colonus 22, 261, 264 → auch Abhängiger
concubere 20, 155
coniunctio 20, 40[66], 42[77], 43
coniungere 20, 154[21], 286, 289
coniux 21, 75, 136, 139
consanguinei/(con)sanguinitas → Verwandtschaft, Bluts-
contubernium 20, 250, 264, 277[182], 280, 287–289, 302f, 316
commater 23, 234–238, 240f, → auch Verwandtschaft, geistige
compater 23, 234–237, 239, 241 → auch Verwandtschaft, geistige
Copula-Theorie 45[86]
domina 22
dominus 22, 41[74], 261, 272, 275, 281, 284–290, 300, 302, 306, 308f, 311[15], 312–314, 316, 321–324, 329, 331, 373f, 383
Ehe
Dotalehe 30f, 84, 115f, 118, 149
(dotierte) Muntehe 30–35, 39, 58, 84f, 116, 118, 149
Friedelehe 5[29], 30, 32–36, 118f
Eheform(enkanon) 7, 19[129], 29–37, 84f, 95[59], 115f, 118f, 298, 372f
Formvorschriften → Eheschließung
(begüterte) Konsensehe 2, 14, 32, 39, 83f, 115f, 149f, 250, 278, 302–305, 324, 370–373
Raubehe 30, 35 → auch *raptus*
als Sakrament 4, 106, 111[135], 153, 189
vinculum 81, 178[144]
Eheversprechen 42[77], 89–91, 377
Delikte (eheliche) → *adulterium*, Inzest, *raptus*
desposantio/desponsare 20f, 31, 63, 86f, 89, 104, 116, 127 → Verlobung
ducere 20, 185, 284, 286

ecclesiasticus/ecclesiastica 22, 301, 311 → auch Abhängiger
Ehebruch → *adulterium*
Ehewille → Konsens
Ehre 10, 59, 87f, 376f
Ehrverletzung 59f, 160–163, 188, 330, 374, 376f
Familienehre 163, 168f
Frau 59, 141, 188, 377
Eid 25, 91, 123, 291
Reinigungs- 163, 171
Eidhelfer 90, 126, 163, 185
Einverständnis → Konsens
Eheschließung
Beginn der Eheschließung → Verlobung
-sform 5, 30, 64, 84, 117, 133, 167, 302–305, 371f
-sprozess 13, 28f, 39–63, 84f, 86–95, 102–104, 111, 115f, 120, 129, 134, 137, 142, 144[134], 148–150, 157, 161, 167, 282f, 284–290, 372–374, 380, 388
Einsegnung 28, 31, 40–42, 44f, 86, 105–111, 115, 236[242], 372
Formvorschriften 39–46, 49, 62, 69–71, 73f, 83–85, 106, 127, 136, 147–149, 160, 162, 166, 189, 245, 250, 284f, 290, 299, 303, 370–373
Mitgift 121, 142f, 319
Vertragscharakter → 15, 20f, 24f, 30f, 34, 40, 44, 63, 67, 73f, 86–104, 115f, 120, 148–150, 159–191, 288, 292, 361, 371–374, 377f, 380–385, 387, 390
Verzögerung 89f, 103f, 377
Einverständnis → Konsens
Entführung → Raub
Enthaltsamkeit 105, 176f, 186[189], 242, 339f, 358f, 361f, 387, 390
Entlassung 50[17], 175–187, 190, 290f, 294f, 297, 312, 326f, 351f, 387
Entschädigung 25, 31, 72f, 89, 121, 133, 302
epistola 24, 75, 138, 140
 – *compositionalis* 24, 75
Erbe 33, 52, 57, 59, 62[94], 121, 127, 132–134, 141, 147, 149, 176, 276, 292, 312, 317, 319, 321, 323f, 369, 381
 – Kinder 61f, 82, 119[10], 121, 123, 125, 127, 130, 132, 141, 145f, 149, 315, 319
-ansprüche 57, 90, 317, 370
Erbengemeinschaft 57, 318f, 370
-fähigkeit (der Frau) 57, 96, 114, 119, 321, 322
-fall 118, 122, 131–133, 162, 319[65], 323f
-folge 62, 70, 82, 94[49], 96f, 99, 120, 122–125, 127, 146–148, 209, 276f, 312, 317f, 319–321, 323f, 369f, 384–386
-teilung 124, 318
erbrechtliche Verflechtungen 12, 15, 141, 146, 148f, 277, 313–324, 368
Verlust 33, 90, 132, 162, 169f, 321, 359

erbberechtigte
  Kinder 31f, 62, 93f, 115, 125, 137[106], 216, 274, 288, 312, 315, 321, 372, 376, 378
  Personen 58, 62, 74, 98, 121, 125, 132, 136, 147, 274, 315, 319, 375
Exkommunikation 64, 67, 183, 187f, 339, 342, 351, 358f, 363, 390
fabra 22
faderfio 21, 133
familia 12, 88, 228, 262, 275–277, 284, 317, 334, 381, 384
fideiussor → Bürge
fistuca 24f, 138, 140
fornicatio/fornicare → adulterium
Forschungsansätze
  Geschlechter- und Familiengeschichte 2f, 5, 7, 9[60], 14, 29, 36, 389
  Sozial- und Gesellschaftsgeschichte 2, 5f, 8f, 11f, 17, 195, 252f, 389
  Kulturgeschichte/Kulturwissenschaft 8–14, 17, 252, 264–266, 282f, 348, 390f
  Mentalitätsgeschichte 9, 12[89], 389
  Religions- und Theologiegeschichte 5, 12, 14, 153, 158, 195, 335–337, 343, 346, 389, 391
  Rechts- und Verfassungsgeschichte 2–8, 194, 252f
francus/franca 22, 47
Frauenraub → raptus
frea 21
frilaza 22
Fürsorge → Schutz
fulcfrea 22
Gelübde → Kloster; → Verlobung
Geschlechtsakt 20, 28f, 37[50], 42f, 45, 98f, 105, 108, 176, 180, 201, 244, 326, 354, 357
Geschlechtsverhältnis (außereheliches) → adulterium
Geste 25, 91, 104, 377, 379, 391
Grundherrschaft 1, 12, 18, 23f, 103, 228, 252–259, 264–283, 295, 307–309, 314, 316f, 368, 374, 381, 387 → auch Abhängigkeit
Heiratsalter 40f, 54, 374
homo 21, 48[8], 112f
Hochzeit → Ehe
homo regi(u)s 22, 301, 311
ignobilis 22, 116 → auch libertas
ingenuus/ingenua 22, 93, 262, 272, 281, 286, 295f, 299–301, 310f, 328, 330f
interdonatio 24, 138
Inzest 16, 61, 154, 156, 192–248, 271, 320[69], 348, 351–355, 359f, 363, 376, 380, 382–384
  Genese 192–199
  verbotene Grade 222–242, 352–355
  verbotener Personenkreis 209–219, 352–355
  Strafen für 154, 242–244, 352–355, 382
Kinder → Nachkommen

Klostereintritt 49, 54, 76–82
  Gelübde 78f, 80f
  Zustimmung des Ehegatten 77–82
  Zustimmung des Bischofs 77–81
  → Trennung; Wiederheirat
Konkubinat 30, 32f, 35f, 195, 250, 278, 302f, 330f
  als monogame Gemeinschaft 187
  als nebeneheliches Geschlechtsverhältnis 187f
  als Lebensgemeinschaft der Abhängigen 250, 302f, 330f
Konkubine 32, 35f, 174, 176, 187f, 214[98], 218[150], 292–294, 302–304, 330f
Konsens 2, 14f, 18f, 28–87, 89, 93, 98, 115f, 147, 160, 189, 278, 284–290, 302–305, 370–374, 376, 380–382, 391f
  Bräutigam/Mann 54, 73, 79f
  Braut/Frau 33, 35f, 47f, 49–51, 56, 59, 63–74, 76f, 79, 82, 84, 88, 168, 170–172, 188, 298, 301f, 325, 329, 352, 372, 374f, 377
  Braut-/Eheleute 31, 35, 37, 39f, 43, 45–47, 51f, 53, 63f, 66, 69, 76–85, 126, 146, 186, 278f, 284, 286, 288, 298, 371, 374, 385f, 394f
  Brautvater 53, 125
  dominus 274, 284–286, 298–301, 308f, 326, 329f, 373, 380
  Eltern/Verwandte 33, 40, 45–63, 65f, 69, 71–76, 81–87, 93, 103, 115, 146, 150, 159f, 162, 185, 188, 222, 279, 284, 286, 299–301, 308, 352, 370–376, 380, 383, 390
  Verstoß gegen 42, 64–67, 75f, 167–169
liber/libera 22, 133, 261, 281, 287, 289, 292f, 300, 302, 310, 316, 327[12], 328[23]
Mehrehe 26, 49, 188, 293, 377
libertus/liberta 22, 286, 289, 292–294, 300, 302, 316, 324, 327, 331
libertas 291, 295f, 310–314, 327, 378f
  Verlust 289, 291, 302, 304, 310f, 321, 329, 381
litus/lita 22, 300f, 327f
mancipium/mancipia 21, 260–262, 271, 274, 282, 329
manumissus/manumissa 22, 327
maritus 21, 166[76], 183
matrimonium 20, 28, 37[50], 43[78], 109, 201, 264, 280, 284, 286, 289, 303–305, 309
matrin(i)a 23, 212, 241
meta → Braut- bzw. Ehegabe
miscere 20, 154[21]
moechari → adulterium
mondus 20[137], 128[61] → auch mundium
Mord am Ehegatten 132, 175
Morgengabe 21, 31f, 117–121, 132–135, 137, 144, 148f, 315f
Mündlichkeit 10, 25, 89, 92, 95–101, 104, 130, 142, 144, 377–379

multa/multandum 25, 71, 75, 327f
mundeburde 21, 392
mundoald 21 → auch *mundium*
mundium/mundius 21, 25, 67[116], 392
   als Braut- bzw. Ehegabe → Braut- bzw. Ehegabe
   Mündel 31, 124, 142
   Munt 30f, 33, 83[198], 128–130
   Muntschatz 118, 130
   Muntverhältnisse 33, 53, 55, 58, 83, 103
   Schutzgewalt 21, 45, 53, 55, 58–61, 74, 83, 103, 121, 147, 163, 300, 309, 315
   Schutzgewaltinhaber 21, 31, 33, 35, 40, 45, 53, 57–61, 73, 83[198], 88f, 124, 315
   Schutzherr 22, 62, 147, 291[41], 300, 317, 323, 329
   Schutz und Fürsorge 38, 82f, 104, 128, 149, 285
      des *dominus* 276, 290, 374
      für die Frau 13, 53, 58f, 88, 90, 104, 121, 128f, 168, 191, 221, 385
      des Königs 53, 61[89], 68, 287, 300f, 329
      durch die Verwandten 56, 60, 62, 82f, 90, 124, 147[151], 375, 379, 382, 385
   Vormundschaft 4, 6, 14, 34, 37, 59, 66[112], 83, 85, 115f, 119f, 128f, 131, 135, 149, 189, 281, 307–315, 320, 324, 374, 383, 385, 392
mundum 21[137], 128[61] → auch *mundium*
mundus 21[137], 128[61] → auch *mundium*
nobilis 22, 116, 291, 300, 310
Nachkommen 23f, 55, 246, 271, 297, 312f, 319[39], 378f, 386
   unehelich/ehelich → *naturales*
   als Erben → Erbe
   Verbleib 312f, 316, 378
   Ausrichtung auf Nachkommenschaft 112
naturales 24, 94[49], 216[124]
Neues Testament, Rekurs auf 14, 48, 108, 112–114, 141[117], 151–153, 157, 169, 171f, 174, 177–179, 182f, 185–187, 189f, 194, 233, 275, 290, 335, 337f, 340f, 358, 387, 391
notitia 24, 71,
nuptiae 20, 37[51], 51, 93, 287f, 316
nuptialia foedera 40f, 44
osculum 24, 92, 96–101, 141–143, 379, 390
pollutio 154[16], 158, 161, 164, 172, 174[126], 177, 180, 190, 197f, 244, 247, 338, 344, 351f, 356f, 388
originarius/originaria 21, 313, 331
parentela 23, 209, 384 → auch Verwandtschaft
parentes 23, 47, 51, 60, 66, 97[65], 220, 300, 371, 384 → auch Verwandtschaft
Patenschaft → Verwandtschaft, geistliche
pater familias 131, 142, 275–277, 279, 301, 373f, 383
patrona 22

raptus 20, 33, 35f, 60, 63–76, 81, 84, 120[14], 126f, 143, 149, 156f, 175, 298–302, 312, 371, 376f, 382
   als *adulterium* 156f, 159, 167
   als ehebegründender Akt 33, 63
   als Straftat 64–71, 75f, 298–302
   Umwandlung in rechtmäßige Ehe 71–75
proximi 23, 220, 371, 384 → auch Verwandtschaft
propinqui/propinquitas 23, 97[65], 209, 220, 384 → auch Verwandtschaft
puer regi(u)s 22, 301
sedes paterna 21, 133
sponsalia/sponsare → Verlobung
Raub → *raptus*
Reinheit/Unreinheit 154, 158, 172, 180, 193, 195f, 243f, 358, 361, 363
   kultisch 153, 194, 197, 244
   ethisch 338
reipus → Wiederverheiratungsgeld
Ringgeld → Wiederverheiratungsgeld
Römisches Recht 18f, 24f, 28, 37–40, 45, 91, 97–101, 106, 130f, 134, 140–143, 151, 153, 158, 194, 260, 263, 285–288, 305, 325, 359, 390f
Scheidung → Trennung
Schlichter → *boni homines*
Schriftlichkeit 10, 25, 40, 75, 92, 95–102, 104, 115, 130, 134f, 141f, 144, 378f
Schutz → *mundium*
servus/serva 21f, 254, 260–263, 284–290, 294f, 300–302, 310, 312f, 316f, 323f, 326–330
Sklaverei 18, 23, 38, 88, 250[3], 252–259, 265f, 270, 272, 275f, 278[185], 280–282, 308, 314, 316, 368, 374, 387 → auch Abhängigkeit
sponsus/-a 20f, 40[69], 68, 88, 97[65], 136, 139, 142f, 160f, 167
stipulatio 24f, 101[78]
tabularia/-us 21, 311
Todesstrafe 53, 59, 64, 67, 71f, 75, 126, 156, 160f, 168, 170f, 287, 301f, 304, 327–329
traditio 24, 31, 101–104, 120f, 163[59]
Trennung 24, 31, 46–55, 63, 67, 84, 102, 107, 124, 152, 179f, 188, 202, 278, 290–298, 302f, 374, 376, 386, 393
   mittels Buße 176f, 190, 359, 387
   nach Ehebruch 175–186, 189, 236, 386
   nach Inzest 222–224, 233, 240, 242, 288
   nach Klostereintritt 76–82
   von Tisch und Bett 176, 190, 350, 358f, 390
   zeitlich begrenzt 177f
   Verbot 47, 107–116, 123f, 179f, 286, 303, 309, 359, 371, 386f, 393
trigamus → Mehrehe
tutor 21, 373 → auch Schutzgewalt
Statusverlust 291, 293, 295, 305f, 314, 318, 321
una-caro-Gedanke 112f, 179, 188, 197, 201, 244, 244, 246
Unzucht → *fornicatio*; *adulterium*

uxor 20f, 68, 78[173], 112, 136, 138f, 160f, 164, 183, 187, 200, 203, 210, 212, 214f, 217–220, 237, 246, 286f, 289, 325
Verlobung 20f, 31, 86, 96f, 104, 127
  Arrhalverlöbnis 98f
  Auflösung 50, 53, 79, 102, 144
  als Beginn der Eheschließung 40, 67, 73, 89–92, 94, 104, 141, 161[45], 202
  Bindung 49f, 53, 59, 67f, 89, 104, 202
  als Gelübde 91
  als Konsensgeschehen 63, 87, 92, 94, 98, 115
  Verlobungsgabe → *arrha*
  Vertragscharakter 90f, 95, 99
vertrauenswürdige Männer → *boni homines*
Verwandtschaft
  Adoptiv- 234, 248
  agnatische 23f, 30[12], 197, 220, 319[68]
  Berechnung 224–228
  bilineare 197, 220
  biologische 193, 195, 198, 246–248, 381, 383
  -sbezeichnungen 23f, 202–219, 234f, 237, 240f
  Bluts- 23, 61, 194, 197f, 200f, 203, 205, 209, 211, 216, 219–222, 232, 235–237, 239–241, 244–247, 354, 382–384, 391
  Heirats- 23, 62, 197f, 201, 203, 211–214, 217–220–222, 230, 235f, 239–241, 245–248, 354[22], 370, 381–384, 391
  Idee der Blutkreisläufe 180, 197, 201f, 243, 247
  -konstruktion 61, 193, 195, 199–209, 220–222, 225, 228, 245–247, 390f
  Schwäger- 199–201, 221, 235, 382f, 391
  Stief- 221
  geistliche 23, 233–242, 245–248, 354f, 382–384, 391, 393
  kognatische - 23, 185, 197f, 200f, 203, 209, 214, 219f, 245f, 319[68], 384
  mütterliche Linie 23, 127, 147, 199, 203–205, 208f, 215, 217, 219–221, 228, 231, 246f, 323, 384
  väterliche Linie 23f, 54, 122, 127f, 199, 203–205, 208f, 215, 217, 220f, 228, 231, 246f, 323, 384
  Zählweise, ›germanische‹ 225–228
  Zählweise, römische 225–229, 353, 355
vita religiosa → Klostereintritt
Vormundschaft → *mundium*
Wiederheirat 62, 149, 152, 294, 296, 298, 304, 383, 385, 387
  nach Ehebruch 175, 177–184
  nach Entlassung 177, 187, 326
  Erlaubnis zur 77–79, 178f
  nach Klostereintritt 77–79
  nach Tod des Gatten 53, 60–62, 67, 80[181], 107, 122f, 125–127, 130f, 147, 149, 179, 233, 236f, 297

nach Trennung 107, 186
nach Verschleppung des Partners 296, 387
Verbot 67, 77, 175, 177–184, 186–188, 190, 236, 240, 294f, 351, 386
Witwe 60–62, 82, 121, 123, 125, 146–149
Wiederverheiratungsgeld → Braut- bzw. Ehegabe
Willensakte → Konsens
Willenserklärung → Konsens
Willensübereinkunft → Konsens
Wergeld 67, 71, 73, 126, 162f, 170f, 173, 300f, 327, 329, 343
Zustimmung → Konsens
Zweikampf → *camfio*